CORPVS CHRISTIANORVM

Series Graeca

90

Corpus Nazianzenum

29

CORPVS CHRISTIANORVM

Series Graeca

90

Corpus Nazianzenum

29

BASILII MINIMI
IN GREGORII NAZIANZENI
ORATIONES IV ET V
COMMENTARII

TURNHOUT
BREPOLS 📚 PUBLISHERS
2019

BASILII MINIMI IN GREGORII NAZIANZENI ORATIONES IV ET V COMMENTARII

EDITI A
Gaëlle RIOUAL

CVM INDICE GRAECITATIS A
Bernard COULIE et Bastien KINDT
CONFECTO

TURNHOUT
BREPOLS ❧ PUBLISHERS
2019

Editor

B. Coulie

consilio et avctoritate
Societatis Goerresianae
stvdiis litterarvm fovendis

D/2019/0095/135
ISBN 978-2-503-58341-9
Printed in the EU on acid-free paper

© 2019, Brepols Publishers n.v., Turnhout, Belgium

All rights reserved. No part of this publication may be reproduced,
stored in a retrieval system, or transmitted, in any form or by any means,
electronic, mechanical, photocopying, recording, or otherwise,
without the prior permission of the publisher.

PRÉFACE

Cet ouvrage est le résultat d'un remaniement d'une thèse de doctorat soutenue le 10 février 2017. Plus encore, il est le fruit de ma rencontre impromptue avec Basile le Minime une dizaine d'années auparavant, alors que le professeur Thomas Schmidt m'avait invitée à travailler au sein du Groupe de recherche sur le christianisme et l'Antiquité tardive (GRECAT) à l'édition des *Commentaires* de Basile le Minime aux *Discours* de Grégoire de Nazianze. *A priori*, les corpus de scholies byzantines ne comptent pas parmi les sujets les plus affriolants pour un jeune chercheur, mais l'expérience semblait intéressante. Si la sécheresse des exégèses de Basile m'a d'abord rebutée, j'y ai aussi trouvé quelques perles qui ont piqué mon attention, et, surtout, j'y ai découvert un évêque modeste, un philologue sérieux et un pédagogue consciencieux, auquel j'ai finalement consacré une thèse de doctorat.

Au terme de ce parcours, mes premiers remerciements vont naturellement à Thomas Schmidt, sans qui je n'aurais jamais fait la rencontre de Basile. À ses côtés, j'ai appris à connaître, puis graduellement à apprécier, la plume, parfois aride et parfois fleurie, de cet érudit byzantin. Je lui sais particulièrement gré de m'avoir sans cesse encouragée à approfondir ma pensée, mes recherches. Je suis également reconnaissante à Paul-Hubert Poirier : sa connaissance exceptionnelle du christianisme ancien et des premiers auteurs chrétiens, ainsi que sa grande générosité intellectuelle, ont été une ressource précieuse et inestimable.

Je m'en voudrais de passer sous silence la contribution d'Anne-France Morand, qui a accepté de relire l'ensemble de mon travail, en portant une attention particulière au grec afin d'en relever les erreurs de « copiste » habituelles. J'ai également une dette envers plusieurs chercheurs qui ont croisé ma route à un moment ou l'autre et qui, par leurs conseils avisés, m'ont aidé à comprendre qui un aspect du texte du Basile et qui une partie de la tradition manuscrite des *Commentaires* : il me faut nommer en particulier Brigitte Mondrain, Dominique Côté, Laurent Pernot et Guillaume Bady. Je me dois finalement de remercier l'Institut d'études anciennes et médiévales (IEAM) de l'Université Laval, pour le milieu de travail stimulant qu'il offre aux jeunes chercheurs, ainsi que le Conseil de recherches en sciences humaines du Canada (CRSH) et le Groupe de recherche sur le christianisme et Antiquité tardive (GRECAT) pour leur appui financier.

Je garde le mot de la fin pour ma famille qui, même si elle ne comprend pas toujours ce que je fais, m'offre un soutien inébranlable dont je mesure chaque jour la valeur. Je voudrais remercier en particulier mon conjoint Stéphane, pour les sacrifices auxquels il a consenti et consent encore, pour sa patience et sa présence réconfortante. En lui dédiant ce volume, j'espère pouvoir lui exprimer un peu de toute la gratitude que j'ai pour lui.

Gaëlle Rioual
Québec, le 3 juillet 2018

INTRODUCTION

I. Basile le Minime

L'identité de l'auteur des *Commentaires aux Discours de Grégoire de Nazianze* n'a pas toujours fait consensus ([1]), mais il est désormais unanimement admis que Basile le Minime, appelé parfois Basile le Petit (traduction de Βασίλειος ὁ ἐλάχιστος ou *Basilius Minimus*),

---

([1]) Basile le Minime fut souvent confondu avec Basile le Jeune (ὁ Νέος), son presque contemporain. Cette association est en réalité impossible, puisque Basile le Jeune serait mort en 944 ou, au plus tard, en 952 (D.F. Sullivan – A.-M. Talbot – S. McGrath, *The Life of saint Basil the Younger* [*DOS*, 45], Washington, 2014, p. 7), alors que Basile le Minime occupait encore son siège en 956 (voir *infra*, p. XIV). L'erreur se trouve, entre autres, chez Ehrhard, *Theologie*, p. 137-138 ; et Sajdak, *Historia critica*, p. 59-61. Il semble également avoir été confondu avec Basile de Séleucie dans la *Patrologie grecque* (*PG* 36, col. 1160 A), mais cette indication ne vient pas de l'éditeur original : Boissonade, *Scholies inédites*, p. 131. Ajoutant probablement foi à cette notice, certains auteurs postérieurs (Cantarella, *Basilio Minimo*, p. 293 ; Beck, *Kirche*, p. 597 ; Trisoglio, *Mentalità ed atteggiamenti*, p. 225) l'ont dit né en Séleucie, alors qu'en réalité, sa patrie n'est pas connue. G. Papadopoulos, dans son histoire de la musique ecclésiastique grecque (Συμβολαί εἰς τὴν ἱστορίαν τῆς παρ' ἡμῖν ἐκκλησιαστικῆς μουσικῆς, Athènes, 1890, p. 257), proposa de l'associer à Basile Pégoriotès, l'auteur du canon pour la Présentation de la Vierge (office du 21 novembre), et suggéra que ce poète pourrait être également l'auteur d'autres canons ou tropaires mis sous le nom de Basile, sans toutefois justifier ces affirmations. Sur la base d'une ancienne représentation visuelle des mélodes grecs dans laquelle Basile Pégoriotès est dépeint comme un laïc, E. Bouvy (*La fête de l'Εἴσοδος ou de la Présentation de la Vierge au Temple dans l'Église grecque*, dans *Bessarione*, 1 [1896], p. 558) rejeta cette identification tout en conservant la date du Xe siècle pour ce poète ; il fut suivi en cela par H.-G. Beck (*Kirche*, p. 597). Cette question, sommairement traitée jusqu'à présent, mériterait un examen plus approfondi (voir aussi *infra*, p. XVIII, n. 51). Plus anciennement, il aurait été appelé Basile de Thessalonique par J. Sambucus et il aurait même été confondu avec Basile le Grand par certains exégètes, deux associations qui n'ont plus eu cours après la démonstration de P. Lambeck, *Commentarii de augustissima Bibliotheca Caesarea Vindobonensi*, vol. 3, Vienne, 1670, p. 203-204.

doit être identifié avec l'évêque du même nom qui occupait le siège de Césarée de Cappadoce sous le règne de Constantin VII Porphyrogénète ([2]). Son titre et son siège d'évêque sont d'ailleurs confirmés par une note de Basile lui-même, qui, dans son *Commentaire au Discours 42*, en introduisant une citation de Basile le Grand, prit la peine de préciser : « Basile le Grand, dont je partage, moi qui écris ces mots, à la fois le nom et le siège » ([3]). Il est par conséquent fort probable qu'il se soit donné lui-même le surnom d'ἐλάχιστος « le minime », qui figure sur l'en-tête de la *Lettre dédicatoire* de son œuvre ([4]), afin de se distinguer de son illustre prédécesseur, suivant une démonstration de modestie typique de cette époque.

Les rares renseignements que nous possédons sur sa vie concernent exclusivement son activité en tant que protothrone de l'Église de Constantinople, c'est-à-dire en tant qu'évêque de Césarée

---

(2) Le premier à avoir établi cette association semble avoir été J.A. Fabricius (*Bibliotheca graeca*, vol. 7, Hamburg, 1715, p. 540), mais la démonstration en a été donnée par C. Oudin (*Commentarius de scriptoribus Ecclesiae antiquis*, Leipzig, 1722, vol. 1, col. 649-651 et vol. 2, col. 438-443) ; leur source aurait été une notice de Constantin Paléocappa sur le *Leyde Voss. gr.* in-f° 45 (citée dans Sajdak, *Historia critica*, p. 42-43 ; voir aussi Schmidt, *Basilii Minimi*, p. 3, n. 1). Quelques années plus tard, en 1740, M. Le Quien (*Oriens Christianus*, col. 384), associait formellement les événements historiques impliquant Basile de Césarée à l'auteur des *Commentaires*. W. Cave (*Scriptorum ecclesiasticorum historia literaria*, vol. 2, Londres, 1698, p. 221-222) – peut-être induit en erreur par une autre notice de manuscrit (celle du *Venise Marc. gr.* II, 43 ; citée dans Sajdak, *Historia critica*, p. 86-87) – identifia plutôt cet empereur avec Constantin IV Pogonat et plaça le *floruit* de Basile autour de 675. En fait, pour W. Cave et C. Oudin, la datation de l'œuvre de Basile était largement tributaire de la datation de l'œuvre d'Élie de Crète, un autre commentateur de Grégoire (voir *infra*, p. XX-XXI), qui, dans son introduction (*PG* 36, col. 757 A 5 – 758 A 12), cite Basile parmi ses prédécesseurs : C. Oudin situe cet auteur vers 1120 (col. 439), tandis que W. Cave le place en 787 (p. 593).

(3) Basile le Minime, *Comm. 42*, *PG* 36, col. 1075, n. 2 (*Or.* 42, 9) : « [...] Βασίλειος δὲ ὁ μέγας, οὗ κοινωνὸς καὶ ὀνόματος καὶ θρόνου ὁ ταῦτα γράφων ἐγώ [...] ». L'homonymie n'était pas non plus passée inaperçue de ses contemporains : les auteurs des deux seules lettres adressées personnellement à Basile le Minime que la tradition nous ait conservées font ainsi appel à l'autorité de Basile le Grand pour tenter de convaincre leur destinataire. Alexandre de Nicée, *Ep.* 11, 8-9, éd. Darrouzès, *Épistoliers byzantins* et Théodore de Nicée, *Ep.* 32, 17, éd. Darrouzès, *Épistoliers byzantins*.

(4) Basile le Minime, *Ep. nunc.*, éd. Schmidt, *Basilii Minimi*, p. 2.

INTRODUCTION IX

de Cappadoce; tout ce qui concerne sa vie avant l'épiscopat ne peut être que très approximativement esquissé. Sa date de naissance est inconnue, mais, puisqu'il est devenu évêque au plus tard en janvier 945, il faut supposer qu'il soit né durant les premières années du Xe siècle ou, plus certainement, les dernières décennies du IXe siècle, d'autant que Théodore de Nicée le dit assez âgé en 956-959 ([5]).

1. *L'éducation de Basile*

Il n'est pas non plus possible de déterminer le cursus qu'il avait suivi avant son accession à l'épiscopat ([6]). Toutefois, les *Commentaires* sont sans aucun doute l'œuvre d'un homme de culture, qui a reçu une bonne éducation, sûrement jusqu'aux sphères les plus élevées ([7]). En effet, même si les objectifs pédagogiques de son travail exégétique l'obligent à maintenir son discours à un niveau élémentaire pour rejoindre ses lecteurs ([8]), il faut reconnaître qu'il y fait montre d'une maîtrise de plusieurs matières scolaires. En considérant seulement les *Commentaires aux Discours 4 et 5* qui font l'objet de la présente édition, force est de constater que Basile possède d'abord une bonne connaissance des théories rhétoriques de son époque, qu'il utilise, entre autres, pour construire son prologue et son épilogue ([9]). Du point de vue littéraire, il maîtrise très bien l'*Odyssée* d'Homère, qu'il cite et paraphrase à de nombreuses reprises ([10]), ainsi que l'*Iliade* ([11]). Il connaît l'*Oreste* d'Euripide ([12]) et il semble même avoir lu les *Discours* de Libanios ([13]) et le *Misopogon* de Julien ([14]);

---

(5) Théodore de Nicée, *Ep.* 32, éd. Darrouzès, *Épistoliers byzantins*.
(6) J. Mossay (*Comment les Grecs lisaient les homélies de S. Grégoire de Nazianze avant l'invention de l'imprimerie*, dans Παρνασσός/*Parnassos*, 36 [1994], p. 14) et G. Cavallo (*Lire à Byzance*, p. 49) le qualifient de moine, mais il est impossible de savoir à quelle source ils puisent cette information.
(7) A. Harnack (*Die Überlieferung*, p. 38, n. 92) affirme que Basile est issu de l'école d'Aréthas de Césarée; il ne justifie pas son propos, mais cette assertion est très certainement à prendre métaphoriquement.
(8) Sur les objectifs pédagogiques de Basile, voir *infra*, p. XXII-XXIV.
(9) Voir Basile le Minime, *Comm.* 4, 1 et *Comm.* 5, 66; mais aussi les remarques ponctuelles des *Comm.* 4, 2; 6; 62; *Comm.* 5, 50; 64.
(10) Voir *Comm.* 4, 58; 102; *Comm.* 5, 1; 47; 58; 59; 61.
(11) Voir *Comm.* 4, 87; 91; 102; 103; *Comm.* 5, 46.
(12) Voir *Comm.* 5, 14.
(13) Voir *Comm.* 4, 67; 68; *Comm.* 5, 30.
(14) Voir *Comm.* 4, 73; *Comm.* 5, 64.

son analyse de cette dernière œuvre est en effet assez juste pour laisser croire qu'il l'ait personnellement lue. Il possède également une certaine formation en philosophie : il parle, en connaissance de cause, de Platon ([15]), de Pythagore ([16]) et même de Porphyre ([17]). S'il ne mentionne pas le nom d'Aristote, il résume tout de même assez fidèlement ses *Météorologiques* lorsqu'il tente d'expliquer le phénomène de la foudre ([18]). Finalement, il présente une vision assez juste de l'histoire du IVe siècle ([19]), le plus souvent empruntée aux historiens ecclésiastiques, comme Socrate, Sozomène, Théodoret ou, peut-être même, Jean d'Antioche, dont l'œuvre est aujourd'hui disparue ([20]). Il connaît également son histoire ancienne ([21]) et les grands récits mythologiques de l'Antiquité ([22]), dont il présente des versions beaucoup plus classiques que celles qui se trouvent dans les *Histoires mythologiques* du pseudo-Nonnos, qu'il a consultées et qu'il cite à l'occasion ([23]). Ces éléments tendent à prouver que Basile appartient à la catégorie des érudits de son époque, ce qui explique aisément qu'il ait pu accéder à l'épiscopat et qu'il se soit trouvé dans les bonnes grâces de l'empereur Constantin VII Porphyrogénète.

La durée de son épiscopat n'est pas non plus très bien connue ([24]). Nous ignorons la date de son entrée en fonction, tout comme celle de sa mort. Il succéda sur le siège de Césarée de Cappadoce, directement ou indirectement, à Aréthas, dont la date de fin d'épiscopat est encore largement débattue ([25]). La seule certitude qui existe à ce sujet est qu'Aréthas était encore en fonction en 932, date à laquelle il fit copier par le diacre Stylianos une sélection d'œuvres variées,

---

(15) Voir *Comm. 4*, 39 ; 40 ; 42 ; *Comm. 5*, 58.
(16) Voir *Comm. 4*, 97.
(17) Voir *Comm. 5*, 63.
(18) Voir *Comm. 4*, 93.
(19) Voir *Comm. 4*, 10 ; 21 ; 23 ; 32 ; 39 ; 45 ; 52 ; 73 ; 88 ; 94 ; *Comm. 5*, 4 ; 24 ; 62 ; 64.
(20) Voir la note au *Comm. 5*, 24.
(21) Voir *Comm. 4*, 37 ; 56 ; 85 ; *Comm. 5*, 14 ; 20 ; 22 ; 25.
(22) Entre autres, voir *Comm. 4*, 64 ; 72 ; 80 ; 90 ; *Comm. 5*, 9 ; 14 ; 28 ; 31 ; 46 ; 49 ; 58.
(23) Voir *Comm. 4*, 64 ; 91 ; *Comm. 5*, 44 ; 45 ; 49. Sur ce prédécesseur de Basile, voir *infra*, p. XIX.
(24) A. Ehrhard (*Theologie*, p. 137) situe son mandat entre les années 912 et 959, mais sans donner de sources ou d'explications.
(25) Sur ce débat, voir la mise au point dans Rioual, *Aréthas, Théophane et Basile*, p. 361-376.

qu'il lut et annota par la suite ([26]). Basile dut conséquemment être ordonné évêque entre 932 et 945, date de sa première apparition dans les sources ([27]). Nous ne connaissons que quatre événements dans lesquels il intervint, en tant qu'évêque de Césarée de Cappadoce, et, fait notable, tous ces événements eurent lieu durant le règne effectif de l'empereur Constantin VII Porphyrogénète, auprès duquel il joua un rôle actif.

2. *L'avènement de Constantin VII*

Enfant longtemps espéré de Léon VI le Sage, fruit d'une quatrième union hautement controversée ([28]), Constantin naquit en 905. Il fut nommé coempereur en bas âge, probablement vers 908, mais la mort de son père en 912 le laissa trop jeune pour monter sur le trône. Le pouvoir revint alors à son oncle, Alexandre III, qui mourut à son tour à peine un an plus tard. Comme Constantin n'était toujours pas en âge de régner, le pouvoir passa aux mains des régents : d'abord le patriarche Nicolas Ier le Mystique, puis l'impératrice-mère Zoé Carbonopsina et, finalement, à partir de 919, Romain Lécapène, le grand drongaire de la flotte. Dans les années qui suivirent, Romain Ier Lécapène travailla à consolider sa position sur le trône, aux dépens de l'héritier légitime, en se faisant proclamer coempereur, en mariant sa fille avec l'empereur légitime, en plaçant son plus jeune fils, alors à peine âgé de 16 ans, sur le siège patriarcal et en faisant nommer coempereurs ses autres fils : d'abord son aîné Christophe (mort en 931), puis Constantin et Étienne.

---

(26) Il s'agit du *Moscou GIM Sinod. gr.* 394 (olim *Vlad.* 231). Ce document permet par ailleurs de récuser le témoignage de Jean Skylitzès concernant la présence d'un certain Théophane Choerinos sur le siège de Césarée en 931 : Jean Skylitzès, *Romain I*, 26, éd. Thurn, *Ioannis Scylitzae*, p. 226-227.

(27) R. Cantarella (*Basilio Minimo*, p. 293) et, à sa suite, F. Trisoglio (*Mentalità ed atteggiamenti*, p. 225) font de Basile le 32e évêque de Césarée de Cappadoce, mais il s'agit, à n'en pas douter, d'une lecture un peu trop littérale de la liste épiscopale dressée par M. Le Quien (*Oriens Christianus*, col. 384), dans laquelle Basile figure en 32e position. Voir Schimdt, *Basilii Minimi*, p. X, n. 8.

(28) Sur l'affaire de la tétragamie de Léon VI, voir, entre autres, P. Karlin-Hayter, *Le synode à Constantinople de 886 à 912 et le rôle de Nicolas le Mystique dans l'affaire de la tétragamie*, dans *Jahrbuch der Österreichischen Byzantinistik*, 19 (1970), p. 59-101 [réimpr. dans *Studies in Byzantine Political History. Sources and Controversies*, Londres, 1981].

C'est seulement le 16 décembre 944 que Constantin Porphyrogénète décida de secouer son joug : il s'allia aux deux fils de Romain, Constantin et Étienne, pour destituer leur père et l'exiler dans un monastère. Quelques semaines plus tard, le 27 janvier 945, Constantin VII condamna les deux fils au même sort, en les accusant d'avoir comploté contre lui : il les fit arrêter et envoyer en exil ([29]). C'est à ce moment, selon le récit de l'historien Jean Skylitzès, qu'entra en scène Basile de Césarée :

> À l'occasion d'un repas, [Constantin VII] s'empara d'Étienne et de Constantin qui, sans se douter de rien, déjeunaient avec lui. Il les chassa du palais le 27 janvier de cette même troisième indiction et, les faisant jeter dans des barques, il les bannit, le premier à l'île de Panormos, et Constantin à Térébinthe. Il leur fit donner à tous deux la tonsure des clercs par Basile de Césarée et Anastase d'Héraclée, puis, peu après, il fit transférer Étienne en Proconnèse, ensuite à Rhodes, enfin à Mytilène, et Constantin à Samothrace. ([30])

Basile contribua donc activement au rétablissement de l'autorité légitime de Constantin VII. Par la suite, il occupa sans nul doute une place importante à la cour, en tant que protothrone, même si la chronique n'en a pas toujours gardé souvenir ([31]). Les quelques

---

(29) Sur ces événements, voir le CONTINUATEUR DE THÉOPHANE, *Constantin VII*, 2, éd. BEKKER, *Theophanes Continuatus*, p. 437 ; SYMÉON LOGOTHÈTE, *Chronique*, 137, 4, éd. WAHLGREN, *Symeonis Magistri*, p. 341 ; Ps. SYMÉON, *Constantin VII*, 2, éd. BEKKER, *Theophanes Continuatus*, p. 753-754 ; JEAN SKYLITZÈS, *Constantin VII de nouveau*, 2, éd. THURN, *Ioannis Scylitzae*, p. 236 ; JEAN ZONARAS, *Annales*, 16, 20, éd. BÜTTNER-WOBST, *Ioannis Zonarae*, p. 480-481.

(30) JEAN SKYLITZÈS, *Constantin VII de nouveau*, 2, éd. THURN, *Ioannis Scylitzae*, p. 236 (trad. FLUSIN, *Jean Skylitzès*) : « [...] μηδὲν ὑφορωμένους τὸν Στέφανον καὶ τὸν Κωνσταντῖνον, κατ' αὐτὸν τὸν καιρὸν τοῦ ἀρίστου συναριστοῦντας αὐτῷ, ἀναρπάστους τίθησι καὶ καταβιβάζει τῶν βασιλείων, τῇ εἰκάδι ἑβδόμῃ τοῦ Ἰαννουαρίου μηνός, τῆς αὐτῆς τρίτης ἰνδικτιῶνος, καὶ πλοιαρίοις ἐνθέμενος ὑπερορίζει τὸν μὲν ἐν τῇ Πανόρμῳ νήσῳ, τὸν Κωνσταντῖνον δὲ ἐν τῇ Τερεβίνθῳ. καὶ διὰ Βασιλείου τοῦ Καισαρείας καὶ Ἀναστασίου τοῦ Ἡρακλείας καὶ ἄμφω κληρικοὺς ἀποκείρει, μεταστήσας οὐκ εἰς μακρὰν τὸν μὲν Στέφανον ἐν Προικοννήσῳ, εἶτα ἐν Ῥόδῳ καὶ τελευταῖον ἐν Μιτυλήνῃ, τὸν δὲ Κωνσταντῖνον ἐν Σαμοθράκῃ ». Mis à part l'ajout des noms de Basile et Anastase, le reste du récit est conforme au témoignage des autres historiens de l'époque (voir la note précédente).

(31) Par exemple, à titre de métropolite de Césarée de Cappadoce, il

échos qui nous en sont parvenus montrent bien toutefois sa position influente.

3. *Le jugement d'Alexandre de Nicée*

Peu de temps après, durant la première moitié de l'année 945, Basile fut nommé membre d'une commission d'enquête chargée de réviser l'accusation portée contre l'évêque Alexandre de Nicée ([32]). Celui-ci avait été accusé par le patriarche Théophylacte d'avoir mal géré les biens de l'Église ; il fut jugé en son absence, destitué et envoyé en exil. Profitant du changement de règne, Alexandre aurait écrit à l'empereur pour demander un procès équitable ou, du moins, une révision de son jugement. Constantin aurait répondu favorablement à cette demande en mettant sur pied une commission d'enquête mixte, composée de quatre métropolites et de quatre laïcs : Basile de Césarée, Anastase d'Héraclée, Théodore de Cyzique, Démétrios de Sébaste, ainsi que Théodore le logothète, Jean Polys, le gouverneur de Nicée Théophylacte Kalkatanès et Pierre Androsulitès. Les détails de cette affaire, documentée uniquement par les lettres d'Alexandre de Nicée, sont assez nébuleux, mais Basile pourrait avoir tenu une place influente au sein de cette commission, puisqu'il est le seul à qui Alexandre s'adresse personnellement pour défendre sa cause ([33]). Les résultats de l'enquête menée par la commission ne sont pas connus, mais il semble qu'en définitive Alexandre ait pu recouvrer au terme du processus sa liberté mais non son siège.

Les relations de Basile avec le successeur indirect d'Alexandre sur le siège de Nicée, Théodore, semblent avoir été plus faciles, puisqu'une lettre de Théodore révèle que les deux hommes avaient

---

eut certainement à intervenir lors de la translation des reliques de Grégoire de Nazianze en janvier 946, mais les sources n'ont pas gardé trace de sa présence. Sur cet événement, voir B. FLUSIN, *Le panégyrique de Constantin VII Porphyrogénète pour la translation des reliques de Grégoire le Théologien (BHG 728)*, dans *REB*, 57 (1999), p. 5-12.

(32) Sur cette affaire, voir DARROUZÈS, *Épistoliers byzantins*, p. 27-32 ; mais surtout l'excellente analyse de T. PRATSCH, *Alexandros, Metropolites von Nikaia und Professor für Rhetorik (10. Jh.) – biographische Präzisierungen*, dans *Millenium-Jahrbuch*, 1 (2004), p. 253-271.

(33) ALEXANDRE DE NICÉE, *Ep.* 11, éd. DARROUZÈS, *Épistoliers byzantins*. L'implication de Basile dans cette affaire a été examinée plus attentivement dans RIOUAL, *Lire Grégoire de Nazianze*.

conclu, à une date inconnue entre 945 et 959, une alliance dans le but de faire élire un certain ostiaire, demeuré anonyme, à un poste de métropolite ([34]).

4. La consécration de Polyeucte

Selon Jean Skylitzès, Constantin VII fit appel à Basile de Césarée pour procéder, le 3 avril 956, à l'intronisation du nouveau patriarche Polyeucte, ce qui, toujours selon cet historien, constituait une entorse à l'usage établi :

> Il fut ordonné non par l'évêque d'Héraclée, comme c'était la coutume, mais par Basile de Césarée. En effet, Nicéphore, évêque d'Héraclée, qui avait heurté l'empereur sur quelque affaire, n'avait pas été autorisé à célébrer cette ordination. De ce fait, on accabla des plus vifs reproches non seulement celui qui avait donné cet ordre et celui qui avait imposé les mains, mais celui-là aussi qui avait été ordonné, pour avoir accepté une ordination qui n'était pas canonique. ([35])

Pour Jean Skylitzès, Basile commit un impair considérable lorsqu'il accepta d'introniser Polyeucte ([36]). Pourtant, ce n'était pas la première fois qu'un évêque de Césarée procédait à l'ordination d'un patriarche, sans que cela ne fût par le passé l'objet de contestations. En 886, Étienne le Syncelle, frère de l'empereur Léon VI, fut ordonné patriarche par Théophane de Césarée ([37]) et, en 806,

---

(34) THÉODORE DE NICÉE, *Ep.* 27, éd. DARROUZÈS, *Épistoliers byzantins*. Cette lecture n'est pas celle de J. Darrouzès, qui associait cette missive à la conjuration des évêques après l'élection de Polyeucte, dont Théodore de Nicée fut un des meneurs (voir *infra*, p. XVI-XVII). Cette interprétation plus sobre et réaliste a été proposée par les rédacteurs de la *PmbZ*; voir la notice sur Basile (*PmbZ* II, 20933) et sur l'ostiaire en question (*PmbZ* II, 31198).

(35) JEAN SKYLITZÈS, *Constantin VII de nouveau*, 11, éd. THURN, *Ioannis Scylitzae*, p. 244 (trad. FLUSIN, *Jean Skylitzès*) : « [...] χειροτονεῖ πατριάρχην, οὐ τοῦ Ἡρακλείας, ὡς ἔθος, ἀλλὰ Βασιλείου τοῦ Καισαρείας τὴν χειροθεσίαν πεπληρωκότος. Νικηφόρος γὰρ ὁ τῆς Ἡρακλείας πρόεδρος τῷ βασιλεῖ κατά τι προσκεκρουκὼς οὐ συνεχωρήθη τὴν χειροθεσίαν ποιήσασθαι. Ὅθεν καὶ ψόγος οὐχ ὁ τυχὼν προσετρίβη οὐ τῷ προτρέψαντι μόνον καὶ τῷ χειροθετήσαντι, ἀλλὰ καὶ αὐτῷ τῷ χειροτονηθέντι, ὡς καταδεξαμένῳ τὴν ἀκανόνιστον χειροθεσίαν ».

(36) Sur toute cette affaire, voir G. RIOUAL, *Basile le Minime et la prérogative des évêques d'Héraclée*, dans *Byzantion*, 86 (2016), p. 349-366.

(37) Le CONTINUATEUR DE THÉOPHANE, *Léon VI*, 2, éd. BEKKER, *Theophanes Continuatus*, p. 354 ; SYMÉON LOGOTHÈTE, *Chronique*, 132, 3,

Nicolas de Césarée participa, en compagnie de Léon d'Héraclée et de Thomas de Thessalonique, à l'intronisation de Nicéphore Ier ([38]). En outre, il n'existe aucune trace d'une quelconque prérogative de l'évêque d'Héraclée avant cette remarque de Jean Skylitzès à la fin du XIe siècle: le reproche ne figure pas dans la chronique du Xe siècle ([39]) et le *Livre de Cérémonies* ne prescrivait pas la présence de l'évêque d'Héraclée à cette cérémonie, à la différence du *Traité des offices* du pseudo-Codinos au XIVe siècle ([40]). *A contrario*, à partir du XIIe siècle, les témoignages sur cette coutume se multiplièrent, preuve de son instauration entre le milieu du Xe siècle et la fin du XIe siècle ([41]). Dans le contexte de l'époque, il est en réalité plus probable que ce fut simplement l'exclusion de l'évêque d'Héraclée qui fit scandale ([42]).

éd. WAHLGREN, *Symeonis Magistri*, p. 271; Ps. SYMÉON, *Léon VI*, 1, éd. BEKKER, *Theophanes Continuatus*, p. 700; JEAN SKYLITZÈS, *Léon VI*, 1, éd. THURN, *Ioannis Scylitzae*, p. 171-172; JEAN ZONARAS, *Annales*, 16, 12, éd. BÜTTNER-WOBST, *Ioannis Zonarae*, p. 440.

(38) F. FISHER, *De patriarcharum Constantinopolitanorum catalogis et de chronologia octo primorum patriarcharum* (*Commentationes philologae Ienenses*, 3,5), Leipzig, 1884, p. 291.

(39) Voir le CONTINUATEUR DE THÉOPHANE, *Constantin VII*, 11, éd. BEKKER, *Theophanes Continuatus*, p. 444-445; Ps. SYMÉON, *Constantin VII*, 5, éd. BEKKER, *Theophanes Continuatus*, p. 755; le CONTINUATEUR DE GEORGES LE MOINE, *Constantin VII*, 5, *PG* 110, col. 1193 B 1-5.

(40) CONSTANTIN VII PORPHYROGÉNÈTE, *De ceremoniis*, 2, 14, éd. J.J. REISKE, *Constantini Porphyrogeniti imperatoris de ceremoniis aulae Byzantinae libri duo* (*CSHB*), vol. 1, Bonn, 1829, p. 564-566; Ps. CODINOS, *Traité des offices*, 10, éd. R. MACRIDES – J.A. MUNITIZ – D. ANGELOV, *Pseudo-Kodinos and the Constantinopolitan Court: Offices and Ceremonies* (*Birmingham Byzantine and Ottoman Studies*, 15), Farnham – Burlington, 2013, p. 256.

(41) Selon D. Stiernon (*1. Héraclée de Thrace*, dans *DHGE*, 23 [1990], col. 1317), « ce sont les historiens du XIe s. qui commencent à parler d'une coutume en faveur du métropolite d'Héraclée comme ordinant de l'élu au siège de Constantinople et, après eux, les canonistes du XIIe s. développent à ce propos l'idée d'un privilège ». Cette conclusion s'appuie essentiellement sur les travaux de P. KARLIN-HAYTER, *Notes sur le statut du siège de Constantinople. Constantinople et Héraclée*, dans *Byzantion* 45 (1975), p. 151-152; et *Constantinople: Partition of an Eparchy or Imperial Foundation?*, dans *Jahrbuch der Österreichischen Byzantinistik*, 30 (1981), p. 1-24. Voir aussi *PmbZ* II, 20933 (Basileios II. von Kaisareia) et 26715 (Polyeuktos).

(42) C'est également la conclusion à laquelle arrivent les rédacteurs de la *PmbZ* (II, 26715 [Polyeuktos]) à propos du témoignage de Jean

5. La cabale contre Polyeucte

Il faut dire que les premières années du patriarcat de Polyeucte furent balayées par un vent de révolte qui souffla parmi les métropolites, habitués à plus de latitude sous le régime plutôt laxiste de Théophylacte Lécapène. Élevé très jeune au plus haut siège de l'Église byzantine par la volonté de son père, Théophylacte avait montré en effet peu d'intérêt pour les affaires de l'Église, soit que, « en enfant qu'il était, [il fût] tenu en lisière dans l'exercice du pouvoir patriarcal par les régents de l'époque et mis de côté » ([43]), soit qu'il négligeât volontairement ses fonctions pour faire « tout ce que les vrais évêques jugent inconvenant, s'adonnant à la passion des chevaux, passant son temps à la chasse, accomplissant aussi d'autres incongruités qu'il ne serait pas seulement inconvenant, mais sacrilège d'exposer en détail » ([44]). Les métropolites avaient donc profité de son mandat pour étendre leur contrôle et, lorsque le siège patriarcal fut occupé par un homme d'une autre trempe, les frictions devinrent inévitables. Dans ce contexte, l'exclusion de Nicéphore d'Héraclée ou l'inscription d'Euthyme dans les diptyques ([45]) ne furent que les déclencheurs d'un conflit sourd qui couvait.

Skylitzès: « Diese Auffassung überrascht, denn normalerweise wurde der Patriarch nicht durch den Metropoliten von Herakleia (allein) geweiht, sondern durch die drei Metropoliten von Kaisereia, Ephesos und Herakleia. Allerdings war dieses Zeremoniell wohl nicht bindend. In jedem Fall führte das Fehlen eines der Metropoliten nicht dazu, daß die Weihe als unkanonisch angesehen werden mußte. Sie scheint allerdings, alles in allem genommen, nicht unumstritten gewesen zu sein ».

(43) Nicétas d'Amasée, *Sur le droit de vote du patriarche*, éd. et trad. J. Darrouzès, *Documents inédits d'ecclésiologie byzantine* (*AOC*, 10), Paris, 1966, p. 174: « [...] ὡς παιδάριον τὸν πατριάρχην Θεοφύλακτον τῆς πατριαρχικῆς ἐξουσίας οἱ τότε ῥέκται ἀπεσχοίνισαν καὶ ἐν γωνίᾳ ἔθεσαν [...] ».

(44) Jean Skylitzès, *Constantin VII de nouveau*, 10, éd. Thurn, *Ioannis Scylitzae*, p. 243 (trad. Flusin, *Jean Skylitzès*): « [...] ὅσα τοῖς ἀληθινοῖς ἀρχιερεῦσιν ἀπεοικότα ἐτύγχανεν, ἱππομανῶν καὶ κυνηγεσίοις ἐνασχολούμενος, καὶ λοιπὰς ἀπρεπεῖς διαπραττόμενος πράξεις, ἃς κατὰ μέρος διεξιέναι πρὸς τῷ ἀπρεπεῖ καὶ ἀθέμιτον ».

(45) Jean Skylitzès (*Constantin VII de nouveau*, 13, éd. Thurn, *Ioannis Scylitzae*, p. 245) signale que cet événement avait entraîné la sécession de certains évêques, mais que l'intervention de Constantin avait étouffé l'affaire.

Très rapidement, il apparut également que l'empereur regretta son choix, puisque le nouveau patriarche, qui vilipendait du haut de sa chaire la famille Lécapène pour son avarice, s'en prenait directement à l'entourage immédiat de Constantin : sa femme et l'un de ses plus proches conseillers, le parakoimomène Basile, fils illégitime de Romain Lécapène ([46]). Forts de l'appui impérial, certains évêques entreprirent alors une véritable cabale pour destituer le patriarche, avec à leur tête Théodore de Cyzique, conseiller de l'empereur ([47]), et Théodore de Nicée. Ce dernier mit sa plume au service de la cause pour rallier les métropolites indécis ([48]). Parmi les destinataires de ses lettres figurait son ancien allié, Basile de Césarée, invité à les rejoindre malgré son âge et la longue route ([49]). La réponse de Basile ne nous est pas parvenue, mais la mort de l'empereur Constantin, le 9 novembre 959, mit nécessairement un frein à toute la rébellion.

Par la suite, le nom de Basile disparaît totalement des sources. La date de sa mort ou de la fin de son épiscopat nous est inconnue et le nom d'aucun successeur sur son siège ne nous est parvenu avec certitude avant le début du XIe siècle ([50]).

II. Les *Commentaires aux Discours de Grégoire de Nazianze*

1. *Présentation et date des* Commentaires

Si la carrière ecclésiastique de Basile fut étroitement liée à la figure de l'empereur Constantin VII Porphyrogénète, sa carrière d'écrivain

---

(46) Jean Skylitzès, *Constantin VII de nouveau*, 11, éd. Thurn, *Ioannis Scylitzae*, p. 244.

(47) Jean Skylitzès, *Constantin VII de nouveau*, 11 et 17, éd. Thurn, *Ioannis Scylitzae*, p. 244 et 247.

(48) Théodore de Nicée, *Ep.* 28-34, éd. Darrouzès, *Épistoliers byzantins*.

(49) Théodore de Nicée, *Ep.* 32, éd. Darrouzès, *Épistoliers byzantins*. Basile n'était donc pas à Constantinople au moment de ces événements, mais sûrement dans son évêché.

(50) Son premier successeur recensé, au début du XIe siècle, aurait été un certain Grégoire, métropolite de Césarée et syncelle, l'un des correspondants de Nicéphore Ouranos. Cet évêque n'est pas connu par ailleurs et il ne figure dans aucune des listes d'évêques de Césarée établies à l'époque moderne, mais son titre de syncelle et les dates de la vie de Nicéphore Ouranos suffisent à le situer au tout début du XIe siècle. Voir Darrouzès, *Épistoliers byzantins*, p. 45.

aussi, puisqu'il lui dédia la seule œuvre qu'il ait léguée à la postérité, ses *Commentaires aux Discours de Grégoire de Nazianze* ([51]). Il s'agit d'un ouvrage assez imposant : Basile a en effet écrit un *Commentaire* à tous les 45 *Discours* de Grégoire de Nazianze, mis à part les *Discours* 12, 35 et 37 ([52]), mais en comptant les *Lettres* 101, 102 et

---

([51]) Outre cet ouvrage, Basile n'a apparemment laissé qu'un fragment d'une lettre à un certain Syméon protospathaire et protonotaire du drome, qu'il faut peut-être identifier avec Syméon le Métaphraste à la suggestion de J. Darrouzès : *Inventaire des épistoliers byzantins du Xe siècle*, dans *REB*, 18 (1960), p. 118. Cet extrait a été conservé par hasard à la fin d'un unique cahier daté du Xe siècle, relié à la suite d'un manuscrit du XIIe ou XIIIe siècle, le *Vatican gr.* 622. Une édition de ce fragment est en cours de préparation dans la *REB*. En revanche, Basile le Minime n'est certainement pas l'auteur des scholies à Zosime transmises sous le nom de Basile le Moine (édition du texte dans A.M. FORCINA, *Lettori bizantini di Zosimo. Le note marginali del cod. Vat. gr. 156* [*Vita e pensiero*], Milan, 1987, p. 30-32) : mis à part l'homonymie, la date de rédaction et l'usage du genre scholiographique, aucun indice ne supporte cette hypothèse, sans compter que le style des deux scholiastes est très différent : le commentateur de Zosime est un moine scandalisé de ce qu'il lit, tandis que Basile le Minime montre même devant les pires actions de Julien décrites par Grégoire dans les *Discours* 4 et 5 une impassibilité de philologue. Il est également peu probable que Basile ait écrit la lettre du protothrone à Constantin Porphyrogénète, plus communément attribuée à Aréthas malgré les difficultés de datation qu'une telle attribution suppose (le texte a d'ailleurs été édité en annexe des œuvres mineures d'Aréthas : *Op.* 83, éd. L.G. WESTERINK, *Arethae archiepiscopi Caesariensis scripta minora* [*BSGRT*], vol. 2, Leipzig, 1972, p. 145 ; sur ce débat, voir RIOUAL, *Aréthas, Théophane et Basile*, p. 374-376). Quant à savoir si Basile le Minime peut être reconnu comme un auteur de canons dans le ménologe orthodoxe, la question mériterait un examen plus approfondi, car elle a été jusqu'ici sommairement menée (voir *supra*, p. VII, n. 1). Considérant la façon dont Basile a parlé du chant liturgique dans son *Commentaire au Discours 5* (*Comm. 5*, 54), il y aurait en effet peut-être lieu de reprendre le dossier depuis le début. Un tel examen ne saurait cependant faire l'économie d'une meilleure connaissance de l'abondante tradition manuscrite des *Menaia*.

([52]) Le *Discours* 35, jugé aujourd'hui douteux, est absent d'une branche importante de la tradition manuscrite et n'a fait l'objet d'aucun commentaire connu. Le *Discours* 37 est la seule homélie exégétique écrite par Grégoire ; c'est peut-être pour cette raison qu'il n'a pas retenu l'attention de Basile, ni, généralement, celle des autres scholiastes. L'absence du *Discours* 12 est plus difficile à expliquer.

243 ([53]), qui figuraient régulièrement dans les manuscrits des collections complètes des *Discours*, puisqu'elles constituent en réalité de petits traités dogmatiques ([54]).

Avec cette production, Basile mérite assurément le titre du plus prolifique des scholiastes des *Discours* de Grégoire de Nazianze, puisqu'il est le seul à avoir couvert l'ensemble, ou presque, de la production oratoire du Théologien ([55]). Avant lui, le pseudo-Nonnos avait traité seulement de quatre *Discours* dans ses *Histoires mythologiques* – les *Discours* 4, 5, 39 et 43 – et en s'intéressant uniquement aux éléments mythologiques (et parfois historiques) du texte ([56]). Maxime le Confesseur avait commenté plusieurs des *Discours* dans ses *Ambigua*, mais en utilisant seulement de courts extraits, sélectionnés pour les besoins de sa démonstration : à la manière d'un commentaire philosophique, Maxime utilisa en effet le texte de Grégoire comme point de départ pour élaborer sa pensée théologique ([57]). Cette façon de commenter se retrouve aussi dans

---

(53) Ces trois lettres appartiennent au corpus des *Lettres* dites *théologiques* de Grégoire, avec la *Lettre* 202 qui, étonnamment, n'a pas eu l'honneur d'un commentaire de la part de Basile. L'authenticité de la *Lettre* 243 est aujourd'hui rejetée. Pour un état de la question sur cette dernière, voir M. SLUSSER, *St. Gregory Thaumaturgus: Life and Works* (*The Fathers of the Church*, 98), Washington, 1998, p. 29-32.

(54) Voir SOMERS, *Histoire des collections*, p. V-VI.

(55) SCHMIDT, *Basilii Minimi*, p. XI.

(56) Pour l'édition et la traduction du texte, voir les travaux de J. NIMMO SMITH, *Pseudo-Nonniani in IV Orationes Gregorii Nazianzeni Commentarii* (*CCSG*, 27 ; *Corpus Nazianzenum*, 2), Turnhout, 1992 ; et *A Christian's Guide to Greek Culture. The Pseudo-Nonnus Commentaries on Sermons 4, 5, 39 and 43 by Gregory of Nazianzus* (*Translated Texts for Historians*, 37), Liverpool, 2001. Basile n'ignore pas les *Histoires mythologiques* et il lui arrive même à l'occasion d'y faire allusion : voir *supra*, p. X.

(57) Seuls les *Ambigua à Thomas* bénéficient actuellement d'une édition critique accompagnée d'une traduction anglaise : B. JANSSENS, *Maximi Confessoris Ambigua ad Thomam una cum Epistula secunda ad eundem* (*CCSG*, 48), Turnhout – Louvain, 2002 ; et J. LOLLAR, *Maximus the Confessor, Ambigua to Thomas; Second letter to Thomas* (*Corpus Christianorum in translation*, 2), Turnhout, 2009. Les *Ambigua à Jean* ne sont encore disponibles que dans l'édition de la *Patrologie grecque* (*PG* 91, col. 1061 A 1 – 1417 C 2) ou dans la traduction latine de Jean Scot Érigène : É. JEAUNEAU, *Maximi Confessoris Ambigua ad Iohannem iuxta Iohannis Scotti Eriugenae latinam interpretationem*, (*CCSG*, 18), Turnhout – Louvain, 1988.

quelques *Amphilochia* de Photios au Xe siècle ([58]) et, plus tard, dans nombre d'*Opuscules* de Michel Psellos ([59]). Approximativement à la même époque que Basile, il y eut les commentaires d'un certain Georges Mocénos (ou Mocios) dont le travail exégétique n'a survécu qu'en s'amalgamant à celui de Basile dans certains manuscrits ([60]) ; le témoignage des sources laisse penser que cet exégète n'aurait toutefois abordé que les discours dits « liturgiques » de Grégoire, c'est-à-dire les seize *Discours* susceptibles d'être lus à dates fixes lors de certaines fêtes religieuses ([61]). Peu après Basile, durant la deuxième moitié du Xe siècle, l'érudit Jean Cyriote Géomètre proposa des commentaires aux *Discours* 1, 19, 38 et 45, dont la teneur rhétorique semble indéniable ([62]). L'œuvre de Basile a finalement influencé Nicétas d'Héraclée, qui, à la fin du XIe siècle, commenta tous les discours dits « liturgiques » ([63]) ; Élie de Crète, qui compléta le

---

(58) Par exemple, les *Amphilochia*, 78, 233 et 235, éd. L.G. WESTERINK, *Photii Patriarchae Constantinopolitani epistulae et amphilochia* (*BSGRT*), vol. 5-6, Leipzig, 1986-1987, portent sur des passages précis des *Discours* de Grégoire.

(59) MICHEL PSELLOS, *Op. Theol.*, éd. P. GAUTIER – L.G. WESTERINK – J.M. DUFFY, *Michael Psellus, Theologica* (*BSGRT*), vol. 1, Leipzig, 1989 ; vol. 2, Munich – Leipzig, 2002.

(60) Cet amalgame a donné naissance à la version dite *syllogè* des *Commentaires* de Basile. Sur cette famille de manuscrits, voir SCHMIDT, *Liste révisée*, p. 157-158.

(61) En fait, selon les informations fournies par J. Sajdak (*Historia critica*, p. 62), il n'aurait que commenté quinze des seize *Discours* de la « collection de XVI », mais il n'existe actuellement aucune édition, complète ou partielle, de son œuvre qui permettrait de juger la valeur de cette information.

(62) Ces commentaires n'ont encore fait l'objet d'aucune édition, mais les extraits publiés par J. Sajdak (*Historia critica*, p. 89-95) ne laissent que peu de place au doute quant à leur contenu rhétorique. Cette constatation n'est guère surprenante, sachant que Jean avait aussi composé des commentaires – aujourd'hui perdus – au *Corpus rhetoricum* dans lesquels il fut un des premiers à intégrer des exemples tirés des *Discours* de Grégoire de Nazianze. Voir G.L. KUSTAS, *Studies in Byzantine Rhetoric* (*Analekta Vlatadōn*, 17), Thessalonique, 1973, p. 24-25 ; G.A. KENNEDY, *Greek Rhetoric under Christian Emperors* (*A History of Rhetoric*, III), Princeton, 1983, p. 307-308.

(63) Malgré sa popularité (plus de 148 manuscrits transmettent son œuvre selon l'inventaire de SAJDAK, *Historia critica*, p. 120-161), les scholies de cet auteur sont encore largement inédites. Actuellement, dans la *Patrologie grecque*, seuls les commentaires aux *Discours* 1 et 11 ont été transmis au complet : *PG* 36, col. 944 A 1 – 984 C 13. Des extraits se

travail de Nicétas au début du XIIe siècle en commentant les autres discours (⁶⁴); et Nicéphore Calliste Xanthopoulos, qui reprit au XIIIe siècle le travail d'Élie sur les discours dits « non lus » (⁶⁵). En somme, seule la masse anonyme et disparate des *scholia vetera* (⁶⁶), dont l'édition est encore très inégale (⁶⁷), couvre une partie aussi importante de l'œuvre rhétorique du Nazianzène.

trouvent aussi en *PG* 36, col. 908 C 13 – 913 B 2 (tirés du codex *Munich gr.* 216), mais erronément attribués à Basile. Finalement, une traduction latine de six commentaires (*Or.* 38, 39, 40, 45, 44 et 41), due à J. de Billy, est proposée dans la *PG* 127, col. 1177 A 1 – 1480 C 14. Autrement, une édition des *Or.* 38 et 41 est disponible dans D. Hoeschel, Ὁμιλίαι θεοφόρων τινῶν Πατέρων. *Homiliae Quaedam Sacrae, Basilii M., Gregorii Nysseni, Nazianzeni, Ioan. Chrysostomi, Cyri Germani*, Augsburg, 1587, p. 20-84 et p. 243-333. Plus récemment, le commentaire à l'*Or.* 14 a été édité par K. Dyobouniotis, Νικήτα Ἡρακλείας ἑρμηνεία εἰς λόγους Γρηγορίου Ναζιανζηνοῦ, dans Θεολογία, 21 (1950), p. 354-384. Divers extraits sur la mythologie, la littérature et l'histoire anciennes ont également été recueillis par R. Constantinescu, *Nicetae Heracleensis commentariorum XVI orationum Gregorii Nazianzeni fragmenta rem litterariam, historiam atque doctrinam antiquitatis spectantia*, Bucarest, 1977; et repris dans le *TLG*.

(64) La datation de cet évêque n'a pas toujours fait l'unanimité; voir V. Laurent, *Le rituel de la proscomidie et le métropolite de Crète Élie*, dans *REB*, 16 (1958), p. 116-123. Actuellement, seuls des extraits de commentaires à dix-neuf *Discours* (3, 6, 9, 10, 12, 13, 17, 20, 22, 23, 26-33, 36) ont été édités par A. Jahn, d'après le *Basel Universitätsbibliothek* A. N. I. 08: *PG* 36, 757 A 1 – 898 B 15. Pour le reste, il n'existe que des traductions latines proposées par J. Leunclavius, *Operum Gregorii Nazianzeni tomi tres, aucti nunc primùm Caesarii, qui frater Nazianzeni fuit, Eliae Cretensis episcopi, Pselli, & ipsius Gregorii librorum aliquot accessione*, Basel, 1571; et par J. de Billy, *Sancti Gregorii Nazianzeni cognomento Theologi opera*, vol. 2, Antwerp, 1612.

(65) Comme Élie, il aurait commenté uniquement les discours dits « non lus », mais il n'existe actuellement aucune édition de son œuvre exégétique. Sajdak, *Historia critica*, p. 191-198.

(66) Ce matériel exégétique semble provenir, pour ce qui est de son noyau du moins, d'Alexandrie dans la deuxième moitié du VIe siècle (Piccolomini, *Estratti inediti*, p. XXXVII-XLII; Nimmo Smith, *The Early Scholia*, p. 78-84), mais, du fait de sa nature technique et anonyme, ce corpus a subi au cours des siècles de nombreux remaniements, ajouts et retranchements, comme le prouvent les divergences entre les manuscrits. Sur ces scholies, voir les travaux de Nimmo Smith, *The Early Scholia*, p. 69-146; et *Sidelights on the Sermons*, p. 135-201.

(67) *PG* 36, col. 1205 D 1 – 1255*** A 12 (édition de R. Montagu pour les scholies aux *Discours* 4 et 5 uniquement); Piccolomini, *Es-

À la manière de ces dernières, les *Commentaires* de Basile se présentent comme une suite de scholies indépendantes ([68]), portant sur des passages précis du texte de Grégoire et se succédant selon l'ordre de lecture du texte commenté, sauf en de rares exceptions ([69]). La longueur de ces scholies varie d'une ligne à plus d'une page ([70]), même si, en moyenne, elles occupent généralement quelques lignes. Leur contenu est essentiellement de nature élémentaire et cherche à rendre le texte de Grégoire plus accessible à un public moins instruit. Cet objectif pédagogique des *Commentaires* est d'ailleurs clairement défini par Basile lui-même dans son épilogue du *Commentaire au Discours 5*:

> Qu'aucun des lecteurs ne me blâme, même si certains passages qui n'étaient pas trop obscurs ont reçu un commentaire de notre part, comme s'ils avaient, semble-t-il, besoin d'une explication ou d'un éclaircissement pour en interpréter les pensées sous-jacentes. En effet, nous ne nous sommes pas seulement préoccupé des passages cités afin de mettre en lumière, autant que possible, leur sens caché, mais également, s'il y en avait certains extraordinaires et dignes d'admiration, de les noter [...]. Non seulement cela, mais ces traits aussi, en effet, ont été étudiés par nous dans l'ensemble du présent traité et, pour ceux qui voient petit et qui ont besoin de lait au lieu d'une alimentation solide en discours, j'en ai vu l'utilité. C'est pourquoi aussi je n'ai pas

---

tratti inediti (sélection de scholies dont sont exclues, entre autres, celles de nature critique, celles à contenu théologique et celles déjà éditées par R. Montagu); BRUCKMAYR, *Randscholien* (les scholies sont regroupées suivant une division thématique qui ne facilite pas leur consultation). Un tableau récapitulatif fort utile a été dressé par NIMMO SMITH, *The Early Scholia*, p. 113-146, tables C1-C2.

(68) Les commentaires individuels de Basile seront désignés sous le vocable de « scholie ». Dans la recherche actuelle, le terme est principalement employé pour désigner les annotations marginales anonymes, mais, étymologiquement, le mot signifie simplement « note ». De plus, puisque les commentaires de Basile, par leur longueur et leur construction, ressemblent beaucoup aux *marginalia*, l'appellation reste pertinente.

(69) L'édition des *Commentaires aux Discours 4 et 5* a permis, par exemple, de repérer deux scholies qui ne suivaient pas l'ordre de lecture du *Discours* de Grégoire. Sur ces scholies inversées, voir *infra*, p. XL-XLI.

(70) La plus longue scholie recensée jusqu'ici a été éditée par L. de Sinner en annexe de son édition du *Commentaire au Discours 7* (sur cette édition, voir *infra*, p. XXVIII). Il s'agit en réalité d'une scholie extraite du *Commentaire au Discours 41* et elle occupe environ deux colonnes et demi de la *Patrologie grecque*: *PG* 36, col. 1204 B 1 – 1205 C 2.

cessé de mâcher, triturer et travailler cette nourriture en un produit moins consistant et mature, au point de ne même pas dédaigner l'explication de vocabulaire. Et, puisque les périodes s'enchaînent après un long intervalle, je les ai reliées et resserrées, pour exposer leur but, autant que possible, de manière plus résumée et plus claire, de façon à ce que, sans léser non plus les hommes matures et avancés en contemplation, ceux-ci aussi tirent profit de l'aspect commun, plaisant, direct et familier de l'interprétation. J'ai indiqué de manière technique certains points aussi à propos des ponctuations. ([71])

Conformément à ce que Basile affirme dans cet épilogue, la majorité de ses remarques sont en effet de nature grammaticale ; elles se présentent plus ou moins comme des paraphrases du texte de Grégoire et n'apportent généralement rien de plus au texte, si ce n'est des définitions de vocabulaire, des synonymes, des remaniements de syntaxe ou des explications de pensée. La simplicité de ces scholies peut parfois surprendre ([72]), mais il ne faut pas oublier que, Basile s'adressait, comme il le dit lui-même, à des lecteurs « qui voient petit et qui ont besoin de lait au lieu d'une alimentation solide en discours ([73]) », c'est-à-dire des lecteurs que G. Cavallo qualifie de moyens ([74]), qui n'avaient pas atteint les hautes sphères de l'éduca-

---

(71) Basile le Minime, Comm. 5, 66 : « Μηδεὶς τῶν ἐντυγχανόντων ἐπιτιμάτω, εἰ καί τινα τῶν μὴ λίαν ἀσαφῶν σημειώσεως ἔτυχε τῆς παρ' ἡμῖν, ὡς δῆθεν ἑρμηνείας δεῖσθαι καὶ σαφηνείας εἰς δήλωσιν τῶν ὑποκειμένων ἐννοιῶν · ἐμέλησε γὰρ ἡμῖν οὐ τῶν ῥητῶν μόνον τὸν ἐγκεκρυμμένον εἰς φῶς κατὰ τὸ δυνατὸν ἄγειν νοῦν, ἀλλὰ καὶ τῶν εἴ τινα τῶν παραδόξων καὶ θαύματος ἀξίων σημειοῦσθαι [...]. Οὐ μόνον δέ, ἀλλὰ δὴ γε καὶ τοῦτο γὰρ ἐν ἁπάσῃ τῇ τοιαύτῃ πραγματείᾳ ἡμῖν ἐσπουδάσθη καὶ τῶν μικρὰ βλεπόντων καὶ γάλακτος ἀλλ' οὐ στερεᾶς τῶν λόγων τροφῆς δεομένων συνεῖδον τὴν ὠφέλειαν. Διὸ καὶ τὴν οὐ πάνυ στερεὰν καὶ ἀνδρώδη καταμασώμενος καὶ καταλεαίνων τροφὴν καὶ κατεργαζόμενος οὐ διέλιπον, ὡς μηδὲ λέξεων ἐξηγήσεως καταφρονῆσαι. Καὶ τῶν διὰ μακροῦ δὲ ἀποδιδομένων περιόδων, συνείρων καὶ συνάγων, ἐπιτομώτερον καὶ σαφέστερον, ὡς οἷόν τε, τὸν σκοπὸν ἐξεθέμην · ὅπως, μηδὲ τῶν ἀνδρικῶν τε καὶ ὑψηλῶν εἰς θεωρίαν βλαπτομένων, καὶ οὗτοι τῷ κοινῷ τε καὶ ἁπαλῷ καὶ εὐθεῖ καὶ συνήθει τῆς ἑρμηνείας ὠφελοῖντο. Τινὰ δὲ καὶ περὶ στιγμῶν τεχνικῶς ὑπεσημηνάμην ».

(72) Le jugement de F. Trisoglio dans son article sur les commentateurs de Grégoire (*Mentalità ed atteggiamenti*, p. 225-234) est particulièrement sévère sur les exégèses de Basile.

(73) Basile le Minime, Comm. 5, 66 : « [...] τῶν μικρὰ βλεπόντων καὶ γάλακτος ἀλλ' οὐ στερεᾶς τῶν λόγων τροφῆς δεομένων [...] ».

(74) Cavallo, *Lire à Byzance*, p. 94-95.

tion et qui, de ce fait, manquaient d'outils pour apprécier la lecture des *Discours* de Grégoire. En outre, ces lecteurs ne parlaient pas couramment le grec classique utilisé par Grégoire de Nazianze et ils n'avaient pas accès aux facilités exégétiques modernes (dictionnaires, grammaires, etc.). Par ailleurs, comme Basile le reconnaît lui-même dans l'épilogue, un certain nombre de ses remarques n'avaient pas nécessairement pour but d'expliquer un passage difficile, mais plutôt d'en souligner simplement la richesse, sans qu'il soit toujours facile pour le lecteur moderne de distinguer entre l'un et l'autre. Quoi qu'il en soit, la simplicité de ses paraphrases dut plaire à ses contemporains, puisque, selon l'heuristique des manuscrits réalisée par T. Schmidt (75), il existe actuellement 85 manuscrits qui transmettent, en tout ou en partie, son œuvre, dont plus de la moitié fut copiée entre le Xe et le XIIe siècle (76).

En plus de ces exégèses strictement textuelles, l'œuvre de Basile présente un certain nombre de commentaires plus informatifs, dont le but évident était de combler les éventuelles lacunes de culture générale de ses lecteurs en lien avec le texte de Grégoire. Il peut s'agir de références littéraires, de rappels d'événements historiques, de récits mythologiques (77), d'indications de procédés rhétoriques, d'explications de concepts philosophiques, ou autres. En effet, le lecteur byzantin (comme le lecteur moderne d'ailleurs) n'était pas toujours outillé pour comprendre les allusions de Grégoire, et Ba-

---

(75) SCHMIDT, *Liste révisée*, p. 159-172. À cette première liste, T. Schmidt (*Basilii Minimi*, p. XII, n. 14) avait par la suite ajouté le *Munich Staatsbibl. gr.* 92. Nos recherches ont permis de repérer deux autres manuscrits : l'*Escorial* Λ I 4 (malheureusement disparu dans l'incendie de la bibliothèque en 1671) et le *Vatican gr.* 388. Il s'agit de trois apographes copiés à la Renaissance du *Venise Marc.* Z 69 (le numéro 36 dans l'inventaire de Schmidt).

(76) Sur les 85 manuscrits, environ 51 sont datés des Xe, XIe ou XIIe siècles approximativement, et seulement 13 sont des apographes présumés ou reconnus de manuscrits existants. Le nombre de ces apographes pourrait cependant être appelé à augmenter légèrement à mesure que progressera l'étude de la tradition manuscrite.

(77) Il faut noter cependant que, pour les *Discours* 4 et 5 du moins, Basile ne répète pas inutilement ce que le pseudo-Nonnos a dit dans ses *Histoires mythologiques*, un ouvrage qui circulait apparemment à son époque puisqu'il lui arrive de le citer (voir *supra*, p. X) ; lorsque Basile intervient dans ce domaine, c'est généralement pour apporter un point d'information négligé par le pseudo-Nonnos ou pour corriger un élément narratif des *Histoires*.

sile s'applique à corriger cette situation, dans la mesure du possible sans trop s'éloigner du texte. L'objectif recherché par l'exégète est le même que précédemment : permettre à un public moins lettré d'apprécier la richesse de la plume de Grégoire.

Quelques scholies se distinguent toutefois du nombre et surprennent par leur contenu plus scientifique ou prosaïque [78] : ces très rares scholies, que nous appellerons « savantes », présentent souvent un lien assez ténu avec le texte de Grégoire de Nazianze, puisque, dans celles-ci, Basile prend généralement appui sur une remarque du texte pour ouvrir la discussion sur un sujet totalement autre, le plus souvent en lien avec les sciences de la nature ou les matières du *quadrivium* : arithmétique, géométrie, harmonique et astronomie. Dans les *Commentaires aux Discours 4 et 5*, on trouve un seul exemple flagrant de ce type d'approche – mais il en existe davantage dans d'autres *Commentaires* [79] – lorsque Grégoire compare l'impiété grandissante de Julien à l'orage qui monte [80] ; Basile en profite pour ouvrir une parenthèse sur la formation des éclairs [81], empruntant son explication aux *Météorologiques* d'Aristote [82]. Malgré leur caractère extrêmement digressif, ces scholies contribuent paradoxalement à renforcer l'impression de mission pédagogique qui se dégage de l'œuvre, car elles présentent un contenu nettement éducatif et sont généralement associées à des matières scolaires. Ce constat ne signifie pas que les *Commentaires* de Basile étaient destinés à un usage scolaire, mais plutôt que, pour faire apprécier l'œuvre de Grégoire à ses lecteurs, Basile leur propose une lecture expliquée du texte telle que pouvait la dispenser un maître d'école [83].

La date de rédaction ou de publication des *Commentaires* n'est pas connue, mais elle peut être approximativement déduite des informations contenues dans la *Lettre dédicatoire* qui accompagnait le

[78] Tel est le terme employé par J. Mossay pour qualifier ce type de remarque chez Basile : J. Mossay, *Le berger d'après des textes de Grégoire de Nazianze*, dans A. Schmidt (éd.), *Studia Nazianzenica II* (CCSG, 73 ; Corpus Nazianzenum, 24), Turnhout, 2010, p. 379-381.
[79] Pour d'autres exemples, voir Rioual, *Lire Grégoire de Nazianze*.
[80] Grégoire de Nazianze, *Or.* 4, 95.
[81] Basile le Minime, *Comm.* 4, 93 (*Or.* 4, 95).
[82] Aristote, *Météorologiques*, 2, 9 – 3, 1.
[83] Quintilien donne dans le premier livre de son *Institution oratoire* (I, 8, 13 – 9, 1) un aperçu intéressant de la tâche du maître de grammaire, qui n'est pas sans rappeler par certains aspects le travail de Basile. Une plus ample comparaison est proposée dans Rioual, *Lire Grégoire de Nazianze*.

Commentaire au Discours 38 et par laquelle Basile offrait son travail à l'empereur. Puisque cette lettre est adressée à l'empereur Constantin de la part de Basile, évêque de Césarée, elle doit nécessairement avoir été écrite après 932, car, à cette date, Aréthas occupait encore le siège de Césarée, et avant le 9 novembre 959, date de la mort de l'empereur. En outre, comme Basile y fait mention de cadeaux offerts à l'empereur pour souligner la Nativité et pour célébrer une victoire sur les ennemis, sans faire allusion à des coempereurs, il est tout à fait réaliste de restreindre cette fourchette de temps au seul règne effectif de l'empereur Constantin VII, c'est-à-dire entre janvier 945 et novembre 959 ([84]).

2. *Bref portrait de la tradition manuscrite*

Au vu de la taille imposante de cet ouvrage, la question se pose toutefois à savoir si, à cette occasion, Basile avait offert à l'empereur la totalité de son œuvre achevée ou seulement une portion du travail qu'il se promettait d'accomplir. Autrement dit, Basile avait-il conçu et publié son travail sous la forme d'un recueil unique ([85]) ? Le manque d'uniformité de la tradition manuscrite contribue à mettre en doute ce mode de publication des *Commentaires*. En effet, sur l'ensemble des manuscrits recensés par T. Schmidt, seul quatre contiennent tous les *Commentaires* de Basile, dont deux sont en réalité les apographes des deux autres ([86]). Tous les autres témoins font état d'une sélection plus ou moins substantielle de l'œuvre de Basile, variant de quelques scholies à une trentaine de *Commentaires* complets. En outre, l'ordre d'apparition des *Commentaires* varie fortement d'un témoin à l'autre, même si certains groupes thématiques plus ou moins fixes reviennent régulièrement, comme ceux que forment les deux *Invectives contre Julien* (*Or.* 4 et 5), les discours funèbres pour la famille de Grégoire (*Or.* 7, 8 et 18) ou les discours

---

[84] Dans une note, A. Harnack (*Die Überlieferung*, p. 38, n. 92) laisse entendre que Basile avait rédigé ses *Commentaires* entre 913 et 919. Sans apporter davantage de justification, G. Cavallo (*Lire à Byzance*, p. 49) date la *Lettre dédicatoire* de 918. R. Browning (*The Correspondence of a Tenth-Century Byzantine Scholar*, dans *Byzantion*, 24 [1954], p. 428) est plus juste lorsqu'il écrit que les *Commentaires* « seem to have been published after the fall of Romanus Lecapenus ».

[85] Schmidt, *Basilii Minimi*, p. XII-XIII.

[86] Il s'agit du *Paris gr.* 573 et de son apographe, le *Leyde Voss. gr.* in-f° 45, ainsi que de l'*Athos Pantel.* 7 et de son apographe, l'*Athos Pantel.* 762.

prononcés lors son ordination à Sasimes (*Or.* 9 et 10) ([87]). Sans être un facteur décisif, cet aspect de la tradition manuscrite tend davantage à évoquer une édition multiple, dans laquelle chaque groupe de *Commentaires* aurait connu un destin parfois solidaire, parfois indépendant ([88]).

Une grande partie des variations enregistrées dans la tradition manuscrite est cependant imputable à la nature même des *Commentaires* ; les copistes et leurs commanditaires se sentirent en effet libres, jusqu'à un certain point, d'adapter ce contenu exégétique à leur besoin. C'est ce qui explique, par exemple, que les scholies de Basile se présentent dans les manuscrits sous deux aspects différents : soit sous la forme d'annotations marginales entourant le *Discours* de Grégoire, avec des renvois dans le texte pour signaler le début du passage étudié par Basile ; soit comme un commentaire « suivi » donnant les scholies de Basile l'une à la suite de l'autre. En ce cas, le début du passage commenté par Basile est systématiquement signalé par un lemme extrait du texte de Grégoire. Le fait que ces lemmes soient rigoureusement identiques d'un témoin à l'autre (du moins pour les *Commentaires aux Discours 4 et 5* ([89])), que certaines scholies sous la forme marginale présentent également un lemme et qu'il existe, dans les témoins sous la forme suivie, des scholies inversées par rapport à l'ordre de lecture du texte de Grégoire ([90]) permet de

---

(87) Une étude plus approfondie de l'acolouthie des manuscrits a été proposée dans Rioual, *Lire Grégoire de Nazianze*. Selon le format employé (scholies marginales ou commentaire « suivi ») et les choix éditoriaux du scribe ou de son commanditaire, l'ordre d'apparition des *Commentaires* pouvait également être plus ou moins dépendant de l'acolouthie des *Discours* de Grégoire, laquelle était elle-même très variable. Sur l'ordre des *Discours* de Grégoire, voir Somers, *Histoire des collections*.

(88) Cette situation pourrait expliquer que, lors de son édition du *Commentaire au Discours 38*, T. Schmidt (*Basilii Minimi*, p. XVI) ait découvert trois états du texte (sans compter les témoins isolés qui résistent à toute tentative de classement) – une version longue constituée de 188 scholies, une version brève de 93 scholies et une version *syllogè* dont les 342 scholies regroupent approximativement les exégèses de la version longue de Basile et celles de Georges Mocénos –, alors que la présente édition n'a rien révélé de tel.

(89) La situation en ce qui concerne le *Commentaire au Discours 38*, précédemment édité par T. Schmidt, est plus complexe, en raison de l'existence d'au moins deux états du texte différents. Voir la note précédente.

(90) Par exemple, les scholies 99 et 100 du *Commentaire au Dis-*

poser l'hypothèse – qui reste à confirmer par une meilleure connaissance de la tradition manuscrite – que la deuxième présentation aurait été le format original des *Commentaires* de Basile.

Il est également apparu très rapidement avantageux de réunir en un seul volume toutes les scholies jugées pertinentes sur un même *Discours* de Grégoire ; de telles motivations ont mené à la création, dès le Xe siècle, de corpus de commentaires hybrides, dans lesquels la part due à Basile n'est pas toujours facile à distinguer *a priori*. Ainsi en est-il de la version dite *syllogè*, qui intégra aux commentaires de Basile ceux de Georges Mocénos, dont il a été question un peu plus haut ([91]). Cela dit, notre connaissance de la tradition manuscrite des *Commentaires* de Basile est actuellement très lacunaire, car elle souffre du manque d'édition critique de l'œuvre.

3. *État de l'édition*

En effet, la majorité des *Commentaires* de Basile sont encore totalement inédits. Outre la présente publication, seul le *Commentaire au Discours 38* et la *Lettre dédicatoire* qui le précède dans la plupart des manuscrits ont eu jusqu'à présent l'honneur d'une édition critique, laquelle a été réalisée par T. Schmidt en 2001 ([92]). Autrement, il faut signaler la publication des *Commentaires aux Discours 4 et 5* et celui *au Discours 25* par J.-F. Boissonade en 1827 ([93]), ainsi que celle du *Commentaire au Discours 7* par L. de Sinner en 1836 ([94]) ; ces deux érudits ont toutefois travaillé uniquement sur la base d'un ou deux manuscrits conservés à Paris ([95]).

---

cours 4 sont inversées par rapport au texte de Grégoire : cela correspond peut-être à une volonté de Basile de réorganiser le discours de Grégoire dans ce passage crucial afin d'en faciliter la compréhension. La scholie 18 du *Commentaire au Discours 5* porte également sur un point du discours qui précède les passages commentés par les scholies 16 et 17. Sur ces scholies inversées, voir *infra*, p. XL-XLI.

(91) Sur cette version dite *syllogè*, voir *supra*, p. XX et n. 60.

(92) Schmidt, *Basilii Minimi*. Une édition du *Commentaire au Discours 21* et de celui *au Discours 43* a également été annoncée par ce chercheur (Schmidt, *À propos des scholies de Basile*, p. 123).

(93) Boissonade, *Scholies inédites*, p. 63-129 (repris dans la *PG* 36, col. 1080 B 1 – 1179 D 7).

(94) L. De Sinner, *S. Gregorii Nazianzeni in Cæsarium fratrem oratio funebris*, Paris, 1836, p. 35-55 (repris dans la *PG* 36, col. 1181 A 1 – 1204 A 12).

(95) Pour les *Commentaires aux Discours 4 et 5*, J.-F. Boissonade a pu

Pour le reste, l'œuvre de Basile n'a fait l'objet que de publications partielles, le plus souvent très fragmentaires [96]. Les plus substantielles de ces compilations sont dues à A. Jahn [97], E. Norden [98] et R. Cantarella [99]. Malheureusement, aucune de ces compilations ne s'est avérée contenir uniquement les exégèses de Basile, car les manuscrits utilisés par ces chercheurs présentaient du matériel d'origine diverse; impossible donc d'utiliser ces éditions sans procéder d'abord à un tri rigoureux. Ainsi, des trois manuscrits que R. Cantarella a consultés, un seul contient-il uniquement le texte de Basile; l'autre appartient à la tradition dite *syllogè*, qui réunit les scholies de Basile et de Georges Mocénos, et le troisième présente essentiellement les exégèses de Nicétas d'Héraclée [100]. Par conséquent, seules les scholies des *Commentaires* qui se trouvent uniquement dans le premier manuscrit peuvent être utilisées avec certitude [101]. Pareillement, dans les éditions d'A. Jahn et de E. Norden, seules les scholies extraites des manuscrits *Munich gr.* 34, 204 et 499 peuvent être attribuées à Basile [102]. Ces éditions partielles permettent ainsi d'étoffer notre connaissance de l'œuvre de Basile, mais sont loin d'en donner une image complète. Non seulement elles reposent sur un nombre limité de témoins, mais elles sont aussi le fruit d'une sé-

consulter le *Paris gr.* 573 et le *Paris Coisl.* 236; pour le *Commentaire au Discours 7* et celui *au Discours 25*, seul le premier pu être utilisé. Voir SCHMIDT, *Liste révisée*, p. 177-178.

[96] Voir l'inventaire des éditions fourni par SCHMIDT, *Liste révisée*, p. 175-181.

[97] A. Jahn a publié, en complément de son édition d'Élie de Crète (voir *supra*, p. XXI, n. 64), un certain nombre de scholies qu'il a trouvées dans les manuscrits de Munich. Ces scholies ont été reprises, avec la même pagination, dans la *Patrologie grecque* (*PG* 36, 903 A 1 – 916 D 5).

[98] NORDEN, *Scholia in Gregorii*, p. 606-642. Les scholies ont été classées par thème et numérotées de 1 à 37.

[99] CANTARELLA, *Basilio Minimo*, p. 1-34. Les scholies de cette édition sont présentées par *Discours* et numérotées de 1 à 198, sans distinction entre les *Discours*.

[100] Cette situation a été dénoncée dans SCHMIDT, *À propos des scholies de Basile*, p. 121-133.

[101] Il s'agit du *Florence Laur. S. Marco gr.* 688. Concrètement, seules les scholies des *Discours* 2, 4, 7, 8, 17, 18, 20, 25, 28, 30, 34 et 36 peuvent être tenues pour assurément authentiques.

[102] Autrement dit, pour l'édition d'A. Jahn: *PG* 36, col. 903 A 1 – 908 C 12 et 913 B 3 – 916 D 5. Dans l'édition d'E. Norden, comme le classement des scholies est fait par thème, il faut repérer celles affectée du sigle M^1, M^2 ou M^3.

lection, dont les paramètres ne sont pas toujours clairement définis. En somme, il reste encore un important travail d'édition critique à faire, auquel le présent ouvrage apporte une contribution en offrant la première édition critique des *Commentaires aux Discours 4 et 5*.

III. Les *Commentaires aux* Discours *4 et 5*

1. *Les* Invectives contre Julien *(Discours 4 et 5)*

Alors qu'il était encore jeune prêtre à Nazianze, Grégoire rédigea contre l'empereur Julien, qui avait apostasié la foi chrétienne en montant sur le trône de l'Empire romain en 361, deux discours écrits au vitriol, une double stèle infâmante pour apprendre « à tous les autres hommes à ne pas avoir l'audace de fomenter une telle révolte contre Dieu, de peur de s'exposer aux mêmes châtiments en commettant les mêmes crimes » ([103]). Grégoire avait plusieurs raisons, religieuses, familiales et personnelles, de s'opposer ainsi ouvertement et publiquement à Julien. Tout d'abord, il lui revenait en tant qu'homme d'Église de prendre la parole pour conforter et défendre ses fidèles à l'heure des épreuves. Lors de son passage en Cappadoce, l'empereur s'était en effet violemment heurté à l'hostilité de la population majoritairement chrétienne de la région et avait promis, à son retour de campagne contre les Perses, de sévères représailles ([104]). En prévision de cet affrontement, l'orateur commença donc à fourbir ses armes. Grégoire avait d'autres intérêts dans ce combat : sa famille n'était pas alors exempte de tout reproche et des ragots circulaient. Un père qui signe une profession de foi douteuse ([105]), un frère médecin à la cour qui s'attarde auprès de l'empereur après son apostasie ([106]), un jeune prêtre qui s'enfuit dans le

---

[103] Grégoire de Nazianze, *Or.* 5, 42, éd. et trad. Bernardi, *Discours 4-5*: « [...] τοὺς λοιποὺς πάντας παιδεύουσαν μή τινα τοιαύτην κατὰ Θεοῦ τολμᾶν ἐπανάστασιν, ἵνα μὴ τὰ ὅμοια δράσαντες τῶν ἴσων καὶ ἀντιτύχωσιν. »

[104] Grégoire de Nazianze, *Or.* 4, 92 ; *Or.* 18, 34 ; Julien, *Ep.* 78 ; Libanios, *Or.* 16, 14 ; Sozomène, *H.E.*, 5, 4, 1-5.

[105] Grégoire l'Ancien avait signé, à une date inconnue, une confession de foi aux accent homéens, sans se rendre compte de la nature du document qu'il approuvait ainsi, ce qui avait entraîné la sédition des moines de Nazianze. Grégoire de Nazianze, *Or.* 6, 11 ; *Or.* 18, 18.

[106] Malgré les insistances de Grégoire, Césaire avait tardé à quit-

Pont plutôt que d'assumer ses responsabilités ([107]), Grégoire avait non seulement sa religion à défendre, mais aussi son honneur et celui de sa famille. Pour rétablir l'autorité de son père, l'évêque de Nazianze, fragilisée par ces épreuves, Grégoire devait prouver que sa famille et lui étaient de fervents chrétiens orthodoxes. Il devait également rassurer les fidèles sur ses propres motivations et leur montrer que, même s'il avait poursuivi ses études à Athènes, comme Julien, et disparu dans le Pont à peine revêtu des habits ecclésiastiques, il ne suivait pas la même voie que l'empereur et saurait se montrer digne de leur confiance. Pour toutes ces raisons, l'affrontement avec Julien au retour de campagne s'annonçait inévitable. Lors du passage de l'armée en Cappadoce, Grégoire avait lancé une première offensive en prononçant l'éloge des frères Macchabées, comme un véritable appel à la résistance et au martyre ([108]).

La mort impromptue de Julien sur le front perse en juin 363 et l'élection d'un empereur chrétien mit provisoirement fin à la menace d'une résurgence païenne et d'une nouvelle persécution, mais cette annonce n'arrêta pas Grégoire, qui continua à rédiger ses *Invectives*. S'il persista en publiant ces deux *Discours* même après la disparition de leur destinataire, c'est qu'il croyait que les chrétiens avaient encore des leçons à tirer de cet événement. Pour éviter que d'autres fussent tentés de suivre son exemple, Grégoire s'employa dans la première *Invective* à dénoncer l'apostasie de Julien et à réfuter ses mesures prises contre les chrétiens, avant de montrer, dans la deuxième *Invective*, comment les justes jugements de la punition divine attendaient ceux qui comme Julien tournaient le dos à la vraie religion. Plus encore, pour Grégoire, Julien n'était pas qu'un simple contrexemple à décrier, il était un châtiment divin envoyé aux chrétiens pour les punir de leurs querelles intestines et un signe

---

ter la cour de Julien. Il avait fallu une rencontre plutôt menaçante avec l'empereur pour le décider finalement à rentrer au bercail. Grégoire de Nazianze, *Ep.* 7 ; *Or.* 7, 11-13.

(107) À peine nommé prêtre (cédant à la demande pressante de son père), Grégoire avait fui auprès de son ami Basile pour goûter à la vie monastique. Il fut toutefois de retour avant la fête de Pâques de 362, qu'il célébra à côté de son père et au cours de laquelle il prononça son premier discours (*Or.* 1). Grégoire de Nazianze, *Or.* 1, 1-2 ; *Or.* 2 ; *Carm.* 2, 1, 11, v. 338-355.

(108) Grégoire de Nazianze, *Or.* 15. Voir J. Bernardi, *Saint Grégoire de Nazianze. Le Théologien et son temps (330-390)* (Initiations aux Pères de l'Église), Paris, 1995, p. 132-133.

qu'il était l'heure pour eux de régler leurs différents et de s'unir. Grégoire considérait en effet que seule une véritable réconciliation pouvait éviter qu'un tel malheur ne se reproduisît et il montrait la voie dans son discours en faisant non seulement l'éloge de l'empereur Constance II, mais aussi celui de Marc d'Aréthuse, le seul véritable martyr du règne de Julien, mais également un des chefs du mouvement arien ([109]).

En outre, Grégoire avait une autre raison, plus personnelle, d'en vouloir à Julien, une motivation qui se lit en filigrane de l'œuvre : il ne lui avait pas pardonné la proclamation de son édit scolaire ([110]). Cet érudit, amateur de belles-lettres, qui avait même envisagé un temps de s'établir à Athènes en tant que professeur, avait très mal accepté qu'un empereur, nourri de la même culture que lui, refuse, à lui et aux enfants chrétiens, l'accès à la culture grecque et à l'art de la parole sous prétexte de préserver leurs oreilles des enseignements païens ([111]). Cette loi ne survécut pas longtemps à la mort de son auteur et fut rapidement abrogée, mais le débat qu'elle avait soulevé restait d'actualité : convenait-il aux jeunes chrétiens d'être formés dans un système traditionnel où les dieux occupaient une place si importante? Jouant avec la polysémie du mot grec λόγος (parole, récit, œuvre littéraire, raison, logique, voire même nom de Dieu et culture au sens large), Grégoire œuvra tout au long de son discours à démontrer que les Grecs n'avaient pas l'exclusivité du *logos*, que les chrétiens y avaient part aussi – peut-être même davantage puisqu'il s'agit d'un des noms du divin – et, surtout, que Julien en était totalement dépourvu. Le passage dans lequel Grégoire défendait le droit d'accès à la parole et à la culture grecque pour les chrétiens (*Or.* 4, 100-109) occupe d'ailleurs une place centrale dans ce diptyque que forment les *Discours* 4 et 5 ([112]), en plus d'être une pièce d'anthologie littéraire. Au cœur de cette apologie, Grégoire pose la question fondamentale qui se cache derrière la loi de Julien : l'hellénisme est-il un fait de culture ou de religion ?

(109) Grégoire de Nazianze, *Or.* 4, 3; 21-22; 34-42; *Or.* 5, 16-17 (Constance II); *Or.* 4, 88-90 (Marc d'Aréthuse)
(110) Code théodosien, XIII, 3, 5 = Julien, *Ep.* 61b, éd. et trad. Bidez, *Lettres et fragments*.
(111) Telle était du moins une des justifications que Julien donnait à sa loi dans une lettre ouverte qu'il fit circuler en Orient : Julien, *Ep.* 61c, éd. et trad. Bidez, *Lettres et fragments*.
(112) Voir l'analyse de l'œuvre par Kurmann, *Kommentar*, p. 14-16.

À quel hellénisme appartient la parole ? Et qu'appelle-t-on hellénisme, que faut-il entendre par là ? [...] Prétendras-tu que le mot « hellénisme » désigne une religion ou bien, ce qui paraît une évidence, désigne-t-il une nation et ceux qui, les premiers, ont inventé la langue de cette nation avec ses ressources ? S'il s'agit d'une religion, montre-nous en quel lieu et de quels prêtres l'hellénisme a reçu ses règles ; montre-nous quelles victimes il faut sacrifier et à quels démons il faut les sacrifier. [...] Si tu ne dis pas cela, mais tu réclames la langue comme un bien qui vous appartient et que, pour cette raison tu nous en écartes comme d'un héritage paternel auquel nous n'aurions aucune part, je ne vois pas tout d'abord ce que tu veux dire, ni comment tu peux l'attribuer aux démons. Ce n'est pas parce qu'il se trouve que les mêmes personnes utilisent la langue grecque et professent la religion grecque que la parole dépend pour autant de la religion et que nous devrions être tenus à l'écart de son usage. Ce n'est pas une conclusion qui puisse être tirée, aux yeux de vos propres logiciens. ([113])

Pour Grégoire, à la différence de Julien, l'hellénisme était incontestablement un phénomène culturel, indépendant de la religion. Il n'y avait donc aucun risque pour l'esprit des jeunes chrétiens à être nourri des lettres grecques ; au contraire, Grégoire y voyait beaucoup d'avantages, qu'il défendra tout au long de sa vie : Athènes « fut vraiment pour moi plus que pour quiconque ville d'or et dispensatrice de bienfaits ([114]) », écrivait-il au couchant de sa vie en se remémorant ses années d'études avec son ami Basile. C'est cette

---

(113) Extraits de Grégoire de Nazianze, *Or.* 4, 103-104, éd. et trad. Bernardi, *Discours 4-5* : « Τίνος γὰρ τοῦ ἑλληνίζειν εἰσὶν οἱ λόγοι καὶ τοῦ πῶς λεγομένου καὶ νοουμένου ; [...] ἢ γὰρ τῆς θρησκείας εἶναι τοῦτο φήσεις ἢ τοῦ ἔθνους δηλαδὴ καὶ τῶν πρῶτον εὑρομένων τῆς διαλέκτου τὴν δύναμιν. Εἰ μὲν οὖν τῆς θρησκείας, δεῖξον ποῦ καὶ παρὰ τίσι τῶν ἱερέων τὸ ἑλληνίζειν ἔννομον, ὥσπερ καὶ τὸ θύειν ἔστιν ἃ καὶ οἷς τῶν δαιμόνων [...]. Εἰ δ' οὐχὶ τοῦτο φήσεις, τῆς γλώσσης δὲ ὡς ὑμετέρας μεταποιήσῃ καὶ διὰ τοῦτο πόρρω θήσεις ἡμᾶς ὥσπερ κλήρου πατρικοῦ καὶ οὐδὲν ἡμῖν διαφέροντος, πρῶτον μὲν οὐχ ὁρῶ τίς ὁ λόγος, ἢ πῶς τοῦτο προσάξεις τοῖς δαίμοσιν. Οὐ γάρ, εἰ τοὺς αὐτοὺς τήν τε γλῶσσαν ἑλληνίζοντας καὶ τὴν θρησκείαν εἶναι συμβέβηκεν, ἤδη καὶ τῆς θρησκείας οἱ λόγοι καὶ διὰ τοῦτ' ἂν εἰκότως ἔξω ταύτης ἡμεῖς γραφείημεν, ἀλλὰ τοῦτό γε καὶ ἀσυλλόγιστον δοκεῖ τοῖς καθ' ὑμᾶς τεχνολόγοις ». Ce développement est annoncé dès le début du *Discours* : *Or.* 4, 4-5.

(114) Grégoire de Nazianze, *Or.* 43, 14, éd. et trad. J. Bernardi, *Grégoire de Nazianze, Discours 42-43* (*SC*, 384), Paris, 1992 : « [...] Ἀθήνας τὰς χρυσᾶς ὄντως ἐμοὶ καὶ τῶν καλῶν προξένους εἴπερ τινί ».

richesse dont Julien voulait priver les chrétiens et que Grégoire défendit avec tant d'âpreté, parfois même contre ses propres coreligionnaires : « la majorité des chrétiens [la] rejettent avec dégoût, la jugeant insidieuse, dangereuse et propre à nous écarter de Dieu, ce qui constitue une erreur de jugement ([115]) ». Grégoire produisit donc contre le tyran du logos ([116]) un discours qui se voulait à la fois une réponse par son contenu (dénigrement de l'individu, dénonciation de son apostasie et réfutation de ses mesures) et par sa forme (une œuvre rhétorique accomplie, un modèle d'invective).

Les lecteurs de Grégoire surent apparemment apprécier les deux aspects de l'œuvre. Certains tableaux particulièrement évocateurs des *Invectives*, comme la descente initiatique de Julien avec son maître Maxime, le massacre des nonnes d'Héliopolis, le supplice de Marc d'Aréthuse, l'échec de la reconstruction du Temple de Jérusalem ou les circonstances mystérieuses de la mort de Julien ([117]), furent répétés et amplifiés à l'envi par les auteurs et historiens postérieurs ([118]). L'imagination populaire s'empara aussi de ces épisodes, jusqu'à créer la légende noire de Julien l'Apostat, dans laquelle l'empereur devint un magicien tyran, particulièrement cruel envers les chrétiens et capable des pires sévices, mis à mort par saint Mercure, un des quarante martyrs, sur l'ordre de Dieu ([119]). Parallèlement, les *Invectives* furent aussi goûtées pour leur qualité rhétorique. Lorsqu'à partir du IXe siècle, des citations de Grégoire furent intégrées à l'appareil exégétique accompagnant le *Corpus rhetoricum* ([120]), les

---

(115) *Or.* 43, 11 : « [...] οἱ πολλοὶ χριστιανῶν διαπτύουσιν, ὡς ἐπίβουλον καὶ σφαλερὰν καὶ Θεοῦ πόρρω βάλλουσαν, κακῶς εἰδότες ».

(116) Voir Basile le Minime, *Comm.* 4, 6 (*Or.* 4, 6).

(117) Respectivement, Grégoire de Nazianze, *Or.* 4, 54-56 ; 87 ; 88-91 ; *Or.* 5, 3-7 ; 13-14.

(118) Voir, entre autres, Jean Chrysostome, *Sur Babylas contre Julien et les gentils*, 76-126 ; *Homélie sur Babylas*, 3-9 ; *Homélie sur Juventin et Maximin* ; Socrate, *H.E.*, 3, 1-3 et 11-21 ; Sozomène, *H.E.*, 5, 1-11, 16-22 et 6, 1-2 ; Théodoret, *H.E.*, 3, 1-28.

(119) Jean Malalas, *Chronique*, XIII, 25 ; sur la version syriaque de la légende, voir J. Richer, *Les romans syriaques (VIe et VIIe siècles)*, dans R. Braun – J. Richer (éd.), *L'Empereur Julien. De l'histoire à la légende (331-1715)*, (Groupe de recherches de Nice), Paris, 1978, p. 233-268.

(120) L'apparition de citations des *Discours* de Grégoire dans les commentaires au *Corpus rhetoricum* – c'est-à-dire le recueil formé traditionnellement des *Progymnasmata* d'Aphthonios et des traités *Sur les états de cause* d'Hermogène, *Sur l'invention* du pseudo-Hermogène, *Sur les catégories stylistiques* d'Hermogène et *Sur la méthode de l'habileté*

Discours 4 et 5 figuraient en bonne position en tant que modèle de l'invective. Jean de Sicile, qui contribua particulièrement à la christianisation du *Corpus rhetoricum* au XIe siècle, proposa dans son commentaire au traité *Sur les catégories stylistiques* d'Hermogène [121] de nombreuses citations des *Invectives* en remplacement des exemples tirés de Démosthène [122]. Entre autres, il expliqua que l'invention de mots comme « Idolien », « Piséen » ou « Brûleur de taureaux » [123] était un trait caractéristique de la véhémence [124], ainsi qu'une particularité du discours spontané écrit comme sur le coup de la colère [125]. Parmi les autres procédés qui contribuent à donner de la spontanéité et une apparence de sincérité au discours, Jean cita aussi les questions « Où as-tu pris cette idée, ô le plus léger et le plus insatiable des hommes, de priver les chrétiens de la parole ? » et « Et puis, comment ne réfléchis-tu pas, toi qui es l'homme le plus sage et le plus intelligent du monde [...] ? » [126], bien qu'il notât aussi de l'ironie dans ces passages [127]. Il remarqua de même qu'il n'y avait pas beaucoup de modération dans les attaques des *Invectives* [128], mais que les descriptions du *Discours* 4 étaient pleines de noblesse, comme celle du supplice de Marc d'Aréthuse [129].

---

du pseudo-Hermogène – a été documentée dans Rioual, *Lire Grégoire de Nazianze*.

(121) D'après l'édition de C. Walz dans les *Rhetores graeci* (VI, p. 56-504). Malgré tous les reproches qui peuvent être faits à cette édition – avec raison d'ailleurs –, elle reste encore généralement la seule façon d'accéder aux textes des rhéteurs byzantins.

(122) Un inventaire tout à fait sommaire a permis de repérer 34 scholies dans lesquelles Jean de Sicile cite les *Discours* 4 ou 5.

(123) Grégoire de Nazianze, *Or.* 4, 77, éd et trad. Bernardi, *Discours 4-5* : « τὸν Εἰδωλιανόν », « τὸν Πισαῖον » et « τὸν Καυσίταυρον ».

(124) Jean de Sicile, Ἐξήγησις εἰς τὰς ἰδέας τοῦ Ἑρμογένους, éd. Walz, *Rhetores graeci*, VI, p. 115.

(125) Jean de Sicile, Ἐξήγησις εἰς τὰς ἰδέας τοῦ Ἑρμογένους, éd. Walz, *Rhetores graeci*, VI, p. 430.

(126) Grégoire de Nazianze, *Or.* 4, 101 et 99, éd et trad. Bernardi, *Discours 4-5* : « Πόθεν οὖν ἐπῆλθέ σοι τοῦτο, ὦ κουφότατε πάντων καὶ ἀπληστότατε, τὸ λόγων ἀποστερῆσαι χριστιανούς ; » et « Ἔπειτα πῶς ἐκεῖνο οὐ λογίζῃ, ὦ σοφώτατε πάντων καὶ συνετώτατε [...] ; »

(127) Jean de Sicile, Ἐξήγησις εἰς τὰς ἰδέας τοῦ Ἑρμογένους, éd. Walz, *Rhetores graeci*, VI, p. 425.

(128) Jean de Sicile, Ἐξήγησις εἰς τὰς ἰδέας τοῦ Ἑρμογένους, éd. Walz, *Rhetores graeci*, VI, p. 418.

(129) Jean de Sicile, Ἐξήγησις εἰς τὰς ἰδέας τοῦ Ἑρμογένους, éd. Walz, *Rhetores graeci*, VI, p. 215.

Ces quelques exemples montrent bien que les érudits byzantins n'étaient pas dupes des effets de style de Grégoire et qu'ils pouvaient apprécier la lecture des *Invectives* simplement pour leur virtuosité rhétorique.

2. *Présentation des* Commentaires aux Discours 4 et 5

C'est cette qualité littéraire des *Discours* que Basile voulut sans conteste mettre en valeur et faire apprécier à son public dans ses *Commentaires aux Discours 4 et 5*. Non seulement ses scholies éludent tous les aspects de la légende noire de Julien, évitant même soigneusement d'aggraver les accusations lancées par Grégoire, mais Basile s'intéresse essentiellement aux aspects formels du texte dans son exégèse. Cet intérêt pour la valeur littéraire des *Invectives* est d'ailleurs confirmé par la description des qualités rhétoriques de l'œuvre qui figure dans le prologue et l'épilogue des *Commentaires aux Discours 4 et 5*. Selon Basile, la « méchanceté de l'Apostat » ([130]) mérite certes d'être soulignée, mais « plus que tout, il faut noter l'habileté et la variété de la réfutation, la richesse et la force accessible des arguments et des développements, ainsi que le mordant, la profondeur concise et l'implacabilité des enthymèmes » ([131]) ; c'est donc pour cette habileté que Basile voulut rendre accessible cette œuvre à « ceux qui voient petit et qui ont besoin de lait au lieu d'une alimentation solide en discours » ([132]).

Concrètement, les *Commentaires aux Discours 4 et 5* sont constitués d'un ensemble de 170 scholies indépendantes – 105 pour le *Discours* 4 et 65 pour le *Discours* 5 – présentées sous la forme d'un commentaire « suivi » ([133]) et encadrées par un prologue et un épi-

---

(130) BASILE LE MINIME, *Comm.* 5, 66 : « [...] τοῦ Ἀποστάτου τὸ κακόηθές [...] ».

(131) BASILE LE MINIME, *Comm.* 5, 66 : « [...] μάλιστα δὲ πάντων, τὸ τῆς ἀνασκευῆς εὐμήχανον καὶ πολύχουν, τῶν τ' ἐπιχειρημάτων καὶ ἐργασιῶν τὸ πλούσιον καὶ μετὰ ἰσχύος εὐπρόσοδον, καὶ τῶν ἐνθυμημάτων δὲ τὸ δριμύ τε καὶ ἐν βάθει συνεστραμμένον καὶ ἄφυκτον [...] ».

(132) BASILE LE MINIME, *Comm.* 5, 66 : « [...] τῶν μικρὰ βλεπόντων καὶ γάλακτος ἀλλ' οὐ στερεᾶς τῶν λόγων τροφῆς δεομένων συνεῖδον τὴν ὠφέλειαν. » Sur les objectifs didactiques de Basile, voir *supra*, p. XXII-XXIV.

(133) Autrement dit, aucun témoin des *Commentaires aux Discours 4 et 5* ne se présente sous la forme d'annotations marginales au texte de Grégoire. Sur ces deux formes, voir *supra*, p. XXVII-XXVIII.

logue. La présence de ce prologue dans l'œuvre de Basile n'est pas exceptionnelle, mais elle ne semble pas avoir été systématique et son contenu peut varier : le *Commentaire au Discours 7* n'en présente apparemment pas ([134]), tandis que le *Commentaire au Discours 38* en possède un plutôt long sur les proèmes en général ([135]), et le *Commentaire au Discours 25* propose en introduction un simple résumé narratif, plutôt bref, du texte de Grégoire ([136]). Le prologue des *Commentaires aux Discours 4 et 5*, quant à lui, s'intéresse principalement aux qualités rhétoriques des deux *Invectives*. Il peut être divisé en trois parties. Basile commence par annoncer le but de l'œuvre – châtier l'apostat en utilisant ses propres armes, les discours – à l'aide d'une longue métaphore sur l'aigle blessé par ses propres plumes. Il s'interroge ensuite sur la nature du discours, qui, selon lui, est le produit d'un mélange des trois genres rhétoriques : le panégyrique, le discours judiciaire et le discours délibératif. Finalement, il souligne l'habileté rhétorique de Grégoire et la puissance oratoire de l'œuvre.

La présence d'un épilogue est en revanche plus exceptionnelle, car il n'en existe apparemment pas d'autre dans l'œuvre de Basile telle qu'elle nous a été transmise. Ce constat amène la question de la nature de cet épilogue : s'agit-il d'une simple conclusion des *Commentaires aux Discours 4 et 5* ou Basile avait-il pensé ce morceau comme une postface à l'ensemble de son œuvre, une sorte de pendant à la *Lettre dédicatoire* ? L'analyse de la tradition manuscrite ne permet pas d'apporter une réponse définitive à cette question, car, selon les témoins, la présentation de ce morceau varie grandement, allant d'une simple scholie introduite par le mot τέλος, *fin*, à la fin du *Commentaire au Discours 5* ([137]), jusqu'à un texte indépendant introduit par un titre, sûrement apocryphe : « Du plus modeste des évêques, Basile de Césarée, apologie de ses *Commentaires* aux *Discours* du grand Grégoire le Théologien : même s'il a été audacieux, il a agi à la demande de nombreux proches et amis » ([138]).

---

(134) Voir *PG* 36, col. 1181 A.
(135) BASILE LE MINIME, *Comm. 38*, prologue, éd. SCHMIDT, *Basilii Minimi*.
(136) *PG* 36, col. 1160 B 1 – 1161 A 5.
(137) Telle est par exemple la présentation du *Paris Coisl.* 236, f. 182r.
(138) *Vienne theol. gr.* 130, f. 122v : « Τοῦ ἐν ἐπισκόποις ἐλαχίστου Βασιλείου Καισαρείας ἀπολογία εἰς τοὺς ὑπομνηματισμοὺς [a.c. ἀπομνηματισμοὺς] τῶν τοῦ μεγάλου Γρηγορίου τοῦ θεολόγου λόγων · εἰ καὶ τολμηρῶς, ὅμως ὑπὸ πολλῶν φοιτητῶν τε καὶ φίλων προτραπείς ».

Quant au contenu de cet épilogue, il présente la même ambiguïté. Basile commence par se justifier, dans une apologie qui pourrait concerner l'ensemble son œuvre, d'avoir commenté des passages qui n'étaient pas si obscurs, car, affirme-t-il, il voulait également mettre en lumière les passages extraordinaires et dignes d'admiration. Il cite alors en exemple ce qui est admirable dans les *Invectives* de Grégoire et qui a retenu son attention, que ce soit du point de vue du contenu (la méchanceté de l'apostat et son exceptionnel renversement) ou de la forme (l'habileté rhétorique de Grégoire). Il affirme également avoir étudié ces aspects dans l'ensemble du présent traité (« πραγματεία »), sans qu'il soit possible de déterminer ce qu'il englobe dans ce terme : l'ensemble des *Commentaires* ou seulement les *Commentaires aux Discours 4 et 5*. Il entreprend finalement de justifier son utilisation de la paraphrase en soulignant qu'il l'a fait pour le bénéfice de ceux qui voient petit et qui ont encore besoin de lait. L'ensemble de cette apologie pourrait facilement s'appliquer uniquement à son travail exégétique sur les *Invectives*, mais Basile termine en affirmant qu'il a aussi fait des remarques sur la ponctuation, alors que les *Commentaires aux Discours 4 et 5*, à la différence d'autres *Commentaires* comme celui au *Discours* 38, ne contiennent aucune scholie sur ce sujet. Il y aurait donc ici un écho de la *Lettre dédicatoire*, dans laquelle, en annonçant son programme exégétique, Basile avait longuement insisté sur l'importance de bien ponctuer les textes ([139]). En somme, cet épilogue, bien qu'il ait assurément été publié à la suite des *Commentaires aux Discours 4 et 5*, avait une portée un peu plus générale. Dans l'hypothèse d'une édition multiple ([140]), Basile aurait pu sentir le besoin, à la fin de son travail ou en cours de production, de répondre à des critiques qui lui auraient été faites sur ses publications antérieures.

Le corps des *Commentaires aux Discours 4 et 5* est constitué d'une suite de scholies indépendantes les unes des autres, qui étudient chacune un passage bien délimité du texte de Grégoire, commençant à l'extrait cité dans le lemme et s'étendant assez régulièrement jusqu'au début du lemme suivant. Malgré cette construction en pièces détachées, il se dégage une impression de cohérence de l'ensemble de l'œuvre. En effet, même si Basile avait écrit dans sa *Lettre dédicatoire* que son approche exégétique consistait en premier

---

(139) Basile le Minime, *Ep. nunc.*, éd. Schmidt, *Basilii Minimi*, p. 7.
(140) Sur ce débat, voir *supra*, p. XXVI-XXVII.

lieu à réunir et à organiser les commentaires de ses prédécesseurs, auxquels il ajouterait quelques remarques de son cru ([141]), dans les faits, les *Commentaires aux Discours 4 et 5* ne se présentent pas comme une œuvre de compilateur. La comparaison minutieuse des *Commentaires* de Basile avec les scholies antérieures sur les *Discours* 4 et 5 – c'est-à-dire les *scholia vetera* et les *Histoires mythologiques* du pseudo-Nonnos ([142]) – ne montre aucune répétition de matériel exégétique ([143]). Au contraire, dans le cas des *Histoires mythologiques*, Basile s'avère être en dialogue ouvert avec son prédécesseur : il abrège les récits exposés par le pseudo-Nonnos, les corrige et les complète si nécessaire, mais il prend soin de ne pas les répéter inutilement, partant du principe que son public avait déjà accès à cette œuvre exégétique ; en cinq occasions, il lui arrive même de faire un renvoi plus ou moins explicite aux *Histoires* ([144]). Évidemment, il arrive à Basile d'emprunter des gloses à ses prédécesseurs, en puisant en particulier dans les lexiques, les scholies ou les recueils de proverbes ([145]), mais il le fait toujours en adaptant son matériel à son exégèse, si bien qu'on ne peut lui faire le reproche d'avoir été un simple compilateur.

(141) Basile le Minime, *Ep. nunc.*, éd. et trad. Schmidt, *Basilii Minimi*, p. 7 : « Aussi, de ses discours à la sagesse accomplie, tout audacieux que ce fût, nous avons cru bon d'exposer de manière plus brève et plus claire, dans la mesure du possible, les points de commentaires et les éclaircissements que les Pères ont consacrés à certaines expressions, et, en outre, d'en ajouter certains de notre cru pour expliquer ses concepts et clarifier sa pensée profonde » (« Τῶν οὖν πανσόφων τούτου λόγων, εἰ καὶ τολμηρόν, ὅμως ἔδοξε καὶ τὰ πατράσιν εἰς ἐξήγησιν καὶ διασάφησιν ῥητῶν τινων ἐσπουδασμένα ἐπιτομώτερόν πως καὶ σαφέστερον κατὰ τὸ ἐνὸν διαθέσθαι, πρὸς δέ τινα καὶ ἡμῖν προστεθεῖσθαι εἰς ἐξάπλωσιν νοημάτων καὶ τῆς ἐν βάθει διανοίας ἐνάργειαν »).

(142) Sur ces corpus, voir *supra*, p. XIX, n. 56 et p. XXI, n. 66 et 67.

(143) Rioual, *Lire Grégoire de Nazianze*.

(144) Voir *supra*, p. X et n. 23.

(145) Il n'est pas toujours évident de savoir à qui Basile aurait précisément emprunté une explication, certaines figurant dans plus d'un ouvrage exégétique, mais, parmi les sources potentielles qui reviennent souvent dans les *Commentaires aux Discours 4 et 5*, il y a les lexiques d'Hésychios, de Photios et la *Souda* ; le recueil de proverbes de Diogénien ; et les scholies à Aristophane. La scholie 101 du *Commentaire au Discours 4* est un exemple particulièrement éloquent du travail de Basile avec ce type de sources.

En outre, il se dégage de l'œuvre une impression d'unité de ton et de style qui laisse supposer l'intervention d'une seule main d'écriture. Les mêmes centres d'intérêts se retrouvent tout au long de l'œuvre, les sujets se recoupent et se complètent d'une scholie à l'autre, avec parfois des renvois très clairs ([146]). Les méthodes exégétiques sont les mêmes, avec cette nette prédominance de paraphrases explicatives qui a été soulignée plus haut ([147]). Les scholies couvrent assez uniformément l'ensemble des deux *Discours*, à l'exception des derniers chapitres du *Discours* 4, probablement parce que Basile jugeait le contenu des *Histoires mythologiques* suffisant pour ce passage.

La présence auctoriale de Basile dans la rédaction des *Commentaires aux Discours 4 et 5* est également confirmée par l'existence de deux scholies « inversées » par rapport à l'ordre de lecture du texte de Grégoire. Dans le *Commentaire au Discours 4*, la scholie 100 porte ainsi sur un passage qui, dans le *Discours* de Grégoire, se situe avant le texte commenté dans la scholie 99. Cette inversion prend son sens au regard de la succession des scholies 98 à 100. Dans ce passage, Basile reprend l'argumentaire de Grégoire pour défendre le droit d'accès des chrétiens à la parole et réfuter le célèbre édit scolaire de Julien ([148]). Il s'agit d'un des moments forts du discours de Grégoire, que Basile abrège et remanie à sa façon. Le propos de l'exégète peut se résumer comme suit: Julien prétend exclure les chrétiens de l'hellénisme (τὸ ἑλληνίζειν), mais l'hellénisme relève-t-il du culte ou de la nation? S'il relève du culte, il s'agit d'un terme équivoque, car les mêmes sacrifices ne sont pas accomplis par tous. En l'occurrence, Julien aurait eu raison d'expulser les chrétiens de la parole, pour cause de possession illégale, ἐξούλης (*Comm. 4*, 98). Cependant, ce n'est pas parce qu'un Grec pratique un certain culte que les deux notions sont équivalentes, comme ce n'est pas parce que Pierre est orfèvre et peintre que l'orfèvrerie et la peinture sont la même chose (*Comm. 4*, 99). Dans les faits, tous les Grecs ne pratiquent pas le même culte, car les démons demandent des sacrifices variés, donc les deux notions ne sont pas équivalentes. Par conséquent, les chrétiens ont été expulsés illégalement de la langue et

---

(146) Par exemple, Basile le Minime, *Comm. 4*, 20 (*Or. 4*, 19); *Comm. 4*, 77 (*Or. 4*, 82).
(147) Voir *supra*, p. XXIII.
(148) Voir *supra*, p. XXXII-XXXIV.

pourraient intenter un procès pour expulsion illégale, ἐξούλης (149) (*Comm. 4*, 100). La même volonté de remanier le texte de Grégoire peut expliquer le déplacement de la scholie 18 du *Commentaire au Discours 5* qui, selon l'ordre de lecture, aurait dû précéder les scholies 16 et 17 : dans cette éventualité, Basile aurait considéré que la véritable débandade de Julien s'amorçait après l'épisode du fleuve détourné et non avant.

Ces indices tendent à prouver que, même s'il lui arrivait d'emprunter à d'autres sources, Basile peut être tenu pour l'unique auteur des scholies mises sous son nom. Par conséquent, les *Commentaires* constituent un document privilégié en ce qui concerne la réception des écrits de Grégoire de Nazianze à l'époque byzantine. En effet, à l'instar des éditeurs modernes des textes classiques, les commentateurs anciens écrivaient dans le but de répondre aux besoins de leurs contemporains, de leur rendre accessible un texte, qui, par effet du temps ou différence de langage, pouvait leur paraître opaque. De ce fait, ils représentent une source précieuse d'information sur l'histoire du texte commenté : sur les diverses interprétations qu'il a suscitées et les difficultés de lecture qu'il soulevait ; sur la nature et l'étendue de son lectorat ; sur les connaissances générales nécessaires et disponibles à sa compréhension ; en bref, sur la façon dont le texte était lu et apprécié à l'époque du commentateur. Dans cette optique, les *Commentaires* de Basile le Minime, puisqu'ils peuvent être précisément datés du milieu du Xe siècle, apportent un témoignage appréciable sur la lecture des *Discours* de Grégoire de Nazianze à la cour de Constantin VII Porphyrogénète et, de façon un peu plus générale, sur la culture accessible au lecteur « moyen » (150) à cette époque. Cependant, si le travail de Basile a très peu retenu l'attention jusqu'ici, il faut reconnaître que c'est probablement en partie à cause du manque d'édition de son œuvre.

---

(149) Le terme ἐξούλης (pour δίκη ἐξούλης), employé deux fois par Basile afin de résumer la situation d'un point de vue juridique, est totalement absent du vocabulaire de Grégoire, mais il apparaît souvent dans le corpus des grands orateurs attiques, où il qualifie un procès tenu soit pour expulsion illégale, soit pour possession abusive. Voir, par exemple, ANDOCIDE, *Sur les Mystères*, 73 ; DÉMOSTHÈNE, *Contre Onétor I et II* ; *Contre Midias*, 44 ; 81 ; 82 ; 91 ; *Contre Bœotos I*, 15 ; *Contre Bœotos II*, 34 ; *Contre Callippe*, 16. Dans le cas présent, puisque Julien a chassé les chrétiens de l'hellénisme, soit il a eu raison de le faire, pour possession abusive de la parole grecque, soit il a eu tort et les chrétiens pourraient le poursuivre pour expulsion illégale de l'hellénisme.

(150) Voir *supra*, p. XXIII-XXIV.

3. Les éditions antérieures

A. L'édition de Boissonade

Les *Commentaires aux Discours 4 et 5* comptent en effet parmi les rares *Commentaires* à avoir déjà fait l'objet d'une publication. En 1827, J.-F. Boissonade fit paraître la première et seule édition du texte dans les *Notices et extraits de manuscrits de la Bibliothèque du Roi*, accompagnée d'abondantes notes de bas de page en français [151]. Malgré l'excellence du travail philologique accompli par cet érudit, cet ouvrage reposait uniquement sur les deux manuscrits alors disponibles à la bibliothèque royale de Paris [152].

Cette sélection restreinte occasionna quelques erreurs, dont la plus notable fut l'intégration dans le texte de certaines scholies marginales présentes dans le manuscrit *Paris Coisl.* 236, qui, après examen, se sont avérées ne pas être de la plume de Basile. En effet, ce manuscrit présente, sur une portion relativement restreinte du *Commentaire au Discours 4*, quelques gloses marginales écrites de la même main que le corps des *Commentaires*. Sûrement induit en erreur par cette dernière constatation, J.-F. Boissonade intégra ces scholies à son édition. Cependant, il ne leur réserva pas systématiquement le même sort. Il en présenta certaines comme des scholies indépendantes, en intégra d'autres à des scholies déjà existantes [153] et en renvoya certaines en note en bas de page, prenant soin cependant de toujours identifier l'origine marginale de ces annotations. Le jugement de J.-F. Boissonade concernant l'authenticité de ces scholies fut également hésitant : deux fois, il signala qu'une glose ne lui « a pas paru appartenir au texte de Basile » [154] ; deux autres fois, il remarqua que le texte est, « à peu de chose près, la scholie de l'édition de Montaigu [155] » ; une fois,

---

(151) BOISSONADE, *Scholies inédites*, p. 63-129.

(152) Il s'agit du *Paris gr.* 573 et du *Paris Coisl.* 236, les manuscrits P et C de la présente édition, voir *infra*, p. XLVIII.

(153) Il les plaça là où il croyait que ces annotations devaient aller, ce qui correspond rarement aux endroits désignés par les signes de renvoi du manuscrit, mais, sur ce point, il se justifie (*Scholies inédites*, p. 80, n. 4) en disant agir « d'après le sens et l'évidence ».

(154) BOISSONADE, *Scholies inédites*, p. 79, n. 4 (*PG* 36, col. 1098, n. 74) ; également p. 82, n. 1 (*PG* 36, col. 1101-1102, n. 81). En ce dernier cas, il avait pourtant intégré la scholie au texte de Basile.

(155) BOISSONADE, *Scholies inédites*, p. 79, n. 4 (*PG* 36, col. 1098, n. 74) ; également p. 80, n. 4 (*PG* 36, col. 1100, n. 78).

au contraire, il affirma qu'une note lui avait semblé « faire partie de la scholie de Basile » ([156]). La majorité du temps, cependant, il suspendit son jugement et se contenta d'indiquer, à l'occasion, que la glose était écrite de la première main, c'est-à-dire la même main qui avait copié le texte original, ce qui, pour lui, semblait jouer en faveur de l'authenticité. Néanmoins, malgré ce que croyait J.-F. Boissonade, aucune de ces scholies n'est de Basile. En effet, non seulement elles ne figurent dans aucun autre témoin du texte de Basile, mais leur style concis et indigné rappelle davantage celui des *scholia vetera* ([157]), quand il ne s'agit tout simplement pas d'une transcription ou d'un remaniement de ce matériel plus ancien ([158]).

B. *La réédition de Migne*

L'édition de J.-F. Boissonade fut reprise en 1886 dans la *Patrologie grecque*, sous la direction de J.-P. Migne, et augmentée d'une traduction latine anonyme ([159]). Une partie des notes de J.-F. Boissonade fut également à cette occasion abrégée et traduite en latin. Ce processus de transcription ne se fit toutefois pas sans fautes de copie. Les plus remarquables consistent en d'importantes omissions dues à des « sauts du même au même » ([160]).

Comm. 4, 27 (*Or.* 4, 30)	ὑπὲρ τὸ δέον – γυμνασίας	8 mots
Comm. 4, 42 (*Or.* 4, 45)	τοῦ τῆς τιμῆς – βασιλείας	13 mots
Comm. 4, 65 (*Or.* 4, 71)	μοναζόντων ἑνώσει τὰ τῶν	4 mots
Comm. 5, 9 (*Or.* 5, 5)	κατὰ τὸν βόρειον – Αἰγόκερως δὲ	7 mots
Comm. 5, 18 (*Or.* 5, 10)	καὶ κατόπιν ὠθουμένη	3 mots
Comm. 5, 54 (*Or.* 5, 35)	καὶ κίνησιν – ἔνδοθεν ψυχῆς	12 mots

(156) Boissonade, *Scholies inédites*, p. 79, n. 2 (*PG* 36, col. 1098, n. 72).

(157) Sur cet ensemble de scholies anonymes, voir *supra*, p. XXI.

(158) Dans la présente édition, ces notices marginales, généralement courtes, ont été intégrées à l'apparat critique. Elles sont aussi présentées en détail dans l'annexe (voir *infra*, p. LXXIV-LXXV), sous la forme d'un tableau qui non seulement donne le texte des scholies, leur traduction et leur équivalent dans les *scholia vetera*, mais indique aussi leur positionnement dans le manuscrit, ainsi que leur traitement dans l'édition de J.-F. Boissonade.

(159) *PG* 36, col. 1080 B 1 – 1160 A 11.

(160) Ces homéotéleutes n'apparaissent cependant pas dans la traduction latine, qui suit fidèlement le texte de J.-F. Boissonade. Les erreurs les plus significatives de la *Patrologie grecque* sont indiquées dans l'apparat critique sous le nom de leur éditeur, J.-P. Migne.

Une autre divergence notable entre les deux éditions, qui n'est toutefois pas attribuable à une erreur mais plutôt à un choix de l'éditeur, est l'inversion des scholies 99 et 100 dans le *Commentaire au Discours 4*, ainsi que le déplacement de la scholie 18 dans le *Commentaire au Discours 5*. Ces transpositions doivent être imputées à la volonté de l'éditeur de rétablir l'ordre « naturel » de lecture des scholies, c'est-à-dire de suivre leur ordre d'apparition dans le texte commenté ([161]). Il n'y a toutefois pas lieu de conserver cette configuration, puisqu'elle ne figure nulle part dans la tradition manuscrite ([162]).

C. *La sélection de Cantarella*

Au début du XXe siècle, R. Cantarella entreprit de publier une sélection de scholies inédites de Basile d'après les manuscrits disponibles à la Bibliothèque laurentienne de Florence ([163]). Malheureusement, seul un des trois manuscrits consultés par ce chercheur contenait spécifiquement les *Commentaires* de Basile, les deux autres étant plutôt constitués de matériaux exégétiques mixtes ([164]). Son édition résulta en un florilège de scholies, dont seules certaines peuvent sans hésitation être attribuées à Basile : celles qui sont extraites des *Commentaires* apparaissant uniquement dans le manuscrit *Florence Laur. S. Marco gr.* 688 ([165]). Les *Commentaires aux Discours 4 et 5*

---

(161) Suivant l'ordre du texte commenté, l'éditeur de la *Patrologie grecque* a ainsi placé la scholie 100 (*PG* 36, col. 1120 B 13 – 1120 C 12 : « Ἔστιν ἃ καὶ οἷς τῶν δαιμόνων » = *Or*. 4, 103) avant la scholie 99 (*PG* 36, col. 1120 C 13 – 1121 A 5 : « Οὐ γὰρ εἰ περὶ ταυτὸν ἄμφω, καὶ ἀλλήλοις ἄμφω ταῦτα » = *Or*. 4, 104), mais, suivant la tradition manuscrite, il faut les inverser, comme dans l'édition de J.-F. Boissonade. Dans le *Commentaire au Discours 5*, l'éditeur de la *Patrologie grecque* a également, pour les mêmes raisons, déplacé la scholie 18 (*PG* 36, col. 1133 B 9-15 : « Ὥσπερ ψάμμου ποδὸς ὑποσπασθείσης » = *Or*. 5, 10) à la suite de la scholie 15 (*PG* 36, col. 1133 B 1-8 : « Τῆς ὁρμῆς ἦν » = *Or* 5, 9). Sur ces scholies inversées, voir *supra*, p. XL-XLI.

(162) En fait, l'ensemble de la tradition manuscrite pour les *Commentaires aux Discours 4 et 5* n'a pas été vérifié, mais il est fort probable que les témoins non consultés présentent la même disposition, puisqu'il s'agit d'apographes. Seul le *Madrid 4847* échappe à cette disposition, du fait de sa composition particulière ; voir *infra*, p. LVII-LVIII.

(163) CANTARELLA, *Basilio Minimo*, p. 1-34.

(164) Voir *supra*, p. XXIX et n. 100.

(165) Il s'agit du manuscrit F de la présente édition et du manuscrit A de l'édition de R. Cantarella.

répondent parfaitement à cette exigence, mais, puisqu'ils avaient déjà été édités, R. Cantarella se contenta en la circonstance d'une critique philologique assez sommaire du *Commentaire au Discours 4* paru dans la *Patrologie grecque* [166].

M II [167] 1085 B not. 2 [168] δῆλον ὅταν conjecit quod A [169] confirmat. οὐκ ἐπὶ πολὺ μετεωρισθέντα] hoc scholion (M II 1085 B) in A desideratur; cf. M nota 37 ibid.

ἢ γὰρ οὐ συνεῖδέ τις ταῦτα] verba ἢ γὰρ πιθανότης ἐγγίζει πῶς τῇ ἀληθείᾳ desunt; cf. M II 1098 not. 72.

χρῆναι φιλοσοφίαν καὶ βασιλείαν εἰς ταὐτὸ συνελθεῖν] verba ὅτι ἑαυτὸν ἔστεψε usque ad ἀξιῶσαι desunt, quae recte M (II 1098 not. 74) Basilii non esse iudicat. ἐπὶ τὴν στρατείαν] et in A hoc scholion deest; cf. M II 1099 not. 75.

καὶ τὸ πρῶτον αὐτοῦ τῶν τολμημάτων] verba ἀνάγνους ἐργάζεται desunt, quod et de verbis ἐντόμοις] ἀντὶ τοῦ σφαγίοις dicendum.

ἔστιν ἃ καὶ οἷς τῶν δαιμόνων] scholion in A antecedit scholion ad οὐ γὰρ εἰ περὶ αὐτὸν ἄμφω]: contra M. [170]

La première note confirme la leçon de δῆλον ὅταν, supposément débattue par J.-F. Boissonade. Cependant, le long questionnement de J.-F. Boissonade portait plutôt sur l'accentuation du η qui précédait l'expression δῆλον ὅταν [171]. Les notes suivantes signalent l'absence, dans le manuscrit florentin, des scholies marginales du

---

[166] Il a également utilisé cette approche pour le *Commentaire au Discours 7* et celui *au Discours 25*, publiés pareillement dans la *Patrologie grecque*, mais, étrangement, il n'a fait aucune mention du *Commentaire au Discours 5*.

[167] Cette abréviation désigne le deuxième tome des *Discours* de Grégoire dans l'édition de J.-P. Migne, c'est-à-dire le tome 36 de la *Patrologie grecque*.

[168] Il s'agit en fait de la note 35. L'erreur de R. Cantarella vient sûrement du fait qu'il s'agit de la deuxième note de la scholie.

[169] Sigle utilisé par R. Cantarella pour désigner le manuscrit *Florence Laur. S. Marco gr.* 688.

[170] CANTARELLA, *Basilio Minimo*, p. 7-8.

[171] BOISSONADE, *Scholies inédites*, p. 69, n. 3 (*PG* 36, col. 1085-1086, n. 35) : « Je pense que la vraie orthographe est ἢ δῆλον ὅταν. Je vois que les interprètes ne sont pas d'accord sur la façon d'écrire les formules η δηλαδη ὅτι... η δηλονοτι. Les uns écrivent ἢ δηαλδὴ ὅτι, ἢ δηλονότι : les autres, ἢ δῆλα δή, ἢ δῆλον ὅτι. Il y en a qui ponctuent interrogativement les phrases où sont ces mots ; d'autres ne les font pas interrogatives […] ». La réflexion de J.-F. Boissonade continue sur deux colonnes.

Paris Coisl. 236 que J.-F. Boissonade avait insérées dans le corps du texte. R. Cantarella en oublia toutefois une, bien qu'elle ne figurât pas dans son manuscrit ([172]). Il en cita également une qui avait pourtant été renvoyée en note de bas de page par J.-F. Boissonade («verba ὅτι ἑαυτὸν ἔστεψε usque ad ἀξιῶσαι»), mais uniquement afin d'appuyer la non-attribution de cette scholie à Basile ([173]). Finalement, la dernière note de R. Cantarella rétablit l'ordre original des scholies 99 et 100. En définitive, cette critique philologique resta très superficielle, puisque, non seulement R. Cantarella ne releva aucune des erreurs de transcription de la *Patrologie grecque*, qui, dans certains cas pourtant, nuisent considérablement à la lecture du texte, mais, en plus, il ne signala aucune leçon propre à son manuscrit.

Par la suite, le texte des *Commentaires aux Discours 4 et 5* tomba dans l'oubli. Seul le fait qu'ils aient été publiés et repris dans la *Patrologie grecque* leur assura une faible présence au sein de la recherche moderne, mais un travail d'édition critique restait encore à faire, qui prenne en considération tous les témoins manuscrits disponibles et pertinents.

IV. LA TRADITION MANUSCRITE

Il existe au total plus de 80 manuscrits qui transmettent l'œuvre de Basile ([174]), mais tous ne contiennent pas les *Commentaires aux Discours 4 et 5*, tant s'en faut. Une première heuristique des manuscrits avait été entreprise au début du XXᵉ siècle par J. Sajdak ([175]), laquelle fut révisée quelques années plus tard par R. Cantarella ([176]). Ces listes avaient toutefois sérieusement besoin d'une mise à jour qui prenne en considération, entre autres, les résultats des recherches publiées par J. Mossay dans le *Repertorium Nazianzenum*.

---

(172) Il s'agit de la parenthèse qui se trouve dans le *Comm.* 4, 41 (*Or.* 4, 44) : *PG* 36, col. 1097 A 13-14.
(173) Voir BOISSONADE, *Scholies inédites*, p. 79, n. 4 (*PG* 36, col. 1098, n. 74).
(174) Voir *supra*, p. XXIV.
(175) SAJDAK, *Historia critica*, p. 39-59.
(176) CANTARELLA, *Basilio Minimo*, p. 294-298.

Cette tâche fut accomplie par T. Schmidt en préparation à son édition du *Commentaire au Discours 38* ([177]).

Grâce à cet exercice de recension, complété par nos propres recherches, il a été possible d'isoler quinze témoins qui contenaient, en entier ou en partie, les *Commentaires aux Discours 4 et 5*. Un premier examen a permis de les séparer en trois groupes distincts : ceux qui contiennent les deux *Commentaires* en entier, ceux qui ne présentent qu'un court extrait du *Commentaire au Discours 4*, et un dernier qui mélange les *Commentaires* de Basile à d'autres exégèses. Il est à noter que cette répartition ne correspond pas à celle proposée par T. Schmidt dans son édition du *Commentaire au Discours 38*. Ce dernier distinguait en effet trois grandes familles de manuscrits – ceux de la version longue, ceux de la version courte et ceux de la version *syllogè* –, auxquelles il ajoutait les cas isolés qui n'entraient dans aucune des catégories précédentes ([178]). Cette division ne s'est pas avérée pertinente pour le classement des témoins des *Commentaires aux Discours 4 et 5*. En effet, contrairement à ce qui a été observé par ce chercheur pour le *Commentaire au Discours 38*, il n'existe pas de version longue et courte des *Commentaires aux Discours 4 et 5*. Mis à part les témoins qui ne contiennent qu'un extrait du *Commentaire au Discours 4* (et qui représentent une branche particulière de la tradition dont il sera question plus loin) et celui qui mélange les scholies de Basile à celles d'autres exégètes, tous les manuscrits consultés possèdent approximativement le même nombre de lemmes ([179]) et présentent un texte similaire ([180]). C'est la raison pour laquelle les abréviations utilisées par T. Schmidt n'ont pas été reprises, car leur nomenclature, axée sur la distinction entre les versions du texte, ne reflétait pas la réalité de la présente tradition manuscrite.

---

(177) SCHMIDT, *Liste révisée*, p. 159-175. Ce catalogue est également accessible sur le site *Nazianzos* du Centre d'Études sur Grégoire de Nazianze de l'Université catholique de Louvain : http://nazianzos.fltr.ucl.ac.be [page consultée le 21 mars 2017]. À cette liste il faut encore ajouter trois manuscrits, comme signalé *supra*, p. XXIV, n. 75.
(178) SCHMIDT, *Basilii Minimi*, p. XXIX-XLVI.
(179) Les variations enregistrées dans le nombre ne sont pas dues à la disparition ou à l'ajout de scholies, mais plutôt à la scission ou à la fusion de scholies existantes ; voir *infra*, p. LX.
(180) Les apographes n'ont pas été vérifiés, mais il n'y a pas lieu de douter de leur contenu.

1. *La liste des manuscrits*

A. *Témoins avec le texte complet*

P *Parisinus graecus* 573 ([181]) = L[b] Schmidt ([182]) XI[e] s.
Sch. 01; M. I, 69-70; S. 45-48; C. 295 ([183])
Cote abrégée: *Paris gr.* 573
Commentaires aux Discours 4 et 5: f. 262r-279v
Note: Il s'agit du seul manuscrit, avec l'*Athos Pantel.* 7, à contenir tous les *Commentaires* de Basile. L'exégèse des *Discours* 4 et 5 se trouve à la fin. La moitié inférieure du dernier folio (f. 279) est déchirée en partie, ce qui a entraîné la perte du texte à la fin de chaque ligne, depuis οὕτω θᾶττον jusqu'à οἷόν τε τὸν σκοπὸν (*Comm.* 5, 66). Ce témoin a servi de base, avec le *Paris Coisl.* 236, à l'édition de J.-F. Boissonade ([184]).

C *Parisinus Coislinianus* 236 = L[a] Schmidt Xe s.
Sch. 03; M. I, 103-104; S. 57-58; C. 298
Cote abrégée: *Paris Coisl.* 236
Commentaires aux Discours 4 et 5: f. 161v-182v
Note: Le manuscrit a servi de base, avec le *Paris gr.* 573, à l'édition de J.-F. Boissonade. Il contient, pour le *Commentaire au Discours 4* seulement, quelques annotations marginales écrites *prima manu*, qui ne sont pas de Basile, mais qui s'apparentent aux *scholia vetera* ([185]). Le manuscrit a appartenu au monastère de la Grande Laure ([186]).

---

(181) Les manuscrits retenus pour l'édition du texte sont précédés du sigle qui leur a été attribué dans la présente édition.
(182) Il s'agit du sigle utilisé dans l'édition de T. Schmidt (voir le *conspectus siglorum* dans *Basilii Minimi*, p. 1).
(183) Les références aux répertoires précédents des manuscrits de Basile sont indiquées de la manière suivante:
    Sch. = SCHMIDT, *Liste révisée*, selon le numéro du manuscrit;
    M. = MOSSAY, *Repertorium Nazianzenum*, selon le volume et la pagination;
    S. = SAJDAK, *Historia critica*, selon la pagination;
    C. = CANTARELLA, *Basilio Minimo*, selon la pagination.
(184) Ce manuscrit est disponible en ligne sur le site *Gallica* de la Bibliothèque nationale de France: http://gallica.bnf.fr/ark:/12148/btv1b10723923t [page consultée le 17 mai 2018].
(185) Sur ces annotations, voir *supra*, p. XLII-XLIII, et l'annexe *infra*, p. LXXIV-LXXV.
(186) R. DEVREESSE, *Catalogue des manuscrits grecs*, vol. 2, Paris, 1945, p. 216.

V *Vindobonensis theologicus graecus* 120   1re moitié du XIe s. ([187])
Sch. 09 ; M. II, 116-117 ; S. 53-54 ; C. 296
Cote abrégée : *Vienne theol. gr.* 120
Commentaires aux Discours 4 et 5 : f. 79r-96r
Note : L'exégèse des *Discours* 4 et 5 se trouve à la fin des *Commentaires* de Basile. Ce manuscrit serait d'origine chypriote ([188]).

W *Vindobonensis theologicus graecus* 130   *c.* 1100
Sch. 10 ; M. II, 120 ; S. 54-56 ; C. 296
Cote abrégée : *Vienne theol. gr.* 130
Commentaires aux Discours 4 et 5 : f. 106v-122v
Note : L'épilogue du *Commentaire au Discours 5* (*Comm.* 5, 66) présente un titre original, sûrement apocryphe, puisqu'il ne figure dans aucun autre témoin (f. 122v) : Τοῦ ἐν ἐπισκόποις ἐλαχίστου Βασιλείου Καισαρείας ἀπολογία εἰς τοὺς ὑπομνηματισμοὺς [a.c. ἀπομνηματισμοὺς] τῶν τοῦ μεγάλου Γρηγορίου τοῦ Θεολόγου λόγων · εἰ καὶ τολμηρῶς, ὅμως ὑπὸ πολλῶν φοιτητῶν τε καὶ φίλων προτραπείς ([189]).

Monacensis graecus 34   1551
Sch. 11 ; M. III, 79-80 ; S. 43-45 ; C. 295
Cote abrégée : *Munich gr.* 34
Commentaires aux Discours 4 et 5 : f. 467v-488r
Note : Ce manuscrit est un apographe du *Florence Laur. S. Marco gr.* 688 ([190]).

Leidensis Vossianus graecus in-f° 45   1542-1551 ([191])
Sch. 17 ; M. III, 187-188 ; S. 42-43 ; C. 295

---

(187) La datation des manuscrits de cette liste reprend généralement les indications données par T. Schmidt d'après J. Mossay, sauf lorsqu'il existe des informations plus précises ou récentes. Pour les deux manuscrits de Vienne, voir H. Hunger – O. Kresten – C. Hannick, *Katalog der griechischen Handschriften der Österreichischen Nationalbibliothek*, vol. 3.2, Vienne, 1984, p. 59 et 112.
(188) R.S. Stefec, *Zu einigen zypriotischen Handschriften der österreichischen Nationalbibliothek*, dans *Rivista di studi bizantini e neoellenici*, 49 (2012), p. 57-58.
(189) Voir supra, p. XXXVII.
(190) V. Tiftixoglu – K. Hajdú – G. Duursma, *Katalog der griechischen Handschriften der Bayerischen Staatsbibliothek München*, vol. 1 (*Catalogus codicum manu scriptorum Bibliothecae Monacensis*, 2.1), Wiesbaden, 2004, p. 216.
(191) K.A. de Meyier, *Un manuscrit grec de la bibliothèque d'Antoine Perrenot de Granvelle à la bibliothèque universitaire de Leyde*, dans *Scriptorium*, 2 (1948), p. 291.

Cote abrégée: *Leyde Voss. gr.* in-f° 45
Commentaires aux Discours 4 et 5: f. 565r-599r
Note: Ce manuscrit est un apographe du *Paris gr.* 573, dont il ne transmet que des extraits. Il a été copié par Constantin Paléocappa.

A   *Athous Panteleimonos* 7 (Lambros 5513) = L^c Schmidt   XIe s.
Sch. 23; M. IV, 151; S. 39-40; C. 295
Cote abrégée: *Athos Pantel.* 7
Commentaires aux Discours 4 et 5: f. 227v-246r
Note: Il s'agit du seul manuscrit, avec le *Paris gr.* 573, à contenir tous les *Commentaires* de Basile. Plusieurs folios de ce manuscrit ont été mélangés à une certaine époque, avant la première numérotation des folios, et remis en ordre avant la deuxième numérotation. Dans le *Commentaire au Discours 5*, le f. 240 était ainsi autrefois numéroté f. 72 ([192]). La marge extérieure du f. 237 a également été coupée, ce qui a entraîné la perte de quelques lettres à la fin des lignes du f. 237r ([193]). Ce manuscrit serait originaire de Macédoine ([194]).

Athous Panteleimonos 762 (Lambros 6269)   1881
Sch. 24; M. –; S. 40; C. 295
Cote abrégée: *Athos Pantel.* 762
Commentaires aux Discours 4 et 5: ?
Note: Selon J. Sajdak et R. Cantarella, ce manuscrit est un apographe de l'*Athos Pantel.* 7; l'information n'a pas pu être vérifiée.

   (192) Ce folio couvre un passage qui commence au *Comm* 5, 14 (*Or.* 5, 8) – πλήν, φησί, οὐκ ὀνειδίζω τύχας, etc. – et se termine au *Comm.* 5, 24 (*Or.* 5, 15): τῶν προηγουμένων.
   (193) C'est-à-dire sur le texte qui va du *Comm.* 4, 101 (*Or.* 4, 105) – συνδεσμικόν – jusqu'au *Comm.* 4, 104 (*Or.* 4, 110): βεβουλευμένου.
   (194) D'après les indications notées sur les pages de garde du manuscrit et transcrites dans S.P. LAMPROS, *Catalogue of the Greek manuscripts on Mount Athos*, vol. 2, Cambridge, 1900, p. 282: « Ce livre vient de Pélagonie; en effet, le monastère du Myroblite le possédera » (Ἡ βίβλος ἥδε Πελαγονίας πέλει · ἕξει γὰρ αὐτὴν μονὴ τοῦ Μυροβλήτου). Il semble qu'il ait été offert au monastère par un de ses moines, Démétrios de Pélagonie: « Le présent livre est consacré au monastère du saint grand martyr Démétrios, qui est totalement mien, pour notre mémoire et celle de mes parents; Démétrios de Pélagonie » («Ἡ παροῦσα βίβλος ἀφιαίρωται τῇ τοῦ ἁγίου μεγαλομάρτυρος Δημητρίου μονῇ τῇ [*vac.*] μου ἐκ βάθρου [*vac.*] μνήμης χάριν ἡμετέρας καὶ τῶν γονέων μου. Ὁ Πελαγονίας Δημήτριος»).

F *Florentinus Laurentianus S. Marci gr.* 688   Xe s.
Sch. 33 ; M. VI, 139-141 ; S. 42 ; C. 295
Cote abrégée : *Florence Laur. S. Marco gr.* 688
Commentaires aux Discours 4 et 5 : f. 149r-168v
Note : Le manuscrit a servi de base à l'édition de R. Cantarella. Le texte a été systématiquement révisé par une seconde main, comme le prouve l'annotation ἀντεβλήθ(η), inscrite en marge du titre de chaque *Commentaire* et les corrections *secunda manu* qui parsèment le texte.

B. *Témoins avec un extrait*

Monacensis graecus 67   1551/52
Sch. 12 ; M. III, 80 ; S. – ; C. –
Cote abrégée : *Munich gr.* 67
Extrait du *Commentaire au Discours 4* : f. 247v-248v ([195])
Note : Seul texte de Basile dans un codex hétéroclite, l'extrait est précédé du *Contre les monophysites* et du *Contre les nestoriens* de Léonce de Jérusalem, ainsi que de la *Réfutation de la lettre du roi d'Arménie* de Nicétas de Byzance et d'une « scholie sur le nombre ». Il s'agit d'une copie du *Venise Marc.* Z 69 effectuée, selon le *ductus*, par Cornelios Mourmouris et achetée par Johann Jakob Fugger ([196]).

Vaticanus graecus 388   c. 1552/53
Sch. – ; M. – ; S. – ; C. –
Cote abrégée : *Vatican gr.* 388
Extrait du *Commentaire au Discours 4* : f. 205r-206r
Note : Ce manuscrit ne figure dans aucune recension antérieure des témoins de Basile. Seul texte de Basile dans un codex hétéroclite, l'extrait est précédé de la *Réfutation de la lettre du roi d'Arménie* de Nicétas de Byzance et d'une « scholie sur le nombre ». Il s'agit vraisemblablement d'une copie du *Venise Marc.* Z 69, effectuée par Manuele Provataris ([197]).

(195) Il faut retenir l'indication de J. Mossay plutôt que celle de T. Schmidt (f. 246r-247v).

(196) M. Molin Pradel, *Katalog der griechischen Handschriften der Bayerischen Staatsbibliothek München*, vol. 2, Wiesbaden, 2013, p. 112-113. Voir aussi Rigo, *Niceta Byzantios*, p. 152 ; Mondrain, *Copistes et collectionneurs*, p. 354-390.

(197) R. Devreesse, *Codices Vaticani Graeci*, vol. 2, Rome, 1937, p. 82 ; Rigo, *Niceta Byzantios*, p. 152 ; E. Gamillscheg – D. Harlfinger – P. Eleuteri, *Repertorium der griechischen Kopisten 800-1600*, vol. 3 (*Veröffentlichungen der Kommission für Byzantinistik*, III), Vienne, 1997, n° 418.

Matritensis 4706 (*olim* O. 27 ; De Andrès 155)   *c.* 1550
Sch. 31 ; M. VI, 88 ; S. 43 ; C. 295
Cote abrégée : *Madrid* 4706
Extrait du *Commentaire au Discours 4* : f. 59v-60v
Note : Seul texte de Basile dans un codex hétéroclite, l'extrait est précédé de la *Réfutation de la lettre du roi d'Arménie* de Nicétas de Byzance et d'une « scholie sur le nombre ». Il s'agit probablement d'une copie du *Venise Marc. Z 69*, effectuée, selon le *ductus*, par Cornelios Mourmouris et achetée par Francisco de Mendoza ([198]).

Romanus Vallicellianus Allatinus 231 (Martini 221) ([199])   XVIIe s.
Sch. 35 ; M. – ; S. – ; C. 298
Cote abrégée : *Rome Vallicell. Allaci* 231
Extrait du *Commentaire au Discours 4* : f. 3v et suivants
Note : Selon le catalogue ([200]), le manuscrit contient seulement cinq folios. L'extrait de Basile est précédé de la « scholie sur le nombre » qui accompagne, dans tous les autres témoins de ce groupe, la *Réfutation de la lettre du roi d'Arménie* de Nicétas de Byzance.

Venetus Marcianus Z 69 (coll. 501)   XIIIe s.
Sch. 36 ; M. – ; S. 52 ; C. 296
Cote abrégée : *Venise Marc. Z 69*
Extrait du *Commentaire au Discours 4* : f. 422r-422v
Note : La première partie de ce codex (f. 2r-264v) regroupe du matériel sur Grégoire de Nysse – des *Discours* et une *Vie* – entrecoupé d'extraits des *Commentaires* de Basile ([201]). La deuxième partie

---

(198) DE ANDRÈS, *Catalogo*, p. 269 ; RIGO, *Niceta Byzantios*, p. 152-153.
(199) CANTARELLA (*Basilio Minimo*, p. 298) lui donne la cote *gr.* 121.
(200) E. MARTINI, *Catalogo dei manoscritti greci esistenti nelle biblioteche italiane*, vol. 2, Milan, 1902, p. 233.
(201) Les extraits de Basile servent à combler le vide avant le début du folio suivant : *Commentaire au Discours 22* (f. 201v) ; *au Discours 23* (f. 235r-v) ; *au Discours 17* et *au Discours 34* (f. 243v) ; et *au Discours 32* (f. 264r-v). Voir E. MIONI, *Bibliothecae Diui Marci Venetiarum codices graeci manuscripti*, vol. 1 (*Indici e Cataloghi, Nuova Serie*, VI), Roma, 1981, p. 94-96. La première partie de ce codex a fait l'objet de deux copies connues : le *Munich Staatsbibl. gr.* 92 et l'*Escorial* Λ I 4 (disparu dans l'incendie de 1671), tous deux absents des inventaires des manuscrits de Basile. ANTONOPOULOU, *Two Manuscript Collections*, p. 9-10 et 14.

(f. 265r-400v) contient le *Contre les monophysites* et le *Contre les nestoriens* de Léonce de Jérusalem. La troisième partie (f. 401r-422v) présente la *Réfutation de la lettre du roi d'Arménie* de Nicétas de Byzance, suivie d'une scholie sur le nombre et de l'extrait de Basile. Il a sûrement servi de modèle à tous les autres témoins de ce groupe. Le codex appartenait au cardinal Bessarion.

C. *Témoin avec un commentaire mixte*

Matritensis 4847 (*olim* O. 96 ; De Andrès 292)   XIVe s.
Sch. 82 ; M. VI, 90 ; S. – ; C. –
Cote abrégée : *Madrid 4847*
Commentaires aux Discours 4 et 5 : f. 83r-105r
Note : L'exégèse des *Discours* 4 et 5 se trouve à la fin du manuscrit mutilé et contient en partie les *Commentaires* de Basile, joints à d'autres scholies non identifiées et aux *Histoires mythologiques* du pseudo-Nonnos. La fin de l'exégèse pour le *Discours* 5 est manquante. Des scholies de Maxime le Confesseur, de Georges Mocénos et de Nicétas d'Héraclée ont également été repérées ailleurs dans ce manuscrit ([202]).

2. *Les manuscrits avec un extrait*

Le second groupe de manuscrits réunit cinq témoins qui ont pour particularité de proposer uniquement un extrait du *Commentaire au Discours 4*. Ces témoins présentent beaucoup de similitudes qui laissent deviner une origine commune. D'abord, ils contiennent tous le même extrait, intitulé Ἐκ τῶν ὑπομνηματισμῶν Βασιλείου εἰς τὸν πρῶτον τῶν στηλιτευτικῶν, formé de cinq scholies issues du *Commentaire au Discours 4* : les scholies 95, 98, 99, 100 et 102 ([203]). Ensuite, tous les témoins de ce groupe présentent l'extrait de Basile en appendice à un ensemble textuel qui comprend la *Réfutation de la lettre du roi d'Arménie* par Nicétas de Byzance, un théologien du

---

([202]) Sajdak, *Historia critica*, p. 133 ; de Andrès, *Catalogo*, p. 457-459.

([203]) Seuls les manuscrits de Venise et de Munich ont pu être vérifiés d'après des reproductions fournies par les bibliothèques qui les conservent. Considérant les informations que nous possédions déjà – par les catalogues ou par les travaux de chercheurs précédents –, il n'a pas été jugé nécessaire de consulter les autres exemplaires de ce groupe.

IX{e} siècle ([204]), ainsi qu'une « scholie sur le nombre » (σχόλιον περὶ τοῦ ἀριθμοῦ) portant sur ce dernier texte ([205]). Dans deux de ces manuscrits ([206]), cet ensemble est également précédé de deux autres ouvrages polémiques: le *Contre les monophysites* ([207]) et le *Contre les nestoriens* ([208]) de Léonce de Jérusalem (VI{e} siècle). En outre, selon nos observations, le dernier folio du codex de Venise, sur lequel figure l'extrait du *Commentaire au Discours 4*, se trouve très abîmé par les trous de ver, ce qui a obligé le scribe du manuscrit de Munich à laisser des blancs dans le texte, aux endroits endommagés; ce serait également le cas de la copie du Vatican, selon A. Rigo, qui a étudié ces manuscrits dans le cadre de ses recherches sur Nicétas de Byzance ([209]). Finalement, le cahier du manuscrit de Madrid qui contient l'extrait de Basile a été copié par la même main que celui de Munich, c'est-à-dire celle de Cornelios Mourmouris ([210]), ce qui laisse présumer une source commune pour ces deux exemplaires.

---

(204) *PG* 105, col. 588 A 1 – 665 C 14.

(205) Cette scholie, qui porte sur le passage *PG* 105, col. 604 C 6 de la *Réfutation*, commence par ὅτι ὁ ἀριθμὸς οὔτε διαιρεῖ et se termine par χρῄζειν αὐτοῦ οὐκ ἀρνούμεθα: il s'agit en fait d'un extrait de la *Lettre* 12 de Maxime le Confesseur (*PG* 91, col. 473 B 8 – 476 D 11). Dans le cas du *Rome, Vallicell. Allaci* 231, constitué seulement de cinq folios détachés, il ne reste que cette « scholie sur le nombre », comme indiqué dans le catalogue (voir *supra*, p. LII).

(206) Le *Venise Marc. Z 69* et le *Munich Staatsbibl. gr. 67*.

(207) *PG* 86, col. 1769 A 1 – 1901 A 2. L'éditeur de la *Patrologie grecque* a en réalité amalgamé sous ce titre deux traités différents: les *Témoignages des saints* et les *Apories*. Ces textes ont fait récemment l'objet d'une édition critique: P.T.R. Gray, *Leontius of Jerusalem, Against the Monophysites: Testimonies of the Saints and Aporiae* (*Oxford Early Christian Texts*), Oxford, 2006.

(208) *PG* 86, col. 1400 A 1 – 1768[i] B 9.

(209) Selon ses propres mots (*Niceta Byzantios*, p. 153), « la *Refutazione della lettera del re d'Armenia* è stata copiata nei mss. Vat. Gr. 388 e Monac. Gr. 67 (e nel cod. di Madrid?) sulla base del Marc. Gr. 69, come risulta da una collazione e da quella testo successivo. L'ultimo f. del cod. marciano, contenente appunto gli *Excerpta* di Basilio Minimo, è gravemente danneggiato dai tarli. In corrispondenza di questi buchi (che hanno inevitabilmente causato delle lacune nel testo) i mss. vaticano e monacense presentano spazî bianchi lasciati dai copisti, che forse speravano di poter integrare il testo con l'ausilio di un altro esemplare ».

(210) Dans les deux cas, le scribe a été identifié par son *ductus*: voir *supra*, p. LI-LII.

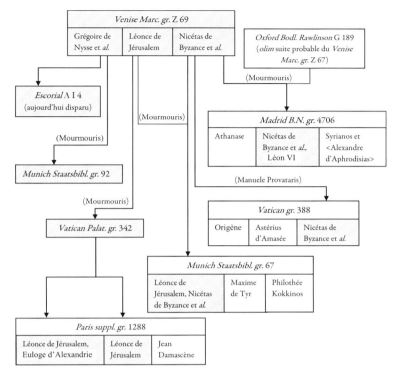

Figure 1 : La descendance du Venise Marc. Z 69. ([211])

(211) Dans cet arbre généalogique, les manuscrits ont été divisés en unités codicologiques, c'est-à-dire en cahiers issus d'un même acte de production, mais les textes qui les constituent peuvent avoir des origines différentes. Le *Venise Marc. Z 69* ainsi que les unités codicologiques qui lui empruntent, en tout ou en partie, leur matériel sont signalés en gris, alors que les unités en blanc représentent des cahiers contemporains copiés d'après d'autres manuscrits. Il faut noter que les *Homélies* de Léon VI qui se trouvent dans le *Madrid B.N. gr.* 4706 ne sont pas copiées d'après le *Venise Marc. gr. Z 69*, mais d'après l'*Oxford Bodl. Rawlinson* G 189, qui, selon T. Antonopoulous (*Two Manuscript Collections*, p. 3-8), était autrefois la suite du *Venise Marc. gr. Z 67*. De même, le court texte d'Euloge d'Alexandrie dans le *Paris suppl. gr.* 1288 a été copié d'après un autre manuscrit du Vatican : voir C. ASTRUC – M.-L. CONCASTY, *Catalogue des manuscrits grecs*, vol. 3, Paris, 1960, p. 546. Le nom des copistes – s'il est connu – est inscrit sur les branches de l'arbre : ils sont notés entre parenthèses parce qu'il ne s'agit pas de copies signées. L'*Escorial* Λ I 4 a disparu dans l'incendie de la bibliothèque en 1671 : sur cette filiation, voir ANTONOPOULOU, *Two Manuscript Collections*, p. 13-16.

En somme, il est aisé de conclure que tous les témoins de ce groupe descendent du *Venise Marc. Z* 69, un manuscrit du XIIIe siècle, ayant appartenu à la bibliothèque du cardinal Bessarion (Figure 1). Ils ont vraisemblablement été copiés à la même époque, entre 1551 et 1552, – soit par les frères Cornelios et Jean Mourmouris, pour les manuscrits de Madrid et de Munich ([212]), soit par Manuele Provataris, pour le manuscrit du Vatican ([213]) – et vendus aux grands collectionneurs de l'époque – Francisco de Mendoza, Johann Jakob Fugger et la Bibliothèque vaticane – qui se sont chargés de les faire relier dans des corpus hétéroclites. Cette activité de copie est typique de ce que B. Mondrain a appelé le travail *à la pièce* : « C'est comme si des cahiers dus à des copistes différents et prêts pour la reliure étaient assemblés un peu au hasard » ([214]).

Ces témoins n'ont toutefois pas été retenus en vue de l'édition critique, car, non seulement ils ne contiennent qu'une partie du texte, mais ils portent également les traces d'un travail de remaniement, probablement effectué par le compilateur. La collation du manuscrit de Venise et de son apographe de Munich a permis en effet de repérer un certain nombre d'aménagements du texte dont le but aurait été de transformer le travail exégétique de Basile en une simple paraphrase du texte de Grégoire. Il faut dire que l'extrait choisi s'insérait bien dans un recueil apologétique, puisqu'il porte sur le passage du *Discours* 4 dans lequel Grégoire défendait le droit des chrétiens à la parole et à l'enseignement grecs ([215]). Le compilateur a d'abord dû sélectionner judicieusement les scholies qui se prêtaient au jeu de la paraphrase et rejeter celles qui ne pou-

---

[212] Les cahiers ont été écrits par Cornelios Mourmouris selon la main d'écriture, mais l'emprunt du volume à la Bibliothèque marcienne a été effectué au nom de Jean Mourmouris entre le 27 novembre 1551 et le 6 février 1552 : H. OMONT, *Deux registres de prêt de manuscrits de la Bibliothèque de Saint-Marc à Venise (1545-1559)*, dans *Bibliothèque de l'École des chartes*, 48 (1887), p. 668, entrée 102.

[213] Manuele Provataris aurait lui-même vendu son cahier à la Bibliothèque du Vatican, le 20 novembre 1552 : L. DOREZ, *Le registre des dépenses de la Bibliothèque vaticane de 1548 à 1555*, dans *Fasciculus Joanni Willis Clark dicatus*, Cambridge, 1909, p. 179, entrée 102. Considérant la proximité des dates, il n'est pas exclu que Manuele Provataris ait travaillé dans le même atelier de scribes que les frères Mourmouris.

[214] MONDRAIN, *Copistes et collectionneurs*, p. 380.

[215] GRÉGOIRE DE NAZIANZE, *Or.* 4, 97-106. Sur l'importance de ce passage dans les *Invectives*, voir *supra*, p. XXXII-XXXIV.

vaient être comprises sans le recours au texte de Grégoire, ce qui l'a amené à exclure de sa sélection les scholies 96, 97 et 101. Ensuite, à l'intérieur des scholies retenues, il a dû omettre les passages qui venaient rompre la paraphrase avec des considérations autres, comme des explications grammaticales. Il a par exemple rejeté ce passage du début de la scholie 98 : « En effet, μετόν signifie "il a part" (μέτεστι), comme ἐξόν signifie "il est permis" (ἔξεστι). *Comment donc le démontreras-tu ?* dans le sens de "tu ne démontreras pas que la parole est tienne" » ([216]). Il a également réuni en une seule unité les scholies 99 et 100 ([217]), ce qui renforce l'argumentation en opposant cette scholie unifiée à la scholie 98 : alors que cette dernière expose le raisonnement putatif de Julien lorsqu'il associe l'hellénisme à la religion, la seconde réfute ce raisonnement. Finalement, certains mots ont été ajoutés, modifiés ou déplacés pour faciliter la lecture du texte de Basile. Bien qu'il s'agisse d'un exemple intéressant de lecture des *Commentaires* de Basile, le témoignage de ces manuscrits n'est pas pertinent pour l'établissement du texte. En effet, les variations qu'ils proposent n'étant assurément pas dues à Basile, leur collation n'aurait apporté rien de plus à la connaissance du texte original.

3. *Le manuscrit avec un commentaire mixte*

Le troisième groupe de manuscrits ne comprend en réalité qu'un seul témoin, de fort mauvaise qualité et formé d'un commentaire mixte où l'œuvre de Basile se trouve entremêlée avec les *Histoires mythologiques* du pseudo-Nonnos ainsi que d'autres scholies d'origine inconnue. Après une introduction empruntée au pseudo-Nonnos, l'exégèse commence abruptement aux chapitres 18 et 19 du *Discours* 4, avant de sauter tout aussi brusquement au chapitre 43. La fin du commentaire au *Discours* 5 est perdue à la suite d'une mutilation du manuscrit. Le texte est formé d'un commentaire suivi, composé de scholies introduites par des lemmes, parfois très substantiels, issus des *Discours* de Grégoire. La compilation comprend une grande partie des *Histoires mythologiques* du pseudo-Nonnos,

---

(216) BASILE LE MINIME, *Comm.* 4, 98 (*Or.* 4, 103) : « Τὸ γὰρ μετὸν 'μέτεστι' σημαίνει, ὡς τὸ 'ἐξόν' 'ἔξεστι'. Πῶς οὖν σὺ δείξεις; ἀντὶ τοῦ 'οὐ δείξεις τοὺς λόγους σούς' ».

(217) Sur ces scholies inversées, voir *supra*, p. XL-XLI.

qui semblent avoir servi de base pour le travail de sélection [218]. À ces *Histoires*, le compilateur a ajouté d'autres scholies, dont certaines sont de Basile le Minime [219] et d'autres d'origine encore inconnue, bien qu'aucune n'appartienne vraisemblablement aux *scholia vetera* [220]. Finalement, il a amalgamé, pour la composition de certaines scholies, du matériel issu de différentes sources, dont il a prélevé uniquement les parties qui l'intéressaient, afin de créer des commentaires hybrides dont la part due à chaque exégète n'est pas toujours facile à distinguer.

La date tardive de ce manuscrit, son caractère composite, ainsi que les modifications possiblement apportées par le compilateur au texte de Basile, ont d'emblée exclu ce manuscrit de la collation en vue de l'édition critique.

4. *Les manuscrits avec le texte complet*

Par conséquent, seule la première catégorie, celle qui regroupe les manuscrits contenant le texte complet des *Commentaires aux Discours 4 et 5*, était en mesure d'offrir des témoins fiables pour établir le texte de Basile. De plus, en excluant de ce groupe tous les manuscrits qui sont des apographes reconnus ou présumés, il ne restait en définitive que six témoins pour servir de base à la présente édition : le *Paris gr.* 573 (P) ; le *Paris Coisl.* 236 (C) ; le *Vienne theol. gr.* 120 (V) ; le *Vienne theol. gr.* 130 (W) ; l'*Athos Pantel.* 7 (A) ; et le *Florence Laur. S. Marco, gr.* 688 (F). Seuls les deux manuscrits de Paris ont pu être vérifiés *de visu*, les autres ont été compilés d'après des reproductions sur microfilm.

---

[218] C'est ce qui pourrait expliquer le peu d'attention porté au début du *Discours* 4, qui n'est pas du tout couvert par le pseudo-Nonnos. La majorité des *Histoires mythologiques* y figure (parfois sous une forme abrégée ou modifiée) à l'exception des *Hist.* 4, 47 ; 57 ; 58 ; 59 ; 61 (pour laquelle le compilateur a préféré l'exégèse de Basile) ; 84 ; 86 ; 87 ; *Hist.* 5, 3 ; 6 ; 12 ; 13 ; 14 ; 16 (?) ; 17 (?) ; 20 ; 25 ; 26. Le manuscrit prend fin à l'*Hist.* 5, 29.

[219] Un examen sommaire du manuscrit a permis de repérer des extraits plus ou moins complets des *Comm.* 4, 18 ; 19 ; 20 ; 39 ; 40 ; 42 ; 52 ; 57 ; 58 ; 60 ; 65 ; 66 ; 67 ; 72 ; 73 ; 74 ; 76 ; 80 ; 85 ; 87 ; 88 ; 89 ; 91 ; 92 ; 93 ; 98 ; 100 ; 101 ; 102 ; 103 ; 104 ; *Comm.* 5, 1 ; 3 ; 4 ; 8 ; 22 ; 23 ; 24 ; 28 ; 31 ; 32 ; 33 ; 42 ; 43.

[220] Du moins en comparaison des scholies déjà éditées. Sur les *scholia vetera*, voir *supra*, p. XXI.

Ces témoins forment un ensemble relativement homogène : l'exégèse de Basile se trouve toujours présentée sous la forme d'un commentaire suivi introduit par des lemmes ([221]). Ils ne contiennent pas de variations textuelles majeures, du moins en ce qui concerne les *Commentaires aux Discours 4 et 5*. De plus, ils sont tous approximativement datés des Xe ou XIe siècles, donc d'une époque très rapprochée de la rédaction des *Commentaires*. Cette proximité temporelle et textuelle a eu pour conséquence qu'il fut difficile, voire impossible, de proposer un classement de ces manuscrits et, à plus forte raison, d'en dresser un stemma valable.

5. *Le classement des manuscrits*

A. *Les critères externes*

En effet, aucun critère extérieur au texte lui-même ne permet de classement préalable des manuscrits. Par exemple, mis à part une inversion (P) et quelques erreurs non significatives (F[a.c.], W, A), les titres initiaux des deux *Commentaires* sont très similaires d'un témoin à l'autre.

Titre initial du *Commentaire au Discours 4* :
Εἰς τὸν κατὰ Ἰουλιανοῦ στηλιτευτικῶν πρῶτον	AV
Εἰς τὸν κατὰ Ἰουλιανοῦ στηλιτευτικῶν α΄	F[p.c.]C
Εἰς τὸν κατὰ Ἰουλιανοῦ στηλιλευτικῶν α΄	F[a.c]
Εἰς τὸν α΄ τῶν κατὰ Ἰουλιανοῦ στηλιτευτικῶν	P
Τῶν κατὰ Ἰουλιανοῦ στηλιτευτικῶν, α΄	W[p.c.]
Ἐκ τῶν κατὰ Ἰουλιανοῦ στηλιτευτικῶν, α΄	W[a.c.]

Titre initial du *Commentaire au Discours 5* :
Εἰς τὸν κατὰ Ἰουλιανοῦ στηλιτευτικῶν δεύτερον	FCP
Εἰς τὸν κατὰ Ἰουλιανοῦ στηλιτευτικῶν β΄	VW
Εἰς τὸν κατὰ Ἰουλιανὸν στηλιτευτικῶν δεύτερον	A

Les titres finaux ont connu un destin un peu moins uniforme, mais ils apportent à peine plus d'informations. Le titre final du *Commentaire au Discours 4* est ainsi totalement absent des manuscrits P et V, ce qui correspond par ailleurs à une certaine parenté entre ces deux manuscrits ([222]). Quant au sort réservé au titre final du *Commentaire au Discours 5*, il dépend en grande partie de la valeur donnée par le copiste à l'épilogue qui se trouve à la fin du *Com-*

---

(221) Autrement dit, il n'existe aucune version de ces *Commentaires* sous la forme de scholies marginales ; voir *supra*, p. XXVII.
(222) Voir *infra*, p. LXIII.

mentaire ([223]) : dans les manuscrits de Paris (C et P), le mot τέλος est traité comme un simple lemme, tandis que pour les copistes des manuscrits de Vienne et de l'Athos (V, W et A), il s'agit clairement d'un titre final. Le manuscrit de Florence présente un état intermédiaire dans lequel le mot τέλος est noté comme un lemme, mais suivi d'un retour à la ligne comme un titre final ([224]).

Titre final du *Commentaire au Discours 4* :
Τέλος τοῦ πρώτου τῶν στηλιτευτικῶν	W
Τέλος τοῦ α'τῶν στηλιτευτικῶν	FA
Τέλος τοῦ α'τῶν στηλιτευτικῶν λόγων	C
om.	PV

Titre final du *Commentaire au Discours 5* :
Τέλος	FCP
Τέλος τοῦ β'	W
Τέλος τοῦ β' λόγου τῶν στηλιτευτικῶν	A
Τέλος τῶν σχολίων	V

La désignation des lemmes présente également peu de variations. Sur les 105 lemmes présents dans l'édition actuelle du *Commentaire au Discours 4* et les 65 du *Commentaire au Discours 5*, moins de 10% sont sujets à variations, soit par allongement du texte reconnu comme lemme, soit par désignation de nouveaux lemmes à partir du texte du commentaire, soit, à l'inverse, par intégration du lemme au texte du commentaire. Autrement dit, le texte global ne subit pas de modifications notables d'un manuscrit à l'autre, seule la portion étiquetée comme lemme change.

Lemmes litigieux :		Lemme	Texte
Comm. 4, 5 (Or. 4, 4)	Καὶ γὰρ οὐ τῷ Λόγῳ μόνῳ	CPAVW	F
Comm. 4, 28 (Or. 4, 31)	Τῇ γὰρ κινήσει – τὰ ἡμέτερα	P	FCAVW
Comm. 4, 36 (Or. 4, 38)	Πῶς ἡμιλλήθη	PV	FCAW
Comm. 4, 53 (Or. 4, 56)	Ἀλλά γε – περιφανέστερον	F[p.c.]CPAV	F[a.c.]W
Comm. 4, 59 (Or. 4, 62)	Καὶ ἀπολογία – ἡ χρηστότης	F[p.c.]CPVW	F[a.c.]A
Comm. 4, 66 (Or. 4, 73)	Πόσοι ταῦτα καὶ μέχρι τίνος	FCAW	PV
Comm. 4, 69 (Or. 4, 75)	Τὸ ποῖον συνιδεῖν	V	FCPAW
Comm. 4, 101 (Or. 4, 105)	Μῶν	F[p.c.]CA	F[a.c.]PVW
	Ἄττα	F[p.c.]C	F[a.c.]PAVW
	Ἀμωσγέπως	C	FPAVW
Comm. 5, 1 (Or. 5, 1)	Οὗτος μὲν δὴ – ἐκτετέλεσται	FCAW	PV
Comm. 5, 4 (Or. 5, 3)	Δῆθεν ἐκ τῶν παρ' αὐτοῖς βίβλων	FCAVW	P
Comm. 5, 59 (Or. 5, 39)	Οὕτω γὰρ – οἰκειότερον	V	FCPAW
Comm. 5, 64 (Or. 5, 41)	Λιβανίου – τῇ συγγραφῇ	P	FCAVW
Comm. 5, 65 (Or. 5, 42)	Κινουμένην	FCPAW	V
	Κεκίνηται ἤδη	C	FPAVW

(223) Sur cet épilogue, voir *supra*, p. XXXVII.
(224) Cet état est peut-être plus proche de l'original, car il explique bien la confusion qui s'en serait suivie.

La seule indication qui ressort de ce tableau concerne une potentielle parenté entre P et V, qui a déjà été notée un peu plus haut. Finalement, les lacunes majeures (de trois mots ou plus) sont généralement rares et, surtout, sans influence sur les autres témoins retenus en vue de l'édition.

Lacunes majeures :
Comm. 4, 9 (*Or.* 4, 7)	7 mots	V
Comm. 4, 37 (*Or.* 4, 40)	32 mots	V
Comm. 4, 64 (*Or.* 4, 70)	11 mots	V
Comm. 5, 2 (*Or.* 5, 1)	5 mots (du lemme)	V
Comm. 5, 3 (*Or.* 5, 2)	4 mots	A
Comm. 5, 19 (*Or.* 5, 10)	5 mots	V[a.c.]
Comm. 5, 33 (*Or.* 5, 23)	3 mots (du lemme)	P
	11 mots	V
Comm. 5, 51 (*Or.* 5, 33)	13 mots	C
Comm. 5, 61 (*Or.* 5, 39)	11 mots	V
Comm. 5, 62 (*Or.* 5, 40)	3 mots	W
Comm. 5, 64 (*Or.* 5, 41)	59 mots	W
Comm. 5, 66	demi-folio déchiré	P

En conclusion, les critères externes ne permettent pas un classement satisfaisant des témoins, car leurs variations ne sont pas suffisamment significatives ou partagées. Une analyse plus pointue des lieux variants à l'intérieur du texte permet d'affiner un peu ces premiers résultats, sans aboutir toutefois à un classement formel des manuscrits.

B. *Les lieux variants*

Le témoin F présente ainsi, pour l'ensemble des deux *Commentaires*, le moins de leçons uniques. De plus, il arrive à l'occasion que les signes tachygraphiques ou les abréviations employées par le copiste de F puissent expliquer en partie les variantes des autres manuscrits. Par exemple,

Comm. 4, 2 (*Or.* 4, 1)	φων^ F | φωνὴν CAVW | φωνῶν P
Comm. 4, 26 (*Or.* 4, 27)	Ἰουˡ F | Ἰουλιανὸς CAVW | Ἰουλιανὸν P
Comm. 4, 51 (*Or.* 4, 52)	ἀφαγνίζˢˢ F | ἀφαγνίζεται CW | ἀφαγνίζεις P ([225])
Comm. 4, 55 (*Or.* 4, 58)	καλᵘ F | καλοῦσι PAVW | καλοῦ C
Comm. 4, 95 (*Or.* 4, 97)	εἰ δηπ F | εἴ δηπ C | εἰ δή περ P | εἰ δή που AW
Comm. 4, 97 (*Or.* 4, 102)	ἐγρˣ F | ἔγρˣ C | ἐγράψατο AV | ἔγραφεν W
Comm. 4, 98 (*Or.* 4, 103)	ἔθνᵬ F | ἔθνους CAW | ἐθνικοῦ PV
	οὔˢ F | οὔτε CAVW | οὕτως P
Comm. 4, 100 (*Or.* 4, 103)	γράφ´ F | γράφειν CV[a.c.]W | γραφὴν PAV[p.c.]

[225] Rapidement écrit, le signe tachygraphique pour –εται peut ressembler à celui de –εις. Les leçons des autres manuscrits ne peuvent être expliquées de la même façon.

Ces particularités ne font pas de ce manuscrit le modèle des autres témoins, tant s'en faut, car il contient trop de variations individuelles qui auraient normalement dû se retrouver dans ses descendants, mais il doit en revanche être considéré comme assez proche d'un modèle commun. D'autre part, le copiste de F est particulièrement sujet aux fautes d'orthographe mineures : erreurs d'accentuation, alternance vocalique, confusion de lettres à sonorité similaire. Un correcteur semble être passé sur le texte et avoir relevé certaines impropriétés ([226]), mais il en a également laissé un grand nombre. Finalement, le manuscrit F peut être rapproché du témoin C, avec lequel il partage quelques variantes.

Comm. 4, 1	συναναφαινομένων FC	συνυφαινομένων PAVW
Comm. 4, 55 (*Or.* 4, 58)	λέγει FC	λέγουσι PAVW
Comm. 4, 61 (*Or.* 4, 66)	ὑπάρχον... ὀνομαζόμενον FC	ὑπάρχων... ὀνομαζόμενος PAVW
Comm. 4, 62 (*Or.* 4, 67)	ὑπὲρ FC	ὑπὸ PAVW
Comm. 4, 85 (*Or.* 4, 91)	ἀκροτηριάζων FC	ἀκρωτηριάζων PAVW
Comm. 4, 98 (*Or.* 4, 103)	αὐτοῦ FC	αὐτὰ PAVW
Comm. 4, 104 (*Or.* 4, 110)	Κερδαλεώτερον FC	Κερδαλεώτερα PAVW
Comm. 5, 3 (*Or.* 5, 2)	χριστιανοῖς FC	χριστιανῶν PAVW
Comm. 5, 22 (*Or.* 5, 13)	ἐκεῖνος FC	ἐκείνως PAVW
Comm. 5, 28 (*Or.* 5, 19)	τρεῖς FC	τρὶς PAVW
Comm. 5, 64 (*Or.* 5, 41)	ἱερατικὴν FC	ἱερατικὸν PAVW
Comm. 5, 66	λόγῳ FC	λόγων PAVW

Le témoin V, pour sa part, présente la particularité de suivre deux modèles différents. Du début jusqu'à la scholie 29 du *Commentaire au Discours 4* inclusivement, il reproduit assez fidèlement les leçons du manuscrit A ; 13 des 15 leçons communes à V et à A surviennent ainsi dans cette portion du manuscrit.

Comm. 4, 2 (*Or.* 4, 1)	που FCPW	πω AV
Comm. 4, 8 (*Or.* 4, 7)	προσταλαιπωροῦντας FCPW	ταλαιπωροῦντας AV
	ποικίλαις FCPW	ποικίλοις AV
	ὡς FCPW	*om.* AV
Comm. 4, 11 (*Or.* 4, 11)	μοῖραν FCPW	μοίραν AV
Comm. 4, 13 (*Or.* 4, 12)	κινηθέντων FCPW	κινηθέντων καὶ AV
Comm. 4, 14 (*Or.* 4, 12)	αὐτῶν δυνηθῶμεν FCPW	δυνηθῶμεν αὐτῶν AV
Comm. 4, 17 (*Or.* 4, 15)	συστενάζει FCPW	ἀποστενάζει AV
Comm. 4, 21 (*Or.* 4, 20)	Τοῦ FCPW	Τὸ AV
	ση FCP σημαίνει W	σημειωτέον AV
Comm. 4, 23 (*Or.* 4, 23)	ση FCPW	σημειωτέον AV
Comm. 4, 26 (*Or.* 4, 27)	ἀλλὰ FCPW	ἀλλὰ καὶ AV
Comm. 4, 29 (*Or.* 4, 31)	πρὸς τὸ κρεῖττον ἢ καὶ τὸ χεῖρον FCPW	πρὸς τὸ χεῖρον ἢ καὶ πρὸς τὸ κρεῖττον AV

---

(226) Comme le prouve l'annotation ἀντεβλήθ(η), inscrite au début de chaque *Commentaire*.

À ce total peuvent aussi être ajoutés trois lieux variants où les copistes de V et de A optèrent pour une lecture divergente du reste de la tradition, bien qu'ils ne soient pas d'accord entre eux :

Comm. 4, 6 (*Or.* 4, 6)   κἂν ἔδοξας FCPW   καὶ ἔδοξας A | καὶ ἔδειξας V
                             τῶν λόγων FCPA$^{p.c.}$V$^{a.p.}$W   τὸν λόγον A$^{a.c.}$V$^{p.c.}$
Comm. 4, 10 (*Or.* 4, 10)   ἐγεγένητο FCPW   ἐγένετο A | ἐγίνετο V

Cette situation pourrait laisser croire que le manuscrit A ait été le modèle de la première partie de V. En réalité, seules trois variantes proposées par le manuscrit A et absentes du manuscrit V font obstacle à l'hypothèse d'une filiation directe, à moins de considérer que le copiste de V ait corrigé ces erreurs ou lacunes de son modèle :

Comm. 4, 2 (*Or.* 4, 1)   Κύριον FCPVW   Χριστὸν A
                            ὄψιν FCPVW   ὅ[*uac.*] A
Comm. 4, 26 (*Or.* 4, 27)   γινώσκῃ FCPVW$^{p.c.}$ γινώσκει AW$^{a.c.}$

Pour la suite du texte, le modèle du manuscrit V est beaucoup plus proche du témoin P, avec lequel il partage un certain nombre de critères externes, comme il a déjà été souligné plus haut. Il n'est pas possible, ni pertinent, de faire ici l'inventaire exhaustif de leurs leçons communes. Aussi quelques exemples significatifs suffiront-ils.

Comm. 4, 40 (*Or.* 4, 44)   ματαίως FCAW   ματαίους PV
Comm. 4, 42 (*Or.* 4, 45)   παύσεσθαι FCAW   παύσασθαι PV
Comm. 4, 46 (*Or.* 4, 48)   προϋποτεμνόμενος FCAW   προϋποτεμόμενος PV
Comm. 4, 49 (*Or.* 4, 51)   ἀποκειμένων FCAW   ὑποκειμένων PV
                              δικαιωτηρίοις FCAW   δικαστηρίοις PV
Comm. 4, 53 (*Or.* 4, 56)   τοιαῦτα καὶ FCAW   καὶ τοιαῦτα PV
Comm. 4, 59 (*Or.* 4, 62)   αὐτῷ FCAW (2 fois)   αὐτοῦ PV (2 fois)
Comm. 4, 64 (*Or.* 4, 70)   αὐτῇ FCAW   ταύτῃ PV
Comm. 4, 68 (*Or.* 4, 75)   τοῦ χρόνου FCAW   τοὺς χρόνους PV
Comm. 4, 88 (*Or.* 4, 92)   τύχης F$^{a.c.}$CAW   εὐτυχίας F$^{p.c.}$PV
Comm. 4, 95 (*Or.* 4, 97)   προστάτου F$^{a.c.}$CAW   ἀποστάτου F$^{p.c.}$PV
Comm. 4, 98 (*Or.* 4, 103)   Εἰ δείξεις σοὺς... τοὺς   Ἔδειξέ σου... τοῦ λόγου PV
                              λόγους FCAW
Comm. 5, 9 (*Or.* 5, 5)   συμπαθοῦντας FCAW   συμπαθοῦντα PV
Comm. 5, 14 (*Or.* 5, 8)   δὲ FCAW   γὰρ PV
Comm. 5, 22 (*Or.* 5, 13)   συνῆν FCAW   συνὼν PV
Comm. 5, 25 (*Or.* 5, 15)   παροιμιακὴν τάξιν FCAW   παροιμια κατατάξιν P |
                                                                παροιμια κατὰ τάξιν V
Comm. 5, 47 (*Or.* 5, 32)   μου FCAW   μὲν PV
Comm. 5, 59 (*Or.* 5, 39)   περιπεπτωκὼς FCAW   περιπέπτωκε PV
Comm. 5, 66   αὐτοῦ FCAW   αὐτοῖς PV

Malgré tout, il est certain que le manuscrit P n'est pas le modèle du scribe de V, car il propose trop de leçons uniques. De plus, il existe un certain nombre de lieux variants où les leçons de V et de P s'opposent au reste de la tradition, mais divergent entre elles. Par exemple,

Comm. 4, 31 (Or. 4, 32)	μέσην FCAW	μέσον P | μέσων V
Comm. 4, 42 (Or. 4, 45)	κρατήσων FCAW	Κράτης P | κρατῶν V
Comm. 4, 44 (Or. 4, 47)	αὐτῷ FCAW	αὐτοῦ P | αὐτοὶ V
Comm. 4, 65 (Or. 4, 71)	ἐν οἷς FCAW	ἐν τῷ P | ἐν τούτῳ V
Comm. 4, 67 (Or. 4, 74)	ἀρετῆς FCAW	Ἄρεως P | Ἄρεος V
Comm. 5, 28 (Or. 5, 19)	τοσούτους FCAW	τοσοῦτο P | τοσούτου V
Comm. 5, 62 (Or. 5, 40)	βωμὸν αὐτῆς FCAW	βωμὸν P | βωμὸν αὐτοῦ V
Comm. 5, 66	αὐτοῖς FCAW	αὐτῶν P | om. V

Le manuscrit P, quant à lui, mérite une attention particulière. Outre le fait qu'il constitue un des deux seuls témoins à transmettre l'intégralité des *Commentaires* de Basile, ce codex se dénote également par son excellente facture : large folio, parchemin de qualité, dorures et lettrines. Il n'est dès lors pas surprenant de constater que le scribe semble avoir porté une attention particulière à son travail. Nombre de variantes propres à P ne semblent pas relever des aléas de la pratique du copiste, mais témoignent d'une certaine réflexion sur le texte. Par exemple,

			Notes
Comm. 4, 2 (Or. 4, 1)	οὐρανίους FCAVW	οὐρανίας P	Forme plus régulière
Comm. 4, 17 (Or. 4, 15)	διὰ FCAVW	ἀλλὰ διὰ P	Syntaxe plus simple
Comm. 4, 20 (Or. 4, 19)	τῷ τείχει FCAVW	τὰ τείχη P	Syntaxe plus régulière
Comm. 4, 22 (Or. 4, 22)	ἀναχρονίσας FCAVW	ἀναγνωρίσας P	Mot plus usuel
Comm. 4, 29 (Or. 4, 31)	ἦν FCAVW	ἰέναι P	Syntaxe plus simple
Comm. 4, 47 (Or. 4, 49)	διὰ ταυτομάτου FCAVW	ἐκ ταυτομάτου P	Expression plus usuelle
	καὶ πεπονθέναι FCAVW	τὸ πεπονθέναι P	Syntaxe plus simple
	δῆλον FCAVW	δηλόνοτι P	Expression plus usuelle
Comm. 4, 64 (Or. 4, 70)	ἐν FCAVW	καὶ ἐν P	Syntaxe plus simple
Comm. 4, 65 (Or. 4, 71)	συμβαδίζων καὶ σχεδιάζων FCAVW	συμβαδίζειν καὶ σχεδιάζειν P	Syntaxe plus simple
Comm. 4, 76 (Or. 4, 82)	ἐκτύπου FCAVW	ἐκτόπου P	Mot plus usuel
Comm. 4, 85 (Or. 4, 91)	τῶν μέλων FCAVW	τὰ μέλη P	Syntaxe plus régulière
Comm. 4, 95 (Or. 4, 97)	φησὶν FCAVW	om. P	Répétition supprimée
	αὐτός FCAVW	ὡς αὐτός P	Syntaxe plus simple
Comm. 5, 22 (Or. 5, 13)	ἐκπληξίᾳ FCAVW	ἐμπληξίᾳ P	Mot plus usuel
Comm. 5, 30 (Or. 5, 21)	Ἀντρώνιος FCAVW	ἄγριος P	Mot plus usuel
Comm. 5, 50 (Or. 5, 33)	δέξαιτο FCAVW	δέξαιτό τις P	Syntaxe plus simple
Comm. 5, 58 (Or. 5, 38)	εἰ καὶ ἀεὶ FCAVW	καὶ μὴ P	Sens différent
Comm. 5, 59 (Or. 5, 39)	ὑπέκρυβεν FCAVW	ἀπέκρυπτεν P	Mot et forme plus usuels
Comm. 5, 62 (Or. 5, 40)	κατάκριτος FCAVW	κριτός P	Sens plus élogieux

Toutes les leçons de P ne font pas montre d'une telle perspicacité, loin de là, mais, dans l'ensemble, elles portent la marque d'un scribe soucieux de son travail.

En conclusion, l'analyse des critères externes et internes des manuscrits ne permet pas d'aboutir à un classement stemmatique des principaux témoins des *Commentaires aux Discours 4 et 5*. Tout au plus, l'exercice a contribué à mettre au jour une certaine parenté existant entre les manuscrits V et A pour le début du *Commentaire au Discours 4*, entre les manuscrits V et P pour la suite, ainsi qu'entre les manuscrits F et C.

V. Les principes appliqués à l'édition et la traduction

1. *L'édition critique*

Dans ces conditions, il n'a pas été possible de donner une valeur aux leçons des six manuscrits compilés en vue de la présente édition ; c'est pourquoi toutes les variantes ont été considérées de prime abord comme équivalentes. Compte tenu de la proximité textuelle et temporelle des témoins, la leçon la mieux attestée a généralement été retenue, sauf évidemment lorsque le sens pointait vraisemblablement vers une autre lecture. Par exemple, au *Comm. 4*, 53, l'expression ἀλλά γε ἐκδηλότερον καὶ περιφανέστερον a été considérée comme un lemme par la majorité des copistes, à l'exception du scribe de W et de F avant correction ([227]). Pourtant, il y a peu de chance pour que ce passage soit un lemme, d'abord parce que le texte des lemmes est généralement conforme au texte de Grégoire, ce qui n'est pas le cas ici ; ensuite, parce que l'ajout de ἐκδηλότερον, qui fait office de synonyme pour περιφανέστερον, est typique du travail de paraphrase de Basile ; et finalement, parce que les deux parties de la scholie forment un ensemble logique : Julien était déjà possédé, mais il le montra dès lors ouvertement. En ce cas-ci, la variante la moins bien attestée a donc été retenue, car elle était amplement justifiée par le texte. Un autre exemple significatif se trouve au *Comm. 4*, 79. Pour désigner les compagnons de boisson de l'infortuné chrétien pris au piège par les stratagèmes de Julien, tous les manuscrits, sauf un, utilisent le terme συμποταζόντων, ce qui ne fait pas sens, car, non seulement ce verbe n'existe pas dans les dictionnaires ou le *TLG*, mais sa forme n'est pas justifiable au

---

[227] L'écriture de ce passage dans le manuscrit F ne présente pas de différences typographiques par rapport à celle du commentaire, à la différence des autres lemmes, ce qui prouve qu'il a d'abord été perçu comme une partie du texte exégétique par le scribe. Par la suite, une ponctuation particulière a été ajoutée au début du passage (mais non à la fin) et le texte a été surligné, ce qui l'a transformé en lemme.

regard de l'étymologie. C'est pourquoi, en l'occurrence, la leçon du témoin A (συμποσιαζόντων) a plutôt été retenue. Une telle situation ne survient pas souvent, mais, lorsqu'elle se présente, les raisons qui ont motivé l'adoption d'une leçon isolée sont données dans les notes de traduction.

Cependant, il se peut qu'une leçon isolée ne le soit qu'en apparence. En effet, à cause de la nature technique du texte qu'ils contiennent, les témoins des *Commentaires* de Basile présentent beaucoup d'abréviations et de signes tachygraphiques. Il n'est pas rare que seul un manuscrit ou deux présentent le mot complet : il s'agit donc d'une leçon isolée en apparence. De façon générale, ces abréviations sont facilement résolues à l'aide du contexte et de la comparaison avec les autres témoins de la tradition. Néanmoins, il arrive couramment que le mot tronqué soit partie prenante d'un lieu variant et qu'il soit impossible de connaître avec certitude le texte sous-entendu par le scribe. En ce cas, l'honnêteté du philologue imposait de rendre l'état des manuscrits le plus fidèlement possible. C'est pourquoi, lorsqu'une telle situation se présente, le mot abrégé est transcrit tel que lu dans les manuscrits avec la mention *contr.* (pour *per contractionem*), afin de signaler qu'il ne s'agit pas d'une erreur de scribe, mais plutôt d'un mot dont la fin est tenue en suspens par l'abréviation. Par exemple, au *Comm. 4, 37*, lorsque Basile dit, en paraphrasant Grégoire, que « Constance avait confiance, non pas tant en la fidélité de Julien, qu'en sa propre force » ([228]), les témoins hésitent pour la graphie du nom de Julien : deux veulent lire Ἰουλιανοῦ ; un, Ἰουλιανῷ ; et les trois autres écrivent simplement Ἰουˡ en abrégé. En ce cas, les deux variantes sont presque équivalentes et, surtout, il est difficile de dire ce que les trois derniers copistes lisaient sur leur exemplaire d'origine, sans compter qu'une telle abréviation peut être elle-même à l'origine du lieu variant ([229]). Pour toutes ces raisons, il a semblé préférable de ne pas résoudre les abréviations des lieux variants, mais de les présenter dans l'apparat critique telles que lues dans le manuscrit, avec la mention *contr.*

À ce propos, il est une abréviation usuelle qui mérite une attention particulière : il s'agit de la syllabe ση ou σημ, qui est régulièrement utilisée pour rendre des mots dérivés du nom σῆμα (tels

---

(228) BASILE LE MINIME, *Comm. 4, 37* : « [...] οὐχ ὅσον διὰ πίστιν Ἰουλιανοῦ ἐθάρρει Κωνστάντιος, ὅσον διὰ τὴν ἰδίαν ἰσχύν [...] ».

(229) Pour d'autres exemples, voir *supra*, p. LXI.

que les verbes σημαίνειν ou σημειοῦν) et dont la présence dans un commentaire exégétique est usuelle. Le relevé de tous les mots de cette famille ne présentant pas de préfixe dans les *Commentaires aux Discours 4 et 5*, mis en parallèle avec la présence de cette abréviation dans les témoins de l'œuvre de Basile (Tableau 1), a révélé que, pour tous les manuscrits, hormis un seul, cette abréviation doit être systématiquement résolue, soit en σημαίνει (*signifie*), soit en σημειωτέον (*il faut noter*) ; en effet, tous les autres mots de la famille ou toutes les autres formes de ces verbes sont invariablement transcrits au complet ([230]). D'ordinaire, la leçon adoptée par le copiste A, qui, pour sa part, n'utilise pas cette abréviation, est un bon indicateur du terme à suppléer. Il n'y a donc pas lieu de suivre J.-F. Boissonade, lorsqu'il rend le mot abrégé par σημείωσαι ou σημαίνεται.

Comm.	Terme	F	C	P	V	A	W	Boiss.
4, 7	σημείωσαι	-- ([231])	--	--	--	--	--	--
4, 13	σημείου	--	--	ση	--	--	--	--
	σημεῖον	--	--	--	--	--	--	--
4, 21	σημειωτέον	ση	ση	ση	--	--	σημαίνει ([232])	σημείωσαι
4, 23	σημειωτέον	ση	ση	ση	--	--	ση	σημείωσαι
4, 61	σημαίνειν	--	--	--	--	--	--	--
	σημείων	--	--	--	--	--	--	--
4, 79	σημείωσαι	--	--	--	--	--	--	--
4, 98	σημαίνει	ση	ση	--	--	--	--	--
	σημαίνει	ση	ση	ση	--	--	--	σημαίνεται
4, 101	σημαίνει	ση	ση	ση	--	ση	--	--
5, 5	σημειωτέον	ση	ση	ση	ση	--	ση	--
5, 6	σημειωτέον	--	--	--	--	--	--	--
5, 7	σημεῖον	--	--	ση	--	--	--	--
5, 10	σημειωτέον	--	--	--	--	--	--	--
	σημεῖον	--	--	--	--	--	--	--
	σημεῖον	--	--	--	--	--	--	--
5, 33	σημειωτέον	ση	ση	ση	ση	--	ση	--
5, 61	σημεῖα	--	--	--	--	--	--	--

Tableau 1. L'abréviation ση dans les manuscrits de Basile.

À l'occasion, il arrive tout de même qu'une correction apportée ou proposée par J.-F. Boissonade mérite considération, comme lorsqu'au *Comm.* 4, 85, ce dernier suggéra de lire ἀμφῶ plutôt qu'ἀμφοῖν. Parfois même, la collation des autres manuscrits qui

---

(230) Seul le copiste de P utilise cette abréviation pour rendre également des formes de l'adjectif σημεῖος.
(231) Les deux traits indiquent que le mot se trouve en toutes lettres dans le manuscrit ou le texte de J.-F. Boissonade.
(232) Le copiste de W fait ici manifestement fausse route.

n'avaient pas été consultés par cet érudit permet de confirmer une lecture qu'il avait intuitivement proposée. Par exemple, au *Comm. 5, 10*, les témoins vus par J.-F. Boissonade présentaient le texte suivant : « οὐ γὰρ ἔφη τις διηγούμενος ἑτέρῳ καὶ ἑαυτὰ καθεώρα κατάστερον καὶ πάντοθεν ἐσταυρωμένων », ce qui ne fait pas sens avec la particule négative οὐ ([233]). Constatant cela, J.-F. Boissonade proposa astucieusement de remplacer ἔφη par ἔφθη et ἑαυτὰ par ἑαυτόν, deux corrections effectivement confirmées par les leçons des autres manuscrits ([234]). En règle générale, les corrections ou émendations de cet éditeur n'ont pas été intégrées au texte grec, bien que leur pertinence, le cas échéant, soit soulignée dans les notes de traduction. Néanmoins, il peut arriver, exceptionnellement, de déroger à cette règle, si le sens et le contexte imposent de suivre J.-F. Boissonade plutôt que les manuscrits. Ainsi, pour le lemme du *Comm. 4, 57*, tous les témoins donnent ὑπό, ce que J.-F. Boissonade dénonce, avec raison, comme une faute de copiste. En effet, non seulement le texte de Grégoire contient ὑπέρ et la préposition ὑπό ne fait pas de sens, mais, en outre, l'exégèse de Basile ne peut se comprendre que s'il a lu ὑπέρ dans le texte. En ce cas atypique, la leçon des *codices* a été négligée. Néanmoins, qu'elles aient été retenues ou non, les corrections, propositions ou même erreurs significatives de l'édition de J.-F. Boissonade ont systématiquement été notées dans l'apparat critique ([235]), soit parce qu'elles méritent attention, soit parce qu'elles ont été reprises telles quelles dans la *Patrologie grecque*, qui, jusqu'à maintenant, a servi d'édition de référence pour les *Commentaires aux Discours 4 et 5*.

(233) C'est peut-être la raison pour laquelle le scribe de C a lu ἕτερα au lieu d'ἑτέρῳ.
(234) De même, au *Comm. 4, 33*, les témoins de J.-F. Boissonade présentent une leçon fautive : ἐνεγκληματισα. Pour redresser la situation, il suggéra de lire ἐνεκληματισα, une émendation confirmée par le manuscrit W. Au *Comm. 5, 33*, il proposa de déplacer l'accent de δαιμόνων pour transformer le nom au génitif en un participe au nominatif δαιμονῶν ; telle est aussi la leçon des témoins V, A et W. Malheureusement (si l'on peut dire), ces bonnes intuitions de philologue disparaissent dans la présente édition du texte.
(235) Elles portent l'indication *coni.* (pour *coniecit*) lorsque J.-F. Boissonade a intégré la correction au texte mais qu'il a donné les leçons des manuscrits en marge ; l'indication *prop.* (pour *proposuit*) lorsqu'il s'est contenté de proposer la correction dans une note de bas de page ; et aucune indication lorsqu'il s'agit d'une simple erreur de lecture.

C'est pour cette dernière raison que les variations textuelles propres à la *Patrologie grecque*, c'est-à-dire lorsqu'elles divergent du texte donné par J.-F. Boissonade, ont également été indiquées dans l'apparat critique, bien que, mis à part quelques rares occasions ([236]), ces variantes soient habituellement à classer parmi les erreurs. La seule exception à cette règle concerne les lemmes, dont les différences avec l'édition actuelle sont toujours notées, même lorsque la *Patrologie grecque* suit le texte J.-F. Boissonade, car c'est dans ce domaine que l'éditeur de la *Patrologie* a pris le plus de liberté, comme le montrent, entre autres, les cas des scholies inversées mentionnées plus haut ([237]). La présence de la *Patrologie grecque* se fait également sentir dans les marges de la présente édition, où sont notées, afin de faciliter la consultation du texte, des références aux colonnes du tome 36 de cette collection, dans lequel se trouve le texte de Basile.

Outre l'apparat critique, qui est négatif suivant l'usage du *Corpus Christianorum*, la présente édition fournit un apparat des sources bibliques. Les références aux autres textes cités par Basile ou aux sources potentielles dont il aurait pu s'inspirer sont, quant à elles, données dans les notes de traduction, car l'utilisation des auteurs antérieurs par Basile appelait souvent une précision concernant sa manière de procéder. Dans l'édition du texte grec, l'usage des caractères gras sert uniquement à désigner les lemmes ([238]). Quant aux caractères italiques, ils ont été réservés pour les citations qui proviennent des passages de Grégoire commentés par Basile, mais seulement lorsque ce dernier fait une transcription littérale du texte ; cet usage a exceptionnellement été étendu aux variantes du texte de Grégoire lues par Basile dans d'autres manuscrits ([239]). Pour tous les autres types de citations, bibliques ou autres, les guillemets doubles ont été employés, de même que pour les paroles rapportées au discours direct. Finalement, les mots ou expressions mis en va-

---

(236) Au *Comm.* 4, 78, l'éditeur de la *Patrologie* propose ainsi de lire πεπρα[γ]μένος, au lieu du πεπραγμένος. En réalité, il a eu ici raison, car il s'agit d'une erreur de J.-F. Boissonade et cette émendation correspond tout à fait au texte des manuscrits. Au *Comm.* 4, 52, il propose de même de remplacer παρηρμήνευκεν par παρηρμ[ήνευσεν?], mais, cette fois, cette correction n'est pas confirmée par la tradition manuscrite.

(237) Voir *supra*, p. XLIV.

(238) Ces lemmes sont suivis dans le texte grec de la référence à leur emplacement dans le *Discours* de Grégoire, d'abord selon la division en chapitres dans l'édition de J. Bernardi, puis selon la pagination du tome 35 de la *Patrologie grecque*.

(239) Voir *Comm.* 4, 54 et 97.

leur dans l'exégèse de Basile ont été placés dans le texte grec entre guillemets simples, mais seulement lorsque leur présence venait rompre la structure syntaxique de l'exégèse.

Ces dernières années, plusieurs voix se sont élevées pour demander que l'accentuation des enclitiques et la ponctuation des textes, surtout byzantins, respectent davantage l'usage des manuscrits et des scribes ([240]). Force est de constater cependant à la lecture des témoins que la pratique des copistes sur ces questions varie beaucoup, malgré, en ce cas-ci, leur proximité temporelle. Par conséquent, et afin de faciliter le transfert du regard entre le texte grec et sa traduction, les règles traditionnelles ont été conservées, même si un effort particulier a été fait pour préserver les unités de sens déterminées par la ponctuation byzantine ([241]).

2. *La traduction*

Un des plus grands défis de la traduction des *Commentaires* de Basile, et de la littérature scholiographique en général, est de permettre au lecteur de passer aisément du texte exégétique au texte commenté et vice versa. Le commentaire peut en effet être défini comme un texte-parasite ([242]), ou plutôt un texte-commen-

---

([240]) Voir entre autres A. GIANNOULI, *Introduction*, dans A. GIANNOULI – E. SCHIFFER (éd.), *From Manuscripts to Book: Proceedings of the International Workshop on Textual Criticism and Editorial Practice for Byzantine Texts, Vienna, 10-11 December 2009* (Österreichische Akademie der Wissenschaften, Philosophisch-Historische Klasse, Denkschriften, 431 ; *Veröffentlichungen zur Byzanzforschung*, 29), Vienne, 2011, p. 17-24 ; et, surtout, J. NORET, *L'accentuation byzantine : en quoi et pourquoi elle diffère de l'accentuation « savante » actuelle, parfois absurde*, dans M. HINTERBERGER (éd.), *The Language of Byzantine Learned Literature* (*BYZANTIOΣ. Studies in Byzantine History and Civilisation*, 9), Turnhout, 2014, p. 96-145.

([241]) Par exemple, au *Comm.* 5, 15, J.-F. Boissonade avait placé une virgule après le participe ἄγων, coordonnant ainsi ce dernier avec le participe précédent ἐπαγόμενος ; néanmoins, tous les manuscrits donnent une ponctuation avant ἄγων (en excluant P qui ne présente pas ce participe), dissociant ainsi les deux participes, ce que la traduction actuelle a essayé de rendre. Il est une seule scholie dans laquelle cet objectif n'a pas pu être pleinement réalisé : il s'agit du *Comm.* 5, 22, qui a nécessité un ajustement de la ponctuation afin de rendre le texte cohérent.

([242]) L'expression est utilisée par P. Hummel (*Grammaire aspectuelle de la prose scholiographique*, dans R. HODOT – G. VOTTÉRO [éd.], *Dialectes grecs et aspect verbal : actes de la table ronde de Saint-Étienne, 17-18 juin 2004* [*Études anciennes*, 35], Nancy – Paris, 2008, p. 146), mais elle a le défaut de laisser planer l'idée d'une détérioration ou d'un étouffement

sal (^{243}), voire même un texte symbiotique dans le sens biologique du terme, puisqu'il vit en relation étroite avec son texte-source, dont il puise sa subsistance, sans lui porter préjudice, mais, au contraire, en lui fournissant une forme d'enrichissement et une source de pérennité (^{244}). Il revient au traducteur de mettre en lumière le dialogue du commentateur avec son texte-source, et ce malgré la barrière linguistique inhérente à l'exercice de traduction, qui entraîne parfois des divergences majeures entre le rendu du texte commenté et celle du commentaire.

Partant de ce principe, il semblait pertinent que la traduction française des *Commentaires* de Basile puisse être lue en parallèle de l'unique traduction française actuellement disponible des *Discours* 4 et 5 de Grégoire de Nazianze, c'est-à-dire celle de J. Bernardi aux *Sources chrétiennes*. Dans les faits, la synchronie parfaite des deux traductions est un idéal inaccessible, encore plus lorsque l'exégèse de Basile n'incline pas dans le même sens que la traduction de J. Bernardi, car la paraphrase tout comme la traduction reposent d'abord sur une interprétation du texte, laquelle peut varier selon la personnalité du lecteur, le contexte de lecture ou le texte à la disposition du lecteur. Par conséquent, ce principe a dû être modulé selon la nature des passages.

De façon générale, afin de faciliter la transition entre le texte-source et le texte exégétique, la traduction des lemmes a tenté de respecter autant que possible la traduction des *Sources chrétiennes*. Cependant, lorsque l'édition moderne du texte de Grégoire ou la traduction adoptée par J. Bernardi ne permettaient pas de comprendre l'exégèse de Basile, la traduction du lemme a davantage cherché à rendre compte du texte lu par Basile, afin de justifier les remarques qu'il fait. Par exemple, dans le *Discours* 5 de Grégoire, J. Bernardi a traduit librement l'expression αἱ τῶν ψήφων κλοπαί par « promesse électorale » (^{245}). Cette expression garde peut-être l'esprit du texte

---

du texte-source, alors qu'au contraire, le commentaire se veut une mise en valeur du texte qu'il explique.

(243) C'est le terme que C. Daude (*Problèmes de traduction*, p. 57) propose d'utiliser en réaction à l'expression précédente.

(244) Par exemple, G. Lachenaud (*Scholies à Apollonios de Rhodes* [*Fragments*], Paris, 2010, p. XII) les considère « comme des exemples de «cover-text» qui contiennent et protègent d'autres textes dont ils assurent la pérennité ». Voir aussi P. HUMMEL, *Dénotation et connotation dans la langue des scholies*, dans *Emerita*, 73 (2005), p. 118.

(245) GRÉGOIRE DE NAZIANZE, *Or.* 5, 20, éd. et trad. BERNARDI, *Discours 4-5*.

grec, mais elle ne permet pas de rendre justice à l'exégèse de Basile, qui cherche plus prosaïquement à expliquer l'origine de cette métaphore sur la subtilisation des cailloux [246]. En ces circonstances, conserver l'exacte traduction de J. Bernardi aurait non seulement déprécié le travail de Basile, mais aurait également pu induire en erreur le lecteur. Le cas échéant, la traduction de J. Bernardi a toutefois été signalée dans les notes de traduction, afin de permettre facilement l'identification de la citation dans le texte de Grégoire.

Dans le corps des commentaires, un peu plus de souplesse était nécessaire : un effort particulier a été fait pour reprendre les mots ou les expressions utilisés par J. Bernardi, surtout lorsque Basile cite plus qu'il ne paraphrase le texte de Grégoire. À l'inverse, lorsque Basile modifie le texte de Grégoire pour les fins de sa paraphrase, nous avons porté attention à ce que les deux textes ne coïncident pas exactement. Néanmoins, il n'a pas toujours été possible de respecter cette règle. Par exemple, lorsque la compréhension du texte par J. Bernardi ne correspondait pas à celle de Basile, la concordance devenait difficile. Dans le *Discours* 4, pour ne citer qu'un exemple, J. Bernardi traduit la proposition ὑπὸ τοῦ πιθανωτέρου παρεσύρη par : « ils se sont laissé entraîner par ce qui leur paraissait plus vraisemblable » [247]. Basile, pour sa part, paraphrase ce passage ainsi : « ὑπὸ τῶν πιθανωτέρων παρεσύρη καὶ ταῖς τῶν πολλῶν δόξαις συναπήχθη μὴ ἀντισχών », ce qui se traduit par : « ils furent entraînés par les plus persuasifs et ils se laissèrent détourner sans résister par les doctrines de la majorité » [248]. L'utilisation de l'expression ὑπὸ τῶν πιθανωτέρων au pluriel plutôt qu'au singulier ainsi que l'emploi d'un datif de moyen dans la suite du commentaire montrent clairement que Basile interprétait l'expression ὑπὸ τοῦ πιθανωτέρου comme un complément d'agent, ce qui change sensiblement la perception du texte. En ce cas, puisque la traduction de J. Bernardi et l'exégèse de Basile obéissent à leur propre logique, il n'est pas apparu nécessaire, ni même possible de les faire converger.

L'autre défi important du traducteur de scholies est de rendre de façon articulée dans la langue-cible un texte qui, par sa nature exégétique, présente deux obstacles majeurs à ce résultat : sa syntaxe à la fois elliptique et éclatée, et la présence importante d'ex-

---

[246] BASILE LE MINIME, *Comm.* 5, 29 (*Or.* 5, 20).
[247] GRÉGOIRE DE NAZIANZE, *Or.* 4, 44, éd. et trad. BERNARDI, *Discours 4-5*.
[248] BASILE LE MINIME, *Comm.* 4, 41 (*Or.* 4, 44).

plications axées sur la forme du texte grec plutôt que sur le fond du discours. Concernant le premier point, le texte exégétique est en effet souvent pensé par son auteur comme un prolongement ou un appendice du texte-source, dont il reproduit le discours, mais sans en reprendre tous les éléments. Comme le souligne C. Daude, « les scholies ne se présentent pas comme un texte continu, avec une suite logique : elles sont faites d'éléments juxtaposés, souvent elliptiques ou allusifs, tantôt répétitifs avec quelques variantes, tantôt tout à fait hétéroclites. C'est un aspect que la traduction ne doit pas masquer » [249]. Sous peine d'être taxé d'obscurité, le traducteur n'a cependant pas toujours le choix de suppléer certains éléments grammaticaux sous-entendus – tels que le sujet de la phrase ou le verbe élidé – ou de modifier la structure du texte – par exemple en traduisant un participe comme un verbe principal –, afin d'assurer une certaine cohésion dans la traduction et de faciliter la lecture du texte exégétique, car ce qui était relativement fluide dans la langue originale peut devenir totalement obscur sous le double vernis de la traduction, celle du texte commenté et celle du commentaire.

Ce constat est encore plus vrai en ce qui concerne les exégèses qui se rapportent à la forme du texte : vocabulaire, syntaxe ou grammaire. La traduction moderne du texte commenté aplanit en effet plusieurs difficultés notées par les commentateurs grecs : les termes manquants sont suppléés, les syntaxes alambiquées sont débrouillées, les mots rares sont traduits. Par conséquent, les motivations de l'exégète ne sont pas toujours évidentes à détecter, surtout lorsque celui-ci n'emploie que la paraphrase pour éclaircir le texte, sans autre explication. Pour compenser cette lacune, il peut arriver que les objectifs exégétiques de Basile soient signalés dans les notes de bas de page, lorsque cela était senti comme nécessaire à la compréhension du commentaire. À l'occasion également, certains mots grecs, non translittérés, ont été intégrés à la traduction, pour mettre en lumière les termes expliqués par Basile ou justifier ses exégèses ; ils gardent alors la forme qu'ils possèdent dans le texte de Basile. Dans tous les cas, l'objectif recherché lors de la traduction fut toujours de permettre au lecteur d'apprécier autant les intentions exégétiques de Basile que la simplicité de ses explications.

---

(249) Daude, *Problèmes de traduction*, p. 20. Cette description s'applique particulièrement aux corpus de scholies anonymes, mais est également valable, quoique dans une moindre mesure, pour le travail exégétique de Basile.

ANNEXE

Les scholies marginales du *Paris Coisl.* 236 ([250])

	Folio	Signe de renvoi	Texte de la scholie	Traduction	Parallèles dans les *Scholia vetera*	Édition de J.-F. Boissonade
1.	163v marg. inf.	ἔχοντι *Comm.* 4, 20 (*Or.* 4, 19)	Ἔτη γὰρ δύο ἐβασίλευσεν ὁ τρισκατάρατος, ἐπεὶ πέντε ἔτη καῖσαρ ἐγένετο, προβαλλομένου αὐτὸν τοῦ θείου καὶ βασιλέως.	En effet, cet être trois fois maudit([251]) régna deux ans, après avoir été césar durant cinq ans, promu par le divin roi.	Ἐπὶ δύο γὰρ ἔτη ὁ τρισκατάρατος ἐβασίλευσεν · ἐπὶ δὲ πέντε ἔτη Καῖσαρ ἐγένετο προβαλλομένου αὐτὸν Κωνσταντίου. (*PG* 36, col. 1213 B 5-7)	Commentaire ajouté, avec le lemme οὐκ ἐπὶ πολὺ μετεωρισθέντα (*PG* 36, col. 1085 B 10-13)
2.	164r marg. sup.	κλήρῳ *Comm.* 4, 23 (*Or.* 4, 23)	Κλῆρον λέγεται τὸ λαχεῖν καὶ ἡ κληρονομία καὶ τὸ σύστημα τῶν παπάδων, ὃ καὶ νῦν τίθησι.	Le κλῆρος désigne le fait d'avoir obtenu par le sort et l'héritage, ainsi que la troupe des prêtres, sens qu'on accepte aussi aujourd'hui.	Τὸ κλῆρος ὄνομα πολλαχῶς λέγεται · κλῆρος τὸ σύστημα τῶν διακόνων καὶ πρεσβυτέρων καὶ τῶν λοιπῶν · κλῆρος · τὸ κληροῦσθαι παρ' ἡμῖν δὲ καὶ τὸ λαχεῖν [...] · κλῆρος ἡ κληρονομία [...]. (BRUCKMAYR, p. 147-148, sch. V 113)	Note en bas de page, avec renvoi aux environs de κλήρῳ (*PG* 36, col. 1090, n. 48)
3.	165v marg. ext.	ἰλυσπώμενοι *Comm.* 4, 41 (*Or.* 4, 44)	Ἀπὸ τοῦ ἐν τῇ ἰλύι κατασπᾶσθαι.	D'après le fait d'être tiré vers le limon.	Ἰλυσπώμενος · ἕρπων. Εἴρηται δὲ ἀντὶ τοῦ ἐν τῇ ἰλύι κατασπᾶσθαι καὶ ἕρπειν. (PICCOLOMINI, p. 232, sch. 7)	Texte entre parenthèses ajouté après ἰλυσπώμενοι (*PG* 36, col. 1097 A 13-14)
4.	165v marg. sup.	ἀντισχών *Comm.* 4, 41 (*Or.* 4, 44)	Ἡ γὰρ πιθανότης ἐγγίζει πως τῇ ἀληθείᾳ.	En effet, la vraisemblance s'approche d'une certaine façon de la vérité.	Ἡ γὰρ πιθανότης ἐγγίζουσα τῇ ἀληθείᾳ, τοὺς πολλοὺς ἀπατᾷ. (*PG* 36, col. 1217 A 3-5)	Texte ajouté après ἀντισχών (*PG* 36, col. 1097 B 4-5)

([250]) Pour l'explication de ce tableau, voir *supra*, p. XLIII, n. 158.

([251]) Cet adjectif sert surtout, à l'époque de Basile, à qualifier Mani ou encore Mahomet.

ANNEXE

	Folio	Signe de renvoi	Texte de la scholie	Traduction	Parallèles dans les *Scholia vetera*	Édition de J.-F. Boissonade
5.	166r marg. ext.	ὁ δὲ *Comm.* 4, 42 (*Or.* 4, 45)	Ὅτι ἑαυτὸν ἔστρεψε ὁ δυσώνυμος, καὶ οὐ περιέμεινε τὸν Κωνστάντιον ταύτης αὐτὸν τῆς τιμῆς ἀξιῶσαι.	[Notez] que cet être au nom odieux se retourna lui-même et n'attendit pas que Constance le juge digne de cet honneur.	Οὐ περιέμεινε γὰρ τὸν θεῖον καὶ βασιλέα τῆς τιμῆς αὐτὸν ἀξιῶσαι, ἀλλ᾽ ἑαυτὸν ἔστρεψεν. (*PG* 36, col. 1217 B 7-9)	Note en bas de page, avec renvoi à ἀνέδησε (*PG* 36, col. 1098, n. 74)
6.	166r marg. ext.	ἐκστρατεύει *Comm.* 4, 42 (*Or.* 4, 45)	Ἐκστρατία παροξυτόνως· συντεθὲν γὰρ ἀναπέμπει.	Le terme *expédition* (ἐκστρατία) est paroxyton, car, dans le cas d'un nom composé, l'accent remonte.	Παροξυτόνως· συτεθὲν γὰρ ἀναβιβάζει τὸν τόνον. (BRUCKMAYR, p. 117, sch. G 7)	Commentaire ajouté, avec le lemme ἐπὶ τὴν ἐκστρατείαν (*PG* 36, col. 1100 A 4-5)
7.	166r marg. ext.	οὗ καὶ αὐτουργός *Comm.* 4, 44 (*Or.* 4, 47)	Ὅτι ὁ κλαπεὶς κατεμήνυε τὸν καιρὸν καθ᾽ ὃν ἐπιχειρῆσαι δεῖ.	[Notez] que cet agent caché signala le moment où il fallait entreprendre.	Ἀντὶ τοῦ, Διά τινος τῶν ἐν τοῖς βασιλείοις, προδιδόντος καὶ μηνύοντος ἐκείνῳ τὸν καιρὸν καθ᾽ ὃν ἐπιχειρεῖν δεῖ, καὶ οὕτως νομίζων δεῖν αὐτὸν ῥυσθῆναι. (*PG* 36, col. 1217 C 3-6)	Note en bas de page avec renvoi à κλέψας τινὰ (*PG* 36, col. 1099-1100, n. 77)
8.	166r marg. inf.	βασιλεὺς *Comm.* 4, 46 (*Or.* 4, 48)	Τοσοῦτον γὰρ ἀπελήφθη καὶ φυγεῖν οὐκ εἶχεν, ὅτι μόλις ὕστερον τὴν δύναμιν τοῦ στρατοῦ ἴσχυσε χειρώσασθαι, ἤδη βασιλεύσας.	En effet, il fut retenu si loin et il ne pouvait pas fuir, parce que, difficilement ensuite, il fut capable de contrôler la puissance de l'armée, alors qu'il régnait.	Καὶ γὰρ ἤδη βασιλεύοντι τῷ Ἰουλιανῷ τὸ περιγενέσθαι τοῦ στρατοῦ, καὶ τῆς δυνάμεως, ἥτις αὐτῷ τὴν φυγὴν οὐ συνεχώρει, πολύς ἀθὼν καὶ δυσχέρεια γέγονε. (*PG* 36, col. 1217 C 13 – D2)	Note en bas de page avec renvoi à προϋποτεμνόμενος (*PG* 36, col. 1100, n. 78)
9.	166v marg. inf.	ἀφαγνίζεται *Comm.* 4, 51 (*Or.* 4, 52)	Ἀνάγνους ἐργάζεται. Ἐντόμοις δὲ, ἀντὶ τοῦ σφαγίοις.	Il les rend impures. Et *victimes* au lieu de *bêtes immolées*.	Ἀνάγνους ἀπεργάζεται. (*PG* 36, col. 1217 D 3-4)	En partie, texte ajouté après χεῖρας (*PG* 36, col. 1101 B 7); en partie commentaire ajouté, avec le lemme ἐντόμοις (*PG* 36, col. 1101 B 11)
10.	167v marg. ext.	συνθήματος *Comm.* 4, 61 (*Or.* 4, 66)	Σημείου, βάντου.	Signe, bannière	Σύνθημά ἐστι τὸ σημεῖον καὶ σύμβολον τοῦ στρατοῦ, ὃ καλοῦσι βάνδον. (*PG* 36, col. 1221 C 2-4)	Note en bas de page avec renvoi à βάνδον (BOISSONADE, p. 84, n. 2; *om. PG*)

ABRÉVIATIONS BIBLIOGRAPHIQUES

Antonopoulou, *Two Manuscript Collections* = T. Antonopoulou, *Two Manuscript Collections of the Works of Gregory of Nyssa and the Identification of a Manuscript of Bessarion*, dans *Byzantinische Zeitschrift*, 93 (2000), p. 1-22.

AOC = *Archives de l'Orient chrétien.*

Bailly = A. Bailly – L. Séchan – P. chantraine, *Dictionnaire grec-français*, Paris, 2000.

Beck, *Kirche* = H.-G. Beck, *Geschichte der orthodoxen Kirche im byzantinischen Reich* (*Die Kirche in ihrer Geschichte*, 1, D1), Göttingen, 1980.

Bekker, *Theophanes Continuatus* = I. Bekker, *Theophanes Continuatus, Ioannes Cameniata, Symeon Magister, Georgius Monachus* (*CSHB*), Bonn, 1838.

Bernardi, *Discours 4-5* = J. Bernardi, *Grégoire de Nazianze, Discours 4-5 : Contre Julien* (*SC*, 309), Paris, 1983.

Bidez, *Lettres et fragments* = J. Bidez, *Julien, Œuvres complètes* (*CUF*), vol. 1, 2ᵉ partie, Paris, 1924.

Boissonade, *Scholies inédites* = J.-F. Boissonade, *Notices des scholies inédites de Basile de Césarée sur Grégoire de Nazianze*, dans *Notices et extraits de manuscrits de la Bibliothèque du Roi*, XI, 2 (1827), p. 55-156 [= *PG* 36, col. 1073-1180].

Bruckmayr, *Randscholien* = P.A. Bruckmayr, *Untersuchungen über die Randscholien der 28 Reden des hl. Gregorios von Nazianz im cod.theol. gr.74 der Wiener Nationalbibliothek*, Dissertatio philologica, Universität Wien, Vienne, 1940.

BSGRT = *Bibliotheca scriptorum Graecorum et Romanorum Teubneriana.*

Büttner-Wobst, *Ioannis Zonarae* = T. Büttner-Wobst, *Ioannis Zonarae Epitomae historiarum*, vol. 3 (*CSHB*), Bonn, 1897.

Cantarella, *Basilio Minimo* = R. Cantarella, *Basilio Minimo. Scolii inediti con introduzione e note*, I et II, dans *Byzantinische Zeitschrift*, 25 (1925), p. 292-309 ; et 26 (1926), p. 1-34.

Cavallo, *Lire à Byzance* = G. Cavallo, *Lire à Byzance*, trad. de l'italien P. Odorico et A. P. Segonds (*Séminaires byzantins*, 1), Paris, 2006.

CCSG = *Corpus Christianorum, Series Graeca.*

CFHB = *Corpus fontium historiae Byzantinae.*

CSHB = *Corpus scriptorum historiae Byzantinae.*

CUF = *Collection des Universités de France.*

DARROUZÈS, *Épistoliers byzantins* = J. DARROUZÈS, *Épistoliers byzantins du Xe siècle* (*AOC*, 6), Paris, 1960.

DAUDE, *Problèmes de traduction* = C. DAUDE, *Problèmes de traduction liés à la reformulation du texte pindarique par les scholiastes*, dans S. DAVID – C. DAUDE – E. GENY – C. MUCKENSTURM-POULLE (éd.), *Traduire les scholies de Pindare... I. De la traduction au commentaire : problèmes de méthode* (*Dialogues d'histoire ancienne*, suppl. 2), Besançon, 2009, p. 19-57.

DE ANDRÈS, *Catalogo* = G. DE ANDRÈS, *Catalogo de los códices griegos de la Biblioteca nacional*, Madrid, 1987.

DE BOOR, *Theophanis Chronographia* = C. DE BOOR, *Theophanis Chronographia*, vol. I, Leipzig, 1883.

DHGE = *Dictionnaire d'histoire et de géographie ecclésiastiques*.

DOS = *Dumbarton Oaks Studies*.

EHRHARD, *Theologie* = A. EHRHARD, *Theologie*, dans K. KRUMBACHER (éd.), *Geschichte der byzantinischen Litteratur von Justinian bis zum Ende des oströmischen Reiches (527-1453)*, vol. 2 (*Handbuch der klassischen Altertumswissenschaft*, 9, 1), Munich, 1897, p. 37-218.

FLUSIN, *Jean Skylitzès* = B. FLUSIN, *Jean Skylitzès, Empereurs de Constantinople* (*Réalités byzantines*, 8), Paris, 2003.

FOERSTER, *Libanii Opera* = R. FOERSTER *Libanii Opera*, vol. 2 (*BSGRT*), Leipzig, 1903 [réimpr. Hildesheim, 1985].

HARNACK, *Die Überlieferung* = A. HARNACK, *Die Überlieferung der griechischen Apologeten des II. Jahrhunderts in der Alten Kirche und im Mittelalter*, dans O. VON GEBHARDT – A. HARNACK (éd.), *Texte und Untersuchungen zur Geschichte der altchristlichen Literatur*, Erster Band, Heft 1, Leipzig, 1883, p. 1-300.

KURMANN, *Kommentar* = A. KURMANN, *Gregor von Nazianz Oratio 4 gegen Julian, ein Kommentar* (*Schweizerische Beiträge zur Altertumswissenschaft*, 19), Bâle, 1988.

LE QUIEN, *Oriens Christianus* = M. LE QUIEN, *Oriens christianus*, vol. 1, Paris, 1740.

LSJ = H.G. LIDDELL – R. SCOTT – H.S. JONES, *A Greek-English Lexicon*, Oxford, 1996.

LUGARESI, *La morte di Giuliano* = L. LUGARESI, *Gregorio di Nazianzo, La morte di Giuliano l'Apostata. Orazione V* (*Biblioteca patristica*, 29), Fiesole, 1997.

MONDRAIN, *Copistes et collectionneurs* = B. MONDRAIN, *Copistes et collectionneurs de manuscrits grecs au milieu du XVIe siècle : le cas de Johann Jakob Fugger d'Augsbourg*, dans *Byzantinische Zeitschrift*, 84/85 (1991/1992), p. 354-390.

MOSSAY, *Repertorium Nazianzenum* = J. MOSSAY, *Repertorium Nazianzenum*, vol. 1-6 (*Studien zur Geschichte und Kultur des Altertums*, 2.

Reihe: *Forschungen zu Gregor von Nazianz*, 1, 5, 10, 11, 12 et 14), Paderborn – Munich – Vienne – Zurich, 1981-1998.

Mossay – Lafontaine, *Discours 24-26* = J. Mossay – G. Lafontaine, *Grégoire de Nazianze, Discours 24-26* (*SC*, 284), Paris, 1981.

Nimmo Smith, *The Early Scholia* = J. Nimmo Smith, *The Early Scholia of the Sermons of Gregory of Nazianzus*, dans B. Coulie (éd.), *Studia Nazianzenica I* (*CCSG*, 41; *Corpus Nazianzenum*, 8), Turnhout – Louvain, 2000, p. 69-146.

Nimmo Smith, *Sidelights on the Sermons* = J. Nimmo Smith, *Sidelights on the Sermons. The* Scholia Oxoniensia *on Gregory Nazianzen's Orations 4 and 5*, dans A. Schmidt (éd.), *Studia Nazianzenica II* (*CCSG*, 73; *Corpus Nazianzenum*, 24), Turnhout, 2010, p. 135-201.

Norden, *Scholia in Gregorii* = E. Norden, *Scholia in Gregorii Nazianzeni orationes inedita*, dans *Hermes*, 27 (1892), p. 606-642.

Passow = F. Passow, *Handwörterbuch der griechischen Sprache*, 4 vol., Leipzig, 1841-1857.

PG = J.-P. Migne, *Patrologiae cursus completus, Series Graeca*, Paris, vol. 1-161, 1857-1866.

Piccolomini, *Estratti inediti* = E. Piccolomini, *Estratti inediti dai codici greci della Biblioteca Mediceo-Laurenziana*, Pisa, 1879 [aussi paru avec la même pagination dans *Annale delle Università Toscane*, 16 (1879)].

PmbZ = F. Winkelmanns – R.-J. Lilie – al., *Prosopographie der mittelbyzantinischen Zeit*, vol. 1, Berlin – New York, 1998-2002; vol. 2, Berlin, 2013.

REB = *Revue des études byzantines*.

Rigo, *Niceta Byzantios* = A. Rigo, *Niceta Byzantios, la sua opera e il monaco Evodio*, dans G. Fiaccadori (éd.), « *In partibus Clius* ». *Scritti in onore di Giovanni Pugliese Carratelli* (*Biblioteca europea*, 36), Naples, 2006, p. 147-187.

Rioual, *Aréthas, Théophane et Basile* = G. Rioual, *Aréthas, Théophane et Basile: mise au point sur la succession des évêques de Césarée de Cappadoce au Xe siècle*, dans É. Crégheur – J.C. Dias Chaves – S. Johnston (éd.), *Christianisme des origines. Mélanges en l'honneur du Professeur Paul-Hubert Poirier* (*Judaïsme ancien et origines du christianisme*, 11), Turnhout, 2018, p. 361-376.

Rioual, *Lire Grégoire de Nazianze* = G. Rioual, *Lire Grégoire de Nazianze au Xe siècle: étude des* Commentaires *de Basile le Minime aux* Discours *4 et 5*, en cours de préparation.

Sajdak, *Anonymi Oxoniensis Lexicon* = J. Sajdak, *Anonymi Oxoniensis Lexicon in Orationes Gregorii Nazianzeni*, dans K. Latte – H. Erbse (éd.), *Lexica Graeca Minora*, Hildesheim, 1965, p. 166-190.

Sajdak, *Historia critica* = J. Sajdak, *Historia critica scholiastarum et commentatorum Gregorii Nazianzeni* (*Meletemata Patristica*, I), Cracovie, 1914.

SC = *Sources chrétiennes*.

SCHMIDT, *À propos des scholies de Basile* = T. SCHMIDT, *À propos des scholies de Basile le Minime dans le* Thesaurus Linguae Graecae, dans A. SCHMIDT (éd.), *Studia Nazianzenica II* (*CCSG*, 73; *Corpus Nazianzenum*, 24), Turnhout, 2010, p. 121-133.

SCHMIDT, *Basilii Minimi* = T. SCHMIDT, *Basilii Minimi in Gregorii Nazianzeni Orationem XXXVIII Commentarii* (*CCSG*, 46; *Corpus Nazianzenum*, 13), Turnhout – Louvain, 2001.

SCHMIDT, *Liste révisée* = T. SCHMIDT, *Les* Commentaires *de Basile le Minime: liste révisée des manuscrits et des éditions*, dans *Byzantion*, 70 (2000), p. 155-181.

SOMERS, *Histoire des collections* = V. SOMERS, *Histoire des collections complètes des* Discours *de Grégoire de Nazianze* (*Publications de l'Institut orientaliste de Louvain*, 48), Louvain-la-Neuve, 1997.

THURN, *Ioannis Scylitzae* = H. THURN, *Ioannis Scylitzae Synopsis historiarum* (*CFHB*, 5), Berlin – New York, 1973.

TLG = *Thesaurus Linguae Graecae* [en ligne; accès restreint].

TRISOGLIO, *Mentalità ed atteggiamenti* = F. TRISOGLIO, *Mentalità ed atteggiamenti degli scoliasti di fronte agli scritti di S. Gregorio di Nazianzo*, dans J. MOSSAY (éd.), *II. Symposium Nazianzenum, Actes du colloque international, Louvain-la-Neuve, 25-28 août 1981* (*Studien zur Geschichte und Kultur des Altertums*, N.F., 2. Reihe: *Forschungen zu Gregor von Nazianz*, 2), Paderborn, 1983, p. 187-251.

WAHLGREN, *Symeonis Magistri* = S. WAHLGREN, *Symeonis Magistri et Logothetae Chronicon* (*CFHB*, 44/1), Berlin – New York, 2006.

WALZ, *Rhetores graeci* = C. WALZ, *Rhetores graeci*, vol. 1-9, Stuttgart – Tübingen – Londres – Paris, 1832-1836.

ÉDITION

CONSPECTVS SIGLORVM

F　　　*Florence, Laur. S. Marco gr.* 688
C　　　*Paris, Coisl.* 236
P　　　*Paris gr.* 573
A　　　*Athos, Pantel.* 7
V　　　*Vienne, theol. gr.* 120
W　　　*Vienne, theol. gr.* 130

Boiss.　Boissonade, *Scholies inédites*, p. 63-129
Mign.　*PG* 36, col. 1080 B 1 – 1160 A 11

contr.　per contractionem (voir *supra*, p. LXVI)
γρ　　γράφεται (indique une variante signalée comme telle par le copiste)

COMMENTAIRE AU DISCOURS 4

Εἰς τὸν κατὰ Ἰουλιανοῦ στηλιτευτικῶν πρῶτον

1. Οὐκ ἄδηλος ὁ σκοπὸς τὴν τοῦ Παραβάτου στηλιτεύων
2 κακίαν καὶ πολλοῖς βάλλων αὐτὸν τοῖς ἐγχειρήμασιν. Οὐ μόνον δέ, ἀλλὰ καὶ τοῖς αὐτοῦ πτεροῖς κατατοξεύων, οἷς ἐκεῖνος
4 ἀεροβατῶν ἐπήρθη, καὶ μύθοις καὶ ἱστορίαις καὶ σοφίσμασι δολεροῖς, γοητείαις τε καὶ θυσίαις καὶ δαιμόνων ἀπάταις τε
6 καὶ χρησμοῖς καθ' ἡμῶν τε καὶ Χριστοῦ ἐξυβρίσας ἐπτερύξατο. Πλείστης δὲ ὅσης τῆς ὕλης ὑποκειμένης, πολύς ἐστι τῷ
8 Πατρὶ καὶ ὁ τῆς τέχνης τοῦ λόγου σχηματισμός· πῆ μὲν γὰρ πανηγυρικῶς, πῆ δὲ δικανικῶς, πῆ δὲ καὶ συμβουλευτικῶς

Titulus, 1 εἰς – πρῶτον] εἰς τὸν πρῶτον τῶν κατὰ Ἰουλιανοῦ στηλιτευτικῶν P, ἐκ τῶν κατὰ Ἰουλιανοῦ στηλιτευτικῶν πρῶτον W[a. corr.], τῶν κατὰ Ἰουλιανοῦ στηλιτευτικῶν πρῶτον W[p. corr.] στηλιτευτικῶν] στηλιλευτικῶν F   **1, 3** αὐτοῦ] αὐτοῖς V   **7/8** ἐστι τῷ Πατρί] τῷ Πατρί ἐστι F[a. corr.]

Sur la première des *Invectives contre Julien*

1. Le but de l'œuvre n'est pas dissimulé : il s'agit de dénoncer la méchanceté de l'Apostat et de le frapper de multiples accusations. Et non seulement cela, mais il s'agit aussi de l'abattre de flèches empennées avec ses propres plumes (¹), celles par lesquelles il s'était élevé dans les airs et, rempli d'arrogance contre nous et contre le Christ par des fables, des histoires et des sophismes trompeurs, des sorcelleries et des sacrifices, des oracles et des artifices démoniaques, il avait pris son envol (²). Et puisque la matière qui lui sert de sujet est des plus abondantes, le Père (³) utilise également une mise en forme figurée multiple de l'art rhétorique (⁴). En effet, le discours progresse à la manière, tantôt d'un panégyrique, tantôt

---

(1) Référence à une expression célèbre tirée de la tragédie *Les Myrmidons* d'Eschyle, inspirée, semble-t-il, d'un proverbe libyen. Un aigle, mortellement atteint, dit en regardant les plumes de la flèche : « Ce n'est pas par les plumes d'un autre, mais par les nôtres que nous sommes condamné » (Eschyle, fr. 139, éd. S. Radt, *Tragicorum Graecorum fragmenta*, vol. 3, Göttingen, 1985 : « τάδ' οὐχ ὑπ' ἄλλων, ἀλλὰ τοῖς αὑτῶν πτεροῖς ἁλισκόμεσθα »). Toutefois, Basile a peut-être davantage à l'esprit le mot de Théodoret : « Il commença par interdire aux enfants des Galiléens – car c'est ainsi qu'il appelait les disciples de notre Sauveur – d'avoir leur part de l'œuvre des poètes, des orateurs et des philosophes. "Car, dit-il, suivant le proverbe, nous sommes frappés par nos propres flèches, puisqu'ils nous font la guerre armés de nos livres" » (*H.E.*, 3, 8, 1-2, éd. et trad. L. Parmentier – G.C. Hansen – P. Canivet, *Théodoret, Histoire ecclésiastique*, vol. 2 [*SC*, 530], Paris, 2009 : « Καὶ πρῶτον μὲν ἀπηγόρευσε τῶν Γαλιλαίων τοὺς παῖδας, οὕτω γὰρ τοῦ σωτῆρος ἡμῶν τοὺς θιασώτας ὠνόμαζε, ποιητικῶν καὶ ῥητορικῶν καὶ φιλοσόφων μεταλαγχάνειν λόγων. "Τοῖς οἰκείοις γάρ, φησί, πτεροῖς κατὰ τὴν παροιμίαν βαλλόμεθα· ἐκ γὰρ τῶν ἡμετέρων συγγραμμάτων καθοπλιζόμενοι τὸν καθ' ἡμῶν ἀναδέχονται πόλεμον" »).

(2) Dans tout ce passage, Basile joue habilement sur les mots pour associer le vol de l'oiseau à l'envolée littéraire, l'exaltation et l'*hybris*.

(3) Le « Père » désigne Grégoire de Nazianze.

(4) Puisque Grégoire voulait attaquer de toutes parts Julien, la variation s'avérait être la meilleure tactique. Basile parle alors d'une mise en forme figurée, ou figuration (ὁ σχηματισμός), multiple du discours. Cette terminologie rappelle les chapitres 8 et 9 de l'*Art rhétorique* du pseudo-Denys d'Halicarnasse, sur les discours figurés (περὶ ἐσχηματισμένων), c'est-à-dire les discours qui disent une chose avec pour but d'en faire comprendre une autre. Dans cette catégorie, le rhéteur range également les discours qui poursuivent plusieurs objectifs en plus de leur objectif principal : Ps. Denys d'Halicarnasse, *Art rhétorique*, 8, 8 ; et 9, 12. Cette définition correspond bien au discours de Grégoire selon Basile.

πρόεισι, κατὰ πᾶν εἶδος τῆς τέχνης στρεφόμενός τε καὶ ποικιλλόμενος. Καὶ μυθικῶν δὲ πλασμάτων καὶ ἱστοριῶν προσευπόρησεν ἀνασκευῶν συναναφαινομένων ἀναγκαίως τῇ ὑποθέσει καὶ συνυφαινομένων δυνάμει λόγων τοῖς ἐνθυμήμασι καὶ ἐπιχειρήμασι τῇ συμφράσει τῶν ἀποδείξεων.

2. Ἀκούσατε ταῦτα, πάντα τὰ ἔθνη, καὶ τὰ ἐξῆς (1, 532 A4). Τοῦ προοιμίου ἡ πρότασις ἐκ προφητικῶν[a] εἴληπται φωνῶν, ἄγαν προσήκουσα τῇ ὑποθέσει, ἐν ᾗ αὐτοκράτωρ μὲν ὑπόκειται πολλῶν ἐθνῶν ἐπάρχων[b] καὶ πόλεων καὶ μικροῦ πᾶσαν κατασείσας τὴν οἰκουμένην καὶ εἰς τὸ ὕψος λαλήσας ἀδικίαν[c] καὶ εἰς αὐτὸν τὸν τοῦ παντὸς κόσμου κύριον καὶ τεχνίτην. Εἰκότως οὖν οὐχὶ τοὺς τὴν οἰκουμένην μόνον οἰκοῦντας καλεῖ, ἀλλὰ καὶ τὰς οὐρανίους πάσας Δυνάμεις, τὸ κήρυγμα μειζόνως ἐπαίρων, ὡς ἔκ τινος περιωπῆς· τοῦτο γὰρ τὸ *ἄποπτον* βούλεται, ἐξ οὗ ἐστιν ὄψεσθαι πολλά, μηδενὸς ὄψιν καὶ φωνὴν ἐπιπροσθοῦντος. Ἐπεὶ οὖν καὶ πρὸς οἰκουμένην ὅλην καὶ κόσμον ὅλον ὁ λόγος, οὐκ *ἐξ ἀπόπτου* μόνον ἀλλὰ καὶ *μεσαιτάτης* ἔφη *περιωπῆς*· ἔστι μὲν γάρ πως καὶ ἐν ὑψηλῷ τινα καὶ ἐν ἀπόπτῳ εἶναι, μὴ μὴν ἐν μεσαιτάτῳ καὶ ἐπικέντρῳ, καὶ οὐ δή που πρόσεστι τῶν κηρυττομένων ὑπ' αὐτοῦ πάντας ἐπίσης ἐπαΐειν.

3. Πλὴν ὅσον (2, 533 A1). Διχῇ διαστέλλει τούτοις καὶ τὸν σκοπὸν χωρὶς ἵστησιν Ἡσαΐου, τὸν μὲν ὅσον ἐπὶ τῷ Ἰσραὴλ ἠθετηκότι μαρτύρασθαι[d], τὸν δὲ πάλιν ἐπὶ τυράννῳ ἀθετήσαντι καὶ καταπεσόντι.

---

[a] cfr *Ps.* 48, 2   [b] cfr *Esth.* 3, 13b   [c] cfr *Ps.* 72, 8   [d] cfr *Is.* 1, 2

1, 10 στρεφόμενός] τρεφόμενός *FW*   13 συνυφαινομένων] συμφαινομένων *FC*   14 ἐπιχειρήμασι] ἐγχειρήμασι *W*   τῇ] τῇτε *prop. Mign.* **2,** 6 παντός] *om.* C   κύριον] Χριστὸν *A*   8 οὐρανίους] οὐρανίας *P*   10 ὄψιν] ὅ< *vac.* > *A*   φωνὴν] φωνῶν *P*   12 μόνον] *om. V*   13 περιωπῆς] περιοπῆς *C*   14 ἐν¹] *om. W*   15 που] πω *AV*

d'un discours judiciaire, tantôt aussi d'un discours délibératif, tournant et variant selon tous les genres de cet art ([5]). Il regorge en outre de réfutations d'histoires et de fictions mythiques, qui vont nécessairement de pair avec le sujet et qui sont, grâce à sa puissance oratoire, ourdies d'enthymèmes et d'arguments dans l'agencement des démonstrations.

2. *Écoutez tous ceci, peuples,* et ce qui suit : La protase de l'exorde est empruntée à la voix des prophètes et convient tout à fait au sujet, dont le thème est un empereur qui commandait à de nombreux peuples et cités, qui ébranla presque toute la terre et qui proféra des iniquités contre le ciel ([6]), et contre le Seigneur lui-même, artisan de tout le cosmos. Avec raison, il appelle donc non seulement les habitants de la terre, mais aussi toutes les Puissances célestes, en élevant davantage la proclamation, comme à partir d'un observatoire (car c'est ce qu'ἄποπτον signifie : un lieu d'où on peut voir beaucoup de choses, puisque rien ne bloque la vue et la voix). Donc, puisque le discours est adressé à toute la terre et à tout le cosmos, il a dit que l'observatoire était non seulement *visible de loin*, mais aussi *au centre de tout*, car il existe sûrement un poste en hauteur et à portée de vue, mais cependant pas au milieu de tout et à l'épicentre ([7]), et, de plus, il n'est certainement pas possible que tous entendent avec la même acuité ce qu'il proclame.

3. *Avec cette seule différence* : Par ces mots, il sépare en deux et il place à part son but de celui d'Isaïe, dans la mesure où celui-ci rend témoignage contre tout Israël révolté, alors que, lui, il le fait contre un tyran qui s'est révolté et qui a chuté.

---

(5) Le texte de Basile est cité jusqu'à ce point dans l'introduction de l'édition mauriste des *Discours* 4 et 5 (*PG* 35, col. 525-526).

(6) Ce verset biblique est régulièrement cité par les Pères de l'Église pour désigner les impies ou les hérétiques. Voir par exemple GRÉGOIRE DE NAZIANZE, *Or.* 2, 41 ; *Or.* 25, 8 ; BASILE DE CÉSARÉE, *Contre Eunome*, 1, 16 ; 2, 19 ; ORIGÈNE, *Contre Celse,* 2, 24.

(7) Ἐπίκεντρος est un terme qui appartient au jargon astronomique. Basile traite en fait de façon distincte les deux caractéristiques du promontoire d'où s'exprime virtuellement Grégoire : il est « visible de loin » (ἄποπτον) pour les hommes et « au centre de tout » (μεσαίτατον) pour les puissances célestes.

4. Ἄκουε καὶ ἡ τοῦ μεγάλου Κωνσταντίου ψυχή, εἴ τις αἴσθησις (3, 533 A5). Ἐπαινεῖ καὶ μέγαν αὐτὸν καλεῖ πολλάκις, καὶ μάλιστα ἐν τοῖς κατὰ τοῦ Ἀποστάτου λόγοις, ἐξ ἀντιπαραθέσεως τυράννου καὶ μισοχρίστου, ὡς φιλόχριστον τοῦτον κατακοσμῶν τοῖς ἐπαίνοις. Ἔστι δ' ἐν οἷς καὶ ὑπεραπολογεῖται τῆς ὑποψίας, ὡς συναπαχθέντος Ἀρειανοῖς ἁπλότητι, οὐ μὴν κακουργίᾳ καὶ δυσφημίᾳ. Τὰ δ' ἄλλα χριστιανοῖς μέγα ὄφελος καὶ λέγει καὶ ἐξυμνεῖ γεγενῆσθαι. Εἴ τις δὲ αἴσθησις, φησὶ διὰ τὸ ἄκουε, ὡς μὴ πάντη δήλου μηδὲ πᾶσιν αἴσθησιν τῶν τῇδε τοῖς ἀπελθοῦσιν ἔχειν· μόναις γὰρ τοῦτο ταῖς τῶν Μακαρίων ἐν ἄλλοις φησὶν ἀποκεκρίσθαι ψυχαῖς.

5. Καὶ γὰρ οὐ τῷ Λόγῳ μόνῳ (4, 533 C11). Τῷ θείῳ C λέγει Λόγῳ, οὕτω γὰρ ὀνομάζεται μετὰ τῶν ἄλλων. Ποίων ἄλλων; Οἷς ὀνομάζεται· Υἱός, Σοφία, Δύναμις, καὶ τὰ λοιπά. Χαίρει γάρ, φησί, καὶ τῇ προσηγορίᾳ ταύτῃ καὶ τῇ δυνάμει. Ποίᾳ; Τῆς κλήσεως ταύτης, οὐδὲν γὰρ ἕτερον δύναται νοῦν ἑρμηνεῦσαι καλῶς ἢ λόγος ὅλον ἐν ἑαυτῷ φέρων τὸν νοῦν, ὡς ὁ Υἱὸς καὶ Λόγος τὸν Πατέρα τε καὶ Γεννήτορα· « Ὁ γὰρ ἑωρακώς, φησίν, ἐμέ, τὸν Πατέρα ἑώρακε »ᶜ.

6. Εἰ δὲ ὅλως συμμῖξαι (6, 537 A2-3). Κατὰ ἀποστροφὴν πρὸς αὐτὸν ἐκεῖνόν φησιν· ἔδειξάς σου τούτοις τὴν ἧτ-

---

ᶜ Ioh. 14, 9

4, 2/3 καλεῖ πολλάκις] πολλάκις καλεῖ P   4 τυράννου] τοῦ τυράννου V   6 συναπαχθέντος] συναπεχθέντος C   9 δήλου] δηλοῦ C   10 τοῖς – ἔχειν] τοῖς ἀπελθοῦσι εἶναι vel τοὺς ἀπελθόντας ἔχειν prop. Boiss.   5, 1 καὶ – μόνῳ] non lemma F   2 μετὰ – ἄλλων] lemma Boiss. Mign.   6 λόγος] ὁ λόγος V ἑαυτῷ] αὐτῷ C   7 ὁ] om. Pᵃ· ᶜᵒʳʳ·AV

4. *Écoute aussi, âme du grand Constance, si tu as gardé quelque conscience* : Il le loue et l'appelle souvent le Grand, particulièrement dans les discours contre l'Apostat où, par opposition au tyran et ennemi du Christ, il le pare d'éloges en tant qu'ami du Christ. Il y a des passages dans lesquels il le lave même de tout soupçon ([8]), affirmant que c'est par simplicité, certainement pas par méchanceté et par blasphème, qu'il s'était laissé détourner par des ariens ([9]). Pour le reste, il le célèbre et il dit qu'il a été d'un grand secours pour les chrétiens. *Si tu as gardé quelque conscience*, il dit cela à cause du *écoute*, étant donné qu'il n'est pas entièrement évident que ce n'est pas toutes les personnes décédées qui ont la perception des choses d'ici-bas. En effet, ce pouvoir est réservé, dit-il ailleurs, aux seules âmes des Bienheureux.

5. *Avant tout à la Parole* : Il parle du Logos divin, car c'est ainsi qu'il est appelé, entre autres noms – quels autres ? – ceux par lesquels il est appelé : Fils, Sagesse, Puissance, etc. En effet, il jouit, dit-il, à la fois de cette appellation et de sa puissance – laquelle ? – celle de cette dénomination, car rien d'autre ne peut mieux exprimer la pensée que la parole, puisqu'elle porte entièrement en elle la pensée, comme le Fils et Logos porte son Père et géniteur ([10]) : « Car celui qui m'a vu, dit-il, a vu le Père ».

6. *Du moment que (tu as peur) de t'engager complètement* : Au moyen d'une apostrophe ([11]), il dit à celui-là [Julien] en personne : « tu as reconnu par ceci ta défaite, puisque

---

(8) Cette formule apparaît dans la *Première Tétralogie* d'Antiphon (4, 2).

(9) Voir Grégoire de Nazianze, *Or.* 5, 16. L'opinion de Grégoire sur l'empereur Constance II est variable : favorable dans les *Discours* 4 (3 et 37-38) et 5 (16-17), mitigée dans le *Discours* 21 (21) et hostile dans le *Discours* 25 (9). Néanmoins, la figure de l'empereur est toujours associée à la simplicité. Il faut dire que, pour Grégoire, ce trait de caractère est à la fois une qualité et une faiblesse, car, bien qu'il s'agisse d'une vertu, elle laisse les gens à la merci du mal. Sur ce thème récurrent dans l'œuvre de Grégoire, voir, entre autres, *Or.* 4, 38 ; 64 ; *Or.* 12, 3 ; *Or.* 18, 18 ; *Or.* 21, 21-22 ; *Or.* 32, 26 ; *Ep.* 22, 4 ; *Ep.* 101, 1, 6-7 ; *Ep.* 102, 17 ; et surtout *Carm.* 1, 2, 34, v. 63 : « La simplicité est un état d'esprit qui ne dispose pas au mal » (*PG* 37, col. 950 A 5 : « Ἡ δ' ἁπλότης ἕξις τις ἀρχὴ πρὸς κακόν »).

(10) Voir Grégoire de Nazianze, *Or.* 30, 20 ; Basile le Minime, *Comm.* 38, 128, éd. Schmidt, *Basilii Minimi*.

(11) Sur cette figure de la véhémence, voir Hermogène, *Sur les catégories stylistiques*, 1, 8.

ταν, συμμῖξαι ἡμῖν καὶ εἰς χεῖρας ἐλθεῖν φοβηθείς, κἂν ἔδο- D
ξας νικᾶν ἐκεῖνον, ὃν ἠγωνίσω μὴ ἀγωνίσασθαι πρὸς αὐτόν,
τουτέστιν ἡμᾶς· ἐν οἷς δείκνυσι καὶ τῶν λόγων τύραννον ὄντα,
ἐσχάτην ἀλογίαν οὐ μόνον βίαν προσάψας αὐτῷ.

7. **Ἤδη δέ μοι πηδᾷ καὶ ἵεται πρὸς πανηγυρισμὸν ὁ λό-** 1084 A
γος (7, 537 B9-10). Σημείωσαι ὅτι καὶ ἐπισημαίνεται διὰ τὸ
πανηγυρικὸν εἶδος.

8. **Ὅσοι τε νηστείαις** (7, 537 B11-12). Τοὺς τὸ Θεῖον
ἐκλιπαροῦντας νυκτὸς καὶ ἡμέρας μονάζοντάς τε καὶ τοὺς
τὸν βίον ἐκείνοις παραπλησίους λέγει, τούς τε δημεύσεις ὑπομεμενηκότας καὶ τοὺς ἔτι προσταλαιπωροῦντας ἐν ποικίλαις
βασάνοις καὶ ὄρεσι δὲ καὶ σπηλαίοις καὶ ταῖς τῆς γῆς ὀπαῖς
ἐνδιαιτωμένους, ὧν ὡς ἀληθῶς οὐκ ἦν ἄξιος ὁ κόσμος[f].

9. **Ἡ τῆς ἑαυτῶν ὃ δὴ λέγεται** (7, 537 C12-13). Τοὺς
φυγάδας αἰνίττεται καὶ τῶν οἰκείων διαζευχθέντας. Τὸ δ' ὃ
δὴ λέγεται διὰ τοὺς οἰκείους πρόσκειται τῆς μικρᾶς καὶ σωματικῆς οἰκειότητος· ἡ γὰρ ἀληθὴς οἰκειότης καὶ μεγίστη ἡ B
τῆς ἄνω πατρίδος καὶ συγγενείας ἐστί. Κακίας δὲ ὕλην, τὸν
πλοῦτον εἶπεν. Ἑτέραν δὲ μοῖραν, λέγει τοὺς ὅσοι Θεὸν ὁμολογοῦντες σκανδαλίζονται ταῖς τοιαύταις οἰκονομίαις, ὑψουμένων τῶν ἀσεβῶν· σκανδαλίζονται δὲ διὰ πτωχείαν, ὡς αὐτὸς
ἔφη, ψυχῆς, ἐμπυριζόμενοι τοῖς λογισμοῖς, εἰρήνην ἁμαρτωλῶν[g] καὶ εὐτυχίαν μὴ φέροντες, δοῦλοι ὄντες τῶν παρόντων,
καὶ μόνοις τοῖς τοιούτοις παραδόξοις θαύμασι πρὸς τὴν ἀλήθειαν βεβαιοῦνται.

---

[f] cfr Hebr. 11, 38   [g] cfr Ps. 72, 3

6, 3 κἂν ἔδοξας] καὶ ἔδοξαν A, καὶ ἔδειξας V   5 τῶν λόγων] τὸν λόγον A[a. corr.]V[p. corr.]   7, 1 ἵεται] ἵεται codd.   3 πανηγυρικὸν] τυραννικὸν P
8, 2 νυκτὸς] καὶ νυκτὸς W   4 προσταλαιπωροῦντας] ταλαιπωροῦντας AV
ποικίλαις] ποικίλοις AV   5 δὲ] om. AVW   τῆς γῆς ὀπαῖς] ὀπαῖς τῆς γῆς W
ὀπαῖς] ὀπαῖς FV   6 ὡς] om. AV   9, 1/2 τοὺς – διαζευχθέντας] om. V
2 τὸ] τὰ Mign.   3 τοὺς οἰκείους] τοῦ οἰκείου P   5 κακίας δὲ ὕλην] lemma
Boiss.   6 ἑτέραν – μοῖραν] lemma Boiss. Mign.   8 δὲ] add. prima manu C
10 καὶ] om. V

tu as eu peur de nous affronter et d'en venir aux mains, même si tu as semblé vaincre celui que tu t'es efforcé de ne pas combattre, c'est-à-dire nous (12) » ; en cela, il montre aussi qu'il est le tyran de la parole (λόγων), puisqu'il lui attribue une extrême déraison (ἀλογίαν) en plus de la violence.

7. Voici que ma parole dans un bond s'élance pour célébrer cette fête : Remarque qu'il s'exprime aussi au moyen du genre panégyrique.

8. Ceux qui (s'adonnaient) au jeûne : Il parle des moines qui supplient le Divin nuit et jour et de ceux qui mènent une vie similaire à la leur, de ceux qui sont sous le coup de confiscations, de ceux qui continuent encore de souffrir dans diverses épreuves et qui habitent les montagnes, les grottes et les cavités de la terre, eux dont le monde n'était pas digne en vérité (13).

9. De ce qu'on appelle la patrie : Il fait allusion aux exilés, qui ont été séparés de leurs proches. L'expression *ce qu'on appelle* est ajoutée à cause des proches liés par une faible parenté charnelle (14), car la véritable et grande parenté, c'est celle de la patrie et de la famille d'en haut. Par *source de péché*, il a voulu dire la richesse. Et *cette autre catégorie* (15) désigne tous ceux qui, tout en confessant Dieu, s'offusquent de telles dispositions, lorsque les impies sont exaltés. Mais ils s'offusquent *à cause de l'indigence de leur esprit*, comme il a dit lui-même, puisqu'ils s'échauffent à leurs raisonnements, ne supportent pas la paix du pécheur et son bonheur, esclaves qu'ils sont de ce qui les entoure. Ils sont affermis dans la vérité uniquement par d'extraordinaires miracles tels que ceux-ci.

---

(12) C'est-à-dire les chrétiens. Le texte que Basile a sous les yeux ne contient visiblement pas le pronom μοι. En ajoutant le πρὸς αὐτόν – en apparence un peu redondant – Basile donne une interprétation du passage différente de celle de J. Bernardi, qui, pour sa part, lit : « moi que tu as combattu en m'empêchant de combattre ». De fait, le texte de Grégoire est ici un peu difficile, car la construction du verbe ἀγωνίζομαι avec l'infinitif n'est pas usuelle.

(13) Le passage couvert par cette scholie et les deux prochaines est résumé avec un peu plus de rigueur dans les *scholia vetera* (*PG* 36, col. 1212 A 12 – C 5).

(14) J.-F. Boissonade suppose une lacune ici, mais le texte semble seulement un peu trop ramassé, suivant l'usage des scholiastes.

(15) Grégoire de Nazianze, *Or.* 4, 8.

10. **Εἴθε μοι τοῦ χοροῦ μέρος ἦν κἀκεῖνο τὸ σύστημα** (10, 540 C1-2). Ἐντεῦθεν δῆλον ὅτι οὔπω ἡ τῶν μοναχῶν ἕνωσις ἐγεγένητο, ἐφ' οἷς ἐρρέθησαν οἱ Εἰρηνικοί, ὧν οὐ μέμφεται τὴν πίστιν, ἀκίβδηλον ᾠδὴν τὴν αὐτῶν δόξαν ἀποκαλῶν καὶ οὐκ ἀδόκιμον, οὐκ εὔρυθμον δέ, ἀλλ' ἰδίαν καὶ οὐκ εἰς ταὐτὸ ἐρχομένην. Ἀλλ' ὁποίαν καὶ τίνα; κινηθεὶς οὖν ἐντεῦθεν πρὸς λόγον ἀηδῆ τινα καὶ ψόγον, ἐπέσχεν αἰδοῖ τῆς ἐλπίδος, ὡς αὐτός φησι, καὶ τῆς ἑνώσεως.

11. **Μίαν μοῖραν καὶ ἓν ψυχῶν γένος ἀποκηρύττω** (11, 541 A1). Τοὺς ὀλιγοπίστους λέγει καὶ ἐν καιρῷ πειρασμῶν σκανδαλισθέντας καὶ τῇ πλάνῃ καθυπαχθέντας· ὧν καὶ χείρους φησὶν ἐκείνους, οἳ μηδὲ μικρὸν ἀντέβησαν τῷ καιρῷ οὐδὲ πρὸς ὀλίγον ἀντέστησαν, ἀλλ' ἐκ περιουσίας ἐφάνησαν κακοί.

12. **Τοῦτο γὰρ μεθαρμόζω** (12, 541 C6). Τοῦτο ποῖον; τὸ «εἰς θάλασσαν ἔρριψεν»[h]· οὐδὲ γὰρ εἰς θάλασσαν. Μεθαρμόζω γάρ, ἔφη, καὶ μετατίθημι τοῦτο· ἔρριψε γὰρ τὸν ἀποστάτην καὶ δεύτερον Φαραώ, ὅποι φίλον τῷ ἀπορρίψαντι ἦν καὶ ὅπως, φησίν, ἐδικαίωσεν.

13. **Καὶ οἶον διὰ κύκλου τινός** (12, 541 C11-12). Πῶς διὰ κύκλου τινὸς οἷόν τέ ἐστιν εὐθύνειν; Οὐδὲ γὰρ ὁ κύκλος εὐθὺς ὑπάρχει οὐδὲ εὐθύνει. Διὸ καὶ τὸ τινὸς πρόσκειται· ὡς οἱονεί πως διὰ κύκλου κινηθέντων τῶν πραγμάτων ἡμῖν ἐκ τοῦ ἀφ' οὗπερ σημείου τῆς εὐσεβείας καὶ διὰ τῆς ἀσεβείας κυκλικῶς

---

[h] *Ex.* 15, 1

10, 1 εἴθε] εἴθὲ A   κἀκεῖνο] ἐκεῖνο V   2 ἐντεῦθεν] ἐνδεῦθεν F   δῆλον ὅτι] δηλονότι FAV   3 ἐγεγένητο] ἐγένετο A, ἐγίνετο V   ἐρρέθησαν] ἐρέθησαν V   6 ταὐτὸ] τὸ αὐτὸ CP   **11,** 4 ἀντέβησαν] ἀντεβόησαν C   **12,** 3 τοῦτο] om. W   **12,** 3 τοῦτο] om. W   γὰρ] om. P   **13,** 2 οἶον] οἷός P   εὐθὺς] εὐθής P   3 τινὸς] τίνος FCP   ὡς] om. C   4 πως] πῶς V   κινηθέντων] κινηθέντως καὶ AV   5 ἀσεβείας] εὐσεβείαις W[a. corr.]

10. ***Ah ! si je pouvais voir aussi participer à notre chœur ce groupe*** : Il est ici évident que l'union avec les moines n'avait pas encore eu lieu, pour lesquels ont été prononcés les *Discours iréniques* ([16]). Il ne blâme pas leur foi, puisqu'il qualifie leur dévotion de *cantique qui ne manquait pas d'authenticité* et *qui n'était pas de mauvais aloi*, mais ce cantique était toutefois non seulement *sans rythme*, mais aussi *solitaire*, et il n'est pas *incité à revenir. Quel est ce chœur ? Que vaut-il ?*, il fut donc tenté ici par une parole désagréable ou un blâme, mais il la retint *afin de ménager l'espérance*, comme il le dit lui-même, et l'union.

11. ***Il y a une seule catégorie, une seule espèce d'âmes que ma proclamation exclut de cette fête*** : Il parle des *hommes de peu de foi*, qui, au temps des épreuves, se sont offusqués et sont tombés sous le joug de l'erreur. Mais pires que ceux-ci, dit-il, sont ceux qui n'ont pas même un peu résisté aux événements, ni fait front si peu que ce soit, mais qui ont surabondamment montré leur méchanceté.

12. ***En adaptant le texte*** : Quel texte ? « Il a culbuté dans la mer », car il ne l'a pas jeté à la mer. En effet, j'adapte, disait-il, et change ce verset, car il a culbuté l'apostat et second Pharaon là où il plaisait à Celui qui l'avait rejeté et comme, dit-il, il l'avait jugé juste.

13. ***Comme dans un éternel retour*** : Comment est-il possible de diriger (εὐθύνειν) en cercle ? En effet, le cercle n'est ni droit (εὐθύς), ni ne dirige (εὐθύνει). C'est pourquoi il est ajouté *un certain* (τινός), dans l'idée que nos existences, comme si

---

(16) Des trois discours de Grégoire portant ce titre (*Or.* 6, 23 et 22), seul le premier (*Or.* 6) est lié avec certitude à cet événement ; le troisième (*Or.* 22) est à mettre en relation avec le concile de Constantinople ; tandis que les circonstances ayant mené à l'élaboration du deuxième (*Or.* 23) sont incertaines. Basile suit la tradition byzantine, représentée également par Élie de Crète, qui associait ce dernier discours aux événements survenus à Nazianze. Aujourd'hui, la critique en situe davantage la rédaction à Constantinople. Voir J. Mossay, *Grégoire de Nazianze, Discours 20-23* (*SC*, 270), Paris, 1980, p. 269-271. M. Regali contesta cependant l'idée que cette allusion du *Discours* 4 fasse référence aux moines de Nazianze, interprétation canonique qu'il fait justement remonter à Basile le Minime ; selon lui, Grégoire appelait plutôt à la réconciliation avec les ariens ou, plus spécifiquement, les homéens : M. Regali, *Intenti programmatici e datazione delle « Invectivae in Iulianum » di Gregorio di Nazianzo*, dans *Cristianesimo nella storia*, 1 (1980), p. 406.

πορευθέντων, εἰς τὸ αὐτὸ πάλιν τῆς εὐσεβείας παρεληλύθει σημεῖον. Ὁμοῦ μὲν γὰρ σαλευόμενά πως καὶ μὴ σαλευόμενα τὰ ἡμέτερα καὶ ταῖς τοῦ βίου περιτροπαῖς τε καὶ παλιρροίαις φερόμενα, αὖθις ὡς ἐν ἀκινήτῳ τινὶ τάξει καὶ προνοίᾳ μένει πάγια, τὰ αὐτὰ διὰ τῶν ἐναντίων παραδόξως ὀδεύοντα.

14. Ὅταν αὐτῶν δυνηθῶμεν παρελθεῖν τάχει ποδῶν τὴν ἀσέβειαν (12, 544 A9-10). Παρῴδηκε τὸ προφητικόν· « Εἶδον τὸν ἀσεβῆ ὑπερυψούμενον καὶ ἐπαιρόμενον »[i] καὶ τὰ ἑξῆς, μέχρι τοῦ « Παρῆλθε, καὶ ἰδοὺ οὐκ ἦν »[j]. Καὶ πότε οὖν ἐστι, φησί, τοῦτο ἰδεῖν; Ἢ δῆλον ὅταν τὴν ἀσέβειαν αὐτῶν τάχει ποδὸς ἀσφαλεῖ, τουτέστιν ἀποφυγῇ, θᾶττον δυνηθείημεν παρελθεῖν;

15. Λαοῖς οἷς παρέδωκε (13, 544 B6). Τουτέστι Πέρσαις. Οὕτω γὰρ μεθηρμόσθη καὶ τοῦτο, ἀντὶ τῶν Αἰθιόπων ληφθέν[k]· ἐκείνοις γὰρ τὸν ὑβριστὴν παραδέδωκεν.

16. Διαιρόντων κεφαλήν (13, 544 B13). Παραπέφρασται καὶ τοῦτο ἀπὸ τοῦ ἐν κατάραις ὄφεως εἰρημένου· « αὐτός σου τηρήσει κεφαλήν, σὺ δὲ τηρήσεις αὐτοῦ πτέρναν »[l]. Λάθρα μὲν γὰρ ὥσπερ ἕρποντες τὴν ἡμῶν ἐτήρουν Ἕλληνες πτέρναν καὶ τὰ ἔσχατα, μὴ οἷοί τε ὄντες κεφαλὴν ἐπαίρειν καὶ παρρησι-

---
[i] Ps. 36, 35   [j] Ps. 36, 36   [k] cfr Ps. 73, 14   [l] Gen. 3, 15

13, 6 παρεληλύθει] παρεληλύθη F   8 παλιρροίαις] παλλιρροίαις C, παλιροίαις sed corr. prima manu V   **14**, 1 αὐτῶν δυνηθῶμεν] δυνηθῶμεν αὐτῶν AV   4 παρῆλθε] παρῆλθον V   5 ἐστι] om. P   ἢ] ἢ prop. Boiss.   **16**, 2 σου] om. F[a. corr.]   4 ἕρποντες] ἕποντες V   πτέρναν] πτέραν Mign.

elles bougeaient d'une certaine façon dans un cercle, ont été transportées, depuis le point de la piété où elles se trouvaient, cycliquement à travers l'impiété, avant de revenir à nouveau au même point de piété ([17]). En effet, même si tout ce qui nous concerne bouge, d'une certaine façon, tout en ne bougeant pas, porté par les retournements et les remous de la vie, les choses demeurent toutefois fixes, comme selon quelque ordre et providence inébranlable, puisque ce sont les mêmes qui voyagent paradoxalement d'un contraire à l'autre ([18]).

14. *Chaque fois que nous sommes capables de côtoyer leur impiété d'un pied rapide* ([19]) : Il cite librement ([20]) le texte du prophète : « J'ai vu l'impie abuser de sa force et se déployer », et ainsi de suite jusqu'à : « Il a passé, et voici qu'il n'est plus ». Et quand donc est-il possible, dit-il, de voir cela ? N'est-ce pas évidemment lorsque nous étions capables par la rapidité assurée du pied – c'est-à-dire par une esquive – de passer assez vite à côté de leur impiété ?

15. *Aux peuples auxquels il l'avait livré* : C'est-à-dire aux Perses. En effet, ce passage a également été adapté ainsi, en remplaçant les Éthiopiens, car c'est à ceux-ci qu'il a livré l'orgueilleux.

16. *Levaient cette tête* : Il a aussi paraphrasé ce passage d'après ce qui est dit du serpent dans les malédictions : « Celui-ci guettera ta tête et, toi, tu guetteras son talon ». C'est en cachette en effet, comme s'ils rampaient, que des Grecs guettaient notre talon et nos extrémités, puisqu'ils n'étaient pas

---

(17) Ici et ailleurs, l'usage du génitif absolu par Basile est régulièrement déconcertant, car il ne correspond pas aux usages classiques. Cependant, comme le signale A.N. Jannaris dans son *Historical Greek Grammar* (Londres – New York, 1897, §2145), il semble que l'usage du génitif absolu ait été moins bien compris à partir de l'époque postclassique, du fait d'une diminution de son utilisation dans le langage courant.

(18) Basile développe un thème semblable dans le *Commentaire au Discours 38* (86a, éd. SCHMIDT, *Basilii Minimi*).

(19) Basile donne un texte légèrement différent de celui de l'édition moderne : « chaque fois que nous sommes capables de côtoyer son impiété d'un pied rapide et assuré » (GRÉGOIRE DE NAZIANZE, *Or.* 4, 12, éd. et trad. BERNARDI, *Discours 4-5* : « [...] ὅταν αὐτοῦ παρελθεῖν δυνηθῶμεν τάχει καὶ ἀσφαλείᾳ ποδὸς τὴν ἀσέβειαν ».

(20) Sur ce procédé de citation de vers dans la prose, voir PS. HERMOGÈNE, *Sur la méthode de l'habileté*, 30.

6 ἄζεσθαι κακουργεῖν· ἐκελεύσθησαν γὰρ πατεῖσθαι ὑφ' ἡμῶν, κἂν μικρόν τι καὶ φανερῶς ἔδοξαν κρατεῖν.

17. Συστενάζει καὶ συνωδίνει (15, 545 A9-10). Τὸ ἀπο-
2 στολικὸν τρανότερον ἐξηγεῖταί τινι συνωδίνει καὶ συστενάζει, ὅτι τοῖς ἀνθρώποις καὶ τῇ φθορᾷ τῶν γιγνομένων καὶ ἀπογι-
4 γνομένων. Στένει οὖν, φησί, καὶ ὀδυνᾶται διὰ τὸν ἐκ παρακοῆς θάνατον καὶ τὴν φθοράν· πλὴν ἀποκαραδοκεῖ τὴν τῶν τέκνων
6 τοῦ Θεοῦ ἀποκάλυψιν, εἴτουν ἀνάστασιν καὶ τὴν ἀφθαρσίαν, καὶ τὴν ἐλπιζομένην ἐλευθερίαν ἐκδέχεται. Θρηνεῖ μὲν γὰρ
8 καὶ στενάζει ἀπαξιοῦσα φθαρτοῖς δουλεύειν, ἐπ' ἀφθαρσίᾳ κτισθεῖσα· ἐκδέχεται δὲ ὅμως οὐχ ἑκοῦσα, διὰ τὸν ὑποτάξα-
10 ντα, ἐπ' ἐλπίδι[m].

18. Καὶ τοὺς μὲν ὡς ξηρὰ παραπέμπουσα (18, 548 A13).
2 Τοὺς Ἰσραηλίτας ἐν ἰσθμῷ καὶ ξηρᾷ παραπέμπουσα, τοῖς δέ, τοῖς Αἰγυπτίοις, κατὰ τὴν αὐτῆς φύσιν ἐπεισρέουσα καὶ κατα-
4 ποντοῦσα[n].

19. Ἄρτος ὑόμενος (19, 548 B3-4). Τὸ μάννα λέγει. Τοῦτο
2 γὰρ τῇ χρείᾳ σύμμετρον ἑκάστης ἡμέρας ἐδίδου· τὸ γὰρ εἴ τι πρὸς τὴν αὔριον ἐτεθησαύριστο, ἕωλόν τε καὶ ἄχρηστον τῇ
4 ἑξῆς ὑπῆρχεν[o]. Ὑπὲρ τὴν χρείαν δὲ καὶ ὑπὲρ ἐκ περισσοῦ[p], τὴν ὀρτυγομήτραν[q] νοητέον· βρέξαι γὰρ εἴρηται «ὡσεὶ χνοῦν
6 σάρκας, καὶ ὡσεὶ ἄμμον θαλασσῶν πετεινὰ πτερωτά»[r], οἷς τὸ ὑπὲρ ἐκ περισσοῦ δεδήλωται καὶ ὑπὲρ τὴν χρείαν.

20. Τείχη κατασειόμενα ἀριθμῷ δύναμιν ἔχοντι (19,
2 548 B10-11). Τῷ ἑβδόμῳ δηλονότι ἀριθμῷ. Ἑπτὰ γάρ, φησί, ἱερεῖς μετὰ σαλπίγγων ἑπτὰ ἑπτάκις τῷ τείχει Ἱεριχοῦς περι-

---

[m] cfr Rom. 8, 19-22   [n] cfr Ex. 14, 16-29   [o] cfr Ex. 16, 19-20
[p] cfr Eph. 3, 20; I Thess. 3, 10; 5, 13   [q] cfr Ex. 16, 13   [r] Ps. 77, 27;
cfr Num. 11, 31

16, 6 παρρησιάζεσθαι] παρρησιάζοντες W   17, 1 συνωδίνει] συνωδίνη F
2 συστενάζει] ἀποστενάζει AV   3 καὶ ἀπογιγνομένων] om. V   8 φθαρ-
τοῖς] θνητοῖς W   ἐπ'] ἐν W   9 διὰ] ἀλλὰ διὰ P   18, 1 ξηρά] ξηρᾶ V
3 αὐτῆς] αὐτὴν P   19, 3 ἐτεθησαύριστο] τεθησαύριστο P   5 βρέξαι] βρέ-
ξειν W   χνοῦν] add. prima manu W   6 οἷς] εἰς V   20, 1 ἀριθμῷ]
ἀριθμῶν P   ἔχοντι] ἔχοντα CP, ἔτη γὰρ δύο ἐβασίλευσεν ὁ τρισκατάρατος, ἐπεὶ πέντε ἔτη καῖσαρ ἐγένετο, προβαλλομένου αὐτὸν τοῦ θείου καὶ βασιλέως in marg. prima manu C   3 τῷ τείχει] τὰ τείχη P

capables de lever la tête ni de manifester ouvertement leurs mauvaises actions, car ils avaient été condamnés à être foulés de nos pieds, même s'ils semblaient pour un bref moment régner au grand jour.

17. *De gémir et de souffrir* : Le texte apostolique explique clairement avec qui la terre souffre et gémit, c'est-à-dire avec les hommes et la corruption de ce qui naît et disparaît. Elle se plaint donc, dit-il, et s'afflige à cause de la mort et de la corruption dues à la désobéissance. Cependant, elle guette avec impatience la révélation des enfants de Dieu – soit la résurrection et l'incorruptibilité – et elle attend la liberté espérée. En effet, elle se lamente et gémit, jugeant indigne d'être asservie aux choses corruptibles, elle qui fut créée pour l'incorruptibilité. Elle n'attend pourtant pas de son propre gré, à cause de Celui qui l'a soumise, [elle attend] avec espoir [21].

18. *Pour laisser passer les uns à sec* : Pour laisser les Israélites traverser l'isthme à sec et pour engloutir les autres, les Égyptiens, conformément à sa nature, et les jeter à la mer.

19. *La pluie de pain* : Il parle de la manne. En effet, il donnait celle-ci chaque jour en quantité proportionnée aux besoins, car, si une partie était conservée jusqu'au lendemain, elle était gâtée et inutilisable le jour suivant. Quant à ce qui *est plus abondant qu'il ne fallait* et au-delà du superflu [22], il faut penser à la caille-reine. En effet, il est dit qu'il fit pleuvoir « de la viande comme de la poussière et des oiseaux ailés comme du sable de mer », ce qui montre bien qu'il y en avait au-delà du superflu et plus qu'il n'en fallait.

20. *Les murailles jetées à terre par le nombre fort* : Par le nombre sept évidemment. En effet, dit-il, sept prêtres avec sept trompettes, en tournant sept fois autour des remparts de

---

(21) Dans cette scholie, Basile paraphrase le texte de la lettre de Paul aux Romains, mais il abrège un peu trop, jusqu'à en perdre de la cohérence. Dans la dernière phrase, le ἀλλά du manuscrit de Paris est plus conforme aux éditions modernes du *Nouveau Testament*, mais il représente une exception dans la tradition manuscrite.

(22) L'expression ὑπερεκπερισσοῦ ou ὑπὲρ ἐκ περισσοῦ (en un mot ou trois) est un néologisme du *Nouveau Testament*.

ελθόντες, κατέσεισάν τε καὶ εἰς γῆν καταβεβλήκασιν, δυνάμει δηλονότι τοῦ ἀριθμοῦ⁵. Εἴρηται περὶ τοῦ ἀριθμοῦ τούτου ἐν τῷ εἰς τὴν Πεντηκοστὴν λόγῳ πλατύτερον.

21. Τὸ τοῦ προσώπου κακόηθες (20, 549 A4-5). Τοῦ Ἰουλιανοῦ λέγει, ἡνίκα τὸ στρατιωτικὸν ἐξωπλίσθη κατὰ τῶν ἐν τέλει. Σημειωτέον ὅτι φόβῳ καινοτομίας διὰ τὸν θάνατον τοῦ μεγάλου Κωνσταντίνου, τὸ στρατιωτικὸν ἐκαινοτόμησε κατὰ τῶν ἐν τέλει καὶ ἀξιώματι, ἐν οἷς καὶ οὗτος μετὰ Γάλλου τοῦ ἀδελφοῦ ἐνείχετο, ὑπὸ δὲ Κωνσταντίου σέσωστο· καὶ ἔν τινι τῶν βασιλικῶν χωρίων βασιλικῆς μετὰ τοῦ ἀδελφοῦ θεραπείας ἠξιοῦντο, διὰ τὰς ἐπαγομένας αἰτίας τρεῖς. Καὶ οὔτε τῷ Θεῷ οὔτε τῷ σώσαντι βασιλεῖ χάριν ἔσχεν, ἀλλ' ἀμφοτέροις ὤφθη κακός, ἀπὸ μὲν Θεοῦ ἀπόστασιν ἐννοῶν, κατὰ δὲ Κωνσταντίου ἐπανάστασιν, στρατὸν ἀπὸ δύσεως κατὰ τοῦ βασιλέως ἀγείρας, εἰ καὶ προφθάσαν τὸ τέλος τοῦ Κωνσταντίου ἔστησε τὴν ἐπιβουλήν.

22. Ὃ δέ μοι πρὸ τούτων εἰπεῖν ἀναγκαῖον (22, 549 B11). Τὰ πρότερα τῶν πραγμάτων ἀναχρονίσας λέγει.

23. Τῷ μέν γε κλήρῳ φέροντες ἑαυτοὺς κατέλεξαν (23, 552 A11-12). Σημειωτέον ὅτι καὶ ἀμφοτέρους τοὺς ἀδελφοὺς κλήρῳ κατατετάχθαι φάσκει.

---

⁵ cfr Ios. 6, 1-20

21, 1 τοῦ] τὸ *AV* 3 τέλει] post τέλει dist. *FC* σημειωτέον] σημαίνει *W*, ση<contr.> *FCP*, σημείωσαι coni. Boiss. 5/6 μετὰ – ἀδελφοῦ] σὺν Γάλλῳ τῷ ἀδελφῷ *P* 7 βασιλικῆς] om. *P* 8 ἠξιοῦντο] ἠξιοῦτο coni. Boiss. 8/9 οὔτε τῷ Θεῷ] om. *V* 10 Θεοῦ] τοῦ Θεοῦ *P* **22,** 2 ἀναχρονίσας] ἀναγνωρίσας *P* **23,** 1 μέν γε] μέντοι *P* κλήρῳ] κλῆρον λέγεται τὸ λαχεῖν καὶ ἡ κληρονομία καὶ τὸ σύστημα τῶν παπάδων, ὃ καὶ νῦν τίθησι in marg. prima manu *C* ἑαυτούς] αὐτοὺς *V* 2 σημειωτέον] ση<contr.> *FCPW*, σημείωσαι coni. Boiss.

Jéricho, les ébranlèrent et les jetèrent à terre, par la puissance du nombre évidemment. Il a été parlé de ce nombre plus largement dans le discours *Sur la Pentecôte* ([23]).

21. *La perversité du personnage* ([24]) : Il parle de Julien, au moment où l'armée avait pris les armes contre les grands ([25]). Il faut noter que, par crainte d'une révolte à la suite de la mort du grand Constantin, l'armée se révolta contre les têtes dirigeantes et régnantes, dont faisait aussi partie celui-là avec son frère Gallus, mais il fut sauvé par Constance. Ils furent jugés dignes, lui et son frère ([26]), d'un traitement royal dans un des domaines royaux, à cause des trois raisons qu'il avance ([27]). Ni à Dieu, ni au roi qui l'avait sauvé, il n'en sut gré, mais, aux deux, il montra sa méchanceté, en projetant l'apostasie envers Dieu et la rébellion contre Constance : il avait rassemblé depuis l'occident une armée contre l'empereur, bien que la mort de Constance l'eût devancé et eût mis fin à son projet ([28]).

22. *Je dois dire pour commencer* : Il fait un retour en arrière ([29]) pour parler des premiers événements.

23. *Ils s'inscrivirent même volontairement dans les rangs du clergé* : Il faut noter qu'il dit que les deux frères rejoignirent même les rangs du clergé ([30]).

---

(23) L'exorde de ce discours de Grégoire est entièrement consacré à la valeur du nombre sept dans les Écritures (*Or.* 41, 2-4) et l'épisode des murs de Jéricho est mentionné au chapitre 4 (*Or.* 41, 4). Par conséquent, les scholies de Basile pour ce passage s'intéressent aussi à ce nombre (voir Boissonade, *Scholies inédites*, p. 71-72, n. 3 = *PG* 36, col. 1087-1089, n. 44).

(24) Le texte de Basile diverge de l'édition moderne : « [...] τὸ τοῦ τρόπου κακόηθες [...] ».

(25) Grégoire de Nazianze, *Or.* 4, 21. À cet endroit, les témoins F et C portent une ponctuation de fin de paragraphe.

(26) Pour corriger la syntaxe du texte, J.-F. Boissonade propose de remplacer ἠξιοῦντο par ἠξιοῦτο. La tradition manuscrite est toutefois unanime ; Basile considère que le sujet du verbe est les deux frères.

(27) Il s'agit des trois raisons avancées dans la suite du texte pour justifier l'acte de Constance : se dégager des violences commises, montrer sa grandeur d'âme et affirmer sa puissance (Grégoire de Nazianze, *Or.* 4, 22).

(28) Ces deux événements annoncés par Basile sont en fait évoqués plus tard par Grégoire (*Or.* 4, 46 et 48).

(29) Ce verbe n'apparaît que treize fois dans le *TLG* : dix fois dans des scholies et deux fois dans le commentaire d'Eustathe à Homère. Inconnu du Bailly, il est expliqué par le LSJ et le Passow dans le sens de « faire un anachronisme ».

(30) Sozomène (*H.E.* 5, 2, 10) et Théodoret (*H.E.* 3, 2) rapportent aussi ce fait et Grégoire y revient plus tard (*Or.* 4, 97).

24. Ὁ μὲν καὶ κατὰ ἀλήθειαν εὐσεβῶν (24, 552 B4).
Τὸν Γάλλον φησὶ γνήσιον εἰς εὐσέβειαν ὑπάρχειν, εἰ καὶ τὴν φύσιν θερμότερον· Ἰουλιανὸν δὲ τὸν καιρὸν ἐξωνούμενον καὶ κρύπτοντα ἐπιεικείας πλάσματι τὴν ἔμφυτον κακοήθειαν.

25. Ὦ ψυχῆς σοφῆς εἰς τὸ κακοποιῆσαι (27, 553 B1).
Σοφοῦ ὄντος αὐτοῦ εἰς τὸ κακοποιῆσαι, τὴν εἰς αὐτὸν βάσανον καὶ κάκωσιν αἰωνίαν οὐκ ἀποπέφευγε, καίπερ τοῦ Θεοῦ τὸ μέλλον διὰ τῶν δρωμένων προκηρύττοντος, ἵνα τὴν ἀσέβειαν ἀνακόψῃ τῇ τῆς προγνώσεως ὑποδείξει. C

26. Ἀλλὰ γινώσκῃ νοούμενος (27, 553 C9-10). Ἀλλ' ἵνα, φησίν, Ἰουλιανὸς γινώσκῃ ὑπὸ Θεοῦ μὴ ἀγνοούμενος, ἀλλὰ καταλαμβανόμενος ὑπ' αὐτοῦ μὴ ὑπεραίρηται.

27. Πλέον ἢ καλῶς (30, 557 A6). Ἀντὶ τοῦ 'πλέον τοῦ καλῶς ἔχοντος', ὅπερ ἐστὶ κακῶς καὶ ὑπὲρ τὸ δέον, οὐδὲ εὐσεβῶς· προφάσει γὰρ γυμνασίας ὑπὲρ τῶν Ἑλλήνων ἰσχυριζόμενος, ὡς τὸν ἥττω λόγον εἰς γυμνασίαν δῆθεν ἀναλαμβανόμενος, δυνάμει δὲ λόγου καὶ σοφίσμασιν, ἀλλ' οὐκ ἀληθείᾳ 1092 A ἰσχυρότερον τὸν Ἕλληνα λόγον ἢ τὸν τῆς εὐσεβείας καὶ τοῦ κρείττονος ἀποδεικνύμενος.

28. Ἀσία δὲ ἦν αὐτῷ τῆς ἀσεβείας διδασκαλεῖον (31, 557 B6). Ὅση γε τῆς ἀσεβείας περὶ ἀστρονομίαν, καὶ τὰ ἑξῆς. Τῇ γὰρ κινήσει τῶν οὐρανίων περιγράφοντες τὰ ἡμέτερα καὶ τὴν κτίσιν θεοποιοῦντες παρὰ τὸν κτίσαντα, ἀσεβείας διδασκαλεῖον εἰκότως ταύτην πεποίηνται. Οὗτοι γὰρ οἱ ἐν Ἀσίᾳ, τηνικαῦτα ἀστρονομίᾳ καὶ γενέσει τὰς προγνώσεις τερατευσάμενοι, τὴν τοιαύτην ἀσέβειαν ἐξεπαίδευον φανταζόμενοι.

29. Τὴν ἐναντίαν ζητοῦσα μεταβολήν (31, 557 B13-14).
Τὰς εἰς ἄκρον εὐεξίας σφαλερὰς ἰατρῶν παῖδές φασι· κινου-

24, 1 καὶ] om. W^(a. corr.)   εὐσεβῶν] εὐσεβῶς V   2 Γάλλον] Γάλον sed corr. prima manu W   25, 1 ὦ] ὢ V^(a. corr.)   4 δρωμένων] δρομένων F   τὴν] τὸν V^(a. corr.)   26, 1 γινώσκῃ] γινώσκει AW^(a. corr.)   2 Ἰουλιανὸς] Ἰουλιανὸν P   ἀλλὰ] ἀλλὰ καὶ AV   27, 2 κακῶς] κακὸν V   2/3 ὑπὲρ – γυμνασίας] om. Mign.   4 δῆθεν] λέγει P   6 Ἕλληνα] Ἑλλήνων Boiss. Mign.   28, 1 αὐτῷ] αὐτοῦ P   2 ὅση – ἑξῆς] lemma continuata Boiss. Mign.   ὅσῃ] ὅσης C   3 τῇ – ἡμέτερα] lemma P   5 πεποίηνται] πεποίνται P   6/7 τερατευσάμενοι – φανταζόμενοι] τερατευσάμενοι καὶ φανταζόμενοι, τὴν τοιαύτην ἀσέβειαν ἐξεπαίδευον prop. Boiss.

24. *Le premier avait une vraie piété*: Gallus, dit-il, avait une piété sincère, malgré une nature trop emportée, tandis que Julien gagnait du temps et cachait sous une apparence de douceur sa perversité innée.

25. *Ô âme habile à faire le mal*: Bien qu'il soit habile à faire le mal, il n'échappa pas à la punition qui lui était destinée, ni à la souffrance éternelle, même si Dieu clama l'avenir par ce qui s'accomplissait, afin de couper court à l'impiété par la manifestation de sa prescience.

26. *Il fallait qu'il se sût percé à jour*: Il fallait, dit-il, que Julien sût qu'il n'était pas ignoré de Dieu et que, se sentant déjoué par lui, il ne s'exaltât pas.

27. *Plus qu'il ne convenait*: Expression équivalente à « plus qu'il n'était convenable » ([31]), c'est-à-dire d'une mauvaise manière et plus que nécessaire, et non de façon pieuse. En effet, sous le prétexte d'un exercice, il soutenait les Grecs, comme s'il endossait, pour l'exercice semble-t-il, la cause la plus faible, et il démontrait, par la puissance oratoire et les sophismes plutôt que par la vérité, que la cause hellène était supérieure à la cause de la piété et du plus fort.

28. *L'Asie fut l'école où il apprit l'impiété*: L'impiété qui débite toutes les énormités sur l'astronomie ([32]), etc. Puisqu'ils déterminaient notre destinée par le mouvement des corps célestes et qu'ils divinisaient la créature aux côtés du créateur, ils firent justement de cette discipline une école d'impiété. En effet, ces maîtres d'Asie, puisqu'ils débitaient à cette époque des prophéties d'après l'astronomie et l'horoscope, enseignaient une telle impiété, en se berçant d'illusions.

29. *Qui appelait un changement en sens contraire*: Les enfants des médecins disent que la vigueur poussée au plus

---

[31] Basile résout une expression abrégée de Grégoire, ce qui ne paraît plus dans la traduction française du texte de Grégoire.

[32] Basile précise à quel terme il faut rattacher le ὅση.

μένων γὰρ πάντων τῶν ἐν γενέσει ἤτοιγε πρὸς τὸ κρεῖττον ἢ
καὶ τὸ χεῖρον, ἀνάγκη κινεῖσθαι καὶ μεταβάλλειν τὰ κινητὰ
σώματά τε καὶ πράγματα, ἐξ οὗ καὶ τὸν κόρον φασὶν ὑβρίζειν.
Ἀποστασίαν γὰρ διδάσκει, κατὰ τὸ «ἔφαγεν Ἰακὼβ καὶ ἐνεπλήσθη καὶ ἀπελάκτισεν ὁ ἠγαπημένος»ᵗ. Εἰς ἄκρον οὖν καὶ
τῆς χριστιανῶν ἐληλακυίας εὐεξίας, ἐπεὶ μὴ οἷόν τε πλέον ἦν
ἐπὶ τὸ κρεῖττον, ἐπὶ τὸ ἐναντίον καὶ τὸ χεῖρον κινηθὲν μεταβέβληται.

30. Πρὸ μὲν συντριβῆς ἡγεῖται ὕβρις (32, 560 A2). Παροιμιακὸς ὁ λόγοςᵘ ἀσαφῶς εἰρημένος, ὃν καὶ διασαφῶν· τῇ
ὕβρει, ἔφη, ἤτοι τῇ ἐπάρσει, ἐπακολουθεῖ συντριβὴ καὶ ταπείνωσις, ταπεινώσει δ' εὐεξία. «Κύριος ὑπερηφάνοις ἀντιτάσσεται, ταπεινοῖς δὲ χάριν δίδωσι»ᵛ, τὰ ἐναντία τοῖς ἐναντίοις
ἀντεισάγων, τὴν ἔπαρσιν μὲν συντρίβων καὶ ταπεινῶν, τὴν ταπείνωσιν δὲ δοξάζων τε καὶ ὑψῶν.

31. Μέσην πλημμελείας καὶ διορθώσεως (32, 560 A13-14). Πῶς; Ἐπλημμέλησε πρότερον, εἶτα ταπεινωθεὶς διωρθώθη, φυλάξας τὸ λόγιόν σουʷ, ὡς ἐκ μὲν τῆς ἁμαρτίας τεχθείσης τῆς ταπεινώσεως, ἐξ ἧς μέσης ἡ ἐπιστροφὴ καὶ διόρθωσις
ἠκολούθησεν.

32. Ὅρον μὲν ἡ βασιλεία τῷ Καίσαρι καὶ ὁ βίος λαμβάνει (33, 560 C1-2). Γάλλον γὰρ ἀνέδειξεν ὁ βασιλεὺς Κωνστάντιος Ἀντιοχείας Καίσαρα, τὸ οἰκεῖον περιθεὶς αὐτῷ τοῦ
πρὶν ἀξιώματος ὄνομα. Ἐπεὶ δὲ τυραννίδα μελετήσας καὶ μὴ

ᵗ *Deut.* 32, 15   ᵘ cfr *Prov.* 16, 18   ᵛ *Prov.* 3, 34   ʷ cfr *Ps.* 118, 67

29, 3/4 πρὸς – χεῖρον] πρὸς τὸ χεῖρον ἢ καὶ πρὸς τὸ κρεῖττον *AV*   5 φασὶν] φησὶν *prop. Boiss.*   8 εὐεξίας] εὐξίας *F*   μὴ] *om. V*   ἦν] ἰέναι *P*
9 ἐπὶ² – κινηθὲν] ἐπὶ τὸ χεῖρον κινηθὲν καὶ ἐναντίον *P*   **30**, 5 χάριν δίδωσι] δίδωσι χάριν *P*   7 τε] *om. W*   **31**, 1 μέσην] μέσον *P*, μέσων *V*
32, 1 ὅρον] ὅρμον *C*   2 Γάλλον] Γάλον *Wᵃ·ᶜᵒʳʳ·*   3 αὐτῷ] αὐτὸ *Cᵃ·ᶜᵒʳʳ· PWᵃ·ᶜᵒʳʳ·*

haut degré est dangereuse (33). En effet, puisque tout dans la création se meut, soit vers le meilleur, soit vers le pire, il est inévitable que les corps et les choses mobiles bougent et changent, d'où l'expression : « la satiété rend insolent » (34). En effet, elle enseigne l'apostasie : « Jacob mangea et fut rassasié, puis, repu, il se rebella ». Étant donné, donc, que la prospérité des chrétiens était arrivée au plus haut degré, puisqu'il ne leur était plus possible de progresser vers le meilleur, il y eut un changement, un mouvement en sens contraire et vers le pire (35).

30. *L'arrogance marche devant la ruine* : Cette parole vient des *Proverbes*, mais son propos est obscur ; pour l'éclaircir, il a dit que l'arrogance – ou l'insolence – était suivie de près par la ruine et l'humiliation, et l'humiliation par la prospérité. « Le Seigneur s'oppose aux orgueilleux et donne sa grâce aux humbles », en faisant se succéder les situations contraires, d'une part, en ruinant et en humiliant l'insolence et, d'autre part, en glorifiant et en élevant l'humiliation.

31. *Entre la faute et le redressement* (36) : Comment ? Il fut d'abord en faute, puis, après avoir été humilié, il fut ramené dans le droit chemin, puisqu'il avait gardé ta parole, car de la faute est née l'humiliation, du milieu de laquelle sont issus l'amendement et le redressement.

32. *Le César perd la vie en même temps que le trône* : En effet, l'empereur Constance proclama Gallus César à Antioche, en lui attribuant le nom propre à la dignité d'autrefois (37). Toutefois, lorsqu'il fut éliminé pour avoir exercé ou-

---

(33) Expression courante, tirée des *Aphorismes* d'Hippocrate (1, 3).

(34) Il s'agit d'un lieu commun de la littérature grecque, dont l'origine est imputée à Solon (voir Aristote, *Constitution des Athéniens*, 12 ; Clément d'Alexandrie, *Stromates*, 6, 2, 8, 7 ; Diogène Laërce, *Vies des philosophes*, 1, 59). Grégoire l'affectionne particulièrement (*Or.* 5, 35 ; *Or.* 14, 24 ; *Or.* 17, 5 ; *Or.* 21, 9 ; *Or.* 24, 3 ; *Or.* 25, 7). À noter que Julien l'utilise aussi (*Salluste*, 5 ; *Éloge à Constance*, 16).

(35) Sur ce thème du changement cyclique, voir *supra*, Basile le Minime, *Comm. 4*, 13.

(36) À partir de cette scholie se terminent les fautes communes des témoins V et A et débutent les fautes communes (ou presque) des témoins P et V. Ce constat donne l'impression que le scribe du manuscrit V (ou sa source) a changé de modèle. Voir l'introduction, *supra*, p. LXII-LXIV.

(37) Certains auteurs soulignent le fait que Gallus prit le nom de Constance

λαθὼν ἀνῃρέθη, ὅρον εἴληφεν, ἤτοι τέλος καὶ περιορισμόν, ἥ
6 τε ζωὴ αὐτοῦ καὶ ἡ βασιλεία. Ἦν γὰρ ἀνελών, μὴ μηνύσας
τῷ βασιλεῖ Κωνσταντίῳ, Μαγνέντιον ὕπαρχον Ἑῴας καὶ Μά-
8 γνον κοιαίστωρα· ἐφ' ὃ κινηθεὶς ὁ Κωνστάντιος, μεταστειλάμενος αὐτόν, περὶ νῆσον Φλανωνίαν ἀναιρεθῆναι ἐκέλευσεν.
10 Σιωπᾶν δέ φησι τὰ ἐν μέσῳ, αἰδούμενος αὐτῶν τὸ εὐσεβές,
ὡς χριστιανῶν· θρασέως γὰρ ὁ μὲν ἐπανέστη ὁ Γάλλος, ὁ δὲ
12 Κωνστάντιος ἀνεῖλεν. Ἐπεὶ οὖν κατηγορήσαντος τοῦ ἑτέρου
τὸν ἕτερον ἀφεῖναι τῆς αἰτίας ἀνάγκη ἦν, τὸ θράσος ἀμφοῖν   B
14 ἐπαφείς, τὰ ἐν μέσῳ σιγᾶν ἔφη.

33. Καὶ δι' αὐτῶν ὧν ἐγκέκληκα (36, 561 C4-5). Ἀπο-
2 λογεῖται ὑπὲρ Κωνσταντίου, ὅτι, καὶ δι' ὧν ἐγκέκληκα, ἤτοι
ἐνεκλημάτισα, κατηγόρηκα, ἀπολελόγημαι, φησί, ἱκανῶς ὑπὲρ

32, 8 ὃ] ᾧ prop. Boiss.   9 Φλανωνίαν] iterav. in marg. F, Φλανωνίναν F[p. corr.]W,
φιλανθρωνίαν ut vid. F[a. corr.]   11 ὡς] om. V   33, 3 ἐνεκλημάτισα] ἐνεγκλημάτισα FCPAV

vertement la tyrannie, à la fois sa vie et son règne arrivèrent à leur terme, c'est-à-dire à leur fin, à leur limite. En effet, il avait éliminé, sans informer l'empereur Constance, le préfet d'Orient Magnence et le questeur Magnus ([38]). Ébranlé par ce geste, Constance le fit venir et ordonna de l'éliminer sur l'île de Flanonie ([39]). Il dit passer sous silence les événements survenus entre-temps, par respect pour leur piété en tant que chrétiens, car c'est avec audace que l'un, Gallus, s'est soulevé et que l'autre, Constance, l'a éliminé. Puisque, en incriminant l'un, il était donc inévitable de lancer l'accusation à l'autre, il a reproché aux deux leur audace et il a dit passer sous silence les événements survenus entre-temps.

33. Dans la façon même dont je l'ai accusé: Pour la défense de Constance, il plaide que, « par la façon dont je l'ai accusé – c'est-à-dire inculpé ([40]), blâmé –, j'ai suffisamment

---

lors de son élévation au titre de César (voir Ammon, *Sur Pacôme et Théodore*, 7; Ammien Marcellin, *Histoires*, 14, 1, 1; Aurelius Victor, *Césars*, 42, 9). Basile a visiblement ici calqué le texte de Socrate : « τό τε οἰκεῖον αὐτῷ θεὶς ὄνομα » (*H.E.* 2, 28, 21). Cependant, en ajoutant « τοῦ πρὶν ἀξιώματος », il a changé le sens du texte : alors que Socrate faisait référence au nom de Constance pris par Gallus, Basile, lui, semble plutôt faire allusion au nom de César.

(38) Sozomène (*H.E.*, 4, 7, 6) et Socrate (*H.E.*, 2, 34, 2) furent les premiers à nommer le questeur Magnus, plutôt que Montius (Grégoire de Nysse, *Contre Eunome I*, 4, 47; Ammien Marcellin, *Histoires*, 14, 7, 12-16; Philostorge, *H.E.*, 3, 28), et ils furent suivis en cela par les historiens byzantins (Théophane le Confesseur, *Chronique*, an. 5846, éd. de Boor, *Theophanis Chronographia*, p. 41). Cependant, à part Syméon le Logothète (*Chronique*, 89, 2, éd. Wahlgren, *Symeonis Magistri*, p. 111), tous les auteurs nomment le préfet assassiné Domitien. La confusion de Basile vient peut-être d'une source commune à celle de Syméon ou d'une mauvaise lecture des textes : à l'époque de la nomination de Gallus, Constance combattait en effet l'usurpateur Magnence, qui mourut peu après. Pour le reste, le récit de Basile rappelle fortement celui de Socrate (*H.E.*, 2, 28, 21; et 34, 2-4).

(39) Gallus est mort apparemment à Plomin (Fianona) en Istrie, alors qu'il était en route pour son exil dans une île (Ammien Marcellin, *Histoires*, 14, 7, 20-23; Philostorge, *H.E.*, 4, 1). La tradition subséquente a amalgamé ces deux informations en situant la mort de Gallus dans l'île de Flanone, Phlabon ou Thalmon, selon les auteurs ou les manuscrits (Socrate, *H.E.*, 2, 34, 3-5; Sozomène, *H.E.*, 4, 7, 7; Théophane le Confesseur, *Chronique*, an. 5846, éd. de Boor, *Theophanis Chronographia*, p. 41). Le manuscrit F présente beaucoup de confusion sur ce nom. À première vue, le texte se lisait d'abord φιλανθρωνίαν, ou plutôt en abrégé φιλᾱνίαν, ce qui aurait été par la suite corrigé en Φλανωνίναν, tandis qu'une autre main a écrit en marge Φλανωνίαν.

(40) Le verbe ἐγκληματίζω semble plutôt rare. En effet, il est cité dans le LSJ comme apparaissant sur un papyrus du IIIe siècle de notre ère et n'a que deux occurrences dans le *TLG*, qui datent des Xe-XIe siècles. Il s'agissait toutefois peut-être, à

4 αὐτοῦ· χρηστότητος γὰρ εἰπών, ἐδήλωσα τὴν τῆς κατηγορίας ἄφεσιν. Διὰ γὰρ ἀγαθότητα ἔλαθε τὸν θῆρα τοῖς τοῦ Χριστοῦ
6 θρέμμασιν ἐπιστήσας.

34. Ὅς γε καὶ εἴ τι παρελύπησεν (37, 564 Β4). Ἐλύπει
2 γὰρ τοὺς ὀρθοδόξους, προστεθεὶς ἁπλότητι τοῖς ἀρειανοῖς, ἕλκων καὶ βιαζόμενος πρὸς ἕνωσιν, ὥστε μὴ διεστάναι ταῖς
4 δόξαις, ἀλλ' ἓν πάντας χριστιανοὺς εἶναι. Πλὴν δύο, φησί, χρηστότητες οὐ συνεισῆλθον, ἥν τε πρὸς τὴν εὐσέβειαν καὶ τοὺς
6 χριστιανοὺς εἶχεν καὶ ἣν πρὸς τὸν ἀσεβέστατον χρηστευσάμενος ἐνεδείξατο τοῦ μέλλοντος ἐν ἀγνοίᾳ. C

35. Δυσκίνητον λόγῳ (38, 564 C7). Ἰσχυρόν, δυσανά-
2 σκευον, καὶ μὴ δυνάμενον λόγῳ ἀληθείας κινηθῆναι καὶ ἀνατραπῆναι.

36. Ἡμιλλήθη τῷ ἀναδείξαντι (38, 564 C9). Τῷ ἀναδεί-
2 ξαντι βασιλέα Κωνσταντίῳ. Πῶς ἡμιλλήθη; Καινότερον τρόπον· μὴ γὰρ ἀρετῇ σθένων καὶ εὐσεβείᾳ, ἀσεβείᾳ τε καὶ κακίᾳ
4 ἐφιλονείκησεν ἐκνικᾶν.

37. Τίς δὲ οὐκ ἐκ τῆς πίστεως (40, 565 B7). Τίς, φη-
2 σίν, οὐκ ἂν ἤλπισεν Ἰουλιανὸν ἐκ τῆς πίστεως ἧς ἐπιστεύθη παρὰ Κωνσταντίου γεγενῆσθαι αὐτὸν δικαιότερον, καὶ παρὰ 1096 A
4 τὸ εἰκός, καὶ τὸ τῆς κακίας αὐτοῦ ἔμφυτον καὶ δυσμενὲς ἡμερώτερον ἔσεσθαι· λογιζόμενος, ὡς ἀμφοτέροις δικαίᾳ κρίσει
6 καὶ βασιλικῇ τοῦ μὲν Γάλλου ἐπιτιμηθέντος, Ἰουλιανοῦ δὲ

33,4 χρηστότητος] χρηστότητα *coni. Boiss.*   ἐδήλωσα] ἐδήλωσε A
34,1 γε] τε V   5 συνεισῆλθον] συνῆλθον PA   5/6 τοὺς χριστιανοὺς] τοῦ χριστιανοῦ V   6 τὸν] τὸ *Mign.*   ἀσεβέστατον] εὐσεβέστατον A
35,1 δυσανάσκευον] δυνανάσκευον A   36,1 ἡμιλλήθη] ἡμιλλήθη CA
2 πῶς ἡμιλλήθη] *lemma* PV   4 ἐκνικᾶν] νικᾶν W   37,1/2 φησίν οὐκ ἂν] οὐκ ἂν φησὶν V   2/4 ἐπιστεύθη - εἰκός] *transpos.* καὶ παρὰ τὸ εἰκὸς *post* ἐπιστεύθη *prop. Boiss.*   4 τῆς] *om.* P   ἡμερώτερον] ἡμερότερον V
5/9 ὡς - συλλογιζόμενος] *om.* V   5 ἀμφοτέροις] ἀμφοτέρων *prop. Boiss.*
6 μὲν Γάλλου] μεγάλου C

plaidé, dit-il, sa défense, car, en parlant de sa bonté, j'ai fait voir la sentence d'acquittement de l'accusation ». En effet, à cause de sa bienveillance, il a fait entrer à son insu la bête parmi les agneaux du Christ.

34. *S'il lui est arrivé de [nous] causer quelque ennui* : En effet, comme il avait pris parti, par simplicité, pour les ariens, il malmena les orthodoxes, en les pressant et les forçant à l'union, afin que les chrétiens ne fussent pas divisés par les doctrines, mais qu'ils fissent tous un seul corps. Cependant, les deux bontés, dit-il, n'allaient pas ensemble ([41]) : celle qu'il avait pour la piété et les chrétiens, et celle qu'il montrait dans ses bonnes actions envers l'homme le plus impie, dans l'ignorance de l'avenir.

35. *Inattaquable* : Ferme, irréfutable ([42]) et qui ne peut être changé ou renversé par le discours de la vérité.

36. *En rivalisant avec celui qui l'avait élevé* : Avec Constance, qui l'avait élevé au rang d'empereur. Comment rivalisa-t-il ? D'une manière plutôt étrange : en effet, puisqu'il n'était pas puissant en vertu et en piété, il s'efforça de triompher en impiété et en méchanceté.

37. *Qui n'aurait espéré que la confiance* : Qui, dit-il, n'aurait espéré que Julien, du fait de la confiance que lui témoignait Constance, deviendrait lui-même plus juste, même contre toute vraisemblance ([43]), et que sa tendance innée et perverse au mal serait adoucie, considérant que, puisqu'un jugement impérial et équitable pour les deux frères ([44]) avait

---

l'époque de Basile, d'un terme plus commun ou plus technique que le verbe ἐγκαλέω. La forme ἐνεγκλημάτισα des manuscrits est en revanche difficile à justifier.

(41) Grégoire de Nazianze, *Or*. 4, 38. La présence de la particule négative οὐ dans le texte de Basile est intrigante, car elle n'apparaît pas dans l'édition moderne de Grégoire : soit Basile l'a trouvée dans son texte, mais elle a disparu depuis, soit il a jugé qu'elle devait être ajoutée pour faire sens.

(42) Ce terme est absent du Bailly, du LSJ, du Passow et du *TLG*, mais est facile à déchiffrer.

(43) Dans sa traduction, J. Bernardi fait porter l'expression καὶ παρὰ τὸ εἰκός sur le verbe ἐπιστεύθη : « Qui n'aurait espéré que la confiance anormale qu'on lui témoignait [...] » ; tandis que Basile fait porter ce complément sur γεγενῆσθαι : « il deviendrait plus juste contre toute vraisemblance ».

(44) Dans sa traduction, J. Bernardi a considéré ἀμφοῖν comme un génitif partitif associé à τοῦ μὲν, τοῦ δὲ et traduit : « des deux frères, l'un... et l'autre... ». Basile, lui, a rendu ce ἀμφοῖν par le datif ἀμφοτέροις, ce qui fait de ce pronom un complément de δικαία.

προβληθέντος, ἐκ τῆς ὑπερβαλλούσης τιμῆς τοῦ δευτέρου δικαίαν τοῦ προτέρου τὴν κατάκρισιν, ἣν διὰ τὴν προπέτειαν
ὑπομεμενήκει, κρίνων καὶ συλλογιζόμενος; Καὶ ἄλλως ἐπιχειρεῖ δεικνύναι οὐκ ἀλόγιστον πάντη τὴν Ἰουλιανοῦ προβολήν,
ὅτι οὐχ ὅσον διὰ πίστιν Ἰουλιανοῦ ἐθάρρει Κωνστάντιος, ὅσον
διὰ τὴν ἰδίαν ἰσχύν, θᾶττον καταλύσων αὐτόν, εἴ τι ἐπιχειροίη
νεώτερον· ὥσπερ καὶ Πῶρον τὸν Ἰνδῶν βασιλεύοντα λαμπρῶς
ἠγωνισμένον Ἀλέξανδρος ὁ μέγας καταβαλών, οὐ μόνον ζῆν
εἴασεν, ἀλλὰ καὶ βασιλεύειν ἐπέταξεν· ἐπ' αὐτῷ γὰρ ἦν ἰσχύος
κράτει βουλομένῳ, εἰ κακὸν λάβοι, χειροῦσθαι πάλιν καὶ δίκας
ἀπαιτεῖν.

38. Ἐνὸν κρατεῖν καὶ ἡττημένον (42, 565 D3-4). Πῶς
οἷόν τε ἦν κρατεῖν ἡττημένον; Καὶ ὁ κρατήσων τίς καὶ τίνα;
Ὡς τῶν ἀντιλεγόντων νικώντων δῆθεν καὶ φαῦλον Κωνστάντιον πειρωμένων δεικνύναι, ἡττῆσθαι δοκεῖ ὁ τοῦτον ἐπαι-
νῶν· εἶτα λαβὼν τὸν ἥττω λόγον ὁ θεσπέσιος οὗτος ἀνήρ· εἰ
οὐκ ἀγαθός, ἔφη, ὁ τὴν βασιλείαν Ἰουλιανῷ πεπιστευκώς, ὁ
πιστευθεὶς καὶ εἰς τοιαύτην τιμὴν ἀναχθεὶς καὶ κακὸς ἀποδειχθείς, τίς ἂν πρὸς ἐκεῖνον νομισθείη; Ποῦ δὲ καὶ τὴν τοιαύτην
ἄξιον θεῖναι κακίαν; Εἰ γὰρ τὸ μὴ προϊδέσθαι τὸν ἐξάγιστον
ἐκείνου τρόπον ὑπὸ αἰτίαν ἐστί, αὐτὴν τὴν πηγὴν τῆς κακίας
ποῦ τάξαι δίκαιον; Τὸ δὲ ἀσυλλόγιστον, ἢ ὅλως ἀκατανόητόν
ἐστιν, ἢ δυσνόητον καὶ μὴ ῥᾳδίως θηρώμενον, ἢ αὐτὴν τὴν πο-
νηρίαν ἀλόγιστόν τι καὶ ἀνόητον εἶναί φησι, μὴ συλλογιζομένην τὸ ἀγαθὸν καὶ προσῆκον.

39. Ταῦτα Πλάτωνες, καὶ τὰ ἑξῆς (43, 568 A11). Οὗτοι
τῶν παρ' Ἕλλησι φιλοσόφων οἱ κράτιστοι καὶ μάλιστα ἐκείνῳ τιμώμενοι, λόγῳ μόνῳ τὴν ἀρετὴν σεμνύνοντες καὶ φιλο-

---

37, 9 ὑπομεμενήκει] ὑπομενήκει P   10 Ἰουλιανοῦ] τοῦ Ἰουλιανοῦ W
11 πίστιν] τὴν πίστιν A   Ἰουλιανοῦ] Ἰουλιανῷ V, Ἰουλ<contr.> FCP
13 Πῶρον] τὸν Πῶρον A   τὸν] τῶν A   βασιλεύοντα] βασιλέα ὄντα A
16 δίκας] δικαίως W   **38**, 1 ἐνὸν] ἐν V^{a. corr.}   2 ἦν] om. W   κρατή-
σων] κρατῶν V, κράτης P   3 τῶν] om. C   4 δεικνύναι] δεικνύναι FAV
6 ἔφη] ἔφυ P   7 κακός] κακῶς Mign.   9 προϊδέσθαι] προειδέσθαι F,
προείδεσθαι A^{a. corr.}V   12 αὐτὴν] om. P   13 τι] τί FC   **39**, 1 Πλάτω-
νες] Πλάτωνος P

puni Gallus et élevé Julien, on jugeait et déduisait d'après l'honneur démesuré du deuxième que la sentence du premier, qu'il avait subie à cause de sa témérité, était juste ? Par ailleurs, il tente de montrer que la promotion de Julien n'était pas du tout illogique, parce que Constance avait confiance, non pas tant en la fidélité de Julien, qu'en sa propre force, afin de le congédier assez rapidement, s'il entreprenait quelque acte séditieux. Ainsi, lorsqu'Alexandre le Grand eut renversé le roi des Indes Porus, qui l'avait brillamment combattu, non seulement il lui laissa la vie, mais il l'enjoignit également à régner, car, s'il le voulait, il lui était possible, par la puissance de sa force, de le soumettre à nouveau en cas de mauvaise conduite et de réclamer justice.

38. *Quand je puis jouir d'un triomphe malgré ma défaite* : Comment était-il possible de vaincre malgré la défaite ? Et qui sera vainqueur, et de qui ? Puisque ses contradicteurs triomphent en apparence et qu'ils s'efforcent de montrer Constance sous un mauvais jour, le laudateur de celui-ci semble être vaincu. Puis ce divin homme ([45]) prit la cause du plus faible : « Si celui qui a confié l'empire à Julien n'était pas homme de bien, disait-il, celui à qui il a été confié, qui a été élevé à un tel honneur et qui s'en est montré indigne, comment serait-il considéré en comparaison de celui-là ? » Où serait-il convenable d'admettre un tel vice ? En effet, si le fait de ne pas prévoir la conduite scélérate de celui-là tombe sous accusation, où serait-il juste de placer la source même du vice ? Quant au terme ἀσυλλόγιστον ([46]), il signifie soit « totalement incompréhensible », soit « difficile à comprendre et qui n'est pas facile à cerner », ou alors il dit que la méchanceté en soi est quelque chose d'irrationnel et d'insensé, puisqu'elle ne tient pas compte du bien et du convenable.

39. *Voilà ce que les Platons, et ce qui suit* : Ceux-ci étaient les meilleurs philosophes chez les Grecs, particulièrement estimés par celui-là ([47]), qui, en paroles seulement, glorifiaient et cultivaient la vertu, en enseignant qu'il vaut mieux

---

(45) C'est-à-dire Grégoire.
(46) J. Bernardi le traduit par « qui déjoue les prévisions ».
(47) C'est-à-dire Julien.

4 σοφοῦντες, ἐκδιδάσκοντες τὸ ἀδικεῖσθαι μᾶλλον ἤπερ ἀδικεῖν. Γεωμετρίας δὲ ἰσότητα, τὴν διὰ τῶν γεωμετρικῶν μεθόδων
6 δεικνυμένην ἀδιάψευστον δικαιοσύνην τε καὶ ἀλήθειαν. Γενναίους δὲ διδασκάλους, τοὺς κατ' αὐτὸν ἐκεῖνον γεγονότας,
8 Πορφύριον καὶ Λιβάνιον λέγει τοὺς σοφιστάς.

40. Οἵ καὶ λόγῳ πλάττουσι πόλεις (44, 568 B9-10).   1097 A
2 Πλάτωνα τούτοις καταπαίζει λόγῳ πλάσαντα πόλεις τὰς ἔργῳ μήτε συστάσας μήτε συστῆναι δυναμένας. Μὴ εἶναι δὲ
4 Πρόνοιαν καὶ Θεόν, οἱ περὶ Πυθαγόραν καὶ Ἀριστοτέλην καὶ Δημόκριτον καὶ Ἐπίκουρον ἐδόξαζον καὶ οἱ κατ' αὐτούς· οὓς
6 καὶ διασύρων τὴν ἀρετὴν λέγει ἄλλως καὶ ματαίως ὄνομα εὐπρεπὲς εἶναι αὐτοῖς πράγματος χηρεῦον.

41. Ἢ γὰρ οὐ συνεῖδέ τις ταῦτα (44, 569 A1-2). Ταῦτα,
2 φησίν, ἢ οὐδ' ὅλως τινὲς συνεῖδον οὐδὲ ἐφαντάσθησαν οὐδὲ ταῖς τῆς ἀληθείας αὐγαῖς τὴν διάνοιαν ἐκαθάρθησαν, ἀλλὰ
4 βαθεῖ σκότῳ καὶ βορβόρῳ πρὸς τὰ κάτω καὶ τὴν αἴσθησιν ἰλυσπώμενοι, οὐδὲν ὑπὲρ τοὺς ἀκαθάρτους δαίμονας ἔγνωσαν·   B
6 ἤ, εἴ τις διέβλεψε μικρὸν κατὰ Σωκράτην καὶ Πλάτωνα καί τινας ἑτέρους ἄγαν εὐαριθμήτους, ὑπὸ τῶν πιθανωτέρων πα-
8 ρεσύρη καὶ ταῖς τῶν πολλῶν δόξαις συναπήχθη μὴ ἀντισχών.

**42. Χρῆναι φιλοσοφίαν καὶ βασιλείαν εἰς ταυτὸ συ-
2 νελθεῖν** (45, 569 B9-11). Ὁ ἐν Πλάτωνι Σωκράτης τότε τὰς

39, 4 φιλοσοφοῦντες] φιλοσοφεῖν *V*   ἀδικεῖσθαι] ἀδικῆσθαι *F*   **40**, 6 ματαίως] ματαίους *PV*   **41**, 1 ἤ] ἢ *FC*   5 ἰλυσπώμενοι] ἰλισπώμενοι *F*ᵃ·ᶜᵒʳʳ·, ἀπὸ τοῦ ἐν τῇ ἰλύι κατασπᾶσθαι *in marg. prima manu C*   6 Σωκράτην] Σωκράτη *W*, Σωκρατ<*contr.*> *PF*   Πλάτωνα] Πλάττωνα *W*ᵃ·ᶜᵒʳʳ·, Πλατ<*contr.*> *F*   7 πιθανωτέρων] πιθανοτέρων *FV*   8 ἀντισχών] ἀντισχῶν *F*, ἡ γὰρ πιθανότης ἐγγίζει πως τῇ ἀληθείᾳ *in marg. prima manu C*

subir l'injustice que la commettre ([48]). Quant à l'*égalité géométrique*, il s'agit de la justice sans artifice et de la vérité, démontrées grâce à la méthode géométrique ([49]). Et par les *nobles maîtres*, il désigne les contemporains de celui-là même, les sophistes Porphyre et Libanios ([50]).

40. *Qui construisent en paroles des cités* : Par ces mots, il se moque de Platon qui avait construit en paroles des cités qui, dans les faits, ne tenaient pas debout, ni ne pouvaient tenir ([51]). Que la Providence et Dieu n'existent pas, ce sont les disciples de Pythagore, d'Aristote, de Démocrite et d'Épicure et leurs contemporains qui le croyaient. Il dit pour les dénigrer que la vertu était pour eux simplement et vainement ([52]) un beau nom, vide de substance.

41. *Il n'est aucun qui ait eu la claire conscience de ces questions* : Ces questions, dit-il, soit certains ne les saisirent pas totalement, ni même les envisagèrent, et leur esprit ne fut pas purifié par les rayons de la vérité, mais ils se roulèrent dans une noirceur et un bourbier profond vers les choses terrestres et sensibles, et ne connurent rien au-dessus des démons impurs ; soit, si quelqu'un les distingua un peu, suivant Socrate, Platon et d'autres très peu nombreux, il fut entraîné par les plus persuasifs et il se laissa détourner sans résister par les doctrines de la majorité.

42. *Philosophie et royauté devaient se rejoindre* : Socrate dans Platon disait que les maux des cités cesseraient

---

(48) Voir Platon, *Gorgias*, 469 C.

(49) Allusion à un passage du *Gorgias* (508 A). Voir aussi la *République* (7, 507 B).

(50) C'est également la conclusion à laquelle arrive B. Coulie, *Méthode d'amplification par citation d'auteurs dans les Discours IV et V de Grégoire de Nazianze*, dans J. Mossay (éd.), *II. Symposium Nazianzenum, Actes du colloque international, Louvain-la-Neuve, 25-28 août 1981* (*Studien zur Geschichte und Kultur des Altertums*, N.F., 2. Reihe : *Forschungen zu Gregor von Nazianz*, 2), Paderborn, 1983, p. 44.

(51) Basile parle brièvement de la cité de Platon dans un autre commentaire : lorsque Grégoire mentionne une philosophie dont le but « n'est pas d'imaginer des citées idéales » (*Or*. 25, 6, éd. et trad. Mossay – Lafontaine, *Discours 24-26* : « Οὐ λόγῳ πλαττόμεναι πόλεις »), Basile précise : « Telle que celle imaginée par Platon, mais jamais réalisée » (*Comm*. 25, *PG* 36, col. 1168 A 13-14 : « Οἵα ἡ ὑπὸ Πλάτωνος πλασθεῖσα μέν, μηδέποτε δὲ γεγονυῖα »).

(52) Basile ajoute καὶ ματαίως pour paraphraser ἄλλως car Grégoire utilise cet adverbe dans une acception peu commune.

πόλεις παύσεσθαι κακῶν ἔφη, ὅταν φιλοσοφία καὶ βασιλεία
4 συνέλθωσιν. Ἀλλ' ἐκεῖνοι μὲν οὕτως· ὁ δέ, οὐχ ἵνα παύσωνται,
ἀλλ' ἵνα πλησθῶσι κακῶν. Ἔσπευσε γὰρ ἐν αὐτῷ ταῦτα συ-
6 νελθεῖν καὶ ἑαυτὸν ἀνέδησεν· καὶ τῇ τῆς βασιλείας μεγάλῃ
προσηγορίᾳ ἐτίμησε καὶ οὐδὲ τὸν κύριον τῆς βασιλείας τοῦ
8 τῆς τιμῆς μέτρου ὑπέμεινε κύριον γενέσθαι καὶ ἐξ αὐτοῦ τὸ
τῆς βασιλείας διάδημα περιβεβλῆσθαι, ἀλλὰ καὶ διὰ τοῦτο
10 πρὸς αὐτὸν μάλιστα ἐκστρατεύει. C

43. Μὴ θαυμαζέτωσαν, καὶ τὰ ἑξῆς (47, 572 A7). Οἱ μὴ
2 τῶν τοῦ Θεοῦ λόγων τὸ ἀτέκμαρτον ἐπιστάμενοι βάθος μὴ
θαυμαζέτωσαν, φησί· ἀναίτιον γὰρ πάντῃ κακῶν τὸ Θεῖον, 1100 A
4 τοῦ δὲ προελομένου τὰ τῆς κακίας. Διὸ καὶ τῆς μὲν οὐκ ἐπεσχέθη ἀκοντί, οὐ μὴν ἐπήρθη πρὸς τὴν κακίαν ὑπὸ Θεοῦ.

44. Ἀλλ' ἀπορρητοτέραν (47, 572 B13). Προθεσμίαν δη-
2 λονότι· παρὼν ὑπὸ δαιμόνων ἀρθεὶς τὸ μέλλον ὑπισχνουμένων,
ἢ μᾶλλον οὐ κατὰ πρόγνωσιν δαιμονιώδη ἀλλὰ κατὰ γνῶσιν,
4 θάνατον ἐκ συσκευῆς Κωνσταντίῳ μελετῶν· οὗ καὶ αὐτουργὸς
ἦν, κλέψας τινὰ τῶν ἔνδον, δι' οὗ τὴν ἐπιχείρησιν τῆς πονηρί-
6 ας ἐμελέτα ποιεῖν. Ὅτι δὲ οὐ διὰ δαιμόνων τοῦτο ἦν, ἔδειξεν ἡ

42, 3 παύσεσθαι] παύσασθαι *PV* 4 οὕτως] οὕτω *PVW* ὁ δέ] ὅτι ἑαυτὸν ἔστρεψε ὁ δυσώνυμος, καὶ οὐ περιέμεινε τὸν Κωνστάντιον ταύτης αὐτὸν τῆς
τιμῆς ἀξιῶσαι *in marg. prima manu C* 7/9 τοῦ – βασιλείας] *om. Mign.*
10 πρὸς – μάλιστα] μάλιστα πρὸς αὐτὸν *P* ἐκστρατεύει] ἐκστρατία πα-
ροξυτόνως · συντεθὲν γὰρ ἀναπέμπει *in marg. prima manu C* **43**, 1 ἑξῆς]
ἑξῆ *V*ᵃ·ᶜᵒʳʳ· 5 ἀκοντί] ἀκοντίον *V*ᵃ·ᶜᵒʳʳ· **44**, 1 δηλονότι] δῆλον ὅτι *FW*
2 παρὼν] παρ' ὧν *CVAW*, παρ' ἣν *P*, παρῆν *coni. Boiss.* ἀρθεὶς] ἀχθεὶς *A*
ὑπισχνουμένων] ὑπισχνημένων *V* 4 Κωνσταντίῳ] ὡς Κωνσταντίῳ *W*
καί] ὅτι ὁ κλαπεὶς κατεμήνυε τὸν καιρὸν καθ' ὃν ἐπιχειρῆσαι δεῖ *in marg.
prima manu C* 5 ἔνδον δι' οὗ] ἔνδον διὰ *CPW*, ἔνδων διὰ *F*, ἔν δι<non
legitur> *V*ᵃ·ᶜᵒʳʳ·, ἔνδον δι<non legitur> *V*ᵖ·ᶜᵒʳʳ· 6 ἐμελέτα] ἣν ἐμελέτα *PV*ᵃ·ᶜᵒʳʳ·
οὐ διά] οὐδὲ *W*

lorsque philosophie et royauté se rejoindraient (⁵³). Cependant, ceux-là (⁵⁴) [disaient] ainsi, tandis que celui-ci (⁵⁵) [le fit] non pas pour faire cesser, mais pour accroître leurs maux. En effet, il s'appliqua à réunir en lui ces qualités et il se couronna lui-même (⁵⁶): il se para du titre suprême de l'empire et il n'attendit même pas que le maître de l'empire soit maître de la mesure de cet honneur et qu'il le ceigne de lui-même du diadème de l'Empire. Au contraire, c'est même à cause de cela qu'il entre précisément en campagne contre lui.

43. *Qu'ils ne s'étonnent pas,* **et ce qui suit**: Que ceux qui ignorent la profondeur insondable des desseins de Dieu ne s'étonnent pas, dit-il, car le Divin n'est absolument pas responsable des malheurs, le mal est l'œuvre de celui qui l'a choisi (⁵⁷). C'est pourquoi il ne fut pas retenu contre son gré dans son élan, cependant il ne fut pas incité au mal par Dieu.

44. *Secret*: Le rendez-vous évidemment, auquel il se rendait, pressé (⁵⁸) par les démons qui l'assuraient de l'avenir, ou plutôt, non pas suivant une prévision démonique, mais suivant une connaissance, puisque, par complot, il préparait la mort de Constance; cette mort, il en était l'instigateur, pour avoir caché quelqu'un à l'intérieur, par lequel il s'appliquait à faire l'entreprise de son crime (⁵⁹). Que ce ne fut pas le fait des démons, la Perse l'a montré [en révélant] comment les dé-

---

(53) PLATON, *République*, 5, 473 C-D.
(54) C'est-à-dire les philosophes.
(55) C'est-à-dire Julien. Le texte de Grégoire est très laconique à cet endroit; Basile l'est à peine moins. Il tente néanmoins de départager, dans la phrase de Grégoire, ce qui relève de la doctrine des anciens philosophes et ce qui concerne son application malsaine par Julien.
(56) GRÉGOIRE DE NAZIANZE, *Or.* 4, 46.
(57) Cette réflexion fait écho à la *République* de Platon (10, 617 E).
(58) La leçon παρών a été retenue, car elle est conforme au texte de Grégoire. En outre, elle se justifie en lisant la scholie de Basile comme un appendice au texte de Grégoire dans lequel se trouverait le verbe principal. Une hypothèse intéressante serait qu'une mauvaise lecture de l'accent (ainsi, dans le témoin F, l'accent grave est légèrement courbé, ce qui peut porter à confusion) ou une mauvaise compréhension du participe a conduit les scribes à écrire παρ'ὄν; cette lecture n'ayant pas de sens, le copiste du manuscrit P aurait corrigé en παρ'ἤν, ce que J.-F. Boissonade, à son tour, a voulu corriger en παρῆν.
(59) Tout ce passage de Basile est corrompu et les manuscrits montrent une certaine confusion, surtout le témoin V qui présente plusieurs traces de corrections. En l'occurrence, la lecture du manuscrit A a été retenue, car elle est la plus satisfaisante.

Περσὶς ὅπως εὔστοχοι αὐτῷ πρὸς τὴν εὐεργεσίαν οἱ δαίμονες, εἰ μή τί γε καὶ αὐτὸ τὸ κακὸν εἶναι Ἰουλιανὸν τούτοις ἀξίως προσθήσομεν.

45. Μηδ' ὁ ἀφανὴς πόλεμος (48, 572 C9). Ἐξ ἐπιβουλῆς τούτοις αἰνίττεται τεθνάναι Κωνστάντιον. Ἡ γὰρ ἄν, φησί, ὁ ἀλιτήριος ἔγνω, δι' ἔργου πληροφορηθείς, καθ' ἑαυτοῦ ταχύνας καὶ πρὸ τῶν Περσῶν ἐσωφρονίσθη ἂν τὴν μανίαν;

46. Καὶ τὸν σοφώτατον ἔχων ἐν ἄρκυσιν (48, 573 A10). Ὁ γὰρ βασιλεύς, αἰσθόμενος τοῦ ἀλιτηρίου τὴν κατ' αὐτοῦ λύσσαν τε καὶ ἐπανάστασιν, στρατῷ πολλῷ καὶ θυμῷ ζέοντι κατὰ τῆς ἀπονοίας καὶ ἀσεβείας αὐτοῦ συνέσχεν ἄν, προϋποτεμνόμενος τὰς ἐλπίδας ἐκείνου, εἰ μὴ ἐν ἀκμῇ τῆς ὁδοῦ καταλελύκει τὸν βίον. Τὸ δὲ μεταξὺ ἀναφωνηθέν, ὦ τῆς ἡμετέρας κακίας, δηλοῖ διὰ τὰς ἁμαρτίας ἡμῶν συμβεβηκέναι πρὸ τῆς ἐκδικήσεως ἡμῶν τὸ τοῦ βίου πέρας Κωνστάντιον δεδέχθαι.

47. Καὶ τῆς συμπεσούσης ἐπηρείας (49, 573 B7). Συμπεσούσης εἰπών, ἐπάγει ἢ παρὰ τοῦ Πονηροῦ, καὶ τὰ ἑξῆς. Ἐδόκει γὰρ ἐκ τῆς τοιαύτης φωνῆς τὰς διὰ ταυτομάτου καὶ τυχηρὰς λέγειν· διὸ εὐκρινῶν καὶ διορθούμενος διέστειλεν· ἢ παρὰ μὲν τοῦ Πονηροῦ κινηθείσας καὶ προσπεσούσας, παρὰ Θεοῦ δὲ συγχωρηθείσας κρίμασιν οἷς μόνος οἶδεν αὐτός.

48. Οἱ μὲν γὰρ τὰς τελευταίας αὐτῶν πληγάς (50, 573 B13). Τὰς ἐσχάτας, τὰς μεγάλας καὶ θανασίμους ὀδύρονται καὶ τὰς ἐντεῦθεν βασάνους, ἃς ὑπομείναντες καὶ ἡττηθέντες ἐζημιώθησαν. Ἐμοὶ δέ, φησίν, ἔπεισι θρηνεῖν μετὰ τῶν ἐντεῦθεν, καὶ τῶν ἐκεῖθεν βασάνων ἕνεκα. Καὶ οὔπω, φησί, τὸ μέγιστον λέγω· ποῖον; Τὸ ἐξωσθῆναι Θεοῦ, μεῖζον ἁπάντων ὑπάρχον.

44,7 αὐτῷ] αὐτοῦ P, αὐτοὶ V   τήν] om. Mign.   8 κακόν] κακίον C   ἀξίως] om. W   **45**,1 ἀφανής] ἀφανῆς V, φανεὶς C   2 ἤ] ἢ FPW   **46**,2 βασιλεύς] τοσοῦτον γὰρ ἀπελήφθη καὶ φυγεῖν οὐκ εἶχεν, ὅτι μόλις ὕστερον τὴν δύναμιν τοῦ στρατοῦ ἴσχυσε χειρώσασθαι, ἤδη βασιλεύσας in marg. prima manu C   ἀλιτηρίου] ἀλιτηρίῳ F   4 προϋποτεμνόμενος] προϋποτεμόμενος PV   **47**,3 διά] ἐκ P   4 τυχηράς] τυχηρᾶς F   διό] δι' P   εὐκρινῶν] εὐκρίνων FCV^(a. corr.)   διέστειλεν] συνέστειλεν W   6 μόνος] μόνοις V   **48**,2 ὀδύρονται] ὀδύρωνται F   4 φησίν] om. W   5 οὔπω] οὔτω V

mons furent sagaces pour lui en ce qui concerne les bienfaits, à moins que nous mettions aussi à leur compte, à juste titre, le fait que Julien était la perversité même.

45. *La guerre sourde*: C'est par trahison, laisse-t-il entendre avec ces mots, que Constance est mort. N'est-ce pas, en effet, dit-il, que ce scélérat, pleinement confiant en son œuvre, aurait connu à ses dépens les résultats de sa précipitation et qu'il aurait été guéri de sa folie avant les Perses?

46. *Tenant dans ses filets cet homme si sage*: En effet, lorsque l'empereur se rendit compte de la rage et de l'insurrection du scélérat contre lui, il aurait pu, par une armée nombreuse et par une colère bouillante contre la folie et l'impiété de ce dernier, le retenir et couper court à ses espoirs, s'il n'avait pas perdu la vie au plus fort de sa marche. L'exclamation en incise *pour notre malheur* montre que c'est à cause de nos fautes et pour notre punition qu'il advint à Constance d'atteindre le terme de sa vie.

47. *Et de l'attentat dont ils ont été victimes*: Après avoir dit *dont ils ont été victimes*, il ajoute *ou par le Malin*, etc. En effet, il semblait, d'après un tel mot ([60]), qu'il parlait d'attentats spontanés et dus au hasard; c'est pourquoi, par une correction judicieusement choisie, il a précisé qu'ils avaient été plutôt initiés et dirigés par le Malin, avec la permission de Dieu, suivant des jugements que lui seul connaît.

48. *Il y a des gens qui s'affligent des maux qui les frappent à leurs derniers moments*: Ils s'affligent des derniers maux, les grands et les mortels, ainsi que des épreuves qui arrivent ici-bas, par lesquelles, accablés et vaincus, ils sont punis. Quant à moi, dit-il, j'éprouve de la compassion au milieu des malheurs d'ici-bas, à cause des épreuves de l'au-delà. Et, dit-il, je ne parle pas encore de ce qu'il y a de plus grave – quoi? – le fait d'être repoussé loin de Dieu, qui est plus grave que tout.

---

(60) Il s'agit du terme συμπεσούσης, qui suppose une part de hasard.

49. Πῶς μὴ δακρύσω (51, 576 A1). Τὰς διαφορὰς λέγει τῆς ἀπωλείας τῶν δεδιωγμένων, εἶτα συλληφθέντων καὶ ἡττηθέντων, τῶν προσδραμόντων καὶ αὐτομολησάντων εἰς τὴν κακίαν· ὧν ἁπάντων πλέον τὸν συναρπάσαντα καὶ βιασάμενον θρηνεῖν χρῆναι μέ φησι. Μᾶλλον δὲ τοῖς μὲν οὐδὲν δεινὸν ἐπηρεασθεῖσι καὶ πεπονθέναι ὑπὲρ Χριστοῦ· τοῖς δέ, παθοῦσι δῆλον καὶ ἡττηθεῖσι, προοίμιον τὰ πάθη τῶν ἀποκειμένων κολάσεων, οἷς καὶ βέλτιον εἶεν, φησί, εἰ καὶ μακρότερον ἐκολάσθησαν· ἐν οἷς δηλοῦται μηδὲ τούτους ἀμισθὶ τὰς πληγὰς ὑποστῆναι. Μακρῷ δὲ ὅμως βέλτιον αὐτοῖς ἦν μὴ τοῖς ἐκεῖθεν δικαιωτηρίοις ταμιευθῆναι.

50. Ταῦτα μὲν οὖν (51, 576 A12). Ποῖα; Τὸ θρηνεῖν καὶ συμπαθῶς ἔχειν πρὸς τοὺς πεπτωκότας, καὶ μὴ ἐπιχαίρειν τοὺς ἑστηκότας ἐπὶ τοῖς πεπτωκόσιν.

51. Καὶ τὸ πρῶτον αὐτοῦ τῶν τολμημάτων (52, 576 B10). Ποῖον πρῶτον; Αἵματι ἀνοσίῳ τὸ τοῦ βαπτίσματος ἀπορρύπτεται καὶ ἀφαγνίζεται λουτρόν, οὕτω τὸ ἑξῆς. Τὸ δὲ *εἰς οἵους ἐμπίπτειν ἀναγκάζομαι λόγους ἐπεμβέβληται σχετλιαστικῶς.* Ἀφαγνίζεται *καὶ τὰς χεῖρας,* τὰς τὴν ἀναίμακτον δεχομένας θυσίαν, δι᾽ ὧν ἡμεῖς Χριστῷ καὶ τῆς θεότητος καὶ τῶν παθημάτων κοινωνοῦμεν.

49, 4 συναρπάσαντα] συναρπάσαντα βίᾳ P   5 μέ] om. W   6 ἐπηρεασθεῖσι] ἐπειρεασθεῖσι F   καὶ] τὸ P   7 δῆλον] δηλονότι P   ἀποκειμένων] ὑποκειμένων PV   8 καὶ¹] om. PV   εἶεν] ἦν P, ἦν φησι in marg. al. m. W   9 ἀμισθὶ] ἀμισθεὶ FV^(d. corr.)   11 δικαιωτηρίοις] δικαστηρίοις PV
51, 3 ἀπορρύπτεται] ἀπορύπτεται FCAW^(d. corr.)   οὕτω] οὕτως CV   τὸ] τὰ P   5 ἀφαγνίζεται] ἀφαγνίζεις P, ἀφαγνίζουσι A, ἀφαγνίζειν dub. V, ἀνάγνους ἐργάζεται. Ἐντόμοις δέ, ἀντὶ τοῦ σφαγίοις in marg. prima manu C   6 ὧν] ἧς prop. Boiss.   6/7 Χριστῷ – κοινωνοῦμεν] τῆς θεότητος καὶ τῶν παθημάτων κοινοῦμεν Χριστῷ P

49. *Comment pourrais-je ne pas pleurer* : Il parle des variations de perdition de ceux qui ont été persécutés, puis, saisis et vaincus, de ceux qui ont couru (⁶¹) et déserté vers le mal ; plus que tous ceux-là, il me faut plaindre, dit-il, celui qui les a entraînés et contraints. Mieux encore, pour les uns, ceux qui ont été lésés, il n'y a rien de terrible dans le fait même de souffrir pour le Christ, alors que, pour les autres, qui ont évidemment souffert et été vaincus, leurs souffrances sont un prélude aux punitions qui les attendent, eux pour qui il aurait mieux valu, dit-il, subir une punition même plus longue ; dans ces châtiments, il est évident que même ceux-ci ne supportent pas les coups sans récompense. Cependant, il valait beaucoup mieux pour eux de ne pas être réservés pour les geôles de l'autre monde.

50. *Ce que j'en dis* : À propos de quoi ? Du fait de plaindre et d'avoir de la sympathie envers ceux qui sont tombés, et que ceux qui sont restés fermes ne se réjouissent pas de ceux qui sont tombés.

51. *Le premier de ses forfaits* : Lequel fut le premier ? Par un sang impur, il se lave et se nettoie du bain du baptême, ainsi de suite. L'expression *dans quel exposé suis-je forcé d'entrer !* est insérée avec indignation. *Il se nettoie aussi les mains*, celles qui reçoivent le sacrifice non sanglant, celles par lesquelles nous participons au Christ, à sa passion et à sa divinité (⁶²).

---

(61) Il y a apparemment ici une confusion de Basile, car dans le texte de Grégoire, le participe προσδραμόντες sert à désigner les persécuteurs et non les persécutés.

(62) Dans son exégèse, Basile insiste davantage que Grégoire sur le rôle des mains dans le sacrifice non sanglant. L'importance de celles-ci dans le rituel de la communion est bien illustrée par Cyrille de Jérusalem : « Quand donc tu t'approches, ne t'avance pas les paumes des mains étendues, ni les doigts disjoints ; mais fais de ta main gauche un trône pour ta main droite, puisque celle-ci doit recevoir le Roi, et, dans le creux de ta main, reçois le corps du Christ, disant : "Amen" » (*Catéchèses mystagogiques*, 5, 21, éd. et trad. A. Piédagnel – P. Paris, *Cyrille de Jérusalem, Catéchèses mystagogiques* [SC, 126], Paris, 1966 : « Προσιὼν οὖν μὴ τεταμένοις τοῖς τῶν χειρῶν καρποῖς προσέρχου, μηδὲ διῃρημένοις τοῖς δακτύλοις· ἀλλὰ τὴν ἀριστερὰν θρόνον ποιήσας τῇ δεξιᾷ, ὡς μελλούσῃ Βασιλέα ὑποδέχεσθαι, καὶ κοιλάνας τὴν παλάμην δέχου τὸ σῶμα τοῦ Χριστοῦ, ἐπιλέγων "Ἀμήν" »).

52. Ἀλλ' ἐπειδή γε ἐντόμων ἐμνήσθην (53, 576 C7).
Διά τινων ζώων θυομένων καὶ τῶν σπλάγχνων ἀνατεμνομένων ὑποσημαίνεσθαί τινα ἐλέγετο τούτῳ μαντευομένῳ ἐν ἀδύτοις τισὶ καὶ ζοφώδεσι χωρίοις ὑπὸ διδασκάλῳ τῶν τοιούτων. Καὶ δή, φησί, θυομένῳ τὰ σπλάγχνα σταυρὸν ἀναδείκνυσι στεφανούμενον. Καὶ ὁ μὲν τῶν τοιούτων μύστης καὶ τῆς ἀσεβείας διδάσκαλος παρηρμήνευκεν ὡς περιγεγραμμένων ἡμῶν διὰ τοῦ κύκλου, πρὸς τὸν οἰκεῖον σκοπὸν σχεδιάζων τὸ δεικνύμενον. Πρὸς ὃ καὶ ὁ μέγας Γρηγόριος οὗτος ταλαντεύεσθαι καὶ ζυγοστατεῖσθαι τὴν γνώμην φησί· πλὴν ἐν ταῖς μεγάλαις καινοτομίαις καινοτομεῖσθαι καὶ συμβαίνειν κατατίθεται πολλὰ τὸν τρόπον τοῦτον καὶ καθαρῶς παραδηλοῦσθαι τὰ θαύματος ἄξια εἰς τὴν τοῦ ἡμετέρου κράτους συναίσθησιν· ὅμως εἰ μὲν ψευδῆ, φησίν, αὖραι φέροιεν, εἰ δ' ἀληθῆ, πάλιν τόδε καὶ τόδε.

53. Ἄνεισι δ' οὖν καὶ τῇ ψυχῇ δαιμονῶν καὶ τοῖς πράγμασι (56, 580 B6-7). Ἀπ' ἐκείνης ἐπλήσθη δαιμόνων τῆς ἡμέρας ἀφ' ἧς τοιαῦτα καὶ προεθυμήθη καὶ ἐβουλεύσατο τὴν ἀποστασίαν ἀπὸ Θεοῦ. Ἀλλά γε ἐκδηλότερον καὶ περιφανέστερον δαιμόνων τότε ἐπλήσθη, ἐπισημαίνων σαφῶς διὰ τῶν ὀφθαλμῶν οὓς ἐθεράπευε, μηδὲν διαφερόντων τῶν ὑλακτούντων.

52, 1 ἐμνήσθην] ἐμνήσθη F, ἐμνήσθ<contr.> C   2 ἀνατεμνομένων] τεμνομένων W^(a. corr.)   4 τισὶ] φησί W   7 παρηρμήνευκεν] παρηρμήνευσεν coni. Mign.   9 ὁ] om. V^(a. corr.)   οὗτος] οὕτω V   12 καθαρῶς] καθάπερ V   θαύματος] θαύματα V, θαύματ<contr.> C   13 τὴν] τὸν V   14 πάλιν] om. A   **53,** 1 ἄνεισι] dub. a. corr. V   3 τοιαῦτα καὶ] καὶ τοιαῦτα PV   προεθυμήθη] προεμνύθη C   4 Θεοῦ] τοῦ Θεοῦ A   ἀλλά – περιφανέστερον] lemma F^(p. corr.) CPAV   ἐκδηλότερον] καὶ δηλότερον V

52. *Mais, puisque j'ai évoqué les victimes* : Par le truchement de sacrifices d'animaux et de leurs entrailles éviscérées, on disait que certains signes étaient envoyés à celui-ci, lorsqu'il consultait l'oracle dans quelques *adyta* et lieux obscurs, par son maître en de telles pratiques. Un jour, dit-il, alors qu'il sacrifiait, les entrailles montrèrent une croix ceinte d'une couronne. Son initiateur à de tels rites et maître d'impiété mésinterpréta le signe comme si nous étions cernés, à cause du cercle, improvisant en vue de son propre objectif ([63]). À propos de ce signe, même le grand Grégoire lui-même dit balancer et peser son jugement. Cependant, dans les grandes innovations, il concède qu'il y a beaucoup de bouleversements et d'événements qui arrivent de cette façon et que ces faits dignes d'admiration pointent clairement en direction de la reconnaissance de notre puissance ([64]). Cependant, *si la chose est fausse*, dit-il, *autant en emporte le vent ; mais si elle est vraie, à nouveau* ceci et ceci ([65]).

53. *En tout cas, il remonte avec une âme et une conduite démoniaque* : Il fut envahi par les démons à partir du jour précis où il souhaita de tels forfaits et où il fit le choix de l'apostasie de Dieu. Mais il fut à partir de ce moment plus clairement et plus ouvertement ([66]) envahi par les démons, indiquant nettement par son regard ceux qu'il honorait ; ceux qui aboient ne diffèrent en rien ([67]).

---

(63) Dans la première partie de sa scholie, Basile résume, en les mélangeant comme s'il s'agissait d'un seul événement, les rites païens accomplis par Julien, décrits aux chapitres 54 et 55 ; dans la suite, il revient sur les propos de Grégoire au chapitre 53, et conclut sur une réflexion de Grégoire dans le chapitre 54.

(64) Ce passage de Grégoire est assez difficile ; en mettant l'emphase sur le μέν... δέ..., J. Bernardi a proposé une traduction assez différente de la lecture de Basile.

(65) Basile renvoie aux exemples bibliques qui suivent dans le texte de Grégoire.

(66) Seuls les copistes de W et de F (avant que ne soit ajouté, dans ce dernier témoin, un point de fin de lemme, peut-être par une autre main) ne font pas de ce passage un lemme. Néanmoins, leur lecture est préférable, d'abord parce que le texte des lemmes de Basile est d'ordinaire très proche du texte de Grégoire, ce qui n'est pas le cas ici ; ensuite, parce que l'ajout de ἐκδηλότερον, qui fait office de synonyme pour περιφανέστερον, est typique du travail de paraphrase de Basile ; et finalement, parce que les deux éléments d'exégèse forment un ensemble logique : Julien était déjà possédé avant, mais c'est, maintenant, un fait évident.

(67) Il y a peut-être ici une allusion de Basile à l'*Homélie sur Babylas* de Jean

54. Εἶδέ τι ἀνδρὸς σοφοῦ τὴν κακίαν (57, 580 C2-3).
Ἔν τινι τῶν ἀντιγράφων ἴδετε ἀντὶ τοῦ εἶδε <τι> φέρεται, ὅπερ στηλιτεύοντός ἐστι τὴν κακίαν ἴδιον. Ἐνταῦθα δὲ ἄμεινον τὸ εἶδε πρὸς τὸ εἶτ' οὖν ἐδιδάχθη, τουτέστιν ἀφ' ἑαυτοῦ συνεῖδεν, ἀλλ' οὐ παρὰ τῶν εἰς τὴν ἀσέβειαν ἀλειφόντων ἐδιδάχθη. Εὑρήσεις δὲ τὴν λέξιν καὶ ἐν τῷ εἰς Ἥρωνα τὸν φιλόσοφον λόγῳ.

55. Καὶ συγκαλύψειν τὴν ἀλήθειαν τοῖς σοφίσμασι (58, 581 B3). Σοφίσματα οἱ περὶ ταῦτα δεινοὶ καλοῦσι κυρίως τὰ μετὰ κατασκευῆς ἀπατηλὰ ψεύσματα καὶ τοὺς χρωμένους τούτοις σοφίζεσθαι λέγουσιν.

56. Ταῦτα παιζέτωσαν παρ' ἐκείνοις Ἐμπεδοκλεῖς (59, 581 B9-10). Οὗτος ἀλαζὼν φιλόσοφος, ὅς, ἵνα θεὸς νομισθῇ, τοῖς Σικελικοῖς κρατῆρσι τοῦ πυρὸς ἑαυτὸν ἐπαφείς, ἠφάνισται, μόνῳ δὲ τῷ σανδάλῳ ἀναβρασθέντι ἔξω ἐρριμμένῳ κατεμηνύθη, τὴν ἀλαζονείαν αὐτοῦ στηλιτεύοντι. Οἱ δὲ ἀδύτοις τισὶ καὶ ἐπινοίαις κατακρύψαντες ἑαυτοὺς ποικίλαις ὑπὸ τῆς αὐτῆς κενοδοξίας ἠλέγχθησαν καὶ καθυβρίσθησαν.

54, 2 τινι] τι C   ἴδετε] εἶδε τε P   τοῦ] om. F   εἶδε τι] τι post εἶδε *addidi (vide adnot.)*   5 τὴν] om. A   ἀλειφόντων] εἰληφότων W, ἀλειφόντων δαιμόνων C   6 καὶ] om. C   **55**, 2 καλοῦσι] καλοῦ C, καλού<contr.> F   4 λέγουσιν] λέγει FC   **56**, 1 παιζέτωσαν] πεζέτωσαν V^(a. corr.)   Ἐμπεδοκλεῖς] Ἐμπεδοκλῆς V, Ἐμπεδοκλῆς C, Ἐμπεδο<contr.> P   3 Σικελικοῖς] Σικελλικοῖς F   4 κατεμηνύθη] ἐμηνύθη P   6 ποικίλαις] ποικίλοις A   7 κενοδοξίας] καινοδοξίας FA   ἠλέγχθησαν] ἠλέχθησαν W^(a. corr.) Boiss.

54. *Il fit une remarque qui dénote un homme expérimenté dans le mal* (68): Sur une des copies, il est inscrit « remarquez » (69) au lieu de « il fit une remarque », ce qui est propre à un discours d'invective sur le mal. Cependant, ici, il vaut mieux écrire « il fit une remarque » devant « à moins qu'il ne fût instruit », c'est-à-dire qu'il comprit par lui-même et qu'il ne fut pas instruit par ceux qui l'entraînaient dans l'impiété. Tu trouveras aussi cette expression dans le discours *Sur le philosophe Héron* (70).

55. *Et que ses ruses cacheraient la vérité*: Les experts en ce domaine appellent à proprement parler « sophismes » les tromperies mensongères faites avec artifice et disent de ceux qui s'en servent qu'ils « sophisent ».

56. *Laissons ces enfantillages à leurs sages, aux Empédocles*: Ce dernier était un philosophe fanfaron qui, afin de se faire passer pour un dieu, disparut en se jetant lui-même dans les cratères de feu siciliens, mais il fut trahi par sa seule sandale qui, rejetée à la surface par les bouillons, dévoila sa fanfaronnade. Les autres, qui se cachaient en des lieux secrets et sous des inventions variées, furent dénoncés par la même vanité et humiliés.

Chrysostome, dans laquelle l'apostasie de Julien est décrite en comparaison avec le comportement d'un chien fou : « aussitôt il leva ses mains contre Dieu qui l'avait créé, il méconnut son bienfaiteur et d'en bas levant ses regards de la terre au ciel, il aboyait, à la façon de ces chiens en folie qui poursuivent également de leurs cris ceux qui ne les nourrissent pas et ceux qui les nourrissent » (*Homélie sur Babylas*, 3, éd. et trad. B. Grillet – J.-N. Guinot, *Jean Chrysostome, Homélie sur Babylas* [SC, 362], Paris, 1990: « [...] εὐθέως καὶ κατὰ τοῦ πεποιηκότος αὐτὸν τὰς χεῖρας ἀντῆρε Θεοῦ, καὶ τὸν εὐεργέτην ἠγνόησε, καὶ κάτωθεν ἀπὸ τῆς γῆς πρὸς τὸν οὐρανὸν βλέπων ὑλάκτει κατὰ τοὺς μαινομένους τῶν κυνῶν, οἳ καὶ τῶν μὴ τρεφόντων καὶ τῶν τρεφόντων ὁμοίως καταβοῶσι [...] »).

(68) Apparemment, Basile ne lisait pas le premier εἴτ' οὖν. Un seul manuscrit retenu par J. Bernardi en vue de son édition (le témoin P) ne contient pas cette expression (voir l'apparat critique), mais il a pu en exister d'autres.

(69) L'apparat critique de J. Bernardi ne fait mention d'aucun manuscrit avec la lecture ἴδετε, mais deux témoins (W[p. corr.] et P) portent la leçon εἶδέ τε, qui, par iotacisme, a pu facilement donner lieu au texte lu par Basile dans une des copies qu'il a consultées.

(70) Voir Grégoire de Nazianze, *Or.* 25, 4, éd. Mossay – Lafontaine, *Discours 24-26*: « εἶδέ τι μέγα καὶ νεανικὸν ». Dans son *Commentaire*, Basile explique l'expression εἶδέ τι « dans le sens de "il comprit, il voulut et il choisit après réflexion" » (*Comm. 25*, *PG* 36, col. 1165 A 8-9: « Ἀντὶ τοῦ 'συνεῖδεν, ἐβουλεύσατο, καὶ διανοηθεὶς προέκρινε' [...] »).

57. Τῆς παρὰ Θεοῦ τιμῆς, μᾶλλον δὲ καὶ ὑπὲρ ταύτην (60, 581 C12-13). Τῆς δὲ παρὰ Θεοῦ τιμῆς τί ἂν ὑπέρτερον εἴη; Τί οὖν φησι; Τρεῖς τάξεις παραδίδωσιν, ὧν ἕνεκά τις τῶν ἐπαινετῶν τὰ ἔργα ποιεῖ· ἢ τῆς παρὰ Θεοῦ τιμῆς χάριν, ἢ δι' αὐτὸ τὸ καλόν, ἀλλ' οὐ διὰ τὴν ὑπὲρ αὐτοῦ τιμήν τε καὶ ἀνταπόδοσιν, ἥτις καὶ πρώτη τάξις τῶν ἐπαινετῶν ἐστι· δευτέρα δὲ ἡ εἰρημένη πρότερον, τῆς τιμῆς τοῦ Θεοῦ ἕνεκα· τρίτη δὲ ἡ διὰ φόβον κολάσεως φεύγουσα τὴν μοχθηρίαν καὶ πράττουσα τὰ ἐπαινετά.

58. Τὸν γὰρ Πρωτέα παρίημι (62, 585 A5). Τοῦτόν φασιν οἱ μῦθοι μεταβάλλεσθαι εἰς ὅπερ ἂν ἠβουλήθη. Ὅμηρος ὑπὸ τοῦ Μενελάου κρατηθέντα ἀκουσίως φησί,

Ἤτοι μὲν πρώτιστα λέων γένετ' ἠϋγένειος,
Αὐτὰρ ἔπειτα δράκων καὶ πάρδαλις ἠδὲ μέγας σῦς.

Καὶ τὸ μὲν *ἠϋγένειος*, σύμβολον καλλωπισμοῦ· τὸ δέ, ἡδονῆς· τὸ δὲ τρίτον, τῆς μετὰ θυμοῦ ἀγριότητος· τὸ δὲ τέταρτον, τῆς μετὰ ἀκαθαρσίας θρασύτητος.

59. Καὶ ἀπολογία τῆς ἀγριότητος ἡ χρηστότης (62, 585 A9-10). Τὸ δοκεῖν φιλάνθρωπον λίαν ἀπάνθρωπον ἦν αὐτῷ· πείθειν γὰρ ἐπιχειρῶν καὶ θωπεύων, εἶτ' ἀποτυγχάνων, ἠγριοῦτο καὶ ἦν αὐτῷ ἀπολογία τῆς ἀγριότητος ἡ χρηστότης, ὡς εἰκότως δοκοίη βιάζεσθαι, ὑπερορωμένης αὐτῷ τῆς θωπείας, τῆς δῆθεν χρηστότητος.

57, 1 ὑπὲρ] ὑπὸ codd., ὑπὲρ prop. Boiss.   3 ἕνεκά] ἔνεγκεν V   7 τιμῆς τοῦ Θεοῦ] τοῦ Θεοῦ τιμῆς A   **58,** 2 ἠβουλήθη] ἐβουλήθη P   3 κρατηθέντα] κραθηθεντ<contr.> F[a.corr.], κρατηθεντ<contr.> F[a.corr.], κρατηθέντος W   6 σύμβολον] σύμβολα FA   δέ] δὲ δράκων Mign.   7 δὲ¹] om. A   **59,** 1 καὶ – χρηστότης] non lemma F[a.corr.]A   3 αὐτῷ] αὐτοῦ PV   εἶτ'] εἶτα P, εἶτ' FC

57. *La récompense de Dieu, nous nous élevons même plus haut* (⁷¹) : La récompense de Dieu, qu'est-ce qui serait au-dessus ? Que dit-il donc ? Il alloue trois rangs aux raisons qui amènent quelqu'un à accomplir des actions louables : soit à cause de la récompense de Dieu, soit par amour du bien lui-même, et non pour la récompense et la rémunération qui en découle, ce qui tient le premier rang des actions louables. Au deuxième rang vient la raison mentionnée plus haut : à cause de la récompense de Dieu. La troisième est celle qui, par crainte du châtiment, évite le mal et accomplit les actions louables (⁷²).

58. *Pour ne pas parler de Protée* : Les fables disent de ce dernier qu'il se transformait en ce qu'il voulait. Homère dit que, lorsqu'il fut maîtrisé contre son gré par Ménélas,

En tout premier, il devient lion à la belle crinière,
Mais ensuite serpent, panthère et grand sanglier. (⁷³)

Le premier « à la belle crinière » est symbole de parure ; le deuxième, de plaisir ; le troisième, de la cruauté passionnelle ; le quatrième, de l'audace dépravée (⁷⁴).

59. *Son indulgence servait d'excuse à la cruauté* : Le fait de paraître bon était pour lui un acte très cruel, car, dans ses tentatives pour convaincre et dans ses flatteries, il échouait et il s'en irritait ; sa bonté servait ainsi d'excuse à la cruauté, afin qu'il parût recourir légitimement à la force, sous prétexte que sa flatterie avait été méprisée, sa soi-disant bonté.

---

(71) Les manuscrits donnent tous ὑπό, mais il doit s'agir d'une erreur de copie, car, comme le souligne J.-F. Boissonade (*Scholies inédites*, p. 83, n. 2 = *PG* 36, col. 1104, n. 87), la suite du commentaire de Basile ne se comprend qu'avec ὑπέρ.

(72) Le texte de Basile est assez confus ; l'exégèse des *scholia vetera* est, sur ce point, un peu plus claire (voir *PG* 36, col. 1220 B 1-6 ; et Bruckmayr, *Randscholien*, p. 55, sch. Th 17).

(73) Homère, *Odyssée*, 4, 456-457, trad. V. Bérard, *Homère, L'Odyssée*, vol. 1 (*CUF*), Paris, 1924.

(74) Cette interprétation morale des diverses formes empruntées par Protée est assez originale, mais pourrait avoir été influencée par Clément d'Alexandrie, le seul auteur ancien à associer le lion à l'embellissement et à souligner une dégradation des transformations de Protée vers un état de plus en plus dépravé (*Pédagogue*, 3, 1, 2-3). Les autres termes de la comparaison semblent avoir été inspirés par le discours même de Grégoire, qui, peu après, reproche à Julien sa cruauté (ἀγριότης, *Or.* 4, 62) et, à maintes reprises, son audace (θρασύτης, *Or.* 4, 46 ; 56 ; 91 ; *Or.* 5, 8 ; 17).

60. Οὐχ ὡς εὔνους τῷ μεγάλῳ βασιλεῖ (64, 585 C1).
Πρόφασιν ὡς εὔνους τῷ μεγάλῳ βασιλεῖ Κωνσταντίῳ τῶν βασιλείων ἐξῆγε χριστιανούς, τῇ δ' ἀληθείᾳ τῷ μείζονι βασιλεῖ 1105 A Χριστῷ. Τούτων οὖν τοὺς μὲν παρωσάμενος, τοὺς δὲ θανάτῳ προεξάγων, φησί, πρότερον.

61. Τολμᾷ τε ἤδη καὶ κατὰ τοῦ μεγάλου συνθήματος
(66, 588 A14). Τὸν τίμιον σταυρὸν λέγει, ὃς προπομπεύει καὶ προπορεύεται καὶ ἄγει τὸν στρατὸν εἰς ὕψος αἰρόμενος, λυτήριον καμάτων ὑπάρχων καὶ κατὰ Ῥωμαίους ὀνομαζόμενος. Ἔοικε δὲ τοῦτο σημαίνειν Λατίνων φωνῇ τὸ σίγνον ἢ βάντον, ἤ τι ἕτερον βασιλεῦον τῶν λοιπῶν σημείων βασιλικῶν, ὅσα ἑξῆς ἀπαριθμεῖται.

62. Εὐηθέστατε καὶ ἀσεβέστατε (67, 588 C1). Μετὰ βαρύτητος ἄγαν σφοδρῶς ἀποστρέψας λέγει· οὐ μόνον αὐτὸν ἀπαίδευτον, ἀλλὰ καὶ μωρὸν ἀποκαλῶν δείκνυσι. Παλαιὸν δὲ B καὶ νέον τὸ κήρυγμα εἶπε· τὸ μὲν ὅτι καὶ πρὸ αἰώνων καὶ πρὸ καταβολῆς κόσμου ἦν, εἶτα καὶ ὑπὸ προφητῶν κεκήρυκτο τῆς Παλαιᾶς Διαθήκης, τὸ δ' ὅτι καὶ ἐν τῇ συντελείᾳ πεφανέρωται τῶν αἰώνων· τὸ μέν, τοῖς ὀλίγοις ταῖς προτέραις γενεαῖς ἐν

60, 2/3 Κωνσταντίῳ – βασιλεῖ] *iterav.* V   2 βασιλείων] βασιλέων F[a. corr.] V, βασιλ<contr.> A   3 χριστιανούς] χριστιανοῦ V   4 τοὺς[1] – δὲ] τοῦ μέν... τοῦ δὲ PV   5 προεξάγων] προσεξαγαγὼν W   **61,** 1 τολμᾷ τε] τολμᾷ τι A, τολμάται P   συνθήματος] σημείου, βάντου *in marg. prima manu* C   3 στρατὸν] σταυρὸν W[a. corr.]   4 ὑπάρχων] ὑπάρχον FC   ὀνομαζόμενος] ὀνομαζόμενον FC   5 Λατίνων] ἡ Λατίνων P, <*non legitur*> Λατίνων V[a. corr.] φωνῇ] φωνὴ P, φω<contr.> FC, φωνῃ *ut vid.* W   βάντον] βάνδον PV[a. corr.] W[p. corr.] 6 ἤ τι] ἢ τί CV   βασιλεῦον τῶν] βασιλεύοντων C, βασιλευοντων F
62, 2 μόνον] μανον *ut vid.* C   4 καὶ[2]] *om.* A

60. *Non seulement à cause de leur dévouement au grand roi* : Il écartait les chrétiens de la cour, en apparence pour leur dévouement au grand roi Constance, mais, en réalité, pour leur fidélité à un souverain plus élevé, le Christ. Parmi ceux-ci, il exclut les uns et mena auparavant les autres, dit-il, à la mort.

61. *Bientôt il ose s'attaquer à son tour à ce grand étendard* ([75]) : Il parle de la précieuse croix qui escorte, précède et guide l'armée, dressée dans les airs, celle qui délivre de la fatigue et qui est nommée d'après les Romains ([76]). C'est ce que semble désigner en langue latine le mot *signum* ou *bandum* ([77]), ou un autre étendard régnant sur le reste des enseignes royales qui sont énumérées par la suite.

62. *Quel comble de sottise, d'impiété* : Avec sévérité ([78]), il se retourne pour parler très durement [à Julien] : il le désigne en le traitant non seulement d'ignorant, mais aussi d'insensé. Il a dit que la prédiction était ancienne et neuve, d'une part, parce qu'elle était avant les siècles et avant la fondation du monde et qu'elle fut ensuite annoncée par les prophètes de l'Ancien Testament, d'autre part, parce qu'elle a été révélée à la fin des siècles ; d'abord, pour les générations antérieures, à un petit nombre par des préfigurations ([79]) et

---

(75) Le texte de Basile est légèrement différent de l'édition moderne de Grégoire (τέ au lieu de δέ) et aucune des variantes proposées par les manuscrits (τολμᾷ τε, τολμᾷ τι ou τολμᾶται) ne se trouvent dans l'apparat critique de J. Bernardi.

(76) C'est-à-dire le *labarum* ou λάβαρον. Cette traduction diffère de celle de J. Bernardi, mais, comme le fait remarquer A. Kurmann (*Kommentar*, p. 213-215), Grégoire semble jouer ici sur une étymologie possible du nom latin de cet emblème, c'est-à-dire le mot *labor*, traduit par κάματος dans le texte de Grégoire.

(77) Visiblement, Basile n'est pas à l'aise avec la langue latine. Il a pu trouver son information dans les scholies précédentes, comme les *scholia vetera* (*PG* 36, col. 1221 C 2-14). Le mot latin *bandum* n'existe pas dans le vocabulaire classique, il s'agit d'un emprunt au germanique ; dans sa transcription grecque, il semble y avoir un flottement entre les dentales δ et τ.

(78) Il s'agit d'une des catégories hermogéniennes du style (Hermogène, *Sur les catégories stylistiques*, 2, 8). L'adverbe σφοδρῶς fait également penser à la catégorie de la véhémence (1, 8). Ce passage de Grégoire est cité comme exemple d'apostrophe dans les manuels byzantins de figures rhétoriques : voir G. Bady, *Les figures du Théologien : les citations de Grégoire de Nazianze dans les manuels byzantins de figures rhétoriques*, dans A. Schmidt (éd.), *Studia Nazianzenica II* (*CCSG*, 73 ; *Corpus Nazianzenum*, 24), Turnhout, 2010, p. 285.

(79) Pour une définition de σκιογραφία, voir Basile le Minime, *Comm.* 38, 67, éd. Schmidt, *Basilii Minimi*.

8 σκιογραφίαις καὶ τύποις, πολλοῖς δὲ τοῖς ἐν τῇ χάριτι ἐκτυπώτερον. Τὸ δ' ὡς ὑμεῖς τῶν θεῶν ὑμῶν τινα νέον ἀεὶ τερατεύ-
10 εσθε αἰνίττεται τὸν Ἀπόλλωνα, ἐπεὶ καὶ ἀγένειον ἱστοροῦσιν αὐτόν.

63. Ἣν ὡς Θεὸς ἐποίησεν (67, 589 Α2). Ἣν κληρονομί-
2 αν καὶ ἐποίησε καὶ ἐκληρονόμησεν· ὡς Θεὸς ἐποίησεν, ὡς ἄνθρωπος ἐκληρονόμησε. Σὺ κατὰ τοῦ αἵματος τοῦ Χριστοῦ τοῦ
4 τὸν κόσμον καθήραντος τοῖς σοῖς μιαροῖς ἐκχυθεῖσιν αἵμασι   C
τοῖς δαίμοσιν.

64. Ὁ τὴν Ἡρακλέους σέβων πυράν (70, 589 C10-11).
2 Οὗτος χιτῶνα ὑπὸ τοῦ Νέσσου τοῦ γίγαντος καταρρεύσαντος αἵματος κεχρισμένον ἐνδεδυκώς, βέλει βληθέντος ὑπὸ Ἡρα-
4 κλέους διὰ τὴν βίαν τῆς Δηϊανείρας – ὅστις χιτὼν τῷ τῆς ὕδρας αἵματι ἐπεφάρμακτο, τούτῳ γὰρ φίλτρου χάριν τὸν
6 χιτῶνα φαρμάξασα στέλλει – ὁ δὲ ἐνδύς, ἐν βωμῷ παρέστη θύσων. Τῇ τοίνυν θέρμῃ τοῦ πυρὸς τοῦ χιτῶνος ἐξάψαντος, ὁ
8 πολύαθλος οὗτος οὐκ ἔστεξε τὴν πυράν· ἀλλὰ μεγάλα βοῶν καὶ θρηνῶν, νήσας ξύλων πυρκαϊάν, ἐν αὐτῇ περισπειραθείς,
10 ἀπηλλάγη ἀπανθρακωθείς, κἀκ τοῦ τοιούτου θεὸς νενόμισται ἀτυχήματος, γεγονὼς καὶ περὶ γυναῖκας ἄδικος καὶ ἀκόλα-   D
12 στος. Τὰς δὲ λοιπὰς τῶν ἱστοριῶν πλατύτερον ἐκτεθειμένας

62, 8 σκιογραφίαις] σκιαγραφίαις C   9 τερατεύεσθε] τερατεύεσθαι FCW
10 ἀγένειον] ἀγένιον F   **63,** 2 καὶ¹] om. P   3 σὺ] ὡς exp. A^{d. corr.}   **64,** 1
ὁ] καὶ C   2 οὗτος] οὐ C   Νέσσου] Νέσου EAW, Νέστου V   καταρρεύσαντος] καταρεύσαντος FVW^{d. corr.}   3 αἵματος] αἵματι W, αἵματ<contr.> FC
ἐνδεδυκώς] ἐνδεδυκὼς F   4/5 χιτὼν – τὸν] om. V   5 ἐπεφάρμακτο] πεφάρμακτο P   9 ἐν] καὶ ἐν P   αὐτῇ] ταύτῃ PV   10 ἀπηλλάγη] ἀπηλλάγη V   ἀπανθρακωθείς] ἀπηνθρακωθείς C

des images, puis à un grand nombre plus distinctement par la grâce. Quant à l'expression *de même que vous prétendez qu'un de vos dieux est toujours jeune* ([80]), elle fait allusion à Apollon, puisqu'on raconte qu'il était imberbe.

63. *Que le Christ a créé comme Dieu* : Il s'agit de l'héritage qu'il a créé et qu'il a reçu ([81]) : comme Dieu, il l'a créé, comme homme, il l'a reçu. Toi, tu opposes au sang du Christ qui a purifié le monde le sang souillé que tu verses aux démons ([82]).

64. *Toi qui respectes le bûcher d'Héraclès* ([83]) : Celui-ci avait revêtu une tunique enduite du sang répandu par le géant Nessos, qu'Héraclès avait percé d'un trait à cause de la violence faite à Déjanire. Mais cette tunique était empoisonnée par le sang de l'hydre, car elle ([84]) lui avait envoyé une tunique empoisonnée grâce à un philtre. S'en étant vêtu, il s'avança vers l'autel pour sacrifier ([85]). Sous la chaleur du feu, donc, la tunique l'enserra et ce vainqueur de nombreux combats ne supporta pas cette brûlure. Au contraire, en criant fortement et en gémissant, il entassa un bûcher de bois, s'enfonça à l'intérieur et périt carbonisé. Après une telle infortune, on a cru qu'il était devenu un dieu, bien qu'il eût été immoral envers

---

(80) La citation ne correspond pas tout à fait au texte de Grégoire, principalement parce que Basile y supplée ce qui est sous-entendu. Selon J. Bernardi (*Discours 4-5*, p. 177, n. 1), d'autres scholies marginales donnent plutôt le nom de Dionysos.

(81) Dans le texte grec de Grégoire, l'antécédent de la proposition relative est situé bien avant le pronom relatif : Basile a donc voulu indiquer clairement que le pronom ἥν se rapportait à κληρονομίας.

(82) Grégoire de Nazianze, *Or.* 4, 68.

(83) Le lemme présente une légère différence par rapport au texte de Grégoire : Basile semble avoir préféré le verbe σέβειν, qui se trouve un peu plus haut, à θαυμάζειν.

(84) C'est-à-dire Déjanire.

(85) Le commentaire est si succinct qu'il en perd de la cohérence. Basile considère peut-être l'histoire trop connue pour s'encombrer de détails ou alors, compte tenu que cet épisode avait été raconté avant lui dans les *Histoires mythologiques* (*Hist.* 4, 3), il abrège, ajoutant seulement que le sang empoisonné était celui de l'hydre et que c'est le feu de l'autel qui déclencha la réaction de la tunique. En revanche, puisque son prédécesseur avait omis l'épisode du bûcher et que son récit de la mort d'Héraclès était plutôt sommaire, Basile en fit une narration plus complète et davantage conforme aux sources classiques : voir Sophocle, *Trachiniennes*, 765-812 et 1192-1202 ; Diodore de Sicile, *Bibliothèque historique*, 4, 38 ; Apollodore, *Bibliothèque*, 2, 7, 7.

εὑρήσεις ἄλλοθι καὶ περίεργον λοιπὸν πολλάκις περὶ τῶν αὐτῶν ἀδολεσχεῖν.

65. Ὁρᾷς τοὺς ἀβίους τούτους (71, 593 Α8). Μέχρι τούτων τοὺς θαυμαζομένους ἐν Ἕλλησι συναριθμησάμενος καὶ τοὺς ἐν Ῥωμαίοις εὐδοκιμηκότας ἐν πολέμοις καὶ στρατηγίαις, Σκηπίωνας καὶ τοὺς κατ' αὐτούς, καὶ τὰ αὐτοῦ Ἰουλιανοῦ αὐχήματα ἐπαγαγών, ἐν οἷς τῷ στρατῷ συμβαδίζων καὶ σχεδιάζων ταῖς τροφαῖς καὶ τὴν αὐτουργὸν στρατηγίαν ἐπισυνάπτει, ἀντιτιθεὶς τοὺς βίους τῶν ἁγίων Πατέρων καὶ ἀσκητῶν, ἀληθῶς τὴν ὑψηλὴν ἐν Χριστῷ φιλοσοφίαν ἠσκηκότων· καὶ διαγράφει τὰ τῶν Ἑλλήνων, ἐπαίρει δέ, ὡς ἐν τῷ πρώτῳ τῶν εἰρηνικῶν, ἐπὶ τῇ τῶν μοναζόντων ἑνώσει, τὰ τῶν μοναχῶν, ὡς οὐχ οἷόν τέ ἐστι πρὸς τοὺς τοιούτους τῆς φιλοσοφίας κανόνας ἐξικνεῖσθαι τὴν Ἑλληνικὴν φλυαρίαν· κἂν ὅτι μάλιστα ἐπαρθείη κομπάζων ἐπὶ τῇ οἰκείᾳ τῶν λογισμῶν ματαιότητι.

66. Πόσοι ταῦτα καὶ μέχρι τίνος (73, 597 Α10). Καὶ ταῦτα, φησίν, εἰ φιλοσοφίας τινὸς ἐχόμενά ἐστιν, εὐαρίθμητα ὑπάρχει πρὸς τὰς παρ' ἡμῖν χιλιάδας καὶ μυριάδας καὶ τοιαῦτα πεφιλοσοφηκότας καὶ ὑπὲρ ταῦτα καὶ θαυμασιώτερα, καὶ ἐν παντὶ τόπῳ καὶ ἐκ παντὸς γένους καὶ τύχης καὶ ἡλικίας. Πρὸς οἷς καὶ τὴν δοκοῦσαν ἀντίθεσιν ἐπιλύων φησὶν ὅτι, κἂν ἄλογος ἡ ἡμετέρα φιλοσοφία δόξῃ, οὐδὲ τοῦτο μέγα, ἐπεὶ τὴν εὐσέβειαν οὐ λόγος ὁρίζει καὶ στόματος σοφία, ἀλλὰ

64, 14 ἀδολεσχεῖν] ἀδολεσχεῖν ἡμᾶς W   **65**, 2 τούς] τῶν F^(a. corr.)   3 εὐδοκιμηκότας] εὐδοκιμήσαντας A   4 Σκηπίωνας] Σκιπίωνα AW^(p. corr.)   5 οἷς] τούτῳ V, τῷ P   συμβαδίζων – σχεδιάζων] συμβαδίζειν καὶ σχεδιάζειν P   6 αὐτουργόν] αὐτουργῇ C, αὐτοῦ A   8 ἀληθῶς] καὶ ἀληθῶς A   10 μοναζόντων – τῶν²] om. Mign.   μοναζόντων] μοναχῶν V   11 κανόνας] om. W^(a. corr.)   13 κομπάζων] κομπάζουσα prop. Mign.   **66**, 1 πόσοι – τίνος] non lemma PV   πόσοι] ποῦ σοι V   2 τίνος] τίνος F   3 καὶ μυριάδας] om. V   μυριάδας] μοιριάδας F   4 πεφιλοσοφηκότας] πεφιλοσοφίκοτας F   6 οἷς] οὕς P   8 ἐπεί] ἐπὶ F

les femmes et intempérant. Le reste des histoires, tu le trouveras exposé plus en détail ailleurs et il sera superflu à l'avenir de s'étendre souvent sur celles-ci ([86]).

65. Vois-tu ces hommes sans ressources : Jusqu'ici, il avait énuméré les hommes admirés chez les Grecs et ceux honorés chez les Romains pour leur pratique de la guerre et du commandement – les Scipions et leurs contemporains – et il avait introduit les sujets d'orgueil de Julien lui-même, parmi lesquels, après avoir marché avec l'armée et s'être désintéressé de la nourriture ([87]), il ajoute l'exercice personnel du commandement, ce à quoi il oppose les vies des saints Pères et des ascètes, qui pratiquent véritablement la philosophie élevée dans le Christ. Il dresse la liste des exploits des Grecs, mais il exalte, comme dans le premier *Discours irénique* sur l'union des moines, ceux des moines ([88]), puisqu'il n'est pas possible que la sottise grecque atteigne de tels modèles de philosophie, quand bien même elle serait exaltée au maximum en vantant la propre vanité de ses raisonnements.

66. Combien sont-ils ces hommes vertueux ? Combien de temps l'ont-ils été ? : Si ces hommes, dit-il, possèdent quelque philosophie, ils sont peu nombreux comparés aux milliers et dizaines de milliers d'entre nous qui pratiquent la même philosophie ou une philosophie supérieure et plus admirable, et qui sont de tous lieux, de toutes origines, fortunes ou âges. En outre, il dit aussi, pour résoudre la trompeuse opposition, que, même si notre philosophie semble irraisonnable (ἄλογος) ([89]), ce n'est pas important, puisque ce n'est pas la parole (λόγος) qui définit la piété, ni la sagesse qui sort de

---

[86] Basile semble faire un renvoi aux *Histoires mythologiques* du pseudo-Nonnos.

[87] La syntaxe de tout ce passage est difficile, ce qui explique pourquoi les copistes des manuscrits V et P ont voulu corriger la phrase.

[88] Voir plus précisément Grégoire de Nazianze, *Or.* 6, 2, où Grégoire donne une description très élogieuse des moines. Sur les *Discours iréniques*, voir *supra*, p. 13, n. 16.

[89] L'exégèse de Basile repose sur une lecture du texte de Grégoire différente de celle adoptée par J. Bernardi dans son édition, mais cette lecture se trouve dans un certain nombre de témoins : au lieu de la leçon κἂν ὁ λόγος μὴ ᾖ, un manuscrit (A) contient en effet κἂν ἄλογος ᾖ et un autre groupe de manuscrits (PCRO), κἂν ἄλογον ᾖ. Il semble y avoir eu sur ce passage de Grégoire une certaine confusion dans la tradition manuscrite.

50   BASILII MINIMI

πρᾶξις καὶ καρπὸς θεωρίας βίῳ λαμπρῷ συλλεγόμενος – ὡς
10 καί τινι, φησί, τῶν παρ' ὑμῖν ἔδοξε πρᾶξιν λόγου τιμιώτεραν
εἶναι φιλοσοφήσαντι, τὸ γὰρ εὔλογον πλεῖον ἐν ἔργοις – καὶ
12 ἡ ἐν τοῖς πράγμασιν ἀλλ' οὐχ ἁπλῶς ἐν τοῖς λόγοις παίδευσίς
τε καὶ σοφία.
    67. Καὶ πρὸς τὴν χρυσῆν ἐκείνην γενεάν (74, 600 B7).
2 Ταύτης τῆς λεγομένης χρυσῆς γενεᾶς Λιβάνιος ἐν τῷ εἰς Ἰουλιανὸν μέμνηται λόγῳ ἐξ Ἡσιόδου λαβών. Οὗτος γὰρ ταῖς   C
4 τοιαύταις ὕλαις παρεικάζει τοὺς βίους τῆς φύσεως τῆς ἀνθρωπίνης, ἐξ ἀρετῆς καὶ κακίας διατυπούμενος τοὺς χαρακτῆρας·
6 χρυσῆν καλῶν γενεὰν καὶ ἀργυρᾶν ἑτέραν καὶ καθεξῆς τινας
ὕλας παρατιθεὶς ἄλλας ὑποβεβηκυίας τῇ διαφορᾷ τῶν ὑλῶν,
8 συγκρίνων τοὺς βίους τοῦ ἡμετέρου γένους· τοὺς μὲν ἀπειλικρινῶν τῇ εἰκόνι τῆς λαμπρότητος τοῦ χρυσοῦ, ὡς ἰοῦ πάσης
10 κακίας ἀνεπιδέκτους, τοὺς δὲ ἄλλως καὶ ἄλλως διακρίνων,
ἤτοι μέσως πως ἔχοντας ἀρετῆς καὶ κακίας ἢ μᾶλλον ἢ ἧττον,
12 ἢ καὶ ἄκρατον τὸ καλὸν ἢ κακόν, ὡς ἐν ὕλῃ τὸ σαθρὸν καὶ τὸ
κοπρῶδες καὶ τὸν ἰόν.
    68. Καὶ περιθρυλεῖσθαι ἡμῶν ἔδει τὰ ὦτα (75, 600 C3-
2 4). Ἐπαινῶν γὰρ Λιβάνιος τὴν ἐκείνου ἀρχὴν καὶ φαντασιο-   D
κοπῶν, καὶ τοῦ χρόνου τῆς βασιλείας Ἰουλιανοῦ γένος χρυ-
4 σοῦν ἐκάλει, τάδε καὶ τάδε πεποιηκότος ἢ ποιεῖν μέλλοντος,

66, 10 τινι] τινα V   τιμιώτεραν] τιμιώτερον Boiss.   11 ἔργοις] λόγοις C
12 ἀλλ'] om. P   67, 2 γενεᾶς] γενομένης W   Ἰουλιανὸν] Ἰουλιανοῦ C,
Ἰουλια<contr.> F   5 ἀρετῆς] Ἄρεος V, Ἄρεως P   6 χρυσῆν] χρυσὴν CV
ἀργυρᾶν] ἀργυρὰν FC   7 διαφορᾷ] διαφορὰ F   8 ἀπειλικρινῶν] iterav.
in marg. al. m. W   9 πάσης] καὶ πάσης P   10 καὶ ἄλλως] om. Mign.
11 ἢ²] om. A   12 κακόν] τὸ κακόν A   13 τὸν] τὸ Mign.   ἰόν]
ἴον Boiss.   68, 1 περιθρυλεῖσθαι] περιθρυλλεῖσθαι V[p. corr.]   2 φαντασιοκοπῶν]
φαντασιοσκοπῶν CP   3 τοῦ χρόνου] τοὺς χρόνους PV   γένος] γένους W

la bouche, mais l'action et le fruit de la contemplation combiné à une vie illustre – ainsi, l'un des vôtres, dit-il, a aussi estimé que l'acte est plus précieux que la parole pour celui qui pratique la philosophie, car il est plus important d'être raisonnable (εὔλογον) en gestes ([90]) –, de même que l'éducation et la sagesse dans les actions, plutôt que simplement dans les paroles.

67. À cet âge d'or: Dans son discours pour Julien, Libanios rappelle le souvenir de cet âge d'or, en s'inspirant d'Hésiode ([91]). Celui-ci compare en effet à de tels matériaux les vies des êtres humains, façonnant leur apparence d'après leur vertu et leur méchanceté; il en appelle une race d'or, l'autre d'argent, et il présente par la suite d'autres matériaux inférieurs dans la variété des matériaux, auxquels il compare les vies de notre race. Il distingue ceux qui sont à l'image de l'éclat de l'or, comme inaccessibles à tout défaut de la rouille, et il classe les autres différemment, soit parce qu'ils possèdent en plus ou en moins une certaine mesure de vertu et de méchanceté, soit parce qu'ils représentent le bien ou le mal absolu, comme un matériau se juge à sa mauvaise qualité, son impureté et sa rouille ([92]).

68. Fallait-il que l'éloge nous en rabattît les oreilles: En effet, Libanios, louant son règne et s'abreuvant d'illusions, qualifiait le temps de Julien d'âge d'or, puisqu'il avait fait telle et telle chose, ou devait le faire – ce qui n'est pas arri-

---

(90) L'origine précise de la citation de Grégoire ou de Basile n'a pas pu être retracée, mais il s'agit d'un thème assez commun à la culture grecque. Voir, entre autres, Sophocle, *Œdipe à Colone*, 1143-1144; Euripide, fr. 394, éd. R. Kannicht, *Tragicorum Graecorum Fragmenta*, vol. 5, Göttingen, 2004; Thémistios, *À Valentinien le jeune*, 126 B-C; Stobée, *Anthologie*, 2, 15, 35-37.

(91) Hésiode, *Les travaux et les jours*, 108-201. Basile semble référer ici au *Discours* 18 de Libanios, mais il n'y a pas de mention de l'âge d'or dans ce texte, ni dans aucun autre discours adressé à Julien par cet auteur. Seul le ton généralement élogieux de Libanios permet d'associer sa vision du règne de Julien à une sorte d'âge d'or. Voir Kurmann, *Kommentar*, p. 254.

(92) Cette explication de l'âge d'or pourrait avoir été inspirée à Basile par un commentaire de Proclos conservé en scholie *Des travaux et des jours* d'Hésiode (111), dans lequel le philosophe explique que l'or est associé à l'image de l'impassibilité du fait qu'il n'admet ni la rouille, ni la décomposition: Proclos, *Comm. aux Travaux et aux jours*, 70, éd. P. Marzillo, *Der Kommentar des Proklos zu Hesiods « Werken und Tagen »: Edition, Übersetzung und Erläuterung der Fragmente* (Classica Monacensia, 33), Tübingen, 2010, p. 52.

ἅπερ οὐκ ἐγένετο. Διὸ καὶ ἀκαριαῖα ταῦτα καὶ φαντασιώδη
6 φησί.

69. Ὅ μοι δοκεῖ ἄλλον μὲν ἂν ἰδεῖν (75, 601 A9). Τὸ
2 ποῖον συνιδεῖν; Τὸ καὶ μικροῖς καὶ μεγάλοις πλέξαι τὸν διωγμὸν ἐν καιροῖς τῆς τοσαύτης χριστιανῶν ἐπιδόσεως, ὡς ἐκ
4 τούτου καὶ πλείστην ὅσην ἄνοιαν στηλιτεύεσθαι ἐν τούτοις,
αὐτοῦ πᾶσαν μικροῦ τὴν τῶν Ῥωμαίων διώκειν καὶ καταλύειν
6 ἀρχὴν πειρωμένου. Ἐν οἷς καὶ τὸ κοῦφον αὐτοῦ καὶ μειρακιῶδες δείκνυει, ὅτι τῇ μεταθέσει τῆς κλήσεως τῶν Γαλιλαίων
8 ᾠήθη καὶ τὴν διάθεσιν συνακολουθῆσαι· πλὴν καὶ ἔργῳ δεδήλωται ὅτι μέγιστον εἰς δόξαν ἡ τοῦ χριστιανισμοῦ κλῆσις καὶ
10 διὰ τοῦτο ἀποστερεῖν ἡμᾶς τούτου ἐμηχανᾶτο, ἢ δεδοικώς,
καθάπερ οἱ δαίμονες, τὴν προσηγορίαν.

70. Ἡμεῖς δ' οὐ παρακινήσομεν αὐτοῖς τὰ ὀνόματα (77,
2 601 C1). Οὐκ ἔχομεν γάρ, φησίν, εἰς ὅ τι καταγελαστότερον
μετατεθεικέναι τὰ ὑμέτερα τῶν ὀνομάτων, τῶν σεμνῶν φαλ-
4 λῶν ὑμῶν καὶ ἰθυφάλλων, καὶ τῶν ἑξῆς ἐπαγομένων.

71. Δεῖ γὰρ ἢ ἀτυχεῖν παρ' ἐκείνοις (77, 601 C7-8).
2 Πῶς ἀτυχεῖν; Εἰς πολλὰς ἀκολασταίνειν γυναῖκας ἕνα, τουτέστι τὸν κράτιστον Ἡρακλέα· ἢ ἐκ πολλῶν γεννᾶσθαι ἕνα.
4 Τίνα; Τὸν Πᾶνα λέγει, ὅν φασι πολλοὺς μνηστῆρας τῇ Πηνελόπῃ συνελθόντας ἕνα τοῦτον γεννηθῆναι τὸν αἴσχιστον, κερα-
6 σφόρον καὶ τραγοσκελῆ.

72. Βουθοίναν καὶ Τριέσπερον (77, 604 A3-4). Τὸν αὐτὸν
2 λέγει Ἡρακλέα. Οὗτος γὰρ διερχόμενος ζευγίτην ἀροτριῶντα

68, 5 οὐκ] καὶ W   69, 1 ἰδεῖν] εἰπεῖν ἢ καὶ συνιδεῖν W   1/2 τὸ - συνιδεῖν] lemma continuata V   2 τὸ] om. F$^{a.\,corr.}$ 3 καιροῖς] καιρῷ W   χριστιανῶν] τῶν χριστιανῶν P, τῶν διωγνῶν W   4 ὅσην] ὅσιν F   5 τῶν] om. C   διώκειν] διώκων C   9 χριστιανισμοῦ] χριστιανοῦ C   70, 1 αὐτοῖς] αὐτὰ V, αὐτ<contr.> P   3 μετατεθεικέναι] μετατέθεικε καὶ V, μετατεθῇ καὶ P   ὑμέτερα] ἡμέτερα Mign.   3/4 φαλλῶν ὑμῶν] ὑμῶν φαλλῶν A   4 καὶ ἰθυφάλλων] om. Mign.   71, 3 κράτιστον] om. A   ἢ - ἕνα] lemma Boiss. Mign.   4 Πᾶνα] Πάνα CA   ὅν] οὗ V   Πηνελόπῃ] Πινελόπη F   72, 2 λέγει Ἡρακλέα] Ἡρακλέα λέγει C

vé ([93]). C'est pourquoi il ([94]) dit que ces faits furent très brefs et illusoires.

69. À mon sens, un autre homme aurait compris cela : De quoi est-il question ? Du fait de tramer la persécution contre les humbles et les grands, dans la conjoncture d'une si grande progression des chrétiens, de telle sorte que, de ce fait, il manifesta le plus haut degré de folie dans ses gestes, lui qui entreprenait de persécuter et de renverser presque tout l'Empire romain. Dans ses actions, il montra sa légèreté et sa puérilité, puisqu'il crut, en changeant notre nom pour celui de galiléens, que notre disposition suivrait également ([95]). Cependant, cela prouva en réalité que le nom du christianisme conduisait mieux que tout autre à la gloire et c'est pour cette raison qu'il projeta de nous en dépouiller, ou c'est parce que, comme les démons, il redoutait ce nom.

70. De notre côté, nous ne changerons pas leurs noms : Car nous ne pouvons pas, dit-il, changer vos noms pour quelque chose de plus risible que vos vénérables « phallus » et « phallus en érection », ainsi que ceux cités par la suite.

71. Chez eux, il faut en effet ou bien qu'un individu soit malheureux ([96]) : Comment serait-il malheureux ([97]) ? Il faut qu'un seul individu s'assouvisse sur de nombreuses femmes, c'est-à-dire le très puissant Héraclès ([98]), ou bien qu'il soit engendré par un grand nombre d'hommes. Qui ? Il parle de Pan : on dit que de nombreux prétendants unis à Pénélope engendrèrent cet unique être très laid, cornu et à pieds de bouc.

72. Leur Mangeur de bœuf et leur Produit de la triple soirée : Il parle du même Héraclès. En effet, celui-ci, alors qu'il faisait route, trouva un attelage labourant, sacrifia un

---

(93) Basile cite presque textuellement la finale de l'*Épitaphe à Julien*. LIBANIOS, *Or.* 18, 308, éd. FOERSTER, *Libanii Opera* : « [...] ὦ μεγάλα μὲν δράσας, μείζω δὲ μέλλων [...] ».

(94) C'est-à-dire Grégoire.

(95) GRÉGOIRE DE NAZIANZE, *Or.* 4, 76.

(96) Les manuscrits de Grégoire portent ἀτυχεῖν « être malheureux » à cet endroit (voir l'apparat critique de J. Bernardi), ce que la critique moderne propose – avec raison – de corriger en ἀδικεῖν « outrager ».

(97) L'incongruité du verbe ἀτυχεῖν justifie amplement la question de Basile. La suite de son explication correspond à l'interprétation moderne de ce passage.

(98) A. Kurmann (*Kommentar*, p. 261) y voit plutôt une allusion à Zeus.

εὑρὼν καὶ τὸν ἕτερον τούτων θύσας τῶν βοῶν, θοίνην ἑαυτοῦ
4 καὶ βρῶμα πεποίηται, ἐξ οὗ καὶ ὠνόμασται. Ὁ αὐτὸς οὗτος
καὶ τὰς Θεστίου πεντήκοντα θυγατέρας ἐν μιᾷ διέφθειρε νυ-
6 κτί. Καὶ διὰ τριῶν νυκτῶν ἐτέχθη τῇ Ἀλκμήνῃ, καινοτομήσαντος τοῦ μεγάλου Διός, ὥς φασιν, δι' ἀκολασίας ἔρωτα καὶ
8 τὰς ἡμέρας, κελεύσαντος ἡλίῳ ἐπὶ τρισὶ μὴ ἀνατεῖλαι ἡμέραις, ὡς μὴ ἀρκούσης νυκτὸς μιᾶς ἐκπλῆσαι τὸν οὕτω θερμὸν
10 καὶ ἀτειρῆ ἔρωτα.

73. **Εἰδωλιανὸν καὶ Πισσαῖον** (77, 604 A14). Διὰ τὴν
2 μετωνυμίαν τῶν Γαλιλαίων ἀντισκώπτοντες Εἰδωλιανὸν
αὐτὸν καὶ Πισσαῖον ἐκάλουν οἱ μὴ συναπαχθέντες τῇ δεισι-
4 δαίμονι πλάνῃ αὐτοῦ, τὸ μὲν ἀπὸ τῶν εἰδώλων, τὸ δὲ ἀπὸ τῆς
Πίσσης – οὕτω γὰρ ἔν τισιν εὕρηται τῶν ἀντιγράφων – ἢ ἀπὸ
6 τῆς πειθοῦς, ὅτι, φασί, καὶ τοῦτο, εἰ καὶ βραχύτερον τῆς βίας,
ὅμως παρ' αὐτῷ ἦν. Εἰδωλιανὸν οὖν αὐτὸν ὠνομάκασι καὶ
8 Ἀδωναῖον ἀπὸ Ἀδώνιδος καὶ Καυσίταυρον, ὅτι πολλάκις ταύρους ὡλοκαύτου, ἀλλὰ κἂν τοῖς νομίσμασι ταῦρον ἐνετύπου.
10 Διὸ καὶ Ἀντιοχεῖς ἀποσκώπτοντες κατὰ πρόσωπον ἔλεγον·
« τὸ νόμισμά σου ταῦρον ἔχει καὶ τὸν κόσμον ἀνατρέπει »·

72, 3 τὸν ἕτερον] τῶν ἑτέρων $V^{a. corr.}$ τούτων] τούτῳ $V^{p. corr.}$, τούτου $PW^{p. corr.}$
5 Θεστίου] Θετίου W 6 Ἀλκμήνῃ] Ἀλμήνη $P^{a. corr.}A$ 8 κελεύσαντος]
καὶ κελεύσαντος P, κελεύσας FCA ἀνατεῖλαι] ἀνατείλαι V 10 ἀτει-
ρῇ] ἀτηρῇ W 73, 1 Πισσαῖον] Πισαῖον P, Πεισαῖον $V^{a. corr.}$ 2 ἀντισκώ-
πτοντες] ἀντὶ τοῦ σκώπτοντες C 3 Πισσαῖον] Πισαῖον P 5 Πίσσης]
Πίσης $PV^{a. corr.}$ 6 καὶ²] add. prima manu C 8 Ἀδώνιδος] Ἀδώνιδος F,
Ἀδώνιδος C 9 ὡλοκαύτου] ὡλοκαύτει FC

des deux bœufs de l'attelage et s'en fit pour lui-même un banquet et repas, d'où lui vient ce nom. Ce même héros corrompit aussi les cinquante filles de Thestios en une seule nuit. Il fut engendré par Alcmène durant trois nuits, car le grand Zeus, comme ils disent, révolutionna même les jours pour son amour de la luxure, en ordonnant au soleil de ne pas se lever pendant trois jours, puisqu'une seule nuit ne suffisait pas à assouvir cet amour si brûlant et inflexible ([99]).

73. Idolien, Piséen: Pour le railler en retour d'avoir changé leur nom en galiléens, ceux qui ne s'étaient pas laissé détourner par son erreur superstitieuse l'appelaient Idolien et Piséen, l'un d'après les idoles, l'autre d'après Pise – car c'est ce qu'on trouve dans certains manuscrits ([100]) – ou d'après la persuasion, parce que, dit-on, il en usait aussi, quoique plus brièvement que la force ([101]). Ils le nommaient donc Idolien, ainsi qu'Adonéen d'après Adonis et Brûleur de taureaux, parce qu'il consumait souvent des taureaux en sacrifice, mais aussi parce qu'il fit frapper un taureau sur ses monnaies ([102]). C'est pourquoi aussi les Antiochiens, pour se moquer du personnage, disaient: « Ta monnaie a un taureau et renverse le

---

([99]) Toute cette scholie fait écho aux *Histoires mythologiques* (*Hist. 4*, 41 et 42); Basile ajoute seulement quelques indications sur l'amour de Zeus pour Alcmène.

([100]) Selon J.-F. Boissonade (*Scholies inédites*, p. 87, n. 4), « il veut dire que quelques manuscrits ont la leçon Πισαῖον, qui viendra de Πίσα. L'explication suivante, ἢ ἀπὸ πειθοῦς, se rapporte à la leçon Πεισαῖον, qui se trouve dans quelques copies ». Cependant, l'édition de J. Bernardi ne fait mention d'aucune variante de texte en Πεισαῖον.

([101]) Voir Grégoire de Nazianze, *Or.* 4, 63.

([102]) Cette explication pourrait être une réponse au pseudo-Nonnos, qui ne parle que du sacrifice de taureaux (*Hist. 4*, 43). Les monnaies à image de taureau de Julien sont assez célèbres et les moqueries auxquelles elles ont donné cours sont évoquées par les Anciens: voir d'abord Julien lui-même (*Misopogon*, 27, 355 D); puis Éphrem le Syrien (*Hymnes contre Julien*, 1, 16-17); Socrate (*H.E.*, 3, 17, 4-5); Sozomène (*H.E.*, 4, 19, 2). Les modernes, pour leur part, se sont davantage intéressés à la signification de cette iconographie. Par exemple, J.P.C. Kent, *An Introduction to the Coinage of Julian the Apostate (A.D. 360-363)*, dans *Numismatic Chronicle*, 19 (1959), p. 109-117; F.D. Gilliard, *Notes on the Coinage of Julian the Apostate*, dans *The Journal of Roman Studies*, 54 (1964), p. 135-141; D. Woods, *Julian, Gallienus, and the Solar Bull*, dans *American Journal of Numismatics*, 12 (2000), p. 157-169; S. Tougher, *Julian's Bull Coinage: Kent Revisited*, dans *The Classical Quarterly*, 54 (2004), p. 327-330.

12 τροπικῶς ἀπὸ τοῦ ὑπὸ τῶν ταύρων καὶ τῶν βοῶν ἑλκομένου D
καὶ τὴν γῆν ἀνατρέποντος ἀρότρου.
74. Τῇ λεοντῇ τὴν κερδαλῆν ἐγκρύπτων (79, 605 A10-
2 11). Παροιμιακῶς εἴρηται ἀπὸ τῆς δορᾶς τοῦ λέοντος καὶ τῆς
κερδοῦς, εἴτ' οὖν ἀλώπεκος. Εἴληπται ἀπὸ τῶν ζώων· λέων,
4 ἰσχυρότατον καὶ βασιλικώτατον τῶν ζώων, δυνάμει θαρροῦν
ἀτρύτῳ, δόλου παντὸς ἐλεύθερον· κερδώ, ῥώμῃ μὲν ἀσθενής,
6 δόλῳ δὲ κρατοῦν καὶ ἰσχυροτέρων. Βούλεται δὲ λέγειν ὁ λόγος
ὅτι τῷ τυραννικῷ καὶ βασιλικῷ ἤθει ἔκρυπτεν ὁ Ἀποστάτης
8 τὸ πανοῦργον καὶ δολερόν, ἀλλ' οὐχ ὡς βασιλεύς, τὰ βασιλεῖ
τρέποντα ἐλευθερίως καὶ ἀπανούργως ἐτέλει.
75. Ὡς κακοῦ γε τοῦ παντὸς μὴ εἶναι διαμαρτεῖν (81, 1112 A
2 608 A13-14). Τουτέστιν ὡς εἶναι μὴ ἀποτυχεῖν τοῦ παντὸς
κακοῦ, ἤτοι μὴ προσκυνοῦντας, ὡς βασιλέως κολάζεσθαι ὑβρι-
4 στάς, ἢ προσκυνοῦντας, συμπροσκυνεῖν δοκεῖν καὶ λατρεύειν
εἰδώλοις, ὡς τῆς προσκυνήσεως τὸ πᾶν ἐχούσης τῶν κακῶν
6 σεσοφισμένως.
76. Φαρμαχθῆναι φιλανθρωπίᾳ τινὶ τὸ ἀπάνθρωπον
2 (82, 608 D3-4). Φιλανθρωπίαν καλεῖ τὴν τῆς ἐκτύπου βασιλικῆς δωρεᾶς φιλοτιμίαν· ἀπανθρωπίαν δέ, τὴν διὰ τῆς δοκού-
4 σης φιλανθρωπίας εἰσαγομένην ἀσέβειαν, χρήμασι φαρμακευούσης καὶ δελεαζούσης στρατιωτικὴν ἁπλότητα.
77. Μελάμπους τί ἢ Πρωτεύς (82, 609 A3-4). Εἴρηται B
2 περὶ Πρωτέως. Ὁ δὲ Μελάμπους καὶ αὐτὸς ἐπὶ πανουργίαις διαβέβληται καὶ γοητείαις καὶ μαγγανείαις ἀπατηλαῖς.

74, 5 δόλου] δόλου δὲ W   κερδώ] κερδῶ V, κερδὼ δέ P   ἀσθενής] ἀσθε-
νές coni. Boiss.   8 βασιλεῖ] βασίλεια C   76, 1 φιλανθρωπίᾳ] καὶ φιλανθρωπίᾳ PV   τινὶ] om. A   2 ἐκτύπου] ἐκτόπου P   77, 1 Μελάμπους]
post Μελάμπους add. οἶμαι F$^{sup. l}$PV   τί] τὶς W   2 πανουργίαις] πανουρ-
γία sed corr. prima manu P

monde » (¹⁰³). Cette image vient de la charrue qui, tirée par les taureaux et les bœufs, retourne la terre.

74. *De cacher son cœur de renard sous une peau de lion* : Ce passage vient du proverbe sur la peau du lion et le goupil, c'est-à-dire le renard (¹⁰⁴). Ce proverbe est inspiré du monde animal : le lion, le plus fort et le plus royal des animaux, confiant en sa puissance infatigable et libre de toute ruse, et le goupil, faible par la force, mais dominant par la ruse même les plus forts (¹⁰⁵). Le proverbe veut dire que, sous des manières tyranniques et royales, l'Apostat cachait sa fourberie et sa tromperie et qu'il n'accomplissait pas ses devoirs de roi comme un roi, librement et sans malice.

75. *De sorte qu'il était absolument impossible d'éviter un malheur* (¹⁰⁶) : C'est-à-dire de sorte qu'il n'était pas possible d'échapper à tout malheur, soit en ne se prosternant pas, de sorte qu'on était puni pour outrage à l'empereur, soit en se prosternant, de sorte qu'on semblait adorer et servir les idoles ; ainsi la prosternation réunissait avec fourberie l'ensemble des maux.

76. *La cruauté se mêla à je ne sais quelle bonté* : Il appelle « bonté » la prodigalité de l'ostensible largesse impériale et « cruauté », l'impiété découlant de cette apparente bonté, qui séduisit et empoisonna à coup d'argent la simplicité des soldats.

77. *On aurait dit un Mélampous ou un Protée* : Il a été question de Protée (¹⁰⁷). Quant à Mélampous, il a lui aussi été accusé de fourberie, de charlatanisme et de sorcellerie trompeuse (¹⁰⁸).

---

(103) Voir JULIEN, *Misopogon*, 32, 360 D et 43, 371 A.
(104) Le proverbe se trouve dans ZÉNOBIOS, *Proverbes*, 1, 93 ; et DIOGÉNIEN, *Proverbes*, 7, 15 ; voir aussi PLUTARQUE, *Lysandre*, 8, 6.
(105) Le lion et le renard sont très souvent opposés dans la littérature grecque comme symbole de courage et de ruse. Voir, par exemple PINDARE, *Isthmiques*, 4, 3, 77-78 ; ARISTOPHANE, *Paix*, 1189.
(106) Le lemme de Basile est légèrement différent de l'édition moderne du texte de Grégoire : il donne παντός au lieu de πάντως.
(107) Basile en a parlé plus haut (*Comm.* 4, 62) et le pseudo-Nonnos dans les *Histoires mythologiques* (*Hist.* 4, 45).
(108) La syntaxe de Grégoire peut laisser croire que Mélampous était polymorphe comme Protée, piège dans lequel le pseudo-Nonnos est tombé (*Hist.* 4, 45), mais Basile précise que Mélampous est évoqué ici pour sa fourberie.

78. Ἑνὸς τεχνάσματος ὤνιος ἦν (83, 609 B4). Οἷον ἐωνημένος, πεπραμένος, διὰ μιᾶς μηχανῆς δολερᾶς καὶ πανούργου σκέψεως.

79. Τῇ ψυχροφόρῳ κύλικι (84, 612 A1). Μετὰ τὴν πολλὴν κεκραμένην οἰνοποσίαν, τῇ συνήθει ἐκέχρηντο ἀκρατοποσίᾳ ψυχροῦ οἴνου· εἶτα εἰς ὄνομά τινες ἀναβλέψαντες Χριστοῦ εὐφήμως ἂν εἶπον· ἔπειτά τις τῶν συμποσιαζόντων· «μετὰ τὴν ἄρνησιν, ἔφη, Χριστὸν ἔτι ἐπικαλεῖσθε;» Καὶ τὰ ἑπόμενα σημείωσαι ὡς ἄξια ἐπιστάσεως.

80. Τὸ Αἰτναῖον πῦρ (85, 613 A6). Αἴτνη ὄρος ἐστὶ Σικελικόν, ἐν ᾧ χάσμα τι κατὰ κορυφῆς ἐνυπάρχον βρασμῷ καὶ ἤχῳ πολλῷ πῦρ ἄνω ἀπερεύγεται. Πρότερον κατὰ τοὺς κρατῆρας αἰρόμενον, εἶτ' αὖθις κατὰ τῶν ὑποκειμένων φερόμενον, φοβερῷ καὶ ἀπίστῳ τινὶ ῥεύματι φθείρει τὰ παρακείμενα. Ὁ δὲ μῦθός φησι· Γιγάντων ἐπαναστάντων τῷ Διί, τὸν τούτων τυραννικώτερον καταβαλὼν καὶ κεραυνῷ βαλών, φησίν, ἐτιμωρήσατο· ἐξ οὗτινος τὸ ἀναπεμπόμενον ἄσθμα, πυρίπνουν ὄν, λυμαίνεται τὰ δι' ὧν ῥεῖ πυρπολοῦν καὶ πᾶν καταφλέγον τὸ προσπελάζον καὶ ὑποκείμενον.

81. Καὶ τοὺς πλήρεις αἵματος κίονας (86, 613 C2-3). Ἐν κίοσι γὰρ τὰς χεῖρας τῶν μὴ πειθαρχούντων ἐξαπλοῦντες κύκλῳ καὶ περιζωννύοντες, τῶν ἁγίων τὰς σάρκας δορκαλίσι κατέξαινον.

78, 2 πεπραμένος] πεπραγμένος *Boiss.*, πεπρα[γ]μένος *Mign.* 79, 1 ψυχροφόρῳ] ψυχοφθόρῳ *FP* 2 κεκραμένην] καὶ κεκραμένην *FW* συνήθει] συνηθείᾳ *C*, συνηθεῖα *F* ἀκρατοποσίᾳ] οἰνοποσίᾳ *W* 3 ὄνομά] ὀνόματά *P* 4 τις] τίς *CPA* συμποσιαζόντων] συμποταζόντων *FCPVW* 5 ἔτι] ἔφη *W* 80, 4 εἶτ'] εἴτ' *F* 6 μῦθός] τις θεός *ut vid.* *F*[p. corr.] τῷ] *om. C* 7 καταβαλὼν] καταλαβὼν *FCVW* 8 οὗτινος] οὕτινος *C* ἄσθμα] ἄσμα *CW*[a. corr.], ἄσθμα *V*[p. corr.]*W*[p. corr.] 8/9 πυρίπνουν ὄν] *om. V* 81, 1 πλήρεις] πλήρης *C* 2 χεῖρας] θύρας *W*

78. Cette seule manœuvre amena [l'armée entière] à se vendre: Autrement dit, elle a été achetée, vendue (¹⁰⁹), grâce à une seule machination trompeuse et un prétexte fallacieux.

79. Sur la coupe du rafraîchissement: Après avoir bu beaucoup de vin mélangé, l'habitude était de boire du vin pur et froid (¹¹⁰). Alors, certains, levant les yeux vers le nom du Christ, l'auraient prononcé pieusement. Après quoi, un des convives (¹¹¹) leur dit: « Après l'avoir renié, vous invoquez encore le Christ? ». Considère la suite comme digne d'attention.

80. Le feu de l'Etna: L'Etna est une montagne de Sicile, qui possède à son sommet un gouffre, duquel jaillit, dans un grand grondement et bouillonnement, du feu. D'abord, il se soulève le long des cratères, mais ensuite, poussé vers les régions inférieures, il dévaste ce qui s'y trouve dans un torrent redoutable et incroyable. La fable dit que lors du soulèvement des Géants, Zeus renversa le plus tyrannique d'entre eux et le punit, dit-on, en le frappant de sa foudre. C'est le souffle de celui-ci qui remonte, enflammé, pour détruire et consumer ce à travers quoi il coule et pour brûler tout ce qui se trouve dans les environs (¹¹²).

81. Des colonnes dont le pourtour était teint du sang: En effet, ils passaient autour des colonnes les mains des insoumis et les sanglaient, puis ils déchiraient à coup de fouet les chairs des saints hommes (¹¹³).

---

(109) Cette définition d'ὤνιος ressemble à celle qui se trouve dans le *Lexicon in orationes Gregorii* édité par J. Sajdak (*Anonymi Oxoniensis Lexicon*, p. 188), mais, puisque la date de composition du lexique (conservé sur un unique manuscrit du X⁰ siècle) est inconnue, il est difficile de dire s'il y a eu un emprunt direct dans un sens ou l'autre.

(110) Sur les diverses interprétations de ce passage de Grégoire, voir Kurman, *Kommentar*, p. 282-283.

(111) La plupart des manuscrits portent συμποταζόντων, ce qui est manifestement une erreur. Outre le fait que ce verbe n'est pas attesté par ailleurs, cette forme n'est même pas justifiable au regard de l'étymologie. C'est pourquoi la leçon du témoin A a été retenue.

(112) Cette origine légendaire de l'Etna n'était pas mentionnée dans les *Histoires mythologiques* (*Hist.* 4, 46), une lacune que Basile a comblée.

(113) Basile donne une définition de δορκαλίς au *Comm.* 5, 62 (*Or.* 5, 40).

82. Παρθένους ἁγνὰς τῆς ἐσθῆτος γυμνώσαντες, εἶτ' ἀνακείραντες καὶ διχάσαντες (87, 616 B2-6). Φρικτὸν τοῦτο ὡς ἀληθῶς καὶ πάσης οὐκ ἀσεβείας μόνον, ἀλλὰ καὶ θηριωδίας ἐπέκεινα. Ποῖον γὰρ ἂν θηρίον σαρκῶν ὁμοφύλων ἐφάψαιτο;

83. Ὡς ἐπαινοίη τὸ σύμβολον (89, 620 C1). Τί ταύτης τῆς ψυχῆς ἱερώτερόν τε καὶ ὑψηλότερον; Κάτω γὰρ ἅπαντα θεὶς τὰ σωματικά τε καὶ γήϊνα καὶ αὐτοῦ τοῦ οἰκείου σωματίου μεθεὶς καὶ ὑπερφρονήσας, ὑψωθείς τε καὶ μετέωρος γεγονὼς καὶ αὐτῆς τῆς οὐρανίας ἀψῖδος ὑπεραρθείς, ἐπεντρυφῶν ὥσπερ τοῖς δεινοῖς, ὡς ταπεινοὺς ἐπεγγελῶν καὶ λίαν χαμερπεῖς ἐπετώθαζε τοὺς αἰκίζοντας.

84. Ὑπὲρ οὗ τάχα μόνου δικαίως ἔπασχε (91, 621 C5-6). Ποίου; Τοῦ ὅτι τὸν ἐξάγιστον τοῦτον, ἡνίκα τὸ ἐκείνου γένος ἅπαν ἐκινδύνευεν ἀπολωλέναι, καὶ αὐτὸς εἷς ἦν τῶν σεσωκότων αὐτὸν καὶ ἀποκρυψάντων. Τὰ μὲν γὰρ ἄλλα, φησίν, ἀδίκως ἔπασχεν, ὅτι δὲ κακὸν τοσοῦτον τῇ οἰκουμένῃ σώζων ἐλάνθανεν Ἰουλιανόν, διὰ τοῦτο καὶ πλείω προσπαθεῖν ἄξιος, φησί, ἦν.

85. Ὡς μικρὰν εἶναι τὴν Ἐχέτου καὶ Φαλάριδος ἀπανθρωπίαν (91, 624 A8-9). Ἀμφοῖν ἤστην περιβόητοι τὴν ὠμότητα καὶ ἀπανθρωπίαν· ὧν ὁ μὲν Ἔχετος Σικελίας τύραννος ἦν ὅς, ἀκρωτηριάζων τοῦ σώματος τῶν μέλων καὶ τὰ αἰδοῖα ἀποτέμνων, οἰκτίστῳ θανάτῳ παρεδίδου. Ὁ Φάλαρις δέ, Διονυσίῳ τῷ τυράννῳ βοῦν χαλκοῦν κατασκευάσας, ἐν ᾧπερ ὑποκαιομένῳ ἀνθρώπους εἰσβάλλειν εἰσηγεῖτο τῷ Διονυσίῳ, ὡς

82, 1 γυμνώσαντες] γυμνάσαντες C   2 ἀνακείραντες] ἀνακήραντες C   διχάσαντες] δικάσαντες Mign.   4 σαρκῶν ὁμοφύλων] ὁμοφύλων σαρκῶν P   83, 1 ἐπαινοίη] ἐπενοίη C$^{a.\,corr.}$ 3 σωματίου] om. W   4 μετέωρος] ματαίορος F   γεγονὼς] γεγωνὼς A   5 ἀψῖδος] ἀψῖδος AV$^{a.\,corr.}$W$^{p.\,corr.}$, ἀψίδος PV$^{p.\,corr.}$, om. W$^{a.\,corr.}$ ἐπεντρυφῶν] ἐπεντρύφων C   6 ἐπεγγελῶν] ἐπαγγέλων FCV   84, 1 ἔπασχε] ἔπασχον C, ἔπασχ<contr.> FP   2 τοῦ] τὸ A   3 ἦν] om. A   5 δὲ] om. A   7 φησί ἦν] ἦν φησί PV, ἦν A   85, 1 μικρὰν] μικρὰ V, μικρὸν F$^{p.\,corr.}$P   εἶναι] ἦν P   2 ἀμφοῖν] ἀμφῶ coni. Boiss.   3 ἀπανθρωπίαν] ἀφιλανθρωπίαν W, τὴν ἀπανθρωπίαν Boiss.   4 ἀκρωτηριάζων] ἀκροτηριάζων FC   τῶν μέλων] τὰ μέλη P   5 οἰκτίστῳ] iterav. in marg. al. m. F   Διονυσίῳ] Διονύσῳ CAV, Διονύσσῳ F   6 τυράννῳ] om. A   κατασκευάσας] κατασκευάζων prima manu C$^{p.\,corr.}$ ᾧπερ] τούτῳ P   7 Διονυσίῳ] Διονύσῳ CA, Διονύ<contr.> F

82. *De chastes vierges qu'ils dépouillèrent de leurs vêtements, puis mirent en pièces et découpèrent* : Cette histoire est réellement horrifiante, non seulement au-delà de toute impiété, mais aussi de toute sauvagerie. Quel animal sauvage, en effet, toucherait à la chair de ses congénères ?

83. *Que ce symbole lui plaisait* : Qu'y a-t-il de plus sacré et élevé que cette âme ? En effet, il tenait pour basses toutes les choses corporelles et terrestres, négligeant et méprisant son propre corps, et il s'était élevé à un niveau supérieur, jusqu'à dépasser la voûte céleste elle-même. Il faisait en quelque sorte délices de ses tourments et il se moquait de ceux qui le maltraitaient en les raillant comme des êtres bas et totalement rampants.

84. *La seule chose qui justifie peut-être le traitement qu'il subit* : Quelle chose ? C'est que, lorsque toute la famille de ce scélérat était menacée d'extermination, lui-même ([114]) était un de ceux qui l'avaient sauvé et caché. En effet, il a subi, dit-il, les autres tortures injustement, mais, parce qu'il ne s'est pas rendu compte qu'en sauvant Julien, il sauvait un homme si mauvais pour l'univers, à cause de cela, dit-il, il méritait de subir encore davantage.

85. *La cruauté d'Échétos et de Phalaris semble peu de choses* : Tous deux ([115]) étaient célèbres pour leur férocité et leur cruauté. Le premier, Échétos, était un tyran de Sicile qui coupait les membres du corps et tranchait le sexe de ses victimes pour les livrer à une mort misérable ([116]). Quant à Phalaris, il avait fabriqué pour le tyran Denys un bœuf de bronze, puis il proposa à Denys de le mettre sur le feu et d'y jeter des hommes, de sorte que les lamentations de ceux-ci le feraient

---

(114) C'est-à-dire Marc d'Aréthuse.

(115) La correction de J.-F. Boissonade (ἀμφῶ) est plus logique que la leçon des manuscrits (ἀμφοῖν), il y a peut-être lieu de la retenir.

(116) Les *Histoires mythologiques* n'expliquaient pas les modalités de la cruauté d'Échétos (*Hist.* 4, 48), une lacune que corrige ici Basile. Traditionnellement, Échétos est présenté comme un tyran d'Épire, mais Basile écrit peut-être d'après une scholie ancienne à l'*Odyssée*, 18, 85 (W. DINDORF, *Scholia Graeca in Homeri Odysseam*, vol. 2, Oxford, 1855 [réimpr. Amsterdam, 1962]), dont il emprunte aussi le vocabulaire.

ἂν τῇ τούτων οἰμωγῇ φοβερὸν ὑπηχεῖσθαι, ὥσπερ τοῦ βοὸς μυκωμένου· ἐν ᾧ καὶ πρῶτος δικαίως αὐτὸς ἐμβληθεὶς τὴν πεῖραν ἐδίδαξεν.

86. Τίς ἄν μοι δοίη τὴν Ἡροδότου καὶ Θουκυδίδου σχολήν τε καὶ γλῶτταν (92, 624 B1-2). Ἱστορικοὶ ἐγενέσθην οὗτοι τῶν παρ' Ἕλλησι θαυμαζομένων, τὰς Ἑλληνικὰς γράψαντες ἱστορίας. Ἀλλ', ὦ Πάτερ ἡμέτερε καὶ τὴν σοφίαν ὑπέρτερε, οὐδὲν προσδεῖ γλώττης ἡμῖν τῆς ἐκείνων. Ἥρκεσε γὰρ οὐδὲν ἧττον, εἰ μὴ καὶ μᾶλλον, ἡ τῆς ὑμετέρας γλώττης βροντή τε καὶ ἀστραπὴ ὑπερφωνῆσαι καὶ καταστράψαι καὶ στήλῃ μακρᾷ θριαμβεῦσαι, ἔτι δὲ καὶ καταβαλεῖν καὶ καταφλέξαι κακίαν οὕτω λαμπρὰν καὶ ὡς αἰθάλην λικμῆσαι αὐτοῖς εἰδώλοις καὶ μύθοις καὶ τελεταῖς καὶ μαγγανείαις τὸν ἀλιτήριον.

87. Τὸν Ὀρόντην (92, 624 B5). Ποταμὸς οὗτός ἐστιν Ἀντιοχείας, ἐν ᾧπερ τοὺς ὑπ' αὐτοῦ ἀναιρουμένους ἐρρίπτει κτείνων ἀδήλως· ὃν καὶ τοῖς νεκροῖς στενοῦσθαι ἐξ Ὁμήρου λαβὼν εἶπε. *Τῶν δ' ἀνατεμνομένων παίδων τε καὶ παρθένων καὶ τῶν ὑπὲρ εὐσεβείας κινδυνευόντων, φρέασί τε καὶ διώρυξι καὶ τοίχοις καὶ κοίλοις τισὶν ἐναπέκρυπτε τόποις.*

86, 1 Ἡροδότου καὶ Θουκυδίδου] Ἡρωδότου καὶ Θυκιδίδου F   4 ᾦ] ὦ FA   7 ὑπερφωνῆσαι] ὑπερφρονῆσαι A   8 μακρᾷ] μακρὰ F   καὶ καταβαλεῖν] om. A   10 μαγγανείαις] μαγανείαις A

résonner d'un son effrayant, comme un bœuf mugissant. Il fut avec justice le premier à en faire l'expérience, puisqu'il y fut lui-même jeté ([117]).

86. *Qui me donnera le savoir et le style d'Hérodote et de Thucydide* : Ceux-là furent les historiens des faits remarquables de la Grèce, puisqu'ils ont écrit l'histoire grecque. Mais, cher Père éminent en sagesse, nous n'avons en rien besoin de la langue de ceux-là! Car le tonnerre et l'éclair de votre langue ne sont en rien inférieurs, sinon même supérieurs, pour tonner et éblouir ([118]), et pour célébrer notre triomphe sur une grande stèle ([119]), ainsi que pour abattre et brûler un mal si éclatant, et disperser comme de la cendre ce criminel avec ses propres idoles, fables, rites et pratiques magiques.

87. *L'Oronte* : Il s'agit du fleuve d'Antioche, dans lequel il ([120]) jetait les corps de ceux qu'il enlevait et tuait en secret ([121]). Il dit qu'il était bloqué par les cadavres, en s'inspirant d'Homère ([122]). Mais *les garçons et les filles éventrés*, ainsi que c*eux qui étaient condamnés pour leur foi*, il les cachait dans des puits, dans des fosses, dans des murs et dans quelques lieux souterrains.

---

(117) Dans le récit traditionnel, Phalaris, tyran d'Agrigente, commanda le taureau à Périlaos et lui en fit faire le premier l'expérience à ses dépens, mais il finit lui-même brûlé dans le taureau par ordre de Denys, tyran de Syracuse. La source de Basile est évidemment les *Histoires mythologiques*, qui confondent Phalaris, Périlaos et Denys (*Hist.* 4, 48).

(118) La comparaison avec le tonnerre est un thème usuel chez les auteurs byzantins pour louer Grégoire, par association avec Jean le Théologien, surnommé le fils du tonnerre : par exemple, THÉODORE STUDITE, *Epigr.* 67, éd. P. SPECK, *Theodoros Studites, Jamben auf verschiedene Gegenstände* (*Supplementa byzantina*, 1), Berlin, 1968, p. 224 ; *Hymnes*, 8, éd. J.-B. PITRA, *Analecta sacra spicilegio Solesmensi parata*, vol. 1, Paris, 1876, p. 351-354 ; NICÉTAS DAVID DE PAPHLAGONIE, *Éloge de Grégoire le Théologien*, 4, éd. J.J. RIZZO, *The Encomium of Gregory Nazianzen by Nicetas the Paphlagonian* (*Subsidia hagiographica*, 58), Bruxelles, 1976 ; JEAN CYRIOTE GÉOMÈTRE, Εἰς τὴν βίβλον τοῦ Θεολόγου, éd. J.A. CRAMER, *Anecdota graeca*, vol. 4, Oxford, 1841, p. 302 ; voir aussi l'anonyme dans SAJDAK, *Historia critica*, p. 270.

(119) Cette stèle est évidemment les *Discours* 4 et 5.
(120) C'est-à-dire Julien.
(121) Dans son édition du *Discours* 4, J. Bernardi a plutôt choisi de conserver ἀϊδήλως, *de façon funeste*.
(122) HOMÈRE *Iliade*, 21, 220.

88. Ἐν καιρῷ τῆς εὐτυχίας ἀτυχησάσης (92, 625 A7-8). Ἐν τῇ καθ' ἡμᾶς Καισαρείᾳ τῇ μεγάλῃ ταύτῃ ναὸς ἦν καὶ στήλη τῆς Τύχης, ὅνπερ ἐν καιρῷ τῆς αὐτοῦ βασιλείας καὶ εὐτυχίας πυρί τις τῶν εἰς εὐσέβειαν θερμοτέρων καταβαλὼν ἀπηθάλωσε. Διὸ καὶ ὑπ' αὐτοῦ περιυβρισμένοι, ἀπελήλαντο μακραῖς ὑπερορίαις κατακριθέντες.

89. Καὶ τὸν νέον θεὸν ἡμῖν ἀναπλάττοντες (94, 625 C11-12). Αὐτὸν λέγει τὸν ἄθεον εἰδωλιανόν· οὕτω γὰρ αὐτὸν οἱ τὰ ἐκείνου σέβοντες ἀνέπλαττόν τε καὶ ἀνηγόρευον.

90. Τὴν ὕδραν οὐδείς ποτε εἶπεν ἥμερον (94, 625 D1-2). Εἶδος ὄφεως ἡ ὕδρα πολυκέφαλον, ἧς ὁ Ἡρακλῆς, ὡς ὁ μῦθος, τὰς κεφαλὰς ἀποτέμνων οὐκ ἤρκει – ἀντὶ μιᾶς πλειόνων, ὥς φασι, φυομένων –, εἰ μὴ ὁ Ἰόλεως παρών τε καὶ συμμαχῶν ἐνεπίμπρα τὰς τεμνομένας.

91. Παταρικὴν Χίμαιραν (94, 628 A1). Αὕτη τρεῖς κεφαλὰς καθ' Ὅμηρον εἶχε· «πρόσθε γάρ, ἔφη, λέων, ὄπισθεν δὲ δράκων, μέση δὲ χίμαιρα»· ἣν ὁ Βελλεροφόντης ἀνεῖλεν ἐν Πατάροις τῆς Κιλικίας. Τρεῖς καὶ τὸν Κέρβερον τοῦ Ἅδου κύνα φασὶ κεφαλὰς ὁμοίως ἔχειν. Ἄϊδος δὲ κυνέην, μέλαιναν περικεφαλαίαν φασί· κυνέη δὲ ἡ ἀπὸ κυνὸς δέρματος κατεσκευασμένη. Περὶ τῶν ἄλλων ἱστοριῶν εἴρηται πολλάκις.

88, 1 εὐτυχίας] τύχης F^(d. corr.)CAW   3/4   4 τις] τίς PAW   5 περιυβρισμένοι] περιυβρισμένου Mign.   ἀπελήλαντο] ἀπελήσαντο Mign.   6 κατακριθέντες] καταβληθέντες W   89, 2 οὕτω] οὕτως PV   3 αὐτὸν] om. A 90, 1 ἥμερον] ἂν ἥμερον V, ἀνήμερον P   2 ἡ] om. Boiss.   Ἡρακλῆς] Ἡρακλῆς C   ὁ²] om. W   3 ἀποτέμνων] ἀποκόπτων W   4 παρών] παρών F   5 ἐνεπίμπρα] ἐνεπίπρα P^(d. corr.)W   91, 1 Χίμαιραν] Χίμαιρραν V   3 Βελλεροφόντης] Βελεροφόντης V   5 φασὶ κεφαλὰς ὁμοίως] κεφαλὰς ὁμοίως φασι W   7 πολλάκις] om. W

88. ***Elle qui, dans un temps de bonne fortune, en avait hérité d'une mauvaise*** : Dans cette grande Césarée qui est la nôtre ([123]), il y avait un temple et une stèle dédiés à la Fortune ; à l'époque de son règne et de sa bonne fortune ([124]), un homme parmi ceux qui sont plein de ferveur religieuse y mit le feu et le réduisit en cendre ([125]). C'est pourquoi, maltraités sans raison par lui, ils ont été chassés, condamnés à de longs exils.

89. ***Et qui veulent nous le faire passer pour un nouveau dieu*** : Il parle de l'impie Idolien lui-même ([126]), car c'est ainsi que ceux qui le vénèrent se le représentent et l'appellent.

90. ***Jamais personne n'a pourtant prétendu que l'hydre fût douce*** : L'hydre est une sorte de serpent à plusieurs têtes, qu'Héraclès, selon la légende, ne pouvait pas vaincre en coupant les têtes – puisque, pour chacune, dit-on, il en repoussait plusieurs –, sans la compagnie et l'aide d'Iolaos qui brûlait les têtes coupées ([127]).

91. ***La chimère de Patara*** : Celle-ci avait trois têtes selon Homère : « lion à l'avant, serpent à l'arrière et chèvre au milieu » ([128]). Bellérophon la tua à Patara, en Cilicie ([129]). On dit que Cerbère, le chien des Enfers, avait également trois têtes. Quant au *casque sombre d'Hadès*, c'est un casque noir, dit-on, appelé κυνέη parce que fait avec une peau de chien. Il a souvent été fait mention des autres histoires ([130]).

---

(123) Césarée de Cappadoce est la ville épiscopale de Basile.
(124) C'est-à-dire le règne de Julien.
(125) Cette histoire se trouve aussi chez Sozomène (*H.E.*, 5, 4, 4).
(126) Sur ce titre, voir Grégoire de Nazianze, *Or.* 4, 77 et Basile le Minime, *Comm.* 4, 73.
(127) Basile reprend des informations qui se trouvent dans les *Histoires mythologiques* (*Hist.* 4, 49), sans rien y apporter de plus.
(128) Homère, *Iliade*, 6, 181. En revanche, l'image d'une chimère à trois têtes provient plutôt d'Hésiode (*Théogonie*, 319-324). Basile ne suit pas ici les *Histoires mythologiques* (*Hist.* 4, 50), mais pourrait s'être inspiré des *scholia vetera* (Piccolomini, *Estratti inediti*, p. 234, sch. 15).
(129) Patara est en fait une ville de Lycie. L'erreur semble être de Basile. En revanche, après lui, Eustathe, dans son *Commentaire à l'Iliade* (éd. M. van der Valk, *Eustathii archiepiscopi Thessalonicensis commentarii ad Homeri Iliadem pertinentes*, vol. 2, Leyde, 1976, p. 289 ; sur *Iliade*, 6, 200-205), hésitera aussi entre la Cilicie et la Lycie comme cadre de la légende de Bellérophon.
(130) Il s'agit fort probablement d'une référence aux *Histoires mythologiques* du pseudo-Nonnos ; en tout cas, Basile reprend ici des éléments des *Histoires* 50,

92. **Αἱ μὲν δὴ φρίσσουσιν** (95, 629 A1). Ἐγηγερμέναι
εἰσίν, αἱ δὲ ἐπιφρίσσουσιν, ἐπὶ ταῖς ἤδη ἐγερθείσαις ἐπεγείρονται· αἱ δὲ τέως μὲν ἠρεμοῦσι τοῦ ὁλκοῦ, μήπω ὅλου τοῦ
δράκοντος κινηθέντος.
93. **Καὶ κεραυνοῦ** (95, 629 A3-4). Τὰ μέν, φησί, κατέχεται, τὰ δὲ προμελαίνεται· τῆς γὰρ ξηρᾶς ἀναθυμιάσεως παχυνθείσης κἂν τόπῳ συναθροισθείσης, καὶ ἐπί τι κατασχεθείσης, μελαίνεται μὲν πρότερον, εἶτα πνευματωθεῖσα κινεῖται
καὶ ῥηγνυμένη ἐξάπτεται καὶ κάτω ἀστράπτουσα φέρεται, ὃ
καὶ σκηπτὸς καλεῖται.   D
94. **Ἃ γὰρ μήτε Διοκλητιανός** (96, 629 B1). Οὗτος
πρῶτος χριστιανοῖς ἐνύβρισεν, εἶτα Μαξιμῖνος μετ' ἐκεῖνον
καὶ ὑπὲρ ἐκεῖνον, ἔπειτα Μάξιμος ὑπερβαλλόντως, ὅς, φησί,
καὶ ὑπὸ Θεοῦ πληγείς, ἐλωβώθη τὸ σῶμα, οὗτινος καὶ αἱ εἰκόνες στηλιτεύουσι τὴν λώβην.
95. **Καὶ ὁ λόγος ὡς πάνσοφος τοῦ φονευτοῦ καὶ προ-** 1117 A
στάτου (97, 632 A6-7). Ἐπειδὴ γὰρ τύπτων καὶ παντοίως

92, 2 αἱ δὲ ἐπιφρίσσουσιν] *lemma* Boiss. Mign.   **93**, 1 καὶ κεραυνοῦ] ὥσπερ κεραυνῷ F[p. corr.]PV, καὶ κεραυνόν dub. W[p. corr.]   3 τόπῳ] τόποις P   4 κινεῖται] κινῆται V   5/6 δ - καλεῖται] *om.* W   **94**, 1 μήτε] μή τι C Διοκλητιανός] ὁ Διοκλητιανός W   3 ὑπερβαλλόντως] ὑπερβαλλόντως V, ὑπερβαλλόντος F   4 πληγείς] πληγῆς FV[a. corr.]W   ἐλωβώθη] ἐλωβήθη CA οὗτινος] οὕτινος CA   **95**, 1 ὡς πάνσοφος] ὁ περίσοφος P   φονευτοῦ] φονετοῦ P   προστάτου] ἀποστάτου F[p. corr.]PV

92. *Les unes sont hérissées* ([131]) : Elles sont dressées et d'autres se hérissent, elles se redressent à la suite de celles qui sont déjà dressées ; les autres sont inertes jusqu'à ce moment de la traction, tout le dragon n'étant pas encore en mouvement.

93. *Quand la foudre frappe* ([132]) : *Une partie de la foudre*, dit-il, *est concentrée et le reste commence à noircir* ([133]). En effet, lorsque l'exhalaison sèche se densifie et se condense en un lieu, et qu'elle est contenue jusqu'à un certain point, elle noircit d'abord, puis, devenue gazeuse, elle s'agite, s'enflamme en éclatant et se dirige vers le bas sous forme d'éclairs, ce qu'on appelle aussi coup de foudre ([134]).

94. *Ce que ni Dioclétien* : Celui-ci fut le premier à brimer les chrétiens, vint ensuite Maximin, après lui et plus que lui, et, encore, Maxime, qui le surpassa ([135]). Ce dernier, dit-il, fut frappé par Dieu d'un corps difforme, dont même les portraits stigmatisent la disgrâce.

95. *Quel machiavélisme dans les propos du meurtrier et protecteur* ([136]) : En effet, lorsqu'il confisquait nos biens tout

---

51 et 54. Sur la définition de κυνέη en tant que peau de chien, voir Hésychios, *Lexique*, κ 4569, *s.v.* κυνέη ; Photios, *Lexique*, κ 1203, *s.v.* κυνᾶς ; *Souda*, κ 2697, *s.v.* κυνέας ; et κ 2698, *s.v.* κυνέη.

(131) Le lemme de Basile est légèrement différent de l'édition du texte de Grégoire : il donne δή au lieu de ἤδη.

(132) Il semble y avoir une hésitation des copistes à propos du lemme. Peut-être se lisait-il à l'origine καὶ κεραυνοῦ, mais, comme le génitif est difficile à expliquer et que la tournure ne correspondait pas au texte de Grégoire, il aurait été corrigé en ὥσπερ κεραυνῷ, hypothèse plus probable que l'inverse.

(133) La traduction de J. Bernardi pour ce passage est différente : « [...] quand la foudre frappe, elle atteint immédiatement un endroit, mais les autres commencent à noircir [...] ».

(134) Cette explication semble directement inspirée des *Météorologiques* d'Aristote (2, 9 – 3, 1).

(135) Basile ne suit pas le texte de Grégoire qui mentionne d'abord Dioclétien, puis Maximien et enfin Maximin (ou Maxime selon un manuscrit, ce qui est sûrement une erreur, car l'identité de ce Maxime est inconnue par ailleurs). S'agit-il d'une mégarde de Basile ou l'erreur se trouve-t-elle dans son exemplaire de Grégoire ?

(136) La tradition manuscrite de Basile, tout comme celle de Grégoire, présente une certaine hésitation entre προστάτου et ἀποστάτου. Néanmoins, la première lecture est préférable, car elle repose sur une antithèse qui dénote une pointe de sarcasme de la part de Grégoire. C'est également la leçon qu'a retenue J. Bernardi et celle que commentent les *scholia vetera* (*PG* 36, col. 1229 C 13 – D 2). Cette scholie ainsi que les *Comm.* 4, 98, 99, 100 et 102 qui suivent font partie

αἰκιζόμενος καὶ μιαιφονῶν καὶ τῶν χρημάτων ἀπεστέρει, μὴ
4 ἐξεῖναι δίκας ὑπὲρ τούτων λαμβάνειν χριστιανοῖς ἐνομοθέτει,
ἐκ τῶν ἡμετέρων νόμων δῆθεν καταδικάζων ἡμᾶς μήτε ἀμύ-
6 νεσθαι, μήτε δικάζεσθαι τυραννουμένους μήτε μὴν τὰ ἡμέτερα ἀπαιτεῖν ἀπὸ τῶν αἰρόντων μήτε τι ὅλως κεκτῆσθαι, καὶ
8 τὰ λοιπὰ τῶν θείων ἐντολῶν προσετίθει – ταῦτα, φησίν, ἀκριβῶς προσωμιληκέναι φησὶν ὁ Πατήρ –, ἐκεῖνο δὲ οὐκ ἀνεγνω-
10 κέναι, ὅτι κακὸς κακῶς ἀπολεῖται ὁ τὸ Θεῖον ἐξαρνησάμενος
αὐτός[x]. Ὥσπερ οὖν ἡμᾶς τοιούτους εἶναι νομοθετεῖ καὶ πρὸς
12 τὸ ἀκρότατον τῆς ἀρετῆς ἐπείγει, τοιαῦτα γὰρ τὰ ἡμέτερα
τῆς ἄκρας φιλοσοφίας τοῦ Κυρίου ἐντάλματα, οὕτω δείκνυσιν B
14 ἑαυτὸν τῇ παραθέσει κάκιστον· ἅμα καὶ τοῖς ἑαυτοῦ ἐγκαλῶν
θεοῖς, τὸ κακίστοις εἶναι ἀποκέκριται, ἐν τούτοις γὰρ ἡμῖν μὲν
16 ἡ κρείττων μοῖρα, ἐκείνοις δ' ἡ χείρων. Εἰ δή που καὶ αὐτοὶ
μεταποιοῦνται, εἰ καὶ μὴ τοῖς ἔργοις, ἀλλ' οὖν καλοκἀγαθίας

---

[x] cfr Matth. 21, 41

95,5 νόμων δῆθεν] δῆθεν νόμων W   7 τι] τί FAV   9 φησὶν] om. P
11 νομοθετεῖ] νουθετεῖ P   12 ἐπείγει] ἐπείγεται V   13 ἐντάλματα] ἐντάγ-
ματα Boiss.   14 κάκιστον] κάκιστον ἑαυτὸν FCW   ἄμα] ἄμα δὲ Boiss.
15 κακίστοις] κακίστην C   16 μοῖρα] μοίρα V   εἰ δή που] εἰ δή περ P,
εἰ δη π<contr.> F, εἴ δη π<contr.> C, ἤδη που V   αὐτοὶ] αὐτοῦ V, αὐτὰ P
17 μεταποιοῦνται] μεταποιοῦντος V, μεταποιοῦντ<contr.> FCPA   ἀλλ' οὖν]
ἀλλ' οὖν λόγῳ prop. Boiss.

en nous frappant, maltraitant de toutes sortes et assassinant, il édictait qu'il n'était pas permis aux chrétiens d'obtenir justice pour ces sévices : il nous condamnait, selon nos propres lois disait-il, à ne pas nous défendre ni intenter de procès lorsque nous étions tyrannisés, à ne surtout pas réclamer nos biens auprès de ceux qui nous dépouillaient, ni posséder quoi que ce soit ([137]), en ajoutant aussi les autres commandements divins ([138]) – le Père dit qu'il était rigoureusement versé dans l'Écriture, dit-il ([139]) –, mais il n'a pas lu cette parole selon laquelle « le misérable périra misérablement », celui-là même qui a renié Dieu ([140]). De la même façon, donc, qu'il édicte pour nous de telles lois et qu'il nous presse vers le sommet de la vertu, car tels sont nos préceptes dictés par la haute philosophie du Seigneur, de cette façon, il se montre lui-même en comparaison le plus malfaisant : en même temps qu'il accuse ses propres dieux ([141]), il choisit le parti des plus malfaisants, car, en ce domaine, la meilleure part nous a été réservée, tandis que la pire leur revient. Si d'aventure ils revendiquent eux aussi – même si ce n'est pas en gestes – du moins la noblesse et la bonté ([142]), comment est-il juste de nous dire, alors même que nous subissions des vexations, de nous résigner et de ne

---

d'une sélection retenue pour servir d'appendice à la *Réfutation de la lettre du roi d'Arménie* par Nicétas de Byzance. Sur cet extrait choisi, voir l'introduction, *supra*, p. LIII-LVII.

(137) Basile emploie ὅλως pour paraphraser τὴν ἀρχήν, qui est utilisé ici par Grégoire dans une acception moins commune.

(138) C'est-à-dire les autres commandements mentionnés par Grégoire : « [...] prier pour ceux qui nous font du tort et souhaiter le plus grand bien à nos persécuteurs » (Grégoire de Nazianze, *Or.* 4, 97, éd. et trad. Bernardi, *Discours 4-5* : « [...] ὑπερεύχεσθαι τῶν ἀδικούντων καὶ τὰ κάλλιστα βούλεσθαι τοῖς διώκουσι »).

(139) Si le double φησί est le fait de Basile, peut-être est-il justifié par l'étonnement que lui causa la déclaration de Grégoire.

(140) Grégoire de Nazianze, *Or.* 4, 98.

(141) Apparemment, Basile lisait dans le texte de Grégoire ἐγκαλῶν plutôt qu'ἐν καλῷ.

(142) Ce passage est très confus et les manuscrits montrent plusieurs hésitations ; la correction proposée par J.-F. Boissonade (ἀλλ' οὖν λόγῳ) est plutôt astucieuse, mais ne résout pas tout. Par ailleurs, il existe dans les propos de Grégoire une nuance entre l'ἀρετή, qui est le lot des chrétiens, et la καλοκἀγαθία, à laquelle les païens pourraient prétendre. La traduction de J. Bernardi, qui rend καλοκἀγαθία par *vertu*, ne permet pas de sentir cette nuance, mais l'exégèse de Basile la souligne.

18 καὶ ἡμερότητος, καὶ ποῦ δίκαιον ἡμᾶς μὲν καὶ πάσχοντας καρτερεῖν λέγειν καὶ μηδ' ἀντιλέγειν, αὐτοὺς δὲ μηδὲ φειδομέ-
20 νων φείδεσθαι; Οὐκ αἰσθανόμενος ὁ ἀνόσιος ὅτι τῆς ἡμετέρας νομοθεσίας τὰ μὲν ἀνάγκην ἔχει τηρεῖσθαι καὶ κίνδυνος τοῖς
22 μὴ φυλάσσουσιν ἕπεται, τὰ δέ, αἵρεσιν ἀλλ' οὐκ ἀνάγκην· καὶ φυλάσσουσι μὲν τιμὴν καὶ ἀντίδοσιν, μὴ φυλάσσουσι δὲ οὐδ'
24 ὄντιν' οὖν κίνδυνον· καὶ τὰ τούτων παραδείγματα δηλοῖ.

96. Ὁ πρῶτον μετὰ τὸν πρῶτον ἠσπασάμην (100, C
2 636 A13-14). Ὁ πρῶτον, τὸ τῶν λόγων δηλονότι κράτος, φησίν, ἠσπασάμην· μετὰ γὰρ τὸ πρῶτον καὶ τὸ θεῖον, ὃ καὶ
4 ἐπιφέρων διασαφεῖ, τὰ θεῖα λέγων καὶ τῶν νοητῶν τὰς ἐλπίδας. Μετὰ γὰρ τὰ πρῶτα ταῦτα, τὸν Θεὸν καὶ τὰ θεῖα, πρότε-
6 ρον τῶν λοιπῶν ἁπάντων τὸ κράτος, φησίν, ἠσπασάμην τῶν λόγων.

97. Οἷς τὸ «Αὐτὸς ἔφα» τὸ πρῶτον καὶ μέγιστόν ἐστι
2 **τῶν δογμάτων** (102, 637 A5-6). Τοῖς Πυθαγορείοις, μετὰ τὴν πρώτην τῆς φιλοσοφίας σιωπήν, ἢ μέτρον λόγων ἐδίδα-
4 σκε, νόμος ἦν αὐτοῖς ὅτι ἂν τῶν δογμάτων ἐρωτωμένοις εἰς ἀπόδειξιν τὸ «Αὐτὸς ἔφα» μόνον ἤρκει, ὅτι φασὶ Πυθαγόρᾳ
6 τοῦτ' εἴη δεδογμένον· ὅπερ δύναται ἐν ἄλλοις ῥήμασιν ἴσον τοῦ «Πίστευσον» ἡμετέρου. Βούλεται δὲ ὁ λόγος μὴ ἐξεῖναι
8 διαπιστεῖν τοῖς ὑπὸ προφητῶν καὶ ἀποστόλων καὶ ἀξιολόγων προσώπων εἰρημένοις. Ἐν ἄλλοις *μὴ ἐπεξιέναι διὰ πίστιν* D
10 *γράφεται*, ἀντὶ τοῦ 'μὴ περιεργάζεσθαι καὶ πολυπραγμονεῖν'. Χρυσῶν δὲ ἐπῶν λέγει ὧν Πυθαγόρας ἐγράψατο ἤ τινες ἄλλοι 1120 A
12 τῶν Πυθαγορείων ἐν ἑξαμέτρῳ τόνῳ, εἴτουν ἡρωϊκῷ μέτρῳ· ἅπερ καὶ μολιβᾶ καταπαίζων εἰρήκει ὁ μέγας διδάσκαλος
14 οὗτος καὶ χρυσῶν ἐπῶν ὡς ἀληθῶς ἀρχιτέκτων.

95, 19 μηδ'] μὴ W   αὐτοὺς] αὐτὸς V   22 φυλάσσουσιν] φυλάττουσιν W
23 φυλάσσουσι¹] φυλάσουσι F   φυλάσσουσι²] φυλάσσειν FCW   24 ὄντιν' οὖν] ὄντινοῦν P, ὄντινες οὖν FC, ὄντινα οὐ V^{a. corr.}, ὄντινα οὖν V^{p. corr.}   δηλοῖ] δῆλα CA, δηλ<contr.> F   **96,** 1 τὸν] τὸ W^{p. corr.}   3 ὃ] ὁ Boiss.   **97,** 1 ἐστι] om. F^{a. corr.} CAW   3 πρώτην] πρῶτον Boiss.   4 αὑτοῖς] αὐτῷ V   5 ὅτι] ὅ τι F   φασὶ] φα<contr.> CPVW, φ<non legitur>. F, φάναι prop. Boiss., φάναι Mign.   6 τοῦτ'] τοῦτο P   7 πίστευσον] πιστεύειν A   8 προφητῶν] τῶν προφητῶν V   9 μὴ] δὲ V   11 ἐπῶν] ἔπων F   ἐγράψατο] ἔγραφεν W, ἔγρα<contr.> C, ἔγρα<contr.> F, συνεγράψατο P   12 τόνῳ] τῷ τόνῳ W   13 μολιβᾶ] μολιβδᾶ ut vid. V^{p. corr.}   14 ἐπῶν] ἔπων F

pas contester, tandis qu'eux n'épargnent même pas ceux qui les épargnent ? L'impie ne s'aperçoit pas que, dans notre législation, certaines prescriptions ont l'obligation d'être observées et qu'un péril s'en suit pour ceux qui les transgressent, tandis que les autres sont un choix et non une obligation : pour ceux qui les observent, elles sont un honneur et une récompense, mais pour ceux qui ne les observent pas, elles ne présentent aucun danger quel qu'il soit ([143]). Il montre ensuite des exemples de ses dires.

96. C'est le bien que j'ai embrassé le premier après celui qui est le premier: *Le bien premier*, c'est la force de la parole évidemment que j'ai embrassée, dit-il, après, en effet, ce qui est le premier, soit le divin, qu'il désigne clairement en ajoutant aussi qu'il parle des choses de Dieu et de l'espérance des intelligibles ([144]). En effet, après ces premières considérations, que sont Dieu et les choses divines, et avant tout le reste, j'ai embrassé, dit-il, la force de la parole.

97. Eux qui considèrent la formule « Le Maître l'a dit » comme le premier et le plus important des dogmes: Chez les pythagoriciens, après le silence initial de la philosophie, qui leur apprenait la mesure du langage, il était coutume que, pour les questions relatives aux dogmes, la formule « le Maître l'a dit » suffisait à elle seule comme démonstration, parce que, disent-ils, cela aurait été l'avis de Pythagore, ce qui peut, en d'autres mots, ressembler à notre « Crois ». Cette formule signifie qu'il n'est pas permis de douter des dires des prophètes, des apôtres et des personnages dignes de foi. Dans d'autres manuscrits, il est écrit : « de ne pas s'aventurer sur la question de la foi », dans le sens de « ne pas s'ingérer et être indiscret » ([145]). Il parle des *Vers d'or* que composa Pythagore – ou quelque autre des pythagoriciens – en rythmes hexamétriques, ou mètre héroïque, et que ce grand maître appelle ironiquement « de plomb », lui l'auteur de véritables vers d'or.

---

(143) Grégoire de Nazianze, *Or.* 4, 99. Ce long commentaire couvre une large portion du texte de Grégoire, dont Basile offre un résumé.

(144) Basile paraphrase τῶν ἔξω ὁρωμένων « ce qui échappe à notre vue » par τῶν νοητῶν « les intelligibles »

(145) Cette variante est absente de l'apparat critique de J. Bernardi, mais elle peut facilement s'expliquer par une faute d'iotacisme entre διαπιστεῖν et διὰ πίστιν, qui a occasionné une relecture du texte.

98. Εἰ δὲ καὶ σούς, πῶς τούτων ἡμῖν οὐ μετόν (103, 637 B11-12). Εἰ δείξεις σοὺς δηλονότι τοὺς λόγους, πῶς οὐ μέτεστι τούτων καὶ ἡμῖν; Τὸ γὰρ μετὸν 'μέτεστι' σημαίνει, ὡς τὸ 'ἐξὸν' 'ἔξεστι'. Πῶς οὖν σὺ δείξεις; ἀντὶ τοῦ 'οὐ δείξεις τοὺς λόγους σούς'. Ἀλλὰ τίνος εἰσί τοῦ ἑλληνίζειν, ὦ περὶ τὰς ὁμωνυμίας ἔχων σὺ τὴν ἀκριβῆ ἐπιστήμην καὶ τὰ ὑπ' αὐτῶν δηλούμενα; Ἡ γὰρ μία προσηγορία καὶ ὁμωνυμία διάφορα σημαίνει, οἷον κύων· ἢ διαφόροις προσηγορίαις ἕν, οἷον ἄορ, ξίφος, μάχαιρα· ἢ ἑτέραις ἕτερα ἑτερωνύμῳ δηλονότι. Ἀνάγκη γὰρ ἢ τῆς θρησκείας ταῦτα εἶναι ἢ τοῦ ἔθνους. Καὶ εἰ τῆς θρησκείας, οὐ παρὰ πᾶσι τὰ αὐτὰ τῶν θυσιῶν τελεῖται, ὡς ὁμώνυμον εἶναι πᾶσι τοῖς θρησκεύουσι τὸ ἑλληνίζειν, οὔτε ἑνὶ τῷ ἑλληνίζειν πάντα κατηγορεῖται τῆς θρησκείας τὰ εἴδη, ὡς τοῖς ἱεροφάνταις δοκεῖ τοῖς τὰ μυστήρια τῶν τελετῶν τοῖς μυουμένοις ἐκφαίνουσιν· ἄλλοι γὰρ ἄλλως καὶ ἄλλως τὰς τιμὰς τοῖς δαίμοσι προσφέρουσι, καὶ τὰ ἑξῆς ὅσα ὁ θεσπέσιος ἐπάγει. Καὶ διὰ τοῦτ' ἂν ἐξούλης καὶ ταύτης ἔξω γραφείημεν τῆς κατηγορίας.

98, 1 σούς] σοῦς V   2 εἰ – λόγους] ἔδειξέ σου δηλονότι τοῦ λόγου PV   4 ἐξὸν] ἑξῆς V   5 ὦ] ὢ CA   7 ἡ – ὁμωνυμία] ἢ γὰρ μιᾷ προσηγορίᾳ καὶ ὁμωνυμίᾳ coni. Boiss.   8 σημαίνει] σημαίνεται Boiss.   9 ξίφος] ξῖφος F   ἑτερωνύμῳ] ἑτερωνύμως PAV[p.corr.]W, ἑτέρων νόμῳ dub. V[a.corr.]   10 ἔθνους] ἐθνικοῦ PV   11 θρησκείας] θρησκεῖας F   αὐτὰ] αὐτοῦ FC   12 εἶναι πᾶσι] πᾶσιν εἶναι W   οὔτε] οὕτως P   13 ἑνὶ] om. W   τῷ] τὸ AW[a.corr.], τοῦ W[p.corr.al.m.]   15 καὶ ἄλλως] om. Mign.   17 ἐξούλης] ἐξούλεις FC, ἐξ ὅλης V[p.corr.], ἐξ ὕλης P, del. prop. Boiss.

98. *Et si tu le démontres, comment nous en interdire l'accès* : Si tu démontres que la parole est évidemment tienne, comment n'y avons-nous pas part aussi ? En effet, μετόν signifie « il a part » (μέτεστι), comme ἐξόν signifie « il est permis » (ἔξεστι) (146). *Comment donc le démontreras-tu ?* dans le sens de « tu ne démontreras pas que la parole est tienne ». Mais à quel hellénisme appartient-elle, ô toi qui, à propos des termes équivoques, possèdes la connaissance exacte et leur signification ? En effet, une dénomination unique et équivoque signifie des choses différentes – comme « chien » –, ou une chose unique est exprimée par différentes dénominations – comme « épée », « poignard », « dague » –, ou des choses diverses sont évidemment nommées diversement par des hétéronymes (147). Il faut en effet que l'hellénisme relève soit du culte, soit de la nation. S'il relève du culte, les mêmes sacrifices ne sont pas accomplis par tous, de sorte que l'hellénisme est un terme équivoque pour tous ceux qui pratiquent le culte, ni à un seul hellénisme sont attribuées toutes les formes du culte, selon l'avis des hiérophantes – ceux qui révèlent les mystères de l'initiation aux mystes –, car certains rendent honneur aux démons d'une certaine façon, d'autres d'une telle ou telle autre façon, et tout ce que le saint homme ajoute par la suite. C'est pour ça qu'il y aurait possession illégale (148) et que nous serions chassés par cette accusation (149).

---

(146) Sur cette règle de grammaire, voir Hésychios, *Lexique*, μ 1113, *s.v.* μετόν ; Photios, *Lexique*, μ 360, *s.v.* μετόν ; *Souda*, μ 794, *s.v.* μετόν ; ou Apollonios Dyscole, *De la construction*, 4, 52.

(147) Dans ce passage, Basile reprend et développe les trois catégories de noms exprimés par Grégoire : les homonymes, les synonymes et les hétéronymes. L'exemple des synonymes du mot « épée » est traditionnel depuis la *Grammaire* de Denys le Thrace (12, F, 7). L'exemple du chien pourrait être emprunté à Grégoire lui-même : voir les *Or.* 29, 14 et *Or.* 31, 19, où il explique que le terme « chien » sert à désigner autant le chien qui vit sur terre que le chien de mer et la constellation.

(148) Toujours dans l'hypothèse où l'hellénisme relève du culte.

(149) La syntaxe de ce passage n'est pas très claire et l'emploi du terme juridique ἐξούλης est un peu surprenant. Ce terme désigne en fait un jugement portant sur un litige de propriété, que ce soit pour possession abusive, ou pour expulsion illégale ; voir l'introduction, *supra*, p. XLI, n. 149. La propriété contestée ici est l'hellénisme. Si, comme Julien l'entend, le fait de parler grec relève du culte, alors Julien pourrait faire un procès ἐξούλης aux chrétiens, pour possession abusive de la parole. Cependant, plus loin, après que Grégoire a démontré que la

99. **Οὐ γὰρ εἰ περὶ ταυτὸν ἄμφω, καὶ ἀλλήλοις ἄμφω ταῦτα** (104, 640 C2-3). Δύο τινὰ ὀνόματα καθ' ἑνὸς ὑποκειμένου κατηγορεῖται, οἷον χρυσοχόος καὶ ζωγράφος, εἰ τύχοι, κατὰ Πέτρου, ἀλλ' οὐκέτι καὶ τὸ χρυσοχοεῖν ζωγραφεῖν ἐστιν ἐξ ἀνάγκης. Ταῦτα μὲν γάρ ἐστιν ὁ Πέτρος ζωγράφος καὶ χρυσοχόος, οὐ μὴν καὶ τὸ χρυσοχοεῖν ζωγραφεῖν ἐστιν ἢ τὸ ἀνάπαλιν· ἀσυλλόγιστα γὰρ τὰ τοιαῦτα. Καὶ πῶς οἷόν τέ ἐστιν; Εἰ τὸν ἑλληνίζοντα οὕτω καὶ οὕτω θρησκεύειν συμβέβηκεν, ἤδη καὶ τοὺς οὕτω θρησκεύοντας μόνους Ἕλληνας εἴποιμεν;

100. **Ἔστιν ἃ καὶ οἷς τῶν δαιμόνων** (103, 637 C8 - 640 A1). Συνυπακούεται τὸ θύειν τάδε καὶ τάδε· οὐδὲ γὰρ πᾶσι δαίμοσι τὰ αὐτὰ ἐθύετο· ἀλλὰ τοῖς μὲν βόες, πρόβατα, χοῖροι, τοῖς δὲ ἄλλα καὶ ἄλλα, οἷς, φησί, τῶν δαιμόνων· οὔτε γὰρ πᾶσι τὰ τοιαῦτα, οὔτε ἑνὶ τὰ πάντα, οὐδὲ μὴν ὁμοίως, ἀλλ' ἑτεροτρόπως. Οὐ τοίνυν ἔγκριτον τὸ ἑλληνίζειν καὶ κεχωρισμένον ἠφώριστό τινι τῶν εἰδώλων εἰς τιμήν· οὐδὲ γὰρ εἰ τοὺς αὐτοὺς συμβέβηκε καὶ τὴν γλῶτταν ἑλληνίζειν καὶ τῆς θρησκείας τῆς αὐτῆς εἶναι, παρὰ τοῦτο καὶ τῆς θρησκείας εἶεν οἱ λόγοι καὶ τὸ ἑλληνίζειν· ὡς καὶ διὰ ταῦτα ἐξούλης τῶν λόγων γράφειν ἔξοιμεν.

101. **Τὸ μὲν σμερδαλέον** (105, 640 C14). Τοῦτο τὸ 'καταπληκτικὸν' σημαίνει· τὸ δὲ κοναβίζειν, 'ἠχεῖν, κτυπεῖν'· τὸ

99, 1 εἰ περὶ] εἴ περὶ *FA*, εἶπε *C*   ταυτὸν] ταῦτον *F*   2 ταῦτα] ταυτά *PW*   3 οἷον] οἶον *F*   τύχοι] τύχῃ *AW*   4 Πέτρου] πέτρας *F*[p. corr.]*V*   ζωγραφεῖν ἐστιν] καὶ ζωγραφεῖν *P*   5 ταῦτα] ταυτά *P*   8 οὕτω²] *om. C*   9 οὕτω θρησκεύοντας] ἔτι θρησκεύοντας οὕτω πιστεύοντας *W*   **100**, 2 τὸ] *om. W*[a. corr.]   5 τοιαῦτα] αὐτὰ *PV*   6 κεχωρισμένον] κεχωρισμένως *P*   7 ἠφώριστό] ἀφώριστο *AV*[a. corr.]   10 ἐξούλης] ἐξ ὅλης *V*[p. corr.], ἐξ ὕλης *P*   11 γράφειν] γραφὴν *PAV*[p. corr.]   **101**, 2 κοναβίζειν] κονάβιζεν *CAV*   κτυπεῖν] ἢ κτυπεῖν *Boiss.*   2/3 τὸ μῶν] *lemma F*[p. corr.]*CA*

99. *Ce n'est pas parce que deux réalités se rencontrent qu'elles se confondent* (¹⁵⁰) : Deux noms sont attribués à un seul sujet, comme les noms d'orfèvre et de peintre, par exemple, à Pierre, mais l'orfèvrerie n'est pas nécessairement pour autant la peinture. En effet, c'est ce que Pierre est, un peintre et un orfèvre. Cependant, l'orfèvrerie n'est pas la peinture ou l'inverse, car une telle conclusion est illogique. Et comment est-ce possible ? S'il arrivait que celui qui parle le grec pratique tel ou tel culte, appellerions-nous alors Grecs seulement ceux qui pratiquent ce culte ?

100. *Quelles victimes il faut sacrifier et à quels démons* : Il sous-entend le fait de sacrifier ceci ou cela, car on ne sacrifiait pas à tous les démons les mêmes victimes, mais, aux uns, on offrait des bœufs, des moutons, des porcelets et, aux autres, bien d'autres victimes, selon les démons, dit-il. En effet, on ne sacrifiait pas à tous les démons de telles victimes, ni à un même démon toutes les victimes, et pas non plus de la même manière, mais de façon différente. L'hellénisme n'est donc pas attribué et assigné en particulier à une des idoles, comme part d'honneur. En effet, ce n'est pas parce qu'il arrive que les mêmes personnes utilisent la langue grecque et pratiquent le même culte, que la parole et l'hellénisme dépendent pour autant du culte, de sorte que, pour cette raison, nous pourrions faire un procès pour expulsion illégale de la parole.

101. *Des termes comme horrificque* (¹⁵¹) : Ce terme signifie « effrayant » (¹⁵²) ; κοναβίζειν, « résonner, reten-

---

langue et la religion grecques sont deux choses distinctes, Basile retourne l'argument contre Julien (*Comm.* 4, 100) : ce sont les chrétiens qui pourraient lui faire un procès ἐξούλης, pour expulsion illégale de la parole.

(150) Pour se conformer à l'ordre du texte de Grégoire, l'éditeur de la *Patrologie grecque* n'a pas suivi ici l'édition de J.-F. Boissonade et a déplacé cette scholie après la suivante (*Comm.* 4, 100). Cependant, tous les témoins manuscrits présentent cet ordre inversé, qui correspond en réalité à une certaine volonté de Basile de réorganiser le texte pour en mettre en valeur la trame logique ; voir l'introduction, *supra*, p. XL-XLI.

(151) À tort ou à raison, J. Bernardi utilise cette graphie archaïsante pour rendre l'esprit du texte de Grégoire, qui dénonce l'utilisation par les érudits grecs de mots désuets.

(152) Cette définition correspond à celle présentée dans le lexique d'Hésychios (σ 1231, *s.v.* σμερδαλέον) ; dans la *Souda* (σ 730, *s.v.* σμερδαλέον) ; dans les *scholia vetera* (PICCOLOMINI, *Estratti inediti*, p. 233-234, sch. 14) ; et dans le *Lexicon in orationes Gregorii* (SAJDAK, *Anonymi Oxoniensis Lexicon*, p. 186).

μῶν, τὸ 'μὴ οὖν'· τὸ *δήπουθεν* συνδεσμικὸν ἐπίρρημα βεβαιώ-
4 σεως· τὸ ἄττα ψιλούμενον, τὸ 'τίνα'· δασυνόμενον δέ, τὸ 'ἅτινα' δηλοῖ· τὸ δ' *ἀμωσγέπως*, τὸ 'μερικὸν καὶ ἀπό τινος μέρους'.
6 Φησὶν οὖν μὴ ταῦτα μόνα εἶναι καὶ τὸ κομπηρὸν τῆς φράσεως,
ἀλλὰ καὶ τὸ πεζὸν καὶ εὐτελὲς τῆς ἀνὰ χεῖρα ὁμιλίας ἑλληνι-

101, 4 τὸ ἄττα] lemma F[p. corr.]C   τίνα] τινὰ coni. Boiss.   5 τὸ δ' ἀμωσγέ-
πως] lemma C

tir » (^{153}); μῶν, « sûrement pas » (^{154}). Δήπουθεν est un adverbe conjonctif de renforcement (^{155}). Ἄττα, avec l'esprit doux, désigne « quel ? » (τίνα) et, avec l'esprit dur, « ce que » (ἅτινα) (^{156}). Ἀμωσγέπως signifie « partiellement et en partie » (^{157}). Il dit donc qu'il n'existe pas seulement ces termes

---

(153) La corrélation entre κοναβίζειν et ἠχεῖν est soulignée par Hésychios (*Lexique*, κ 3527, *s.v.* κοναβίζειν); dans les *scholia vetera* (Piccolomini, *Estratti inediti*, p. 233-234, sch. 14); dans le *Lexicon in orationes Gregorii* (Sajdak, *Anonymi Oxoniensis Lexicon*, p. 186); et dans une scholie D à l'*Iliade*, 2, 466 : H. Van Thiel, *Scholia D in Iliadem. Proecdosis aucta et correctior 2014. Secundum codices manu scriptos* [en ligne] (*Elektronische Schriftenreihe der Universitäts- und Stadtbibliothek Köln*, 7), Cologne, 2014.

(154) Cette définition correspond à celle proposée par Hésychios (μ 2057, *s.v.* μῶν); dans les scholies à Euripide, *Hécube*, 676 et *Les Troyennes*, 55 (W. Dindorf, *Scholia Graeca in Euripidis tragoedias*, vol. 1, Oxford, 1863); dans une scholie à Aristophane, *Ploutos*, 271, (F. Dübner, *Scholia Graeca in Aristophanem*, Paris, 1877 [réimpr. Hildesheim, 1969]); dans une scholie à Platon, *Ion*, 530 A (W.C. Greene, *Scholia Platonica* [*Philological monographs*, 8], Haverford, 1938 [réimpr. Chico, 1981]); et dans les *scholia vetera* (Bruckmayr, *Randscholien*, p. 122, sch. G 30). Les autres lexiques et scholiastes préfèrent comme définition ἄρα, sûrement parce que, dans les textes classiques, μῶν est assez régulièrement suivi de οὖν.

(155) Aucune source antérieure ne donne cette information, mais, après Basile, Georges Scholarios classe aussi δήπουθεν parmi les adverbes de renforcement : M. Jugie – L. Petit – X.A. Sidéridès, *Oeuvres complètes de Georges (Gennadios) Scholarios*, vol. 8, Paris, 1936, p. 423.

(156) Au lieu de τίνα, il faudrait lire τινα, *un certain*, comme le corrige J.-F. Boissonade. L'explication de cet homonyme se trouve, entre autres, dans le lexique de Ptolémée (Περὶ διαφορᾶς λέξεων, α 45, éd. V. Palmieri, *Ptolemaeus, De differentia vocabulorum*, dans *Annali della Facoltà di Lettere e Filosofia dell'Università di Napoli*, 24 [1981-1982], p. 155-233); dans celui attribué à Ammonios (Περὶ ὁμοίων καὶ διαφόρων λέξεων, 86, éd. K. Nickau, *Ammonii qui dicitur liber De adfinium vocabulorum differentia* [*BSGRT*], Leipzig, 1966); celui d'Aelius Dionysios (Ἀττικὰ ὀνόματα, α 193, éd. H. Erbse, *Untersuchungen zu den attizistischen Lexika* [*Abhandlungen der deutschen Akademie der Wissenschaften zu Berlin, Philosophisch-historische Klasse*; Jahrgang 1949, n. 2], Berlin, 1950); chez Jean Philopon (*De vocabulis*, α 35 recensio a, éd. L.W. Daly, *Iohannis Philoponi De vocabulis quae diversum significatum exhibent secundum differentiam accentus* [*Memoirs of American Philosophical Society*, 151], Philadelphie, 1983); chez Photios (*Lexique*, α 3126, *s.v.* αττα); dans les *scholia vetera* (Piccolomini, *Estratti inediti*, p. 233-234, sch. 14; Bruckmayr, *Randscholien*, p. 121, sch. G 26); et dans le *Lexicon in orationes Gregorii* (Sajdak, *Anonymi Oxoniensis Lexicon*, p. 173).

(157) Cette définition est incorrecte : Basile semble avoir confondu la définition d'ἀμωσγέπως avec celle d'ἀμόθεν, probablement en faisant un saut de lecture. Voir les *scholia vetera* (Piccolomini, *Estratti inediti*, p. 233-234, sch. 14); l'*Etymologicum Genuinum* (α 760, *s.v.* ἀμωσγέπως, éd. F. Lasserre – N. Livadaras, *Etymologicum magnum genuinum, Symeonis etymologicum una cum magna grammatica, Etymologicum magnum auctum*, vol. 1, Rome, 1976); le *Lexicon in orationes Gregorii* (Sajdak, *Anonymi Oxoniensis Lexicon*, p. 173); et l'*Etymolo-*

κῆς ἐστι διαλέκτου. Καὶ μάτην, φησί, ληρεῖς, τῶν μὲν ἀπείργων ἡμᾶς, τῶν δὲ τὴν χρῆσιν ὑπερορῶν ὑβριζομένην παρ' ἡμῶν, ὡς οὐχ ἑλληνικῆς ὑπαρχούσης τῆς ματαιότητος. Τῆς παρακοπῆς τῶν φρενῶν.

102. Εἰ μὲν καὶ θεῖαί εἰσι φωναί (106, 641 A12-13). Εἰ γάρ εἰσι θεῖαι φωναί, ἤτοι Θεοῦ ἢ καὶ ἀγγέλων, οἳ διὰ γυμνῶν τῶν ἐννοιῶν καὶ τυπωμάτων συγγίνονται ἀλλήλοις, εἴποιεν ἄλλοι, φησίν, ὡς καὶ ἐκεῖναι τούτων ὑπάρχουσαι γυμναὶ πολὺ τὸ τίμιον ἔχουσι. Τὸ δὲ τῶν σῶν μῶλυ θεῶν καὶ τὸν Ξάνθον καὶ τὴν χαλκίδα καταγελῶ, φησί, τῆς ποιητικῆς εἰκαιομυθίας, ἣ καὶ ταῦτα ἐκαινοτόμησεν εἰς κατάπληξιν μειρακιώδη. Τούτων δέ ἐστι τὸ μὲν εἶδος ὀρνέου, ἡ χαλκίς· τὸ δὲ ποταμός, ὁ Ξάνθος· ῥιζίον δὲ βοτάνης, τὸ μῶλυ· ἅ φησιν Ὅμηρος ὑπὸ μὲν ἀνθρώπων ἑτέρως, ὑπὸ δὲ τῶν θεῶν οὕτως ὠνομάσθαι.

103. Σὸν τὸ ἑλληνίζειν; Εἰπέ μοι, καὶ τὰ ἑχόμενα (107, 641 C5). Τούτοις βάλλει τὸν ἀλιτήριον· καὶ τῇ πυκνότητι τῶν ἐπιχειρημάτων καὶ παραδειγμάτων ἐλέγχει καὶ τῆς ἀνοίας καὶ κακοηθείας στηλιτεύει τὸ ὑπερβάλλον καὶ αὐτῆς ἀπογυμνοῖ τῆς ἁλουργίδος, ὡς μηδὲν αὐτῷ διαφερούσης κατὰ τὴν τῶν θεσπισμάτων αὐτοῦ λύσσαν. *Πένθιμον δὲ τοῖς κακοῖς ῥάκος καὶ ὑπερήφανον* εἶπε ταύτην, ὅτι ἐν κακοῖς καὶ συμφοραῖς πενθοῦντες μελανειμονοῦσιν ἄνθρωποι, τοιοῦτον δὲ καὶ τὸ τῆς

101, 11 παρακοπῆς] παρακοῆς sed corr. prima manu C   **102,** 1 θεῖαι] θεῖαι V, θεῖαι φησὶν PAW   φωναί] αἱ φωναί A   2 ἢ] om. V   οἳ] οἷον FCW, ἢ prop. Boiss.   5 μῶλυ θεῶν] μωλυθων dub. F$^{a.\,corr.}$V$^{a.\,corr.}$, post θεῶν add. γελῶ W$^{sup.\,l}$ 6 χαλκίδα] χαλκῖδα F   ποιητικῆς εἰκαιομυθίας] τῆς εἰκαιομυθίας τῆς ποιητικῆς P   8 χαλκίς] χάλκις FC, Χάλκας V$^{a.\,corr.}$ 9 ῥιζίον] ῥίζιον CV   ἅ φησιν] ὥς φησιν C, ἀφης F, ἀφ' ἧς V   10 ἑτέρως] ἑτέρῳ V$^{a.\,corr.}$ ὠνομάσθαι] ὠνομάσθαι FAV   **103,** 1 ἐχόμενα] ἑξῆς W, ἑπόμενα Boiss.   5 ἁλουργίδος] ἁλουργῖδος F   8 ἄνθρωποι] οἱ ἄνθρωποι A

et le phrasé prétentieux, mais le langage commun et vulgaire du commerce quotidien appartient aussi à la langue grecque. Tu parles vainement, dit-il, lorsque tu nous refuses les uns, mais que tu méprises l'usage des autres, outragé par nous, comme si la vanité n'était pas grecque ! Quel esprit dément !

102. *S'il y a des sons divins* : En effet, s'il existe des sons divins, qu'ils soient de Dieu ou même des anges, qui ([158]) communiquent entre eux par pensées nues et représentations, que d'autres disent, dit-il, que ces sons qui viennent d'eux, puisqu'ils sont purs, ont beaucoup de valeur. Mais je me ris, dit-il, du *moly* de tes dieux, du Xanthos et du *chalcis*, issus du badinage poétique qui a créé ces mots pour engendrer un effroi puéril. Ces termes désignent, l'un, une sorte d'oiseau, le *chalcis* ; l'autre, un fleuve, le Xanthos ; et l'autre, une racine de plante, le *moly*. Homère dit que les dieux appellent ces choses ainsi, et les hommes, d'une autre façon ([159]).

103. *L'hellénisme est ton bien? Dis-moi*, et ce qui s'y rattache : De ces mots, il frappe le criminel : il le réfute par une succession rapide d'arguments et d'exemples, il proclame la démesure de sa folie et sa méchanceté, il le dépouille de la pourpre même ([160]), qui ne lui importait pour ainsi dire en rien, selon la fureur de ses propres oracles ([161]). Il appela celle-ci une *guenille arrogante et lugubre de souffrances*, parce que les hommes endeuillés par les souffrances et les malheurs sont vêtus de noir et que tel est aussi l'éclat et la couleur de la

---

gicum Gudianum (α 128, *s.v.* ἀμωσγέπως, éd. E.L. DE STEFANI, *Etymologicum Gudianum*, vol. 1, Leipzig, 1909).

(158) Le pronom relatif employé par Basile est conforme au texte des manuscrits plutôt qu'à l'édition moderne de Grégoire.

(159) HOMÈRE, *Iliade*, 14, 291 ; 20, 74 ; *Odyssée*, 10, 305.

(160) GRÉGOIRE DE NAZIANZE, *Or.* 4, 108.

(161) Il y a peut-être ici une allusion aux paroles de Julien, qui, lorsqu'il fut promu César, récita à voix basse le vers d'Homère : « la mort pourpre et le puissant destin le prirent » (*Iliade*, 5, 83, éd. M.L. WEST, *Homeri Ilias*, vol. 1 [*BSGRT*], Stuttgardt – Leipzig, 1998 : « ἔλλαβε πορφύρεος θάνατος καὶ μοῖρα κραταιή » ; *idem* 16, 334 ; et 20, 477). Cette anecdote nous est connue uniquement par Ammien Marcellin (*Histoires*, 15, 8, 17), mais il semble qu'elle se trouvait aussi dans la chronique, aujourd'hui perdue, de Jean d'Antioche (fr. 263, éd. U. ROBERTO, *Ioannis Antiocheni Fragmenta ex Historia chronica* [*Texte und Untersuchungen zur Geschichte der altchristlichen Literatur*, 154], Berlin – New York, 2005).

πορφύρας ἄνθος καὶ χρῶμα· τὸ ὑπερήφανον δηλοῖ καὶ Ὅμηρος
τὸν δι' αἵματος πορφύρεον φράσας θάνατον.

104. Εἰ δὲ ταῦτά σοι κακουργίας εἶναι δοκεῖ τὸ λεῖον ἠμφιεσμένης (110, 645 B14 – 648 A1). Ταῦτα πρὸς τὸν ἀκροατὴν ἀποστρέψας λέγει. Κερδαλεώτερα δὲ τὰ πανουργότερα, ὡς ἂν εἴποι τις, καὶ δολερώτερα εἴρηται ἀπὸ τῆς ἀλώπεκος, κερδοῦς οὕτω πως κεκλημένης· ὡς καὶ τὰ ὑποκείμενα δολίως βεβουλευμένου τοῦ Ἀποστάτου, νικᾶν ἡμᾶς κἂν τούτοις παντοίως μηχανωμένου, καὶ τὰ θαυμαζόμενα παρ' ἡμῖν ἔν τε θείοις δόγμασί τε καὶ θαύμασι καὶ ταῖς λοιπαῖς σεμνοπρεπείαις καὶ παραδόσεσι καὶ πολιτείαις. Ἔσπευδε γὰρ μηδὲ ταῦτα ἀκακούργητα μένειν ἐᾶν, εἰ μὴ προφθάσασα ἡ δίκη κατέλυσε τὸν ἀνόσιον αὐταῖς βουλαῖς καὶ δολιότησιν ἐν Περσίδι. Ἐδείχθη γὰρ ἄν, φησί, *τίνα μὲν ἀνθρώπων καὶ ὑπὲρ τὰ ἐσκαμμένα ἐπαιρομένων τῆς ἀρετῆς ἅλματα, τίνα δὲ πιθήκων μιμήματα*.

105. Ἵν' ὅ φησι Πλάτων (113, 649 B9). Τί φησι καὶ περὶ τίνος; Περὶ τῆς ἐν λόγοις πλασθείσης αὐτῷ καὶ σκιογραφηθείσης πόλεως. Τί οὖν φησι; Ἵνα ἴδωμεν κινουμένην ἐν ἔργοις αὐτοῖς καὶ τὴν τούτων τῆς κακίας ἐπίνοιαν· ἀλλ' ὥσπερ οὐχ ἡ Πλάτωνος, οὐδὲ τούτου εὖ ποιοῦσα τοῖς πράγμασι δέδεικται πώποτε. Πλὴν ὁ θεσπέσιος οὗτος ἀνὴρ θεωρεῖ τε καὶ ἀντεξετάζει τῶν ἡμετέρων τὰ τῆς φιλοσοφίας δόγματά τε καὶ σκάμματα τοῖς πράγμασιν ἑστῶτα, καὶ μέχρι καὶ τήμερον φαινόμενα καὶ φθεγγόμενα· τῶν δὲ τὴν ἀνυπόστατον ἐξελέγχει καὶ ἀνόητον φλυαρίαν, τὴν μήτε γεγενημένην μήτ' οὖν κἂν ἐν σκιαῖς καὶ κενολογίαις παραβεβλῆσθαι δεδυνημένην, πολὺ ἔχουσαν τὸ αἰσχρὸν μετὰ τῆς ἀσεβείας καὶ μετὰ τοῦ ἀσθενοῦς

103, 9 δηλοῖ] δηλοῖ δὲ A   104, 1 εἶναι] οἶμαι C   2 ἠμφιεσμένης] ἠμφιεσμένος C   3 κερδαλεώτερα] κερδαλεώτερον FC   4 τις] τίς FCAW   5 κερδοῦς] κέρδους F   πως] πῶς A, πω V   κεκλημένης] κεκλημένος V^(a. corr.)   6 βεβουλευμένου] βουλευσ<def.> A   νικᾶν] καὶ νικᾶν P   κἂν] καὶ W   10 ἐᾶν] ἐᾶν V   προφθάσασα] προφθάσα P   12 καὶ] om. C   105, 1 περὶ] παρὰ sed corr. prima manu C   2 τῆς] τοῖς F   πλασθείσης αὐτῷ] αὐτῷ πλασθείσης P   σκιογραφηθείσης] σκιαγραφηθείσης CP   4/5 οὐχ ἡ] οὐχὶ W   5 Πλάτωνος] Πλα<contr.> FCW, πλάνη P, πλάσις V   πλατωνική coni. Boiss.   6 θεσπέσιος] θαυμάσιος W   10 μήτ' οὖν] μήτε A   11 σκιαῖς] σκηναῖς C   κενολογίαις] καινολογίαις W

pourpre. Même Homère en montre l'arrogance lorsqu'il mentionne la mort pourpre, à cause du sang.

104. Et s'il te paraît que cette conduite montre de la malfaisance dissimulée sous la douceur : Il dit cela en s'adressant au lecteur. Ses actes plus fourbes, comme on dirait, et plus perfides sont dits plus astucieux (κερδαλεώτερα), d'après le nom du renard, ainsi appelé parfois goupil (κερδοῦς) (162), puisque l'Apostat, qui projetait de nous vaincre par toutes ces manières, méditait avec perfidie à la fois ces sujets et ce qui est admirable chez nous, parmi nos dogmes et miracles divins, et parmi nos autres dignités, traditions et pratiques. En effet, il s'appliqua à ne pas permettre que ces usages restassent sans corruption, si ce n'est que la justice le devança et renversa l'impie au moyen de ses propres projets et ruses en Perse. *On aurait bien vu alors*, dit-il, *où se trouvaient les démarches humaines* (163) et les élans vertueux de ceux qui s'élèvent au-delà des limites (164), *et les imitations des singes*.

105. Afin, comme dit Platon : Que dit-il et à quel propos ? À propos de la cité qu'il a imaginée et esquissée dans ses écrits (165). Que dit-il donc ? Afin de voir aussi leur projet de méchanceté mis en action par leurs gestes (166), mais, pas plus que celui de Platon, le projet de celui-ci ne s'est montré non plus un jour bienfaisant dans les faits. Cependant, cet homme prodigieux (167) examine et évalue, au regard des nôtres, les dogmes de la philosophie et les normes établies par les actions, qu'on peut voir et entendre même encore aujourd'hui, et il confond la verbosité inconsistante et insensée des leurs, qui n'a pas substance, mais qui ne peut pourtant pas être rejetée dans l'ombre et le bavardage, puisqu'elle pos-

---

(162) Voir Basile le Minime, *Comm* 4, 79. Sur cette définition, voir Hésychios, *Lexique*, κ 2304, *s.v.* κερδαλέον; Photios, *Lexique*, κ 595, *s.v.* κερδαλέος; *Souda*, κ 1382, *s.v.* κερδαλέος.
(163) Grégoire de Nazianze, *Or.* 4, 112.
(164) Expression grecque : voir, entre autres, Platon, *Cratyle*, 413 A-B; Lucien, *Le songe ou le coq*, 6; Clément d'Alexandrie, *Stromates*, 5, 13, 83, 1; Libanios, *Ep.* 438, 1; *Or.* 64, 69; Basile de Césarée, *Homélies sur l'hexaéméron*, 6, 5.
(165) Sur la cité de Platon, voir Basile le Minime, *Comm.* 4, 40.
(166) Voir Platon, *Timée*, 19 B. Le propos de Grégoire dans ce passage est très lapidaire et Basile tente, tant bien que mal, de le déployer.
(167) C'est-à-dire Grégoire.

τὸ γελοῖον καί γε τῶν ἠθῶν τὸ λίαν ἀνάγωγον καὶ κατεφθαρμένον.

106. Καλὸν προσᾴδεσθαι τὴν Ἡσιόδου Θεογονίαν (115, 653 A4). Μετὰ Τὰ ἔργα καὶ τὰς ἡμέρας καὶ τὴν λεγομένην Ἀσπίδα, ποιημάτιόν τι ἐστι καὶ ἡ μνημονευομένη αὕτη Θεογονία, θεῶν γένεσιν καὶ ὀνομάτων κλήσεις καταλεγομένη· ἐν οἷς τῶν μυθευομένων θεῶν πᾶσα ἡ θεολογία καὶ τὰ πρακτικὰ καὶ ἠθικὰ φέρεται, καὶ ἐν ταῖς Ὁμήρου ῥαψῳδίαις ὁμοίως, ἃ καὶ παισὶ καὶ τοῖς ἄρτι παιδείας γευομένοις δῆλα. Τούτοις οὖν παρατεθεικὼς ὁ ἡμέτερος οὗτος Θεολόγος οὐ μόνον τὸ θεωρητικὸν ἡμῶν καὶ θεολογικὸν τῆς φιλοσοφίας, ἀλλὰ καὶ τὸ πρακτικόν τε καὶ ἠθικόν, ἐλέγξας κατὰ σύγκρισιν τὴν Ἑλληνικὴν ἅπασαν ματαιότητα, ἔδειξεν οὐδ' ἐγγὺς τῶν ἡμετέρων, πολλοῦ γε καὶ δεῖ, τὰ τῶν Ἑλλήνων φαντάσματα. Καίτοι γε, φάσκων, πῶς ταῦτα τῶν ἡμετέρων ἐγγύς, οἷς ὅρος μὲν φιλίας, καὶ τὰ ἑξῆς ὅσα ὡς ἐν συνόψει μέχρι τέλους καταλέγων, ἀσύγκριτα δείκνυσι τὰ ἡμέτερα καὶ παντὸς αὐτῶν λόγου κρείττω.

C

Τέλος τοῦ πρώτου τῶν στηλιτευτικῶν

106, 1 τὴν] καὶ τὴν W   2 τὰς] om. Boiss.   3 ἀσπίδα] ἀσπῖδα F   τι] om. VW   καὶ] om. A   4 κλήσεις] κλίσεις V$^{a.\,corr.}$, κλίσις V$^{p.\,corr.}$ 7 παιδείας γευομένοις] γευομένοις παιδείας C   12 δεῖ] δὴ V   13 οἷς] εἰς V   15 αὐτῶν] om. A   16 τέλος – στηλιτευτικῶν] om. PV Boiss.   στηλιτευτικῶν] στηλιτευτικῶν λόγων C

sède beaucoup de laideur dans son impiété et de ridicule dans sa faiblesse, et, surtout, qu'elle est trop grossière et corrompue quant aux mœurs ([168]).

106. Il serait indiqué de leur déclamer la Théogonie d'Hésiode: Avec *Les Travaux et les jours* et le soi-disant *Bouclier*, cette *Théogonie* qu'il mentionne est aussi une sorte de poème ([169]), qui dresse un catalogue de la naissance des dieux et de leurs noms respectifs. Dans ceux-ci se trouvent toute la théologie, les actions et la morale des dieux qui font l'objet d'un récit, de même que dans les rhapsodies d'Homère ([170]), chose évidente pour les enfants et pour ceux qui goûtent encore à l'éducation. À ces récits, notre illustre Théologien oppose donc non seulement le côté théorique et théologique de notre philosophie, mais aussi son côté pratique et moral, afin de réfuter par comparaison l'ensemble de la vanité grecque et de montrer que nos principes ne sont pas proches, beaucoup s'en faut, des chimères des Grecs. Lorsqu'il affirme: *eh bien! cela ressemble-t-il à nos principes d'après lesquels chacun se règle sur l'amour* ([171]), et qu'il énumère tout ce qui suit jusqu'à la fin comme en un coup d'œil, il montre que nos principes sont incomparables et supérieurs à tous leurs discours.

Fin de la première *Invective*

---

(168) Dans ce commentaire un peu plus personnel, Basile se laisse emporter et, tout en dépouillant la philosophie grecque de sa substance, reconnaît qu'il est impossible de simplement l'ignorer, car elle est trop abjecte.
(169) Voir le pseudo-Nonnos, *Hist.* 4, 76.
(170) Grégoire de Nazianze, *Or.* 4, 116. Basile a passé outre Orphée.
(171) Grégoire de Nazianze, *Or.* 4, 123.

COMMENTAIRE AU DISCOURS 5

Εἰς τὸν κατὰ Ἰουλιανοῦ στηλιτευτικῶν δεύτερον

1. Οὗτος μὲν δὴ τῶν ἐμῶν λόγων ὁ πρῶτος ἄεθλος ἐκτετέλεσται (1, 664 D8-9). Εἴληπται τὸ προοίμιον ἐξ Ὁμήρου τῆς Ὀδυσσείας. Ὀδυσσεὺς γὰρ ὁ τοῦ Λαέρτου μετὰ τὴν ἐπὶ Ἴλιον στρατείαν ὑποστρέφων οἴκαδε, κινδύνοις πλείστοις τε ἄλλοις ὡμιληκώς, τέλος καὶ ναυαγίῳ τήν τε ναῦν καὶ τὰ ὑπάρχοντα ἀπολωλεκώς, εἰς τὸν οἶκον πτωχεύων καὶ μὴ γνωριζόμενος ἧκε, μνηστῆρας τῆς γυναικὸς οὐκ ὀλίγους καταλαβὼν τὰ ἑαυτοῦ κατεσθίοντας. Οὐ μόνον δέ, ἀλλὰ καὶ αὐτὸν ὡς πτωχὸν ἐπικερτομοῦντας καὶ ἐνυβρίζοντας εἶχεν. Ἐπεὶ δὲ Πηνελόπη τόξον τε καὶ πελέκεις προβεβλημένη, ἐν οἷς ποτε Ὀδυσσεὺς τὴν ἑκηβόλον ἀσκούμενος τέχνην τὰ βέλη πρὸς τὸν σκοπὸν ἠφίει, προφάσεσι πλανῶσα τὸν νοῦν αὐτῶν καὶ ταῖς ἐλπίσιν ἐπαίρουσα, ἄνωθεν ἔφη κοσμίως ἐπιφανεῖσα, ὡς « Εἴ τις ὑμῶν τουτὶ τὸ τόξον ἐντείνειε, καὶ διὰ τῆς τῶν πελέκεων ὀπῆς τὸ βέλος ἰθύνειε, τούτῳ εἰς γάμον ἐφέψομαι συναφθεῖσα.» οἱ δὲ μετὰ τὴν πεῖραν ἀπεῖπον ἠτονηκότες· εἶτ' Ὀδυσσεὺς τοῦτο, καίτοι πολλῶν ἀπειργόντων, λαμβάνει καὶ τείνει θᾶττον καὶ βάλλει καὶ τοῦ σκοποῦ μάλα τυγχάνει. Ἔπειτα τουτὶ τὸ ἔπος εἰπών, κατὰ τοῦ πρώτου τῶν μνηστήρων Ἀντινόου, ἀνδρὸς τυραννικωτάτου καὶ βιαίου, εὐθύνας βάλλει καὶ καταβάλλει. Οὕτω δὲ καὶ τοὺς ὑβριστὰς ἐφεξῆς ἐπεξέρχεται τῶν μνηστήρων καὶ τὴν γυναῖκα καὶ τὸν οἶκον ἐλευθερώσας ἀπείληφει. Τοῦτο δὴ τὸ ἔπος κατακολλῶν ὁ μέγας Γρηγόρι-

---

Titulus, 1 τὸν] add. τῶν post τὸν coni. Mign.   Ἰουλιανοῦ] Ἰουλιανὸν A
1, 1/2 οὗτος – ἐκτετέλεσται] non lemma PV   **2** ἐκτετέλεσται] om. A
3 Ὀδυσσείας] Ὀδυσείας F$^{a. corr.}$, Ὀδυσσείας CW   Ὀδυσσεὺς] Ὀδυσεὺς F$^{a. corr.}$,
Ὀδυσσεὺς CW   **5** ὡμιληκώς] ὡμιληκῶς F   **9** εἶχεν] εἶχον Mign.
10 Πηνελόπη] Πινελόπη FV$^{a. corr.}$ πελέκεις] πελέκυς V   ποτε] om. W$^{a. corr.}$
11 Ὀδυσσεὺς] Ὀδυσεὺς FC   **12** ἠφίει] ἠφίη F   **14** πελέκεων] πελέκων V$^{a. corr.}$ **15** ὀπῆς] ὠπῆς F   **16** εἶτ'] εἶτα PV   Ὀδυσσεὺς] Ὀδυσσὲς F, Ὀδυσσεὺς C   **17** καίτοι] καίπερ C   λαμβάνει] λαμβάνοι C
18 μάλα] μᾶλλα F   **20** εὐθύνας] εὖ ἰθύνας dub. W   **21** ἐπεξέρχεται] ἐπέρχεται W   **23** δὴ] δὲ VW

Sur la deuxième des *Invectives contre Julien*

1. Voilà donc achevée la première des joutes que ma parole doit soutenir: L'exorde est emprunté à l'*Odyssée* d'Homère (¹). En effet, lorsque Ulysse, le fils de Laërce, retourna chez lui à la fin de la guerre de Troie après avoir affronté de multiples autres dangers et finalement perdu biens et bateau à la suite d'un naufrage, il arriva en sa demeure, incognito et mendiant, et il surprit les prétendants de sa femme, qui n'étaient pas peu nombreux à dévorer ses biens. Non seulement cela, mais aussi lorsqu'ils le raillèrent et l'insultèrent sous ses allures de mendiant, il le supporta. Alors Pénélope apporta l'arc et les haches qu'Ulysse utilisait jadis comme cibles pour lancer ses traits lors de ses exercices de tir à l'arc, puis, par de faux prétextes, elle égara leur esprit et excita leurs espoirs. Elle apparut avec décence d'en haut et leur dit : « Si l'un de vous tend cet arc et aligne un trait à travers le trou des haches, celui-là je le suivrai, liée par les liens du mariage » (²). Après cette épreuve, cependant, ils renoncèrent, épuisés. Alors Ulysse, bien que beaucoup le repoussent, prend l'arc, le tend très rapidement, tire et atteint la cible en plein centre. Ensuite, après avoir dit ces mots (³), il dirige son arme contre le premier des prétendants, Antinoüs, un homme absolument tyrannique et violent, tire et l'abat (⁴). Ainsi, il punit, un par un, les insolents parmi les prétendants et récupère sa femme et sa maison libérées. Lorsque le grand Grégoire colle (⁵) ce vers –

---

(1) Voir Homère, *Odyssée*, 22, 5-6. Dans la suite de sa scholie, Basile résume de façon très succincte les chants 17 à 22 de l'*Odyssée*, et en particulier les chants 21 et 22. Cet exposé est intéressant, d'abord parce qu'il montre que Basile ne croyait pas son lectorat familier avec cette œuvre, ensuite parce qu'il en fait une synthèse assez juste. Il revient par ailleurs sur cet épisode à la fin du présent *Commentaire* (*Comm.* 5, 59).
(2) Voir Homère, *Odyssée*, 21, 75-79.
(3) C'est-à-dire ceux auxquels Grégoire fait allusion.
(4) Voir Homère, *Odyssée*, 22, 8.
(5) Il ne semble pas y avoir d'autres attestations de ce verbe dans le sens de « copier-coller » que lui donne ici Basile.

ος – ἔστι δ' οἷς καὶ παρῳδῶν προσφόρως κέχρηται – καὶ τὸν πρῶτον κατὰ τοῦ παλαμναίου καὶ τῶν ἀσεβῶν διηνυκέναι ἄεθλον ἔφη καὶ ἐπὶ τὸν δεύτερον τουτονὶ κεχωρηκέναι, καὶ τὰ θεῖα τῆς δίκης δείκνυσι βέλη, οἷς τῶν δυσσεβῶν τὸ πᾶν σύνταγμα κατετοξεύθη καὶ μετ' ἤχου τούτων ἀπώλετο τὸ μνημόσυνον[a].

2. Τὰ δίκαια τοῦ Θεοῦ στάθμια, καὶ οἷς ἀντιταλαντεύεται πονηρία (1, 665 A7-8). Τουτέστι τοῖς εἰρημένοις ὑφ' ἡμῶν, φησί, κατὰ τοῦ τυράννου καὶ τῶν δυσσεβῶν, ἐπὶ τοῖς τετολμημένοις αὐτοῖς κατὰ τῶν εὐσεβῶν προστίθημι καταλέγων καὶ τὰ τοῦ Θεοῦ τάλαντά τε καὶ στάθμια· οἷστισι τούτοις ταλάντοις ἀντισταθμᾶται καὶ ἀντιτίθεται πονηρία. Τίνα δὲ ταῦτά ἐστι τὰ τοῖς ἀσεβέσιν ἀντιμετρούμενα καὶ ἀποδιδόμενα; Τὰς ἐνδίκους, φησί, νόσους καὶ τὰ ἑξῆς τῶν δεινῶν ἃ συμβέβηκε τοῖς τολμηταῖς τῶν τοιούτων· τὰς ὕπαρ συμφορὰς καὶ ποινάς, καὶ τὰς δι' ὀνειράτων ἐτάσεις τε καὶ παιδεύσεις καὶ μάστιγας, καὶ τοιαύτας γὰρ οὐ καθ' ὕπαρ μόνον καὶ ἐγρηγορότες αἰκίσεις ἐδέξαντο. 1128 A

3. Οὐδ' αὐτομάτῳ τινὶ φορᾷ (2, 665 C1-2). Οὕτω γὰρ Ἑλλήνων τινὲς ἐδόξαζον, πρόνοιαν ἀτιμάσαντες καὶ τὸ αὐτόματον δογματίσαντες, τῇ ἀλόγῳ τύχῃ διδόντες τὸ πᾶν. Οὔκουν, φησί, αὐτομάτως ταῦτα τοῖς κατὰ χριστιανῶν οὕτω λυττήσασι συμβεβήκει, ἀλλ' ὀργῆς καὶ ἀγανακτήσεως Θεοῦ ταῦτα γνωρίσματα, οὐδὲ γὰρ τοῖς τυχοῦσιν Ἑλλήνων, οὐδὲ τῶν ἐπιεικεστέρων τισίν, ἀλλὰ τοῖς ἐξυβρίσασι μᾶλλον καὶ οὕτως ἐκμανεῖσιν ὡς καὶ σαρκῶν ἅψασθαι ἀνθρωπίνων.

---

[a] cfr Ps. 9, 7

1, 24 τὸν] τὸ FC   25 ἄεθλον] ἆθλον C[a.corr.] A (sed corr. prima manu C)   27 δείκνυσι βέλη] βέλη δείκνυσιν A   οἷς] οἷος V   **2**, 1 τὰ – στάθμια] om. V   στάθμια] σταθμία A, στάθμα Mign.   4 εὐσεβῶν] ἀσεβῶν C   5 οἷστισι] οἷστισι F   7 ἀντιμετρούμενα καὶ ἀποδιδόμενα] ἀποδιδόμενα καὶ ἀντιμετρούμενα W   9 ὕπαρ] ὕπαρ φησι A   11 καὶ[3]] ἀλλὰ καὶ P   **3**, 2/3 καὶ – δογματίσαντες] om. A   4 χριστιανῶν] χριστιανοῖς FC   5 ἀγανακτήσεως] ἀνακτήσεως C   7 ἐξυβρίσασι] ἐξυβρίσι V[a.corr.]   8 ἀνθρωπίνων] ἀνθρώπων A

et il en est d'autres qu'il cite (⁶) aussi de façon appropriée –, il dit avoir aussi mené à terme la première joute contre le meurtrier et les impies et s'avancer pour cette deuxième, et il montre les traits divins de la justice, par lesquels l'ensemble de la doctrine des impies fut percé (⁷) et grâce auxquels leur mémoire a péri avec leur bruit (⁸).

2. *Les justes jugements que la balance de Dieu réserve au crime* : C'est-à-dire à ce que nous avons dit, dit-il, contre le tyran et les impies, j'ajoute aussi pour leurs audaces contre les gens pieux la liste des poids et balances de Dieu ; c'est par ces poids que le crime est contrebalancé et compensé (⁹). Quels sont ceux qui ont été donnés aux impies en contrepartie et en échange ? Les justes maladies, dit-il, et les phénomènes terribles cités ensuite, qui arrivent à ceux qui osent de tels crimes (¹⁰) : les malheurs et les punitions qu'ils ont eus en état de veille, ainsi que les épreuves, les avertissements et les supplices qu'ils ont eus en songe, car ce n'est pas seulement en état de veille et conscients qu'ils ont reçu des tourments.

3. *À quelque effet du hasard* : Ainsi pensaient en effet certains des Grecs, qui méprisaient la providence et professaient le hasard, attribuant tout au destin irrationnel. Ce n'est pourtant pas, dit-il, par hasard que ces tourments sont arrivés à de tels enragés contre les chrétiens, mais ce sont des signes de la colère et de l'irritation de Dieu, car ils furent envoyés non pas à ceux qui étaient simplement grecs, ni à ceux qui étaient plus modérés, mais à ceux qui étaient les plus arrogants et assez furieux pour s'attaquer aux chairs humaines (¹¹).

---

(6) Sur ce procédé de citation de vers dans la prose, voir Ps. Hermogène, *Sur la méthode de l'habileté*, 30 (déjà cité *supra*, p. 15, n. 20).

(7) Peut-être faut-il voir dans cette flèche, sur laquelle insiste tant Basile, une réminiscence de l'introduction aux *Invectives* (*Comm.* 4, 1).

(8) Ce passage biblique est cité plus loin par Grégoire (*Or.* 5, 6).

(9) Basile redouble ici le pronom relatif de liaison avec un pronom démonstratif au même genre, même nombre, même cas ; cette tournure redondante lui semble habituelle, puisqu'elle revient au *Comm.* 5, 9 ; 14 ; et 58.

(10) Grégoire de Nazianze, *Or.* 5, 2.

(11) Référence à Grégoire de Nazianze, *Or.* 4, 87.

4. Ἐπιθειάζων δῆθεν ἐκ τῶν παρ' αὐτοῖς βίβλων (3, 668 B2-3). Μεμηχάνηται γὰρ αὐτῷ καὶ τοῦτο, ὡς ἐξ Ἑβραϊκῶν ἀποκρύφων καὶ θείων βίβλων εὕροι προφητευθεῖσαν κατὰ τόνδε τὸν καιρὸν τὴν αὐτῶν πρὸς τὴν Ἱερουσαλὴμ γενήσεσθαι ἀνάκλησιν καὶ τὸν ναὸν ἀναδείμασθαι. Σχήματι δέ, ἀλλ' οὐκ ἀληθείᾳ, τῆς πρὸς αὐτοὺς εὐνοίας, ἐπινοίᾳ δὲ μᾶλλον τῇ καθ' ἡμῶν, ταῦτ' εἰσηγεῖτο, πειρώμενος ψευδῆ δεῖξαι τὰ ἡμέτερα καὶ Χριστοῦ περὶ ταύτης προφητευθέντα[b], καὶ ἅμα τὴν ἐκείνων καθ' ἡμῶν μανίαν ἐγεῖραι φιλονεικῶν καὶ πόλεμον ἑκατέρωθεν στῆσαι διπλοῦν, ὡς ἂν πανταχόθεν βαλλοίμεθα.

5. Ὡς δ' ὑπ' ἀγρίας λαίλαπος (4, 668 C5-6). Σημειωτέον ὡς παράδοξον καὶ φρικτὸν τοῦτο, καὶ θείας ὡς ἀληθῶς ὀργῆς ἅμα καὶ δυναστείας τὸ τερατούργημα, εἰς κατάπληξιν μὲν ἀσεβῶν, τῶν εὐσεβούντων δὲ πρὸς ἀσφάλειαν.

6. Ὁ δὲ ἅπαντες καὶ λέγουσι καὶ πιστεύουσι (4, 669 A1-2). Καὶ τοῦτο σημειωτέον, ὃ καὶ τοῦ προκειμένου φοβερώτερον ὂν καὶ πρὸς πίστιν ἔφησε βεβαιότερον, ὡς ὑπὸ πάντων καὶ λεγόμενον καὶ πιστευόμενον.

7. Ὁ δὲ καὶ ἔτι τούτων παραδοξότερον καὶ περιφανέστερον, ἔστη φῶς ἐν οὐρανῷ (4, 669 A12-13). Ἱστόρηται πολλοῖς ἑτέροις καὶ τοῦτο τῶν δυσσεβῶν Ἑβραίων καὶ Ἑλλήνων στηλιτεῦον τὸ δύσφημον. Ἔστη οὖν τὸν σταυρὸν περιγρά-

---

[b] cfr Matth. 24, 1-2; Marc. 13, 1-2; Luc. 21, 5-7

4, 1 δῆθεν – βίβλων] non lemma P   βίβλων] βιβλίων A   2 αὐτῷ] om. V   3 βίβλων] βιβλίων A   εὕροι] εὕροι F   6 αὐτοὺς] αὐτὸν P   7 ταῦτ'] ταῦτα CP   ψευδῆ δεῖξαι] δεῖξαι ψευδῆ P   δεῖξαι] θεῖναι W   8 περὶ] καὶ περὶ C   **5,** 1 ὑπ'] ὑπὸ A   4 πρός] om. A   **6,** 1 ὁ] οἱ P non legitur F   3 βεβαιότερον] βεβαιότερον Mign.   **7,** 1 καὶ] om. A   ἔτι] ἐπὶ V   παραδοξότερον καὶ περιφανέστερον] περιφανέστερον καὶ παραδοξότερον W   3 Ἑβραίων καὶ Ἑλλήνων] Ἑλλήνων καὶ Ἑβραίων AW

4. *Il attestait évidemment, en s'appuyant sur leurs livres*: En effet, il est également l'auteur de cette machination, à savoir qu'il aurait trouvé prophétisé dans les livres divins et apocryphes ([12]) des Hébreux que leur retour à Jérusalem aurait lieu à cette époque et que le Temple serait reconstruit. Mais c'est par une bienveillance feinte et non réelle envers ceux-ci, ou plutôt dans le dessein de nous contrer, qu'il proposait ces projets : il essayait de montrer que nos prophéties à ce sujet et celles du Christ étaient fausses, en même temps qu'il s'acharnait à soulever la fureur de ceux-ci contre nous et à installer la guerre des deux côtés, afin que nous soyons renversés de toutes parts ([13]).

5. *Par une terrible tornade*: Il faut noter comme cet événement est extraordinaire et effrayant, et qu'il est un signe prodigieux à la fois de la colère et de la puissance véritablement divine, pour frapper d'effroi les impies et sécuriser les hommes pieux.

6. *Tout le monde est unanime à déclarer et à tenir pour certain*: Il faut noter aussi ce phénomène, qu'il a dit plus effrayant que les précédents et plus apte à susciter la foi puisque tous l'ont rapporté et y ont cru.

7. *Ce qui fut encore plus surprenant et plus éclatant, ce fut une lumière qui apparut dans le ciel*: De nombreux autres auteurs racontent aussi ce phénomène, qui dénonce le blasphème des Hébreux et Grecs impies ([14]). Il y eut donc

---

(12) Il est difficile de savoir quel texte apocryphe Basile avait en tête, mais il s'agit peut-être d'un écrit intertestamentaire comme les *Paralipomènes du prophète Jérémie*. Sur ce texte et l'espoir des Juifs de reconstruire le Temple, voir J. Riaud, *Les paralipomènes du prophète Jérémie* (*Cahiers du Centre interdisciplinaire de recherches en histoire, lettres et langues* [CIRHiLL], 14), Angers, 1994, surtout p. 113-117 et 131-132.

(13) Les auteurs anciens ne sont pas unanimes sur les motivations de Julien. Selon Grégoire, c'est dans le but d'attiser la haine du peuple juif contre les chrétiens qu'il initie ce projet. Basile ajoute à ce motif celui de prendre en faute les prophéties du Christ. Cette dernière motivation de Julien apparaît chez d'autres auteurs chrétiens : Jean Chrysostome, *Discours sur Babylas*, 119 ; *Contre les Juifs*, 5, 11 ; Philostorge, *H.E.*, 7, 9 ; Sozomène, *H.E.*, 5, 22, 6 ; Théodoret, *H.E.*, 3, 20, 1.

(14) Plusieurs auteurs ont rapporté la tentative de reconstruction du Temple par Julien et les désastres qui menèrent à l'abandon du projet : Éphrem le Syrien, *Hymnes contre Julien*, 4, 18-23 ; Ammien Marcellin, *Histoires*, 23, 1, 1-3 ; Rufin, *H.E.*, 10, 38-40 ; Jean Chrysostome, *Discours sur Babylas*, 119 ; *Contre les Juifs*,

φον τὸ φῶς κύκλῳ, ἤτοι διαγράφον τὸν σταυρὸν καὶ διατυ-
6 πούμενον, ἢ καὶ στεφανοῦν καὶ κύκλῳ φωτοειδεῖ τὸν τίμιον
καὶ κατάστερον περιλαμβάνον σταυρόν, τὸ πρότερον ὑπὸ τῶν
8 ἀθέων ἐπὶ γῆς ἀτιμαζόμενον σημεῖον, τὸ τετραμερὲς σχῆμα.
Ὄνομα δέ ποῖον; Ὁ Σταυρός. Ἐπεὶ οὖν τοῖς νικῶσιν ἔθος κατὰ
10 τῶν ἡττωμένων ἐχθρῶν τρόπαιον ὡς σύμβολον νίκης ἑστάναι,
καὶ Χριστῷ τῷ Θεῷ ἡμῶν κατὰ τῶν ἀσεβούντων τοῦτο γίνε-
12 ται, θειότερόν τε καὶ παντὸς τροπαίου περιφανέστερον, ὕψιστον τρόπαιον καὶ σελασφόρον.

8. Καὶ τῶν οὐρανίων καταψευδόμενος (5, 669 B14).
2 Ἐκβάλλει τὰς γενέσεις· καὶ ἀθετεῖ αὐτῶν ὡς ψευδομένων τὸ
μάταιον, τῇ τῶν ἄστρων φορᾷ καὶ κινήσει ἀνατιθέντων καὶ
4 πλεκόντων τὰ συμβαίνοντα, καὶ διασύρει τὴν πλάνην αὐτοῦ τε
καὶ τῶν αὐτῷ τιμωμένων ἀστρολόγων καὶ μάντεων.

9. Λέγε μοι καὶ σὺ τοὺς σοὺς ἀστέρας (5, 669 C2).
2 Ἀριάδνη καὶ Βερνίκη γυναῖκες θνηταί, ὧν τῆς μέν, τῇ τῆς
πλάνης αὐτονομίᾳ, στέφανον, τῆς δὲ πλόκαμον κατηστερίσθαι
4 φασί· καὶ τοὺς ἀστέρας ἐν οὐρανῷ καταψευδόμενοι συντιθέασιν ἐπιδεικνύντες κἀντεῦθέν τε σχηματίζοντες καὶ ἐκεῖθεν
6 τοὺς πρὶν ἢ ταύτας γεννηθῆναι ἐν οὐρανῷ τὴν ἵδρυσιν ἐσχηκότας. Καὶ τὸν ἀσελγῆ Κύκνον, ᾧτινι, φασίν, ὁμοιωθεὶς ὁ Ζεὺς
8 τῇ Λήδᾳ συνελθὼν ὄρνιθος τρόπον ᾠὸν ἐγκυμονεῖ, ἐξ οὗ Ἑλένη
μυθεύεται γεννηθῆναι ἡ Κάστορος ἀδελφὴ καὶ Πολυδεύκους.

7, 5 περιγράφον] περιγράφων A   τὸ φῶς κύκλῳ] κύκλῳ τὸ φῶς A   διατυπούμενον] διατυποῦν P   6 καὶ¹] *om.* A   φωτοειδεῖ] φωτοειδῆ V
7 καὶ] *om.* A   περιλαμβάνον] περιλαμβάνει V   8 σημεῖον] σημειωτέον *prop.* Boiss.   10 ἡττωμένων] ἡττομένων F   νίκης] νῖκος C   11 καὶ] *om.* C   Χριστῷ] τῷ Χριστῷ καὶ A   13 τρόπαιον] τρόπον V[a. corr.]
9, 2 Βερνίκη] Βερονίκη *coni.* Boiss.   3 κατηστερίσθαι] κατησερῖσθαι F[a. corr.]
5 ἐπιδεικνύντες] ἐπιτιθέντες W   τε] *om.* AW   7 καὶ – Κύκνον] *lemma* Boiss. Mign.   Κύκνον] κύκλον V   ᾧτινι] ᾧτινι A   ὁμοιωθεὶς] ὅμως ὁμοιωθεὶς W   8 συνελθὼν] συνελθῶν F   ᾠὸν] ὡς V   9 Κάστορος] Κάστωρος V[p. corr.]

une lumière qui traça d'un cercle la croix, soit qu'elle dessina et forma la croix, soit qu'elle la couronna et qu'elle embrassa d'un cercle lumineux la précieuse croix étoilée, le signe auparavant décrié sur la terre par les athées, la figure quadripartite. De quel nom s'agit-il ? la Croix. Donc, puisqu'il est coutume pour les vainqueurs de dresser un trophée contre les ennemis vaincus en signe de victoire, celui-ci le fut aussi par le Christ notre Dieu contre les impies, trophée très élevé et lumineux, plus divin et plus visible que tout autre trophée.

8. ***Toi qui racontes tant de mensonges sur les choses célestes*** : Il rejette les horoscopes : il en repousse la vanité, dans la mesure où ils mentent, puisqu'ils attribuent et lient les événements au mouvement et au cours des astres, et il dénigre son erreur ([15]), ainsi que celle des astrologues et devins qu'il estime.

9. ***Parle-moi à ton tour de tes astres*** : Ariane et Bérénice ([16]) sont des femmes mortelles dont ils disent, par la licence de l'égarement ([17]), que l'une vit sa couronne être transformée en étoiles et l'autre, sa boucle de cheveux ; et ils agencent frauduleusement les étoiles dans le ciel qu'ils exhibent, en donnant ici et là une forme à des astres qui avaient une assise au ciel avant la naissance de ces femmes. Le *Cygne luxurieux*, c'est-à-dire l'apparence sous laquelle, disent-ils, Zeus s'unit à Léda et, à la façon d'un oiseau, conçut un œuf, duquel naquit, racontent-ils, Hélène, la sœur de Castor et Pollux. Il appelle Taureau violent Zeus lui-même, qui, ainsi

---

5, 11 ; *Contre les Juifs et les païens sur la divinité du Christ*, 16 ; Philostorge, *H.E.*, 7, 9 ; Socrate, *H.E.*, 3, 20 ; Sozomène, *H.E.*, 5, 22 ; Théodoret, *H.E.*, 3, 20 ; voir aussi S.P. Brock, *A Letter Attributed to Cyril of Jerusalem on the Rebuilding of the Temple*, dans *Bulletin of the School of Oriental and African Studies*, 40 (1977), p. 267-286. Cependant, hormis Théodoret, qui suit ici Grégoire, et, plus tardivement, Théophane le Confesseur (*Chronique, an.* 5847, éd. de Boor, *Theophanis Chronographia*, p. 41-42), aucun autre auteur ancien ne parle de l'apparition d'une croix dans le ciel. Une lettre de Cyrille de Jérusalem évoque une telle apparition, mais en 351 sur le mont Golgotha : E. Bihain, *L'épître de Cyrille de Jérusalem à Constance sur la vision de la croix (BHG³ 413)*, dans *Byzantion*, 43 (1973), p. 264-296.

(15) C'est-à-dire celle de Julien.
(16) Basile utilise une forme tronquée du nom Bérénice.
(17) Cette expression est empruntée à Grégoire (*Or.* 28, 15 et *Or.* 29, 7) : elle semble signifier que l'erreur procède d'une liberté qui lui est propre. Basile l'emploie à nouveau dans son *Commentaire au Discours 25* (*PG* 36, col. 1172 A 7).

Ταῦρον δὲ ὑβριστὴν τὸν αὐτὸν Δία καλεῖ, εἰς ὃν μεταμορφωθεὶς τὴν Εὐρώπην ἁρπάσας φθείρει. Ὀφιοῦχος δέ, φερωνύμως ὄφιν κατέχων ἄνθρωπος, κατὰ τὸν βόρειον πόλον ἐστήρικται· Αἰγόκερως δέ, κατὰ τὸν νότιον ὁμοίως· ὁ δὲ Λέων, ἐχόμενος καρκίνου καὶ τοῦ θερινοῦ τροπικοῦ. Οὕστινας, φησί, τούτους λόγοις ἀπατηλοῖς συντεθεικότες καὶ ὀνομάσαντες, τοὺς μὲν θεούς, τοὺς δὲ ἀστέρας ἐπλάσαντο. Ὅμως, φησίν, ἐκ τῶν οὐρανίων ἔχω κἀγὼ ἀστέρας, ἀλλ' οὐ θεούς, αὐτὸ τοῦτο ὅπερ εἰσὶ καλῶν, ἀλλ' οὐ μεθιστῶν τὴν προσηγορίαν, ὅτι μηδὲ τὴν οὐσίαν. Ἔχω οὖν ἀστέρας σημαντικούς – τὸν μὲν Χριστοῦ παρουσίας, τὸν δὲ στέφανον αὐτοῦ νίκης καὶ τροπαίου – συμπαθοῦντας τοῖς ἡμετέροις κατὰ τὴν μεγάλην τοῦ παντὸς ἁρμονίαν τε καὶ οἰκείωσιν· ᾠκείωται γάρ πως ἁρμοττόμενον τὸ πᾶν τῷ παντὶ καὶ συγγενές ἐστι καὶ προσήγορον. Διὸ καὶ φῶς τῷ φωτὶ προλάμπει Χριστῷ καὶ τῷ νικητῇ τὸ τοῦ τροπαίου συνεκλάμπει στεφάνωμα.

10. *Ἐπιδειξάτωσαν ἔτι καὶ νῦν τὰς ἐσθῆτας* (7, 672 B3-4). Σημειωτέον ὅτι καὶ ἐπὶ τὰς ἐσθῆτας καὶ τὰ ἱμάτια αὐτῶν ἄστροις ἐνετετύπωτο τὸ τοῦ σταυροῦ κατάστικτον σημεῖον, καὶ ὅτι τὸ ὑπερφυὲς τοῦτο τερατούργημα οὐκ ἐν βραχέσιν, ὥστε καὶ λανθάνειν, οὐδ' ἐν ἡμετέροις μόνον, ὥστε καὶ παραγράφεσθαι ὡς πλαττόμενον, ἀλλὰ γὰρ κἂν τοῖς ἐναντίοις ἐναργὲς τὸ σημεῖον· οὐ γὰρ ἔφθη τις διηγούμενος ἑτέρῳ καὶ

9, 10 Δία] Δῖα W   **12** ὄφιν κατέχων] ἔχων ὄφιν W   **12/13** κατὰ – δέ] om. Mign.   **13** τὸν] τὸ AV^(a. corr.)   ὁμοίως] μέρος A   ἐχόμενος] ἐχόμενα FPAVW   **14** φησί] φασὶ A   **20** συμπαθοῦντας] συμπαθοῦντα PV   **23** φῶς] φησὶ PVW   **10, 2** σημειωτέον] σημ<ειωτέον> φο<βερόν> in marg. F   **3** ἐνετετύπωτο] ἐντετύπωτο A   **7** ἔφθη] ἔφη FCPV   ἑτέρῳ] ἕτερα C

métamorphosé, enleva et corrompit Europe ([18]). Le Serpentaire au nom évocateur, puisqu'il s'agit d'un homme portant un serpent, est fixé vers le pôle nord, de même que le Capricorne l'est vers le sud et que le Lion est attaché au tropique d'été ou du Cancer ([19]). Ce sont ces étoiles qu'ils rassemblèrent, dit-il, et nommèrent par des mots trompeurs, faisant des uns, des dieux, et des autres, des étoiles. Cependant, dit-il, j'ai moi aussi dans le ciel des étoiles, mais pas des dieux, puisque je les appelle tels qu'elles sont, sans changer leur dénomination, car je ne change pas non plus leur essence. J'ai donc des étoiles signifiantes – celle de la venue du Christ et sa couronne victorieuse et triomphale – qui s'accordent avec nos destinées, conformément à la grande harmonie et affinité de l'univers ([20]). En effet, d'une certaine façon, tout s'accorde à tout en s'harmonisant, et tout est apparenté et connecté. C'est pourquoi la lumière brille d'abord pour le Christ-lumière et la couronne triomphale brille ensuite pour le vainqueur.

10. Qu'ils montrent encore aujourd'hui leurs habits ([21]) : Il faut noter que, sur leurs habits et leurs manteaux, des étoiles formaient le signe moucheté de la croix ([22]), et que cet extraordinaire miracle ne fut pas bref – de telle sorte qu'il passerait inaperçu – ni réservé à nous seuls – de telle sorte qu'il serait méprisé comme une fiction –, mais au contraire, en effet, ce signe était visible même pour nos ennemis. En effet, à peine quelqu'un avait-il raconté ceci à un autre qu'il se

---

(18) Les références mythologiques de Basile dans cette scholie sont soit légèrement différentes, soit complémentaires à celles des *Histoires mythologiques* (*Hist.* 5, 1). Pour la suite, Basile change de ton : son intérêt passe de la mythologie à l'astronomie.

(19) Le Serpentaire ou Ophiuchus est classé parmi les constellations boréales (même s'il est en réalité à cheval sur l'équateur), de même que le Lion, tandis que le Capricorne est classé parmi les constellations australes. Le tropique du Capricorne traverse, de fait, le Capricorne et touche Ophiuchus, tandis que le tropique du Cancer traverse le Lion. Le neutre pluriel ἐχόμενα de la majorité des manuscrits est difficile à justifier. C'est pourquoi exceptionnellement la leçon du témoin C a été retenue.

(20) Grégoire de Nazianze, *Or.* 5, 6.

(21) Le scribe du manuscrit F a souligné, en marge, que ce commentaire était particulièrement effrayant.

(22) Seul Sozomène parle clairement d'étoiles (*H.E.*, 5, 22, 12) ; Socrate évoque des signes lumineux (*H.E.*, 3, 20, 14) et Théodoret dit au contraire que les croix étaient noires (*H.E.*, 3, 20, 7).

ἑαυτὸν καθεώρα κατάστερον καὶ πάντοθεν ἐσταυρωμένον, πάσης ἱστουργικῆς, φησί, ψηφῖδος καὶ περιέργου ζωγραφίας ποικιλώτερον ἀμπισχόμενον τὸν χιτῶνα. Καὶ τὸ θαῦμα μεῖζον πάσης ἀπίστου γνώμης καθέστηκεν, ἀπὸ τοῦ μηδὲ χρόνων παρολκαῖς τισι πλάττεσθαι δοκεῖν, ὡς ἂν τῷ ἀδήλῳ τὸ ὕποπτον ἔχειν· ἐξ ὑπογύου γὰρ γέγραπται καὶ σχεδὸν ἐφ' ᾧ τοῦ καιροῦ πέπρακται, τῆς αὐτῆς ἱσταμένης γενεᾶς καὶ τῶν αὐτῶν ὄψει τε καὶ ἀκοῇ ἐπῃσθημένων προσώπων τὸ τερατούργημα.

11. Διὰ τῶν φοβερῶν ὠφεληθέντων (7, 672 C6-7).

Τίνα ὠφέλειαν; Τὸ μὴ φοβεῖσθαι· διὰ γὰρ τῶν τοιούτων φοβερῶν ταῖς ἐκκλησίαις προσδεδραμηκότες, καὶ τῷ ἁγίῳ βαπτίσματι ἁγνισθέντες, ὠφέληντο, τὸ μὴ δεδοικέναι, παντὸς δέους ἔξω γεγενημένοι.

12. Οἰστρηλατούμενος (8, 672 C9). Ὡς ἐν οἴστρῳ ἐλαυνόμενος. Οἶστρος δὲ ζωύφιόν τί ἐστιν ὑπόπτερον βουσὶν ἐφιπτάμενον καὶ κέντρῳ δεινῷ πλῆττον, ὡς ἐλαύνεσθαι καὶ πρὸς ὄρη καὶ λίμνας καὶ ποταμοὺς σφᾶς αὐτὰς ἐπαφιέναι. Οὕτως οὖν καὶ αὐτὸς ἐλαυνόμενος, ἐδόκει κατὰ τὸν νοῦν καὶ τὴν βουλὴν αὐτοῦ καὶ τὰ τῶν Χριστιανῶν ἔχειν, οἷς ἤδη κατείργαστο, καὶ τὸ πᾶν θελήσαντι αὐτῷ μόνον ἁλωτὸν εἶναι ἐπίστευεν.

13. Καὶ οὐδὲ ἐκεῖνο συνιδεῖν δυνηθείς (8, 673 A7-8).

Ποῖον; Ὅτι θράσος καὶ θάρσος πολὺ διήνεγκε, κἂν τοῖς ὀνόμασι δοκοίη πλησιάζειν, ὅσον ἀνδρία καὶ ἀνανδρία. Ἀνδρίας μὲν γάρ ἐστι τὸ ἐν τοῖς τολμητοῖς καὶ δυνατοῖς καταθαρσεῖν· δειλίας δέ, τὸ ὑφίεσθαι· τὸ δ' ἐν τοῖς ἐναντίοις καὶ ἀδυνάτοις

10, 8 ἑαυτὸν] ἑαυτὰ FCP   καθεώρα] καθώρα V   9 φησί] om. V   ψηφῖδος] ψηφίδος CV   10 ποικιλώτερον] ποικιλότερον FCV   ἀμπισχόμενον] ἀμπισχόμενοι W   13 ἐξ] καὶ ἐξ C   ὑπογύου] ὑπογύίου Boiss.   ᾧ τοῦ] ὅτου V   14 αὐτῆς] αὐτοῦ P   **11,** 1 ὠφεληθέντων] ὠφεληθέντας W   2/3 τὸ – ἐκκλησίαις] om. V   2 τῶν] om. A   4 τὸ] τῷ A   **12,** 1 οἰστρηλατούμενος] post οἰστρηλατούμενος add. καὶ δονούμενος F[sub. l.]   2 οἶστρος] οἴστρος V   4 σφᾶς] σφὰς PV   ἐπαφιέναι] ἐπιέναι τε καὶ ἐπαφιέναι P   6 τῶν] om. F[a. corr.]CAW   **13,** 1 καὶ] om. F[a. corr.]CAW   συνιδεῖν] συνειδεῖν F, συνάδειν C   2 θράσος καὶ θάρσος] θάρσος καὶ θράσος W   κἂν] κὰν AV   3 δοκοίη] δοκαίη C, δοκοίῃ V   ἀνδρία καὶ ἀνανδρία] ἀνδρεία καὶ ἀνανδρία A[a. corr.], ἀνδρεία ἀνανδρίας A[p. corr.]   ἀνδρίας] ἀνδρείας A, ἀνδρία Mign.

voyait couvert de toutes parts d'étoiles et de croix, enveloppé d'une tunique plus bigarrée, dit-il, que tout tissage chamarré ou peinture raffinée. Le miracle est mieux établi que n'importe quelle opinion incroyable, du fait qu'il ne semble pas avoir été forgé après un certain délai de temps, dans l'idée que son imprécision prêterait au soupçon. En effet, il a été écrit sur le coup, presqu'au moment où il a été accompli, durant la même génération, et alors qu'il y avait encore des personnes qui avaient vu et entendu le miracle.

11. *Sauvés par la peur*: Quel est ce salut? Le fait de ne pas avoir peur ([23]). En effet, puisque, sous l'effet d'une telle peur, ils accoururent aux églises et furent purifiés par le saint baptême, ils furent sauvés quant au fait de ne pas craindre, puisqu'ils s'étaient mis hors de toute crainte.

12. *Aiguillonné*: Comme harcelé (ἐλαυνόμενος) par un taon (οἴστρῳ). Le taon est une sorte de petit animal ailé qui vole autour des bœufs et les frappe de son terrible dard, de telle sorte que, harcelés, ils se dirigent d'eux-mêmes vers les montagnes, les marais et les fleuves. Donc, ainsi aiguillonné lui-même, il semblait, selon sa pensée et son vouloir, tenir le destin des chrétiens par ce qu'il avait déjà accompli, et il croyait que tout lui serait facile à obtenir, pour peu qu'il le voulût ([24]).

13. *Ne sut même pas comprendre*: Quoi? Qu'« audace » (θράσος) et « témérité » (θάρσος) diffèrent beaucoup, même s'ils semblent proches par le nom, comme « courage » (ἀνδρία) et « lâcheté » (ἀνανδρία). Au courage appartient le fait de persévérer dans des entreprises hardies mais réalistes; à la couardise, le fait de se laisser abattre. Mais le fait d'avancer quand même dans des entreprises au contraire irréalisables relève de la témérité; reculer, de la prudence. La conservation

---

[23] Le manuscrit D dans l'édition du texte de Grégoire par J. Bernardi ajoute justement τὸ μὴ φοβεῖσθαι après διὰ τῶν φοβερῶν ὠφεληθέντας. Est-ce que Basile a lu cet ajout dans son texte de Grégoire et tente de l'expliquer dans son commentaire ou, à l'inverse, est-ce le commentaire de Basile qui est passé dans le texte du manuscrit D?

[24] Il faut noter la corrélation, ici aussi, entre le texte de Basile et le manuscrit D de Grégoire, qui est le seul à ne pas avoir οὐ μόνον, mais οἷ μόνον, ce que le scribe du manuscrit glose comme synonyme de αὐτῷ, comme Basile dans son exégèse.

ὁμόσε χωρεῖν, θράσους· τὸ δ' ὑποχωρεῖν ἀσφαλείας. Καὶ τὸ φυλάξαι οὖν τὰ ὄντα καὶ τῶν οὐκ ὄντων τι προσλαβεῖν, οὐ ταὐτόν. Τοῦ τοίνυν μετὰ ῥᾳστώνης ἀγαθοῦ σώφροσιν ἀνθεκτέον· τὸ δ' ἀντιπίπτον, περιοπτέον. Ἀνόητον δὲ τὸ ὑπὲρ κτήσεως ἐλπιζομένων κινδυνεύειν τοῖς ὑπάρχουσιν ἅπασιν.

14. Καὶ Σαλμωνεύς τις ἐκ βύρσης βροντῶν (8, 673 B14-15). Ἀσεβῆ τινα μυθεύονται εἶναι τοῦτον, ὥστε καὶ βροντῶντι, φασί, τῷ Διῒ βροντᾶν καὶ αὐτὸς ἀντεμηχανᾶτο, ἐκ βύρσης ἐπικτυπῶν ξηρᾶς καὶ χλευάζων. *Τραϊανοὺς δὲ καὶ Ἀδριανοὺς πληθυντικῶς εἶπεν*. Οἵτινες οὗτοι βασιλεῖς ἤστην Ῥωμαίων ἐπὶ τῇ ἀνδρίᾳ καὶ τὸ ἀσφαλὲς ἐσχηκότες· διὸ καὶ πολεμικωτάτω ἐγενέσθην καὶ πολλὰς πόλεις καὶ χώρας ὅλας καὶ ἔθνη μυρία τῇ Ῥωμαίων ὑπέταξαν ἐξουσίᾳ. Τοὐναντίον δὲ Κᾶρον καὶ Οὐαλεριανὸν ὁρμῇ λέγεται ἀτάκτῳ καὶ ἀνοίᾳ πεπονθέναι ἐν Περσῶν ὁρίοις καταλυθέντας· πλήν, φησί, οὐκ ὀνειδίζω τύχας, διεξοδικώτερον καταλέγων τὰ σφίσι συμβεβηκότα. Εἴληπται δὲ τοῦτο ἀπὸ τῆς Εὐριπίδου τραγῳδίας Ὀρέστου.

15. Τῆς ὁρμῆς ἦν (9, 673 C13). Ποίας; Τοῦ προκειμένου σκοποῦ· ἵν' εἰ κρατήσειε Περσῶν, ὅλον τοῖς δαίμοσι παραστῆσαι τὸ Χριστιανῶν γένος, ἐπαγόμενος καὶ εἰς ἓν πᾶσαν μαντείας καὶ γοητείας, ῥητῆς τε καὶ ἀρρήτου θυσίας τερατείαν, ἄγων οἰκονομίᾳ θείᾳ, ἵνα πᾶσα ἐν ὀλίγῳ συγκαταλυθείη αὐτῷ θύτῃ καὶ τελεστῇ τῶν τοιούτων.

16. Ἐξ ὑπερδεξίων (10, 676 C8). Ὡς ἄν τις εἴποι, δεξιῶς ἐχόντων καὶ ἐπιτηδείων καὶ πρὸς ἄμυναν ἐπιδεξίων· τοιαῦτα δὲ τὰ ὑπερκείμενα χωρία καὶ τοῖς βάλλουσι καὶ μαχομένοις

13, 9 ἀνόητον] ἀνόητος *FCA*, ἀνοήτῳ *V*[a. corr.], ἀνοήτων *V*[p. corr.]   κτήσεως] κτίσεως *V*   14, 1 Σαλμωνεύς] post Σαλμωνεύς add. εἶναι *F*[sup. l]   βροντῶν] βροτῶν *V*   2 τοῦτον] τοῦτο *F*   4 καὶ χλευάζων] om. *A*[a. corr.]   χλευάζων] σχετλιάζων *W*   4/5 Τραϊανοὺς – εἶπεν] lemma Boiss. Mign.   4 δὲ] δὲ λέγει *P*   Ἀδριανοὺς] Ἀδραϊανοὺς *F*   5 εἶπεν] om. *P*   οὗτοι] om. *P*   6 ἀνδρίᾳ] ἀνδρείᾳ *A*   πολεμικωτάτω] πολεμηκωτάτω *FV*[a. corr.]   7 ἐγενέσθην] ἐγενέθην *V*   8 ὑπέταξαν] ἐπέταξαν *C*   ἐξουσίᾳ] πολιτείᾳ *W*   Κᾶρον] Κάρον *PAW*   9 Οὐαλεριανὸν] Οὐαλεριὸν *V*   11 σφίσι] σφῖσι *V*   12 δὲ] γὰρ *PV*   15, 1 ἦν] ἥν Mign.   2 παραστῆσαι] παραστήσαι *PAW*   3 γένος] τὸ γένος *F*[a. corr.]   5 ἄγων] om. *P*   συγκαταλυθείη] συγκαταλυθῇ *W*   6 τελεστῇ] τελετῇ *V*   16, 2 ἐπιδεξίων] ἐπιδεξιῶν *V*   3 καὶ[2]] om. *A*

des acquis et la conquête d'une nouvelle possession ne sont donc pas la même chose. Il faut ainsi que les hommes sensés s'attachent aux bonnes choses acquises avec aisance et qu'ils repoussent celles qui sont défavorables. Il est sot, dans le but d'obtenir un des biens désirés, de risquer tout ce qu'on possède.

14. *Comme un nouveau Salmonée, il imitait le tonnerre avec un tambour* ([25]) : On raconte que celui-ci était un impie, à tel point qu'il imagina, dit-on, contre Zeus tonnant de faire retentir lui aussi le tonnerre, en frappant sur une peau tendue et en raillant ([26]). Il parle des Trajans et des Hadriens au pluriel ([27]). Ceux-ci étaient des empereurs romains qui, en plus du courage, possédaient aussi la prudence. C'est pourquoi ils étaient tous deux très belliqueux et ils soumirent au pouvoir des Romains de nombreuses cités, des territoires entiers et des milliers de peuples. On dit, au contraire, que Carus et Valérien souffrirent, par leur attaque désordonnée et de leur sottise, de périr sur les frontières des Perses. Cependant, *il ne faut pas s'en prendre à la fortune*, dit-il alors qu'il relate plus en détail ce qui leur est arrivé. Ces mots sont tirés de la tragédie d'Euripide, *Oreste* ([28]).

15. *Il était tout à son entreprise* : À laquelle ? Au but qu'il se proposait, s'il triomphait des Perses, de livrer aux démons le peuple chrétien entier, ramenant aussi à un seul but toute l'extravagance de la divination, de la sorcellerie et des sacrifices avouables et inavouables ; il agissait suivant l'économie divine, afin qu'en peu de temps, toute cette extravagance prît fin avec lui, le prêtre et initiateur de tels mystères.

16. *Venus des positions dominantes* : Comme on dirait, de positions qui sont favorables, avantageuses et efficaces pour la défense ; telles sont les places surélevées et propices à ceux qui frappent à distance et qui combattent. En effet,

---

(25) J. Bernardi substitue une trompette au tambour dans sa traduction.
(26) Basile abrège les informations données dans les *Histoires mythologiques* (*Hist.* 5, 2).
(27) Basile fait également cette remarque sans plus d'explication à propos d'Oreste et de Pylade dans son *Commentaire au Discours 43* (scholie citée dans BOISSONADE, *Scholies inédites*, p. 105, n. 2 ; et SCHMIDT, *À propos des scholies de Basile*, p. 128-129).
(28) EURIPIDE, *Oreste*, 4.

4 εὐεπίφορα. Δυεῖν γὰρ πόλεων ὑπερκειμένων, ἐξ ὧν ἔδει ἑκατέρωθεν βάλλεσθαι τοὺς ὑποκειμένους καὶ ποταμῷ μέσῳ πλέ-
6 οντας, πρὸ ὀφθαλμῶν λοιπὸν αὐτῶν τὰ πέρατα καὶ τὸ τέλος τοῦ ὀλέθρου.
17. Ἀπορρήξας καὶ περιαγαγών (10, 676 C12). Τοῦ πο-
2 ταμοῦ ἀποτεμὼν μέρος καὶ ἀπορρήξας, καὶ ὡς ἐν κύκλῳ περιαγαγὼν καὶ περικάμψας· ἡ γὰρ 'περί' πρόθεσις κύκλῳ καὶ
4 οὐ κατ' εὐθείαν τὴν ἀγωγὴν ἐμφαίνει.
18. Ὥσπερ ψάμμου ποδὸς ὑποσπασθείσης (10, 676 B8- [1133 B]
2 9). Ἐπείπερ λεπτὴ ὥσπερ κόνις ἐκ λιθίας μικρᾶς διωρισμένης ἀλλ' οὐ συνεχὴς ἡ ψάμμος, καὶ οὐ βάσιν ἔχουσα διὰ τοῦτο στε-
4 ρεὰν οὐδὲ πῆξιν ἀντερείδοντος ἐν αὐτῇ τοῦ ποδός, ὑποσπᾶται μὴ ὑφισταμένη καὶ κατόπιν ὠθουμένη σκεδάννυται τῇ διεχείᾳ
6 καὶ εἰς τοὐπίσω μᾶλλον ἢ τοὔμπροσθεν βάλλει τὸν ὁδοιπόρον.
19. Κατὰ μέτωπον δὲ ἵστασθαι καὶ διακινδυνεύειν (10, [1133 C]
2 677 A3-4). Ἡ Περσικὴ δύναμις κατὰ πρόσωπον ἵστασθαι καὶ μάχεσθαι οὐκ ᾤετο δεῖν δίχα μεγάλης ἀνάγκης, ἐνυπάρχοντος
4 αὐτῇ ἐκ περιουσίας καὶ ἀκινδύνως κρατεῖν· *ἐκ δὲ τῶν λόφων καὶ τῶν στενῶν ᾗ παρείκοι*, τουτέστι βάλλουσα καὶ τοξεύουσα
6 ὅπου ἂν ἐγχωρεῖν ἐδόκει, ἀκινδύνως ἐνίκα.
20. Τὸν ἐπὶ Βαβυλῶνι πρὸς Κῦρον Ζώπυρον μιμησά-
2 **μενος** (11, 677 B2-3). Ζώπυρος οὗτος ὑπασπιστὴς Κύρου 1136 A τελῶν, πολιορκοῦντος Βαβυλῶνα καὶ οὐχ οἵου τε ὄντος ἑλεῖν,

---

16,4 εὐεπίφορα] εὐεπήφορα *A*   δυεῖν] δυοῖν *W*   **17,** 1 περιαγαγών] περιαγαγῶν *F*   2 ἀποτεμῶν] ἀποτεμῶν *F*   περιαγαγών] περιαγαγῶν *F*   4 εὐθείαν] εὐθεῖαν *WP*^(p. corr.)   **18,** 2 λιθίας] λιθείας *W*   3 συνεχὴς] συνεχῆς *W*   ψάμμος] ψάμος *C*   4 ἐν] *om. W*   5 καὶ - ὠθουμένη] *om. Mign.*   6 τοὔμπροσθεν] ἔμπροσθεν *W*   ὁδοιπόρον] δορυφόρον *W*   **19,** 1 μέτωπον] μετώπου *AW*, μετωπ<contr.> *F*   διακινδυνεύειν] κινδυνεύειν *P*   2 δύναμις - καὶ] *add. sup. l. V*   4/5 ἐκ² - παρείκοι] *lemma Boiss. Mign.*   5 ᾗ] ἢ *FC*   παρείκοι] παρόκοι *F*^(a. corr.)   6 ἐδόκει] ἐδόκῃ *F*   **20,** 1 Κῦρον] Κύρον *FCV*   3 τελῶν] τελὼν *C*

puisqu'étaient surélevées les deux villes d'où étaient inévitablement frappés de part et d'autre ceux qui se trouvaient en bas et naviguaient sur le fleuve entre les deux, il ne leur restait devant les yeux que le terme et l'achèvement de leur perte.

17. *Il en détourne* : Il coupe et sépare une partie du fleuve, et, comme dans un cercle, il le détourne et courbe. En effet, la préposition περί suggère un trajet en cercle et non en ligne droite.

18. *Le sable s'écroula sous ses pieds* ([29]) : En fait, puisque le sable est fin comme la poussière d'une petite roche concassée et non solide, et qu'il n'a pas de ce fait une assise sûre ni de fermeté pour le pied qui s'appuie sur lui, il s'écroule sans résistance, puis repoussé, il se disperse par désagrégation et tire le marcheur vers l'arrière plutôt que vers l'avant.

19. *Courir le risque d'une bataille rangée* : L'armée perse ne croyait pas devoir se tenir en rang de bataille et combattre en dehors d'une extrême nécessité, puisqu'elle possédait la victoire par la supériorité numérique et sans risque ([30]) ; *du haut des collines, dans les défilés, là où l'occasion se présentait*, c'est-à-dire en lançant des projectiles et des flèches là où cela semblait possible, elle triomphait sans risque.

20. *Imitant la conduite de Zopyros à l'égard de Cyrus sous les murs de Babylone* : Ce Zopyros servait en tant que garde de Cyrus ([31]), alors que ce dernier assiégeait Babylone mais n'était pas capable de la prendre. Il approche Cyrus et

---

[29] Cette scholie a été déplacée avant le *Comm.* 5, 16 dans l'édition de la *Patrologie grecque*, afin que les exégèses de Basile suivent l'ordre de lecture du texte de Grégoire. Néanmoins, puisque tous les témoins manuscrits consultés donnent cette scholie à cette place, il n'y a pas lieu de retenir cette correction. Sur les intentions de Basile et la signification de cette scholie inversée, voir l'introduction, *supra*, p. XLI.

[30] Basile supplée au simple participe ἐνὸν du texte de Grégoire l'expression ἐνυπάρχοντος αὐτῇ. Sur l'usage du génitif absolu par Basile, voir *supra*, p. 15, n. 17.

[31] Hérodote situe plutôt cet épisode sous le règne de Darius (*Histoires*, 3, 153-160). La confusion vient de Grégoire et elle a été reprise dans les *Histoires mythologiques* (*Hist.* 5, 3) et par Basile. Les *scholia vetera*, au contraire, proposèrent des solutions pour expliquer cette erreur, en supposant que Cyrus était un autre nom de Darius ou en présumant une erreur de copiste : Nimmo Smith, *Sidelights on the Sermons*, p. 160. Dans la suite de la scholie, Basile reprend les informations des *Histoires*, mais en plus abrégé.

4 προσελθὼν Κύρῳ ὑπισχνεῖται τὴν ἅλωσιν. Καὶ δὴ αἰκισάμενος ἑαυτόν, αὐτομολεῖ Βαβυλωνίοις, ὡς δή τι προσκεκρου-
6 κὼς Κύρῳ. Ὁ δὲ αἰκίσοιτο ταῖς ἀνυποίστοις ταύταις, φησίν, αἰκίαις, δεικνὺς τὴν τοῦ σώματος λώβην· οἱ δὲ ταῖς τοιαύταις
8 πιστεύσαντες καὶ τεθαρρηκότες ἀπάταις, ἔλαθον ἑαυτούς τε προδεδωκότες καὶ Βαβυλῶνα Ζωπύρῳ καὶ Κύρῳ.

21. Καὶ προσῆν ὁ γέλως (12, 677 C12-13). Τίσι προσῆν;
2 Ἆρα τοῖς πολεμίοις ἢ τῷ βουλεύσαντι ἢ τῷ πεισθέντι καὶ τῇ στρατιᾷ; Τοῖς πολεμίοις, οἶμαι, κατάγελως ἦν, ἐπειδὴ καὶ ἡ
4 σφαγὴ οὐ μακρὰν τῶν πεπιστευκότων· αὐτόχειρας γὰρ τῆς ἑαυτῶν σφαγῆς γεγονότας ἑωρακότες, τὴν αὐτῶν σωτηρίαν B
6 πυρὶ παραδεδωκότας, πῶς οὐ καταγελᾶν εἰκὸς ἦν; Ἔστι δὲ νοεῖν καὶ ὡς ἐν παιδιᾷ καὶ γέλωτι ἔχειν τὸ γεγονὸς τόν τε
8 πιστεύσαντα Ἀποστάτην καὶ τοὺς σὺν αὐτῷ θεοβλαβείᾳ βληθέντας, ὡς περιττὸν φόρτον ἀποσεισάμενων καὶ θᾶττον τῶν
10 κατὰ γνώμην προηγγελμένων ἐπιτυχεῖν.

22. Οἱ μὲν γὰρ ὑπὸ Περσῶν κατηκοντίσθαι φασίν (13,
2 680 A4-5). Ἀτάκτοις φησὶν ἐκδρομαῖς τῇδε κἀκεῖσε σὺν ἐκπληξίᾳ φερόμενον ὅμοιόν τι πεπονθέναι Κύρῳ τῷ Παρυσάτι-
4 δος, Ἀρταξέρξου ἀδελφῷ. Οὗτος γὰρ ὁ Κῦρος, ἀλλ᾽ οὐχ ὁ μέγας, συνανελθὼν μετὰ μυρίων Ἑλλήνων, ἐν οἷς καὶ Ξενοφῶν
6 ὁ Γρύλλου, ὡς αὐτὸς ἐκεῖνος ἐν τῇ Ἀναβάσει γράφει, συνῆν, C μετὰ τοῦ ἀδελφοῦ συμβαλὼν καί, νικῶν ἤδη, θράσει οἰκείῳ
8 συμπεσὼν τῷ ἀδελφῷ, συνανήρηται. Οὕτω δὴ καὶ αὐτόν φα-

20, 5 ἑαυτόν] αὐτὸν A   6 αἰκίσοιτο] αἰκίσαιτο Mign.   ταύταις] αὐτὸν P
7 αἰκίαις] αἰκίας F   οἱ δὲ] add. sup. l. F   8 καὶ] add. prima manu C
9 Ζωπύρῳ] Ζωπύρα V^(a. corr.)   **21,** 2 ἆρα] ἄρα FPVW   καὶ] om. W   2/3 τῇ στρατιᾷ] τῇ στρατείᾳ F, τῆς στρατείας V   5 γεγονότας] post γεγονότας add. πεπιστευκότες sed exp. A   τὴν] καὶ τὴν P   6 εἰκὸς] εἰκότως A
7 παιδιᾷ] πεδίᾳ F, πεδία V^(a. corr.)   τε] om. PV   8 καὶ] om. Mign.   θεοβλαβείᾳ] θεοβλαβεῖα F   9 ἀποσεισάμενων] ἀποσεισάμενον P   10 προηγγελμένων] ἐπηγγελμένων A   **22,** 1 φασίν] φησίν C   2 ἐκπληξίᾳ] ἐμπληξίᾳ V   4 Ἀρταξέρξου] καὶ Ἀρταξέρξου P   Κῦρος] Κύρος CVW^(a. corr.)
ἀλλ᾽] ἀλλ᾽ C   οὐχ ὁ] οὐχὶ V   5 συνανελθὼν] συνανελθῶν F   6 Γρύλλου] Γρύλου FCAW^(a. corr.)   ἐκεῖνος] ἐκεῖσε V   συνῆν] συνὼν PV   7 συμβαλὼν] συμβαλῶν F   νικῶν] κινῶν C

lui promet la prise de la ville. Il se maltraite lui-même, puis il passe dans le camp des Babyloniens, comme s'il s'était querellé avec Cyrus. Il dit que celui-ci lui a fait subir ces tortures insupportables, en montrant son corps mutilé, et ceux-là le crurent et firent confiance à de telles tromperies, se livrant ainsi eux-mêmes ainsi que Babylone sans s'en rendre compte à Zopyros et à Cyrus.

21. On y avait gagné de se rendre ridicule: Aux yeux de qui ? Était-ce les ennemis, le conseiller ou celui qui l'écouta et l'armée ? Les ennemis, je crois, avaient matière à rire, puisque le massacre des crédules ne tarderait pas. En effet, en voyant qu'ils se faisaient les auteurs de leur propre massacre, en livrant au feu leur salut, comment ne serait-il pas naturel d'en rire ? Il est possible aussi que l'Apostat crédule ainsi que ceux qui ont été frappés avec celui-ci de démence divine aient aussi pensé l'événement comme un jeu et qu'ils en aient ri, considérant qu'en se débarrassant du fardeau superflu, ils atteindraient plus rapidement les prédictions annoncées selon leur attente.

22. Les uns déclarent qu'il fut transpercé par un javelot lancé par des Perses: Puisque, par des charges désordonnées, il se précipitait ici et là avec inconscience, il dit qu'il a subi un sort semblable à celui de Cyrus, fils de Parysatis et frère d'Artaxerxès. En effet, ce Cyrus, qui n'était pas le Grand, s'avança avec dix mille Grecs, parmi lesquels se trouvaient aussi Xénophon, fils de Gryllos, comme il l'écrit lui-même dans l'*Anabase*, il entra en lutte avec son frère et, bien que déjà victorieux, il se précipita avec sa témérité habituelle contre son frère et fut éliminé ([32]). Ainsi dit-on que périt Julien frappé

---

(32) Exceptionnellement, dans ce passage, les unités de sens déterminées par la ponctuation des manuscrits n'ont pas été respectées. En effet, toute la tradition manuscrite (sauf un témoin, pour les deux derniers cas) insère une ponctuation avant συνῆν, une autre après μετὰ τοῦ ἀδελφοῦ et une autre encore après συμπεσών. Cette lecture rend l'expression συνῆν μετὰ τοῦ ἀδελφοῦ difficile à justifier et laisse planer l'idée, avec l'expression τῷ ἀδελφῷ συνανῄρηται, que Cyrus aurait été tué par son frère (voire en même temps que celui-ci, comme le lit J.-F. Boissonade, *Scholies inédites*, p. 107-108, n. 3 = *PG* 36, col. 1135, n. 35), ce qui ne correspond pas au récit de Xénophon. Néanmoins, par un simple jeu de virgules, il est possible de rendre le résumé de Basile plus conforme au texte de Xénophon. Il faut noter l'abondance de verbes avec le préfixe συν- dans ce passage.

σιν ἀνηρῆσθαι ὑπὸ Περσῶν βεβλημένον. Ἡ οὖν οὕτως ἢ ἐκεί-
10 νως, ὑφ' ὅτου καὶ δή, ὅμως δέχεται πληγὴν καιρίαν καὶ παντὶ
τῷ κόσμῳ σωτήριον, μιᾷ τόλμῃ σφαγέως πολλῶν σπλάγχνων
12 ἀνατομῆς κακῶς πιστευθέντων ἀπαιτηθεὶς τιμωρίαν· ὅπερ καὶ
θαύματος ἄξιον, ὅπως πάντα γινώσκειν οἰόμενος ταῖς ἀνατο-
14 μαῖς, τὴν τῶν ἑαυτοῦ σπλάγχνων ἠγνόησε τομὴν καὶ πληγήν.

23. Καὶ τὸ εἶδος ἀληθῶς ἄξιον τυραννίδος (15, 681 B14
2 – C1). Ἰουβιανὸν λέγει, ἄνδρα εὐσεβῆ καὶ τὸ εἶδος ἄξιον ἔχοντα βασιλείας· τοὺς γὰρ βασιλεῖς οἱ παλαιοὶ τυράννους ἐκά-
4 λουν, καὶ τὴν βασιλείαν τυραννίδα. Ὕστερον γὰρ διαφορὰν
ἐδέξατο ἡ φωνή· τὸν μὲν βίαιον καὶ μὴ κατὰ τοὺς νόμους πο-
6 λιτευόμενον μόναρχον, τύραννον· βασιλέα δέ, τὸν πειθόμενον
νόμοις καὶ τῇ βουλῇ χρώμενον καὶ πράττοντα τὰ βεβουλευμέ-
8 να καὶ ἔννομα.

24. Ἢ τι δείσαντες ἄλλο τῶν λεγομένων (15, 681 C9-
2 10). Τίνων λεγομένων; Ἔδεισαν γὰρ ἴσως μή πως ὁμόσε τῇ
ἀνάγκῃ χωρήσαντες καὶ ἀπογνώσει τὸν θυμὸν ἀνάψαντες, κατ'
4 αὐτῶν ὁρμήσωσιν ἀμεταστρεπτί, καὶ ἢ τελείως τρέψωσιν, ἢ
πολλῷ φόνῳ Περσῶν καὶ οὐκ ἀναιμωτὶ τεθνήξονται. Πυρφό-

22, 9 φασιν] φησιν *A*   ἐκείνως] ἐκεῖνος *FC*   10 δή] δεῖ *W*   11 τόλμῃ] τομῇ *W*   **23,** 1 ἄξιον] ἄξιο *V*[a. corr.]   2 Ἰουβιανὸν] Ἰοβιανὸν *PV*[p. corr.]*W*[p. corr.], Ἰουλιανὸν *W*[a. corr.]   ἄξιον] add. in marg. prima manu *A*   3 βασιλείας] τυραννίδος *W*   4 βασιλείαν] βασιλίδα *C*   6 πειθόμενον] πειθόμεν *W*, πειθόμε<contr.> *C*   **24,** 1 ἤ τι] ἢ τί *C*[p. corr.] *A*   2 μή πως] μήπω *V*[a. corr.]   4 ἀμεταστρεπτί] ἀμεταστρεπτῇ *F*   τελείως] τελέως *AW*

par des Perses. Que ce soit de cette façon-ci ou d'une autre et par qui que ce soit, il reçoit cependant une blessure mortelle et salutaire pour le monde entier: par l'unique audace d'un meurtrier ([33]), il lui fut réclamé vengeance pour avoir découpé tant d'entrailles, dans lesquelles il avait mis criminellement sa confiance. Ce fait est digne d'admiration, à savoir la façon dont il s'imaginait tout savoir par les incisions, mais qu'il ignora le coup et la blessure de ses propres entrailles ([34]).

23. ***Et que son extérieur rendait vraiment digne de la tyrannie*** ([35]): Il parle de Jovien, un homme pieux à l'apparence digne de la royauté, car les anciens appelaient tyrans les rois et tyrannie la royauté. Par la suite, la langue marqua une différence: le monarque violent qui ne gouverne pas selon les lois fut appelé tyran et, roi, celui qui obéit aux lois, qui s'appuie sur le conseil et qui exécute ce qui a été débattu et qui est conforme à loi.

24. ***Ou s'ils n'avaient pas redouté quelqu'une des éventualités dont on parlait***: De quoi parlait-on? Ils craignirent peut-être en effet que, s'ils ([36]) tenaient tête à la nécessité et qu'ils attachaient leur cœur au désespoir, ils s'élançassent contre eux sans se retourner; alors soit ils leur échappaient finalement, soit ils mouraient, au prix de nombreuses vies perses et non sans effusion de sang ([37]). On dit *porteur de*

---

(33) Le manuscrit W lit ici τομῇ, *coupure*, ce qui correspond à la correction proposée par J.-F. Boissonade (qui n'avait pas accès à ce témoin), pour faire écho aux éditions du texte de Grégoire et dans l'idée d'une antithèse avec le mot ἀνατομῆς qui suit juste après (*Scholies inédites*, p. 108, n. 1 = *PG* 36, col. 1136, n. 36). L'édition récente de J. Bernardi porte effectivement la lecture τομῇ, mais la quasi-totalité des manuscrits qu'il a consultés écrivent τολμῇ. L'ajout de σφαγέως est peut-être une tentative par Basile pour justifier le mot τολμῇ qu'il lisait dans le texte de Grégoire. Notons toutefois que le mot σφαγέως se retrouve dans le texte édité dans la *Patrologie grecque* (*PG* 35, col. 680 B 10), bien qu'il ne figure dans aucun des manuscrits compilés par J. Bernardi. Quoi qu'il en soit, que Grégoire ait écrit τομῇ semble très probable, mais que Basile ait lu τομῇ est beaucoup moins certain.

(34) Ici, Basile donne τομήν comme synonyme du mot πληγήν qui se trouve dans le texte de Grégoire. Est-ce parce qu'il l'avait lu plus haut ou est-ce parce que, « inspiré » par le texte de Grégoire, il tente le jeu de mot entre ἀνατομή et τομή?

(35) J. Bernardi a traduit ce mot plus délicatement par « pouvoir absolu », en accord avec le propos de Grégoire.

(36) C'est-à-dire les soldats de l'armée romaine.

(37) Grégoire avait laissé ici sa pensée en suspens, véritable invitation pour les commentateurs. L'explication de Basile ressemble un peu à celle des *scholia*

106   BASILII MINIMI

ρον δὲ ἀπό τινος παροιμίας φασίν· ἐφείδοντο γὰρ ἐν τοῖς πολέμοις τῶν προηγουμένων μάντεων στεφανηφορούντων καὶ
δᾴδας κατεχόντων πρὸς θυσίας εὐτρεπεῖς. Οἱ νικῶντες οὖν ὡς
ἱερῶν ἐφείδοντο τῶν τοιούτων. Εἴρηται ὑπερβολικῶς ἐπὶ τῶν
κατανικηθέντων ὡς οὐδὲ πυρφόρος ἐξέφυγεν. Ἱκανῶς οὖν ἐδόκει τι προσειληφέναι εὐημερίας καὶ πρὸς τὴν ἐλπίδα ἐδεδοίκεσαν τῶν μελλόντων.

25. Καὶ τὸ τοῦ Ἡροδότου περὶ τῆς Σαμίων τυραννίδος
(15, 684 A13-14). Ἀρταφέρνης ὁ Περσῶν σατράπης ᾐτιᾶτο
Ἱστιαῖον ὑπὲρ τῆς τῶν Ἰώνων ἀποστάσεως· ὁ δὲ τὴν αἰτίαν
εἰς Ἀρισταγόραν ἐτίθει. Τὸν δόλον οὖν καὶ τὸν τρόπον συ-
νεὶς ὁ σατράπης ἐξονειδίζων τὴν χρείαν ταύτην ἀπέρριψε. Τὸ
δ' ἀπόφθεγμα παροιμιακὴν τάξιν εἰλήφει, τὸ πανοῦργον τοῦ
Ἱστιαίου καὶ δολορράφον ἐλέγχον.

26. Ἐπεὶ δὲ καὶ ἡμῖν ἐστι νεκρός (16, 684 B5). Σύγκρισιν ποιεῖται Κωνσταντίου ταφῆς καὶ Ἰουλιανοῦ τοῦ θεοστυγοῦς, προστιθεὶς περὶ Κωνσταντίου καὶ ταῦτα, ὅτι φωνή τις
ἠκούετο ψαλλόντων καὶ παραπεμπόντων ἀγγελικῶν δυνάμεων. *Ἀλλ' οὖν ἡμεῖς, φησί, τὸ κοινότερον ἐννοοῦντες τὸν πρῶτον*

24, 6 πυρφόρον] *lemma* Boiss.   φασίν] φησιν A   πολέμοις] πολεμίοις V, πολε<contr.> P   8 δᾴδας] δᾳδας W   θυσίας] θυσίαν VW   εὐτρεπεῖς] εὐπρεπεῖς A   οἱ] καὶ οἱ C   9 ἐφείδοντο τῶν τοιούτων] στεφανηφορούντων V   εἴρηται] εἴρηται δὲ A   11 τι] τί CAW   ἐδεδοίκεσαν] ἐδεδοίκεισαν PA   **25**, 2 Ἀρταφέρνης] ἄρτου φέρνης F   3 Ἱστιαῖον] Ἰστίαιον F   4 ἐτίθει] μετετίθει P   6 παροιμιακὴν τάξιν] παροιμια κατα τάξιν *ut vid.* V, παροιμια καταταξιν *ut vid.* P   7 δολορράφον] δολοράφον FCV[a. corr.]W[a. corr.]   ἐλέγχον] ἐλέγχων FPW   **26**, 1 ἐπεὶ δὲ] ἐπειδὴ W   2 ποιεῖται] *om.* Mign.   3 προστιθεὶς] προστιθεὶς καὶ Boiss.   4 ἀγγελικῶν] ἀγγελικῶν οἶμαι P   5 κοινότερον] καινότερον C   5/6 πρῶτον καὶ] *om.* W

feu d'après un proverbe (³⁸). En effet, on épargnait dans les batailles les devins qui marchaient devant en portant des couronnes et qui tenaient les flambeaux prêts pour les sacrifices. Les vainqueurs épargnaient donc de tels hommes comme étant sacrés. On dit hyperboliquement des défaites désastreuses que même le porteur de feu n'y échappa. Il semblait donc suffisant d'obtenir un succès quelconque et ils (³⁹) craignaient pour l'espoir qu'ils formaient en l'avenir (⁴⁰).

25. *Le mot d'Hérodote sur la tyrannie de Samos*: Artaphernès, le satrape des Perses, accusait Histiée de la révolte d'Ionie, mais celui-ci portait l'accusation sur Aristagoras. Le satrape s'aperçut de sa ruse et de sa façon et laissa tomber donc ce trait d'esprit pour l'insulter (⁴¹). L'apophtegme a pris un tour proverbial, blâmant l'artifice et la fourberie d'Histiée (⁴²).

26. *Puisque nous avons aussi un corps*: Il fait une comparaison entre la sépulture de Constance et celle de Julien, détesté de Dieu, et ajoute à propos de Constance ceci aussi: qu'un bruit fut entendu provenant de puissances angéliques qui chantaient et défilaient. *Néanmoins, pour notre part*, dit-il (⁴³), *nous pensions assez généralement* au premier et grand

---

vetera (*PG* 36, col. 1253 A 1-8), bien que Basile soit plus pragmatique que le scholiaste anonyme dans son analyse de la situation. La réflexion qu'il prête aux Perses rappelle en fait beaucoup celle d'Ammien Marcellin (*Histoires*, 25, 7, 1), mais, puisqu'il est peu probable que Basile ait lu Ammien, il faut envisager une source commune ou intermédiaire aujourd'hui disparue, comme Eunape de Sardes ou Jean d'Antioche (déjà cité *supra*, p. 79, n. 161).

(38) Ce proverbe est cité par Zénobios, *Proverbes*, 5, 34 ; et Diogénien, *Proverbes*, 7, 15.

(39) C'est-à-dire les Perses.

(40) En ajoutant le verbe ἐδεδοίκεσαν, Basile donne au texte de Grégoire un sens un peu différent.

(41) Hérodote, *Histoires*, 6, 1, éd. et trad. P.-E. Legrand, *Hérodote, Histoires*, vol. 6 (*CUF*), Paris, 1948 : « C'est toi qui as cousu la chaussure, et Aristagoras l'a chaussée » (« [...] τοῦτο τὸ ὑπόδημα ἔρραψας μὲν σύ, ὑπεδήσατο δὲ Ἀρισταγόρης »).

(42) Le texte de Basile est très proche de celui de Diogénien (*Proverbes*, 8, 49).

(43) Grégoire de Nazianze, *Or.* 5, 17. Il s'agit d'un passage contesté, absent d'un certain nombre de manuscrits de Grégoire (voir Bernardi, *Discours 4-5*, p. 69). L'édition mauriste du texte (*PG* 35, col. 685, n. 17) cite la scholie de Basile pour défendre l'authenticité du passage, mais le mieux qu'on puisse en dire est que Basile lisait ce passage dans le texte. La remarque suivante sur « l'enchaînement de la syntaxe » montre peut-être même, au contraire, que la question se posait déjà de son temps, mais que Basile croyait ce passsage authentique à cause de la syntaxe.

6 καὶ μέγαν Κωνσταντῖνον τὸν βαλόντα τὴν κρηπῖδα τῆς βασιλικῆς τῷ χριστιανισμῷ δυναστείας καὶ πίστεως· καὶ τὰ ἑξῆς
8 ἀποδεδομένα τῷ εἱρμῷ τῆς συντάξεως.

27. Τῷ δὲ αἰσχρὰ μὲν τὰ τῆς ἐκστρατείας (18, 688 Α3).
2 Ἡ ἀντίθεσις τῆς συγκρίσεως· ἠλαύνετο δήμοις καὶ τὰ ἐχόμενα, τὴν ἄρνησιν καὶ τὴν ἧτταν ὀνειδιζόμενος καὶ πᾶν κακὸν
4 πάσχων καὶ ἀκούων, οἷς οὗτοι οἱ μῖμοι λέγειν τῶν γελοίων
εἰώθασιν καὶ τοῖς ἐπὶ σκηνῆς αἴσχεσιν ἐπομπεύετο, οἷς, φησίν,
6 οἱ τοιοῦτοι νεανιεύονται τέχνην ἔχοντες τὴν ὕβριν. Ὑποδέχεται δὲ αὐτὸν ἡ Ταρσέων πόλις, ἀντὶ τίνος, φησίν, οὐκ οἶδα δει-
8 νοῦ κατακριθεῖσα τὴν ἀτιμίαν ὑποδέξασθαι ταύτην· ἔνθα δὲ οἱ
τέμενος, καὶ τὰ ἑξῆς.

28. Οὐκ ἀγνοῶν ὡς δυσὶ μὲν καὶ τρισί (19, 688 Β3-4).
2 Εἰς τοσούτους τῶν κολάκων καὶ τὴν ἀσέβειαν ὁμοίοις τὸ κράτος ἐδόθη - τῆς ἀσεβείας ὁ τοσοῦτος μισθός - ληΐζεσθαι τὴν
4 ὑπὸ Ῥωμαίους γῆν τε καὶ θάλασσαν, καὶ τὰ ἑξῆς. Τὰ μείζω
γὰρ καταλέξας, ταῦτα μικρὰ τάχα εἶπεν ἐγκαλεῖν, καὶ τούτοις
6 καθυβρίζειν τὰ μέγιστα· πλὴν δείκνυται καὶ διὰ τούτων, φησίν, οὐ διὰ τῶν μειζόνων μόνον, ὡς οὐκ ἄξιος Ἠλυσίων πε-
8 δίων, οὐδὲ τῆς Ῥαδαμάνθυος κρίσεως ἐνδικωτάτης. Μυθεύονται γὰρ Ἑλλήνων παῖδες τὸ μὲν Ἠλύσιον πεδίον χῶρόν τινα
10 ἐπιτερπῆ εἶναι, ἡδίστων καὶ παντοίων εὐφορώτατον καρπῶν,
φέρον τρὶς τοῦ αὐτοῦ ἐνιαυτοῦ· δικαστὴν δὲ τὸν Ῥαδάμανθυν
12 ἀδέκαστον τῶν ἐν Ἅδου.

29. Τοῦτ' ἐκεῖνο αἱ τῶν ψήφων κλοπαί (20, 689 Α6-7).
2 Μετενήνεκται ἀπὸ τῶν ψηφολόγων, οἳ κλέπτουσι τὰς ὄψεις
καὶ ψήφοις ἐξαπατῶσιν, ἐκ δυεῖν κατὰ τὴν παροιμίαν τρία φα-

26, 6 Κωνσταντῖνον] corr. al. m. in ras. V   τὴν] om. A   κρηπῖδα] κρη-
πίδα CP   27, 3 ὀνειδιζόμενος] om. W   4 οἷς] corr. in ras. F   μῖμοι]
μίμοι C   7 αὐτὸν] αὔτη W   Ταρσέων] Ταρσέως P   28, 2 τοσού-
τους] τοσοῦτο P, τοσούτου V   ὁμοίοις] ὁμοίους W   4 Ῥωμαίους] Ῥωμαίοις Boiss.   8/9 μυθεύονται γὰρ] ὡς μυθεύονται W   10 εἶναι] om. P
ἡδίστων] ἡδίστον V^{p. corr.}   παντοίων] παντοίως V   εὐφορώτατον] εὐφι-
ρώτατον W   καρπῶν] καρπὸν V^{p. corr.}   11 φέρον] φέροντα P   τρὶς]
τρεῖς FC   αὐτοῦ] om. PA   12 ἀδέκαστον - Ἅδου] τῶν ἐν Ἅδου ἀδέκαστον P   29, 2 ψηφολόγων] ψηφολόγων A   οἳ] οἷον FC   κλέπτουσι]
κλαίπτουσι F   3 δυεῖν] δυοῖν AW

Constantin, qui avait *donné au christianisme le soutien du pouvoir royal et de son adhésion*. La suite est reliée par l'enchaînement de la syntaxe.

27. *Le départ en campagne de Julien avait été honteux* : C'est la suite de la comparaison : *Il était pourchassé par les peuples* et ce qui suit. Blâmé pour son reniement et sa défaite, il subit et écouta tous les outrages, de la part de ces mimes qui avaient coutume de dire des plaisanteries et qui l'escortaient avec les infamies de la scène, par lesquelles, dit-il, ces gens font métier de leur insolence ([44]). La ville de Tarse le reçut, condamnée, dit-il, par je ne sais quel terrible acte à recevoir cette infamie. *C'est là qu'on lui a réservé une demeure*, etc.

28. *Sans ignorer que deux ou trois* : Un tel nombre environ de flatteurs, égaux en impiété, avaient reçu le pouvoir – tel était le salaire de leur impiété – d'écumer les terres et les mers soumises aux Romains, etc. Après avoir exposé ces assez grands méfaits, il a dit que ces accusations qu'il portait étaient peut-être petites et qu'elles faisaient insulte aux plus grandes ([45]). Cependant, ces fautes, dit-il, et pas seulement les plus grandes, montre qu'il n'était pas digne des Champs Élysées ni du choix très juste de Rhadamanthe. Les enfants des Grecs racontent, en effet, que les Champs Élysées sont un lieu agréable, particulièrement fertile en fruits très doux et variés qu'il produit trois fois l'an, et que Rhadamanthe est un juge intègre aux Enfers ([46]).

29. *Ce motif précis, ce n'était plus que subtilisation de cailloux* ([47]) : Il s'agit d'une métaphore inspirée des prestidigitateurs, qui captivent les yeux et embobinent avec des cailloux, donnant l'illusion, selon le proverbe, de voir trois à la

---

(44) Dans sa paraphrase, Basile a totalement modifié l'ordre des propositions du texte de Grégoire.

(45) Grégoire de Nazianze, *Or.* 5, 20.

(46) L'exégèse de Basile est sensiblement différente de celle des *scholia vetera* (*PG* 36, col. 1256 B 4-12) et des *Histoires mythologiques* (*Hist.* 5, 8), qui, elles, sont similaires. Sur l'abondance trisannuelle des Champs Élysées, voir Hésiode, *Les travaux et les jours*, 173.

(47) Pour rendre cette expression, J. Bernardi a choisi de s'éloigner considérablement de la lettre : « ce motif précis, ce n'était plus que promesses électorales ».

4 ντάζοντες ὁρᾶν. Τὸ δ' ὅλον αἰνίττεται τὴν ἀπάτην δι' ἧς τῶν κουφοτέρων μετεωρίζων τὸν νοῦν ἐσύλα. Οὐ μόνον δέ, ἀλλὰ
6 γὰρ καὶ τοὺς φιλοσοφίαν ὑποκρινομένους ἐφέλκων, διὰ τοῦ «ἑταῖρε» καὶ «ἑταῖρε» ἀπράκτους φενακίζων, ἀπέπεμπεν,
8 οὐκ ἔχοντας ᾧτινι τῆς ἀβουλίας μέμψονται πλέον, ἐκείνῳ, φησί, διὰ τὴν ἀπάτην, ἢ ἑαυτοῖς διὰ τὴν ἐπιδημίαν.

30. Παίων πὺξ δημοσίᾳ καὶ λὰξ ἐναλλόμενος (21,
2 689 B13-14). Τουτέστιν ἐπιπηδῶν καὶ λακτίζων ὡς ὄνος Ἀντρώνιος. Πὺξ δὲ παίειν ἐστὶ τὸ ἐπικλινομένων εἴσω καὶ
4 ἐσφιγμένων τῶν δακτύλων παίειν καὶ κρούειν, ἐξ οὗ καὶ ἡ πυ-   c
κτικὴ ἀγωνία ὠνόμασται. Τοιαῦτα τοῦ καλοῦ τε καὶ σοφωτά-
6 του βασιλέως τὰ ἀγαθά, ὧν γεῦσαι τὴν οἰκουμένην ὁ σοφὸς ἐπαινέτης αὐτοῦ Λιβάνιος ἐληρώδει.

31. Φυσήσεις καὶ ἀναφυσήσεις (22, 689 C1). Διασύ-
2 ρων ὁ δυσσεβὴς τὰ ἡμέτερα καὶ τὰς ἐν τῷ ἁγίῳ βαπτίσματι

29, 6 γὰρ] om. PA   φιλοσοφίαν] φιλοσοφίας FC, φιλοσοφ<non legitur> V^(a. corr.)
8 ᾧτινι] ᾧτινι CA   **30**, 3 Ἀντρώνιος] ἄγριος P   7 ἐπαινέτης αὐτοῦ]
αὐτοῦ ἐπαινέτης A   ἐληρώδει] ἐληρώδησεν A   **31**, 2 βαπτίσματι] βαπτι
sed corr. sup. l V

place de deux (⁴⁸). Le tout fait allusion à la ruse par laquelle il exaltait l'esprit des plus légers pour les désarmer. Non seulement cela, mais il attirait en effet aussi ceux qui prétendaient à la philosophie et, grâce à des « mon ami » et « mon ami », il les leurrait sans rien leur donner, puis ils étaient congédiés, ne sachant plus à qui reprocher davantage cette inconséquence : à celui-là, dit-il, pour sa tromperie, ou à eux-mêmes, pour leur séjour.

30. Publiquement frappés à coup de poing et à coup de pied : C'est-à-dire qu'il les assaillait et les ruait de coups comme un âne d'Antrôn (⁴⁹). Frapper à coup de poing (πύξ), c'est frapper et cogner avec les doigts repliés vers l'intérieur et serrés ; de là vient aussi le nom de « pugilat » (⁵⁰). Telles étaient les qualités de ce bon et très sage empereur, dont il a donné un avant-goût à l'univers, comme le radotait son sage laudateur Libanios (⁵¹).

31. Contorsions (⁵²) : L'impie, qui dénigrait nos usages et pastichait les exsufflations du saint baptême (⁵³), ressemblait

---

(48) D'habitude, ce proverbe (« voir trois à la place de deux ») fait plutôt référence à une altération de l'état physique (vieillesse ou maladie) qui trouble la vue. Voir Diogénien, *Proverbes*, 2, 56 ; Hésychios, *Lexique*, ε 1348, *s.v.* ἐκ δυοῖν τρία βλέπεις ; Photios, *Lexique*, ε 371, *s.v.* ἐκ δύο τρία βλέπεις ; *Souda*, ε 405, *s.v.* ἐκ δυεῖν τρία βλέπεις. Basile parle également de ces jeux de cailloux dans son *Commentaire au Discours 14* (*PG* 36, col. 916 B 4 – C 1) et son *Commentaire au Discours 21* (Boissonade, *Scholies inédites*, p. 112, n. 1 = *PG* 36, col. 1139-1140, n. 45).

(49) Antrôn est une ville de Thessalie, reconnue apparemment pour son élevage d'ânes de bonne taille, mais sauvages et inefficaces. Voir Diogénien, *Proverbes*, 1, 26 ; Hésychios, *Lexique*, ο 916, *s.v.* ὄνος Ἀντρώνιος ; Photios, *Lexique*, α 2145, *s.v.* Ἀντρώνιος ὄνος ; *Souda*, α 2768, *s.v.* Ἀντρῶνες.

(50) Basile revient sur ces termes dans son *Commentaire au Discours 38* (*Comm.* 38, 178, éd. Schmidt, *Basilii Minimi*) et dans son *Commentaire au Discours 18* (Cantarella, *Basilio Minimo*, p. 12, sch. 54 ou Norden, *Scholia in Gregorii*, p. 630-631, sch. 23).

(51) Libanios, *Or.* 17, 9 : « [...] après être apparu pour un bref temps dans la petite forme de royauté, et, pour un temps encore plus bref, dans la grande, il est parti, ayant donné à l'univers un avant-goût de ses qualités, mais qui ne suffirent pas à rassasier » (éd. Foerster, *Libanii Opera* : « [...] μικρὸν μὲν χρόνον ἐν <τῷ> μικροτέρῳ σχήματι βασιλείας, πολὺ δὲ βραχύτερον ἐν τῷ μείζονι φανεὶς ᾤχετο γεύσας μὲν ἀγαθῶν τὴν οἰκουμένην, κορέσαι δὲ οὐκ ἀρκέσας »).

(52) Le lemme donné par Basile est légèrement différent du texte de l'édition de J. Bernardi : « [...] φυσήσεις τε καὶ ἀντιφυσήσεις [...] ».

(53) Basile parle vraisemblablement de la triple exsufflation du prêtre sur le visage du candidat, qui fait partie des rituels préparatoires au baptême proprement dit. Voir, entre autres, le septième canon du Concile de Constantinople ; ainsi

ἐκφυσήσεις κωμῳδῶν, τοῖς γραϊδίοις ἀπείκαζεν, αὐτὸς τὸ ἐπι-
4 βώμιον πῦρ φυσῶν καὶ ταῖς γνάθοις ἐνασχημονῶν. Τὴν αὐτοῦ
θεὰν Ἀθηνᾶν ὁ πάνσοφος οὗτος βασιλεὺς οὐκ ἐνενόει αὐλοὺς
6 ἀναλαβομένην καὶ αὐλεῖν ἐπιχειρεῖν· ἡ δέ, ὡς πλησίον ὕδατος
τὴν ἑαυτῆς ᾔσθετο σκιὰν καὶ τὰς γνάθους κατενόησεν αἰρο-
8 μένας οὐκ εὐπρεπῶς, ῥίψασα θᾶττον κατηράσατο τοῖς αὐλοῖς.

32. Ὑποκλέπτων τὸ ἀσελγὲς μυστηρίου προσχήματι D
2 (22, 692 A2-3). Ἐν ταῖς τελεταῖς καὶ τοῖς τῶν δαιμόνων
μυστηρίοις πόρναις ἅμα γυναιξὶ συγκατιὼν ἐν τοῖς ἀδύτοις, 1141 A
4 ἦγε τὰ αἴσχη τὰ μυστικά. Καὶ συμφθειρόμενος καὶ φθείρων,
ἔκλεπτε τὸ ἀσελγὲς ὡς δή τι θεῖον ἐπιτελῶν, προπίνων ταῖς
6 πόρναις καὶ προπινόμενος ὑπ' αὐτῶν, σχήματι καὶ προφάσει
μυστηρίων ἐναγισμοῦ. Τοιαῦτα ὁ σεμνὸς οὗτος βασιλεὺς καὶ
8 κρείττων ὑμνούμενος ἡδονῶν ἐπετέλει.

33. Τότε τοίνυν οὐ φαῦλος ἐγὼ τοῦ ἀνδρὸς εἰκαστὴς
2 **οἶδα γενόμενος** (23, 692 B1-2). Σημειωτέον τὸ ἦθος τοῦ
Ἀποστάτου ὡς ἐξάγιστον καὶ σεσοβημένον καὶ δαιμονῶν, ὃ
4 καὶ μάντις, οἶμαι, καὶ ἀσφαλὴς φυσιογνώμων ἐθήρασεν ἄν,
εἰπὼν πλήρη δαιμόνων τὸν ἄνδρα καὶ κακίας ἁπάσης μεστὸν
6 καταγώγιον. Ἐκπέφρασται δὲ πάνυ οἰκείως καὶ τῷ Πατρὶ καὶ
προφητικῶς ταῦτα διηγόρευται· δείκνυσι γὰρ τούτοις ἡμῖν
8 καὶ ἐναργῶς τῷ λόγῳ παρίστησιν ὁποῖον ἡ πεῖρα διὰ τῶν B

31,3 ἐκφυσήσεις] ἐμφυσήσεις P   5 Ἀθηνᾶν] Ἀθηνὰν F   αὐλοὺς] ἁλοὺς V[a.corr.]   6 ἀναλαβομένην] corr. in ras. V, ἀναλαμβανομένην W   ἐπιχειρεῖν] ἐπιχειροῦσαν P   6/7 ὕδατος – ᾔσθετο] ᾔσθετο ὕδατος τὴν ἑαυτῆς W   8 θᾶττον] κάτω W   κατηράσατο] κατηρᾶτο F   **32**,2 τῶν] om. A   4 αἴσχη τὰ] αἴσχιστα V[p.corr.]   5 ἔκλεπτε] ἔκλαιπτεν F   δή] δὴ FC   ταῖς] καὶ W   7 ἐναγισμοῦ] ἐναγιασμοῦ FCW   **33**,1/2 εἰκαστὴς – γενόμενος] om. P   2 σημειωτέον] ση<contr.> FCPVW   3 δαιμονῶν] δαιμόνων FCP   5 κακίας ἁπάσης] κακίας πάσης A, πάσης κακίας W   μεστὸν] ἀνάμεστον A   6/7 καὶ[1] – ἡμῖν] om. V   6 καὶ[1]] add. prima manu P   7/11 δείκνυσι – δεικνύμενον] om. W

aux petites vieilles, lorsqu'il soufflait lui-même sur le feu de l'autel et gonflait ses joues avec inconvenance. Ce très sage empereur ne songeait pas à sa déesse Athéna, qui, ayant ramassé des flûtes, entreprit d'en jouer. Mais, lorsqu'elle aperçut son propre reflet sur l'eau voisine et qu'elle remarqua ses joues qui se soulevaient peu élégamment, elle jeta promptement les flûtes et les maudit ([54]).

32. En mettant son impudicité sous le couvert de cérémonies secrètes: Lors des initiations et des mystères des démons, il descendait dans l'adyton en compagnie de femmes courtisanes et il menait d'honteux rites mystiques. Corrompu et corrupteur, il masquait son impudicité en disant accomplir quelque chose de divin; il trinquait avec des courtisanes et elles trinquaient avec lui, sous l'apparence et le prétexte d'un sacrifice pour les mystères ([55]). Tels sont les rites accomplis par cet empereur vénérable et loué pour son dédain des plaisirs.

33. J'ai conscience de ne pas m'être trompé alors dans les prévisions que je formai à son égard: Il faut noter le caractère de l'Apostat comme scélérat, agité et possédé, ce qu'un devin, je crois ([56]), et un sûr physionomiste auraient capté, en disant que l'homme était rempli de démons et qu'il était le refuge de tout mal. Il est décrit tout à fait familièrement même par le Père et son comportement est exposé de façon prophétique. En effet, il nous montre par sa description et présente clairement dans son discours comment l'expérience

---

qu'Hippolyte de Rome, *Tradition apostolique*, 20; Cyrille de Jérusalem, *Procatéchèse*, 9; *Catéchèses mystagogiques*, 2, 3. Ce rite se retrouve aussi mentionné dans l'*Euchologue Barberini*, daté du VIIIe siècle; voir E.C. Whitaker, *Documents of the Baptismal Liturgy*, Londres, 1970, p. 74-76. Lors de la cérémonie décrite dans ce dernier document, le souffle est également utilisé par le candidat pour rejeter Satan (voir p. 70 et 77, mais aussi ps. Denys l'Aréopagite, *Hiérarchie ecclésiastique*, 2, 2, 6) et par l'officiant pour consacrer l'eau et l'huile (voir p. 80-81). Sur le rôle de ce geste dans l'exorcisme précédant le baptême, voir aussi R.M. Jensen, *Baptismal Imagery in Early Christianity. Ritual, Visual, and Theological Dimensions*, Grand Rapids, 2012, p. 35-37.

(54) Basile reprend ici simplement des éléments qui se trouvent dans les *Histoires mythologiques* (*Hist.* 5, 10).

(55) La forme ἐναγιασμός, attestée dans la moitié des témoins, semble être une dérivation chrétienne d'après le mot ἁγιασμός, lequel est fort probablement un néologisme de la *Septante*. Pour décrire le rite païen, le mot ἐναγισμός est beaucoup plus juste.

(56) C'est Basile qui parle.

ἔργων ἐγνώρισε τέρας οἷον οὐ πρότερον ἡ φύσις ἐγέννησεν,
10 ἀλλόκοτόν τι θηρίον κατὰ τὰς Σκύλλας ἐκείνας καὶ Χιμαίρας
δεικνύμενον.

34. Ὡς οὐκ ἐφορῶντός τινος τὰ ἡμέτερα (24, 693 B2-
2 3). Τοῦτο γὰρ ἐδόξαζεν ἡμῶν τὸ ἀντίπαλον, μηδεμίαν κυβερνήσεως αἰτίαν ἢ Θεὸν ἔφορον εἶναι τῶν τῇδε, ἀλλ' αὐτομάτως
4 τὸ πᾶν οὕτω φέρεσθαι καὶ τῶν εὖ ἢ κακῶς βιούντων οὐδ'
ἥντινα τὴν ἀνταπόδοσιν ἔσεσθαι.

35. Ἐκ τῶν παρ' ἡμῖν τινος ἀσόφων (25, 693 C5). Ἐκ
2 τῶν προφητῶν τινος τῶν δοκούντων ὑμῖν, φησίν, ἀσόφων λαμβάνω τὸν ἐπινίκιον·[c] οἷς ἐπισυνάπτει καὶ τὰς θυσίας καὶ τὰς
4 τελετὰς καὶ τὰ τῆς ἀσεβείας μυστήρια καὶ τὰ τούτοις ἐχόμε- C
να.

36. Ποῦ Βαβυλών (25, 693 C10). Ταῦτα γὰρ αὐτῷ καὶ ἡ
2 οἰκουμένη πᾶσα, ἐκ τῶν εἰρημένων ἐντόμων τε καὶ σφαγίων
καὶ τῶν λοιπῶν, ὠνειροπολεῖτο τῷ δυσσεβεῖ χειρούμενα.

**37. Ἢ τὸν ὀμνύοντα κατὰ τῆς Ἰακὼβ ὑπερηφανίας
2 Θεόν**[d] (26, 696 C5-6). Ἤτοι τὸν ὀμνύοντα κατὰ τὸν Ἰακώβ –
εἰς τίνα; – εἰς τὸν τῆς ὑπεροχῆς καὶ ὑπεράνω πάντων φαινό-

---

[c] cfr *Is.* 33, 18   [d] *Am.* 8, 7

33, 10 τὰς] *om.* V[a. corr.]   Σκύλλας] Σκύλας CV   ἐκείνας] *om.* P   **34,** 3
αἰτίαν] αἰτίας C   εἶναι] *om.* W   **35,** 2 ὑμῖν] ἡμῖν A   φησίν] φασιν V
3 τὸν] τὸ A   **37,** 1 ὑπερηφανίας] ὑπερηφανείας F   2 τὸν²] τῶν V   3
τίνα] τῖνα F   ὑπεράνω] ὑπὲρ ἄνω FV[p. corr.]W

des faits lui fit reconnaître un monstre tel que la nature n'en avait engendré auparavant, une bête prodigieuse qui se montra égale à ces Scyllas et Chimères (⁵⁷).

34. À la pensée que personne ne surveille nos actes (⁵⁸) : En effet, il avait cette croyance opposée à la nôtre, à savoir qu'il n'y avait aucun principe directeur ni de Dieu pour surveiller nos actions ici-bas, mais que tout se produisait ainsi au hasard et que, pour les vies bonnes ou mauvaises, il n'y aurait pas même une quelconque rétribution.

35. C'est à l'un des nôtres, un homme sans culture : C'est à l'un des prophètes qui vous semblent sans culture, dit-il, que j'emprunte ce chant de victoire. Il joint à ce verset les sacrifices, les initiations, les mystères d'impiété et ce qui suit ceci.

36. Où est Babylone : En effet, l'impie rêvait, d'après lesdites incisions, sacrifices et tout le reste, de mettre la main sur celle-ci et sur le monde entier.

37. Le Dieu qui jure par la fierté de Jacob (⁵⁹) : Soit celui qui jure à la manière de Jacob – vers qui ? – vers le Dieu d'excellence qui se manifeste au-dessus de tout (⁶⁰) ; soit

---

(57) Grégoire de Nazianze, *Or.* 5, 24.

(58) Le lemme donné par Basile est légèrement différent du texte de l'édition de J. Bernardi : « [...] ὡς οὐκ ἐφορῶντος οὐδενὸς τὰ ἡμέτερα [...] ».

(59) Suivant les traductions françaises courantes de la Bible, J. Bernardi a rendu ce verset (*Am.* 8, 7) ainsi : « le Dieu qui lance ses imprécations contre l'insolence de Jacob ». Basile, toutefois, ne l'a pas compris de cette façon, et le montre beaucoup d'hésitation face à ce texte, dont il propose deux interprétations différentes, chacune introduite par *soit*, ἤ. Dans les deux cas, cependant, il faut noter que le terme ὑπερηφανίας est interprété de façon positive. Étonnamment, cette lecture de Basile, qui correspond à certaines exégèses modernes (voir, par exemple, Lugaresi, *La morte di Giuliano*, p. 231), va à l'encontre des interprétations de ce verset par les auteurs patristiques : Eusèbe de Césarée, *Démonstration évangélique*, 10, 6 ; Cyrille d'Alexandrie, *Commentaire sur les douze prophètes*, éd. P.E. Pusey, *Sancti patris nostri Cyrilli archiepiscopi Alexandrini in XII prophetas*, vol. 1, Oxford, 1868, p. 515-517 ; Théodoret de Cyr, *Commentaire sur les douze prophètes*, PG 81, col. 1701 B 8 – D 8. Quoi qu'il en soit, Grégoire a certainement cité ce passage biblique avant tout pour évoquer la suite du verset dans lequel Dieu jure qu'il n'oubliera rien.

(60) Par cette première explication, Basile semble désigner tout chrétien qui jurerait, comme Jacob, au nom de Dieu : Θεόν est alors considéré comme le complément d'objet d'ὀμνύοντα, et ὑπερηφανίας comme un titre de Dieu, que Basile paraphrase doublement : quant au sens, par τῆς ὑπεροχῆς, et quant à l'étymologie (présumée), par ὑπεράνω πάντων φαινόμενον.

μενον Θεόν· ἢ τὸν ὀμνύοντα Θεὸν κατὰ τῆς Ἰακὼβ καὶ πίστεως καὶ μεγαλοφροσύνης, ὥσπερ, φησίν, ὁ Ἰακὼβ οὐ κατὰ δαιμόνων ὤμνυεν, ἀλλὰ κατὰ Θεόν· εἰς ὅρκον γάρ, φησίν, οὐ δαίμονας ἐλάμβανεν, ἀλλὰ Θεὸν εὐσεβῶς ὅρκον ἐποιεῖτο, τὸν ὑπεράνω πάντων καὶ ὄντα καὶ φαινόμενον.

38. Ταῦτα Χριστιανοῖς παρὰ σοῦ (27, 697 A6). Ταῦτα ἀνταποδίδως τὰ ἐπίχειρα χριστιανοῖς, ἀνθ' ὧν ἢ δι' ὧν οὐ καλῶς ἐσώθης ἀναρπασθεὶς ὑπ' αὐτῶν καὶ τῆς ἐνδίκου σφαγῆς λυτρωθείς.

39. Τότε μὲν δυσανασχετοῦντες (27, 697 B3). Πρὸς τὸ πρότερον ἀποδέδοται τοῦτο· ἀναλαμβάνει γὰρ ὅτι, ἡνίκα ἀνεβάλλετο καὶ ἀνοχῆς εἴχετο ἡ κατὰ τῶν ἀσεβῶν ὀργὴ τοῦ Θεοῦ, δυσανασχετοῦντες ἐκείνας ἠφίεμεν τὰς φωνάς. Εἶτ' ἐπάγει μετὰ πολλά· Ταῦτα μὲν οὖν πρότερον, νυνὶ δέ, καὶ τὰ λοιπά.

40. Ἔπεσε Βήλ, συνετρίβη Δαγών, ἕλη ἐγένετο ὁ Σαρών (29, 701 A3-4). Βὴλ καὶ Δαγὼν καὶ Σαρών, ναοὶ καὶ στῆλαι καὶ δαιμόνων ὀνόματα[e]. Ἐκ δὲ τῆς Γραφῆς ἐλήφθη καὶ ταῦτα, καθ' ὁμοίωσιν τῶν κατ' ἐκεῖνο καιροῦ συμβεβηκότων· ὑπὸ γὰρ τῶν εὐσεβῶν καθῄρηται ταῦτα καὶ συνετρίβη καὶ ἀπωλείᾳ τελείᾳ παραδέδοται. Εἶτα ἐπιφέρει καὶ τὰ ἡμέτερα καὶ προφητεύει τὰ μέλλοντα, ἃ καὶ νῦν ἔτι καθορᾶται γινόμενα καὶ γεγονότα ἤδη καὶ γενησόμενα, εὖ οἶδα· τοῖς τελεσθεῖσι γὰρ βεβαίως ἔχω καὶ τὰ ἐσόμενα.

---

[e] cfr I Reg. 5, 4; I Par. 5, 16; Is. 33, 9; Is. 46, 1; Act. 9, 35

37, 8 ὑπεράνω] ὑπὲρ ἄνω FV[p. corr.]W   38, 2 τὰ ἐπίχειρα] τἀπίχειρα C   οὐ] om. Boiss.   39, 1 δυσανασχετοῦντες] δυσανσχετοῦντες F   4 εἶτ'] εἴτ' A   40, 1 Δαγών] Δαγῶν F   ὁ Σαρών] ὁ Σαρῶν F, ὁ Σάρων V, Ἀσαρών A   2 Σαρών] Σάρων V   3 στῆλαι] στήλαι V   4 ἐκεῖνο] ἐκείνῳ F[p. corr.], ἐκείνου C, ἐκεῖν in ras. V   6 καὶ] κατὰ A   9 ἔχω] ἔχων FCV[a. corr.], ἔχει A

Dieu qui jure par la foi et la grandeur d'âme de Jacob (61), de même que, dit-il, Jacob ne jurait pas par des démons, mais selon Dieu (62). En effet, pour un serment, dit-il, il ne prenait pas à témoin des démons, mais il faisait pieusement de Dieu son témoin, le Dieu qui est et apparaît au-dessus de tout.

38. Voilà la récompense que tu destinais aux chrétiens : Voilà la récompense que tu donnes aux chrétiens en échange ou à cause du secours malheureux qu'ils t'avaient apporté lorsqu'ils t'ont soustrait et délivré d'une juste immolation.

39. En ce temps-là, nous avions peine à supporter : Ceci renvoie à *auparavant* (63), car il reprend l'idée que, lorsque la colère de Dieu contre les impies était différée et en suspens, nous avions peine à le supporter et nous adressions ces paroles (64). Ensuite, après de nombreux exemples, il ajoute : *Voilà ce qu'auparavant [...], mais maintenant* (65), etc.

40. Bel est tombé, Dagon a été réduit en poussière, Saron n'est plus que marécage : Bel, Dagon et Saron sont des temples, des stèles et des noms de démons (66). Ces noms aussi sont tirés de l'Écriture, suivant la ressemblance des événements survenus à cette époque, car ceux-là ont été abattus par les hommes pieux, réduits en poussière et livrés à une destruction complète. Ensuite, il ajoute aussi les événements de notre temps et prophétise sur ceux à venir, événements qui, remarque-t-on, ont encore lieu aujourd'hui, ou ont déjà eu lieu, ou arriveront, je le sais bien, car, par ce qui a été accompli, je suis certain aussi de ce qui sera.

---

(61) Cette deuxième interprétation semble faire de Θεὸν le sujet du participe et d'ὑπερηφανίας une qualité de Jacob, paraphrasée par πίστεως et μεγαλοφροσύνης.

(62) Le début de cette scholie est cité dans les notes de bas de page de l'édition mauriste du texte de Grégoire (*PG* 35, col. 696, n. 99) et est commenté par L. Lugaresi dans sa traduction italienne (*La morte di Giuliano*, p. 231).

(63) Au début du chapitre 27 : « En vérité, auparavant [...] » (*Or.* 5, 27, éd. et trad. Bernardi, *Discours 4-5* : « Πρότερον μὲν οὖν [...] »).

(64) C'est-à-dire celles qui occupent la fin du chapitre 27. L'objectif de cette scholie est clairement de montrer comment la pensée de Grégoire s'articule.

(65) Grégoire de Nazianze, *Or.* 5, 28.

(66) Cette définition s'applique bien à Bel et à Dagon, dieux dont l'*Ancien Testament* cite les stèles et les temples (*Is.* 46, 1 ; *I Reg.* 5, 4 ; *Is.* 33, 9), mais plus difficilement à Saron, qui n'est jamais présenté que comme un nom de lieu (*I Par.* 5, 16 ; *Is.* 33, 9 ; *Act.* 9, 35).

41. Οὐκ ἔτι πανηγυρίσουσι καθ' ἡμῶν (29, 701 C2-
3). Πανηγύρεις τελέσουσι καὶ ἑορτάς, ἐπιχαίροντες ἡμῖν οἱ
ἐχθραίνοντες ἀσεβεῖς, νόμῳ ἀνόμως ἀποκλείσαντες τῆς κιβδήλου καὶ ἀδοκίμου παιδεύσεως· ἀπεῖρξαν γὰρ Χριστιανοὺς
παιδείας Ἑλληνικῆς καὶ σοφίας μεταλαμβάνειν, καὶ τὰς γλώττας ἡμῶν ἀποφράττειν κἂν τούτῳ κακούργως οἰόμενοι.

42. Σβεσάτω τὸ πῦρ ὁ δᾳδοῦχος (30, 704 A6-7). Ἐπυρφόρει οὗτος ὁ δᾳδοῦχος, ὁμοῦ τάς τε θυσίας ὁλοκαυτῶν καὶ
φωτίζων ἐπί τινα χρόνον τὰς τελετάς. Εἶτα κατασβεννύων
ἐδίδου καιρὸν ἐν σκότῳ τὰ αἰσχρὰ τῶν μυστηρίων τελεῖσθαι·
πορνικὴν δὲ στολὴν ὁ ἱεροφάντης ἐνδιδυσκόμενος αἰσχρῶς ἱε-
ρούργει. Διὸ ἐπιφέρει· *ἐπίσχες σου τὰς αἰσχρὰς καὶ σκότους
γεμούσας νύκτας.*

43. Ἔσπειρεν ἀέρα (31, 704 B12). Οἰκείως ἕκαστον ἀπο-
δίδωσιν· ὑπεστήσατο, ἥδρασεν, ἐγύρωσεν, ἔσπειρεν, ὥρισεν,
εἵλκυσεν, ἐψύχωσεν, ἐμόρφωσε. Διὰ μὲν γὰρ τοῦ *ἐμόρφωσε*, τὸ
« κατ' εἰκόνα »[f] δηλῶν· διὰ δὲ τοῦ *ἐψύχωσε*, τὸ ζωτικὸν λογικόν τε καὶ νοερὸν καὶ τὸ ἄλογον μέρος τῆς ψυχῆς· διὰ τοῦ
εἵλκυσε, τὸν ὁλκὸν καὶ τὴν τῶν ποταμῶν φοράν. Τὸ δ' *ὥρισεν*
ἐμφαντικόν ἐστι τοῦ διορισμοῦ τῆς θαλάσσης· «ὅριον γάρ,
φησιν, ἔθου ὃ οὐ παρελεύσεται»[g]. Ἐσπάρθαι δὲ καὶ τὸν ἀέρα
εἰκότως εἶπε· κέχυται γὰρ καὶ διέσπαρται παντὶ λεγομένῳ
κενῷ. Οἰκεῖον δὲ καὶ τὸ *ἐγύρωσεν* οὐρανοῦ, ὡς ἐν γύρῳ γὰρ
καὶ τόρνῳ περιαγαγὼν σφαιρικῶς ἐτεκτήνατο. Τὸ δ' *ἑδραῖον*

---

[f] *Gen.* 1, 26   [g] *Ps.* 103, 9; cfr *Gen.* 1, 7

41, 1 ἔτι] εἰ C   3 ἀνόμως] ἀνόμῳ Boiss.   6 κἂν] κἀν C   **42,** 4 σκό-
τῳ] τῷ σκότει W   6 σκότους] σκότου P   **43,** 1 ἔσπειρεν] ἔσπειρον F
2 ἥδρασεν] ἔδρασεν A[a. corr.]   3 ἐψύχωσεν ἐμόρφωσε] ἐμόρφωσε ἐψύχωσε A
3/4 διὰ – ἐψύχωσε] add. in marg. prima manu A   5 τε] om. V, ante λογικόν P   διὰ] διὰ δὲ C   6 δ' ὥρισεν] διώρισεν A   7 ἐμφαντικόν] ἐκ-
φαντικόν C, ἐμφατικόν Boiss.   διορισμοῦ] διωρισμοῦ F   8 φησιν ἔθου]
ἔθου φησιν W   ἐσπάρθαι] ἐπάρθαι V[a. corr.]   10 οὐρανοῦ] οὐρανόν AW
γάρ] om. A   11 τόρνῳ] τόνῳ V[a. corr.]   περιαγαγών] περιαγαγῶν F

41. *Ils ne feront plus d'assemblées contre nous* : Ils mettront fin aux assemblées et aux fêtes, nos ennemis impies qui se gaussaient de nous et qui nous ont illégalement exclus par une loi de leur enseignement faux et méprisable. Ils empêchèrent en effet les chrétiens de prendre part à l'éducation et à la sagesse grecque, croyant perversement, en cela aussi, faire taire nos langues.

42. *Que le dadouque éteigne sa flamme* : Ce dadouque portait le feu qui à la fois brûlait les victimes de sacrifice et éclairait pendant un certain temps les initiations. Ensuite, en l'éteignant, il donnait l'occasion d'accomplir dans l'obscurité les rites honteux des mystères, et l'hiérophante, revêtu de sa robe de courtisane, célébrait une cérémonie honteuse. C'est pourquoi il ajoute : *Mets fin à ces nuits honteuses plongées dans l'obscurité* ([67]).

43. *Répandu l'air* : Il emploie les mots appropriés pour chacun : *produit, jeté les fondements, formé la voûte, répandu, fixé les limites, fait couler, donné la vie* et *formé* ([68]). En effet, par le verbe *formé*, il évoque l'expression « à son image » ; par l'expression *donné la vie*, le principe vital, rationnel et intelligent, ainsi que la partie irraisonnable de l'âme ([69]) ; et par l'expression *fait couler*, le roulement et le courant des fleuves ([70]). L'expression *fixé les limites* est significative de la délimitation de la mer, car « tu lui as, dit-il, fixé une limite qu'elle ne dépassera pas ». Il dit avec raison que l'air aussi est répandu ([71]), car il est étendu et dispersé dans tout ce qu'on appelle vide. L'expression *formé la voûte* est aussi appropriée au ciel, car, comme s'il avait été façonné en voûte sur un tour de menuisier, il a été travaillé sphériquement ([72]). Le fonde-

---

[67] Grégoire de Nazianze, *Or.* 5, 31.
[68] Basile va alors reprendre cette énumération à l'envers pour démontrer la justesse du choix du vocabulaire de Grégoire.
[69] Basile pourrait avoir ici à l'esprit un passage des *Stromates* de Clément d'Alexandrie (6, 16, 135, 1-2).
[70] Basile approche le verbe ἕλκω du nom ὁλκός, puis définit ce dernier par un synonyme.
[71] Le sens premier du verbe σπείρω est *semer*, ce qui justifie le commentaire de Basile.
[72] Basile a fait une remarque similaire à propos de l'emploi du verbe περιάγειν dans la question de Grégoire : « Qui a donné son mouvement circulaire au ciel ? » (*Or.* 28, 29, éd. et trad. P. Gallay - M. Jourjon, *Grégoire de*

12 καὶ στερεὸν ἴδιον γῆς. Τῷ φωτὶ δὲ λελυμένως καὶ οἷον ἀσωμάτως ἰόντι, δέδωκε χώραν ὑποστήσας ἐπιβατεύειν ἀέρι ἀραιῷ
14 καὶ λεπτῷ.

44. Κατάβαλέ σου τοὺς Τριπτολέμους (31, 704 C3-4).
2 Εἴρηται περὶ τούτων ἐν τῷ εἰς τὰ Θεοφάνια λόγῳ, καὶ περὶ 1145 A Ὀρφέως δεδήλωταί μοι ἐν ἄλλοις. Καὶ ἐν ταῖς φερομέναις
4 Ἱστορίαις πλατύτερον εὑρήσεις.

45. Οὐκ ἔτι φθέγγεται δρῦς (32, 704 C10). Τὴν ἐν Δω-
2 δώνῃ λέγει δρῦν φθεγγομένην καὶ λάλον, καὶ ληροῦσαν τὰ τῆς πλάνης μαντεύματα· λέβητα δὲ τὸν ἐν Δελφοῖς φησι τρίποδα,

---
43, 13 ἀραιῷ] corr. in ras. V, εὑρεῖ P   44, 2 Θεοφάνια] Θεοφάνεια F[p. corr.]
45, 3 φησι] om. A

ment et la solidité sont propres à la terre. À la lumière qui allait librement, comme intangible, il donna une place en la faisant s'appuyer sur l'air léger et subtil.

44. *Renvoie tes Triptolèmes* ([73]) : Il a été question de ceux-ci dans le discours *Sur la Théophanie* ([74]) et il a été montré par moi des passages sur Orphée dans d'autres discours ([75]). Tu trouveras plus de détails dans les *Histoires* mentionnées ([76]).

45. *Le chêne ne parle plus* : Il fait référence au chêne parlant et bavard de Dodone, qui débite les oracles de l'égarement. Le chaudron, dit-il, est le tripode de Delphes et la Pythie, celle de Délos ([77]). Il l'a dite pleine, suivant ce qu'on

---

Nazianze, Discours 27-31 : Discours théologiques [*SC*, 250], Paris, 1978 : « Τίς περιήγαγεν οὐρανόν […];». Il explique le terme ainsi : « C'est synonyme de "il est courbé, il est travaillé, arrondi au tour et de forme sphérique". En effet, soit cela signifie autour d'un cercle, soit il faut comprendre le mouvement de ce corps qui se meut circulairement » (BOISSONADE, *Scholies inédites* p. 116, n. 1 = *PG* 36, col. 1144, n. 52 : « Ἴσον ἐστὶ τῷ ἐγύρωσε, κυκλοτερῆ καὶ σφαιροειδῆ εἰργάσατο· ἢ γὰρ περὶ κύκλον σημαίνει, ἢ τὴν περιφορὰν τοῦ κυκλοφορικοῦ τούτου σώματος ὑποληπτέον »).

(73) Le lemme de Basile est légèrement différent du texte édité par J. Bernardi : « Κατάβαλε τοὺς Τριπτολέμους σου […] ».

(74) Puisque Grégoire ne parle pas de ces héros dans son *Discours* 38, Basile fait sûrement allusion au *Discours* 39 (*Sur les saintes Lumières*, parfois aussi appelé *Sur la Théophanie* dans les manuscrits), dans lequel il est question de Triptolème (4) et d'Orphée (5). Selon J.-F. Boissonade (*Scholies inédites*, p. 116, n. 2 = *PG* 36, col. 1144, n. 53), Basile ne fait toutefois mention ni de Triptolème de Céléos ni d'Orphée dans son *Commentaire*. Par conséquent, il faut envisager que Basile fasse ici référence aux *Histoires mythologiques* (*Hist. 39*, 3).

(75) Sans compter les poèmes, Grégoire parle d'Orphée dans trois *Discours* (*Or.* 4, 115 ; *Or.* 5, 31 ; *Or.* 39, 5 ; voir aussi *Or.* 27, 10), mais Basile n'y est pas très disert sur Orphée : ici, comme dans le *Commentaire au Discours 4* (106) et dans celui au *Discours 39* (selon J.-F. BOISSONADE, *Scholies inédites*, p. 116, n. 3 = *PG* 36, col. 1145, n. 54), il élude le sujet, à moins qu'il ne réfère encore aux *Histoires mythologiques* (*Hist.* 4, 77 ; *Hist.* 5, 13 ; *Hist.* 39, 17). Il reste finalement la possibilité que Basile ait parlé d'Orphée dans un autre contexte, dans une scholie encore non publiée.

(76) Il s'agit évidemment des *Histoires mythologiques* (*Hist.* 4, 67 ; 68 ; 77 ; *Hist.* 5, 12 ; 13 ; *Hist.* 39, 3 ; 17), qu'il a déjà évoquées aux *Comm.* 4, 64 et 91.

(77) Basile contredit ici les *Histoires mythologiques* (*Hist.* 5, 14 et 15), qui situent le chaudron à Dodone et, plus conventionnellement, la Pythie à Delphes. Pour le chaudron, Basile a pu être inspiré par les lexicographes, qui définissent le trépied de Delphes comme un chaudron (HÉSYCHIOS, *Lexique*, δ 602, *s.v.* Δελφικὸν τρίποδα ; PHOTIOS, *Lexique*, τ 462, *s.v.* τρίποδα ; *Souda*, τ 1001, *s.v.* τρίποδα). En revanche, il semble très peu probable qu'il y ait jamais eu de Pythie à Délos : voir P. BRUNEAU, *Recherches sur les cultes de Délos à l'époque hellénistique et à l'époque impériale* (*Bibliothèque des Écoles françaises d'Athènes et de Rome*, 217), Paris, 1970, p. 142-161.

4 καὶ Πυθίαν τὴν ἐν Δήλῳ. Πληρουμένην δὲ εἶπε, καθότι μυθεύονται, ἀπό τινος χάσματος πνεύματος ἀναφερομένου, ἱερειάν
6 τινα ὑπερβαίνουσαν, κάτωθεν διὰ τῶν μορίων ἐπεισπνεῖσθαι καὶ πληροῦσθαι μαντικῶν ληρημάτων καὶ τοὺς λεγομένους
8 ἐντεῦθεν ἀποθεσπίζειν χρησμούς. Περὶ δὲ τῶν ἑξῆς λέλεκται ἐν ἄλλοις· πλὴν καὶ ταῦτα πάντα σεσιγηκέναι φησί.

46. Καὶ Προσύμνῳ τῷ καλῷ θεὸς παθαινόμενος (32, B
2 705 A3-4). Τουτέστι πάσχων καὶ τῷ ὡραίῳ Προσύμνῳ συμφθειρόμενος. Ὁ δὲ *Πρόσυμνος* ὄνομα κύριον· ἀσελγείας καὶ
4 ἀκολασίας τοῦ τοιούτου θεοῦ ὑπουργὸς ὢν καὶ ἐρώμενος. Θερσίτην δὲ Ὀλύμπιον, τὸν Ἥφαιστον αἰνίττεται ἀπεικάζων τῷ
6 καταγελάστῳ καὶ αἰσχίστῳ Θερσίτῃ τῷ Ὁμηρικῷ.

47. Τὸν Κερδῷον καὶ τὸν Λόγιον (32, 705 B3-4). Τὸν
2 Ἑρμῆν λέγει, ἀπὸ τοῦ λόγου Λόγιον καλῶν, ἀπὸ δέ γε τοῦ κέρδους καὶ τῶν κλεμμάτων Κερδῷον. Ἐπεὶ δὲ καὶ μοιχὸς
4 ἑάλω καθ᾽ Ὅμηρον, δεσμοῖς ἀφύκτοις ὑπ᾽ Ἄρεως σὺν Ἀφροδίτῃ πεδηθείς, αὐτὸς μὲν ἐναγώνιος ἦν· θεοὶ δ᾽ ὁρῶντες ἀσβέ-
6 στῳ κατείχοντο γέλωτι. Ἀλλ᾽ ἐγώ, φησί, συγκαλύπτω μου C τοὺς ὀφθαλμοὺς αἰδούμενος τῷ αἰσχίστῳ τούτῳ θεάματι.

45, 6 μορίων] μυρίων Mign.   8 χρησμούς] χρισμούς F   **46,** 1 Προσύμνῳ] πρὸς ὕμνῳ C^(a. corr.) A (*sed corr. prima manu* C)   θεὸς] θεῷ C   2 Προσύμνῳ] πρὸς ὕμνῳ *sed corr. prima manu* C   **47,** 2 καλῶν] καλεῖ W   3 Κερδῷον] κερδὼ F, κερδῷ C, κερδῶ V^(a. corr.)   4 Ἄρεως] Ἄρεος P^(γρ) W   5 πεδηθείς] πεδηθεῖς F   θεοὶ] *corr. in ras.* V   6 κατείχοντο] κατείχοντι C   φησί] φασι FCV   μου] μὲν PV   7 αἰδούμενος] *om.* P   τούτῳ] *om.* C

raconte, qu'il y avait un souffle qui remontait d'un gouffre quelconque et qu'une prêtresse l'enjambait pour aspirer par ses parties intimes le souffle montant, se remplissait de divagations divinatoires et prophétisait ce qu'on appelait là-bas des oracles ([78]). Concernant la suite, il en a été question ailleurs ([79]). Cependant, il dit que tout cela a été réduit au silence.

46. Et un dieu en chaleur pour le beau Proshymnos : C'est-à-dire qui souffre et se perd pour le gracieux Proshymnos ([80]). *Proshymnos* est un nom propre : c'est le serviteur et l'être aimé de ce dieu de la grossièreté et du dérèglement. Quant au Thersite de l'Olympe, il fait allusion à Héphaïstos, en le comparant au risible et très laid Thersite homérique.

47. Ton dieu du profit, ton dieu de la parole : Il parle d'Hermès, qu'il appelle Logios en référence à la parole (λόγου) et Kerdôos en référence au profit (κέρδους) et aux filouteries ([81]). Puisqu'il a été pris en flagrant délit d'adultère, selon Homère, enchaîné par Arès en compagnie d'Aphrodite dans des filets inextricables, il était lui-même en difficulté (ἐναγώνιος) et les dieux, à ce spectacle, retentirent d'un rire inextinguible ([82]). Toutefois, moi, dit-il, je me couvre les yeux, gêné par ce spectacle si honteux.

---

(78) Cette description des pratiques prophétiques de la Pythie est très similaire à celle donnée par JEAN CHRYSOSTOME, *Homélies sur la Première épître aux Corinthiens*, 29, 1, *PG* 61, col. 242.

(79) Référence aux *Histoires mythologiques* (*Hist.* 5, 14 et suivantes).

(80) Basile commence par gloser le participe παθαινόμενος, dont il donne pour synonymes πάσχων et συμφθειρόμενος, puis il s'intéresse aux personnages oubliés par les *Histoires mythologiques*. L'histoire de Proshymnos nous est connue par Arnobe (*Contre les gentils*, 5, 28) et Clément d'Alexandrie (*Protreptique*, 2, 34, 3-4). Basile aurait pu cependant puiser ses informations d'une scholie ancienne, comme celle que cite J.-F. Boissonade en note (*Scholies inédites*, p. 117-118, n. 5, abrégé dans *PG* 36, col. 1146, n. 60) et qui porte sur le poème *À Némésios* de Grégoire (*Carm.* 2, 2, 7, v. 276).

(81) Voir la remarque de Basile sur le nom du renard (*Comm.* 4, 104), ainsi que les *Histoires mythologiques* (*Hist.* 4, 90 ; *Hist.* 5, 26). Grégoire mentionne encore ce nom d'Hermès au *Or.* 4, 121 et *Or.* 14, 29. Voir le commentaire de Basile sur ce dernier passage (*PG* 36, col. 916 C 2-6).

(82) Il s'agit d'une erreur plutôt surprenante de la part de Basile sur un passage pourtant connu de l'*Odyssée* (8, 266-366) ; elle est peut-être davantage due à une défaillance de mémoire qu'à une méconnaissance du texte (voir *supra*, *Comm.* 5, 1 et la n. 1). Pour expliquer ce qui cause de la honte à Grégoire, Basile a ainsi interprété l'épithète du dieu Hermès Ἐναγώνιος dans le sens de « en difficulté » et di-

48. **Σὺ δέ μοι προσκύνει τὸ σύντονόν τε τοῦ λόγου καὶ τὸ σακέλλιον** (32, 705 B6-7). Τοῦ Ἑρμοῦ καὶ ταῦτα· ὡς δὲ δῆθεν σεμνὰ φράζει, καὶ τὸ τοῦ λόγου δὲ κεκροτημένον καὶ σύντονον ἐπισυνάπτει καὶ τὸ τῶν σύλων τὸν θησαυρὸν σακέλλιον, ὡς καὶ αὐτοῦ τάχα προσκυνουμένου.

49. **Αἵ τε Ἴσιδες καὶ Ἄττιδες καὶ Μενδήσιοι** (32, 705 B8-9). Αἰγύπτιοι καὶ οὗτοι θεοί, περὶ ὧν ἐλέχθη. Πλὴν Πρίαπος μὲν θεὸς ἐνομίσθη καὶ αὐτός, αἰσχρῶς καὶ γραφόμενος καὶ τιμώμενος, τὸ ἐπείσιον, ἤτοι τὸ αἰδοῖον, ἐκκρεμὲς ἔχων ὅτι μέγιστον. Ἑρμαφρόδιτος δέ διττήν, ὡς αὐτοί φασιν, ἔλαχε φύσιν, ἄρρενός τε καὶ θηλείας, ἑκατέρωθεν ἀσελγαίνων, ὥσπερ καὶ τὸν Τειρεσίαν ἱστοροῦσιν. Ἄττις τε καὶ Ὄσιρις, ὁ μὲν τὰ αἰδοῖα ἀποκέκοπται καὶ τὰ τῶν ἀνδρῶν ἀφήρηται, τὰ γυναικῶν δὲ πάσχων ἐτιμήθη· Ὄσιρις δέ διεσπάσθη καὶ ἀνάρπαστος γεγονὼς θεὸς ἐνομίσθη.

48, 1 τε] *om. sed vac.* W   4 σύλων] συλῶν P, συλώντων V[p. corr.]   5 καὶ] *om.* C   **49,** 1 Ἄττιδες] Ἄπιδες *prop. Boiss.*   2 ἐλέχθη] ἐτέχθη V   3 Πρίαπος] Πρίαμος V   αἰσχρῶς] αἰσχρὸς FCP   4 καὶ τιμώμενος] *om. Mign.*   ἐπείσιον] ἐπίσειον P   5 ὅτι] ὅτι καὶ C   7 τε] δὲ PA   10 θεὸς ἐνομίσθη] *om.* V

48. *Pour toi, je te permets d'adorer la vigueur de sa parole ainsi que sa bourse* : Ces attributs appartiennent aussi à Hermès. Il en parle comme s'ils étaient vénérables et il associe le retentissement et la vigueur de la parole avec la bourse, le trésor des saisies, comme si elle aussi était probablement adorée ([83]).

49. *Les Isis, les Attis* ([84]) ***et les dieux mendésiens*** : Ces dieux aussi sont égyptiens et il en a été question ([85]). Cependant, Priape est lui aussi tenu pour un dieu, même s'il est représenté et honoré en sa laideur, avec un pubis, ou parties honteuses, ballant parce qu'immense. Hermaphrodite a reçu une nature double, comme ils disent eux-mêmes, à la fois masculine et féminine, déréglée des deux côtés, de même que l'était aussi Tirésias, racontent-ils ([86]). Quant à Attis et Osiris, l'un s'est coupé les parties honteuses et il s'est détourné du monde des hommes ; il est honoré parce qu'il subit le sort des femmes. Osiris, lui, a été mis en pièce et, après avoir été emporté, il a été tenu pour dieu ([87]).

---

rigé son exégèse vers cet épisode de l'*Odyssée*. Il n'y a cependant pas lieu de retenir cette explication, car, non seulement, Basile s'est trompé dans son récit et ce n'est pas Hermès qui est prisonnier du filet mais Arès, mais, en outre, la traduction de l'épithète proposée par J. Bernardi, « dieu président des jeux », est beaucoup plus conforme à la tradition antique : voir Pindare, *Pythique*, 2, 10 ; et Aristophane, *Ploutos*, 1161. En fait, Grégoire avait sûrement à l'esprit, en écrivant ce passage, les stèles hermaïques situées aux croisements des routes, dont le caractère phallique ne pouvait être ignoré de Grégoire, mais qui devaient être inconnues ou moins familières à Basile.

(83) Visiblement, Basile n'a pas compris l'ironie du texte de Grégoire et se demande si ces choses étaient vraiment vénérées.

(84) Le texte de Grégoire édité par J. Bernardi ne mentionne pas d'Attis entre Isis et les dieux mendésiens, mais des Apis sont cités à la suite de ces derniers. J.-F. Boissonade (*Scholies inédites*, p. 119, n. 3 = *PG* 36, col. 1147, n. 64) proposait de corriger le lemme en ce sens, d'autant plus que Basile précise ensuite que ces dieux sont égyptiens, mais comme il parle aussi d'Attis dans son commentaire, nous avons laissé le texte tel quel.

(85) Grégoire reparle de ces trois dieux également dans deux autres discours (*Or.* 34, 5 et *Or.* 39, 5), mais J.-F. Boissonade (*Scholies inédites*, p. 119, n. 4 = *PG* 36, col. 1148, n. 65) dit que Basile n'a rien écrit à ces endroits. Il s'agit donc très certainement d'une autre référence aux *Histoires mythologiques* (*Hist.* 5, 28).

(86) Les *Histoires mythologiques* parlent longuement de Priape (*Hist.* 5, 29), mais ne disent rien sur Hermaphrodite, ce qui explique l'intervention de Basile.

(87) Basile associe Attis et Osiris aux « dieux que la folie a privés de leurs membres ou écartelés » (*Or.* 5, 32, éd. et trad. Bernardi, *Discours 4-5* : « [...] τοὺς ὑπὸ μανίας περικεκομμένους ἢ διεσπασμένους θεούς »). Les *His-*

50. Ἀκούσατε λόγον ἀνδρὸς οὐ μετρίως τὰ τοιαῦτα πεπαιδευμένου (33, 705 C8-9). Περὶ ἑαυτοῦ λέγει, οὐχ ἁπλῶς ἑαυτὸν ἐπαινῶν, ἀλλὰ ῥητορικώτερον εἴρηται καὶ ἀνεπαχθῶς. Νόμος γὰρ ῥητόρων ἐν συμβουλευτικῷ εἴδει καὶ ἑαυτόν τινα ἐπαινεῖν, εὐπαράδεκτον ποιοῦντα τὴν συμβουλήν· οὐδὲ γὰρ ἂν μετριολογοῦντος τοῦ συμβουλεύοντος, εὐχερῶς ἂν δέξαιτο τὴν προτροπήν. Πόθεν οὖν τὸ τῆς τοιαύτης παιδεύσεώς μοι περίεστιν; Ἐκ τῶνδε, φησί, καὶ τῶνδε.

51. Μέγα μὲν τὸ μηδὲ τὴν ἀρχὴν τυχεῖν ἁμαρτόντας ἢ μὴ τὰ μέγιστα (33, 705 C14 – 708 A1). Ἐπειδὴ γὰρ ᾔσθετο τὸ ὑπὲρ τὴν φύσιν εἰρηκώς, αὐτίκα πρὸς διόρθωσιν ἦλθεν C ἐπενεγκών· ἢ μὴ τὰ μέγιστα. Οὐδεὶς γὰρ ἀναμάρτητος, ὑπὲρ γὰρ τὴν ἀνθρωπίνην φύσιν τὸ ἀναμάρτητον, φησίν, ἔταξεν ὁ Θεός. Ὑποπτευθείη δ' ἄν πως καὶ τοῦτο, ἀνθρωπίνης φύσεως εἶναι λέγειν τὸ ἁμαρτητικὸν καί, εἰ τοῦτο, ἀνεύθυνόν πως, ὡς ἀνθρωπίνης φύσεως ἴδιον ἡ ἁμαρτία. Τί οὖν ἐροῦμεν; ἀπὸ τοῦ συμβαίνοντος τοῦτο σκοπεῖσθαι, οὐ γὰρ κακὸν ἡ φύσις, οὐδ' ἐπὶ ἁμαρτίᾳ ἔκτισται, ἀλλ' ἐπὶ ἀφθαρσίᾳ[h]· εἰ καί πως δυνάμει καὶ τοῦτο τῇ φύσει παρῆν. Ὁ τοίνυν δύναμιν εἶχε λαβεῖν, εἶχέ πως καὶ τοῦτο, οὐ τάξαντος τοῦ Θεοῦ, τῇ παραβάσει δὲ παρεισφθαρείσης καὶ εἰς ἐνέργειαν ἐλθούσης ὄφεως ἀπάτῃ διὰ τοῦ ἐν αὐτῷ λαλήσαντος τῆς ἁμαρτίας. Διὸ τὸ ἀποβεβηκὸς ἤδη 1149 A τάξαι λέγεται τὸν Θεόν, γραφικῷ χαρακτῆρι, τὸν οὕτω τὸν ἄνθρωπον πλάσαντα καὶ τούτου δεκτικὸν ἐργασάμενον.

---

[h] cfr Sap. 2, 23

50, 6 τοῦ συμβουλεύοντος] om. C   ἂν²] om. P   δέξαιτο] δέξαιντο W, δέξαιτό τις P   7 τοιαύτης] om. P   μοι] om. V   **51,** 1 ἢ] καὶ C, ὃ V   2 ᾔσθετο] ᾔσθητο Boiss.   3 τὴν] om. V   5 φησίν] om. P   7 λέγει] λέγων V, λεγ<contr.> W   ἁμαρτητικὸν] ἀναμάρτητον C   8/10 ἀπὸ – ἁμαρτίᾳ] om. C   9 οὐδ'] οὐδὲ PV   11 εἶχέ] εἶχε, εἶχέ Mign.   12 πως] πῶς V   δὲ] δὲ πως W   14 διὸ] διὰ FPV   ἀποβεβηκὸς] ἀποβεβληκὸς C   15 τάξαι] τάξαι τε W

50. *Écoutez la parole d'un homme qui n'est pas peu instruit en pareille matière* : Il parle de lui-même, non pas simplement pour se vanter, mais le tour est employé de façon plus rhétorique et sans indélicatesse. En effet, les rhéteurs ont pour règle, dans le genre délibératif, de se louer aussi eux-mêmes afin de rendre le conseil facile à accepter, car, même si celui qui donne des conseils n'est pas mesuré dans son langage, on peut accepter facilement l'exhortation ([88]). D'où me vient donc un tel enseignement ? De ceci, dit-il, et de cela ([89]).

51. *C'est beaucoup de n'avoir commis absolument aucune faute, ou du moins les plus graves* : Après s'être aperçu en effet qu'il avait dit *au-dessus de la nature*, aussitôt il est venu se corriger en ajoutant *ou du moins les plus graves*. En effet, personne n'est infaillible, car Dieu a réservé, dit-il, l'impeccabilité à une nature supérieure à celle de l'homme. On pourrait aussi conjecturer en quelque sorte que cela veut dire que la faillibilité appartient à la nature humaine et que, si tel est le cas, elle est d'une certaine façon non blâmable, puisque la faute est le propre de la nature humaine. Que dirons-nous alors ? D'examiner cela d'après les événements, car notre nature n'est ni mauvaise, ni fondée sur l'erreur, mais sur l'intégrité, même si ce trait se trouvait aussi d'une certaine façon en puissance dans notre nature. Ce trait, donc, que notre nature avait la puissance de prendre, en quelque sorte, elle le possédait aussi, non parce que Dieu le lui avait réservé, mais parce que la faute avait été introduite par le péché et qu'elle avait été mise en action par la ruse du serpent, grâce à celui qui parlait à travers lui. C'est pourquoi il est dit, selon le style des Écritures, que Dieu nous a réservé ce trait qui est survenu

---

toires mythologiques reconnaissent plutôt dans ce passage une allusion au démembrement de Dionysos-Zagreus (*Hist.* 5, 30).

(88) Plutarque, dans son essai *Comment se louer soi-même* (16, 544 A-545 D), reconnaît que l'orateur peut utiliser la louange de soi pour donner confiance à son auditoire. Sur la difficulté de faire son propre éloge en rhétorique, voir aussi ps. Hermogène, *Sur la méthode de l'habileté*, 25.

(89) C'est-à-dire, suivant le texte de Grégoire, « les événements quotidiens comme les livres et la geste d'autrefois » (*Or.* 5, 33, éd. et trad. Bernardi, *Discours 4-5*: « [...] ἔκ τε τῶν ὁσημέραι συμβαινόντων καὶ τῶν παλαιῶν βίβλων καὶ πράξεων »).

52. Δεύτερον δὲ ὡς ἐμοὶ δοκεῖ (33, 708 A2-3). Πρώτου τεθέντος τοῦ μὴ ἁμαρτεῖν, ἢ μὴ μέγα, δεύτερον ἔπεται τὸ πταίσαντας καὶ παιδευθέντας, εἶτα ἀνέσεως ἐπιτυχόντας, ἐν αἰσθήσει ἀεὶ καὶ μνήμῃ τῆς παιδεύσεως εἶναι καὶ μὴ ἁμαρτεῖν πάλιν, ἀλλ' ἀποφυγεῖν μάστιγα δευτέραν ἐκ δευτέρας, φησί, κακίας καὶ ἁμαρτίας.

53. Μηδὲ τὸν παρόντα καιρὸν ἐπαίρωμεν (35, 709 A4-5). Τουτέστι μὴ ταῖς ἐπινικίοις ἡμῶν πανηγύρεσι καὶ εὐωχίαις ταῖς εἰρημέναις ἐπιχαίρωμεν τοσοῦτον ὥστε καὶ ἐπαίρειν καὶ μεγαλύνειν αὐτὰς πλέον ἢ χρή, ἑλληνικοῖς τισιν ἔθεσι καὶ καλλωπισμοῖς· μηδὲ κρότοις καὶ μέθαις ἐπαίρωμεν τὸν καιρόν. Οὐ γὰρ ἄξιόν ἐστι τιμᾶν τὰ θεῖα καὶ τὰ ἡμέτερα τούτοις τῶν πανηγύρεων· ἀτιμία γάρ, ἀλλ' οὐ τιμή, τὰ οὕτω τελούμενα.

54. Εἰ καὶ ὀρχήσασθαι δεῖ σε (35, 709 C4). Τὴν Ἡρωδιάδος ὄρχησιν παραιτεῖται, ἧς ἔργον, φησί, Βαπτιστοῦ θάνατος·[i] τὴν δὲ τοῦ Δαυῒδ καὶ ἐπικρίνει μὴ ἀτιμάζων ἐπὶ τῇ καταπαύσει τῆς κιβωτοῦ[j], ἣν καὶ τῆς εὐκινήτου καὶ πολυστρόφου τῆς κατὰ Θεὸν πορείας μυστήριον ἡγεῖται ἀλληγορῶν, καὶ δίδωσι τούτοις νοεῖν οὐκ ἀπόβλητον εἶναι καὶ τὴν ἐν ἑορταῖς καὶ εὐφροσύναις καὶ πανηγύρεσι θείαις διάχυσιν ψυχῆς καὶ κίνησιν εὔρυθμον, συνδιατιθεμένου τοῦ σώματος καί πως ἐναλλομένου, πηδώσης ἔνδοθεν ψυχῆς εὐσεβοῦς, δοξαζομένου Θεοῦ, καὶ τῇ οἰκονομίᾳ Χριστοῦ καὶ ταῖς τῶν ἁγίων μνείαις ἐλλαμπρυνομένης. Ἔνθεν, οἶμαι, οὐδ' ἀποβέβληται, παρακεχώρηται δέ πως καὶ ὡς εὐσεβὲς λελόγισται ἡ τῶν ᾀσμάτων ὑμνῳδία, ποικίλως σὺν ἡδονῇ στρεφομένης τοῖς ῥυθμοῖς τῆς

---

[i] cfr Marc. 6, 17-28; Matth. 14, 1-11   [j] cfr II Reg. 6, 14

52, 1 δὲ] om. C   πρώτου] corr. in ras. V, πρῶτος P   53, 2 ἡμῶν] ὑμῶν P   4 ἔθεσι] ἔθνεσι C   5 καλλωπισμοῖς] καλλωπισμὰ C^{γρ}, post καλλωπισμοῖς add. καὶ πανηγυρισμοῖς V^{sup. l}   κρότοις καὶ μέθαις] μέθαις καὶ κρότοις A   6 τὰ²] om. A   7 οὕτω] οὕτως V   54, 1 εἰ] εἰ δὲ W   σε] σοι W   2 Βαπτιστοῦ] βαπτισμοῦ A   3 καὶ] om. W   4 καταπαύσει] καταπαύσῃ V   5 πορείας] πορνείας F   8/9 καὶ - ψυχῆς] om. Mign.   10 οἰκονομίᾳ] οὐσίᾳ μίᾳ V   μνείαις] μνήμαις CW   11 ἐλλαμπρυνομένης] ἐλλαμπομένης C   οὐδ' ἀποβέβληται] οὐδ' ἐποβέβληται ut vid. V^{a. corr.}   οὐδ'] οὐκ Mign.   12 ὡς] om. C   τῶν] om. V   13 ἡδονῇ] ἡδονῆς C   στρεφομένης] στρεφομένοις P, τρεφομένης C

depuis, lui qui a façonné l'homme ainsi et qui l'a disposé à recevoir ce trait.

52. En second lieu, à mon avis: En premier est posé le fait de ne pas commettre de faute, du moins de fautes graves ; suit en deuxième la condition de ceux qui, après avoir failli, avoir été instruits, puis avoir obtenu le pardon, sont toujours dans les dispositions et la mémoire de leur enseignement et ne chutent pas à nouveau, mais évitent de se mériter un nouveau fléau par, dit-il, un nouveau mal ou une nouvelle faute.

53. *Ne célébrons pas les événements actuels*: C'est-à-dire qu'il ne faut pas, avec nos célébrations et nos banquets triomphaux qui sont décrits par la suite, que nous nous réjouissions au point d'exalter et d'exagérer ces festivités plus qu'il n'en faut, par des usages et ornements grecs. N'exaltons pas non plus cette occasion par des applaudissements et des beuveries. En effet, il n'est pas digne d'honorer les décisions divines et notre sort au moyen de ces célébrations, car les fêtes ainsi accomplies sont un déshonneur, et non une marque d'honneur (90).

54. *Si tu dois danser*: Il repousse la danse d'Hérodiade, dont le résultat est, dit-il, la mort du Baptiste, mais il choisit de ne pas dédaigner celle même de David lors du dépôt de l'arche (91), qu'il considère allégoriquement comme le symbole de la route sinueuse et changeante au côté de Dieu, et il donne à penser par ces paroles que la détente de l'esprit que procurent les fêtes, les réjouissances et les célébrations divines n'est pas méprisable, de même que le mouvement rythmé, lorsque le corps est disposé et qu'il s'élance en quelque sorte, lorsque l'âme pieuse bondit à l'intérieur en s'imaginant Dieu et qu'elle est éclairée par l'économie du Christ et par les commémorations des saints. De là vient, je crois, que la psalmodie des cantiques n'est pas non plus méprisée, mais qu'elle est restée d'une certaine façon en usage et qu'elle est considérée comme pieuse, parce que le chant est variablement tourné avec

---

(90) Voir Grégoire de Nazianze, *Or.* 38, 4-6 ; et les scholies de Basile sur ce passage : *Comm. 38*, 36-49, éd. Schmidt, *Basilii Minimi*.

(91) Sur cette danse de David, voir aussi Basile le Minime, *Comm. 38*, 171, éd. Schmidt, *Basilii Minimi*.

14 ᾠδῆς, ὡς καὶ χεῖρας εὐρύθμως νωμᾶσθαί τε καὶ πόδας καὶ ὅλον πως συνδιατίθεσθαι τῷ μέλει τὸ σῶμα ἀκαταγνώστως.

55. Μὴ ὧν κατέγνωμεν (36, 712 A14). Τουτέστι μὴ τῶν
2 πράξεων ὧν κατέγνωμεν, ὡς βιαίων καὶ τυραννικῶν, τὰ αὐτὰ τῶν πράξεων ἐκείνων διαπραξώμεθα.

56. Μὴ τοίνυν θελήσωμεν τὴν ὀργὴν μετρηθῆναι (36,
2 712 B7-8). Οἷον ἀντισηκῶσαι καὶ ἀντιμετρῆσαι τὴν ὀργὴν καὶ τὰς τιμωρίας. Μὴ τοίνυν θελήσωμεν ἀντιδοῦναι κακὰ ἀντὶ D
4 κακῶν καὶ οἷα ὑπὸ τῶν Ἑλλήνων πεπόνθαμεν ποιῆσαι εἰς αὐτούς· ἀξίως γὰρ οὐ δυνησόμεθα κολάσαι. Ἐπεὶ οὖν τὸ πᾶν
6 εἰσπράξασθαι οὐ δυνατόν, τὸ πᾶν συγχωρήσωμεν.

57. Ὃς οἷς πέπονθε (36, 712 B13). Ὅστις Χριστὸς καὶ 1152 A
2 Θεὸς ἡμῶν, ἐφ᾽ οἷς πέπονθε τὸ εὐδόκιμον καὶ αἰνετὸν εἰς νίκην ἔχων, πολλῷ πλέον νενίκηκεν, ἐφ᾽ οἷς, ὡς θεὸς δυνατὸς ὢν
4 πολλαπλάσιον εἰς αὐτοὺς ἐνδείξασθαι τὴν ὀργήν, τοῦτο οὐκ ἐποίησεν, ἀλλὰ καὶ ὑπερεύχεται τῷ Πατρὶ μὴ στῆναι αὐτοῖς
6 τὴν ἁμαρτίαν φιλανθρωπίας ὑπερβολῇ[k].

58. Ἐῶ τὰ θεῖα καὶ τὰ ἡμέτερα (38, 714 B9). Ὅσα ἐκ
2 Θεοῦ καὶ τῶν ἁγίων ἔχομεν Γραφῶν περὶ τῶν ἐκεῖθεν δικαιωτηρίων, ἐῶ, φησί, καὶ καταλιμπάνω ταῦτα. Ἐπὶ δὲ τοὺς σοὺς
4 ἐλθὲ τῶν Ἑλλήνων λόγους, οἷς ἀρέσκονται ποιηταὶ καὶ φιλόσοφοι, οἳ ποταμοὺς πυρὸς εἰς κόλασιν ἐκτιθέασι, Πυριφλεγέ-
6 θοντας, Κωκυτούς τε καὶ Ἀχέροντας, πληθυντικῶς οὕτω πως B εἰρημένους· οἷστισι τοιούτοις κολάζουσι ποταμοῖς οἱ παρ᾽
8 ὑμῖν ποιηταὶ καὶ φιλόσοφοι τὴν κακίαν. Καὶ Τάνταλον δίψει, φασί, κολαζόμενον ἐφ᾽ ὕδατος ἑστηκότα μέχρι στόματος καὶ
10 γενείου, Ὅμηρος· ἀλλ᾽ ὅτε, φησίν, ὁ γέρων κύψειε πιέειν μενεαίνων, κατεζήνασκε δαίμων ξηραίνων τὴν ἐν ᾗ ἕστηκε λίμνην.

---

[k] cfr Luc. 23, 34

54, 14 χεῖρας] χεῖρα A   νωμᾶσθαί] νωμάσθαί C, νομᾶσθαί Mign.   15 ὅλον] ὅλως A   πως] πῶς AV   συνδιατίθεσθαι] συντίθεσθαι W   **55,** 2 πράξεων] πράξεων ἐκείνων V   βιαίων] βεβαίων A   **57,** 1 ὅς] οἷον C ὅστις] ὅς τι V[a. corr.]   2 αἰνετὸν] ἄνετον V   **58,** 4 ἐλθὲ]· iteraυ. A   5 οἳ] οἷον CVW (οἳ in marg. W)   6 πως] πῶς AV   7 εἰρημένους] εἰρημένου V   τοιούτοις] om. P   8 ὑμῖν] ἡμῖν FCAV   Τάνταλον] τὸν Τάνταλον A   8/9 δίψει – κολαζόμενον] φασὶ κολαζόμενον δίψει A   8 δίψει] δίψῃ CP   9 φασί] φησί VW, om. C   10 ἀλλ᾽] ἄλλ᾽ F

plaisir par les rythmes, de sorte que les mains et les pieds sont mus en cadence et que l'ensemble du corps est, en quelque sorte, affecté par la mélodie de façon non-condamnable (⁹²).

55. *Ce que nous leur avons reproché*: C'est-à-dire ces actions que nous leur avons reprochées, comme violentes et tyranniques, il ne faut pas accomplir les mêmes.

56. *Ne consentons pas à mettre des bornes à notre colère*: C'est-à-dire à contrebalancer et compenser notre colère et nos supplices. Ne consentons donc pas à rendre mal pour mal et à faire aux Grecs ce qu'ils nous ont fait subir, car nous ne pourrons pas les châtier à leur juste valeur. Donc, puisqu'il n'est pas possible de tout leur faire payer, pardonnons tout.

57. *Lui qui, par ce qu'il a subi*: C'est le Christ et notre Dieu qui, méritant la gloire et l'honneur de la victoire par ce qu'il a subi, a triomphé bien davantage du fait que, quoiqu'il fût capable en tant que Dieu de leur faire connaître au centuple sa colère, il ne l'a pas fait, mais, au contraire, il a prié son Père de ne pas leur tenir rigueur de leur faute, par surcroît de bonté.

58. *Je laisse de côté les arrêts de Dieu et nos enseignements*: Tout ce que nous tenons de Dieu et des saintes Écritures à propos des jugements de l'au-delà, je le laisse de côté, dit-il, et je l'écarte. Reporte-toi à tes propres doctrines grecques, dans lesquelles se complaisent poètes et philosophes, qui présentent des fleuves de feu comme châtiment: les Pyriphlégéthons, les Cocytes et les Achérons, ainsi nommés au pluriel (⁹³). C'est par de tels fleuves que les poètes et les philosophes de chez vous punissent le crime (⁹⁴). À propos de Tantale qui, dit-on, subissait le supplice de la soif, tout en se tenant dans l'eau jusqu'à la bouche et au menton, Homère dit: mais, lorsque le vieillard se penchait, désireux d'apaiser sa soif, un démon asséchait, en le drainant, l'étang dans lequel il se tenait (⁹⁵). Quant à Tityos, il gisait sur de nombreux arpents

---

(92) Basile a une vision très dynamique du chant liturgique.
(93) Voir *supra*, p. 99, n. 27.
(94) Sur ces fleuves en tant que châtiments, voir Platon, *Phédon*, 60-62, 111 C-114 C; et ps. Nonnos, *Hist.* 5, 31.
(95) Homère, *Odyssée*, 11, 582-587. Basile cite ces vers homériques en les paraphrasant. Les *Histoires mythologiques* proposent une explication beaucoup plus

12 Τιτυὸν δὲ ἐπὶ πολλὰ κείμενον πλέθρα - τοσοῦτος γὰρ ἦν τὸ σῶμα - ὄρνισι τὸ ἧπαρ κειρόμενόν τε καὶ ἀεὶ ἐσθιόμενον, εἰ
14 καὶ ἀεὶ πληρούμενον, ὁ μῦθός φησι· Ἰξίονα δὲ ῥοιζουμένῳ τροχῷ συνδεδεμένον καὶ συγκυκλούμενον. Καὶ οὗτοι μὲν τῶν
16 ἐν Ἅδου κολαστηρίων ἠξιωμένοι· οὑτοσὶ δὲ ὁ ἐξάγιστος Ἰουλιανὸς τίνων; Πολύ, φησί, χαλεπωτέρον τούτων καὶ πείσεται C
18 καὶ οἰμώξεται ὅσῳ καὶ πονηρίᾳ διήνεγκεν, ἐπεὶ καὶ αἱ τίσεις καὶ ἀντιδόσεις κατὰ τὸ μέτρον νέμονται τῶν ἡμαρτημένων.

59. Τοῦτό τοι ἀντὶ ποδός ξεινήϊον (39, 716 A4). Εἴρηται
2 ὡς Ὀδυσσεύς, ὑποστρέφων Ἰλιόθεν, πολλοῖς περιπεπτωκὼς κινδύνοις, εἰκοστῷ ἔτει ἐν τῷ ἑαυτοῦ ἔφθασεν οἴκῳ, πτωχῷ
4 ὅμοιος, μηδὲ γνωριζόμενος ὑπό τινος· καὶ προφάσει δοκιμῆς τὸ τόξον λαμβάνει, ᾧτινι Πηνελόπη, τοὺς ἑαυτῆς ἐξαπατῶσα
6 μνηστῆρας, τοξεύειν κατὰ τῶν ὀπῶν τῶν πελέκεων διεκελεύετο. Τῶν δὲ ἠπορηκότων, οὗτος ἐντείνει μὲν τὸ τόξον καί, τοῦ D
8 σκοποῦ τυχών, λοιπὸν ἐπὶ Ἀντίνοον τὸν πρῶτον βάλλει τῶν μνηστήρων, καιρίως πλήξας· πρὸς ὃν καὶ τουτὶ τὸ ἔπος ἐπι-
10 φθέγγεται πεσόντα· «ἀντὶ ποδός, λέγων, τουτί σοι τὸ ξένιον». Πόδα δὲ λέγει βοὸς ὄντινα προσαιτοῦντι τῷ Ὀδυσσεῖ ἀπὸ τῆς 1153 A
12 τραπέζης λαβὼν καὶ ἐπιρρίψας κακῶς διέθηκε. Κέχρηται δὲ τούτῳ κατὰ τοῦ παλαμναίου Εἰδωλιανοῦ - οὕτω γὰρ αὐτὸν
14 καλεῖν οἰκειότερον -, ἀνθ' ὧν ὠμῶς κέχρηται καὶ ἀπανθρώπως χριστιανοῖς, εἰ καὶ τῷ κωδίῳ τῆς δοκούσης ἐπιεικείας

58, 12 πλέθρα] πέλεθρα C   13 ἐσθιόμενον] post ἐσθιόμενον add. ἔχων W[sup. l]
14 εἰ καὶ ἀεὶ] καὶ μὴ P   δὲ] om. A   15 μὲν] μὲν οἱ P   17 χαλεπωτέρον] χαλεπωτέρων Mign.   18 καὶ³] om. A   αἱ] om. W   τίσεις] τήσεις F   **59,** 2 Ὀδυσσεύς] Ὀδυσσεὺς C, Ὀδυσεὺς F   περιπεπτωκὼς] περιπεπτωκῶς F, περιπέπτωκε PV   3 εἰκοστῷ] καὶ εἰκοστῷ P   ἐν – ἔφθασεν] ἔφθασεν ἐν τῷ ἑαυτοῦ W   4 δοκιμῆς] δοκίμης FV, δοκιμῆς A   5 ᾧτινι] ᾧτινι A   Πηνελόπη] Πινελόπη F, Πινελώπη V[a. corr.], Πηνελώπη V[p. corr.]   ἑαυτῆς] ἑαυτοὺς C   7 τὸ] om. V   8 βάλλει] βάλλῃ V   9 τουτὶ] τουτί F   10 πεσόντα] πεσόντων V   ἀντὶ ποδός] ἀντίποδος F[a. corr.], ἀντὶ τοῦ ποδὸς A   τουτί] τουτὶ F   ξένιον] ξένειον FCV[a. corr.]   11 δὲ] om. C   Ὀδυσσεῖ] Ὀδυσσεῖ C, Ὀδυσεῖ F   13 τούτῳ] τοῦτο V   13/14 οὕτω – οἰκειότερον] lemma V

(car telle était la grandeur de son corps), le foie rongé et sans cesse mangé par des oiseaux, mais pourtant toujours complet, comme dit la fable ([96]), alors qu'Ixion tournait, attaché sur une roue sifflante ([97]). Ceux-ci méritaient leurs supplices aux Enfers, mais Julien, ce scélérat, quel supplice mérite-t-il ? Il en subira, dit-il, un beaucoup plus sévère que ceux-ci et regrettera tout ce en quoi il s'est aussi distingué en méchanceté, puisque les punitions et les rétributions sont distribuées à la mesure des fautes commises.

59. ***Voilà donc mon présent d'hospitalité en échange d'un pied*** : Il a été dit ([98]) qu'Ulysse, à son retour d'Ilion, après avoir rencontré de nombreux dangers, atteignit durant la vingtième année sa maison, semblable à un mendiant et sans être reconnu de personne. Sous le prétexte d'en faire l'essai, il prend l'arc, avec lequel Pénélope trompait ses prétendants en les exhortant à tirer dans les trous de haches. Alors qu'ils étaient dans l'embarras, celui-ci tend l'arc et, une fois la cible atteinte, il tire ensuite sur Antinoüs, le premier des prétendants, qu'il frappa mortellement. Alors qu'il tombe, il lui adresse aussi ces paroles : « Voilà mon présent d'hospitalité en échange d'un pied » ([99]). Il parle du pied de bœuf que celui-ci avait pris sur la table et jeté à Ulysse qui mendiait pour le maltraiter. Il s'est servi de ces paroles contre l'Idoléen meurtrier (car il est plus approprié de l'appeler ainsi ([100])), en échange des moyens cruels et inhumains dont lui avait fait usage contre les chrétiens, même s'il cachait sous une toison

---

évhémériste de cette légende (*Hist.* 5, 32).

(96) Homère, *Odyssée*, 11, 576-579. Cette punition n'est pas donnée à Tityos dans les *Histoires mythologiques* (*Hist.* 5, 32), mais plutôt à Prométhée (*Hist.* 5, 33). Il est vrai que ce châtiment est traditionnellement attribué à Prométhée (voir Hésiode, *Théogonie*, 521-525).

(97) Voir Pindare, *Pythique*, 2, 21-41 ; Diodore de Sicile, *Bibliothèque historique*, 4, 69. Basile est assez bref, puisque cette histoire a déjà été racontée dans les *Histoires mythologiques* (*Hist.* 5, 32).

(98) Basile a raconté ce passage de l'*Odyssée* au début du *Commentaire* au *Discours* 5 (*Comm.* 5, 1).

(99) Homère, *Odyssée*, 22, 290. Ces paroles sont en fait adressées à Ctésippe par Philétios, le bouvier d'Ulysse, en référence au pied de bœuf que ce dernier avait lancé à Ulysse. Les *scholia vetera* font la même erreur : *PG* 36, col. 1256** A 3 – B 6 ; Bruckmayr, *Randscholien*, p. 152-153, sch. V 140.

(100) Le nom d'Idoléen est donné à Julien par Grégoire en *Or.* 4, 77 (voir aussi la scholie de Basile, *Comm.* 4, 73) ; celui de meurtrier, en *Or.* 4, 35.

τὸν Ἀραβικὸν τῆς μανίας λύκον¹ ὑπέκρυβεν. Λῷστε δὲ εἶπεν ἀντὶ τοῦ 'βέλτιστε καὶ καλέ' σαρκάζων· προσειπεῖν δὲ αὐτὸν ἔφη τοῖς αὐτοῦ, ἐπειδὴ τῶν Ἑλληνικῶν ποιημάτων καὶ συγγραμμάτων αἱ κομμωτικαὶ τοιαῦται λέξεις γνωρίζονται.

60. Νειλῴους καταράκτας Αἰθιοπίας (39, 716 A11-12). Πέτραι ὑψηλαὶ καὶ ἀπότομοί εἰσιν ὕπερθεν Αἰθιοπίας, ἐξ ὧν καταρρήγνυται ὁ Νεῖλος καὶ καταρρεῖ· δούπῳ δὲ καὶ ἤχῳ πολλῷ προσαρασσόμενος ταῖς πέτραις, ὄνομα τῷ τόπῳ Καταδούπων ἀφῆκεν. Ὥσπερ δὲ ἀδύνατον τούτων κατασχεῖν τὸν ῥοῦν, οὕτω, φησίν, ἀμήχανον καὶ τὰς χριστιανῶν γλώσσας πεδῆσαι, τοῦ μὴ τὰ ὑμέτερα διελέγχειν στηλιτευούσας.

61. Ταῦτα Βασίλειος καὶ Γρηγόριος (39, 716 B1-2). Κοινοποιεῖται κἀνταῦθα τὰ ἑαυτοῦ τοῖς τοῦ μεγάλου Βασιλείου· οὕς, φησίν, εἰδὼς ὁμονοοῦντας καὶ ἀντιδοξοῦντάς σοι, τὴν Κυκλώπειον ἐτίμας τιμήν, καὶ τελευταίους ἐταμιεύου τῷ κινδύνῳ καὶ δῶρον ἐπινίκιον ἐπενόεις τοῖς δαίμοσιν, εἴ σε ἀπὸ τῆς Περσίδος ὑπεδεξάμεθα ἐπανήκοντα. Κυκλώπειον δὲ τιμὴν τίνα λέγει; Ὀδυσσεύς, καθ' Ὅμηρον, ἔτι περισῳζομένης αὐτῷ τῆς νηός καί τινων ἑταίρων, εἰς νῆσον καταίρει Κυκλώπων. Καὶ δὴ τῆς νηὸς ἀποβὰς ἄνεισι πρὸς τὴν νῆσον, εἴ τινας ἀνθρώπων εὕροι κατοικοῦντας. Ὁ δὲ σπηλαίῳ κενῷ περιτυχών, καί τινα σημεῖα ἐνοικούντων εὑρηκώς, ἔμενε τοὺς οἰκήτορας. Ἦλθε δέ τις ἀνὴρ ὑπὲρ ἄνδρα· οὐδὲ γὰρ ἐῴκει, φησὶν Ὅμηρος, ἀνδρὶ σιτοφάγῳ. Κύκλωψ οὗτος ἦν, ὄνομα Πολύφημος,

---

¹ cfr Hab. 1, 8; Soph. 3, 3

59, 16 ὑπέκρυβεν] ἀπέκρυπτεν P, ὑπέκρυ<non legitur>εν V   18 αὐτοῦ] αὐτοῖς W   19 κομμωτικαί] corr. W, κωμμωτικαί F, κωμωτικαί CV, κωμμωτιδ<contr.> καί A   τοιαῦται] αὗται P   **60,** 1 καταράκτας] καταρράκτας PAW   2 ὕπερθεν] ὑπὲρ C   3 ὁ] ὁ ζητούμενος W   δούπῳ] δούπως FV^(a. corr.), τούπῳ A^(a. corr.)   4 προσαρασσόμενος] προσαρρασσόμενος PW^(p. corr.) Καταδούπων] Καταδούπους P   5 δέ] om. C   ἀδύνατον] ἀδύνατων V^(a. corr.)   7 ὑμέτερα] ἡμέτερα A   **61,** 1 ταῦτα] ταῦτά σοι W^(p. corr.)   Βασιλειος] Βασιλείου C, Βασιλ<contr.> FP   Γρηγοριος] Γρηγορίῳ F, Γρηγο<contr.> C   3 εἰδώς] εἰδῶς F   4 τελευταίους] τελευταῖος V   6 Περσίδος] Περσῖδος F   ὑπεδεξάμεθα] ἐδεξάμεθα P   7 Ὀδυσσεύς] Ὀδυσεὺς F   αὐτῷ] αὐτοῦ V   8 ἑταίρων] ἑτέρων FV   9 ἄνεισι] ἄνησι ut vid. F   ἀνθρώπων] ἀνθρώπους W   11 εὑρηκώς] εὑρισκῶς F   οἰκήτορας] οἰκήτος C   12 γάρ] add. prima manu P

d'apparente douceur le loup arabique de sa folie ([101]). De façon sarcastique, il a dit *homme incomparable* au lieu de « cher et excellent homme » ; il disait lui parler son langage, puisque de tels mots sont connus pour être les ornements des poèmes et ouvrages grecs.

60. Les cataractes du Nil d'Éthiopie : Il se trouve en haut de l'Éthiopie des rochers élevés et escarpés, d'où jaillit (καταρρήγνυται) et coule (καταρρεῖ) le Nil et, comme il se heurte aux rochers dans un grondement sourd (δούπῳ) et avec grand fracas, il donne son nom au lieu des Catadoupes ([102]). De même qu'il est impossible de retenir le courant à ces endroits, ainsi, dit-il, il est aussi impensable d'enchaîner les langues des chrétiens, pour qu'elles ne récusent pas votre conduite en la condamnant.

61. Voilà le présent de Basile et Grégoire : Il associe ici sa propre voix à celle du grand Basile. Comme tu nous savais, dit-il, unanimes et opposés à toi, tu nous accordais l'honneur du Cyclope : tu nous réservais en dernier pour la bataille et tu nous concevais comme un présent de victoire pour les démons, si nous t'avions accueilli à ton retour de Perse. Que signifie l'honneur du Cyclope ? Selon Homère, Ulysse, au temps où son navire était encore sauf, ainsi que certains de ses compagnons, aborda sur l'île des Cyclopes. Descendu du navire, il s'avança alors dans l'île, pour voir s'il trouverait des êtres humains qui l'habitaient. Il tomba sur une grotte vide, mais, comme il trouva certains signes d'habitation, il attendit les occupants. Arriva un homme plus grand que les hommes ; en effet, il ne ressemblait même pas, dit Homère, à un homme mangeur de pain ([103]). C'était un cyclope, nommé Polyphème, qui menait paître ses brebis et, déjà, les poussait vers la grotte.

---

(101) Sur l'expression *loup d'Arabie*, voir Grégoire de Nazianze, *Or.* 28, 2. Sur les apparences trompeuses de Julien, voir Grégoire de Nazianze, *Or.* 4, 24, 79 et 110 ; ainsi que Basile le Minime, *Comm.* 4, 24 et 74.

(102) Voir Hérodote, *Histoires*, 2, 17 (qui mentionne le lieu) ; et Philostrate, *Vie d'Apollonios*, 6, 23 (qui en fait une description), repris dans Photios, *Bibliothèque*, *cod.* 241. Comme Grégoire n'utilise pas le mot *Catadoupes*, l'explication peut sembler hors-sujet, mais elle correspond bien aux volontés pédagogiques de Basile.

(103) Homère, *Odyssée*, 9, 190-191.

136 BASILII MINIMI

14 θρέμματα καὶ νέμων καὶ εἰσελαύνων ἤδη ἐν τῷ σπηλαίῳ. Ὁ δὲ τοῦτον καὶ τοὺς ἑταίρους ἰδών, τίνες εἶεν ἠρώτα· Ὀδυσσεὺς
16 δὲ καταλέγει τά τε ἄλλα καὶ τοὔνομα, Οὖτιν ἑαυτὸν παρονομάζων. Εἶτα σύν τε δύο τῶν ἑταίρων μάρψας τε καὶ συντρί-
18 ψας, δεῖπνον, φησίν, ἑαυτῷ ποιεῖται. Δείσας οὖν Ὀδυσσεὺς οἴνῳ αὐτὸν δεξιοῦται ὃν ἐν ἀσκῷ φέρων ἧκε, καὶ λόγοις ἐκ-
20 μειλισσόμενος, ξένιον ἐπεζήτει. Ὁ δὲ πύματον ἔφη τὸν Οὖτιν κατέδεσθαι, «τοῦτό τοι ξεινήϊον» ἐπειπών. Αὕτη οὖν ἡ Κυ-
22 κλώπειος εἴρηται χάρις· ὃν ἐν ὑστέρῳ τῷ οἴνῳ τὰς φρένας   D δαμασθέντα, ἐτίσατο Ὀδυσσεύς, ὀφθαλμοῦ ἀλαώσας τε καὶ
24 ἀποστερήσας.

62. *Οὐ γὰρ ἀγεννέστεροι τῶν νεανίσκων ἐκείνων* (40,
2 716 B13). Τῶν τριῶν λέγει παίδων^m καὶ Δανιὴλ τοῦ προφήτου^n καὶ τῶν ἑπτὰ Μακκαβαίων σὺν μητρὶ καὶ ἱερεῖ συγκινδυνευ-   1156 A
4 σάντων° καὶ *τῶν ἐπὶ σοῦ νεανιευσαμένων· ὧν ὁ μὲν τὴν μητέρα τῶν σῶν θεῶν καθυβρίσας* – πῶς; – *τὸν βωμὸν αὐτῆς διασπεί-*
6 *ρας καὶ διασκορπίσας, προσεκλήθη μὲν ὡς κατάκριτος, εἰσῆλ- θε δὲ πρὸς τὴν ἐρώτησιν καὶ ἐξέτασιν ὡς νικηφόρος, ἐξῆλθε*
8 *δὲ μετὰ πλείονος τῆς παρρησίας, ἡ πεῖρα γὰρ εὐθαρσέστερον ἐργάζεται τὸν οὐχ ἡττημένον· ὁ δὲ πᾶν τὸ σῶμα δορκαλίσι*
10 *καταξανθείς,* τουτέστι δορκάδος νεύροις ἢ λώροις. Τούτους δέ φασιν εἶναι τόν τε Ἀρεθούσιον Μάκρον καὶ τὸν μακαρίτην
12 Εὐσέβιον Σαμοσάτων. Καὶ τὰ λοιπὰ ἄξια σημειώσεως, ὅπως

---

^m cfr Dan. 3   ^n cfr Dan. 6, 16-23   ° cfr II Mach. 6, 18 – 7, 41

61, 15 ἑταίρους] ἑτέρους FV   ἰδών] ἰδῶν F   εἶεν] ἦεν A   ἠρώτα] ἠρώτα F   Ὀδυσσεὺς] Ὀδυσεὺς F   16 Οὖτιν] Οὖτιν A^a. corr. W^p. corr. 18 Ὀδυσσεὺς] Ὀδυσεὺς F   19 οἴνῳ] οἴνω F, δείπνῳ W   δεξιοῦται] δεξιοῦται οἴνου W   20 ξένιον] ξένειον FV   20/21 ἐπεζήτει – ξεινήϊον] om. V   20 Οὖτιν] Οὖτιν EA^a. corr. W   23 Ὀδυσσεύς] Ὀδυσεὺς F   ὀφθαλμοῦ ἀλαώσας] ἀλαώσας ὀφθαλμοῦ W   ὀφθαλμοῦ] ὀφθαλμῶν V   ἀλαώσας] ἑαλώσας V^p. corr.   **62,** 1 ἀγεννέστεροι] ἀγενέστεροι CW^a. corr.   3 Μακκαβαίων] Μακκαβαῖων F   5 πῶς] πως P   τὸν] καὶ τὸν P   αὐτῆς] αὐτοῦ V, om. P   διασπείρας] κατασπείρας V   6 καὶ διασκορπίσας] om. P   κατάκριτος] κριτὸς P   7 ὡς] om. Boiss.   8 μετὰ] om. Mign.   πεῖρα] πείρα CV   10 δορκάδος] δορκάδοις C   τούτους] τούτοις V   12 Σαμοσάτων] Σαμωσάτων FCV

Lorsqu'il vit celui-ci et ses compagnons, il demanda qui ils étaient ; Ulysse énuméra les noms des autres, mais changea son propre nom en Personne ([104]). Ensuite, après avoir saisi et broyé ensemble deux de ses compagnons, il en fit, dit-il, son repas ([105]). Plein d'effroi, Ulysse lui tendit donc du vin qu'il avait apporté dans une outre ([106]) et, en l'amadouant par des paroles, il chercha à obtenir un présent d'hospitalité. Celui-ci dit qu'il dévorerait Personne en dernier, en ajoutant : « Ceci est mon présent d'hospitalité » ([107]). Tel est donc ce qu'on appelle la bienveillance cyclopéenne. Par la suite, après avoir dompté son esprit avec du vin, Ulysse lui fit payer, en le privant de son œil et en l'aveuglant.

62. Car nous n'avons pas moins de noblesse que ces adolescents : Il parle des trois enfants, de Daniel le prophète et des sept Macchabées qui partagèrent les dangers d'une mère et d'un prêtre, ainsi que de *ceux qui ont manifesté leur hardiesse sous ton règne. L'un d'eux avait insulté la mère de tes dieux* – comment ? – en brisant et en détruisant son autel ; il fut cité comme coupable, mais il comparut à son interrogatoire ou sa mise en examen en vainqueur et il en sortit avec plus de hardiesse, car l'épreuve rend plus hardi celui qui n'a pas perdu. *L'autre, le corps entièrement déchiré à coup de lanières* (δορκαλίσι), c'est-à-dire avec des lanières et des nerfs de chevreuil (δορκάδος) ([108]). On dit que ces hommes sont Marc d'Aréthuse et le bienheureux Eusèbe de Samosate ([109]). La suite est digne de mention, montrant comment la folie des

---

(104) Homère, *Odyssée*, 9, 366.
(105) Homère, *Odyssée*, 9, 289-293. En fait, cet épisode survient avant le précédent dans l'*Odyssée* ; la prudence d'Ulysse est plus justifiée.
(106) Homère, *Odyssée*, 9, 345-346.
(107) Homère, *Odyssée*, 9, 370. L'explication de Basile est beaucoup plus complète que celle des *Histoires mythologiques* (*Hist.* 5, 34).
(108) La définition de Basile est légèrement plus précise que celle des *scholia vetera* (*PG* 36, col. 1256** C 1-5) ; de la *Souda* (δ 1385, s.v. δορκαλίδες) ; ou du *Lexicon in orationes Gregorii* (Sajdak, *Anonymi Oxoniensis Lexicon*, p. 175).
(109) Élie de Crète suit ici Basile le Minime, mais Charles Clémencet, qui le cite (*PG* 35, col. 717, n. 30), met en doute cette interprétation. Par la suite, cette explication ne fut jamais retenue. En réalité, un des deux supplices mentionnés par Grégoire dans ce passage doit plutôt être associé à la lacération subie par un certain Théodore à Antioche : Rufin, *H.E.*, 10, 37 ; Socrate, *H.E.*, 3, 19 ; Sozomène, *H.E.*, 5, 20, 2 ; Théodoret, *H.E.*, 3, 19, 2.

γελᾶται καὶ καταπαίζεται μανία ἀσεβῶν καρτερίᾳ τῶν εὐσεβῶν καὶ μικρὰ πάντα τῶν δεινῶν, κἂν τὰ μέγιστα εἴποις, πρὸς
ὑψηλὸν καὶ μέγα τὸ τῆς ψυχῆς κεκτημένον ἀνάστημα.

63. Τῶν Πορφυρίου ψευσμάτων (41, 717 B1-2). Οὗτος
ὁ Πορφύριος κατὰ τῆς πίστεως ἡμῶν ἔγραφε καὶ περὶ δογμάτων Ἑλληνικῶν ὡς περὶ θείων διεξιὼν συνέταξε λήρους καὶ
φάσματα, ὡς αὐτὸς καὶ κτίσας καὶ τάξας οὐρανὸν καὶ γῆν καὶ
τὰ ἐν αἰσθήσει πάντα· οὐ μόνον δέ, ἀλλὰ καὶ περὶ τῶν νοητῶν
καταφρυαξάμενος.

64. Ἡ τοῦ Μισοπώγωνος (41, 717 B3). Ἡνίκα γὰρ ἐν
Ἀντιοχείᾳ γέγονεν Ἰουλιανὸς ἐπὶ Πέρσας στρατεύων, ἀπέσκωψαν εἰς αὐτὸν Ἀντιοχεῖς τά τ' ἄλλα καὶ τὸν πώγωνα, ὡς
αὐτὸς ᾤετο, τὸν βαθὺν καὶ κατεσκληκότα καὶ ἱερατικόν, ἐφ'
οἷς καὶ μέγα ἐφρόνει. Οἱ δὲ πλαγίως καὶ ἀποστασίαν ἐπιτωθάζοντες, καὶ τὸν πώγωνα ἐλοιδόρουν· πρὸς οὓς τὸν *Μισοπώγωνα* τοῦτον γράφει ἤτοι *Ἀντιοχικόν*, καὶ τοῦτο γὰρ προσεπιγράφει. Ἐσχημάτισται δὲ αὐτῷ τὰ τῆς ὑποθέσεως, ἐπαινῶν
γὰρ ψέγει καὶ δοκῶν ἀφροντιστεῖν, ὡς δῆθεν φιλοσοφῶν, πάνυ
νικᾶται τῇ ὀργῇ, σφοδρότερον ἐπεξιὼν καὶ δάκνων τῷ λόγῳ
τοὺς σκώψαντας. Ἀπογυμνοῖ γὰρ ἐν τῷ λόγῳ τὰ ἐν τῷ νῷ καὶ
τὰς ὕβρεις προφέρει καὶ τὴν εἰς Χριστὸν προσονειδίζει πίστιν,

---

62, 13 καρτερίᾳ τῶν εὐσεβῶν] *om. W*   14 μικρὰ] μικρὸν *V*   τῶν δει-
νῶν] τὰ δεινὰ *P*   κἂν] καὶ *Mign.*   εἴποις] εἴπῃς *prop. Boiss.*   63, 3 ὡς
περὶ] ὡσπερεὶ *A*   διεξιὼν] δεξιῶν *FCV*   λήρους] λήρου *V*   4 φάσμα-
τα] φασμάτων *V*, φαντάσματα *A*   5 τῶν] *om. P*   6 καταφρυαξάμενος]
καταθρασυνάμενος *FA*, καταθρασυνόμενος *CW*, καταφρονευσάμενος *V*ᵃ·ᶜᵒʳʳ·, κα-
ταφρονησάμενος *V*ᵖ·ᶜᵒʳʳ·   64, 1 Μισοπώγωνος] Μεσοπώγωνος *V*   2 γέγο-
νεν] γεγονὼς *V*   3 τά] *om. V*   4 ἱερατικόν] ἱερατικὴν *FC*   ἐφ' οἷς]
ἐφ' οἷς αὐτὸς *P*   5 ἀποστασίαν] ὡς ἀποστάτην *P*   6 Μισοπώγωνα] Μι-
σωπώγωνα *V*   7 προσεπιγράφει] προεπιγράφει *A*   9 ὡς] ὃς *V*   12
προσονειδίζει] προονειδίζει *V*, ὀνειδίζει *W*

impies est raillée et ridiculisée par la force d'âme des hommes pieux et comment tous les supplices sont petits – même si tu les aurais probablement dits très grands – face à quelqu'un qui possède une haute et grande dignité d'âme.

63. Les mensonges de Porphyre: Ce Porphyre a écrit contre notre foi et, en parlant à propos des dogmes grecs comme à propos des dogmes divins, il a composé des sottises et des simulacres, comme s'il avait lui-même créé et ordonné le ciel, la terre et tout le monde sensible. Non seulement cela, mais il fut aussi arrogant ([110]) à propos des intelligibles ([111]).

64. Le Misopogon: En effet, lorsque Julien était à Antioche pour mener l'armée contre les Perses, les Antiochiens le raillèrent, entre autres choses, pour sa barbe, qui était, selon ce que lui-même croyait, épaisse, austère et solennelle, ce dont il s'enorgueillissait. Ceux-ci, pour se moquer aussi indirectement de son apostasie, injuriaient alors sa barbe ; contre eux, il a écrit ce *Misopogon* ou *Discours antiochien*, car il lui a aussi donné ce titre. Il a caché sous des faux-semblants ([112]) le développement du sujet : en effet, il blâme par des éloges et, tout en affectant l'indifférence, tel un philosophe en apparence, il est ravagé par la colère et il poursuit et mord très violemment par son discours ceux qui l'ont raillé. En effet, il met à nu dans son discours ce qu'il a à l'esprit, il profère des outrages et il injurie en outre la foi envers le Christ ([113]), ce

---

(110) La *lectio difficilior* du manuscrit P a été ici conservée, d'autant que les autres lectures peuvent être considérées comme des corrections de ce vocable plus rare dont la signification est sensiblement la même.

(111) Le début de la scholie fait évidemment référence au *Contre les chrétiens* de Porphyre, mais la suite renvoie plus largement à l'œuvre de ce philosophe, sans qu'il soit possible de savoir à quel ouvrage précis Basile fait allusion.

(112) Sur cette signification du verbe σχηματίζω, voir P. CHIRON, *Quelques observations sur la théorie du discours figuré dans la Τέχνη du Ps.-Denys d'Halicarnasse*, dans L. CALBOLI MONTEFUSCO (éd.), *Papers on Rhetoric III* (*Università di Bologna. Dipartimento di filologia classica e medioevale*, 5), Bologne, 2000, p. 75-94 ; *Le logos eskhèmatismenos ou discours figuré*, dans G. DECLERCQ – M. MURAT – J. DANGEL (éd.), *La parole polémique* (*Colloques, congrès et conférences sur l'Époque moderne et contemporaine*, 11), Paris, 2003, p. 223-254 ; L. PERNOT, *Les faux-semblants de la rhétorique grecque*, dans C. MOUCHEL – C. NATIVEL (éd.), *République des lettres, république des arts. Mélanges offerts à Marc Fumaroli* (*Travaux d'humanisme et Renaissance*, 445), Genève, 2008, p. 427-450.

(113) Par exemple, il les traite d'athées : *Misopogon*, 15, 346 B ; 28, 357 D ; 33, 361 A ; 35, 363 A.

ἅ τις καὶ ἐν αὐτῷ τῷ λόγῳ κατίδοι σαφέστερόν τε καὶ διεξοδικώτερον, πολλὰ γὰρ στίγματα ὡς προσόντα τῇ Ἀντιοχέων
πόλει ἐνέστιξεν ἐν αὐτῷ, Λιβανίου συμπεπονηκότος τῇ συγ-
γραφῇ· ἐν ᾧ καὶ μεγάλα ἐπεκόμπασεν Ἰουλιανὸς προστιθεὶς
μηδὲ πώποτ' ἀπεπτῆσαι, ὡς οὐκ ἀπλήστως δῆθεν χρώμενος
ταῖς τροφαῖς. Ἡράκλειοι δὲ στῆλαι ἐν Γαδείροις ἑστᾶσιν, ἐν
ἑκατέραις, ὥς φασιν, ἠπείροις, Εὐρώπῃ τε καὶ Λιβύῃ.

65. Κινουμένην (42, 720 A5-6). Κεκίνηται ἤδη καὶ κινεῖται ἔτι καὶ κινηθήσεται ἔτι καὶ ἔτι, ὦ μακαριώτατε καὶ
προφητικώτατε ἄνερ, ᾗπερ εὖ τε καὶ καλῶς ἀπεφοίβασας· καὶ
συνοδεύει τῷ παντὶ χρόνῳ λάλος εἰκὼν καὶ στήλη, τά τ' ἐκείνου στηλιτεύουσα καὶ δημοσιεύουσα αἴσχη καὶ τῆς ἀσεβείας
τὰ δόγματα καὶ τὰ σὰ κατορθώματα, καὶ τὰ τῆς εὐσεβοῦς
χριστιανῶν πίστεως παιδεύουσα ἱερά τε καὶ θεῖα διδάγματα.

Τέλος

66. Μηδεὶς τῶν ἐντυγχανόντων ἐπιτιμάτω, εἰ καί τινα τῶν
μὴ λίαν ἀσαφῶν σημειώσεως ἔτυχε τῆς παρ' ἡμῖν, ὡς δῆθεν
ἑρμηνείας δεῖσθαι καὶ σαφηνείας εἰς δήλωσιν τῶν ὑποκειμέ-

64, 13/19 ἅ - Λιβύῃ] om. W   13 τις] τίς C   διεξοδικώτερον] διεξωδι-
κώτερον V   14 στίγματα] στίγμα V   15 ἐν αὐτῷ] ἑαυτῷ P   Λιβανίου - συγγραφῇ] lemma P   16 μεγάλα] μέγα C   17 πώποτ'] πόποτ' F,
ποτ' V   18 τροφαῖς] στροφαῖς C   Ἡράκλειοι δὲ στῆλαι] lemma Boiss.
Mign.   στῆλαι] στήλαι V   19 Εὐρώπῃ - Λιβύῃ] Εὐρώπης τε καὶ Λι-
βύης A   65, 1 κινουμένην] κινουμένη non lemma V   κεκίνηται ἤδη]
lemma continuata C   3 ᾗπερ] ᾗπερ W, εἴπερ P   4 εἰκὼν] εἰκών τε W,
οἴκων A^{a. corr.}   6 τὰ³] om. P   1 τέλος] lemma CP add. τῶν σχολίων V
add. τοῦ δευτέρου W add. τοῦ δευτέρου λόγου τῶν στηλιτευτικῶν A   66, 1
μηδεὶς] ante μηδεὶς add. Τοῦ ἐν ἐπισκόποις ἐλαχίστου Βασιλείου Καισαρείας
ἀπολογία εἰς τοὺς ὑπομνηματισμοὺς <a. corr. ἀπομνηματισμοὺς> τῶν τοῦ μεγάλου Γρηγορίου τοῦ θεολόγου λόγων· εἰ καὶ τολμηρῶς, ὅμως ὑπὸ πολλῶν φοιτητῶν τε καὶ φίλων προτραπείς ut titulum W   2 ἡμῖν] ὑμῶν Mign.

que chacun peut remarquer de façon très claire et développée dans son discours même, car il y a inscrit de nombreuses condamnations, comme si elles étaient destinées à la ville d'Antioche ([114]), avec l'aide de Libanios qui a participé à l'ouvrage ([115]). Dans ce discours, Julien se vanta aussi de grandes choses, ajoutant qu'il n'avait même jamais eu d'indigestion, puisqu'il n'était, semble-t-il, pas insatiable de nourriture ([116]). Quant aux colonnes d'Hercule ([117]), elles se dressent à Gadès, chacune sur un continent, à ce qu'on dit, l'Europe et la Libye ([118]).

65. *Qu'elle se mette en route* : Elle a déjà circulé, elle circule encore et elle circulera encore et encore, très bienheureux prophète; tu l'as bel et bien prédit. Elle fait route pour toujours, cette icône parlante et stèle en dénonçant et publiant les infamies de celui-là, les dogmes de l'impiété et tes succès, et en dispensant les saints et divins enseignements de la pieuse foi des chrétiens.

Fin ([119])

---

(114) Alors qu'en réalité elles visaient les chrétiens; c'est ce que sous-entend Basile. Son analyse du *Misopogon* est assez juste.

(115) Basile cherche à identifier les collaborateurs anonymes cités par Grégoire; son explication n'a aucun antécédent connu. Néanmoins, P. Célérier arrive à une conclusion similaire dans sa thèse récemment publiée : *L'ombre de Julien. Le destin des écrits de Julien chez les auteurs païens et chrétiens du IVe au VIe siècle*, Paris, 2013, p. 46-51.

(116) Julien, *Misopogon*, 6, 340 C.

(117) Grégoire de Nazianze, *Or.* 5, 42.

(118) C'est-à-dire l'Afrique. Les *Histoires mythologiques* ayant déjà parlé des origines mythiques de ces colonnes (*Hist.* 5, 35), Basile ne fait que préciser le lieu où elles se trouvent, ce que le pseudo-Nonnos avait négligé. Sur la localisation des colonnes d'Hercule à Gadès (aujourd'hui Cadix, en Espagne), voir Hérodote, *Histoires*, 4, 8 ; Apollodore, *Bibliothèque*, 2, 5, 10 ; Strabon, *Géographie*, 3, 5, 5 ; Philostrate, *Vie d'Apollonios*, 5, 3-5, repris dans Photios, *Bibliothèque, cod.* 241.

(119) Seuls deux manuscrits (C et P, mais P avec un alinéa inverse exceptionnel au début de la ligne suivante) font de cette indication un lemme pour ce qui suit. Tous les autres manuscrits en font un titre final et marquent une pause plus ou moins importante entre cette indication et ce qui suit : elle se trouve dans le centre d'un retour à la ligne dans les témoins F, V et W, ou encadrée de lignes ornementées dans le témoin A. Le scribe du manuscrit W a ajouté en plus, pour introduire l'épilogue qui suit, un titre d'origine inconnue : « Du plus modeste des évêques, Basile de Césarée, apologie de ses *Commentaires* aux *Discours* du grand Grégoire le Théologien : même s'il a été audacieux, il a agi à la demande de nombreux proches et amis ». Sur l'épilogue, voir l'introduction, *supra*, p. XXXVII-XXXVIII.

νων ἐννοιῶν· ἐμέλησε γὰρ ἡμῖν οὐ τῶν ῥητῶν μόνον τὸν ἐγκεκρυμμένον εἰς φῶς κατὰ τὸ δυνατὸν ἄγειν νοῦν, ἀλλὰ καὶ τῶν εἴ τινα τῶν παραδόξων καὶ θαύματος ἀξίων σημειοῦσθαι· πρὸς δέ, καὶ τοῦ Ἀποστάτου τὸ κακόηθές τε καὶ τῶν κακουργημάτων τὸ ἐν ταῖς μηχαναῖς ποικίλον, ἔτι δὲ καὶ τὴν ὠμότητα καὶ ἀπανθρωπίαν αὐτοῦ τε ἄμα καὶ τῶν τοῖς εἰδώλοις προστετηκότων, καὶ τὴν παράδοξον αὖθις κατάλυσιν τοῦ τυράννου, οὕτω θᾶττον ἢ βουλῆς εἶχεν αὐτοῖς εἰδώλοις καὶ δαίμοσι καὶ προσκυνηταῖς αὐτοῖς οἰχομένου· μάλιστα δὲ πάντων, τὸ τῆς ἀνασκευῆς εὐμήχανον καὶ πολύχουν, τῶν τ' ἐπιχειρημάτων καὶ ἐργασιῶν τὸ πλούσιον καὶ μετὰ ἰσχύος εὐπρόσοδον, καὶ τῶν ἐνθυμημάτων δὲ τὸ δριμύ τε καὶ ἐν βάθει συνεστραμμένον καὶ ἄφυκτον, ὡς αὐτὸν τοῖς αὐτοῦ πεπεδῆσθαί τε καὶ περιτρέπεσθαι καὶ μηδ' ἀναπνεῖν συγχωρεῖσθαι τὸν ἄθλιον, ἀγχόνῃ λόγων τῶν αὐτοῦ σφιγγόμενόν τε καὶ συμπνιγόμενον, ὅπερ καὶ ἄμαχον εἰς ἀντίρρησιν.

Οὐ μόνον δέ, ἀλλὰ δή γε καὶ τοῦτο γὰρ ἐν ἁπάσῃ τῇ τοιαύτῃ πραγματείᾳ ἡμῖν ἐσπουδάσθη καὶ τῶν μικρὰ βλεπόντων καὶ γάλακτος ἀλλ' οὐ στερεᾶς τῶν λόγων τροφῆς[p] δεομένων συνεῖδον τὴν ὠφέλειαν. Διὸ καὶ τὴν οὐ πάνυ στερεὰν καὶ ἀνδρώδη καταμασώμενος καὶ καταλεαίνων τροφὴν καὶ κατεργα-

---

[p] cfr *I Cor.* 3, 2; *Heb.* 5, 12-14

66, 4 ὑποκειμένων] ὑποκειμμένων *V* ῥητῶν] ῥημάτων *V* τὸν ἐγκεκρυμμένον] τῶν ἐγκεκρυμμένων *C* 5 τῶν] *om. W*[a. corr.] 6 εἴ] εἴς *P* ἀξίων] ἀξιῶν *F* 8 δὲ] τὲ *P* 11 θᾶττον] θ<*def.*> *post* οὕτω *usque ad* σκοπὸν (28)*mutilatus P* ἢ] ἤ *P* καὶ[2]] *om. C* 12 προσκυνηταῖς] π<*def.*> *P* αὐτοῖς] αὐτῶν *P, om. V* 13 ἀνασκευῆς εὐμήχανον] ἀνασκ<*def.*> *P* εὐμήχανον] ἀμήχανον *Boiss.* τ'] *om. PV* 14 πλούσιον – ἰσχύος] πλούς<*def.*> *P* 15 ἐνθυμημάτων] ἐνθυμάτων *W*[a. corr.] καὶ – συνεστραμμένον] κ<*def.*>στραμμένον *P* 16 αὐτοῦ] αὐτοῖς *PV* πεπεδῆσθαί τε] π<*def.*> *P* 17/18 συγχωρεῖσθαι – ἀγχόνῃ] συγχωρεῖσ<*def.*>νῃ *P* 18 ἀγχόνῃ] ἀγχονῇ *FV* λόγων] λόγῳ *FC* σφιγγόμενος] σφιγγόμενός *V*[a. corr.] 18/19 συμπνιγόμενον ὅπερ] συμπ<*def.*> *P* 20 δή – ἁπάσῃ] δ<*def.*>πάσῃ *P* 21 ἐσπουδάσθη – βλεπόντων] ἐσπουδάς<*def.*>πόντων *P* 22 στερεᾶς] στερᾶς *V* τῶν – τροφῆς] τροφῆς τῶν λόγων *W*, τροφῆς *A* 22/23 δεομένων – τὴν[1]] δ<*def.*> *P* 23 οὐ] *om. C* 23/24 ἀνδρώδη καταμασώμενος] <*def.*>σώμενος *P* 24 καταμασώμενος] καταμασόμενος *FC*, καταμασώμενον *V*[a. corr.] καὶ[1]] *om. V*[a. corr.] κατεργαζόμενος] κα<*def.*> *P*

66. Qu'aucun des lecteurs ne me blâme, même si certains passages qui n'étaient pas trop obscurs ont reçu un commentaire de notre part, comme s'ils avaient, semble-t-il, besoin d'une explication ou d'un éclaircissement pour en interpréter les pensées sous-jacentes. En effet, nous ne nous sommes pas seulement préoccupé des passages cités afin de mettre en lumière, autant que possible, leur sens caché, mais également, s'il y en avait certains extraordinaires et dignes d'admiration, de les noter: entre autres, concernant la méchanceté de l'Apostat et la diversité dans l'exécution de ses méfaits, de même que la cruauté et l'inhumanité de celui-ci et de ceux qui se consument pour les idoles, et, en retour, l'exceptionnel renversement du tyran, ainsi parti plus vite ([120]) que ne le souhaitaient les idoles et les démons eux-mêmes ou même leurs adorateurs. Mais, plus que tout, il faut noter l'habileté et la variété de la réfutation, la richesse et la force accessible ([121]) des arguments et des développements, ainsi que le mordant, la profondeur concise et l'implacabilité des enthymèmes, de telle sorte qu'il est entravé et renversé par ses paroles et qu'il n'est même pas permis au lutteur de reprendre son souffle, étranglé et étouffé qu'il est par le fil de son discours, ce qui est aussi imparable dans la controverse ([122]).

Non seulement cela, mais ces traits aussi, en effet, ont été étudiés par nous dans l'ensemble du présent traité et, pour ceux qui voient petit et qui ont besoin de lait au lieu d'une alimentation solide en discours ([123]), j'en ai vu l'utilité. C'est pourquoi aussi je n'ai pas cessé de mâcher, triturer et travailler cette nourriture en un produit moins consistant et mature, au

---

(120) À partir d'ici, la moitié inférieure du dernier folio du manuscrit P est déchirée en partie, ce qui a entraîné la perte du texte à la fin de chaque ligne, depuis θᾶττον (ligne 11) jusqu'à τὸν σκοπὸν (ligne 27/28).

(121) L'adjectif εὐπρόσοδος, *accessible*, est généralement appliqué à des lieux, voire à des personnes.

(122) Le thème de l'argumentation dont on ne peut s'échapper a aussi été utilisé par Grégoire pour décrire l'art oratoire de son ami Basile (*Or.* 43, 23).

(123) La métaphore sur les esprits qui ont besoin de lait est d'origine biblique, mais elle fait aussi écho à Grégoire, qui l'utilise pour désigner le fidèle moyen: *Or.* 2, 45; 99; *Or.* 32, 13; *Or.* 38, 12 (*id. Or.* 45, 8). L'expression sur ceux qui voient petit se retrouve chez Grégoire de Nazianze, *Or.* 43, 67; et chez Basile le Minime, *Ep. nunc.*, éd. Schmidt, *Basilii Minimi*, p. 6, 48-49.

ζόμενος οὐ διέλιπον, ὡς μηδὲ λέξεων ἐξηγήσεως καταφρονῆσαι. Καὶ τῶν διὰ μακροῦ δὲ ἀποδιδομένων περιόδων, συνείρων
καὶ συνάγων, ἐπιτομώτερον καὶ σαφέστερον, ὡς οἷόν τε, τὸν
σκοπὸν ὅπως, μηδὲ τῶν ἀνδρικῶν τε καὶ ὑψηλῶν εἰς θεωρίαν
βλαπτομένων, καὶ οὗτοι τῷ κοινῷ τε καὶ ἁπαλῷ καὶ εὐθεῖ καὶ
συνήθει τῆς ἑρμηνείας ὠφελοῖντο. Τινὰ δὲ καὶ περὶ στιγμῶν
τεχνικῶς ὑπεσημηνάμην.

66, 25/26 καταφρονῆσαι Καὶ] κα<def.> P   26/27 περιόδων – καὶ¹] περιόδ<def.> P   27 ἐπιτομώτερον] ἐπιτομώτερόν τε W   27/28 οἷόν – σκοπὸν] οἱ<def.> P   28/29 μηδὲ – βλαπτομένων] μηδενὸς... βλαπτομένου P

point de ne même pas dédaigner l'explication de vocabulaire. Et, puisque les périodes s'enchaînent après un long intervalle, je les ai reliées et resserrées, pour exposer leur but, autant que possible, de manière plus résumée et plus claire, de façon à ce que, sans léser non plus les hommes matures et avancés en contemplation, ceux-ci aussi ([124]) tirent profit de l'aspect commun, plaisant, direct et familier de l'interprétation. J'ai indiqué de manière technique certains points aussi à propos des ponctuations ([125]).

---

(124) C'est-à-dire ceux qui ont besoin de lait et de nourriture moins consistante.
(125) Basile ne fait aucune remarque sur la ponctuation dans les *Commentaires aux Discours 4 et 5*, mais il en est d'autres dans lesquels il y accorde plus d'importance. Sur le système de ponctuation utilisé par Basile, voir SCHMIDT, *Basilii Minimi*, p. XXI-XXIII.

INDICES

Index nominvm

Index locorvm Sacrae Scriptvrae

Index fontivm et locorvm parallelorvm

Index graecitatis

INDEX NOMINVM*

Achéron, fleuve	V, 58	Césarée de Cappadoce	IV, 88
Adonis	IV, 73	Champs Élysées	V, 28
Alcmène	IV, 72	Chimère de Patara	IV, 91 ;
Alexandre le Grand	IV, 37		V, 33
Antinoüs	V, 1 ; 59	Cilicie	IV, 91
Antioche	IV, 32 ; 87 ;	Cocyte, fleuve	V, 58
	V, 64	Colonnes d'Hercule	V, 64
Antiochiens	IV, 73 ;	Constance II	IV, 4 ; 21 ; 32 ; 33 ;
	V, 64	36 ; 37 ; 38 ; 44 ; 45 ; 46 ; 60 ;
Antrôn	V, 30		V, 26
Aphrodite	V, 47	Constantin le Grand	IV, 21 ;
Apollon	IV, 62		V, 26
Arès	V, 47	Cygne, constellation	V, 9
Ariane	V, 9	Cyrus, fils de Parysatis	V, 22
Aristagoras	V, 25	Cyrus le Grand	V, 20
Aristote	IV, 40		
Artaphernès	V, 25	Dagon	V, 40
Artaxerxès	V, 22	Daniel	V, 62
Asie	IV, 28	David	V, 54
Athéna	V, 31	Déjanire	IV, 64
Attis	V, 49	Délos	V, 45
		Delphes	V, 45
Babylone	V, 20 ; 36	Démocrite	IV, 40
Babyloniens	V, 20	Denys, tyran	IV, 85
Basile le Grand	V, 61	Dioclétien	IV, 94
Bel	V, 40	Dodone	V, 45
Bellérophon	IV, 91		
Bérénice	V, 9	Échétos	IV, 85
		Égyptiens	IV, 18
Cancer, constellation	V, 9	Empédocle	IV, 56
Capricorne, constellation	V, 9	Enfers	IV, 91 ;
Carus	V, 14		V, 28 ; 58
Castor	V, 9	Épicure	IV, 40
Catadoupes	V, 60	Éthiopie	V, 60
Cerbère	IV, 91	Éthiopiens	IV, 15

---

* Cet index répertorie les noms propres cités par Basile dans les scholies et les lemmes, à l'exception des noms de Dieu et du Christ, et à l'exception des titres d'œuvres, qui font l'objet de l'*index fontium et locorum parallelorum*. Bien que les informations présentées ici recoupent en partie celles de l'index lemmatisé des mots grecs, l'*index nominum* se veut plus analytique, regroupant les synonymes, distinguant les homonymes et précisant la nature de certains noms propres. Les références renvoient au discours (IV, V) et au commentaire (scholie).

Etna	IV, 80	Jacob	IV, 29; 37
Euripide	V, 14	Jean le Baptiste	V, 54
Europe, femme	V, 9	Jéricho	IV, 20
Europe, continent	V, 64	Jérusalem	V, 4
Eusèbe de Samosate	V, 62	Jovien	V, 23
		Julien	IV, 21; 24; 26; 37; 38; 44; 65; 67; 68; V, 22; 26; 27; 58; 64
Flanonie, île	IV, 32		
Fortune	IV, 88		
		« Apostat »	IV, 1; 4; 74; 104; V, 21; 33; 66
Gadès	V, 64		
Gallus	IV, 21; 24; 32; 37	« Idolien, Piséen, Adonéen »	IV, 73; 89; V, 58
Géants	IV, 80		
Grèce	IV, 86		
Grecs	IV, 16; 26; 39; 65; 99; 106; V, 3; 7; 22; 28; 56	Laërce	V, 1
		Léda	V, 9
Grégoire de Nazianze	IV, 52; V, 1; 61	Libanios	IV, 39; 67; 68; V, 30; 64
« Père »	IV, 1; 86; 95; V, 33	Libye	V, 64
		Lion, constellation	V, 9
« Théologien »	IV, 106		
Gryllos	V, 22	Macchabées	V, 62
		Magnence, préfet d'Orient	IV, 32
Hadès	IV, 91	Magnus, questeur	IV, 32
Hadrien	V, 14	Marc d'Aréthuse	V, 62
Hébreux	V, 4; 7	Maxime, empereur	IV, 94
Hélène	V, 9	Maximin	IV, 94
Héphaïstos	V, 46	Mélampous	IV, 77
Héraclès	IV, 64; 71; 72; 90	Ménélas	IV, 58
Hermaphrodite	V, 49		
Hermès	V, 47; 48	Nessos, géant	IV, 64
Hérodiade	V, 54	Nil, fleuve	V, 60
Hérodote	IV, 86; V, 25		
		Olympe	V, 46
Hésiode	IV, 67; 106	Oronte, fleuve	IV, 87
Histiée	V, 25	Orphée	V, 44
Homère	IV, 58; 87; 91; 102; 103;106; V, 1; 47; 58; 61	Osiris	V, 49
		Pan	IV, 71
		Parysatis	V, 22
Hydre de Lerne	IV, 64; 90	Pénélope	IV, 71; V, 1; 59
Ilion	V, 59		
Iolaos	IV, 90	Perse	IV, 44; 104; V, 61
Ionie	V, 25		
Isaïe	IV, 3	Perses	IV, 15; 45; V, 14; 15; 21; 22; 24; 25; 64
Isis	V, 49		
Israël	IV, 3		
Israélites	IV, 18	Phalaris	IV, 85
Ixion	V, 58	Pharaon	IV, 12

Pierre, nom générique	IV, 99	Sicile	IV, 80 ; 85
Pise	IV, 73	Socrate	IV, 41 ; 42
Platon	IV, 39 ; 40 ; 41 ; 42 ; 105	Tantale	V, 58
Pollux	V, 9	Tarse	V, 27
Polyphème	V, 61	Taureau, constellation	V, 9
Porphyre	IV, 39 ; V, 63	Temple de Jérusalem	V, 4
		Thersite	V, 46
Porus, roi des Indes	IV, 37	Thestios	IV, 72
Priape	V, 49	Thucydide	IV, 86
Proshymnos	V, 46	Tirésias	V, 49
Protée	IV, 58 ; 77	Tityos	V, 58
Pyriphlégéthon, fleuve	V, 58	Trajan	V, 14
Pythagore	IV, 40 ; 97	Triptolème	V, 44
Pythie	V, 45	Troie	V, 1
Rhadamanthe	V, 28	Ulysse	V, 1 ; 59 ; 61
Romains	IV, 61 ; 65 ; 69 ; V, 14 ; 28	Valérien	V, 14
Salmonée	V, 14	Xanthos	IV, 102
Samos	V, 25	Xénophon	V, 22
Saron	V, 40		
Scipion	IV, 65	Zeus	IV, 72 ; 80 ; V, 9 ; 14
Scylla	V, 33		
Serpentaire, constellation	V, 9	Zopyros	V, 20

INDEX LOCORVM SACRAE SCRIPTVRAE*

Genesis			103, 9	V, 43
cfr 1, 7	V, 43		cfr 118, 67	IV, 31
1, 26	V, 43		Proverbia	
3, 15	IV, 16		3, 34	IV, 30
Exodus			cfr 16, 18	IV, 30
cfr 14, 16-29	IV, 18		Sapientia	
15, 1	IV, 12		cfr 2, 23	V, 51
cfr 16, 13	IV, 19		Isaias	
cfr 16, 19-20	IV, 19		cfr 1, 2	IV, 3
Numeri			cfr 33, 9	V, 40
cfr 11, 31	IV, 19		cfr 33, 18	V, 35
Deuteronomium			cfr 46, 1	V, 40
32, 15	IV, 29		Daniel	
Iosue			cfr 3, 1-97	V, 62
cfr 6, 1-20	IV, 20		cfr 6, 16-23	V, 62
I Regnum			Amos	
cfr 5, 4	V, 40		8, 7	V, 37
II Regnum			Habacuc	
cfr 6, 14	V, 54		cfr 1, 8	V, 59
I Paralipomenon			Sophonias	
cfr 5, 16	V, 40		cfr 3, 3	V, 59
Esther			II Machabaeorum	
cfr 3, 13b	IV, 2		cfr 6, 18-7, 41	V, 62
Psalmi			Matthaeus	
cfr 9, 7	V, 1		cfr 14, 1-11	V, 54
36, 35-36	IV, 14		cfr 21, 41	IV, 95
cfr 48, 2	IV, 2		cfr 24, 1-2	V, 4
cfr 72, 8	IV, 2		Marcus	
cfr 72, 3	IV, 9		cfr 6, 17-28	V, 54
cfr 73, 14	IV, 15		cfr 13, 1-2	V, 4
77, 27	IV, 19			

---

* Les informations de cet index reprennent celles de l'apparat scripturaire. L'Ancien Testament est cité selon le texte de la *Septante*. Les références renvoient au discours (IV, V) et au commentaire (scholie).

Lucas
    cfr 21, 5-7   V, 4
    cfr 23, 34   V, 57

Iohannes
    14, 9   IV, 5

Actus Apostolorum
    cfr 9, 35   V, 40

ad Romanos
    cfr 8, 19-23   IV, 17

I ad Corinthios
    cfr 3, 2   V, 66

ad Ephesios
    cfr 3, 20   IV, 19

I ad Thessalonicenses
    cfr 3, 10   IV, 19
    cfr 5, 13   IV, 19

ad Hebraeos
    cfr 5, 12-14   V, 66
    cfr 11, 38   IV, 8

INDEX FONTIVM ET LOCORVM PARALLELORVM*

Aelius Dionysios
    Ἀττικὰ ὀνόματα, éd. H. Erbse, *Untersuchungen zu den attizistischen Lexika (Abhandlungen der deutschen Akademie der Wissenschaften zu Berlin, Philosophisch-historische Klasse*; Jahrgang 1949, n. 2), Berlin, 1950.
    α 193   IV, 101

Ammien Marcellin
   Histoires

14, 1, 1	IV, 32
14, 7, 12-16	IV, 32
14, 7, 20-23	IV, 32
15, 8, 17	IV, 103
23, 1, 1-3	V, 7
25, 7, 1	V, 24

Ammon
   Sur Pacôme et Théodore
    7   IV, 32

⟨Ammonios⟩
    Περὶ ὁμοίων καὶ διαφόρων λέξεων, éd. K. Nickau, *Ammonii qui dicitur liber De adfinium vocabulorum differentia* (BSGRT), Leipzig, 1966.
    86   IV, 101

Antiphon
   Première Tétralogie
    4, 2   IV, 4

Apollodore
   Bibliothèque

2, 5, 10	V, 64
2, 7, 7	IV, 64

Apollonios Dyscole
   De la construction
    4, 52   IV, 98

Aristophane
   Paix
    1189   IV, 74

---

* Il s'agit des œuvres citées par Basile ou mentionnées dans les notes de traduction. Les références renvoient au discours (IV, V) et au commentaire (scholie), que la référence à l'œuvre se trouve dans le texte de la scholie ou seulement dans les notes en bas de page. Pour les ouvrages plus difficiles d'accès, l'édition de référence est donnée.

    Ploutos
        1161   V, 47
    Scholies à Aristophane
        à *Ploutos*, 271   IV, 101
Aristote
    Constitution des Athéniens
        12   IV, 29
    Météorologiques
        2, 9 – 3, 1   IV, 93
Arnobe
    Contre les gentils
        5, 28   V, 46
Aurélius Victor
    Césars
        42, 9   IV, 32
Basile le Grand
    Contre Eunome
        1, 16   IV, 2
        2, 19   IV, 2
    Homélies sur l'hexaéméron
        6, 5   IV, 104
Basile le Minime
    Comm. 4
        1   V, 1
        13   IV, 29
        40   IV, 105
        62   IV, 77
        73   IV, 89 ; V, 59
        79   IV, 104
        104   V, 47
    Comm. 5
        1   V, 59
        9   V, 2
        14   V, 2
        58   V, 2
        59   V, 1
        62   IV, 81
    Comm. 14
        PG 36, col. 916 B 4 – C 1   V, 29
        PG 36, col. 916 C 2-6   V, 47
    Comm. 18, éd. Cantarella, *Basilio Minimo*
        sch. 54 (p. 12)   V, 30
    Comm. 21
        PG 36, col. 1139-1140, n. 45   V, 29
    Comm. 25
        PG 36, col. 1165 A 8-9   IV, 54
        PG 36, col. 1168 A 13-14   IV, 40
        PG 36, col. 1172 A 7   V, 9

Comm. 28
    PG 36, col. 1144, n. 52   V, 43
Comm. 38
    36-49   V, 53
    67   IV, 62
    86a   IV, 13
    128   IV, 5
    171   V, 54
    178   V, 30
Comm. 41
    PG 36, col. 1087-1089, n. 44   IV, 20
Comm. 43
    voir SCHMIDT, *À propos des scholies de Basile*, p. 128-129
        V, 14
Ep. nunc.
    48-49 (p. 6)   V, 66

Clément d'Alexandrie
    Pédagogue
        3, 1, 2-3   IV, 58
    Protreptique
        2, 34, 3-4   V, 46
    Stromates
        5, 13, 83, 1   IV, 104
        6, 2, 8, 7   IV, 29
        6, 16, 135, 1-2   V, 43

Concile de Constantinople
    canon 7   V, 31

Cyrille d'Alexandrie
    Commentaire sur les douze prophètes, éd. P.E. PUSEY, *Sancti patris nostri Cyrilli archiepiscopi Alexandrini in XII prophetas*, vol. 1, Oxford, 1868.
        p. 515-517   V, 37

Cyrille de Jérusalem
    Catéchèses mystagogiques
        5, 21   IV, 51
        2, 3   V, 31
    Lettre à Constance sur la vision de la Croix, éd. E. BIHAIN, *L'épître de Cyrille de Jérusalem à Constance sur la vision de la croix (BHG³ 413)*, dans *Byzantion*, 43 (1973), p. 264-296.
        p. 286-291   V, 7
    Procatéchèse
        9   V, 31

Cyrille de Jérusalem (pseudo-)
    Lettre sur la reconstruction du Temple de Jérusalem, éd. S.P. BROCK, *A Letter Attributed to Cyril of Jerusalem on the Rebuilding of the Temple*, dans *Bulletin of the School of Oriental and African Studies*, 40 (1977), p. 267-286.
        p. 269-276   V, 7

Denys l'Aréopagite (pseudo-)
Hiérarchie ecclésiastique
    2, 2, 6   V, 31

Denys le Thrace
Grammaire
    12, F, 7   IV, 98

Diodore de Sicile
Bibliothèque historique
    4, 38   IV, 64
    4, 69   V, 58

Diogène Laërce
Vies des philosophes
    1, 59   IV, 29

Diogénien
    Proverbes, éd. E.L. von Leutsch – F.W. Schneidewin, *Corpus paroemiographorum Graecorum*, vol I, Göttingen, 1839.
    1, 26   V, 30
    2, 56   V, 29
    7, 15   IV, 74; V, 24
    8, 49   V, 25

Éphrem le Syrien
Hymnes contre Julien
    1, 16-17   IV, 73
    4, 18-23   V, 7

Eschyle
    Fragments, éd. S. Radt, *Tragicorum Graecorum fragmenta*, vol. 3, Göttingen, 1985.
    fr. 139   IV, 1

Etymologicum Genuinum
    éd. F. Lasserre – N. Livadaras, *Etymologicum magnum genuinum, Symeonis etymologicum una cum magna grammatica, Etymologicum magnum auctum*, vol. 1, Rome, 1976.
    α 760, *s.v.* ἀμωσγέπως   IV, 101

Etymologicum Gudianum
    éd. E.L. de Stefani, *Etymologicum Gudianum*, vol. 1, Leipzig, 1909.
    α 128, *s.v.* ἀμωσγέπως   IV, 101

Euchologue Barberini
    voir E.C. Whitaker, *Documents of the Baptismal Liturgy*, Londres, 1970.
    p. 74-76   V, 31

Euripide
Oreste
    4   V, 14
    Fragments, éd. R. Kannicht, *Tragicorum Graecorum Fragmenta*, vol. 5, Göttingen, 2004.
    fr. 394   IV, 66

Scholies à Euripide, éd. W. DINDORF, *Scholia Graeca in Euripidis tragoedias*, vol. 1, Oxford, 1863.
    à *Hécube*, 676   IV, 101
    aux *Troyennes*, 55   IV, 101

Eusèbe de Césarée
    Démonstration évangélique
        10, 6   V, 37

Eustathe
    Commentaire à Homère, éd. M. VAN DER VALK, *Eustathii archiepiscopi Thessalonicensis commentarii ad Homeri Iliadem pertinentes*, vol. 2, Leyde, 1976.
        à *Iliade*, 6, 200-205 (p. 289)   IV, 91

Georges Scholarios
    Grammaire, éd. M. JUGIE – L. PETIT – X.A. SIDÉRIDÈS, *Oeuvres complètes de Georges (Gennadios) Scholarios*, vol. 8, Paris, 1936.
        p. 423   IV, 101

Grégoire de Nazianze
    Or. 2
        41   IV, 2
        45   V, 66
        99   V, 66
    Or. 4
        3   IV, 4
        24   V, 59
        35   V, 59
        37-38   IV, 4
        46   IV, 58
        46-48   IV, 21
        56   IV, 58
        62   IV, 58
        63   IV, 73
        64   IV, 4
        77   IV, 89; V, 59
        79   V, 59
        87   V, 1
        91   IV, 58
        97   IV, 23
        110   V, 59
        115   V, 44
        121   V, 47
    Or. 5
        6   V, 1
        8   IV, 58
        16-17   IV, 4
        17   IV, 58
        31   V, 44
        35   IV, 29

Or. 6	IV, 10
2	IV, 65
Or. 12	
3	IV, 4
Or. 14	
24	IV, 29
29	V, 47
Or. 17	
5	IV, 29
Or. 18	
18	IV, 4
Or. 21	
9	IV, 29
21-22	IV, 4
Or. 22	IV, 10
Or. 23	IV, 10
Or. 24	
3	IV, 29
Or. 25	
4	IV, 54
6	IV, 40
7	IV, 29
8	IV, 2
9	IV, 4
Or. 27	
10	V, 44
Or. 28	
2	V, 59
15	V, 9
29	V, 43
Or. 29	
7	V, 9
14	IV, 98
Or. 30	
20	IV, 5
Or. 31	
19	IV, 98
Or. 32	
13	V, 66
26	IV, 4
Or. 34	
5	V, 49
Or. 38	
4-6	V, 53
12 (= *Or.* 45, 8)	V, 66
Or. 39	
4-5	V, 44
5	V, 49

Or. 41
   2-4   IV, 20
Or. 43
   23   V, 66
Ep. 22
   4   IV, 4
Ep. 101
   1, 6-7   IV, 4
Ep. 102
   17   IV, 4
Carm.
   1, 2, 34, v. 63   IV, 4
   2, 2, 7, v. 276   V, 46
Scholia vetera
   PG 36, col. 1212 A 12 – C 5   IV, 8
   PG 36, col. 1220 B 1-6   IV, 57
   PG 36, col. 1221 C 2-14   IV, 61
   PG 36, col. 1229 C 13 – D 2   IV, 95
   PG 36, col. 1253 A 1-8   V, 24
   PG 36, col. 1256 B 4-12   V, 28
   PG 36, col. 1256** A 3 – B 6   V, 59
   PG 36, col. 1256** C 1-5   V, 62
Scholia vetera, éd. PICCOLOMINI, *Estratti inediti.*
   sch. 14 (p. 233-234)   IV, 101
   sch. 15 (p. 234)   IV, 91
Scholia vetera, éd. BRUCKMAYR, *Randscholien.*
   sch. Th 17 (p. 55)   IV, 57
   sch. G 26 (p. 121)   IV, 101
   sch. G 30 (p. 122)   IV, 101
   sch. V 140 (p. 152-153)   V, 59
Scholia vetera, voir NIMMO SMITH, *Sidelights on the Sermons.*
   p. 160   V, 20

Grégoire de Nysse
   Contre Eunome I
      4, 47   IV, 32

Hermogène
   Sur les catégories stylistiques
      1, 8   IV, 6
      2, 8   IV, 62

Hermogène (pseudo-)
   Sur la méthode de l'habileté
      25   V, 50
      30   IV, 14; V, 1

Hérodote
   Histoires
      2, 17   V, 60
      3, 153-160   V, 20

4, 8	V, 64
6, 1	V, 25

Hésiode
Le Bouclier   IV, 106
Les travaux et les jours   IV, 106
    108-201   IV, 67
    173   V, 28
Théogonie   IV, 106
    319-324   IV, 91
    521-525   V, 58

Hésychios
    Lexique, éd. K. LATTE, *Hesychii Alexandrini lexicon*, vol. 1-2, Copenhagen, 1953-1966.

δ 602, *s.v.* Δελφικὸν τρίποδα	V, 45
ε 1348, *s.v.* ἐκ δυοῖν τρία βλέπεις	V, 29
κ 2304, *s.v.* κερδαλέον	IV, 104
κ 3527, *s.v.* κοναβίζειν	IV, 101
κ 4569, *s.v.* κυνέη	IV, 91
μ 1113, *s.v.* μετόν	IV, 98
μ 2057, *s.v.* μῶν	IV, 101
ο 916, *s.v.* ὄνος Ἀντρώνιος	V, 30

    Lexique, éd. P.A. HANSEN, *Hesychii Alexandrini lexicon*, vol. 3, Berlin – New York, 2005.

σ 1231, *s.v.* σμερδαλέον	IV, 101

Hippocrate
Aphorismes
    1, 3   IV, 29

Hippolyte de Rome
Tradition apostolique
    20   V, 31

Homère
Iliade

5, 83	IV, 103
6, 181	IV, 91
14, 291	IV, 102
16, 334	IV, 103
20, 74	IV, 102
20, 477	IV, 103
21, 220	IV, 87

Odyssée

4, 456-457	IV, 58
8, 266-366	V, 47
9, 190-191	V, 61
9, 289-293	V, 61
9, 345-346	V, 61
9, 366	V, 61

9, 370	V, 61
10, 305	IV, 102
11, 576-579	V, 58
11, 582-587	V, 58
17-22	V, 1
21, 75-79	V, 1
22, 5-6	V, 1
22, 8	V, 1
22, 290	V, 59

Scholies D à l'*Iliade*, éd. H. VAN THIEL, *Scholia D in Iliadem. Proecdosis aucta et correctior 2014. Secundum codices manu scriptos* [en ligne] *(Elektronische Schriftenreihe derUniversitäts- und Stadtbibliothek Köln,* 7), Cologne, 2014.

    à *Iliade*, 2, 466   IV, 101

Scholies à l'*Odyssée*, éd. W. DINDORF, *Scholia Graeca in Homeri Odysseam*, vol. 2, Oxford,1855.

    à *Odyssée*, 18, 85   IV, 85

Jean Chrysostome
    Contre les Juifs
        5, 11   V, 4; 7
    Contre les Juifs et les païens sur la divinité du Christ
        16   V, 7
    Discours sur Babylas
        119   V, 4; 7
    Homélie sur Babylas
        3   IV, 53
    Homélie sur la première épître aux Corinthiens
        29, 1, *PG* 61, col. 242   V, 45

Jean Cyriote Géomètre
    Épigrammes, éd. J.A. CRAMER, *Anecdota graeca*, vol. 4, Oxford, 1841.
    Εἰς τὴν βίβλον τοῦ Θεολόγου (p. 302)   IV, 86

Jean d'Antioche
    Fragments, éd. U. ROBERTO, *Ioannis Antiocheni Fragmenta ex Historia chronica (Texte und Untersuchungen zur Geschichte der altchristlichen Literatur*, 154), Berlin – New York, 2005.
        fr. 263   IV, 103

Jean Philopon
    De vocabulis, éd. L.W. DALY, *Iohannis Philoponi De vocabulis quae diversum significatum exhibent secundum differentiam accentus (Memoirs of American Philosophical Society*, 151), Philadelphie, 1983.
        α 35 recensio a   IV, 101

Julien
    Éloge à Constance
        16   IV, 29
    Misopogon   V, 64
        6, 340 C   V, 64
        15, 346 B   V, 64

27, 355 D	IV, 73
28, 357 D	V, 64
32, 360 D	IV, 73
33, 361 A	V, 64
35, 363 A	V, 64
43, 371 A	IV, 73

Salluste
5	IV, 29

Lexicon in orationes Gregorii
    éd. SAJDAK, *Anonymi Oxoniensis Lexicon*.
p. 173	IV, 101
p. 175	V, 62
p. 186	IV, 101
p. 188	IV, 78

Libanios
  Or. 17
9	V, 30

  Or. 18   IV, 67
308	IV, 68

  Ep. 438
1	IV, 104

Lucien
  Le songe ou le coq
6	IV, 104

Nicétas David de Paphlagonie
  Éloge de Grégoire le Théologien, éd. J.J. RIZZO, *The Encomium of Gregory Nazianzen by Nicetas the Paphlagonian* (Subsidia hagiographica, 58), Bruxelles, 1976.
4	IV, 86

Nonnos (pseudo-)
  Histoires mythologiques
Hist. 4, 3	IV, 64
Hist. 4, 41	IV, 72
Hist. 4, 42	IV, 72
Hist. 4, 43	IV, 73
Hist. 4, 45	IV, 77
Hist. 4, 46	IV, 80
Hist. 4, 48	IV, 85
Hist. 4, 49	IV, 90
Hist. 4, 50	IV, 91
Hist. 4, 51	IV, 91
Hist. 4, 54	IV, 91
Hist. 4, 67	V, 44
Hist. 4, 68	V, 44
Hist. 4, 76	IV, 106
Hist. 4, 77	V, 44

Hist. 4, 90	V, 47
Hist. 5, 1	V, 9
Hist. 5, 2	V, 14
Hist. 5, 3	V, 20
Hist. 5, 8	V, 28
Hist. 5, 10	V, 31
Hist. 5, 13	V, 44
Hist. 5, 12	V, 44
Hist. 5, 14	V, 45
Hist. 5, 15	V, 45
Hist. 5, 26	V, 47
Hist. 5, 28	V, 49
Hist. 5, 29	V, 49
Hist. 5, 30	V, 49
Hist. 5, 31	V, 58
Hist. 5, 32	V, 58
Hist. 5, 33	V, 58
Hist. 5, 34	V, 61
Hist. 5, 35	V, 64
Hist. 39, 3	V, 44
Hist. 39, 17	V, 44

Origène
  Contre Celse
  2, 24   IV, 2

Philostorge
  Histoire ecclésiastique
  3, 28   IV, 32
  4, 1   IV, 32
  7, 9   V, 4; 7

Philostrate
  Vie d'Apollonios
  5, 3-5   V, 64
  6, 23   V, 60

Photios
  Bibliothèque
  cod. 241   V, 60; 64
  Lexique, éd. C. Theodoridis, *Photii patriarchae lexicon*, vol. 1-3, Berlin – New York, 1982-2013.
  α 2145, s.v. Ἀντρώνιος ὄνος   V, 30
  α 3126, s.v. αττα   IV, 101
  ε 371, s.v. ἐκ δύο τρία βλέπεις V, 29
  κ 595, s.v. κερδαλέος   IV, 104
  κ 1203, s.v. κυνᾶς   IV, 91
  μ 360, s.v. μετόν   IV, 98
  τ 462, s.v. τρίποδα   V, 45

Pindare
> *Isthmiques*
>> 4, 3, 77-78   IV, 74
>
> *Pythiques*
>> 2, 10   V, 47
>> 2, 21-41   V, 58

Platon
> *Cratyle*
>> 413 A-B   IV, 104
>
> *Gorgias*
>> 469 C   IV, 39
>> 508 A   IV, 39
>
> *Phédon*
>> 60-62, 111 C-114 C   V, 58
>
> *République*
>> 5, 473 C-D   IV, 42
>> 7, 507 B   IV, 39
>> 10, 617 E   IV, 43
>
> *Timée*
>> 19 B   IV, 105

Scholies à Platon, éd. W.C. Greene, *Scholia Platonica* (*Philological monographs*, 8), Haverford, 1938.
> à *Ion*, 530 A   IV, 101

Plutarque
> *Comment se louer soi-même*
>> 16, 544 A-545 D   V, 50
>
> *Lysandre*
>> 8, 6   IV, 74

Porphyre
> *Contre les chrétiens*   V, 63

Proclos

Commentaire aux Travaux et aux jours, éd. P. Marzillo, *Der Kommentar des Proklos zu Hesiods « Werken und Tagen »: Edition, Übersetzung und Erläuterung der Fragmente* (*Classica Monacensia*, 33), Tübingen, 2010.
> à 70 (p. 52)   IV, 67

Ptolémée

Περὶ διαφορᾶς λέξεων, éd. V. Palmieri, *Ptolemaeus, De differentia vocabulorum*, dans *Annali della Facoltà di Lettere e Filosofia dell'Università di Napoli*, 24 (1981-1982), p. 155-233.
> α 45   IV, 101

Pythagore
> *Vers d'or*   IV, 97

Rufin
> *Histoire ecclésiastique*
>> 10, 37   V, 62
>> 10, 38-40   V, 7

Socrate de Constantinople
Histoire ecclésiastique
2, 28, 21	IV, 32
2, 34, 2-5	IV, 32
3, 17, 4-5	IV, 73
3, 19	V, 62
3, 20	V, 7
3, 20, 14	V, 10

Sophocle
Œdipe à Colone
1143-1144	IV, 66

Trachiniennes
765-812	IV, 64
1192-1202	IV, 64

Souda
éd. A. ADLER, *Suidae lexicon*, vol. 1-4 (*Lexicographi Graeci*, 1.1-1.4), Leipzig, 1928-1935.
α 2768, *s.v.* Ἀντρῶνες	V, 30
δ 1385, *s.v.* δορκαλίδες	V, 62
ε 405, *s.v.* ἐκ δυεῖν τρία βλέπεις	V, 29
κ 1382, *s.v.* κερδαλέος	IV, 104
κ 2697, *s.v.* κυνέας	IV, 91
κ 2698, *s.v.* κυνέη	IV, 91
μ 794, *s.v.* μετόν	IV, 98
σ 730, *s.v.* σμερδαλέον	IV, 101
τ 1001, *s.v.* τρίποδα	V, 45

Sozomène
Histoire ecclésiastique
5, 2, 10	IV, 23
4, 7, 6-7	IV, 32
4, 19, 2	IV, 73
5, 4, 4	IV, 88
5, 20, 2	V, 62
5, 22	V, 7
5, 22, 6	V, 4
5, 22, 12	V, 10

Stobée
Anthologie
2, 15, 35-37	IV, 66

Strabon
Géographie
3, 5, 5	V, 64

Syméon le Logothète
Chronique, éd. WAHLGREN, *Symeonis Magistri*.
89, 2 (p. 111)	IV, 32

Thémistios
À Valentinien le jeune
    126 B-C   IV, 66

Théodore Studite
Épigrammes, éd. P. SPECK, *Theodoros Studites, Jamben auf verschiedene Gegenstände* (Supplementa byzantina, 1), Berlin, 1968.
    67 (p. 224)   IV, 86
Hymnes, éd. J.-B. PITRA, *Analecta sacra spicilegio Solesmensi parata*, vol. 1, Paris, 1876.
    8 (p. 351-354)   IV, 86

Théodoret
Commentaire sur les douze prophètes
    PG 81, col. 1701 B 8 – D 8   V, 37
Histoire ecclésiastique
    3, 8, 1-2   IV, 1
    3, 2   IV, 23
    3, 19, 2   V, 62
    3, 20   V, 7
    3, 20, 1   V, 4
    3, 20, 7   V, 10

Théophane le Confesseur
Chronique, éd. DE BOOR, *Theophanis Chronographia*.
    an. 5846 (p. 41)   IV, 32
    an. 5847 (p. 41-42)   V, 7

Xénophon
Anabase   V, 22

Zénobios
Proverbes, éd. E.L. VON LEUTSCH – F.W. SCHNEIDEWIN, *Corpus paroemiographorum Graecorum*, vol I, Göttingen, 1839.
    1, 93   IV, 74
    5, 34   V, 24

INDEX GRAECITATIS
INDEX LEMMATISÉ DES MOTS GRECS

par Bernard Coulie et Bastien Kindt

Cet index lemmatisé constitue un inventaire exhaustif du vocabulaire du texte grec des *Commentaires* de Basile le Minime aux *Discours* 4 et 5 de Grégoire de Nazianze.

Cet outil a été réalisé en utilisant les ressources linguistiques et les outils informatiques du projet GRE*g*ORI, mené à l'Institut Orientaliste de l'UCLouvain (Louvain-la-Neuve, Belgique) en collaboration avec le CENTAL (Centre de traitement automatique du language) de l'UCLouvain. Les intitulés des lemmes répondent aux règles et principes de lemmatisation propres à ce projet (pour plus d'informations, voir le site internet à l'adresse https://uclouvain.be/fr/instituts-recherche/incal/ciol/gregori-project.html). Le lecteur y trouvera toute la bibliographie utile ainsi qu'une version au format Adobe PDF de la concordance lemmatisée des *Commentaires* aux *Dis*cours 4, 5 et 38.

À l'instar de l'index qui accompagne l'édition des *Commentaires* de Basile le Minime au *Discours* 38 (voir SCHMIDT, *Basilii Minimi*, p. 121-194), il énumère alphabétiquement tous les lemmes attestés dans le texte, accompagnés d'une indication de leur fréquence, et suivis des différentes formes rencontrées, pourvues elles aussi d'un indice fréquentiel. Les crases apparaissent sous chacun des deux lemmes qui les constituent : la forme κἀγώ, par exemple, apparaît donc une première fois sous le lemme ἐγώ, puis ensuite sous le lemme καί. Les références renvoient au discours (IV, V), au commentaire (scholie) et à la ligne à l'intérieur de celui-ci. L'indication « Tit. » (*Titulus*) signale le vocabulaire attesté dans les titres.

1 ἄβιος
  1 ἀβίους IV, 65, 1
1 ἀβουλία
  1 ἀβουλίας V, 29, 8
17 ἀγαθός
  1 ἀγαθά V, 30, 6
  1 ἀγαθόν IV, 38, 14
  1 ἀγαθός IV, 38, 6
  1 ἀγαθοῦ V, 13, 8
  1 ἄμεινον IV, 54, 3
  2 βέλτιον IV, 49, 8; IV, 49, 10
  1 βέλτιστε V, 59, 17
  1 κράτιστοι IV, 39, 2
  1 κράτιστον IV, 71, 3
  2 κρεῖττον IV, 29, 3; IV, 29, 9
  1 κρείττονος IV, 27, 7
  1 κρείττω IV, 106, 15
  2 κρείττων IV, 95, 16; V, 32, 8
  1 λῷστε V, 59, 16
1 ἀγαθότης
  1 ἀγαθότητα IV, 33, 5
3 ἄγαν
  3 ἄγαν IV, 2, 3; IV, 41, 7; IV, 62, 2
1 ἀγανάκτησις
  1 ἀγανακτήσεως V, 3, 5
1 ἀγαπάω
  1 ἠγαπημένος IV, 29, 7
1 ἀγγελικός
  1 ἀγγελικῶν V, 26, 4
1 ἄγγελος
  1 ἀγγέλων IV, 102, 2
1 ἀγείρω
  1 ἀγείρας IV, 21, 12
1 ἀγένειος
  1 ἀγένειον IV, 62, 10
1 ἀγεννής
  1 ἀγεννέστεροι V, 62, 1
6 ἅγιος
  2 ἁγίῳ V, 11, 3; V, 31, 2
  4 ἁγίων IV, 65, 7; IV, 81, 3; V, 54, 10; V, 58, 2
1 ἁγνίζω
  1 ἁγνισθέντες V, 11, 4
3 ἀγνοέω
  1 ἀγνοούμενος IV, 26, 2
  1 ἀγνοῶν V, 28, 1
  1 ἠγνόησε V, 22, 14
1 ἄγνοια

1 ἀγνοίᾳ IV, 34, 7
1 ἁγνός
  1 ἁγνάς IV, 82, 1
1 ἄγριος
  1 ἀγρίας V, 5, 1
3 ἀγριότης
  3 ἀγριότητος IV, 58, 7; IV, 59, 1; IV, 59, 4
1 ἀγριόω
  1 ἠγριοῦτο IV, 59, 4
1 ἀγχόνη
  1 ἀγχόνῃ V, 66, 18
4 ἄγω
  1 ἄγει IV, 61, 3
  1 ἄγειν V, 66, 5
  1 ἄγων V, 15, 5
  1 ἦγε V, 32, 4
1 ἀγωγή
  1 ἀγωγήν V, 17, 4
1 ἀγωνία
  1 ἀγωνία V, 30, 5
3 ἀγωνίζομαι
  1 ἀγωνίσασθαι IV, 6, 4
  1 ἠγωνισμένον IV, 37, 14
  1 ἠγωνίσω IV, 6, 4
1 ἀδέκαστος
  1 ἀδέκαστον V, 28, 12
1 ἀδελφή
  1 ἀδελφή V, 9, 9
6 ἀδελφός
  3 ἀδελφοῦ IV, 21, 6; IV, 21, 7; V, 22, 7
  1 ἀδελφούς IV, 23, 2
  2 ἀδελφῷ V, 22, 4; V, 22, 8
2 ἄδηλος
  1 ἄδηλος IV, 1, 1
  1 ἀδήλῳ V, 10, 12
1 ἀδήλως
  1 ἀδήλως IV, 87, 3
1 ἀδιάψευστος
  1 ἀδιάψευστον IV, 39, 6
2 ἀδικέω
  1 ἀδικεῖν IV, 39, 4
  1 ἀδικεῖσθαι IV, 39, 4
1 ἀδικία
  1 ἀδικίαν IV, 2, 5
1 ἄδικος
  1 ἄδικος IV, 64, 11
1 ἀδίκως

1 ἀδίκως IV, 84, 5
2 ἀδόκιμος
　1 ἀδόκιμον IV, 10, 5
　1 ἀδοκίμου V, 41, 4
1 ἀδολεσχέω
　1 ἀδολεσχεῖν IV, 64, 14
1 Ἀδριανός (ὁ)
　1 ἀδριανούς V, 14, 4
2 ἀδύνατος
　1 ἀδυνάτοις V, 13, 5
　1 ἀδύνατον V, 60, 5
3 ἄδυτος
　3 ἀδύτοις IV, 52, 3; IV, 56, 5; V, 32, 3
1 Ἀδωναῖος
　1 ἀδωναῖον IV, 73, 8
1 Ἄδωνις
　1 ἀδώνιδος IV, 73, 8
1 ἄεθλος
　1 ἄεθλος V, 1, 1
4 ἀεί
　4 ἀεί IV, 62, 9; V, 52, 4; V, 58, 13; V, 58, 14
1 ἀεροβατέω
　1 ἀεροβατῶν IV, 1, 4
1 ἀηδής
　1 ἀηδῆ IV, 10, 7
3 ἀήρ
　2 ἀέρα V, 43, 1; V, 43, 8
　1 ἀέρι V, 43, 13
2 ἄθεος (θεός)
　1 ἄθεον IV, 89, 2
　1 ἀθέων V, 7, 8
3 ἀθετέω
　1 ἀθετεῖ V, 8, 2
　1 ἀθετήσαντι IV, 3, 3
　1 ἠθετηκότι IV, 3, 3
1 Ἀθηνᾶ
　1 ἀθηνᾶν V, 31, 5
1 ἄθλιος
　1 ἄθλιον V, 66, 17
1 ἄθλον
　1 ἄεθλον V, 1, 25
1 αἰγόκερως
　1 αἰγόκερως V, 9, 13
2 Αἰγύπτιος
　1 αἰγύπτιοι V, 49, 2
　1 αἰγυπτίοις IV, 18, 3
2 αἰδέομαι

2 αἰδούμενος IV, 32, 10; V, 47, 7
3 Ἅιδης
　3 ᾄδου IV, 91, 4; V, 28, 12; V, 58, 16
3 αἰδοῖον
　2 αἰδοῖα IV, 85, 4; V, 49, 8
　1 αἰδοῖον V, 49, 4
1 αἰδώς
　1 αἰδοῖ IV, 10, 7
1 αἰθάλη
　1 αἰθάλην IV, 86, 9
2 Αἰθιοπία
　2 αἰθιοπίας V, 60, 1; V, 60, 2
1 Αἰθίοψ
　1 αἰθιόπων IV, 15, 2
1 αἰκία
　1 αἰκίαις V, 20, 7
4 αἰκίζω
　1 αἰκιζόμενος IV, 95, 3
　1 αἰκίζοντας IV, 83, 7
　1 αἰκισάμενος V, 20, 4
　1 αἰκίσοιτο V, 20, 6
1 αἴκισις
　1 αἰκίσεις V, 2, 12
7 αἷμα
　1 αἵμασι IV, 63, 4
　2 αἵματι IV, 51, 2; IV, 64, 5
　4 αἵματος IV, 63, 3; IV, 64, 3; IV, 81, 1; IV, 103, 10
1 αἰνετός
　1 αἰνετόν V, 57, 2
5 αἰνίσσομαι
　5 αἰνίττεται IV, 9, 2; IV, 45, 2; IV, 62, 10; V, 29, 4; V, 46, 5
1 αἵρεσις
　1 αἵρεσιν IV, 95, 22
1 αἱρέω
　1 ἑλεῖν V, 20, 3
5 αἴρω
　1 αἰρομένας V, 31, 7
　1 αἰρόμενον IV, 80, 4
　1 αἰρόμενος IV, 61, 3
　1 αἰρόντων IV, 95, 7
　1 ἀρθείς IV, 44, 2
1 Ἄϊς
　1 ἄϊδος IV, 91, 5
4 αἰσθάνομαι
　1 αἰσθανόμενος IV, 95, 20
　1 αἰσθόμενος IV, 46, 2

INDEX GRAECITATIS

  2 ᾔσθετο   V, 31, 7; V, 51, 2
6 αἴσθησις
  2 αἰσθήσει   V, 52, 4; V, 63, 5
  2 αἴσθησιν   IV, 4, 10; IV, 41, 4
  2 αἴσθησις   IV, 4, 2; IV, 4, 8
3 αἶσχος
  1 αἴσχεσιν   V, 27, 5
  2 αἴσχη   V, 32, 4; V, 65, 5
7 αἰσχρός
  1 αἴσχιστον   IV, 71, 5
  2 αἰσχίστῳ   V, 46, 6; V, 47, 7
  2 αἰσχρά   V, 27, 1; V, 42, 4
  1 αἰσχράς   V, 42, 6
  1 αἰσχρόν   IV, 105, 12
2 αἰσχρῶς
  2 αἰσχρῶς   V, 42, 5; V, 49, 3
5 αἰτία
  3 αἰτίαν   IV, 38, 10; V, 25, 3; V, 34, 3
  2 αἰτίας   IV, 21, 8; IV, 32, 13
1 αἰτιάομαι
  1 ᾐτιᾶτο   V, 25, 2
1 Αἰτναῖος
  1 αἰτναῖον   IV, 80, 1
1 Αἴτνη
  1 αἴτνη   IV, 80, 1
2 αἰών
  2 αἰώνων   IV, 62, 4; IV, 62, 7
1 αἰώνιος
  1 αἰωνίαν   IV, 25, 3
1 ἀκαθαρσία
  1 ἀκαθαρσίας   IV, 58, 8
1 ἀκάθαρτος
  1 ἀκαθάρτους   IV, 41, 5
1 ἀκακοέργητος
  1 ἀκακούργητα   IV, 104, 10
1 ἀκαριαῖος
  1 ἀκαριαῖα   IV, 68, 5
1 ἀκαταγνώστως
  1 ἀκαταγνώστως   V, 54, 15
1 ἀκατανόητος
  1 ἀκατανόητον   IV, 38, 11
1 ἀκίβδηλος
  1 ἀκίβδηλον   IV, 10, 4
2 ἀκινδύνως
  2 ἀκινδύνως   V, 19, 4; V, 19, 6
1 ἀκίνητος
  1 ἀκινήτῳ   IV, 13, 9
1 ἀκμή

  1 ἀκμῇ   IV, 46, 5
1 ἀκοή
  1 ἀκοῇ   V, 10, 15
2 ἀκολασία
  2 ἀκολασίας   IV, 72, 7; V, 46, 4
1 ἀκολασταίνω
  1 ἀκολασταίνειν   IV, 71, 2
1 ἀκόλαστος
  1 ἀκόλαστος   IV, 64, 11
1 ἀκολουθέω
  1 ἠκολούθησεν   IV, 31, 5
1 ἀκοντί
  1 ἀκοντί   IV, 43, 5
1 ἀκουσίως
  1 ἀκουσίως   IV, 58, 3
6 ἀκούω
  2 ἄκουε   IV, 4, 1; IV, 4, 9
  2 ἀκούσατε   IV, 2, 1; V, 50, 1
  1 ἀκούων   V, 27, 4
  1 ἠκούετο   V, 26, 4
1 ἀκρατοποσία
  1 ἀκρατοποσίᾳ   IV, 79, 2
1 ἄκρατος
  1 ἄκρατον   IV, 67, 12
1 ἀκριβής
  1 ἀκριβῆ   IV, 98, 6
1 ἀκριβῶς
  1 ἀκριβῶς   IV, 95, 8
1 ἀκροατής
  1 ἀκροατήν   IV, 104, 3
4 ἄκρος α ον
  1 ἄκρας   IV, 95, 13
  2 ἄκρον   IV, 29, 2; IV, 29, 7
  1 ἀκρότατον   IV, 95, 12
1 ἀκρωτηριάζω
  1 ἀκρωτηριάζων   IV, 85, 4
1 ἀλαζονεία
  1 ἀλαζονείαν   IV, 56, 5
1 ἀλαζών
  1 ἀλαζών   IV, 56, 2
1 ἀλαόω
  1 ἀλαώσας   V, 61, 23
1 ἀλείφω
  1 ἀλειφόντων   IV, 54, 5
1 Ἀλέξανδρος
  1 ἀλέξανδρος   IV, 37, 14
9 ἀλήθεια
  3 ἀληθείᾳ   IV, 27, 5; IV, 60, 3; V, 4, 6

4 ἀλήθειαν IV, 9, 11; IV, 24, 1; IV, 39, 6; IV, 55, 1
2 ἀληθείας IV, 35, 2; IV, 41, 3
2 ἀληθής
  1 ἀληθῆ IV, 52, 14
  1 ἀληθής IV, 9, 4
6 ἀληθῶς
  6 ἀληθῶς IV, 8, 6; IV, 65, 8; IV, 82, 3; IV, 97, 14; V, 5, 2; V, 23, 1
1 ἁλίσκομαι
  1 ἑάλω V, 47, 4
1 ἀλιτήριος
  1 ἀλιτηρίου IV, 46, 2
  2 ἀλιτήριον IV, 86, 10; IV, 103, 2
  1 ἀλιτήριος IV, 45, 3
1 Ἀλκμήνη
  1 ἀλκμήνη IV, 72, 6
65 ἀλλά
  35 ἀλλ' IV, 10, 5; IV, 10, 6; IV, 11, 5; IV, 21, 9; IV, 26, 1; IV, 27, 5; IV, 34, 4; IV, 42, 4; IV, 42, 5; IV, 44, 1; IV, 52, 1; IV, 54, 5; IV, 57, 5; IV, 66, 12; IV, 74, 8; IV, 86, 4; IV, 95, 17; IV, 95, 22; IV, 99, 4; IV, 100, 6; IV, 105, 4; V, 3, 5; V, 4, 5; V, 9, 17; V, 9, 18; V, 18, 3; V, 22, 4; V, 26, 5; V, 34, 3; V, 47, 6; V, 51, 10; V, 52, 5; V, 53, 7; V, 58, 10; V, 66, 22
  30 ἀλλά IV, 1, 3; IV, 2, 8; IV, 2, 12; IV, 26, 1; IV, 26, 2; IV, 37, 15; IV, 41, 3; IV, 42, 9; IV, 44, 3; IV, 53, 4; IV, 62, 3; IV, 64, 8; IV, 66, 8; IV, 73, 9; IV, 82, 3; IV, 98, 5; IV, 100, 3; IV, 101, 7; IV, 106, 9; V, 1, 8; V, 3, 7; V, 10, 6; V, 29, 5; V, 37, 6; V, 37, 7; V, 50, 3; V, 57, 5; V, 63, 5; V, 66, 5; V, 66, 20
1 ἀλληγορέω
  1 ἀλληγορῶν V, 54, 5
2 ἀλλήλων
  2 ἀλλήλοις IV, 99, 1; IV, 102, 3
1 ἄλλοθι
  1 ἄλλοθι IV, 64, 13
1 ἀλλόκοτος
  1 ἀλλόκοτον V, 33, 10
21 ἄλλος
  6 ἄλλα IV, 4, 7; IV, 84, 4; IV, 100, 4 (2); V, 61, 16; V, 64, 3
  1 ἄλλας IV, 67, 7
  1 ἄλλο V, 24, 1
  3 ἄλλοι IV, 97, 11; IV, 98, 15; IV, 102, 4
  6 ἄλλοις IV, 4, 11; IV, 97, 6; IV, 97, 9; V, 1, 5; V, 44, 3; V, 45, 9
  1 ἄλλον IV, 69, 1
  3 ἄλλων IV, 5, 2; IV, 5, 3; IV, 91, 7
6 ἄλλως
  6 ἄλλως IV, 37, 9; IV, 40, 6; IV, 67, 10 (2); IV, 98, 15 (2)
1 ἅλμα
  1 ἅλματα IV, 104, 13
1 ἀλογία
  1 ἀλογίαν IV, 6, 6
2 ἀλόγιστος
  2 ἀλόγιστον IV, 37, 10; IV, 38, 13
3 ἄλογος
  1 ἄλογον V, 43, 5
  1 ἄλογος IV, 66, 7
  1 ἀλόγῳ V, 3, 3
1 ἀλουργίς
  1 ἀλουργίδος IV, 103, 5
2 ἀλώπηξ
  2 ἀλώπεκος IV, 74, 3; IV, 104, 4
1 ἅλωσις
  1 ἅλωσιν V, 20, 4
1 ἁλωτός
  1 ἁλωτόν V, 12, 7
5 ἅμα
  5 ἅμα IV, 95, 14; V, 4, 8; V, 5, 3; V, 32, 3; V, 66, 9
4 ἁμαρτάνω
  2 ἁμαρτεῖν V, 52, 2; V, 52, 4
  1 ἁμαρτόντας V, 51, 1
  1 ἡμαρτημένων V, 58, 19
1 ἁμαρτητικός
  1 ἁμαρτητικόν V, 51, 7
7 ἁμαρτία
  1 ἁμαρτία V, 51, 8
  1 ἁμαρτίᾳ V, 51, 10
  1 ἁμαρτίαν V, 57, 6
  4 ἁμαρτίας IV, 31, 3; IV, 46, 7; V, 51, 14; V, 52, 6
1 ἁμαρτωλός

INDEX GRAECITATIS 173

1 ἁμαρτωλῶν   IV, 9, 9
1 ἄμαχος
  1 ἄμαχον   V, 66, 19
1 ἀμεταστρεπτί
  1 ἀμεταστρεπτί   V, 24, 4
1 ἀμήχανος
  1 ἀμήχανον   V, 60, 6
2 ἁμιλλάομαι
  2 ἡμιλλήθη   IV, 36, 1; IV, 36, 2
1 ἀμισθί
  1 ἀμισθί   IV, 49, 9
1 ἄμμος
  1 ἄμμον   IV, 19, 6
1 ἀμπίσχω
  1 ἀμπισχόμενον   V, 10, 10
1 ἄμυνα
  1 ἄμυναν   V, 16, 2
1 ἀμύνω
  1 ἀμύνεσθαι   IV, 95, 5
1 ἀμφιέννυμι
  1 ἠμφιεσμένης   IV, 104, 2
3 ἀμφότερος
  2 ἀμφοτέροις   IV, 21, 9; IV, 37, 5
  1 ἀμφοτέρους   IV, 23, 2
4 ἄμφω
  2 ἀμφοῖν   IV, 32, 13; IV, 85, 2
  2 ἄμφω   IV, 99, 1 (2)
1 ἀμωσγέπως
  1 ἀμωσγέπως   IV, 101, 5
28 ἄν
  24 ἄν   IV, 37, 2; IV, 38, 8; IV, 45, 2; IV, 45, 4; IV, 46, 4; IV, 57, 2; IV, 58, 2; IV, 69, 1; IV, 79, 4; IV, 82, 4; IV, 85, 8; IV, 86, 1; IV, 97, 4; IV, 98, 17; IV, 104, 4; IV, 104, 12; V, 4, 10; V, 10, 12; V, 16, 1; V, 19, 6; V, 33, 4; V, 50, 6 (2); V, 51, 6
  4 κἄν   IV, 65, 12; IV, 105, 10; V, 13, 2; V, 62, 14
1 ἀνά
  1 ἀνά   IV, 101, 7
1 ἀναβάλλω
  1 ἀνεβάλλετο   V, 39, 3
1 ἀνάβασις
  1 ἀναβάσει   V, 22, 6
1 ἀναβλέπω
  1 ἀναβλέψαντες   IV, 79, 3
1 ἀναβράζω

  1 ἀναβρασθέντι   IV, 56, 4
1 ἀναγιγνώσκω
  1 ἀνεγνωκέναι   IV, 95, 9
1 ἀναγκάζω
  1 ἀναγκάζομαι   IV, 51, 4
1 ἀναγκαῖος
  1 ἀναγκαῖον   IV, 22, 1
1 ἀναγκαίως
  1 ἀναγκαίως   IV, 1, 12
8 ἀνάγκη
  3 ἀνάγκη   IV, 29, 4; IV, 32, 13; IV, 98, 10
  1 ἀνάγκῃ   V, 24, 3
  2 ἀνάγκην   IV, 95, 21; IV, 95, 22
  2 ἀνάγκης   IV, 99, 5; V, 19, 3
1 ἀναγορεύω
  1 ἀνηγόρευον   IV, 89, 3
1 ἀνάγω
  1 ἀναχθείς   IV, 38, 7
1 ἀνάγωγος
  1 ἀνάγωγον   IV, 105, 13
4 ἀναδείκνυμι
  1 ἀναδείκνυσι   IV, 52, 5
  2 ἀναδείξαντι   IV, 36, 1 (2)
  1 ἀνέδειξεν   IV, 32, 2
1 ἀναδέμω
  1 ἀναδείμασθαι   V, 4, 5
1 ἀναδέω (-δήσω)
  1 ἀνέδησεν   IV, 42, 6
1 ἀναθυμίασις
  1 ἀναθυμιάσεως   IV, 93, 2
1 ἀναίμακτος
  1 ἀναίμακτον   IV, 51, 5
1 ἀναιμωτί
  1 ἀναιμωτί   V, 24, 5
7 ἀναιρέω
  1 ἀναιρεθῆναι   IV, 32, 9
  1 ἀναιρουμένους   IV, 87, 2
  2 ἀνεῖλεν   IV, 32, 12; IV, 91, 3
  1 ἀνελών   IV, 32, 6
  1 ἀνῃρέθη   IV, 32, 5
  1 ἀνῃρῆσθαι   V, 22, 9
1 ἀναίτιος
  1 ἀναίτιον   IV, 43, 3
1 ἀνακείρω
  1 ἀνακείραντες   IV, 82, 2
1 ἀνάκλησις
  1 ἀνάκλησιν   V, 4, 5

1 ἀνακόπτω
  1 ἀνακόψῃ IV, 25, 5
3 ἀναλαμβάνω
  1 ἀναλαβομένην V, 31, 6
  1 ἀναλαμβάνει V, 39, 2
  1 ἀναλαμβανόμενος IV, 27, 4
2 ἀναμάρτητος
  1 ἀναμάρτητον V, 51, 5
  1 ἀναμάρτητος V, 51, 4
1 ἀνανδρία
  1 ἀνανδρία V, 13, 3
1 ἀνάπαλιν
  1 ἀνάπαλιν IV, 99, 6
1 ἀναπέμπω
  1 ἀναπεμπόμενον IV, 80, 8
2 ἀναπλάσσω
  1 ἀναπλάττοντες IV, 89, 1
  1 ἀνέπλαττον IV, 89, 3
1 ἀναπνέω
  1 ἀναπνεῖν V, 66, 17
1 ἀνάπτω
  1 ἀνάψαντες V, 24, 3
1 ἀναρπάζω
  1 ἀναρπασθείς V, 38, 3
1 ἀνάρπαστος
  1 ἀνάρπαστος V, 49, 9
2 ἀνασκευή
  1 ἀνασκευῆς V, 66, 13
  1 ἀνασκευῶν IV, 1, 12
1 ἀνάστασις
  1 ἀνάστασιν IV, 17, 6
1 ἀνάστημα
  1 ἀνάστημα V, 62, 15
1 ἀνατέλλω
  1 ἀνατεῖλαι IV, 72, 8
2 ἀνατέμνω
  2 ἀνατεμνομένων IV, 52, 2; IV, 87, 4
1 ἀνατίθημι
  1 ἀνατιθέντων V, 8, 3
2 ἀνατομή
  1 ἀνατομαῖς V, 22, 13
  1 ἀνατομῆς V, 22, 12
3 ἀνατρέπω
  1 ἀνατραπῆναι IV, 35, 2
  1 ἀνατρέπει IV, 73, 11
  1 ἀνατρέποντος IV, 73, 13
1 ἀναφέρω
  1 ἀναφερομένου V, 45, 5

1 ἀναφύσησις
  1 ἀναφυσήσεις V, 31, 1
1 ἀναφωνέω
  1 ἀναφωνηθέν IV, 46, 6
1 ἀναχρονίζω
  1 ἀναχρονίσας IV, 22, 2
3 ἀνδρεία
  1 ἀνδρία V, 13, 3
  1 ἀνδρίᾳ V, 14, 6
  1 ἀνδρίας V, 13, 3
1 ἀνδρικός
  1 ἀνδρικῶν V, 66, 28
1 ἀνδρώδης
  1 ἀνδρώδη V, 66, 23
2 ἄνειμι (εἶμι)
  2 ἄνεισι IV, 53, 1; V, 61, 9
1 ἀνεπαχθῶς
  1 ἀνεπαχθῶς V, 50, 3
1 ἀνεπίδεκτος
  1 ἀνεπιδέκτους IV, 67, 10
1 ἄνεσις
  1 ἀνέσεως V, 52, 3
1 ἀνεύθυνος
  1 ἀνεύθυνον V, 51, 7
13 ἀνήρ
  3 ἄνδρα V, 23, 2; V, 33, 5; V, 61, 12
  1 ἀνδρί V, 61, 13
  4 ἀνδρός IV, 54, 1; V, 1, 20; V, 33, 1; V, 50, 1
  1 ἀνδρῶν V, 49, 8
  1 ἄνερ V, 65, 3
  3 ἀνήρ IV, 38, 5; IV, 105, 6; V, 61, 12
1 ἀνθίστημι
  1 ἀντέστησαν IV, 11, 5
1 ἄνθος (τό)
  1 ἄνθος IV, 103, 9
5 ἀνθρώπινος
  1 ἀνθρωπίνην V, 51, 5
  3 ἀνθρωπίνης IV, 67, 4; V, 51, 6; V, 51, 8
  1 ἀνθρωπίνων V, 3, 8
9 ἄνθρωπος
  1 ἄνθρωποι IV, 103, 8
  1 ἀνθρώποις IV, 17, 3
  1 ἄνθρωπον V, 51, 16
  2 ἄνθρωπος IV, 63, 2; V, 9, 12
  1 ἀνθρώπους IV, 85, 7

3 ἀνθρώπων IV, 102, 10; IV, 104, 12; V, 61, 9
3 ἀνόητος
  3 ἀνόητον IV, 38, 13; IV, 105, 10; V, 13, 9
3 ἄνοια
  1 ἀνοίᾳ V, 14, 9
  1 ἄνοιαν IV, 69, 4
  1 ἀνοίας IV, 103, 3
1 ἀνόμως
  1 ἀνόμως V, 41, 3
3 ἀνόσιος
  1 ἀνόσιον IV, 104, 11
  1 ἀνόσιος IV, 95, 20
  1 ἀνοσίῳ IV, 51, 2
1 ἀνοχή
  1 ἀνοχῆς V, 39, 3
1 ἀνταποδίδωμι
  1 ἀνταποδίδως V, 38, 2
2 ἀνταπόδοσις
  2 ἀνταπόδοσιν IV, 57, 5; V, 34, 5
1 ἀντεισάγω
  1 ἀντεισάγων IV, 30, 6
1 ἀντεξετάζω
  1 ἀντεξετάζει IV, 105, 7
1 ἀντερείδω
  1 ἀντερείδοντος V, 18, 4
2 ἀντέχω
  1 ἀνθεκτέον V, 13, 8
  1 ἀντισχών IV, 41, 8
13 ἀντί
  2 ἀνθ' V, 38, 2; V, 59, 14
  11 ἀντί IV, 15, 2; IV, 27, 1; IV, 54, 2; IV, 90, 3; IV, 97, 10; IV, 98, 4; V, 27, 7; V, 56, 3; V, 59, 1; V, 59, 10; V, 59, 17
1 ἀντιβαίνω
  1 ἀντέβησαν IV, 11, 4
2 ἀντίγραφος
  2 ἀντιγράφων IV, 54, 2; IV, 73, 5
1 ἀντιδίδωμι
  1 ἀντιδοῦναι V, 56, 3
1 ἀντιδοξέω
  1 ἀντιδοξοῦντας V, 61, 3
2 ἀντίδοσις
  1 ἀντιδόσεις V, 58, 19
  1 ἀντίδοσιν IV, 95, 23
2 ἀντίθεσις
  1 ἀντίθεσιν IV, 66, 6

1 ἀντίθεσις V, 27, 2
2 ἀντιλέγω
  1 ἀντιλέγειν IV, 95, 19
  1 ἀντιλεγόντων IV, 38, 3
2 ἀντιμετρέω
  1 ἀντιμετρῆσαι V, 56, 2
  1 ἀντιμετρούμενα V, 2, 7
1 ἀντιμηχανάομαι
  1 ἀντεμηχανᾶτο V, 14, 3
2 Ἀντίνοος
  1 ἀντίνοον V, 59, 8
  1 ἀντινόου V, 1, 19
3 Ἀντιόχεια
  1 ἀντιοχείᾳ V, 64, 2
  2 ἀντιοχείας IV, 32, 3; IV, 87, 2
3 Ἀντιοχεύς
  2 ἀντιοχεῖς IV, 73, 10; V, 64, 3
  1 ἀντιοχέων V, 64, 14
1 Ἀντιοχικός
  1 ἀντιοχικόν V, 64, 7
1 ἀντίπαλος
  1 ἀντίπαλον V, 34, 2
1 ἀντιπαράθεσις
  1 ἀντιπαραθέσεως IV, 4, 4
1 ἀντιπίπτω
  1 ἀντιπίπτον V, 13, 9
1 ἀντίρρησις
  1 ἀντίρρησιν V, 66, 19
1 ἀντισηκόω
  1 ἀντισηκῶσαι V, 56, 2
1 ἀντισκώπτω
  1 ἀντισκώπτοντες IV, 73, 2
1 ἀντισταθμάω
  1 ἀντισταθμᾶται V, 2, 6
1 ἀντιταλαντεύω
  1 ἀντιταλαντεύεται V, 2, 1
1 ἀντιτάσσω
  1 ἀντιτάσσεται IV, 30, 4
2 ἀντιτίθημι
  1 ἀντιτιθείς IV, 65, 7
  1 ἀντιτίθεται V, 2, 6
1 Ἀντρώνιος
  1 ἀντρώνιος V, 30, 3
1 ἀνύποιστος
  1 ἀνυποίστοις V, 20, 6
1 ἀνυπόστατος
  1 ἀνυπόστατον IV, 105, 9
2 ἄνω (ἀνά)
  2 ἄνω IV, 9, 5; IV, 80, 3

1 ἄνωθεν
  1 ἄνωθεν   V, 1, 13
1 ἀξιόλογος
  1 ἀξιολόγων   IV, 97, 8
12 ἄξιος
  3 ἄξια   IV, 52, 13; IV, 79, 6; V, 62, 12
  5 ἄξιον   IV, 38, 9; V, 22, 13; V, 23, 1; V, 23, 2; V, 53, 6
  3 ἄξιος   IV, 8, 6; IV, 84, 6; V, 28, 7
  1 ἀξίων   V, 66, 6
2 ἀξιόω
  1 ἠξιοῦντο   IV, 21, 8
  1 ἠξιωμένοι   V, 58, 16
2 ἀξίωμα
  1 ἀξιώματι   IV, 21, 5
  1 ἀξιώματος   IV, 32, 4
2 ἀξίως
  2 ἀξίως   IV, 44, 8; V, 56, 5
2 ἀοιδή
  1 ᾠδήν   IV, 10, 4
  1 ᾠδῆς   V, 54, 14
1 ἄορ
  1 ἄορ   IV, 98, 9
1 ἀπαγορεύω
  1 ἀπεῖπον   V, 1, 16
1 ἀπαίδευτος
  1 ἀπαίδευτον   IV, 62, 3
1 ἀπαιθαλόω
  1 ἀπηθάλωσε   IV, 88, 5
3 ἀπαιτέω
  2 ἀπαιτεῖν   IV, 37, 17; IV, 95, 7
  1 ἀπαιτηθείς   V, 22, 12
1 ἀπαλλάσσω
  1 ἀπηλλάγη   IV, 64, 10
1 ἁπαλός
  1 ἁπαλῷ   V, 66, 29
1 ἀπανθρακόω
  1 ἀπανθρακωθείς   IV, 64, 10
4 ἀπανθρωπία
  4 ἀπανθρωπίαν   IV, 76, 3; IV, 85, 1; IV, 85, 3; V, 66, 9
2 ἀπάνθρωπος
  2 ἀπάνθρωπον   IV, 59, 2; IV, 76, 1
1 ἀπανθρώπως
  1 ἀπανθρώπως   V, 59, 14
1 ἀπανούργως
  1 ἀπανούργως   IV, 74, 9
1 ἀπαξιόω
  1 ἀπαξιοῦσα   IV, 17, 8
1 ἀπαριθμέω
  1 ἀπαριθμεῖται   IV, 61, 7
10 ἅπας
  1 ἅπαν   IV, 84, 3
  1 ἅπαντα   IV, 83, 2
  1 ἅπαντες   V, 6, 1
  3 ἁπάντων   IV, 48, 6; IV, 49, 4; IV, 96, 6
  1 ἅπασαν   IV, 106, 11
  1 ἁπάσῃ   V, 66, 20
  1 ἁπάσης   V, 33, 5
  1 ἅπασιν   V, 13, 10
5 ἀπάτη
  2 ἀπάταις   IV, 1, 5; V, 20, 8
  1 ἀπάτῃ   V, 51, 13
  2 ἀπάτην   V, 29, 4; V, 29, 9
3 ἀπατηλός
  1 ἀπατηλά   IV, 55, 3
  1 ἀπατηλαῖς   IV, 77, 3
  1 ἀπατηλοῖς   V, 9, 15
2 ἀπεικάζω
  1 ἀπείκαζεν   V, 31, 3
  1 ἀπεικάζων   V, 46, 5
1 ἀπειλικρινέω
  1 ἀπειλικρινῶν   IV, 67, 8
3 ἀπείργω
  1 ἀπειργόντων   V, 1, 17
  1 ἀπείργων   IV, 101, 8
  1 ἀπεῖρξαν   V, 41, 4
1 ἀπελαύνω
  1 ἀπελήλαντο   IV, 88, 5
1 ἀπεπτέω
  1 ἀπεπτῆσαι   V, 64, 17
1 ἀπερεύγομαι
  1 ἀπερεύγεται   IV, 80, 3
1 ἀπέρχομαι
  1 ἀπελθοῦσιν   IV, 4, 10
2 ἄπιστος
  1 ἀπίστου   V, 10, 11
  1 ἀπίστῳ   IV, 80, 5
1 ἀπλήστως
  1 ἀπλήστως   V, 64, 17
3 ἁπλότης
  1 ἁπλότητα   IV, 76, 5
  2 ἁπλότητι   IV, 4, 6; IV, 34, 2
2 ἁπλῶς

2 ἁπλῶς   IV, 66, 12; V, 50, 2
29 ἀπό
  1 ἀπ'   IV, 53, 2
  25 ἀπό   IV, 16, 2; IV, 21, 10; IV, 21, 11; IV, 53, 4; IV, 73, 4 (2); IV, 73, 5; IV, 73, 8; IV, 73, 12; IV, 74, 2; IV, 74, 3; IV, 91, 6; IV, 95, 7; IV, 101, 5; IV, 104, 4; V, 10, 11; V, 14, 12; V, 24, 6; V, 29, 2; V, 45, 5; V, 47, 2 (2); V, 51, 8; V, 59, 11; V, 61, 5
  3 ἀφ'   IV, 13, 4; IV, 53, 3; IV, 54, 4
2 ἀποβαίνω
  1 ἀποβάς   V, 61, 9
  1 ἀποβεβηκός   V, 51, 14
1 ἀποβάλλω
  1 ἀποβέβληται   V, 54, 11
1 ἀπόβλητος
  1 ἀπόβλητον   V, 54, 6
1 ἀπογίγνομαι
  1 ἀπογιγνομένων   IV, 17, 3
1 ἀπόγνωσις
  1 ἀπογνώσει   V, 24, 3
2 ἀπογυμνόω
  2 ἀπογυμνοῖ   IV, 103, 4; V, 64, 11
2 ἀποδείκνυμι
  1 ἀποδεικνύμενος   IV, 27, 7
  1 ἀποδειχθείς   IV, 38, 7
2 ἀπόδειξις
  1 ἀποδείξεων   IV, 1, 14
  1 ἀπόδειξιν   IV, 97, 5
5 ἀποδίδωμι
  1 ἀποδεδομένα   V, 26, 8
  1 ἀποδέδοται   V, 39, 2
  1 ἀποδιδόμενα   V, 2, 7
  1 ἀποδιδομένων   V, 66, 26
  1 ἀποδίδωσιν   V, 43, 1
1 ἀποθεσπίζω
  1 ἀποθεσπίζειν   V, 45, 8
2 ἀποκαλέω
  2 ἀποκαλῶν   IV, 10, 4; IV, 62, 3
1 ἀποκάλυψις
  1 ἀποκάλυψιν   IV, 17, 6
1 ἀποκαραδοκέω
  1 ἀποκαραδοκεῖ   IV, 17, 5
1 ἀπόκειμαι
  1 ἀποκειμένων   IV, 49, 7

1 ἀποκηρύσσω
  1 ἀποκηρύττω   IV, 11, 1
1 ἀποκλείω
  1 ἀποκλείσαντες   V, 41, 3
1 ἀποκόπτω
  1 ἀποκέκοπται   V, 49, 8
2 ἀποκρίνω
  1 ἀποκεκρίσθαι   IV, 4, 11
  1 ἀποκέκριται   IV, 95, 15
1 ἀποκρύπτω
  1 ἀποκρυψάντων   IV, 84, 4
1 ἀπόκρυφος
  1 ἀποκρύφων   V, 4, 3
1 ἀπολακτίζω
  1 ἀπελάκτισεν   IV, 29, 7
1 ἀπολαμβάνω
  1 ἀπειλήφει   V, 1, 23
4 ἀπόλλυμι
  1 ἀπολεῖται   IV, 95, 10
  1 ἀπολωλεκώς   V, 1, 6
  1 ἀπολωλέναι   IV, 84, 3
  1 ἀπώλετο   V, 1, 28
1 Ἀπόλλων
  1 ἀπόλλωνα   IV, 62, 10
2 ἀπολογέομαι
  1 ἀπολελόγημαι   IV, 33, 3
  1 ἀπολογεῖται   IV, 33, 1
2 ἀπολογία
  2 ἀπολογία   IV, 59, 1; IV, 59, 4
1 ἀπόνοια
  1 ἀπονοίας   IV, 46, 4
1 ἀποπέμπω
  1 ἀπέπεμπεν   V, 29, 7
3 ἄποπτος
  1 ἄποπτον   IV, 2, 9
  1 ἀπόπτου   IV, 2, 12
  1 ἀπόπτῳ   IV, 2, 14
1 ἀπορέω
  1 ἠπορηκότων   V, 59, 7
2 ἀπορρήγνυμι
  2 ἀπορρήξας   V, 17, 1; V, 17, 2
1 ἀπόρρητος
  1 ἀπορρητοτέραν   IV, 44, 1
2 ἀπορρίπτω
  1 ἀπέρριψε   V, 25, 5
  1 ἀπορρίψαντι   IV, 12, 4
1 ἀπορρύπτω
  1 ἀπορρύπτεται   IV, 51, 3
1 ἀποσείω

1 ἀποσεισαμένων V, 21, 9
2 ἀποσκώπτω
  1 ἀπέσκωψαν V, 64, 2
  1 ἀποσκώπτοντες IV, 73, 10
3 ἀποστασία
  3 ἀποστασίαν IV, 29, 6; IV, 53, 3; V, 64, 5
2 ἀπόστασις
  1 ἀποστάσεως V, 25, 3
  1 ἀπόστασιν IV, 21, 10
7 ἀποστάτης
  2 ἀποστάτην IV, 12, 3; V, 21, 8
  1 ἀποστάτης IV, 74, 7
  4 ἀποστάτου IV, 4, 3; IV, 104, 6; V, 33, 3; V, 66, 7
3 ἀποστερέω
  1 ἀπεστέρει IV, 95, 3
  1 ἀποστερεῖν IV, 69, 10
  1 ἀποστερήσας V, 61, 24
1 ἀποστολικός
  1 ἀποστολικόν IV, 17, 1
1 ἀπόστολος
  1 ἀποστόλων IV, 97, 8
2 ἀποστρέφω
  2 ἀποστρέψας IV, 62, 2; IV, 104, 3
1 ἀποστροφή
  1 ἀποστροφήν IV, 6, 1
3 ἀποτέμνω
  2 ἀποτέμνων IV, 85, 5; IV, 90, 3
  1 ἀποτεμών V, 17, 2
1 ἀπότομος
  1 ἀπότομοι V, 60, 2
2 ἀποτυγχάνω
  1 ἀποτυγχάνων IV, 59, 3
  1 ἀποτυχεῖν IV, 75, 2
2 ἀποφεύγω
  1 ἀποπέφευγε IV, 25, 3
  1 ἀποφυγεῖν V, 52, 5
1 ἀπόφθεγμα
  1 ἀπόφθεγμα V, 25, 6
1 ἀποφοιβάζω
  1 ἀπεφοίβασας V, 65, 3
1 ἀποφράσσω
  1 ἀποφράττειν V, 41, 6
1 ἀποφυγή
  1 ἀποφυγῇ IV, 14, 6
1 ἄπρακτος
  1 ἀπράκτους V, 29, 7

1 ἅπτω
  1 ἅψασθαι V, 3, 8
2 ἀπώλεια
  1 ἀπωλείᾳ V, 40, 6
  1 ἀπωλείας IV, 49, 2
1 ἄρα
  1 ἄρα V, 21, 2
1 Ἀραβικός
  1 ἀραβικόν V, 59, 16
1 ἀραιός
  1 ἀραιῷ V, 43, 13
1 ἀργύρεος
  1 ἀργυρᾶν IV, 67, 6
1 Ἀρεθούσιος
  1 ἀρεθούσιον V, 62, 11
2 Ἀρειανός
  2 ἀρειανοῖς IV, 4, 6; IV, 34, 2
1 ἀρέσκω
  1 ἀρέσκονται V, 58, 4
7 ἀρετή
  1 ἀρετῇ IV, 36, 3
  2 ἀρετήν IV, 39, 3; IV, 40, 6
  4 ἀρετῆς IV, 67, 5; IV, 67, 11; IV, 95, 12; IV, 104, 13
1 Ἄρης
  1 ἄρεως V, 47, 4
1 Ἀριάδνη
  1 ἀριάδνῃ V, 9, 2
4 ἀριθμός
  2 ἀριθμοῦ IV, 20, 5 (2)
  2 ἀριθμῷ IV, 20, 1; IV, 20, 2
1 Ἀρισταγόρας
  1 ἀρισταγόραν V, 25, 4
1 Ἀριστοτέλης
  1 ἀριστοτέλην IV, 40, 4
4 ἀρκέω
  1 ἀρκούσης IV, 72, 9
  2 ἤρκει IV, 90, 3; IV, 97, 5
  1 ἤρκεσε IV, 86, 5
1 ἄρκυς
  1 ἄρκυσιν IV, 46, 1
1 ἁρμόζω
  1 ἁρμοττόμενον V, 9, 22
1 ἁρμονία
  1 ἁρμονίαν V, 9, 21
2 ἄρνησις
  2 ἄρνησιν IV, 79, 5; V, 27, 3
1 ἀροτριάω
  1 ἀροτριῶντα IV, 72, 2

INDEX GRAECITATIS

1 ἄροτρον
  1 ἀρότρου IV, 73, 13
1 ἁρπάζω
  1 ἁρπάσας V, 9, 11
1 ἄρρητος
  1 ἀρρήτου V, 15, 4
1 ἄρσην
  1 ἄρρενος V, 49, 6
1 Ἀρταξέρξης
  1 ἀρταξέρξου V, 22, 4
1 Ἀρταφέρνης
  1 ἀρταφέρνης V, 25, 2
1 ἄρτι
  1 ἄρτι IV, 106, 7
1 ἄρτος
  1 ἄρτος IV, 19, 1
3 ἀρχή
  3 ἀρχήν IV, 68, 2; IV, 69, 6; V, 51, 1
1 ἀρχιτέκτων
  1 ἀρχιτέκτων IV, 97, 14
1 ἀσαφής
  1 ἀσαφῶν V, 66, 2
1 ἀσαφῶς
  1 ἀσαφῶς IV, 30, 2
1 ἄσβεστος
  1 ἀσβέστῳ V, 47, 5
19 ἀσέβεια
  1 ἀσεβείᾳ IV, 36, 3
  7 ἀσέβειαν IV, 14, 2; IV, 14, 5; IV, 25, 4; IV, 28, 7; IV, 54, 5; IV, 76, 4; V, 28, 2
  11 ἀσεβείας IV, 13, 5; IV, 28, 1; IV, 28, 2; IV, 28, 4; IV, 46, 4; IV, 52, 6; IV, 82, 3; IV, 105, 12; V, 28, 3; V, 35, 4; V, 65, 5
1 ἀσεβέω
  1 ἀσεβούντων V, 7, 11
11 ἀσεβής
  1 ἀσεβεῖς V, 41, 3
  1 ἀσεβέσιν V, 2, 7
  1 ἀσεβέστατε IV, 62, 1
  1 ἀσεβέστατον IV, 34, 6
  2 ἀσεβῆ IV, 14, 3; V, 14, 2
  5 ἀσεβῶν IV, 9, 8; V, 1, 25; V, 5, 4; V, 39, 3; V, 62, 13
1 ἀσελγαίνω
  1 ἀσελγαίνων V, 49, 6
1 ἀσέλγεια

1 ἀσελγείας V, 46, 3
3 ἀσελγής
  2 ἀσελγές V, 32, 1; V, 32, 5
  1 ἀσελγῆ V, 9, 7
2 ἀσθενής
  1 ἀσθενής IV, 74, 5
  1 ἀσθενοῦς IV, 105, 12
1 ἄσθμα
  1 ἄσθμα IV, 80, 8
2 Ἀσία
  1 ἀσία IV, 28, 1
  1 ἀσίᾳ IV, 28, 5
2 ἀσκέω
  1 ἀσκούμενος V, 1, 11
  1 ἠσκηκότων IV, 65, 8
1 ἀσκητής
  1 ἀσκητῶν IV, 65, 7
1 ἀσκός
  1 ἀσκῷ V, 61, 19
1 ᾆσμα
  1 ᾀσμάτων V, 54, 12
2 ἄσοφος
  2 ἀσόφων V, 35, 1; V, 35, 2
3 ἀσπάζομαι (-ω)
  3 ἠσπασάμην IV, 96, 1; IV, 96, 3; IV, 96, 6
1 ἀσπίς
  1 ἀσπίδα IV, 106, 3
5 ἀστήρ
  5 ἀστέρας V, 9, 1; V, 9, 4; V, 9, 16; V, 9, 17; V, 9, 19
1 ἀστραπή
  1 ἀστραπή IV, 86, 7
1 ἀστράπτω
  1 ἀστράπτουσα IV, 93, 5
1 ἀστρολόγος
  1 ἀστρολόγων V, 8, 5
2 ἄστρον
  1 ἄστροις V, 10, 3
  1 ἄστρων V, 8, 3
2 ἀστρονομία
  1 ἀστρονομίᾳ IV, 28, 6
  1 ἀστρονομίαν IV, 28, 2
1 ἀσύγκριτος
  1 ἀσύγκριτα IV, 106, 14
2 ἀσυλλόγιστος
  1 ἀσυλλόγιστα IV, 99, 7
  1 ἀσυλλόγιστον IV, 38, 11
2 ἀσφάλεια

1 ἀσφάλειαν V, 5, 4
1 ἀσφαλείας V, 13, 6
3 ἀσφαλής
  1 ἀσφαλεῖ IV, 14, 6
  1 ἀσφαλές V, 14, 6
  1 ἀσφαλής V, 33, 4
1 ἀσωμάτως
  1 ἀσωμάτως V, 43, 12
2 ἄτακτος
  1 ἀτάκτοις V, 22, 2
  1 ἀτάκτῳ V, 14, 9
1 ἀτειρής
  1 ἀτειρῆ IV, 72, 10
1 ἀτέκμαρτος
  1 ἀτέκμαρτον IV, 43, 2
3 ἀτιμάζω
  1 ἀτιμαζόμενον V, 7, 8
  1 ἀτιμάζων V, 54, 3
  1 ἀτιμάσαντες V, 3, 2
2 ἀτιμία
  1 ἀτιμία V, 53, 7
  1 ἀτιμίαν V, 27, 8
1 ἀτονέω
  1 ἠτονηκότες V, 1, 16
1 ἄτρυτος
  1 ἀτρύτῳ IV, 74, 5
2 Ἄττις
  1 ἄττιδες V, 49, 1
  1 ἄττις V, 49, 7
3 ἀτυχέω
  2 ἀτυχεῖν IV, 71, 1; IV, 71, 2
  1 ἀτυχησάσης IV, 88, 1
1 ἀτύχημα
  1 ἀτυχήματος IV, 64, 11
1 αὐγή
  1 αὐγαῖς IV, 41, 3
3 αὖθις
  3 αὖθις IV, 13, 9; IV, 80, 4; V, 66, 10
1 αὐλέω
  1 αὐλεῖν V, 31, 6
2 αὐλός
  1 αὐλοῖς V, 31, 8
  1 αὐλούς V, 31, 5
1 αὔρα
  1 αὖραι IV, 52, 14
1 αὔριον
  1 αὔριον IV, 19, 3
1 αὐτάρ

1 αὐτάρ IV, 58, 5
1 αὐτίκα
  1 αὐτίκα V, 51, 3
2 αὐτοεργός
  1 αὐτουργόν IV, 65, 6
  1 αὐτουργός IV, 44, 4
1 αὐτοκράτωρ
  1 αὐτοκράτωρ IV, 2, 3
3 αὐτόματος
  1 αὐτόματον V, 3, 3
  1 αὐτομάτῳ V, 3, 1
  1 ταυτομάτου IV, 47, 3
2 αὐτομάτως
  2 αὐτομάτως V, 3, 4; V, 34, 3
2 αὐτομολέω
  1 αὐτομολεῖ V, 20, 5
  1 αὐτομολησάντων IV, 49, 3
1 αὐτονομία
  1 αὐτονομίᾳ V, 9, 3
169 αὐτός
  4 αὐτά IV, 13, 10; IV, 98, 11; IV, 100, 3; V, 55, 2
  1 αὐταῖς IV, 104, 11
  2 αὐτάς V, 12, 4; V, 53, 4
  3 αὐτῇ IV, 64, 9; V, 18, 4; V, 19, 4
  2 αὐτήν IV, 38, 10; IV, 38, 12
  7 αὐτῆς IV, 18, 3; IV, 56, 7; IV, 83, 5; IV, 100, 9; IV, 103, 4; V, 10, 14; V, 62, 5
  4 αὐτό IV, 13, 6; IV, 44, 8; IV, 57, 5; V, 9, 17
  2 αὐτοί IV, 95, 16; V, 49, 5
  11 αὐτοῖς IV, 40, 7; IV, 49, 10; IV, 70, 1; IV, 86, 9; IV, 97, 4; IV, 105, 4; V, 2, 4; V, 4, 1; V, 57, 5; V, 66, 11; V, 66, 12
  28 αὐτόν IV, 1, 2; IV, 2, 6; IV, 4, 2; IV, 6, 2; IV, 6, 4; IV, 25, 2; IV, 32, 9; IV, 37, 3; IV, 37, 12; IV, 39, 7; IV, 42, 10; IV, 62, 2; IV, 62, 11; IV, 72, 1; IV, 73, 3; IV, 73, 7; IV, 84, 4; IV, 89, 2; IV, 89, 3; V, 1, 8; V, 9, 10; V, 22, 8; V, 27, 7; V, 59, 13; V, 59, 18; V, 61, 19; V, 64, 3; V, 66, 16
  19 αὐτός IV, 9, 8; IV, 10, 8; IV, 16, 2; IV, 47, 6; IV, 72, 4; IV, 77, 2; IV, 84, 3; IV, 85, 9; IV,

INDEX GRAECITATIS   181

    95, 11; IV, 97, 1; IV, 97, 5; V, 12, 5; V, 14, 3; V, 22, 6; V, 31, 3; V, 47, 5; V, 49, 3; V, 63, 4; V, 64, 4
33 αὐτοῦ   IV, 1, 3; IV, 2, 15; IV, 16, 3; IV, 25, 2; IV, 26, 3; IV, 32, 6; IV, 33, 4; IV, 37, 4; IV, 42, 8; IV, 46, 2; IV, 46, 4; IV, 51, 1; IV, 56, 5; IV, 57, 5; IV, 65, 4; IV, 69, 5; IV, 69, 6; IV, 73, 4; IV, 83, 3; IV, 87, 2; IV, 88, 3; IV, 88, 5; IV, 103, 6; V, 8, 4; V, 9, 20; V, 12, 6; V, 28, 11; V, 30, 7; V, 48, 5; V, 59, 18; V, 66, 9; V, 66, 16; V, 66, 18
7 αὐτούς   IV, 40, 5; IV, 65, 4; IV, 95, 19; IV, 100, 8; V, 4, 6; V, 56, 5; V, 57, 4
23 αὐτῷ   IV, 6, 6; IV, 28, 1; IV, 32, 3; IV, 37, 15; IV, 42, 5; IV, 44, 7; IV, 59, 3; IV, 59, 4; IV, 59, 5; IV, 73, 7; IV, 103, 5; IV, 105, 2; V, 4, 2; V, 8, 5; V, 12, 7; V, 15, 5; V, 21, 8; V, 36, 1; V, 51, 14; V, 61, 7; V, 64, 8; V, 64, 13; V, 64, 15
19 αὐτῶν   IV, 10, 4; IV, 14, 1; IV, 14, 5; IV, 32, 10; IV, 33, 1; IV, 48, 1; IV, 64, 14; IV, 98, 7; IV, 106, 15; V, 1, 12; V, 4, 4; V, 8, 2; V, 10, 2; V, 10, 14; V, 16, 6; V, 21, 5; V, 24, 4; V, 32, 6; V, 38, 3
1 ταυτό   IV, 42, 1
1 ταὐτό   IV, 10, 6
1 ταυτόν   IV, 99, 1
1 ταὐτόν   V, 13, 8
1 αὐτόχειρ
   1 αὐτόχειρας   V, 21, 4
1 αὔχημα
   1 αὐχήματα   IV, 65, 5
2 ἀφαγνίζω
   2 ἀφαγνίζεται   IV, 51, 3; IV, 51, 5
1 ἀφαιρέω
   1 ἀφήρηται   V, 49, 8
1 ἀφανής
   1 ἀφανής   IV, 45, 1
1 ἀφανίζω

   1 ἠφάνισται   IV, 56, 3
1 ἄφεσις
   1 ἄφεσιν   IV, 33, 5
3 ἀφθαρσία
   2 ἀφθαρσίᾳ   IV, 17, 8; V, 51, 10
   1 ἀφθαρσίαν   IV, 17, 6
4 ἀφίημι
   1 ἀφεῖναι   IV, 32, 13
   1 ἀφῆκεν   V, 60, 5
   1 ἠφίει   V, 1, 12
   1 ἠφίεμεν   V, 39, 4
1 ἀφορίζω
   1 ἠφώριστο   IV, 100, 7
1 Ἀφροδίτη
   1 ἀφροδίτη   V, 47, 4
1 ἀφροντιστέω
   1 ἀφροντιστεῖν   V, 64, 9
2 ἄφυκτος
   1 ἀφύκτοις   V, 47, 4
   1 ἄφυκτον   V, 66, 16
1 Ἀχέρων
   1 ἀχέροντας   V, 58, 6
1 ἄχρηστος (χρή)
   1 ἄχρηστον   IV, 19, 3
1 ἁψίς
   1 ἀψῖδος   IV, 83, 5

2 Βάαλ
   2 βήλ   V, 40, 1; V, 40, 2
4 Βαβυλών
   1 βαβυλών   V, 36, 1
   2 βαβυλῶνα   V, 20, 3; V, 20, 9
   1 βαβυλῶνι   V, 20, 1
1 Βαβυλώνιος
   1 βαβυλωνίοις   V, 20, 5
2 βάθος
   1 βάθει   V, 66, 15
   1 βάθος   IV, 43, 2
2 βαθύς
   1 βαθεῖ   IV, 41, 4
   1 βαθύν   V, 64, 4
15 βάλλω
   5 βάλλει   IV, 103, 2; V, 1, 18; V, 1, 20; V, 18, 6; V, 59, 8
   1 βάλλεσθαι   V, 16, 5
   1 βαλλοίμεθα   V, 4, 10
   1 βάλλουσα   V, 19, 5
   1 βάλλουσι   V, 16, 3
   1 βάλλων   IV, 1, 2

1	βαλόντα V, 26, 6		2; V, 26, 6
1	βαλών IV, 80, 7	1	βασιλικῷ IV, 74, 7
1	βεβλημένον V, 22, 9	2	βασιλικῶν IV, 21, 7; IV, 61, 6
1	βληθέντας V, 21, 8	1	βασιλικώτατον IV, 74, 4
1	βληθέντος IV, 64, 3	1	βάσις
1	βάνδον	1	βάσιν V, 18, 3
1	βάντον IV, 61, 5	1	βέβαιος
3	βάπτισμα	1	βεβαιότερον V, 6, 3
2	βαπτίσματι V, 11, 3; V, 31, 2	1	βεβαιόω
1	βαπτίσματος IV, 51, 2	1	βεβαιοῦνται IV, 9, 12
1	βαπτιστής	1	βεβαίως
1	βαπτιστοῦ V, 54, 2	1	βεβαίως V, 40, 9
1	βαρύτης	1	βεβαίωσις
1	βαρύτητος IV, 62, 2	1	βεβαιώσεως IV, 101, 3
4	βάσανος	1	Βελλεροφόντης
1	βασάνοις IV, 8, 5	1	βελλεροφόντης IV, 91, 3
1	βάσανον IV, 25, 2	4	βέλος
1	βασάνους IV, 48, 3	1	βέλει IV, 64, 3
1	βασάνων IV, 48, 5	2	βέλη V, 1, 11; V, 1, 27
12	βασιλεία	1	βέλος V, 1, 15
3	βασιλεία IV, 32, 1; IV, 32, 6; IV, 42, 3	1	Βερνίκη
		1	βερνίκη V, 9, 2
3	βασιλείαν IV, 38, 6; IV, 42, 1; V, 23, 4	3	βία (βίαιος)
		2	βίαν IV, 6, 6; IV, 64, 4
6	βασιλείας IV, 42, 6; IV, 42, 7; IV, 42, 9; IV, 68, 3; IV, 88, 3; V, 23, 3	1	βίας IV, 73, 6
		3	βιάζω
		1	βιάζεσθαι IV, 59, 5
1	βασίλειος	1	βιαζόμενος IV, 34, 3
1	βασιλείων IV, 60, 2	1	βιασάμενον IV, 49, 4
2	Βασίλειος	3	βίαιος
1	βασίλειος V, 61, 1	1	βίαιον V, 23, 5
1	βασιλείου V, 61, 2	1	βιαίου V, 1, 20
18	βασιλεύς	1	βιαίων V, 55, 2
2	βασιλέα IV, 36, 2; V, 23, 6	2	βίβλος
6	βασιλεῖ IV, 21, 9; IV, 32, 7; IV, 60, 1; IV, 60, 2; IV, 60, 3; IV, 74, 8	2	βίβλων V, 4, 1; V, 4, 3
		9	βίος
		2	βίον IV, 8, 3; IV, 46, 6
2	βασιλεῖς V, 14, 5; V, 23, 3	1	βίος IV, 32, 1
5	βασιλεύς IV, 32, 2; IV, 46, 2; IV, 74, 8; V, 31, 5; V, 32, 7	2	βίου IV, 13, 8; IV, 46, 8
		3	βίους IV, 65, 7; IV, 67, 4; IV, 67, 8
3	βασιλέως IV, 21, 11; IV, 75, 3; V, 30, 6	1	βίῳ IV, 66, 9
3	βασιλεύω	1	βιόω
1	βασιλεύειν IV, 37, 15	1	βιούντων V, 34, 4
1	βασιλεῦον IV, 61, 6	1	βλάπτω
1	βασιλεύοντα IV, 37, 13	1	βλαπτομένων V, 66, 29
8	βασιλικός	1	βλέπω
1	βασιλικῇ IV, 37, 6	1	βλεπόντων V, 66, 21
3	βασιλικῆς IV, 21, 7; IV, 76,	1	βοή

1 βοῶν   IV, 64, 8
1 βόρβορος
   1 βορβόρῳ   IV, 41, 4
1 βόρειος
   1 βόρειον   V, 9, 12
1 βοτάνη
   1 βοτάνης   IV, 102, 9
1 βουθοίνας
   1 βουθοίναν   IV, 72, 1
4 βουλεύω
   1 βεβουλευμένα   V, 23, 7
   1 βεβουλευμένου   IV, 104, 6
   1 βουλεύσαντι   V, 21, 2
   1 ἐβουλεύσατο   IV, 53, 3
4 βουλή
   1 βουλαῖς   IV, 104, 11
   1 βουλῇ   V, 23, 7
   1 βουλήν   V, 12, 6
   1 βουλῆς   V, 66, 11
5 βούλομαι
   3 βούλεται   IV, 2, 10; IV, 74, 6; IV, 97, 7
   1 βουλομένῳ   IV, 37, 16
   1 ἠβουλήθη   IV, 58, 2
7 βοῦς
   1 βόες   IV, 100, 3
   2 βοός   IV, 85, 8; V, 59, 11
   1 βοῦν   IV, 85, 6
   1 βουσίν   V, 12, 2
   2 βοῶν   IV, 72, 3; IV, 73, 12
1 βρασμός
   1 βρασμῷ   IV, 80, 2
2 βραχύς
   1 βραχέσιν   V, 10, 4
   1 βραχύτερον   IV, 73, 6
1 βρέχω
   1 βρέξαι   IV, 19, 5
3 βροντάω
   1 βροντᾶν   V, 14, 3
   1 βροντῶν   V, 14, 1
   1 βροντῶντι   V, 14, 2
1 βροντή
   1 βροντή   IV, 86, 6
1 βρῶμα
   1 βρῶμα   IV, 72, 4
2 βύρσα
   2 βύρσης   V, 14, 1; V, 14, 3
2 βωμός
   1 βωμόν   V, 62, 5

1 βωμῷ   IV, 64, 6
1 Γάδειρα
   1 γαδείροις   V, 64, 18
1 γάλα
   1 γάλακτος   V, 66, 22
2 Γαλιλαῖος
   2 γαλιλαίων   IV, 69, 7; IV, 73, 2
5 Γάλλος (προσ)
   2 γάλλον   IV, 24, 2; IV, 32, 2
   1 γάλλος   IV, 32, 11
   2 γάλλου   IV, 21, 5; IV, 37, 6
1 γάμος
   1 γάμον   V, 1, 15
139 γάρ
   139 γάρ   IV, 1, 8; IV, 2, 9; IV, 2, 13; IV, 4, 10; IV, 5, 1; IV, 5, 2; IV, 5, 4; IV, 5, 5; IV, 5, 7; IV, 9, 4; IV, 12, 1; IV, 12, 2; IV, 12, 3 (2); IV, 13, 2; IV, 13, 7; IV, 15, 2; IV, 15, 3; IV, 16, 4; IV, 16, 6; IV, 17, 7; IV, 19, 2 (2); IV, 19, 5; IV, 20, 2; IV, 27, 3; IV, 28, 3; IV, 28, 5; IV, 29, 3; IV, 29, 6; IV, 32, 2; IV, 32, 6; IV, 32, 11; IV, 33, 4; IV, 33, 5; IV, 34, 2; IV, 36, 3; IV, 37, 15; IV, 38, 9; IV, 41, 1; IV, 42, 5; IV, 43, 3; IV, 45, 2; IV, 46, 2; IV, 47, 3; IV, 48, 1; IV, 58, 1; IV, 59, 3; IV, 64, 5; IV, 66, 11; IV, 67, 3; IV, 68, 2; IV, 70, 2; IV, 71, 1; IV, 72, 2; IV, 73, 5; IV, 81, 2; IV, 82, 4; IV, 83, 2; IV, 84, 4; IV, 86, 5; IV, 89, 2; IV, 91, 2; IV, 93, 2; IV, 94, 1; IV, 95, 2; IV, 95, 12; IV, 95, 15; IV, 96, 3; IV, 96, 5; IV, 98, 3; IV, 98, 7; IV, 98, 10; IV, 98, 15; IV, 99, 1; IV, 99, 5; IV, 99, 7; IV, 100, 2; IV, 100, 5; IV, 100, 7; IV, 102, 2; IV, 104, 9; IV, 104, 12; V, 1, 3; V, 2, 11; V, 3, 2; V, 3, 6; V, 4, 2; V, 9, 22; V, 10, 6; V, 10, 7; V, 10, 13; V, 11, 2; V, 13, 4; V, 16, 4; V, 17, 3; V, 21, 4; V, 22, 1; V, 22, 4; V, 23, 3; V, 23, 4; V, 24, 2; V, 24, 6; V, 28, 5; V, 28, 9; V, 29, 6; V, 33,

7; V, 34, 2; V, 36, 1; V, 37, 6; V,
39, 2; V, 40, 5; V, 40, 9; V, 41,
4; V, 43, 3; V, 43, 7; V, 43, 9;
V, 43, 10; V, 50, 4; V, 50, 5; V,
51, 2; V, 51, 4; V, 51, 5; V, 51,
9; V, 53, 6; V, 53, 7; V, 56, 5; V,
58, 12; V, 59, 13; V, 61, 12; V,
62, 1; V, 62, 8; V, 64, 1; V, 64,
7; V, 64, 9; V, 64, 11; V, 64, 14;
V, 66, 4; V, 66, 20
12 γε
 12 γε IV, 23, 1; IV, 28, 2; IV,
34, 1; IV, 44, 8; IV, 52, 1; IV,
53, 4; IV, 75, 1; IV, 105, 13; IV,
106, 12 (2); V, 47, 2; V, 66, 20
1 γελάω
 1 γελᾶται V, 62, 13
2 γελοῖος
 1 γελοῖον IV, 105, 13
 1 γελοίων V, 27, 4
3 γέλως
 1 γέλως V, 21, 1
 2 γέλωτι V, 21, 7; V, 47, 6
1 γέμω
 1 γεμούσας V, 42, 7
5 γενεά
 1 γενεαῖς IV, 62, 7
 2 γενεάν IV, 67, 1; IV, 67, 6
 2 γενεᾶς IV, 67, 2; V, 10, 14
1 γένειον
 1 γενείου V, 58, 10
4 γένεσις
 2 γενέσει IV, 28, 6; IV, 29, 3
 1 γενέσεις V, 8, 2
 1 γένεσιν IV, 106, 4
1 γενναῖος
 1 γενναίους IV, 39, 6
5 γεννάω
 1 γεννᾶσθαι IV, 71, 3
 3 γεννηθῆναι IV, 71, 5; V, 9, 6; V, 9, 9
 1 ἐγέννησεν V, 33, 9
1 γεννήτωρ
 1 γεννήτορα IV, 5, 7
6 γένος
 4 γένος IV, 11, 1; IV, 68, 3; IV, 84, 3; V, 15, 3
 2 γένους IV, 66, 5; IV, 67, 8
1 γέρων

1 γέρων V, 58, 10
2 γεύω
 1 γευομένοις IV, 106, 7
 1 γεῦσαι V, 30, 6
1 γεωμετρία
 1 γεωμετρίας IV, 39, 5
1 γεωμετρικός
 1 γεωμετρικῶν IV, 39, 5
7 γῆ
 4 γῆν IV, 20, 4; IV, 73, 13; V, 28, 4; V, 63, 4
 3 γῆς IV, 8, 5; V, 7, 8; V, 43, 12
1 γήϊνος
 1 γήϊνα IV, 83, 3
2 γίγας
 1 γίγαντος IV, 64, 2
 1 γιγάντων IV, 80, 6
25 γίγνομαι
 1 γεγενημένην IV, 105, 10
 1 γεγενημένοι V, 11, 5
 2 γεγενῆσθαι IV, 4, 8; IV, 37, 3
 1 γέγονεν V, 64, 2
 1 γεγονός V, 21, 7
 1 γεγονότα V, 40, 8
 2 γεγονότας IV, 39, 7; V, 21, 5
 3 γεγονώς IV, 64, 11; IV, 83, 4; V, 49, 10
 1 γενέσθαι IV, 42, 8
 1 γένετ' IV, 58, 4
 1 γενήσεσθαι V, 4, 4
 1 γενησόμενα V, 40, 8
 1 γενόμενος V, 33, 2
 1 γιγνομένων IV, 17, 3
 1 γίνεται V, 7, 11
 1 γινόμενα V, 40, 7
 1 ἐγεγένητο IV, 10, 3
 2 ἐγενέσθην IV, 86, 2; V, 14, 7
 2 ἐγένετο IV, 68, 5; V, 40, 1
5 γιγνώσκω
 1 γινώσκειν V, 22, 13
 2 γινώσκῃ IV, 26, 1; IV, 26, 2
 1 ἔγνω IV, 45, 3
 1 ἔγνωσαν IV, 41, 5
6 γλῶσσα
 1 γλώσσας V, 60, 6
 2 γλῶτταν IV, 86, 2; IV, 100, 8
 1 γλώττας V, 41, 5
 2 γλώττης IV, 86, 5; IV, 86, 6
2 γνάθος

1 γνάθοις   V, 31, 4
1 γνάθους   V, 31, 7
1 γνήσιος
   1 γνήσιον   IV, 24, 2
3 γνώμη
   2 γνώμην   IV, 52, 10; V, 21, 10
   1 γνώμης   V, 10, 11
4 γνωρίζω
   2 γνωριζόμενος   V, 1, 6; V, 59, 4
   1 γνωρίζονται   V, 59, 19
   1 ἐγνώρισε   V, 33, 9
1 γνώρισμα
   1 γνωρίσματα   V, 3, 6
1 γνῶσις
   1 γνῶσιν   IV, 44, 3
3 γοητεία
   2 γοητείαις   IV, 1, 5; IV, 77, 3
   1 γοητείας   V, 15, 4
1 γραΐδιον
   1 γραϊδίοις   V, 31, 3
2 γραφή
   1 γραφῆς   V, 40, 3
   1 γραφῶν   V, 58, 2
1 γραφικός
   1 γραφικῷ   V, 51, 15
10 γράφω
   1 γέγραπται   V, 10, 13
   2 γράφει   V, 22, 6; V, 64, 7
   1 γραφείημεν   IV, 98, 17
   1 γράφειν   IV, 100, 11
   1 γράφεται   IV, 97, 10
   1 γραφόμενος   V, 49, 3
   1 γράψαντες   IV, 86, 3
   1 ἔγραφε   V, 63, 2
   1 ἐγράψατο   IV, 97, 11
3 Γρηγόριος
   3 γρηγόριος   IV, 52, 9; V, 1, 23; V, 61, 1
1 Γρύλλος
   1 γρύλλου   V, 22, 6
2 γυμνασία
   1 γυμνασίαν   IV, 27, 4
   1 γυμνασίας   IV, 27, 3
2 γυμνός
   1 γυμναί   IV, 102, 4
   1 γυμνῶν   IV, 102, 2
1 γυμνόω
   1 γυμνώσαντες   IV, 82, 1

7 γυνή
   1 γυναῖκα   V, 1, 22
   2 γυναῖκας   IV, 64, 11; IV, 71, 2
   1 γυναῖκες   V, 9, 2
   1 γυναικός   V, 1, 7
   1 γυναικῶν   V, 49, 9
   1 γυναιξί   V, 32, 3
1 γῦρος
   1 γύρῳ   V, 43, 10
2 γυρόω
   2 ἐγύρωσεν   V, 43, 2; V, 43, 10

2 Δαγών
   2 δαγών   V, 40, 1; V, 40, 2
2 δαδοῦχος
   2 δαδοῦχος   V, 42, 1; V, 42, 2
2 δαιμονάω
   2 δαιμονῶν   IV, 53, 1; V, 33, 3
1 δαιμονιώδης
   1 δαιμονιώδη   IV, 44, 3
22 δαίμων (δαιμόνιον)
   2 δαίμονας   IV, 41, 5; V, 37, 7
   2 δαίμονες   IV, 44, 7; IV, 69, 11
   11 δαιμόνων   IV, 1, 5; IV, 44, 2; IV, 44, 6; IV, 53, 2; IV, 53, 5; IV, 100, 1; IV, 100, 4; V, 32, 2; V, 33, 5; V, 37, 6; V, 40, 3
   4 δαίμοσι   IV, 98, 16; IV, 100, 3; V, 15, 2; V, 66, 11
   2 δαίμοσιν   IV, 63, 5; V, 61, 5
   1 δαίμων   V, 58, 11
1 δαΐς
   1 δᾷδας   V, 24, 8
1 δάκνω
   1 δάκνων   V, 64, 10
1 δακρύω
   1 δακρύσω   IV, 49, 1
1 δάκτυλος
   1 δακτύλων   V, 30, 4
1 δαμάζω
   1 δαμασθέντα   V, 61, 23
1 Δανιήλ
   1 δανιήλ   V, 62, 2
1 δασύνω
   1 δασυνόμενον   IV, 101, 4
1 Δαυΐδ
   1 δαυΐδ   V, 54, 3
225 δέ
   24 δ'   IV, 4, 5; IV, 4, 7; IV, 9, 2;

IV, 30, 4; IV, 52, 14; IV, 53, 1; IV, 60, 3; IV, 62, 6; IV, 62, 9; IV, 70, 1; IV, 87, 4; IV, 95, 16; IV, 101, 5; V, 1, 24; V, 5, 1; V, 13, 5; V, 13, 6; V, 13, 9; V, 25, 6; V, 29, 4; V, 43, 6; V, 43, 11; V, 47, 5; V, 51, 6

201 δέ   IV, 1, 3; IV, 1, 7; IV, 1, 9 (2); IV, 1, 11; IV, 3, 3; IV, 4, 8; IV, 6, 1; IV, 7, 1; IV, 8, 5; IV, 9, 5; IV, 9, 6; IV, 9, 8; IV, 10, 5; IV, 16, 3; IV, 17, 9; IV, 18, 2; IV, 19, 4; IV, 21, 6; IV, 21, 10; IV, 22, 1; IV, 24, 3; IV, 27, 5; IV, 28, 1; IV, 30, 5; IV, 30, 7; IV, 32, 4; IV, 32, 10; IV, 32, 11; IV, 37, 1; IV, 37, 6; IV, 38, 8; IV, 38, 11; IV, 39, 5; IV, 39, 7; IV, 40, 3; IV, 42, 4; IV, 43, 4; IV, 44, 6; IV, 46, 6; IV, 47, 6; IV, 48, 4; IV, 49, 5; IV, 49, 6; IV, 49, 10; IV, 51, 4; IV, 54, 3; IV, 54, 6; IV, 56, 4; IV, 56, 5; IV, 57, 1; IV, 57, 2; IV, 57, 7 (2); IV, 58, 6; IV, 58, 7 (2); IV, 60, 4; IV, 61, 5; IV, 62, 3; IV, 62, 8; IV, 64, 6; IV, 64, 12; IV, 65, 9; IV, 67, 10; IV, 73, 4; IV, 74, 6 (2); IV, 76, 3; IV, 77, 2; IV, 80, 6; IV, 84, 5; IV, 85, 5; IV, 86, 8; IV, 91, 3 (2); IV, 91, 5; IV, 91, 6; IV, 92, 2; IV, 92, 3; IV, 93, 2; IV, 95, 9; IV, 95, 19; IV, 95, 22; IV, 95, 23; IV, 97, 7; IV, 97, 11; IV, 98, 1; IV, 100, 4; IV, 101, 2; IV, 101, 4; IV, 101, 9; IV, 102, 5; IV, 102, 8 (2); IV, 102, 9; IV, 102, 10; IV, 103, 6; IV, 103, 8; IV, 104, 1; IV, 104, 3; IV, 104, 13; IV, 105, 9; V, 1, 8; V, 1, 9; V, 1, 16; V, 1, 21; V, 2, 7; V, 4, 5; V, 4, 6; V, 5, 4; V, 6, 1; V, 7, 1; V, 7, 9; V, 9, 3; V, 9, 10; V, 9, 11; V, 9, 13 (2); V, 9, 16; V, 9, 20; V, 12, 2; V, 13, 5; V, 13, 9; V, 14, 4; V, 14, 8; V, 14, 12; V, 16, 3; V, 19, 1; V, 19, 4; V, 20, 6; V, 20, 7; V, 21, 6; V, 23, 6; V, 24, 6; V, 25, 3; V, 26, 1; V, 27, 1; V, 27, 7; V, 27, 8; V, 28, 11; V, 29, 5; V, 30, 3; V, 31, 6; V, 33, 6; V, 39, 5; V, 40, 3; V, 42, 5; V, 43, 4; V, 43, 8; V, 43, 10; V, 43, 12; V, 45, 3; V, 45, 4; V, 45, 8; V, 46, 3; V, 46, 5; V, 47, 2; V, 47, 3; V, 48, 1; V, 48, 2; V, 48, 3; V, 49, 5; V, 49, 9 (2); V, 51, 12; V, 52, 1; V, 54, 3; V, 54, 12; V, 58, 3; V, 58, 12; V, 58, 14; V, 58, 16; V, 59, 7; V, 59, 11; V, 59, 12; V, 59, 16; V, 59, 17; V, 60, 3; V, 60, 5; V, 61, 6; V, 61, 10; V, 61, 12; V, 61, 15; V, 61, 16; V, 61, 20; V, 62, 7; V, 62, 8; V, 62, 9; V, 62, 11; V, 63, 5; V, 64, 5; V, 64, 8; V, 64, 18; V, 66, 7; V, 66, 8; V, 66, 12; V, 66, 15; V, 66, 20; V, 66, 26; V, 66, 30

6 δείδω
1 δεδοικέναι   V, 11, 4
1 δεδοικώς   IV, 69, 10
1 δείσαντες   V, 24, 1
1 δείσας   V, 61, 18
1 έδεδοίκεσαν   V, 24, 11
1 έδεισαν   V, 24, 2

22 δείκνυμι
1 δέδεικται   IV, 105, 5
1 δεικνυμένην   IV, 39, 6
2 δεικνύμενον   IV, 52, 8; V, 33, 11
2 δεικνύναι   IV, 37, 10; IV, 38, 4
1 δεικνύς   V, 20, 7
5 δείκνυσι   IV, 6, 5; IV, 62, 3; IV, 106, 15; V, 1, 27; V, 33, 7
1 δείκνυσιν   IV, 95, 13
1 δείκνυται   V, 28, 6
1 δείξαι   V, 4, 7
3 δείξεις   IV, 98, 2; IV, 98, 4; IV, 98, 5
1 έδειξας   IV, 6, 2
2 έδειξεν   IV, 44, 6; IV, 106, 11
1 έδείχθη   IV, 104, 11

1 δεικνύω
1 δεικνύει   IV, 69, 7

1 δειλία
1 δειλίας   V, 13, 5

7 δεινός

1 δεινοί   IV, 55, 2
1 δεινοῖς   IV, 83, 6
1 δεινόν   IV, 49, 5
1 δεινοῦ   V, 27, 7
1 δεινῷ   V, 12, 3
2 δεινῶν   V, 2, 8; V, 62, 14
1 δεῖπνον
　1 δεῖπνον   V, 61, 18
1 δεισιδαίμων
　1 δεισιδαίμονι   IV, 73, 3
1 δεκτικός
　1 δεκτικόν   V, 51, 16
1 δελεάζω
　1 δελεαζούσης   IV, 76, 5
1 Δελφοί
　1 δελφοῖς   V, 45, 3
1 δεξιόομαι
　1 δεξιοῦται   V, 61, 19
1 δεξιῶς
　1 δεξιῶς   V, 16, 1
1 δέος
　1 δέους   V, 11, 5
1 δέρμα
　1 δέρματος   IV, 91, 6
1 δεσμός
　1 δεσμοῖς   V, 47, 4
9 δεύτερος
　1 δευτέρα   IV, 57, 6
　1 δευτέραν   V, 52, 5
　1 δευτέρας   V, 52, 5
　5 δεύτερον   IV, 12, 4; V, Tit., 1; V, 1, 26; V, 52, 1; V, 52, 2
　1 δευτέρου   IV, 37, 7
6 δέχομαι
　1 δεδέχθαι   IV, 46, 8
　1 δέξαιτο   V, 50, 6
　1 δέχεται   V, 22, 10
　1 δεχομένας   IV, 51, 6
　1 ἐδέξαντο   V, 2, 12
　1 ἐδέξατο   V, 23, 5
9 δέω (δεήσω)
　3 δεῖ   IV, 71, 1; IV, 106, 12; V, 54, 1
　1 δεῖν   V, 19, 3
　1 δεῖσθαι   V, 66, 3
　1 δεομένων   V, 66, 22
　1 δέον   IV, 27, 2
　2 ἔδει   IV, 68, 1; V, 16, 4
15 δή

15 δή   IV, 2, 15; IV, 9, 1; IV, 9, 3; IV, 52, 5; IV, 92, 1; IV, 95, 16; V, 1, 1; V, 1, 23; V, 20, 4; V, 20, 5; V, 22, 8; V, 22, 10; V, 32, 5; V, 61, 9; V, 66, 20
9 δῆθεν
　9 δῆθεν   IV, 27, 4; IV, 38, 3; IV, 59, 6; IV, 95, 5; V, 4, 1; V, 48, 3; V, 64, 9; V, 64, 17; V, 66, 2
1 Δηϊάνειρα
　1 δηϊανείρας   IV, 64, 4
6 δηλονότι
　6 δηλονότι   IV, 20, 2; IV, 20, 5; IV, 44, 1; IV, 96, 2; IV, 98, 2; IV, 98, 9
5 δῆλος
　1 δῆλα   IV, 106, 7
　3 δῆλον   IV, 10, 2; IV, 14, 5; IV, 49, 7
　1 δήλου   IV, 4, 9
1 Δῆλος (ἡ)
　1 δήλῳ   V, 45, 4
11 δηλόω
　3 δεδήλωται   IV, 19, 7; IV, 69, 8; V, 44, 3
　4 δηλοῖ   IV, 46, 7; IV, 95, 24; IV, 101, 5; IV, 103, 9
　1 δηλούμενα   IV, 98, 7
　1 δηλοῦται   IV, 49, 9
　1 δηλῶν   V, 43, 4
　1 ἐδήλωσα   IV, 33, 4
1 δήλωσις
　1 δήλωσιν   V, 66, 3
1 δήμευσις
　1 δημεύσεις   IV, 8, 3
1 Δημόκριτος
　1 δημόκριτον   IV, 40, 5
1 δῆμος
　1 δήμοις   V, 27, 2
1 δημοσιεύω
　1 δημοσιεύουσα   V, 65, 5
1 δημόσιος
　1 δημοσίᾳ   V, 30, 1
1 δήπουθεν
　1 δήπουθεν   IV, 101, 3
67 διά
　12 δι'   IV, 33, 1; IV, 33, 2; IV, 44, 5; IV, 45, 3; IV, 51, 6; IV, 57, 4; IV, 72, 7; IV, 80, 9; IV, 103,

10; V, 2, 10; V, 29, 4; V, 38, 2
55 διά   IV, 4, 9; IV, 7, 2; IV, 9, 3;
IV, 9, 8; IV, 13, 1 (2); IV, 13,
4; IV, 13, 5; IV, 13, 10; IV, 17,
4; IV, 17, 9; IV, 21, 3; IV, 21,
8; IV, 25, 4; IV, 33, 5; IV, 37,
8; IV, 37, 11; IV, 37, 12; IV, 39,
5; IV, 42, 9; IV, 44, 6; IV, 46,
7; IV, 47, 3; IV, 52, 2; IV, 52,
7; IV, 53, 5; IV, 57, 5; IV, 57,
8; IV, 64, 4; IV, 69, 10; IV, 72,
6; IV, 73, 1; IV, 76, 3; IV, 78,
2; IV, 84, 6; IV, 97, 9; IV, 98,
17; IV, 100, 10; IV, 102, 2; V,
1, 14; V, 11, 1; V, 11, 2; V, 18,
3; V, 28, 6; V, 28, 7; V, 29, 6; V,
29, 9 (2); V, 33, 8; V, 43, 3; V,
43, 4; V, 43, 5; V, 45, 6; V, 51,
13; V, 66, 26
1 διαβάλλω
 1 διαβέβληται   IV, 77, 3
1 διαβλέπω
 1 διέβλεψε   IV, 41, 6
1 διαγορεύω
 1 διηγόρευται   V, 33, 7
2 διαγράφω
 1 διαγράφει   IV, 65, 9
 1 διαγράφον   V, 7, 5
1 διάδημα
 1 διάδημα   IV, 42, 9
1 διαζεύγνυμι
 1 διαζευχθέντας   IV, 9, 2
1 διάθεσις
 1 διάθεσιν   IV, 69, 8
1 διαθήκη
 1 διαθήκης   IV, 62, 6
1 διαίρω
 1 διαιρόντων   IV, 16, 1
1 διακελεύομαι
 1 διεκελεύετο   V, 59, 6
1 διακινδυνεύω
 1 διακινδυνεύειν   V, 19, 1
1 διακρίνω
 1 διακρίνων   IV, 67, 10
1 διαλείπω
 1 διέλιπον   V, 66, 25
1 διάλεκτος
 1 διαλέκτου   IV, 101, 8
1 διαμαρτάνω

1 διαμαρτεῖν   IV, 75, 1
1 διάνοια
 1 διάνοιαν   IV, 41, 3
1 διανύω
 1 διηνυκέναι   V, 1, 25
1 διαπιστέω
 1 διαπιστεῖν   IV, 97, 8
1 διαπράσσω
 1 διαπραξώμεθα   V, 55, 3
2 διασαφέω
 1 διασαφεῖ   IV, 96, 4
 1 διασαφῶν   IV, 30, 2
1 διασκορπίζω
 1 διασκορπίσας   V, 62, 6
1 διασπάω
 1 διεσπάσθη   V, 49, 9
2 διασπείρω
 1 διασπείρας   V, 62, 5
 1 διέσπαρται   V, 43, 9
2 διαστέλλω
 1 διαστέλλει   IV, 3, 1
 1 διέστειλεν   IV, 47, 4
3 διασύρω
 1 διασύρει   V, 8, 4
 2 διασύρων   IV, 40, 6; V, 31, 1
1 διατίθημι
 1 διέθηκε   V, 59, 12
2 διατυπόω
 1 διατυπούμενον   V, 7, 5
 1 διατυπούμενος   IV, 67, 5
4 διαφέρω
 1 διαφερόντων   IV, 53, 6
 1 διαφερούσης   IV, 103, 5
 1 διήνεγκε   V, 13, 2
 1 διήνεγκεν   V, 58, 18
1 διαφθείρω
 1 διέφθειρε   IV, 72, 5
3 διαφορά
 1 διαφορᾷ   IV, 67, 7
 1 διαφοράν   V, 23, 4
 1 διαφοράς   IV, 49, 1
2 διάφορος
 1 διάφορα   IV, 98, 7
 1 διαφόροις   IV, 98, 8
1 διάχυσις
 1 διάχυσιν   V, 54, 7
1 δίδαγμα
 1 διδάγματα   V, 65, 7
2 διδασκαλεῖον

INDEX GRAECITATIS

  2 διδασκαλεῖον IV, 28, 1; IV, 28, 4
4 διδάσκαλος
  2 διδάσκαλος IV, 52, 7; IV, 97, 13
  1 διδασκάλους IV, 39, 7
  1 διδασκάλῳ IV, 52, 4
5 διδάσκω
  1 διδάσκει IV, 29, 6
  1 ἐδίδαξεν IV, 85, 10
  1 ἐδίδασκε IV, 97, 3
  2 ἐδιδάχθη IV, 54, 4; IV, 54, 5
8 δίδωμι
  1 δέδωκε V, 43, 13
  1 διδόντες V, 3, 3
  2 δίδωσι IV, 30, 5; V, 54, 6
  1 δοίη IV, 86, 1
  2 ἐδίδου IV, 19, 2; V, 42, 4
  1 ἐδόθη V, 28, 3
1 διελέγχω
  1 διελέγχειν V, 60, 7
1 διέξειμι (εἶμι)
  1 διεξιών V, 63, 3
2 διεξοδικός
  2 διεξοδικώτερον V, 14, 11; V, 64, 13
1 διέρχομαι
  1 διερχόμενος IV, 72, 2
1 διέχεια
  1 διεχείᾳ V, 18, 5
1 διηγέομαι
  1 διηγούμενος V, 10, 7
1 διΐστημι
  1 διεστάναι IV, 34, 3
1 δικάζω
  1 δικάζεσθαι IV, 95, 6
6 δίκαιος
  1 δικαίᾳ IV, 37, 5
  1 δίκαια V, 2, 1
  1 δικαίαν IV, 37, 7
  2 δίκαιον IV, 38, 11; IV, 95, 18
  1 δικαιότερον IV, 37, 3
1 δικαιοσύνη
  1 δικαιοσύνην IV, 39, 6
1 δικαιόω
  1 ἐδικαίωσεν IV, 12, 5
2 δικαίως
  2 δικαίως IV, 84, 1; IV, 85, 9
2 δικαιωτήριον
  1 δικαιωτηρίοις IV, 49, 11
  1 δικαιωτηρίων V, 58, 2
1 δικανικῶς
  1 δικανικῶς IV, 1, 9
1 δικαστής
  1 δικαστήν V, 28, 11
4 δίκη
  2 δίκας IV, 37, 16; IV, 95, 4
  1 δίκῃ IV, 104, 10
  1 δίκης V, 1, 27
11 διό
  11 διό IV, 13, 3; IV, 43, 4; IV, 47, 4; IV, 68, 5; IV, 73, 10; IV, 88, 5; V, 9, 23; V, 14, 6; V, 42, 6; V, 51, 14; V, 66, 23
1 Διοκλητιανός (ὁ)
  1 διοκλητιανός IV, 94, 1
2 Διονύσιος (ὁ)
  2 διονυσίῳ IV, 85, 5; IV, 85, 7
2 διορθόω
  1 διορθούμενος IV, 47, 4
  1 διωρθώθη IV, 31, 2
3 διόρθωσις
  1 διορθώσεως IV, 31, 1
  1 διόρθωσιν V, 51, 3
  1 διόρθωσις IV, 31, 4
1 διορίζω
  1 διωρισμένης V, 18, 2
1 διορισμός
  1 διορισμοῦ V, 43, 7
1 διπλόος
  1 διπλοῦν V, 4, 10
1 δισσός
  1 διττήν V, 49, 5
1 δίχα
  1 δίχα V, 19, 3
1 διχάζω
  1 διχάσαντες IV, 82, 2
1 διχῇ
  1 διχῇ IV, 3, 1
1 δίψος
  1 δίψει V, 58, 8
1 διωγμός
  1 διωγμόν IV, 69, 2
2 διώκω
  1 δεδιωγμένων IV, 49, 2
  1 διώκειν IV, 69, 5
1 διῶρυξ
  1 διώρυξι IV, 87, 5

6 δόγμα
  1 δόγμασι IV, 104, 8
  2 δόγματα IV, 105, 7; V, 65, 6
  3 δογμάτων IV, 97, 2; IV, 97, 4; V, 63, 2
1 δογματίζω
  1 δογματίσαντες V, 3, 3
24 δοκέω
  1 δεδογμένον IV, 97, 6
  5 δοκεῖ IV, 38, 4; IV, 69, 1; IV, 98, 14; IV, 104, 1; V, 52, 1
  3 δοκεῖν IV, 59, 2; IV, 75, 4; V, 10, 12
  2 δοκοίη IV, 59, 5; V, 13, 3
  1 δοκούντων V, 35, 2
  1 δοκοῦσαν IV, 66, 6
  2 δοκούσης IV, 76, 3; V, 59, 15
  1 δοκῶν V, 64, 9
  1 δόξῃ IV, 66, 7
  4 ἐδόκει IV, 47, 3; V, 12, 5; V, 19, 6; V, 24, 10
  1 ἔδοξαν IV, 16, 7
  1 ἔδοξας IV, 6, 3
  1 ἔδοξε IV, 66, 10
1 δοκιμή
  1 δοκιμῆς V, 59, 4
4 δολερός
  1 δολερᾶς IV, 78, 2
  1 δολεροῖς IV, 1, 5
  1 δολερόν IV, 74, 8
  1 δολερώτερα IV, 104, 4
1 δολιότης
  1 δολιότησιν IV, 104, 11
1 δολίως
  1 δολίως IV, 104, 5
1 δολορράφος
  1 δολορράφον V, 25, 7
3 δόλος
  1 δόλον V, 25, 4
  1 δόλου IV, 74, 5
  1 δόλῳ IV, 74, 6
4 δόξα
  2 δόξαις IV, 34, 4; IV, 41, 8
  2 δόξαν IV, 10, 4; IV, 69, 9
5 δοξάζω
  1 δοξαζομένου V, 54, 9
  1 δοξάζων IV, 30, 7
  1 ἐδόξαζεν V, 34, 2
  2 ἐδόξαζον IV, 40, 5; V, 3, 2

1 δορά
  1 δορᾶς IV, 74, 2
2 δορκαλίς
  2 δορκαλίσι IV, 81, 3; V, 62, 9
1 δορκάς
  1 δορκάδος V, 62, 10
1 δουλεύω
  1 δουλεύειν IV, 17, 8
1 δοῦλος
  1 δοῦλοι IV, 9, 10
1 δοῦπος
  1 δούπῳ V, 60, 3
3 δράκων
  1 δράκοντος IV, 92, 4
  2 δράκων IV, 58, 5; IV, 91, 3
1 δράω
  1 δρωμένων IV, 25, 4
1 δριμύς
  1 δριμύ V, 66, 15
2 δρῦς
  1 δρῦν V, 45, 2
  1 δρῦς V, 45, 1
9 δύναμαι
  1 δεδυνημένην IV, 105, 11
  1 δυναμένας IV, 40, 3
  1 δυνάμενον IV, 35, 2
  2 δύναται IV, 5, 5; IV, 97, 6
  1 δυνηθείημεν IV, 14, 6
  1 δυνηθείς V, 13, 1
  1 δυνηθῶμεν IV, 14, 1
  1 δυνησόμεθα V, 56, 5
12 δύναμις
  6 δυνάμει IV, 1, 13; IV, 5, 4; IV, 20, 4; IV, 27, 5; IV, 74, 4; V, 51, 10
  1 δυνάμεις IV, 2, 8
  1 δυνάμεων V, 26, 4
  2 δύναμιν IV, 20, 1; V, 51, 11
  2 δύναμις IV, 5, 3; V, 19, 2
2 δυναστεία
  2 δυναστείας V, 5, 3; V, 26, 7
4 δυνατός
  1 δυνατοῖς V, 13, 4
  2 δυνατόν V, 56, 6; V, 66, 5
  1 δυνατός V, 57, 3
6 δύο
  2 δυεῖν V, 16, 4; V, 29, 3
  3 δύο IV, 34, 4; IV, 99, 2; V, 61, 17

INDEX GRAECITATIS

1 δυσί   V, 28, 1
1 δυσανάσκευος
   1 δυσανάσκευον   IV, 35, 1
2 δυσανασχετέω
   2 δυσανασχετοῦντες   V, 39, 1; V, 39, 4
1 δύσις
   1 δύσεως   IV, 21, 11
1 δυσκίνητος
   1 δυσκίνητον   IV, 35, 1
1 δυσμενής
   1 δυσμενές   IV, 37, 4
1 δυσνόητος
   1 δυσνόητον   IV, 38, 12
5 δυσσεβής
   1 δυσσεβεῖ   V, 36, 3
   1 δυσσεβής   V, 31, 2
   3 δυσσεβῶν   V, 1, 27; V, 2, 3; V, 7, 3
1 δυσφημία
   1 δυσφημία   IV, 4, 7
1 δύσφημος
   1 δύσφημον   V, 7, 4
1 Δωδώνη
   1 δωδώνῃ   V, 45, 1
1 δωρεά
   1 δωρεᾶς   IV, 76, 3
1 δῶρον
   1 δῶρον   V, 61, 5

3 ἐάν
   3 κἂν   IV, 6, 3; IV, 16, 7; IV, 66, 7
28 ἑαυτοῦ
   1 αὐτοῦ   V, 31, 4
   2 ἑαυτῆς   V, 31, 7; V, 59, 5
   1 ἑαυτοῖς   V, 29, 9
   8 ἑαυτόν   IV, 42, 6; IV, 56, 3; IV, 95, 14; V, 10, 8; V, 20, 5; V, 50, 3; V, 50, 4; V, 61, 16
   9 ἑαυτοῦ   IV, 45, 3; IV, 54, 4; IV, 72, 3; IV, 95, 14; V, 1, 8; V, 22, 14; V, 50, 2; V, 59, 3; V, 61, 2
   3 ἑαυτούς   IV, 23, 1; IV, 56, 6; V, 20, 8
   2 ἑαυτῷ   IV, 5, 6; V, 61, 18
   2 ἑαυτῶν   IV, 9, 1; V, 21, 5
4 ἐάω
   1 ἐᾶν   IV, 104, 10
   1 εἴασεν   IV, 37, 15
   2 ἐῶ   V, 58, 1; V, 58, 3
1 ἕβδομος
   1 ἑβδόμῳ   IV, 20, 2
1 Ἑβραϊκός
   1 ἑβραϊκῶν   V, 4, 2
1 Ἑβραῖος
   1 ἑβραίων   V, 7, 3
2 ἐγγύς
   2 ἐγγύς   IV, 106, 11; IV, 106, 13
4 ἐγείρω
   1 ἐγεῖραι   V, 4, 9
   1 ἐγερθείσαις   IV, 92, 2
   1 ἐγηγερμέναι   IV, 92, 1
   1 ἐγρηγορότες   V, 2, 11
4 ἐγκαλέω
   1 ἐγκαλεῖν   V, 28, 5
   1 ἐγκαλῶν   IV, 95, 14
   2 ἐγκέκληκα   IV, 33, 1; IV, 33, 2
1 ἐγκληματίζω
   1 ἐνεκληmάτισα   IV, 33, 3
1 ἔγκριτος
   1 ἔγκριτον   IV, 100, 6
2 ἐγκρύπτω
   1 ἐγκεκρυμμένον   V, 66, 4
   1 ἐγκρύπτων   IV, 74, 1
1 ἐγκυμονέω
   1 ἐγκυμονεῖ   V, 9, 8
1 ἐγχείρημα
   1 ἐγχειρήμασιν   IV, 1, 2
1 ἐγχωρέω
   1 ἐγχωρεῖν   V, 19, 6
18 ἐγώ
   2 ἐγώ   V, 33, 1; V, 47, 6
   1 ἐμέ   IV, 5, 8
   2 ἐμοί   IV, 48, 4; V, 52, 1
   1 κἀγώ   V, 9, 17
   1 με   IV, 49, 5
   10 μοι   IV, 7, 1; IV, 10, 1; IV, 22, 1; IV, 69, 1; IV, 86, 1; IV, 103, 1; V, 9, 1; V, 44, 3; V, 48, 1; V, 50, 7
   1 μου   V, 47, 6
1 ἑδράζω
   1 ἥδρασεν   V, 43, 2
1 ἑδραῖος
   1 ἑδραῖον   V, 43, 11
3 ἐθέλω
   1 θελήσαντι   V, 12, 7

2 θελήσωμεν V, 56, 1; V, 56, 3
4 ἔθνος
  2 ἔθνη IV, 2, 1; V, 14, 7
  1 ἔθνους IV, 98, 10
  1 ἐθνῶν IV, 2, 4
2 ἔθος
  1 ἔθεσι V, 53, 4
  1 ἔθος V, 7, 9
1 ἔθω
  1 εἰώθασιν V, 27, 5
45 εἰ
  45 εἰ IV, 4, 1; IV, 4, 8; IV, 6, 1; IV, 19, 2; IV, 21, 12; IV, 24, 2; IV, 34, 1; IV, 37, 12; IV, 37, 16; IV, 38, 5; IV, 38, 9; IV, 41, 6; IV, 44, 8; IV, 46, 5; IV, 49, 8; IV, 52, 13; IV, 52, 14; IV, 66, 2; IV, 73, 6; IV, 86, 6; IV, 90, 4; IV, 95, 16; IV, 95, 17; IV, 98, 1; IV, 98, 2; IV, 98, 11; IV, 99, 1; IV, 99, 3; IV, 99, 8; IV, 100, 7; IV, 102, 1 (2); IV, 104, 1; IV, 104, 10; V, 1, 13; V, 15, 2; V, 51, 7; V, 51, 10; V, 54, 1; V, 58, 13; V, 59, 15; V, 61, 5; V, 61, 9; V, 66, 1; V, 66, 6
8 εἶδος
  1 εἴδει V, 50, 4
  1 εἴδη IV, 98, 13
  6 εἶδος IV, 1, 10; IV, 7, 3; IV, 90, 2; IV, 102, 8; V, 23, 1; V, 23, 2
5 εἰδωλιανός
  4 εἰδωλιανόν IV, 73, 1; IV, 73, 2; IV, 73, 7; IV, 89, 2
  1 εἰδωλιανοῦ V, 59, 13
6 εἴδωλον
  4 εἰδώλοις IV, 75, 5; IV, 86, 9; V, 66, 9; V, 66, 11
  2 εἰδώλων IV, 73, 4; IV, 100, 7
1 εἴθε
  1 εἴθε IV, 10, 1
1 εἰκαιομυθία
  1 εἰκαιομυθίας IV, 102, 6
1 εἰκαστής
  1 εἰκαστής V, 33, 1
1 εἰκοστός
  1 εἰκοστῷ V, 59, 3
4 εἰκότως

4 εἰκότως IV, 2, 7; IV, 28, 5; IV, 59, 5; V, 43, 9
4 εἰκών
  1 εἰκόνα V, 43, 4
  1 εἰκόνες IV, 94, 4
  1 εἰκόνι IV, 67, 9
  1 εἰκών V, 65, 4
117 εἰμί
  3 εἶεν IV, 49, 8; IV, 100, 9; V, 61, 15
  2 εἴη IV, 57, 3; IV, 97, 6
  25 εἶναι IV, 2, 14; IV, 34, 4; IV, 38, 13; IV, 40, 3; IV, 40, 7; IV, 44, 8; IV, 66, 11; IV, 75, 1; IV, 75, 2; IV, 85, 1; IV, 95, 11; IV, 95, 15; IV, 98, 10; IV, 98, 12; IV, 100, 9; IV, 101, 6; IV, 104, 1; V, 12, 7; V, 14, 2; V, 28, 10; V, 34, 3; V, 51, 7; V, 52, 4; V, 54, 6; V, 62, 11
  4 εἰσι IV, 98, 5; IV, 102, 1; IV, 102, 2; V, 9, 18
  2 εἰσιν IV, 92, 2; V, 60, 2
  2 ἔσεσθαι IV, 37, 5; V, 34, 5
  1 ἐσόμενα V, 40, 9
  24 ἐστι IV, 1, 7; IV, 2, 13; IV, 4, 5; IV, 9, 5; IV, 14, 5; IV, 27, 2; IV, 54, 3; IV, 57, 6; IV, 65, 11; IV, 80, 1; IV, 97, 1; IV, 100, 1; IV, 101, 8; IV, 102, 8; IV, 106, 3; V, 1, 24; V, 2, 7; V, 9, 23; V, 13, 4; V, 21, 6; V, 26, 1; V, 30, 3; V, 43, 7; V, 53, 6
  11 ἐστιν IV, 2, 10; IV, 13, 2; IV, 38, 10; IV, 38, 12; IV, 66, 2; IV, 87, 1; IV, 99, 4; IV, 99, 5; IV, 99, 6; IV, 99, 7; V, 12, 2
  29 ἦν IV, 8, 6; IV, 10, 1; IV, 12, 4; IV, 14, 4; IV, 28, 1; IV, 29, 8; IV, 32, 6; IV, 32, 13; IV, 37, 15; IV, 38, 2; IV, 44, 5; IV, 44, 6; IV, 49, 10; IV, 59, 2; IV, 59, 4; IV, 62, 5; IV, 73, 7; IV, 78, 1; IV, 84, 3; IV, 84, 7; IV, 85, 4; IV, 88, 2; IV, 97, 4; V, 15, 1; V, 21, 3; V, 21, 6; V, 47, 5; V, 58, 12; V, 61, 13
  2 ἤστην IV, 85, 2; V, 14, 5
  2 ὄν IV, 80, 9; V, 6, 3

3 ὄντα   IV, 6, 5; V, 13, 7; V, 37, 8
2 ὄντες   IV, 9, 10; IV, 16, 5
2 ὄντος   IV, 25, 2; V, 20, 3
1 ὄντων   V, 13, 7
2 ὤν   V, 46, 4; V, 57, 3
1 εἶμι
   1 ἰόντι V, 43, 13
1 εἰρήνη
   1 εἰρήνην   IV, 9, 9
2 εἰρηνικός
   1 εἰρηνικοί   IV, 10, 3
   1 εἰρηνικῶν   IV, 65, 10
1 εἱρμός
   1 εἱρμῷ   V, 26, 8
60 εἰς
   60 εἰς   IV, Tit., 1; IV, 2, 5; IV, 2, 6; IV, 6, 3; IV, 10, 5; IV, 12, 2 (2); IV, 13, 6; IV, 20, 4; IV, 20, 6; IV, 24, 2; IV, 25, 1; IV, 25, 2 (2); IV, 27, 4; IV, 29, 2; IV, 29, 7; IV, 38, 7; IV, 42, 1; IV, 49, 3; IV, 51, 4; IV, 52, 13; IV, 54, 5; IV, 54, 6; IV, 58, 2; IV, 61, 3; IV, 67, 2; IV, 69, 9; IV, 70, 2; IV, 71, 2; IV, 79, 3; IV, 88, 4; IV, 97, 4; IV, 100, 7; IV, 102, 7; V, Tit., 1; V, 1, 6; V, 1, 15; V, 5, 3; V, 9, 10; V, 15, 3; V, 18, 6; V, 25, 4; V, 28, 2; V, 37, 3 (2); V, 37, 6; V, 44, 2; V, 51, 13; V, 56, 4; V, 57, 2; V, 57, 4; V, 58, 5; V, 61, 8; V, 64, 3; V, 64, 12; V, 66, 3; V, 66, 5; V, 66, 19; V, 66, 28
19 εἷς
   1 εἷς   IV, 84, 3
   4 ἕν   IV, 11, 1; IV, 34, 4; IV, 98, 8; V, 15, 3
   3 ἕνα   IV, 71, 2; IV, 71, 3; IV, 71, 5
   2 ἑνί   IV, 98, 13; IV, 100, 5
   2 ἑνός   IV, 78, 1; IV, 99, 2
   2 μιᾷ   IV, 72, 5; V, 22, 11
   1 μία   IV, 98, 7
   1 μίαν   IV, 11, 1
   3 μιᾶς   IV, 72, 9; IV, 78, 2; IV, 90, 3
1 εἰσάγω
   1 εἰσαγομένην   IV, 76, 4
1 εἰσβάλλω

1 εἰσβάλλειν   IV, 85, 7
1 εἰσελαύνω
   1 εἰσελαύνων   V, 61, 14
1 εἰσέρχομαι
   1 εἰσῆλθε   V, 62, 6
2 εἰσηγέομαι
   2 εἰσηγεῖτο   IV, 85, 7; V, 4, 7
1 εἰσπράσσω
   1 εἰσπράξασθαι   V, 56, 6
1 εἴσω
   1 εἴσω   V, 30, 3
16 εἶτα
   5 εἶτ'   IV, 59, 3; IV, 80, 4; IV, 82, 1; V, 1, 16; V, 39, 4
   11 εἶτα   IV, 31, 2; IV, 38, 5; IV, 49, 2; IV, 62, 5; IV, 79, 3; IV, 93, 4; IV, 94, 2; V, 40, 6; V, 42, 3; V, 52, 3; V, 61, 17
2 εἴτε
   2 εἴτ'   IV, 54, 4; IV, 74, 3
2 εἴτουν
   2 εἴτουν   IV, 17, 6; IV, 97, 12
54 ἐκ
   32 ἐκ   IV, 2, 2; IV, 2, 9; IV, 11, 5; IV, 13, 4; IV, 17, 4; IV, 19, 4; IV, 19, 7; IV, 31, 3; IV, 37, 1; IV, 37, 2; IV, 37, 7; IV, 44, 4; IV, 47, 3; IV, 66, 5; IV, 69, 3; IV, 71, 3; IV, 95, 5; V, 4, 1; V, 9, 16; V, 14, 1; V, 14, 3; V, 18, 2; V, 19, 4 (2); V, 29, 3; V, 35, 1 (2); V, 36, 2; V, 40, 3; V, 50, 8; V, 52, 5; V, 58, 1
   21 ἐξ   IV, 2, 10; IV, 2, 12; IV, 4, 3; IV, 29, 5; IV, 31, 4; IV, 42, 8; IV, 45, 1; IV, 67, 3; IV, 67, 5; IV, 72, 4; IV, 80, 8; IV, 87, 3; IV, 99, 5; V, 1, 2; V, 4, 2; V, 9, 8; V, 10, 13; V, 16, 1; V, 16, 4; V, 30, 4; V, 60, 2
   1 κἀκ   IV, 64, 10
2 ἕκαστος
   1 ἑκάστης   IV, 19, 2
   1 ἕκαστον   V, 43, 1
1 ἑκάτερος
   1 ἑκατέραις   V, 64, 19
3 ἑκατέρωθεν
   3 ἑκατέρωθεν   V, 4, 9; V, 16, 4; V, 49, 6

1 ἐκβάλλω
  1 ἐκβάλλει   V, 8, 2
2 ἐκδέχομαι
  2 ἐκδέχεται   IV, 17, 7; IV, 17, 9
1 ἔκδηλος
  1 ἐκδηλότερον   IV, 53, 4
1 ἐκδιδάσκω
  1 ἐκδιδάσκοντες   IV, 39, 4
1 ἐκδίκησις
  1 ἐκδικήσεως   IV, 46, 8
1 ἐκδρομή
  1 ἐκδρομαῖς   V, 22, 2
4 ἐκεῖθεν
  4 ἐκεῖθεν   IV, 48, 5; IV, 49, 10; V, 9, 5; V, 58, 2
37 ἐκεῖνος
  1 ἐκεῖναι   IV, 102, 4
  2 ἐκείνας   V, 33, 10; V, 39, 4
  1 ἐκείνην   IV, 67, 1
  1 ἐκείνης   IV, 53, 2
  4 ἐκεῖνο   IV, 95, 9; V, 13, 1; V, 29, 1; V, 40, 4
  1 ἐκεῖνοι   IV, 42, 4
  5 ἐκείνοις   IV, 8, 3; IV, 15, 3; IV, 56, 1; IV, 71, 1; IV, 95, 16
  6 ἐκεῖνον   IV, 6, 2; IV, 6, 4; IV, 38, 8; IV, 39, 7; IV, 94, 2; IV, 94, 3
  2 ἐκεῖνος   IV, 1, 3; V, 22, 6
  6 ἐκείνου   IV, 38, 10; IV, 46, 5; IV, 68, 2; IV, 84, 2; IV, 89, 3; V, 65, 4
  1 ἐκείνους   IV, 11, 4
  2 ἐκείνῳ   IV, 39, 2; V, 29, 8
  4 ἐκείνων   IV, 86, 5; V, 4, 8; V, 55, 3; V, 62, 1
  1 κἀκεῖνο   IV, 10, 1
1 ἐκείνως
  1 ἐκείνως   V, 22, 9
1 ἐκεῖσε
  1 κἀκεῖσε   V, 22, 2
1 ἑκηβόλος
  1 ἑκηβόλον   V, 1, 11
1 ἐκκλησία
  1 ἐκκλησίαις   V, 11, 3
1 ἐκκρεμής
  1 ἐκκρεμές   V, 49, 4
1 ἐκλιπαρέω
  1 ἐκλιπαροῦντας   IV, 8, 2

1 ἐκμαίνω
  1 ἐκμανεῖσιν   V, 3, 8
1 ἐκμειλίσσομαι (-ω)
  1 ἐκμειλισσόμενος   V, 61, 19
1 ἐκνικάω
  1 ἐκνικᾶν   IV, 36, 4
1 ἐκπαιδεύω
  1 ἐξεπαίδευον   IV, 28, 7
1 ἐκπίμπλημι
  1 ἐκπλῆσαι   IV, 72, 9
1 ἐκπληξία
  1 ἐκπληξίᾳ   V, 22, 2
1 ἐκστρατεία
  1 ἐκστρατείας   V, 27, 1
1 ἐκστρατεύω
  1 ἐκστρατεύει   IV, 42, 10
1 ἐκτελέω
  1 ἐκτετέλεσται   V, 1, 2
2 ἐκτίθημι
  1 ἐκτεθειμένας   IV, 64, 12
  1 ἐκτιθέασι   V, 58, 5
2 ἔκτυπος
  1 ἐκτύπου   IV, 76, 2
  1 ἐκτυπώτερον   IV, 62, 8
1 ἐκφαίνω
  1 ἐκφαίνουσιν   IV, 98, 15
1 ἐκφεύγω
  1 ἐξέφυγεν   V, 24, 10
1 ἐκφράζω
  1 ἐκπέφρασται   V, 33, 6
1 ἐκφύσησις
  1 ἐκφυσήσεις   V, 31, 3
1 ἐκχέω
  1 ἐκχυθεῖσιν   IV, 63, 4
1 ἑκών
  1 ἑκοῦσα   IV, 17, 9
5 ἐλαύνω
  1 ἐλαύνεσθαι   V, 12, 3
  2 ἐλαυνόμενος   V, 12, 1; V, 12, 5
  1 ἐληλακυίας   IV, 29, 8
  1 ἠλαύνετο   V, 27, 2
4 ἐλέγχω
  1 ἐλέγξας   IV, 106, 10
  1 ἐλέγχει   IV, 103, 3
  1 ἐλέγχον   V, 25, 7
  1 ἠλέγχθησαν   IV, 56, 7
1 Ἑλένη
  1 ἑλένη   V, 9, 8
1 ἐλευθερία

1 ἐλευθερίαν   IV, 17, 7
1 ἐλευθερίως
  1 ἐλευθερίως   IV, 74, 9
1 ἐλεύθερος
  1 ἐλεύθερον   IV, 74, 5
1 ἐλευθερόω
  1 ἐλευθερώσας   V, 1, 22
4 ἕλκω
  1 εἵλκυσε   V, 43, 6
  1 εἵλκυσεν   V, 43, 3
  1 ἑλκομένου   IV, 73, 12
  1 ἕλκων   IV, 34, 3
1 ἐλλαμπρύνομαι
  1 ἐλλαμπρυνομένης   V, 54, 11
16 Ἕλλην
  1 ἕλληνα   IV, 27, 6
  1 ἕλληνας   IV, 99, 9
  1 ἕλληνες   IV, 16, 4
  10 ἑλλήνων   IV, 27, 3; IV, 65, 9; IV, 106, 12; V, 3, 2; V, 3, 6; V, 7, 3; V, 22, 5; V, 28, 9; V, 56, 4; V, 58, 4
  3 ἕλλησι   IV, 39, 2; IV, 65, 2; IV, 86, 3
8 ἑλληνίζω
  7 ἑλληνίζειν   IV, 98, 5; IV, 98, 12; IV, 98, 13; IV, 100, 6; IV, 100, 8; IV, 100, 10; IV, 103, 1
  1 ἑλληνίζοντα   IV, 99, 8
9 Ἑλληνικός
  1 ἑλληνικάς   IV, 86, 3
  2 ἑλληνικήν   IV, 65, 12; IV, 106, 10
  3 ἑλληνικῆς   IV, 101, 7; IV, 101, 10; V, 41, 5
  1 ἑλληνικοῖς   V, 53, 4
  2 ἑλληνικῶν   V, 59, 18; V, 63, 3
1 ἕλος
  1 ἕλη   V, 40, 1
3 ἐλπίζω
  1 ἐλπιζομένην   IV, 17, 7
  1 ἐλπιζομένων   V, 13, 10
  1 ἤλπισεν   IV, 37, 2
6 ἐλπίς
  1 ἐλπίδα   V, 24, 11
  2 ἐλπίδας   IV, 46, 5; IV, 96, 4
  1 ἐλπίδι   IV, 17, 10
  1 ἐλπίδος   IV, 10, 7
  1 ἐλπίσιν   V, 1, 13

1 ἐμβάλλω
  1 ἐμβληθείς   IV, 85, 9
1 ἐμός
  1 ἐμῶν   V, 1, 1
1 Ἐμπεδοκλέης
  1 ἐμπεδοκλεῖς   IV, 56, 1
1 ἐμπίμπλημι
  1 ἐνεπλήσθη   IV, 29, 6
1 ἐμπίμπρημι
  1 ἐνεπίμπρα   IV, 90, 5
1 ἐμπίπτω
  1 ἐμπίπτειν   IV, 51, 4
1 ἔμπροσθεν
  1 τοὔμπροσθεν   V, 18, 6
1 ἐμπυρίζω
  1 ἐμπυριζόμενοι   IV, 9, 9
1 ἐμφαίνω
  1 ἐμφαίνει   V, 17, 4
1 ἐμφαντικός
  1 ἐμφαντικόν   V, 43, 7
2 ἔμφυτος
  2 ἔμφυτον   IV, 24, 4; IV, 37, 4
134 ἐν
  129 ἐν   IV, 2, 3; IV, 2, 13; IV, 2, 14 (2); IV, 4, 3; IV, 4, 5; IV, 4, 11; IV, 5, 6; IV, 6, 5; IV, 8, 4; IV, 11, 2; IV, 13, 9; IV, 16, 2; IV, 18, 2; IV, 20, 5; IV, 21, 2; IV, 21, 5 (2); IV, 21, 6; IV, 28, 5; IV, 29, 3; IV, 32, 10; IV, 32, 14; IV, 34, 7; IV, 42, 2; IV, 42, 5; IV, 46, 1; IV, 46, 5; IV, 49, 9; IV, 52, 3; IV, 52, 10; IV, 54, 2; IV, 54, 6; IV, 62, 6; IV, 62, 7; IV, 62, 8; IV, 64, 6; IV, 64, 9; IV, 65, 2; IV, 65, 3 (2); IV, 65, 5; IV, 65, 8; IV, 65, 9; IV, 66, 5; IV, 66, 11; IV, 66, 12 (2); IV, 67, 2; IV, 67, 12; IV, 69, 3; IV, 69, 4; IV, 69, 6; IV, 72, 5; IV, 73, 5; IV, 80, 2; IV, 81, 2; IV, 85, 6; IV, 85, 9; IV, 87, 2; IV, 88, 1; IV, 88, 2; IV, 88, 3; IV, 91, 4; IV, 95, 15; IV, 97, 6; IV, 97, 9; IV, 97, 12; IV, 103, 7; IV, 104, 7; IV, 104, 11; IV, 105, 2; IV, 105, 3; IV, 105, 11; IV, 106, 4; IV, 106, 6; IV, 106, 14; V, 1, 10; V, 7, 2; V, 9, 4; V, 9, 6;

V, 10, 4; V, 10, 5; V, 12, 1; V, 13, 4; V, 13, 5; V, 14, 10; V, 15, 5; V, 17, 2; V, 18, 4; V, 21, 7; V, 22, 5; V, 22, 6; V, 24, 6; V, 28, 12; V, 31, 2; V, 32, 2; V, 32, 3; V, 42, 4; V, 43, 10; V, 44, 2; V, 44, 3 (2); V, 45, 1; V, 45, 3; V, 45, 4; V, 45, 9; V, 50, 4; V, 51, 14; V, 52, 3; V, 54, 6; V, 58, 11; V, 58, 16; V, 59, 3; V, 61, 14; V, 61, 19; V, 61, 22; V, 63, 5; V, 64, 1; V, 64, 11 (2); V, 64, 13; V, 64, 15; V, 64, 16; V, 64, 18 (2); V, 66, 8; V, 66, 15; V, 66, 20
5 κἂν IV, 73, 9; IV, 93, 3; IV, 104, 6; V, 10, 6; V, 41, 6
1 ἐναγισμός
  1 ἐναγισμοῦ V, 32, 7
1 ἐναγώνιος
  1 ἐναγώνιος V, 47, 5
2 ἐνάλλομαι
  1 ἐναλλόμενος V, 30, 1
  1 ἐναλλομένου V, 54, 9
8 ἐναντίος
  1 ἐναντία IV, 30, 5
  1 ἐναντίαν IV, 29, 1
  3 ἐναντίοις IV, 30, 5; V, 10, 6; V, 13, 5
  1 ἐναντίον IV, 29, 9
  1 ἐναντίων IV, 13, 10
  1 τοὐναντίον V, 14, 8
1 ἐναποκρύπτω
  1 ἐναπέκρυπτε IV, 87, 6
1 ἐναργής
  1 ἐναργές V, 10, 7
1 ἐναργῶς
  1 ἐναργῶς V, 33, 8
1 ἐνασχημονέω
  1 ἐνασχημονῶν V, 31, 4
2 ἐνδείκνυμι
  1 ἐνδείξασθαι V, 57, 4
  1 ἐνεδείξατο IV, 34, 7
1 ἐνδιαιτάομαι
  1 ἐνδιαιτωμένους IV, 8, 6
1 ἐνδιδύσκω
  1 ἐνδιδυσκόμενος V, 42, 5
3 ἔνδικος
  1 ἐνδίκου V, 38, 3

  1 ἐνδίκους V, 2, 8
  1 ἐνδικωτάτης V, 28, 8
1 ἔνδοθεν
  1 ἔνδοθεν V, 54, 9
1 ἔνδον
  1 ἔνδον IV, 44, 5
2 ἐνδύω
  1 ἐνδεδυκώς IV, 64, 3
  1 ἐνδύς IV, 64, 6
1 ἔνειμι (εἰμί)
  1 ἐνόν IV, 38, 1
3 ἕνεκα
  3 ἕνεκα IV, 48, 5; IV, 57, 3; IV, 57, 7
1 ἐνέργεια
  1 ἐνέργειαν V, 51, 13
1 ἐνέχω
  1 ἐνείχετο IV, 21, 6
1 ἔνθα
  1 ἔνθα V, 27, 8
1 ἔνθεν
  1 ἔνθεν V, 54, 11
2 ἐνθύμημα
  1 ἐνθυμήμασι IV, 1, 13
  1 ἐνθυμημάτων V, 66, 15
1 ἐνιαυτός
  1 ἐνιαυτοῦ V, 28, 11
3 ἐννοέω
  1 ἐνενόει V, 31, 5
  1 ἐννοοῦντες V, 26, 5
  1 ἐννοῶν IV, 21, 10
2 ἔννοια
  2 ἐννοιῶν IV, 102, 3; V, 66, 4
1 ἔννομος (νόμος)
  1 ἔννομα V, 23, 8
1 ἐνοικέω
  1 ἐνοικούντων V, 61, 11
1 ἐνστίζω
  1 ἐνέστιξεν V, 64, 15
1 ἔνταλμα
  1 ἐντάλματα IV, 95, 13
2 ἐνταῦθα
  1 ἐνταῦθα IV, 54, 3
  1 κἀνταῦθα V, 61, 2
2 ἐντείνω
  1 ἐντείνει V, 59, 7
  1 ἐντείνειε V, 1, 14
6 ἐντεῦθεν
  5 ἐντεῦθεν IV, 10, 2; IV, 10, 6;

IV, 48, 3; IV, 48, 5; V, 45, 8
1 κἀντεῦθεν V, 9, 5
1 ἐντολή
   1 ἐντολῶν IV, 95, 8
2 ἔντομος
   2 ἐντόμων IV, 52, 1; V, 36, 2
1 ἐντυγχάνω
   1 ἐντυγχανόντων V, 66, 1
2 ἐντυπόω
   1 ἐνετετύπωτο V, 10, 3
   1 ἐνετύπου IV, 73, 9
2 ἐνυβρίζω
   1 ἐνυβρίζοντας V, 1, 9
   1 ἐνύβρισεν IV, 94, 2
2 ἐνυπάρχω
   1 ἐνυπάρχον IV, 80, 2
   1 ἐνυπάρχοντος V, 19, 3
4 ἕνωσις
   1 ἑνώσει IV, 65, 10
   1 ἑνώσεως IV, 10, 8
   1 ἕνωσιν IV, 34, 3
   1 ἕνωσις IV, 10, 3
4 ἐξάγιστος
   3 ἐξάγιστον IV, 38, 9; IV, 84, 2; V, 33, 3
   1 ἐξάγιστος V, 58, 16
1 ἐξάγω
   1 ἐξῆγε IV, 60, 3
1 ἑξάμετρος
   1 ἑξαμέτρῳ IV, 97, 12
2 ἐξαπατάω
   1 ἐξαπατῶσα V, 59, 5
   1 ἐξαπατῶσιν V, 29, 3
1 ἐξαπλόω
   1 ἐξαπλοῦντες IV, 81, 2
2 ἐξάπτω
   1 ἐξάπτεται IV, 93, 5
   1 ἐξάψαντος IV, 64, 7
1 ἐξαρνέομαι
   1 ἐξαρνησάμενος IV, 95, 10
4 ἔξειμι (εἰμί)
   2 ἐξεῖναι IV, 95, 4; IV, 97, 7
   1 ἔξεστι IV, 98, 4
   1 ἐξόν IV, 98, 4
1 ἐξελέγχω
   1 ἐξελέγχει IV, 105, 9
1 ἐξέρχομαι
   1 ἐξῆλθε V, 62, 7
1 ἐξέτασις

1 ἐξέτασιν V, 62, 7
1 ἐξηγέομαι
   1 ἐξηγεῖται IV, 17, 2
1 ἐξήγησις
   1 ἐξηγήσεως V, 66, 25
17 ἑξῆς
   17 ἑξῆς IV, 2, 1; IV, 14, 4; IV, 19, 4; IV, 28, 2; IV, 39, 1; IV, 43, 1; IV, 47, 2; IV, 51, 3; IV, 61, 7; IV, 70, 4; IV, 98, 16; IV, 106, 14; V, 2, 8; V, 26, 7; V, 27, 9; V, 28, 4; V, 45, 8
1 ἐξικνέομαι
   1 ἐξικνεῖσθαι IV, 65, 12
1 ἐξονειδίζω
   1 ἐξονειδίζων V, 25, 5
1 ἐξοπλίζω
   1 ἐξωπλίσθη IV, 21, 2
2 ἐξούλη
   2 ἐξούλης IV, 98, 17; IV, 100, 10
1 ἐξουσία
   1 ἐξουσίᾳ V, 14, 8
2 ἐξυβρίζω
   1 ἐξυβρίσας IV, 1, 6
   1 ἐξυβρίσασι V, 3, 7
1 ἐξυμνέω
   1 ἐξυμνεῖ IV, 4, 8
3 ἔξω
   3 ἔξω IV, 56, 4; IV, 98, 17; V, 11, 5
1 ἐξωθέω
   1 ἐξωσθῆναι IV, 48, 6
1 ἐξωνέομαι
   1 ἐξωνούμενον IV, 24, 3
4 ἔοικα
   2 εἰκός IV, 37, 4; V, 21, 6
   1 ἔοικε IV, 61, 5
   1 ἐῴκει V, 61, 12
2 ἑορτή
   1 ἑορταῖς V, 54, 6
   1 ἑορτάς V, 41, 2
7 ἐπάγω
   1 ἐπαγαγών IV, 65, 5
   3 ἐπάγει IV, 47, 2; IV, 98, 17; V, 39, 5
   1 ἐπαγομένας IV, 21, 8
   1 ἐπαγόμενος V, 15, 3
   1 ἐπαγομένων IV, 70, 4

3 ἐπαινέτης
  1 ἐπαινέτης V, 30, 7
  2 ἐπαινετῶν IV, 57, 4; IV, 57, 6
1 ἐπαινετός
  1 ἐπαινετά IV, 57, 9
7 ἐπαινέω
  1 ἐπαινεῖ IV, 4, 2
  1 ἐπαινεῖν V, 50, 5
  1 ἐπαινοίη IV, 83, 1
  4 ἐπαινῶν IV, 38, 4; IV, 68, 2; V, 50, 3; V, 64, 8
1 ἔπαινος
  1 ἐπαίνοις IV, 4, 5
12 ἐπαίρω
  1 ἐπαίρει IV, 65, 9
  2 ἐπαίρειν IV, 16, 5; V, 53, 3
  1 ἐπαιρόμενον IV, 14, 3
  1 ἐπαιρομένων IV, 104, 13
  1 ἐπαίρουσα V, 1, 13
  2 ἐπαίρωμεν V, 53, 1; V, 53, 5
  1 ἐπαίρων IV, 2, 9
  1 ἐπαρθείη IV, 65, 13
  2 ἐπήρθη IV, 1, 4; IV, 43, 5
1 ἐπαισθάνομαι
  1 ἐπῃσθημένων V, 10, 15
1 ἐπαΐω
  1 ἐπαΐειν IV, 2, 16
1 ἐπακολουθέω
  1 ἐπακολουθεῖ IV, 30, 3
2 ἐπανάστασις
  2 ἐπανάστασιν IV, 21, 11; IV, 46, 3
1 ἐπανήκω
  1 ἐπανήκοντα V, 61, 6
2 ἐπανίστημι
  1 ἐπαναστάντων IV, 80, 6
  1 ἐπανέστη IV, 32, 11
2 ἔπαρσις
  1 ἐπάρσει IV, 30, 3
  1 ἔπαρσιν IV, 30, 6
1 ἔπαρχος
  1 ἐπάρχων IV, 2, 4
3 ἐπαφίημι
  2 ἐπαφείς IV, 32, 14; IV, 56, 3
  1 ἐπαφιέναι V, 12, 4
1 ἐπεγγελάω
  1 ἐπεγγελῶν IV, 83, 6
1 ἐπεγείρω
  1 ἐπεγείρονται IV, 92, 2

12 ἐπεί
  12 ἐπεί IV, 2, 11; IV, 29, 8; IV, 32, 4; IV, 32, 12; IV, 62, 10; IV, 66, 8; V, 1, 9; V, 7, 9; V, 26, 1; V, 47, 3; V, 56, 5; V, 58, 18
1 ἐπείγω
  1 ἐπείγει IV, 95, 12
5 ἐπειδή
  5 ἐπειδή IV, 52, 1; IV, 95, 2; V, 21, 3; V, 51, 2; V, 59, 18
1 ἔπειμι (εἰμί)
  1 ἔπεισι IV, 48, 4
1 ἐπείπερ
  1 ἐπείπερ V, 18, 2
1 ἐπεισπνέω
  1 ἐπεισπνεῖσθαι V, 45, 6
1 ἐπεισρέω
  1 ἐπεισρέουσα IV, 18, 3
4 ἔπειτα
  4 ἔπειτα IV, 58, 5; IV, 79, 4; IV, 94, 3; V, 1, 18
1 ἐπέκεινα
  1 ἐπέκεινα IV, 82, 4
1 ἐπεμβάλλω
  1 ἐπεμβέβληται IV, 51, 4
1 ἐπεντρυφάω
  1 ἐπεντρυφῶν IV, 83, 5
2 ἐπέξειμι (εἶμι)
  1 ἐπεξιέναι IV, 97, 9
  1 ἐπεξιών V, 64, 10
1 ἐπεξέρχομαι
  1 ἐπεξέρχεται V, 1, 21
3 ἐπέχω
  1 ἐπεσχέθη IV, 43, 4
  1 ἐπέσχεν IV, 10, 7
  1 ἐπίσχες V, 42, 6
1 ἐπηρεάζω
  1 ἐπηρεασθεῖσι IV, 49, 6
1 ἐπήρεια
  1 ἐπηρείας IV, 47, 1
39 ἐπί
  3 ἐπ' IV, 17, 8; IV, 17, 10; IV, 37, 15
  29 ἐπί IV, 3, 2; IV, 3, 3; IV, 29, 9 (2); IV, 50, 3; IV, 65, 10; IV, 65, 13; IV, 72, 8; IV, 77, 2; IV, 92, 2; IV, 93, 3; V, 1, 4; V, 1, 26; V, 2, 3; V, 7, 8; V, 10, 2; V, 14, 6; V, 20, 1; V, 24, 9; V, 27,

5; V, 42, 3; V, 51, 10 (2); V, 54, 3; V, 58, 3; V, 58, 12; V, 59, 8; V, 62, 4; V, 64, 2
7 ἐφ'   IV, 10, 3; IV, 32, 8; V, 10, 13; V, 57, 2; V, 57, 3; V, 58, 9; V, 64, 4
1 ἐπιβατεύω
  1 ἐπιβατεύειν   V, 43, 13
2 ἐπιβουλή
  1 ἐπιβουλήν   IV, 21, 13
  1 ἐπιβουλῆς   IV, 45, 1
1 ἐπιβώμιος
  1 ἐπιβώμιον   V, 31, 3
2 ἐπιδείκνυμι
  1 ἐπιδεικνύντες   V, 9, 5
  1 ἐπιδειξάτωσαν   V, 10, 1
1 ἐπιδέξιος
  1 ἐπιδεξίων   V, 16, 2
1 ἐπιδημία
  1 ἐπιδημίαν   V, 29, 9
1 ἐπίδοσις
  1 ἐπιδόσεως   IV, 69, 3
2 ἐπιείκεια
  2 ἐπιεικείας   IV, 24, 4; V, 59, 15
1 ἐπιεικής
  1 ἐπιεικεστέρων   V, 3, 7
1 ἐπιζητέω
  1 ἐπεζήτει   V, 61, 20
1 ἐπιθειάζω
  1 ἐπιθειάζων   V, 4, 1
1 ἐπικαλέω
  1 ἐπικαλεῖσθε   IV, 79, 5
1 ἐπίκεντρος
  1 ἐπικέντρῳ   IV, 2, 14
1 ἐπικερτομέω
  1 ἐπικερτομοῦντας   V, 1, 9
1 ἐπικλίνω
  1 ἐπικλινομένων   V, 30, 3
1 ἐπικομπάζω
  1 ἐπεκόμπασεν   V, 64, 16
1 Ἐπίκουρος
  1 ἐπίκουρον   IV, 40, 5
1 ἐπικρίνω
  1 ἐπικρίνει   V, 54, 3
1 ἐπικτυπέω
  1 ἐπικτυπῶν   V, 14, 4
1 ἐπιλέγω
  1 ἐπειπών   V, 61, 21

1 ἐπιλύω
  1 ἐπιλύων   IV, 66, 6
3 ἐπινίκιος
  1 ἐπινικίοις   V, 53, 2
  2 ἐπινίκιον   V, 35, 3; V, 61, 5
1 ἐπινοέω
  1 ἐπενόεις   V, 61, 5
3 ἐπίνοια
  1 ἐπινοίᾳ   V, 4, 6
  1 ἐπινοίαις   IV, 56, 6
  1 ἐπίνοιαν   IV, 105, 4
1 ἐπιπηδάω
  1 ἐπιπηδῶν   V, 30, 2
1 ἐπιπροσθέω
  1 ἐπιπροσθοῦντος   IV, 2, 11
1 ἐπίρρημα
  1 ἐπίρρημα   IV, 101, 3
1 ἐπιρρίπτω
  1 ἐπιρρίψας   V, 59, 12
2 ἐπισημαίνω
  1 ἐπισημαίνεται   IV, 7, 2
  1 ἐπισημαίνων   IV, 53, 5
1 ἐπίσης
  1 ἐπίσης   IV, 2, 15
1 ἐπίσιον
  1 ἐπείσιον   V, 49, 4
1 ἐπίσταμαι
  1 ἐπιστάμενοι   IV, 43, 2
1 ἐπίστασις
  1 ἐπιστάσεως   IV, 79, 6
1 ἐπιστήμη
  1 ἐπιστήμην   IV, 98, 6
1 ἐπιστροφή
  1 ἐπιστροφή   IV, 31, 4
3 ἐπισυνάπτω
  3 ἐπισυνάπτει   IV, 65, 6; V, 35, 3; V, 48, 4
1 ἐπιτάσσω
  1 ἐπέταξεν   IV, 37, 15
2 ἐπιτελέω
  1 ἐπετέλει   V, 32, 8
  1 ἐπιτελῶν   V, 32, 5
1 ἐπιτερπής
  1 ἐπιτερπῆ   V, 28, 10
1 ἐπιτήδειος
  1 ἐπιτηδείων   V, 16, 2
2 ἐπιτιμάω
  1 ἐπιτιμάτω   V, 66, 1
  1 ἐπιτιμηθέντος   IV, 37, 6

1 ἐπίτομος
  1 ἐπιτομώτερον V, 66, 27
2 ἐπιτυγχάνω
  1 ἐπιτυχεῖν V, 21, 10
  1 ἐπιτυχόντας V, 52, 3
2 ἐπιτωθάζω
  1 ἐπετώθαζε IV, 83, 7
  1 ἐπιτωθάζοντες V, 64, 5
1 ἐπιφαίνω
  1 ἐπιφανεῖσα V, 1, 13
1 ἐπιφαρμάττω
  1 ἐπεφάρμακτο IV, 64, 5
4 ἐπιφέρω
  1 ἐπενεγκών V, 51, 4
  2 ἐπιφέρει V, 40, 6; V, 42, 6
  1 ἐπιφέρων IV, 96, 4
1 ἐπιφθέγγομαι
  1 ἐπιφθέγγεται V, 59, 9
1 ἐπιφρίσσω
  1 ἐπιφρίσσουσιν IV, 92, 2
3 ἐπιχαίρω
  1 ἐπιχαίρειν IV, 50, 2
  1 ἐπιχαίροντες V, 41, 2
  1 ἐπιχαίρωμεν V, 53, 3
4 ἐπιχειρέω
  1 ἐπιχειρεῖ IV, 37, 9
  1 ἐπιχειρεῖν V, 31, 6
  1 ἐπιχειροίη IV, 37, 12
  1 ἐπιχειρῶν IV, 59, 3
3 ἐπιχείρημα
  1 ἐπιχειρήμασι IV, 1, 14
  2 ἐπιχειρημάτων IV, 103, 3; V, 66, 13
1 ἐπιχείρησις
  1 ἐπιχείρησιν IV, 44, 5
1 ἐπίχειρον
  1 ἐπίχειρα V, 38, 2
3 ἕπομαι (-ω)
  2 ἕπεται IV, 95, 22; V, 52, 2
  1 ἑπόμενα IV, 79, 5
5 ἔπος
  3 ἔπος V, 1, 19; V, 1, 23; V, 59, 9
  2 ἐπῶν IV, 97, 11; IV, 97, 14
3 ἑπτά
  3 ἑπτά IV, 20, 2; IV, 20, 3; V, 62, 3
1 ἑπτάκις
  1 ἑπτάκις IV, 20, 3
1 ἐράω (ἔρως)

1 ἐρώμενος V, 46, 4
2 ἐργάζομαι
  1 ἐργάζεται V, 62, 9
  1 ἐργασάμενον V, 51, 16
1 ἐργασία
  1 ἐργασιῶν V, 66, 14
10 ἔργον
  2 ἔργα IV, 57, 4; IV, 106, 2
  3 ἔργοις IV, 66, 11; IV, 95, 17; IV, 105, 3
  1 ἔργον V, 54, 2
  1 ἔργου IV, 45, 3
  2 ἔργῳ IV, 40, 3; IV, 69, 8
  1 ἔργων V, 33, 9
1 Ἑρμαφρόδιτος
  1 ἑρμαφρόδιτος V, 49, 5
2 ἑρμηνεία
  2 ἑρμηνείας V, 66, 3; V, 66, 30
1 ἑρμηνεύω
  1 ἑρμηνεῦσαι IV, 5, 6
2 Ἑρμῆς
  1 ἑρμῆν V, 47, 2
  1 ἑρμοῦ V, 48, 2
1 ἕρπω
  1 ἕρποντες IV, 16, 4
6 ἔρχομαι
  1 ἐλθέ V, 58, 4
  1 ἐλθεῖν IV, 6, 3
  1 ἐλθούσης V, 51, 13
  1 ἐρχομένην IV, 10, 6
  1 ἦλθε V, 61, 12
  1 ἦλθεν V, 51, 3
23 ἐρῶ
  1 εἰρήκει IV, 97, 13
  1 εἰρηκώς V, 51, 3
  1 εἰρημέναις V, 53, 3
  1 εἰρημένη IV, 57, 7
  2 εἰρημένοις IV, 97, 9; V, 2, 2
  1 εἰρημένος IV, 30, 2
  1 εἰρημένου IV, 16, 2
  1 εἰρημένους V, 58, 7
  1 εἰρημένων V, 36, 2
  11 εἴρηται IV, 19, 5; IV, 20, 5; IV, 74, 2; IV, 77, 1; IV, 91, 7; IV, 104, 4; V, 24, 9; V, 44, 2; V, 50, 3; V, 59, 1; V, 61, 22
  1 ἐροῦμεν V, 51, 8
  1 ἐρρέθησαν IV, 10, 3
2 ἔρως

2 ἔρωτα   IV, 72, 7; IV, 72, 10
2 ἐρωτάω
　　1 ἐρωτωμένοις   IV, 97, 4
　　1 ἠρώτα   V, 61, 15
1 ἐρώτησις
　　1 ἐρώτησιν   V, 62, 7
3 ἐσθής
　　2 ἐσθῆτας   V, 10, 1; V, 10, 2
　　1 ἐσθῆτος   IV, 82, 1
2 ἐσθίω
　　1 ἐσθιόμενον   V, 58, 13
　　1 ἔφαγεν   IV, 29, 6
3 ἔσχατος
　　1 ἔσχατα   IV, 16, 5
　　1 ἐσχάτας   IV, 48, 2
　　1 ἐσχάτην   IV, 6, 6
5 ἑταῖρος
　　2 ἑταῖρε   V, 29, 7 (2)
　　1 ἑταίρους   V, 61, 15
　　2 ἑταίρων   V, 61, 8; V, 61, 17
1 ἔτασις
　　1 ἐτάσεις   V, 2, 10
12 ἕτερος
　　1 ἑτέρα   IV, 98, 9
　　1 ἑτέραις   IV, 98, 9
　　2 ἑτέραν   IV, 9, 6; IV, 67, 6
　　1 ἑτέροις   V, 7, 3
　　4 ἕτερον   IV, 5, 5; IV, 32, 13;
　　　　IV, 61, 6; IV, 72, 3
　　1 ἑτέρου   IV, 32, 12
　　1 ἑτέρους   IV, 41, 7
　　1 ἑτέρῳ   V, 10, 7
1 ἑτεροτρόπως
　　1 ἑτεροτρόπως   IV, 100, 6
1 ἑτερώνυμος
　　1 ἑτερωνύμῳ   IV, 98, 9
1 ἑτέρως
　　1 ἑτέρως   IV, 102, 10
13 ἔτι
　　13 ἔτι   IV, 8, 4; IV, 79, 5; IV, 86,
　　　　8; V, 7, 1; V, 10, 1; V, 40, 7; V,
　　　　41, 1; V, 45, 1; V, 61, 7; V, 65, 2
　　　　(3); V, 66, 8
1 ἔτος
　　1 ἔτει   V, 59, 3
4 εὖ
　　4 εὖ   IV, 105, 5; V, 34, 4; V, 40,
　　　　8; V, 65, 3
2 εὐαρίθμητος

　　1 εὐαρίθμητα   IV, 66, 2
　　1 εὐαριθμήτους   IV, 41, 7
2 εὐγένειος
　　2 ἠυγένειος   IV, 58, 4; IV, 58, 6
1 εὐδοκιμέω
　　1 εὐδοκιμηκότας   IV, 65, 3
1 εὐδόκιμος
　　1 εὐδόκιμον   V, 57, 2
3 εὐεξία
　　1 εὐεξία   IV, 30, 4
　　2 εὐεξίας   IV, 29, 2; IV, 29, 8
1 εὐεπίφορος
　　1 εὐεπίφορα   V, 16, 4
1 εὐεργεσία
　　1 εὐεργεσίαν   IV, 44, 7
1 εὐήθης
　　1 εὐηθέστατε   IV, 62, 1
1 εὐημερία
　　1 εὐημερίας   V, 24, 11
1 εὐθαρσής
　　1 εὐθαρσέστερον   V, 62, 8
3 εὐθύνω
　　1 εὐθύνας   V, 1, 20
　　1 εὐθύνει   IV, 13, 3
　　1 εὐθύνειν   IV, 13, 2
3 εὐθύς
　　1 εὐθεῖ   V, 66, 29
　　1 εὐθείαν   V, 17, 4
　　1 εὐθύς   IV, 13, 2
1 εὐκίνητος
　　1 εὐκινήτου   V, 54, 4
1 εὐκρινέω
　　1 εὐκρινῶν   IV, 47, 4
1 εὔλογος
　　1 εὔλογον   IV, 66, 11
1 εὐμήχανος
　　1 εὐμήχανον   V, 66, 13
1 εὔνοια
　　1 εὐνοίας   V, 4, 6
2 εὔνοος
　　2 εὔνους   IV, 60, 1; IV, 60, 2
1 εὐπαράδεκτος
　　1 εὐπαράδεκτον   V, 50, 5
1 εὐπρεπής
　　1 εὐπρεπές   IV, 40, 6
1 εὐπρεπῶς
　　1 εὐπρεπῶς   V, 31, 8
1 εὐπρόσοδος
　　1 εὐπρόσοδον   V, 66, 14

1 Εὐριπίδης
   1 εὐριπίδου V, 14, 12
8 εὑρίσκω
   1 εὑρηκώς V, 61, 11
   3 εὑρήσεις IV, 54, 6; IV, 64, 13; V, 44, 4
   1 εὕρηται IV, 73, 5
   2 εὕροι V, 4, 3; V, 61, 10
   1 εὑρών IV, 72, 3
2 εὔρυθμος
   2 εὔρυθμον IV, 10, 5; V, 54, 8
1 εὐρύθμως
   1 εὐρύθμως V, 54, 14
1 Εὐρώπη (προσ)
   1 εὐρώπην V, 9, 11
1 Εὐρώπη (τοπ)
   1 εὐρώπῃ V, 64, 19
9 εὐσέβεια
   1 εὐσεβείᾳ IV, 36, 3
   4 εὐσέβειαν IV, 24, 2; IV, 34, 5; IV, 66, 8; IV, 88, 4
   4 εὐσεβείας IV, 13, 5; IV, 13, 6; IV, 27, 6; IV, 87, 5
2 εὐσεβέω
   1 εὐσεβούντων V, 5, 4
   1 εὐσεβῶν IV, 24, 1
8 εὐσεβής
   2 εὐσεβές IV, 32, 10; V, 54, 12
   1 εὐσεβῆ V, 23, 2
   2 εὐσεβοῦς V, 54, 9; V, 65, 6
   3 εὐσεβῶν V, 2, 4; V, 40, 5; V, 62, 13
1 Εὐσέβιος
   1 εὐσέβιον V, 62, 12
2 εὐσεβῶς
   2 εὐσεβῶς IV, 27, 2; V, 37, 7
1 εὔστοχος
   1 εὔστοχοι IV, 44, 7
1 εὐτελής
   1 εὐτελές IV, 101, 7
1 εὐτρεπής
   1 εὐτρεπεῖς V, 24, 8
3 εὐτυχία
   1 εὐτυχίαν IV, 9, 10
   2 εὐτυχίας IV, 88, 1; IV, 88, 4
1 εὐφήμως
   1 εὐφήμως IV, 79, 4
1 εὔφορος
   1 εὐφορώτατον V, 28, 10

1 εὐφροσύνη
   1 εὐφροσύναις V, 54, 7
1 εὐχερῶς
   1 εὐχερῶς V, 50, 6
1 εὐωχία
   1 εὐωχίαις V, 53, 2
1 ἐφάπτω
   1 ἐφάψαιτο IV, 82, 5
1 ἐφέλκω
   1 ἐφέλκων V, 29, 6
1 ἐφεξῆς
   1 ἐφεξῆς V, 1, 21
1 ἐφέπω
   1 ἐφέψομαι V, 1, 15
1 ἐφίπταμαι
   1 ἐφιπτάμενον V, 12, 2
1 ἐφίστημι
   1 ἐπιστήσας IV, 33, 6
1 ἐφοράω
   1 ἐφορῶντος V, 34, 1
1 ἔφορος
   1 ἔφορον V, 34, 3
2 Ἔχετος
   1 ἔχετος IV, 85, 3
   1 ἐχέτου IV, 85, 1
1 ἐχθραίνω
   1 ἐχθραίνοντες V, 41, 3
1 ἐχθρός
   1 ἐχθρῶν V, 7, 10
44 ἔχω
   3 εἶχε IV, 91, 2; V, 51, 11 (2)
   3 εἶχεν IV, 34, 6; V, 1, 9; V, 66, 11
   1 εἴχετο V, 39, 3
   1 ἔξοιμεν IV, 100, 11
   1 ἔσχεν IV, 21, 9
   1 ἐσχηκότας V, 9, 6
   1 ἐσχηκότες V, 14, 6
   2 ἔχει IV, 73, 11; IV, 95, 21
   6 ἔχειν IV, 4, 10; IV, 50, 2; IV, 91, 5; V, 10, 13; V, 12, 6; V, 21, 7
   2 ἔχομεν IV, 70, 2; V, 58, 2
   4 ἐχόμενα IV, 66, 2; IV, 103, 1; V, 27, 2; V, 35, 4
   1 ἐχόμενος V, 9, 13
   1 ἔχοντα V, 23, 2
   2 ἔχοντας IV, 67, 11; V, 29, 8
   1 ἔχοντες V, 27, 6
   1 ἔχοντι IV, 20, 1

1 ἔχοντος   IV, 27, 2
1 ἐχόντων   V, 16, 2
1 ἔχουσα   V, 18, 3
1 ἔχουσαν   IV, 105, 12
1 ἐχούσης   IV, 75, 5
1 ἔχουσι   IV, 102, 5
3 ἔχω   V, 9, 17; V, 9, 19; V, 40, 9
4 ἔχων   IV, 46, 1; IV, 98, 6; V, 49, 5; V, 57, 3
1 ἕωλος
  1 ἕωλον   IV, 19, 3
1 ἑῷος
  1 ἑῴας   IV, 32, 7

1 ζάω
  1 ζῆν   IV, 37, 14
1 ζευγίτης
  1 ζευγίτην   IV, 72, 2
5 Ζεύς
  1 διΐ   IV, 80, 6
  1 δία   V, 9, 10
  1 διΐ   V, 14, 3
  1 διός   IV, 72, 7
  1 ζεύς   V, 9, 7
1 ζέω
  1 ζέοντι   IV, 46, 3
1 ζημιόω
  1 ἐζημιώθησαν   IV, 48, 4
1 ζητέω
  1 ζητοῦσα   IV, 29, 1
1 ζοφώδης
  1 ζοφώδεσι   IV, 52, 4
1 ζυγοστατέω
  1 ζυγοστατεῖσθαι   IV, 52, 10
2 ζωγραφέω
  2 ζωγραφεῖν   IV, 99, 4; IV, 99, 6
1 ζωγραφία
  1 ζωγραφίας   V, 10, 9
2 ζωγράφος
  2 ζωγράφος   IV, 99, 3; IV, 99, 5
1 ζωή
  1 ζωή   IV, 32, 6
3 ζῷον
  3 ζώων   IV, 52, 2; IV, 74, 3; IV, 74, 4
3 Ζώπυρος
  1 ζώπυρον   V, 20, 1
  1 ζώπυρος   V, 20, 2
  1 ζωπύρῳ   V, 20, 9

1 ζωτικός
  1 ζωτικόν   V, 43, 4
1 ζωΰφιον
  1 ζωΰφιον   V, 12, 2

61 ἤ (καί)
  61 ἤ   IV, 5, 6; IV, 9, 1; IV, 14, 5; IV, 27, 1; IV, 27, 6; IV, 29, 3; IV, 38, 11; IV, 38, 12 (2); IV, 41, 1; IV, 41, 2; IV, 41, 6; IV, 44, 3; IV, 45, 2; IV, 47, 2; IV, 47, 4; IV, 57, 4 (2); IV, 61, 5; IV, 61, 6; IV, 67, 11 (2); IV, 67, 12 (2); IV, 68, 4; IV, 69, 10; IV, 71, 1; IV, 71, 3; IV, 73, 5; IV, 75, 4; IV, 77, 1; IV, 97, 11; IV, 98, 8; IV, 98, 9; IV, 98, 10 (2); IV, 99, 6; IV, 102, 2; V, 7, 6; V, 9, 6; V, 18, 6; V, 21, 2 (2); V, 22, 9 (2); V, 24, 1; V, 24, 4 (2); V, 29, 9; V, 34, 3; V, 34, 4; V, 37, 1; V, 37, 4; V, 38, 2; V, 51, 1; V, 51, 4; V, 52, 2; V, 53, 4; V, 62, 10; V, 64, 1; V, 66, 11
2 ἡγέομαι
  2 ἡγεῖται   IV, 30, 1; V, 54, 5
1 ἠδέ
  1 ἠδέ   IV, 58, 5
10 ἤδη
  10 ἤδη   IV, 7, 1; IV, 61, 1; IV, 92, 2; IV, 99, 9; V, 12, 6; V, 22, 7; V, 40, 8; V, 51, 14; V, 61, 14; V, 65, 1
3 ἡδονή
  1 ἡδονῇ   V, 54, 13
  1 ἡδονῆς   IV, 58, 6
  1 ἡδονῶν   V, 32, 8
1 ἡδύς
  1 ἡδίστων   V, 28, 10
2 ἠθικός
  1 ἠθικά   IV, 106, 6
  1 ἠθικόν   IV, 106, 10
3 ἦθος
  1 ἤθει   IV, 74, 7
  1 ἦθος   V, 33, 2
  1 ἠθῶν   IV, 105, 13
2 ἥκω
  2 ἧκε   V, 1, 7; V, 61, 19
1 ἡλικία

1 ἡλικίας IV, 66, 6
1 ἥλιος
  1 ἡλίῳ IV, 72, 8
2 Ἠλύσιος
  1 ἠλύσιον V, 28, 9
  1 ἠλυσίων V, 28, 7
46 ἡμεῖς
  8 ἡμᾶς IV, 6, 5; IV, 69, 10; IV, 88, 2; IV, 95, 5; IV, 95, 11; IV, 95, 18; IV, 101, 9; IV, 104, 6
  3 ἡμεῖς IV, 51, 6; IV, 70, 1; V, 26, 5
  16 ἡμῖν IV, 6, 3; IV, 13, 4; IV, 66, 3; IV, 86, 5; IV, 89, 1; IV, 95, 15; IV, 98, 1; IV, 98, 3; IV, 104, 7; V, 26, 1; V, 33, 7; V, 35, 1; V, 41, 2; V, 66, 2; V, 66, 4; V, 66, 21
  19 ἡμῶν IV, 1, 6; IV, 16, 4; IV, 16, 6; IV, 46, 7; IV, 46, 8; IV, 52, 7; IV, 68, 1; IV, 101, 10; IV, 106, 9; V, 2, 3; V, 4, 7; V, 4, 9; V, 7, 11; V, 34, 2; V, 41, 1; V, 41, 6; V, 53, 2; V, 57, 2; V, 63, 2
6 ἡμέρα
  1 ἡμέραις IV, 72, 8
  5 ἡμέρας IV, 8, 2; IV, 19, 2; IV, 53, 2; IV, 72, 8; IV, 106, 2
2 ἥμερος
  1 ἥμερον IV, 90, 1
  1 ἡμερώτερον IV, 37, 4
1 ἡμερότης
  1 ἡμερότητος IV, 95, 18
25 ἡμέτερος
  1 ἡμετέρα IV, 66, 7
  11 ἡμέτερα IV, 13, 8; IV, 28, 3; IV, 95, 6; IV, 95, 12; IV, 106, 15; V, 4, 7; V, 31, 2; V, 34, 1; V, 40, 6; V, 53, 6; V, 58, 1
  2 ἡμετέρας IV, 46, 6; IV, 95, 20
  1 ἡμέτερε IV, 86, 4
  2 ἡμετέροις V, 9, 21; V, 10, 5
  1 ἡμέτερος IV, 106, 8
  3 ἡμετέρου IV, 52, 13; IV, 67, 8; IV, 97, 7
  4 ἡμετέρων IV, 95, 5; IV, 105, 7; IV, 106, 11; IV, 106, 13
4 ἡνίκα

4 ἡνίκα IV, 21, 2; IV, 84, 2; V, 39, 2; V, 64, 1
1 ἧπαρ
  1 ἧπαρ V, 58, 13
1 ἤπειρος
  1 ἠπείροις V, 64, 19
1 ἤπερ
  1 ἤπερ IV, 39, 4
5 Ἡρακλέης
  2 ἡρακλέα IV, 71, 3; IV, 72, 2
  2 ἡρακλέους IV, 64, 1; IV, 64, 3
  1 ἡρακλῆς IV, 90, 2
1 Ἡράκλειος α ον
  1 ἡράκλειοι V, 64, 18
1 ἠρεμέω
  1 ἠρεμοῦσι IV, 92, 3
2 Ἡρόδοτος
  2 ἡροδότου IV, 86, 1; V, 25, 1
1 Ἡρῳδιάς
  1 ἡρωδιάδος V, 54, 1
1 ἡρωϊκός
  1 ἡρωϊκῷ IV, 97, 12
1 Ἥρων
  1 ἥρωνα IV, 54, 6
1 Ἡσαΐας
  1 ἡσαΐου IV, 3, 2
2 Ἡσίοδος
  2 ἡσιόδου IV, 67, 3; IV, 106, 1
2 ἧσσα
  2 ἧτταν IV, 6, 2; V, 27, 3
8 ἡσσάομαι (-άω)
  1 ἡττηθεῖσι IV, 49, 7
  1 ἡττηθέντες IV, 48, 3
  1 ἡττηθέντων IV, 49, 2
  3 ἡττημένον IV, 38, 1; IV, 38, 2; V, 62, 9
  1 ἡττῆσθαι IV, 38, 4
  1 ἡττωμένων V, 7, 10
11 ἤτοι
  11 ἤτοι IV, 30, 3; IV, 32, 5; IV, 33, 2; IV, 58, 4; IV, 67, 11; IV, 75, 3; IV, 102, 2; V, 7, 5; V, 37, 2; V, 49, 4; V, 64, 7
1 ἤτοιγε
  1 ἤτοιγε IV, 29, 3
1 Ἥφαιστος
  1 ἥφαιστον V, 46, 5
1 ἠχέω
  1 ἠχεῖν IV, 101, 2

3 ἦχος
  1 ἤχου   V, 1, 28
  2 ἤχῳ   IV, 80, 3; V, 60, 3

5 θάλασσα
  3 θάλασσαν   IV, 12, 2 (2); V, 28, 4
  1 θαλάσσης   V, 43, 7
  1 θαλασσῶν   IV, 19, 6
1 θανάσιμος
  1 θανασίμους   IV, 48, 2
7 θάνατος
  4 θάνατον   IV, 17, 5; IV, 21, 3; IV, 44, 4; IV, 103, 10
  1 θάνατος   V, 54, 2
  2 θανάτῳ   IV, 60, 4; IV, 85, 5
3 θαρσέω
  1 ἐθάρρει   IV, 37, 11
  1 θαρροῦν   IV, 74, 4
  1 τεθαρρηκότες   V, 20, 8
1 θάρσος
  1 θάρσος   V, 13, 2
6 θαῦμα
  1 θαῦμα   V, 10, 10
  2 θαύμασι   IV, 9, 11; IV, 104, 8
  3 θαύματος   IV, 52, 12; V, 22, 13; V, 66, 6
5 θαυμάζω
  2 θαυμαζέτωσαν   IV, 43, 1; IV, 43, 3
  1 θαυμαζόμενα   IV, 104, 7
  1 θαυμαζομένους   IV, 65, 2
  1 θαυμαζομένων   IV, 86, 3
1 θαυμάσιος
  1 θαυμασιώτερα   IV, 66, 4
1 θεά
  1 θεάν   V, 31, 5
1 θέαμα
  1 θεάματι   V, 47, 7
22 θεῖος α ον
  1 θείᾳ   V, 15, 5
  6 θεῖα   IV, 96, 4; IV, 96, 5; V, 1, 27; V, 53, 6; V, 58, 1; V, 65, 7
  2 θεῖαι   IV, 102, 1; IV, 102, 2
  1 θείαις   V, 54, 7
  1 θείας   V, 5, 2
  1 θείοις   IV, 104, 8
  5 θεῖον   IV, 8, 1; IV, 43, 3; IV, 95, 10; IV, 96, 3; V, 32, 5
  1 θειότερον   V, 7, 12

1 θείῳ   IV, 5, 1
3 θείων   IV, 95, 8; V, 4, 3; V, 63, 3
1 θεοβλάβεια
  1 θεοβλαβείᾳ   V, 21, 8
2 θεογονία
  1 θεογονία   IV, 106, 3
  1 θεογονίαν   IV, 106, 1
1 θεολογία
  1 θεολογία   IV, 106, 5
1 θεολογικός
  1 θεολογικόν   IV, 106, 9
1 θεολόγος
  1 θεολόγος   IV, 106, 8
1 θεοποιέω
  1 θεοποιοῦντες   IV, 28, 4
58 θεός
  2 θεοί   V, 47, 5; V, 49, 2
  1 θεοῖς   IV, 95, 15
  12 θεόν   IV, 9, 6; IV, 40, 4; IV, 89, 1; IV, 96, 5; V, 34, 3; V, 37, 2; V, 37, 4 (2); V, 37, 6; V, 37, 7; V, 51, 15; V, 54, 5
  10 θεός   IV, 56, 2; IV, 63, 1; IV, 63, 2; IV, 64, 10; V, 46, 1; V, 49, 3; V, 49, 10; V, 51, 6; V, 57, 2; V, 57, 3
  23 θεοῦ   IV, 17, 6; IV, 21, 10; IV, 25, 3; IV, 26, 2; IV, 43, 2; IV, 43, 5; IV, 47, 6; IV, 48, 6; IV, 53, 4; IV, 57, 1; IV, 57, 2; IV, 57, 4; IV, 57, 7; IV, 94, 4; IV, 102, 2; V, 2, 1; V, 2, 5; V, 3, 5; V, 39, 4; V, 46, 4; V, 51, 12; V, 54, 10; V, 58, 2
  2 θεούς   V, 9, 16; V, 9, 17
  2 θεῷ   IV, 21, 9; V, 7, 11
  6 θεῶν   IV, 62, 9; IV, 102, 5; IV, 102, 10; IV, 106, 4; IV, 106, 5; V, 62, 5
1 θεοστυγής
  1 θεοστυγοῦς   V, 26, 2
1 θεότης
  1 θεότητος   IV, 51, 6
1 θεοφάνια
  1 θεοφάνια   V, 44, 2
1 θεραπεία
  1 θεραπείας   IV, 21, 7
1 θεραπεύω
  1 ἐθεράπευε   IV, 53, 6

1 θερινός
  1 θερινοῦ V, 9, 14
1 θέρμη
  1 θέρμῃ IV, 64, 7
3 θερμός
  1 θερμόν IV, 72, 9
  1 θερμότερον IV, 24, 3
  1 θερμοτέρων IV, 88, 4
2 Θερσίτης
  1 θερσίτῃ V, 46, 6
  1 θερσίτην V, 46, 4
3 θεσπέσιος
  3 θεσπέσιος IV, 38, 5; IV, 98, 16; IV, 105, 6
1 θέσπισμα
  1 θεσπισμάτων IV, 103, 6
1 Θέστιος
  1 Θεστίου IV, 72, 5
1 θεωρέω
  1 θεωρεῖ IV, 105, 6
1 θεωρητικός
  1 θεωρητικόν IV, 106, 8
2 θεωρία
  1 θεωρίαν V, 66, 28
  1 θεωρίας IV, 66, 9
1 θῆλυς
  1 θηλείας V, 49, 6
1 θήρ
  1 θῆρα IV, 33, 5
2 θηράω
  1 ἐθήρασεν V, 33, 4
  1 θηρώμενον IV, 38, 12
2 θηρίον
  2 θηρίον IV, 82, 4; V, 33, 10
1 θηριωδία
  1 θηριωδίας IV, 82, 4
1 θησαυρίζω
  1 ἐτεθησαύριστο IV, 19, 3
1 θησαυρός
  1 θησαυρόν V, 48, 4
2 θνήσκω
  1 τεθνάναι IV, 45, 2
  1 τεθνήξονται V, 24, 5
1 θνητός
  1 θνηταί V, 9, 2
1 θοίνη
  1 θοίνην IV, 72, 3
1 Θουκυδίδης
  1 θουκυδίδου IV, 86, 1

1 θρασέως
  1 θρασέως IV, 32, 11
4 θράσος
  1 θράσει V, 22, 7
  2 θράσος IV, 32, 13; V, 13, 2
  1 θράσους V, 13, 6
1 θρασύτης
  1 θρασύτητος IV, 58, 8
2 θρέμμα
  1 θρέμμασιν IV, 33, 6
  1 θρέμματα V, 61, 14
5 θρηνέω
  1 θρηνεῖ IV, 17, 7
  3 θρηνεῖν IV, 48, 4; IV, 49, 5; IV, 50, 1
  1 θρηνῶν IV, 64, 9
5 θρησκεία
  5 θρησκείας IV, 98, 10; IV, 98, 11; IV, 98, 13; IV, 100, 9 (2)
3 θρησκεύω
  1 θρησκεύειν IV, 99, 8
  1 θρησκεύοντας IV, 99, 9
  1 θρησκεύουσι IV, 98, 12
1 θριαμβεύω
  1 θριαμβεῦσαι IV, 86, 8
1 θυγάτηρ
  1 θυγατέρας IV, 72, 5
3 θυμός
  1 θυμόν V, 24, 3
  1 θυμοῦ IV, 58, 7
  1 θυμῷ IV, 46, 3
7 θυσία
  1 θυσίαις IV, 1, 5
  1 θυσίαν IV, 51, 6
  4 θυσίας V, 15, 4; V, 24, 8; V, 35, 3; V, 42, 2
  1 θυσιῶν IV, 98, 11
1 θύτης
  1 θύτῃ V, 15, 6
6 θύω (θυσία)
  1 ἐθύετο IV, 100, 3
  1 θύειν IV, 100, 2
  1 θυομένῳ IV, 52, 5
  1 θυομένων IV, 52, 2
  1 θύσας IV, 72, 3
  1 θύσων IV, 64, 7
1 θωπεία
  1 θωπείας IV, 59, 5
1 θωπεύω

1 θωπεύων   IV, 59, 3

5 Ἰακώβ
    5 ἰακώβ   IV, 29, 6; V, 37, 1; V, 37, 2; V, 37, 4; V, 37, 5
1 ἰατρός
    1 ἰατρῶν   IV, 29, 2
5 ἴδιος
    2 ἰδίαν   IV, 10, 5; IV, 37, 12
    3 ἴδιον   IV, 54, 3; V, 43, 12; V, 51, 8
1 ἰδού
    1 ἰδού   IV, 14, 4
1 ἴδρυσις
    1 ἴδρυσιν   V, 9, 6
1 ἱερατικός
    1 ἱερατικόν   V, 64, 4
1 ἱέρεια
    1 ἱέρειαν   V, 45, 5
2 ἱερεύς
    1 ἱερεῖ   V, 62, 3
    1 ἱερεῖς   IV, 20, 3
1 Ἱεριχοῦς
    1 ἱεριχοῦς   IV, 20, 3
1 ἱεροεργέω
    1 ἱερούργει   V, 42, 5
3 ἱερός
    1 ἱερά   V, 65, 7
    1 ἱερῶν   V, 24, 9
    1 ἱερώτερον   IV, 83, 2
1 Ἱερουσαλήμ
    1 ἱερουσαλήμ   V, 4, 4
2 ἱεροφάντης
    1 ἱεροφάνταις   IV, 98, 14
    1 ἱεροφάντης   V, 42, 5
1 ἵημι
    1 ἵεται   IV, 7, 1
1 ἰθύνω
    1 ἰθύνειε   V, 1, 15
1 ἰθύφαλλος
    1 ἰθυφάλλων   IV, 70, 4
2 ἱκανῶς
    2 ἱκανῶς   IV, 33, 3; V, 24, 10
1 Ἰλιόθεν
    1 ἰλιόθεν   V, 59, 2
1 Ἴλιος (ἡ)
    1 ἴλιον   V, 1, 4
1 ἰλυσπάομαι
    1 ἰλυσπώμενοι   IV, 41, 5

1 ἱμάτιον
    1 ἱμάτια   V, 10, 2
9 ἵνα
    2 ἵν'   IV, 105, 1; V, 15, 2
    7 ἵνα   IV, 25, 4; IV, 26, 1; IV, 42, 4; IV, 42, 5; IV, 56, 2; IV, 105, 3; V, 15, 5
1 Ἰνδός ή όν
    1 ἰνδῶν   IV, 37, 13
1 Ἰξίων
    1 ἰξίονα   V, 58, 14
1 Ἰοβιανός
    1 ἰουβιανόν   V, 23, 2
1 Ἰόλαος
    1 ἰόλεως   IV, 90, 4
2 ἰός (φάρμακον)
    1 ἰόν   IV, 67, 13
    1 ἰοῦ   IV, 67, 9
19 Ἰουλιανός
    5 ἰουλιανόν   IV, 24, 3; IV, 37, 2; IV, 44, 8; IV, 67, 2; IV, 84, 6
    4 ἰουλιανός   IV, 26, 2; V, 58, 16; V, 64, 2; V, 64, 16
    9 ἰουλιανοῦ   IV, Tit., 1; IV, 21, 1; IV, 37, 6; IV, 37, 10; IV, 37, 11; IV, 65, 4; IV, 68, 3; V, Tit., 1; V, 26, 2
    1 ἰουλιανῷ   IV, 38, 6
1 ἰσθμός
    1 ἰσθμῷ   IV, 18, 2
1 Ἶσις
    1 ἴσιδες   V, 49, 1
1 ἴσος
    1 ἴσον   IV, 97, 6
1 ἰσότης
    1 ἰσότητα   IV, 39, 5
1 Ἰσραήλ
    1 ἰσραήλ   IV, 3, 2
1 Ἰσραηλίτης
    1 ἰσραηλίτας   IV, 18, 2
15 ἵστημι
    1 ἑστάναι   V, 7, 10
    1 ἑστᾶσιν   V, 64, 18
    2 ἔστη   V, 7, 2; V, 7, 4
    1 ἕστηκε   V, 58, 11
    1 ἑστηκότα   V, 58, 9
    1 ἑστηκότας   IV, 50, 3
    1 ἔστησε   IV, 21, 13
    1 ἑστῶτα   IV, 105, 8

1 ἱσταμένης   V, 10, 14
2 ἵστασθαι   V, 19, 1; V, 19, 2
1 ἵστησιν   IV, 3, 2
1 στῆναι   V, 57, 5
1 στῆσαι   V, 4, 10
2 Ἱστιαῖος
   1 ἱστιαῖον   V, 25, 3
   1 ἱστιαίου   V, 25, 7
1 ἱστοεργικός
   1 ἱστουργικῆς   V, 10, 9
3 ἱστορέω
   1 ἱστόρηται   V, 7, 2
   2 ἱστοροῦσιν   IV, 62, 10; V, 49, 7
6 ἱστορία
   2 ἱστορίαις   IV, 1, 4; V, 44, 4
   1 ἱστορίας   IV, 86, 4
   3 ἱστοριῶν   IV, 1, 11; IV, 64, 12; IV, 91, 7
1 ἱστορικός
   1 ἱστορικοί   IV, 86, 2
1 ἰσχυρίζομαι
   1 ἰσχυριζόμενος   IV, 27, 3
4 ἰσχυρός
   1 ἰσχυρόν   IV, 35, 1
   1 ἰσχυρότατον   IV, 74, 4
   1 ἰσχυρότερον   IV, 27, 6
   1 ἰσχυροτέρων   IV, 74, 6
3 ἰσχύς
   1 ἰσχύν   IV, 37, 12
   2 ἰσχύος   IV, 37, 15; V, 66, 14
1 ἴσως
   1 ἴσως   V, 24, 2
1 Ἴων (Ἰωνία)
   1 Ἰώνων   V, 25, 3

1 καθαιρέω
   1 καθήρηται   V, 40, 5
2 καθαίρω
   1 ἐκαθάρθησαν   IV, 41, 3
   1 καθήραντος   IV, 63, 4
1 καθάπερ
   1 καθάπερ   IV, 69, 11
1 καθαρῶς
   1 καθαρῶς   IV, 52, 12
1 καθεξῆς
   1 καθεξῆς   IV, 67, 6
1 καθίστημι
   1 καθέστηκεν   V, 10, 11
3 καθοράω

1 καθεώρα   V, 10, 8
1 καθορᾶται   V, 40, 7
1 κατίδοι   V, 64, 13
1 καθότι
   1 καθότι   V, 45, 4
3 καθυβρίζω
   1 καθυβρίζειν   V, 28, 6
   1 καθυβρίσας   V, 62, 5
   1 καθυβρίσθησαν   IV, 56, 7
1 καθυπάγω
   1 καθυπαχθέντας   IV, 11, 3
1.031 καί
   1 κἀγώ   V, 9, 17
1.013 καί   IV, 1, 2; IV, 1, 3; IV, 1, 4 (3); IV, 1, 5 (2); IV, 1, 6 (2); IV, 1, 8; IV, 1, 9; IV, 1, 10; IV, 1, 11 (2); IV, 1, 13 (2); IV, 2, 1; IV, 2, 4 (2); IV, 2, 5; IV, 2, 6 (2); IV, 2, 8; IV, 2, 10; IV, 2, 11 (2); IV, 2, 12; IV, 2, 13 (2); IV, 2, 14 (2); IV, 3, 1; IV, 3, 4; IV, 4, 1; IV, 4, 2; IV, 4, 3; IV, 4, 4; IV, 4, 5; IV, 4, 7; IV, 4, 8 (2); IV, 5, 1; IV, 5, 3; IV, 5, 4 (2); IV, 5, 7 (2); IV, 6, 3; IV, 6, 5; IV, 7, 1; IV, 7, 2; IV, 8, 2 (2); IV, 8, 4; IV, 8, 5 (3); IV, 9, 2; IV, 9, 3; IV, 9, 4; IV, 9, 5; IV, 9, 10; IV, 9, 11; IV, 10, 5 (2); IV, 10, 6; IV, 10, 7; IV, 10, 8; IV, 11, 1; IV, 11, 2; IV, 11, 3 (2); IV, 12, 3; IV, 12, 4; IV, 12, 5; IV, 13, 1; IV, 13, 3; IV, 13, 5; IV, 13, 7; IV, 13, 8 (2); IV, 13, 9; IV, 14, 3 (2); IV, 14, 4 (2); IV, 15, 2; IV, 16, 2; IV, 16, 4; IV, 16, 5; IV, 16, 7; IV, 17, 1; IV, 17, 2; IV, 17, 3 (2); IV, 17, 4; IV, 17, 5; IV, 17, 6; IV, 17, 7; IV, 17, 8; IV, 18, 1; IV, 18, 2; IV, 18, 3; IV, 19, 3; IV, 19, 4; IV, 19, 6; IV, 19, 7; IV, 20, 4; IV, 21, 5 (2); IV, 21, 6; IV, 21, 8; IV, 21, 12; IV, 23, 2; IV, 24, 1; IV, 24, 2; IV, 24, 3; IV, 25, 3; IV, 27, 2; IV, 27, 5; IV, 27, 6; IV, 28, 2; IV, 28, 3; IV, 28, 6; IV, 29, 4 (2); IV, 29, 5 (2); IV, 29, 6; IV, 29, 7 (2); IV, 29, 9;

IV, 30, 2; IV, 30, 3; IV, 30, 6; IV, 30, 7; IV, 31, 1; IV, 31, 4; IV, 32, 1; IV, 32, 4; IV, 32, 5; IV, 32, 6; IV, 32, 7; IV, 33, 1; IV, 33, 2; IV, 34, 1; IV, 34, 3; IV, 34, 5; IV, 34, 6; IV, 35, 2 (2); IV, 36, 3 (2); IV, 37, 3; IV, 37, 4 (2); IV, 37, 6; IV, 37, 9 (2); IV, 37, 13; IV, 37, 15; IV, 37, 16; IV, 38, 1; IV, 38, 2 (2); IV, 38, 3; IV, 38, 7 (2); IV, 38, 8; IV, 38, 12; IV, 38, 13; IV, 38, 14; IV, 39, 1; IV, 39, 2; IV, 39, 3; IV, 39, 6; IV, 39, 8; IV, 40, 1; IV, 40, 4 (3); IV, 40, 5 (2); IV, 40, 6 (2); IV, 41, 4 (2); IV, 41, 6 (2); IV, 41, 8; IV, 42, 1; IV, 42, 3; IV, 42, 6 (2); IV, 42, 7; IV, 42, 8; IV, 42, 9; IV, 43, 1; IV, 43, 4; IV, 44, 4; IV, 44, 8; IV, 45, 4; IV, 46, 1; IV, 46, 3 (2); IV, 46, 4; IV, 47, 1; IV, 47, 2; IV, 47, 3; IV, 47, 4; IV, 47, 5; IV, 48, 2; IV, 48, 3 (2); IV, 48, 5 (2); IV, 49, 2; IV, 49, 3; IV, 49, 4; IV, 49, 6; IV, 49, 7; IV, 49, 8 (2); IV, 50, 1; IV, 50, 2; IV, 51, 1; IV, 51, 3; IV, 51, 5; IV, 51, 6; IV, 51, 7; IV, 52, 2; IV, 52, 4; IV, 52, 5; IV, 52, 6 (2); IV, 52, 9 (2); IV, 52, 11; IV, 52, 12; IV, 52, 14; IV, 53, 1 (2); IV, 53, 3 (2); IV, 53, 4; IV, 54, 6; IV, 55, 1; IV, 55, 3; IV, 56, 6; IV, 56, 7; IV, 57, 1; IV, 57, 5; IV, 57, 6; IV, 57, 8; IV, 58, 5; IV, 58, 6; IV, 59, 1; IV, 59, 3; IV, 59, 4; IV, 61, 1; IV, 61, 2; IV, 61, 3; IV, 61, 4; IV, 62, 1; IV, 62, 3; IV, 62, 4 (3); IV, 62, 5; IV, 62, 6; IV, 62, 8; IV, 62, 10; IV, 63, 2 (2); IV, 64, 9; IV, 64, 11 (2); IV, 64, 13; IV, 65, 2; IV, 65, 3; IV, 65, 4 (2); IV, 65, 5; IV, 65, 6; IV, 65, 7; IV, 65, 8; IV, 66, 1 (2); IV, 66, 3 (2); IV, 66, 4 (2); IV, 66, 5 (4); IV, 66, 6; IV, 66, 8; IV, 66, 9; IV, 66, 10; IV, 66, 11; IV, 66, 13; IV, 67, 1; IV, 67, 5; IV, 67, 6 (2); IV, 67, 10; IV, 67, 11; IV, 67, 12 (2); IV, 67, 13; IV, 68, 1; IV, 68, 2; IV, 68, 3; IV, 68, 4; IV, 68, 5 (2); IV, 69, 2 (2); IV, 69, 4; IV, 69, 5; IV, 69, 6 (2); IV, 69, 8 (2); IV, 69, 9; IV, 70, 4 (2); IV, 71, 6; IV, 72, 1; IV, 72, 3; IV, 72, 4 (2); IV, 72, 5; IV, 72, 6; IV, 72, 7; IV, 72, 10; IV, 73, 1; IV, 73, 3; IV, 73, 6 (2); IV, 73, 7; IV, 73, 8; IV, 73, 10; IV, 73, 11; IV, 73, 12; IV, 73, 13; IV, 74, 2; IV, 74, 4; IV, 74, 6; IV, 74, 7; IV, 74, 8; IV, 74, 9; IV, 75, 4; IV, 76, 5; IV, 77, 2; IV, 77, 3 (2); IV, 78, 2; IV, 79, 5; IV, 80, 2; IV, 80, 5; IV, 80, 7; IV, 80, 9; IV, 80, 10; IV, 81, 1; IV, 81, 3; IV, 82, 2; IV, 82, 3 (2); IV, 83, 2; IV, 83, 3 (2); IV, 83, 4 (2); IV, 83, 5; IV, 83, 6; IV, 84, 3; IV, 84, 4; IV, 84, 6; IV, 85, 1; IV, 85, 3; IV, 85, 4; IV, 85, 9; IV, 86, 1; IV, 86, 2; IV, 86, 4; IV, 86, 6; IV, 86, 7 (3); IV, 86, 8 (2); IV, 86, 9; IV, 86, 10 (3); IV, 87, 3; IV, 87, 4; IV, 87, 5 (2); IV, 87, 6 (2); IV, 88, 2; IV, 88, 3; IV, 88, 5; IV, 89, 1; IV, 89, 3; IV, 90, 4; IV, 91, 4; IV, 93, 1; IV, 93, 3; IV, 93, 5 (2); IV, 93, 6; IV, 94, 3; IV, 94, 4 (2); IV, 95, 1 (2); IV, 95, 2; IV, 95, 3 (2); IV, 95, 7; IV, 95, 11; IV, 95, 14; IV, 95, 16; IV, 95, 17; IV, 95, 18 (3); IV, 95, 19; IV, 95, 21; IV, 95, 22; IV, 95, 23; IV, 95, 24; IV, 96, 3 (2); IV, 96, 4; IV, 96, 5; IV, 97, 1; IV, 97, 8 (2); IV, 97, 10; IV, 97, 13; IV, 97, 14; IV, 98, 1; IV, 98, 3; IV, 98, 6; IV, 98, 7; IV, 98, 10; IV, 98, 15; IV, 98, 16; IV, 98, 17 (2); IV, 99, 1; IV, 99, 3; IV, 99, 4; IV, 99, 5; IV, 99, 6; IV, 99, 7; IV, 99, 8; IV, 99, 9; IV, 100, 1; IV, 100, 2; IV, 100, 4;

IV, 100, 6; IV, 100, 8 (2); IV, 100, 9; IV, 100, 10 (2); IV, 101, 5; IV, 101, 6; IV, 101, 7 (2); IV, 101, 8; IV, 102, 1; IV, 102, 2; IV, 102, 3; IV, 102, 4; IV, 102, 5; IV, 102, 6; IV, 102, 7; IV, 103, 1; IV, 103, 2; IV, 103, 3 (2); IV, 103, 4 (2); IV, 103, 7 (2); IV, 103, 8; IV, 103, 9 (2); IV, 104, 4; IV, 104, 5; IV, 104, 7; IV, 104, 8 (2); IV, 104, 9 (2); IV, 104, 11; IV, 104, 12; IV, 105, 1; IV, 105, 2; IV, 105, 4; IV, 105, 6; IV, 105, 8 (3); IV, 105, 9; IV, 105, 10; IV, 105, 11; IV, 105, 12; IV, 105, 13 (2); IV, 106, 2 (2); IV, 106, 3; IV, 106, 4; IV, 106, 5; IV, 106, 6 (2); IV, 106, 7 (2); IV, 106, 9 (2); IV, 106, 10; IV, 106, 12; IV, 106, 14; IV, 106, 15; V, 1, 5 (2); V, 1, 6; V, 1, 8; V, 1, 9; V, 1, 10; V, 1, 12; V, 1, 14; V, 1, 17; V, 1, 18 (2); V, 1, 20 (2); V, 1, 21; V, 1, 22 (2); V, 1, 24 (2); V, 1, 25; V, 1, 26 (2); V, 1, 28; V, 2, 1; V, 2, 3; V, 2, 5 (2); V, 2, 6; V, 2, 7; V, 2, 8; V, 2, 10 (3); V, 2, 11 (3); V, 3, 2; V, 3, 5; V, 3, 7; V, 3, 8; V, 4, 2; V, 4, 3; V, 4, 5; V, 4, 8 (2); V, 4, 9; V, 5, 2 (2); V, 5, 3; V, 6, 1 (2); V, 6, 2 (2); V, 6, 3; V, 6, 4 (2); V, 7, 1 (2); V, 7, 3 (2); V, 7, 5; V, 7, 6 (2); V, 7, 7; V, 7, 11; V, 7, 12; V, 7, 13; V, 8, 1; V, 8, 2; V, 8, 3 (2); V, 8, 4; V, 8, 5 (2); V, 9, 1; V, 9, 2; V, 9, 4; V, 9, 5; V, 9, 7; V, 9, 9; V, 9, 14; V, 9, 15; V, 9, 20; V, 9, 22; V, 9, 23 (3); V, 9, 24; V, 10, 1; V, 10, 2 (2); V, 10, 4; V, 10, 5 (2); V, 10, 7; V, 10, 8; V, 10, 9; V, 10, 10; V, 10, 13; V, 10, 14; V, 10, 15; V, 11, 3; V, 12, 3 (2); V, 12, 4 (2); V, 12, 5 (2); V, 12, 6; V, 12, 7; V, 13, 1; V, 13, 2; V, 13, 3; V, 13, 4; V, 13, 5; V, 13, 6; V, 13, 7; V, 14, 1; V, 14, 2; V, 14, 3; V, 14, 4 (2); V, 14, 6 (2); V, 14, 7 (3); V, 14, 9 (2); V, 15, 3; V, 15, 4 (2); V, 15, 6; V, 16, 2 (2); V, 16, 3 (2); V, 16, 5; V, 16, 6; V, 17, 1; V, 17, 2 (2); V, 17, 3 (2); V, 18, 3; V, 18, 5; V, 18, 6; V, 19, 1; V, 19, 2; V, 19, 4; V, 19, 5 (2); V, 20, 3; V, 20, 4; V, 20, 8; V, 20, 9 (2); V, 21, 1; V, 21, 2; V, 21, 3; V, 21, 7 (2); V, 21, 8; V, 21, 9; V, 22, 5; V, 22, 7; V, 22, 8; V, 22, 10 (2); V, 22, 12; V, 22, 14; V, 23, 1; V, 23, 2; V, 23, 4; V, 23, 5; V, 23, 7 (2); V, 23, 8; V, 24, 3; V, 24, 4; V, 24, 5; V, 24, 7; V, 24, 11; V, 25, 1; V, 25, 4; V, 25, 7; V, 26, 1; V, 26, 2; V, 26, 3; V, 26, 4; V, 26, 6; V, 26, 7 (2); V, 27, 2; V, 27, 3 (2); V, 27, 4; V, 27, 5; V, 27, 9; V, 28, 1; V, 28, 2; V, 28, 4 (2); V, 28, 5; V, 28, 6; V, 28, 10; V, 29, 3; V, 29, 6; V, 29, 7; V, 30, 1; V, 30, 2; V, 30, 3; V, 30, 4 (2); V, 30, 5; V, 31, 1; V, 31, 2; V, 31, 4; V, 31, 6; V, 31, 7; V, 32, 2; V, 32, 4 (2); V, 32, 6 (2); V, 32, 7; V, 33, 3 (2); V, 33, 4 (2); V, 33, 5; V, 33, 6 (2); V, 33, 8; V, 33, 10; V, 34, 4; V, 35, 3 (2); V, 35, 4 (2); V, 36, 1; V, 36, 2; V, 36, 3; V, 37, 3; V, 37, 4; V, 37, 5; V, 37, 8 (2); V, 38, 3; V, 39, 3; V, 39, 5; V, 40, 2 (3); V, 40, 3 (2); V, 40, 5 (2); V, 40, 6; V, 40, 7 (2); V, 40, 8 (2); V, 40, 9; V, 41, 2; V, 41, 4; V, 41, 5 (2); V, 42, 2; V, 42, 6; V, 43, 5 (2); V, 43, 6; V, 43, 8; V, 43, 9; V, 43, 10; V, 43, 11; V, 43, 12 (2); V, 43, 14; V, 44, 2; V, 44, 3; V, 45, 2 (2); V, 45, 4; V, 45, 7 (2); V, 45, 9; V, 46, 1; V, 46, 2; V, 46, 3; V, 46, 4; V, 46, 6; V, 47, 1; V, 47, 3 (2); V, 48, 1; V, 48, 2; V, 48, 3 (2); V, 48, 4; V, 48, 5; V, 49, 1 (2); V, 49, 2; V, 49, 3 (2); V, 49, 4; V, 49, 6; V, 49, 7 (2); V, 49, 8; V, 49, 9; V, 50, 3; V, 50, 4; V, 50, 8; V, 51,

INDEX GRAECITATIS

6; V, 51, 7; V, 51, 10; V, 51, 11; V, 51, 12; V, 51, 13; V, 51, 16; V, 52, 3; V, 52, 4 (2); V, 52, 6; V, 53, 2; V, 53, 3; V, 53, 4 (2); V, 53, 5; V, 53, 6; V, 54, 1; V, 54, 3; V, 54, 4 (2); V, 54, 6 (2); V, 54, 7 (2); V, 54, 8 (2); V, 54, 10 (2); V, 54, 12; V, 54, 14 (3); V, 55, 2; V, 56, 2; V, 56, 3; V, 56, 4; V, 57, 1; V, 57, 2; V, 57, 5; V, 58, 1; V, 58, 2; V, 58, 3; V, 58, 4; V, 58, 6; V, 58, 8 (2); V, 58, 9; V, 58, 13; V, 58, 14; V, 58, 15 (2); V, 58, 17; V, 58, 18 (3); V, 58, 19; V, 59, 4; V, 59, 7; V, 59, 9; V, 59, 12; V, 59, 14; V, 59, 15; V, 59, 17; V, 59, 18; V, 60, 2; V, 60, 3 (2); V, 60, 6; V, 61, 1; V, 61, 3; V, 61, 4; V, 61, 5; V, 61, 8; V, 61, 9; V, 61, 11; V, 61, 14 (2); V, 61, 15; V, 61, 16; V, 61, 17; V, 61, 19; V, 61, 23; V, 62, 2; V, 62, 3 (2); V, 62, 4; V, 62, 6; V, 62, 7; V, 62, 11; V, 62, 12; V, 62, 13; V, 62, 14; V, 62, 15; V, 63, 2; V, 63, 3; V, 63, 4 (4); V, 63, 5; V, 64, 3; V, 64, 4 (2); V, 64, 5 (2); V, 64, 6; V, 64, 7; V, 64, 9; V, 64, 10; V, 64, 11; V, 64, 12; V, 64, 13 (2); V, 64, 16; V, 64, 19; V, 65, 1; V, 65, 2 (3); V, 65, 3 (2); V, 65, 4; V, 65, 5 (2); V, 65, 6 (2); V, 65, 7; V, 66, 1; V, 66, 3; V, 66, 5; V, 66, 6; V, 66, 7 (2); V, 66, 8 (2); V, 66, 9; V, 66, 10; V, 66, 11 (2); V, 66, 13; V, 66, 14 (3); V, 66, 15; V, 66, 16 (2); V, 66, 17; V, 66, 18; V, 66, 19; V, 66, 20; V, 66, 21; V, 66, 22; V, 66, 23 (2); V, 66, 24 (2); V, 66, 26; V, 66, 27 (2); V, 66, 28; V, 66, 29 (4); V, 66, 30

1 κάκ IV, 64, 10
1 κἀκεῖνο IV, 10, 1
1 κἀκεῖσε V, 22, 2
5 κἄν IV, 73, 9; IV, 93, 3; IV, 104, 6; V, 10, 6; V, 41, 6
7 κἄν IV, 6, 3; IV, 16, 7; IV, 65, 12; IV, 66, 7; IV, 105, 10; V, 13, 2; V, 62, 14
1 κἀνταῦθα V, 61, 2
1 κἀντεῦθεν V, 9, 5
1 καινός
   1 καινότερον IV, 36, 2
4 καινοτομέω
   1 ἐκαινοτόμησε IV, 21, 4
   1 ἐκαινοτόμησεν IV, 102, 7
   1 καινοτομεῖσθαι IV, 52, 11
   1 καινοτομήσαντος IV, 72, 6
2 καινοτομία
   1 καινοτομίαις IV, 52, 10
   1 καινοτομίας IV, 21, 3
1 καίπερ
   1 καίπερ IV, 25, 3
1 καίριος
   1 καιρίαν V, 22, 10
1 καιρίως
   1 καιρίως V, 59, 9
12 καιρός
   1 καιροῖς IV, 69, 3
   5 καιρόν IV, 24, 3; V, 4, 4; V, 42, 4; V, 53, 1; V, 53, 5
   2 καιροῦ V, 10, 13; V, 40, 4
   4 καιρῷ IV, 11, 2; IV, 11, 4; IV, 88, 1; IV, 88, 3
2 καῖσαρ
   1 καίσαρα IV, 32, 3
   1 καίσαρι IV, 32, 1
1 Καισάρεια
   1 καισαρείᾳ IV, 88, 2
2 καίτοι
   2 καίτοι IV, 106, 12; V, 1, 17
20 κακία
   1 κακίᾳ IV, 36, 3
   8 κακίαν IV, 1, 2; IV, 38, 9; IV, 43, 5; IV, 49, 4; IV, 54, 1; IV, 54, 3; IV, 86, 9; V, 58, 8
   11 κακίας IV, 9, 5; IV, 37, 4; IV, 38, 10; IV, 43, 4; IV, 46, 7; IV, 67, 5; IV, 67, 10; IV, 67, 11; IV, 105, 4; V, 33, 5; V, 52, 6
1 κακοεργέω
   1 κακουργεῖν IV, 16, 6
1 κακοέργημα
   1 κακουργημάτων V, 66, 7
2 κακοεργία
   1 κακουργίᾳ IV, 4, 7

1 κακουργίας IV, 104, 1
1 κακοέργως
    1 κακούργως V, 41, 6
2 κακοήθεια
    1 κακοήθειαν IV, 24, 4
    1 κακοηθείας IV, 103, 4
2 κακοήθης
    2 κακόηθες IV, 21, 1; V, 66, 7
2 κακοποιέω
    2 κακοποιῆσαι IV, 25, 1; IV, 25, 2
22 κακός
    1 κακά V, 56, 3
    1 κακίστοις IV, 95, 15
    1 κάκιστον IV, 95, 14
    1 κακοί IV, 11, 5
    2 κακοῖς IV, 103, 6; IV, 103, 7
    6 κακόν IV, 37, 16; IV, 44, 8; IV, 67, 12; IV, 84, 5; V, 27, 3; V, 51, 9
    3 κακός IV, 21, 10; IV, 38, 7; IV, 95, 10
    2 κακοῦ IV, 75, 1; IV, 75, 3
    5 κακῶν IV, 42, 3; IV, 42, 5; IV, 43, 3; IV, 75, 5; V, 56, 4
5 κακῶς
    5 κακῶς IV, 27, 2; IV, 95, 10; V, 22, 12; V, 34, 4; V, 59, 12
1 κάκωσις
    1 κάκωσιν IV, 25, 3
14 καλέω
    1 ἐκάλει IV, 68, 4
    2 ἐκάλουν IV, 73, 3; V, 23, 3
    4 καλεῖ IV, 2, 7; IV, 4, 2; IV, 76, 2; V, 9, 10
    1 καλεῖν V, 59, 14
    1 καλεῖται IV, 93, 6
    1 καλοῦσι IV, 55, 2
    3 καλῶν IV, 67, 6; V, 9, 18; V, 47, 2
    1 κεκλημένης IV, 104, 5
2 καλλωπισμός
    1 καλλωπισμοῖς V, 53, 5
    1 καλλωπισμοῦ IV, 58, 6
1 καλοκἀγαθία
    1 καλοκἀγαθίας IV, 95, 17
6 καλός
    1 καλέ V, 59, 17
    3 καλόν IV, 57, 5; IV, 67, 12; IV, 106, 1
    1 καλοῦ V, 30, 5
    1 καλῷ V, 46, 1
5 καλῶς
    5 καλῶς IV, 5, 6; IV, 27, 1; IV, 27, 2; V, 38, 3; V, 65, 3
1 κάματος
    1 καμάτων IV, 61, 4
1 κανών
    1 κανόνας IV, 65, 11
1 καρκίνος
    1 καρκίνου V, 9, 14
1 Κᾶρος
    1 κᾶρον V, 14, 8
2 καρπός (μῆλον)
    1 καρπός IV, 66, 9
    1 καρπῶν V, 28, 10
1 καρτερέω
    1 καρτερεῖν IV, 95, 19
1 καρτερία
    1 καρτερίᾳ V, 62, 13
1 Κάστωρ
    1 κάστορος V, 9, 9
76 κατά
    12 καθ' IV, 1, 6; IV, 45, 3; IV, 88, 2; IV, 91, 2; IV, 99, 2; V, 2, 11; V, 4, 6; V, 4, 9; V, 40, 4; V, 41, 1; V, 47, 4; V, 61, 7
    8 κατ' IV, 39, 7; IV, 40, 5; IV, 46, 2; IV, 65, 4; V, 17, 4; V, 24, 3; V, 40, 4; V, 43, 4
    56 κατά IV, Tit., 1; IV, 1, 10; IV, 4, 3; IV, 6, 1; IV, 18, 3; IV, 21, 2; IV, 21, 4; IV, 21, 10; IV, 21, 11; IV, 24, 1; IV, 29, 6; IV, 41, 6; IV, 44, 3 (2); IV, 46, 4; IV, 61, 1; IV, 61, 4; IV, 63, 3; IV, 73, 10; IV, 80, 2; IV, 80, 3; IV, 80, 4; IV, 99, 4; IV, 103, 5; IV, 106, 10; V, Tit., 1; V, 1, 19; V, 1, 25; V, 2, 3; V, 2, 4; V, 3, 4; V, 4, 3; V, 7, 9; V, 7, 11; V, 9, 12; V, 9, 13; V, 9, 21; V, 12, 5; V, 19, 1; V, 19, 2; V, 21, 10; V, 23, 5; V, 29, 3; V, 33, 10; V, 37, 1; V, 37, 2; V, 37, 4; V, 37, 5; V, 37, 6; V, 39, 3; V, 54, 5; V, 58, 19; V, 59, 6; V, 59, 13; V, 63, 2; V, 66, 5

7 καταβάλλω
  1 κατάβαλε V, 44, 1
  1 καταβαλεῖν IV, 86, 8
  1 καταβάλλει V, 1, 21
  3 καταβαλών IV, 37, 14; IV, 80, 7; IV, 88, 4
  1 καταβεβλήκασιν IV, 20, 4
1 καταβολή
  1 καταβολῆς IV, 62, 5
2 καταγέλαστος
  1 καταγελαστότερον IV, 70, 2
  1 καταγελάστῳ V, 46, 6
2 καταγελάω
  1 καταγελᾶν V, 21, 6
  1 καταγελῶ IV, 102, 6
1 κατάγελως
  1 κατάγελως V, 21, 3
2 καταγιγνώσκω
  2 κατέγνωμεν V, 55, 1; V, 55, 2
1 καταγώγιον
  1 καταγώγιον V, 33, 6
1 καταδικάζω
  1 καταδικάζων IV, 95, 5
1 Κατάδουπος
  1 καταδούπων V, 60, 4
1 καταζαίνω
  1 κατεζήνασκε V, 58, 11
1 καταθαρσέω
  1 καταθαρσεῖν V, 13, 4
1 καταίρω
  1 καταίρει V, 61, 8
1 κατακολλάω
  1 κατακολλῶν V, 1, 23
1 κατακοντίζω
  1 κατηκοντίσθαι V, 22, 1
1 κατακοσμέω
  1 κατακοσμῶν IV, 4, 5
2 κατακρίνω
  1 κατακριθεῖσα V, 27, 8
  1 κατακριθέντες IV, 88, 6
1 κατάκρισις
  1 κατάκρισιν IV, 37, 8
1 κατάκριτος
  1 κατάκριτος V, 62, 6
1 κατακρύπτω
  1 κατακρύψαντες IV, 56, 6
2 καταλαμβάνω
  1 καταλαβών V, 1, 7
  1 καταλαμβανόμενος IV, 26, 3

1 καταλεαίνω
  1 καταλεαίνων V, 66, 24
7 καταλέγω
  1 καταλέγει V, 61, 16
  1 καταλεγομένη IV, 106, 4
  3 καταλέγων IV, 106, 14; V, 2, 4; V, 14, 11
  1 καταλέξας V, 28, 5
  1 κατέλεξαν IV, 23, 1
1 καταλιμπάνω
  1 καταλιμπάνω V, 58, 3
1 κατάλυσις
  1 κατάλυσιν V, 66, 10
5 καταλύω
  1 καταλελύκει IV, 46, 5
  1 καταλύειν IV, 69, 5
  1 καταλυθέντας V, 14, 10
  1 καταλύσων IV, 37, 12
  1 κατέλυσε IV, 104, 10
1 καταμασάομαι
  1 καταμασώμενος V, 66, 24
1 καταμηνύω
  1 κατεμηνύθη IV, 56, 4
1 κατανικάω
  1 κατανικηθέντων V, 24, 10
1 κατανοέω
  1 κατενόησεν V, 31, 7
2 καταξαίνω
  1 καταξανθείς V, 62, 10
  1 κατέξαινον IV, 81, 4
3 καταπαίζω
  1 καταπαίζει IV, 40, 2
  1 καταπαίζεται V, 62, 13
  1 καταπαίζων IV, 97, 13
1 κατάπαυσις
  1 καταπαύσει V, 54, 4
1 καταπίπτω
  1 καταπεσόντι IV, 3, 4
1 καταπληκτικός
  1 καταπληκτικόν IV, 101, 1
2 κατάπληξις
  2 κατάπληξιν IV, 102, 7; V, 5, 3
1 καταποντόω
  1 καταποντοῦσα IV, 18, 3
1 κατάρα
  1 κατάραις IV, 16, 2
1 καταράομαι
  1 κατηράσατο V, 31, 8
1 καταρράκτης

1 καταράκτας V, 60, 1
2 καταρρέω
  1 καταρρεῖ V, 60, 3
  1 καταρρεύσαντος IV, 64, 2
1 καταρρήγνυμι
  1 καταρρήγνυται V, 60, 3
1 κατασβέννυμι
  1 κατασβεννύων V, 42, 3
3 κατασείω
  1 κατασειόμενα IV, 20, 1
  1 κατασείσας IV, 2, 5
  1 κατέσεισαν IV, 20, 4
1 κατασκέλλω
  1 κατεσκληκότα V, 64, 4
2 κατασκευάζω
  1 κατασκευάσας IV, 85, 6
  1 κατεσκευασμένη IV, 91, 6
1 κατασκευή
  1 κατασκευῆς IV, 55, 3
1 καταστερίζω
  1 κατηστερίσθαι V, 9, 3
2 κατάστερος
  2 κατάστερον V, 7, 7; V, 10, 8
1 κατάστικτος
  1 κατάστικτον V, 10, 3
1 καταστράπτω
  1 καταστράψαι IV, 86, 7
1 κατατάσσω
  1 κατατετάχθαι IV, 23, 3
1 κατατίθημι
  1 κατατίθεται IV, 52, 11
2 κατατοξεύω
  1 κατατοξεύων IV, 1, 3
  1 κατετοξεύθη V, 1, 28
1 καταφθείρω
  1 κατεφθαρμένον IV, 105, 13
2 καταφλέγω
  1 καταφλέγον IV, 80, 9
  1 καταφλέξαι IV, 86, 8
1 καταφρονέω
  1 καταφρονῆσαι V, 66, 25
1 καταφρυάσσομαι
  1 καταφρυαξάμενος V, 63, 6
2 καταψεύδομαι
  1 καταψευδόμενοι V, 9, 4
  1 καταψευδόμενος V, 8, 1
2 κατεργάζομαι
  1 κατείργαστο V, 12, 6
  1 κατεργαζόμενος V, 66, 24

2 κατεσθίω
  1 κατέδεσθαι V, 61, 21
  1 κατεσθίοντας V, 1, 8
6 κατέχω
  1 κατασχεθείσης IV, 93, 3
  1 κατασχεῖν V, 60, 5
  1 κατείχοντο V, 47, 6
  1 κατέχεται IV, 93, 1
  1 κατεχόντων V, 24, 8
  1 κατέχων V, 9, 12
4 κατηγορέω
  2 κατηγορεῖται IV, 98, 13; IV, 99, 3
  1 κατηγόρηκα IV, 33, 3
  1 κατηγορήσαντος IV, 32, 12
2 κατηγορία
  2 κατηγορίας IV, 33, 4; IV, 98, 18
1 κατοικέω
  1 κατοικοῦντας V, 61, 10
1 κατόπιν
  1 κατόπιν V, 18, 5
1 κατόρθωμα
  1 κατορθώματα V, 65, 6
3 κάτω
  3 κάτω IV, 41, 4; IV, 83, 2; IV, 93, 5
1 κάτωθεν
  1 κάτωθεν V, 45, 6
1 καυσίταυρος
  1 καυσίταυρον IV, 73, 8
1 κεῖμαι
  1 κείμενον V, 58, 12
1 κείρω
  1 κειρόμενον V, 58, 13
3 κελεύω
  1 ἐκέλευσεν IV, 32, 9
  1 ἐκελεύσθησαν IV, 16, 6
  1 κελεύσαντος IV, 72, 8
1 κενοδοξία
  1 κενοδοξίας IV, 56, 7
1 κενολογία
  1 κενολογίαις IV, 105, 11
2 κενός
  2 κενῷ V, 43, 10; V, 61, 10
1 κέντρον
  1 κέντρῳ V, 12, 3
1 κεράννυμι
  1 κεκραμένην IV, 79, 2

1 κερασφόρος
  1 κερασφόρον   IV, 71, 5
2 κεραυνός
  1 κεραυνοῦ   IV, 93, 1
  1 κεραυνῷ   IV, 80, 7
1 Κέρβερος
  1 κέρβερον   IV, 91, 4
2 κερδαλέος
  1 κερδαλεώτερα   IV, 104, 3
  1 κερδαλῆν   IV, 74, 1
4 κερδώ
  2 κερδοῦς   IV, 74, 3; IV, 104, 5
  1 κέρδους   V, 47, 3
  1 κερδώ   IV, 74, 5
2 κερδῷος
  2 κερδῷον   V, 47, 1; V, 47, 3
6 κεφαλή
  3 κεφαλάς   IV, 90, 3; IV, 91, 1; IV, 91, 5
  3 κεφαλήν   IV, 16, 1; IV, 16, 3; IV, 16, 5
2 κήρυγμα
  2 κήρυγμα   IV, 2, 8; IV, 62, 4
2 κηρύσσω
  1 κεκήρυκτο   IV, 62, 5
  1 κηρυττομένων   IV, 2, 15
1 κίβδηλος
  1 κιβδήλου   V, 41, 3
1 κιβωτός
  1 κιβωτοῦ   V, 54, 4
1 Κιλικία
  1 κιλικίας   IV, 91, 4
3 κινδυνεύω
  1 ἐκινδύνευεν   IV, 84, 3
  1 κινδυνεύειν   V, 13, 10
  1 κινδυνευόντων   IV, 87, 5
5 κίνδυνος
  2 κινδύνοις   V, 1, 4; V, 59, 3
  1 κίνδυνον   IV, 95, 24
  1 κίνδυνος   IV, 95, 21
  1 κινδύνῳ   V, 61, 4
15 κινέω
  1 κεκίνηται   V, 65, 1
  1 κινεῖσθαι   IV, 29, 4
  2 κινεῖται   IV, 93, 4; V, 65, 1
  2 κινηθείς   IV, 10, 6; IV, 32, 8
  1 κινηθείσας   IV, 47, 5
  1 κινηθέν   IV, 29, 9
  1 κινηθέντος   IV, 92, 4

  1 κινηθέντων   IV, 13, 4
  1 κινηθῆναι   IV, 35, 2
  1 κινηθήσεται   V, 65, 2
  2 κινουμένην   IV, 105, 3; V, 65, 1
  1 κινουμένων   IV, 29, 2
3 κίνησις
  2 κινήσει   IV, 28, 3; V, 8, 3
  1 κίνησιν   V, 54, 8
1 κινητός
  1 κινητά   IV, 29, 4
2 κίων
  1 κίονας   IV, 81, 1
  1 κίοσι   IV, 81, 2
1 κλέμμα
  1 κλεμμάτων   V, 47, 3
3 κλέπτω
  1 ἔκλεπτε   V, 32, 5
  1 κλέπτουσι   V, 29, 2
  1 κλέψας   IV, 44, 5
2 κληρονομέω
  1 ἐκληρονόμησε   IV, 63, 3
  1 ἐκληρονόμησεν   IV, 63, 2
1 κληρονομία
  1 κληρονομίαν   IV, 63, 1
2 κλῆρος (κλάω)
  2 κλήρῳ   IV, 23, 1; IV, 23, 3
4 κλῆσις
  1 κλήσεις   IV, 106, 4
  2 κλήσεως   IV, 5, 5; IV, 69, 7
  1 κλῆσις   IV, 69, 9
1 κλοπή
  1 κλοπαί   V, 29, 1
1 κοῖλος
  1 κοίλοις   IV, 87, 6
1 κοινοποιέω
  1 κοινοποιεῖται   V, 61, 1
2 κοινός
  1 κοινότερον   V, 26, 5
  1 κοινῷ   V, 66, 29
1 κοινωνέω
  1 κοινωνοῦμεν   IV, 51, 7
5 κολάζω
  1 ἐκολάσθησαν   IV, 49, 8
  1 κολάζεσθαι   IV, 75, 3
  1 κολαζόμενον   V, 58, 9
  1 κολάζουσι   V, 58, 7
  1 κολάσαι   V, 56, 5
1 κόλαξ
  1 κολάκων   V, 28, 2

3 κόλασις
  1 κολάσεων IV, 49, 8
  1 κολάσεως IV, 57, 8
  1 κόλασιν V, 58, 5
1 κολαστήριος
  1 κολαστηρίων V, 58, 16
1 κομμωτικός
  1 κομμωτικαί V, 59, 19
1 κομπάζω
  1 κομπάζων IV, 65, 13
1 κομπηρός
  1 κομπηρόν IV, 101, 6
1 κοναβίζω
  1 κοναβίζειν IV, 101, 2
1 κόνις
  1 κόνις V, 18, 2
1 κοπρώδης
  1 κοπρῶδες IV, 67, 13
1 κόρος (κορέννυμι)
  1 κόρον IV, 29, 5
1 κορυφή
  1 κορυφῆς IV, 80, 2
1 κοσμίως
  1 κοσμίως V, 1, 13
7 κόσμος
  3 κόσμον IV, 2, 11; IV, 63, 4; IV, 73, 11
  1 κόσμος IV, 8, 6
  2 κόσμου IV, 2, 6; IV, 62, 5
  1 κόσμῳ V, 22, 11
2 κοῦφος
  1 κοῦφον IV, 69, 6
  1 κουφοτέρων V, 29, 5
8 κρατέω
  4 κρατεῖν IV, 16, 7; IV, 38, 1; IV, 38, 2; V, 19, 4
  1 κρατηθέντα IV, 58, 3
  1 κρατήσειε V, 15, 2
  1 κρατήσων IV, 38, 2
  1 κρατοῦν IV, 74, 6
2 κρατήρ
  1 κρατῆρας IV, 80, 3
  1 κρατῆρσι IV, 56, 3
5 κράτος
  1 κράτει IV, 37, 16
  3 κράτος IV, 96, 2; IV, 96, 6; V, 28, 2
  1 κράτους IV, 52, 13
1 κρηπίς

1 κρηπῖδα V, 26, 6
1 κρίμα
  1 κρίμασιν IV, 47, 6
1 κρίνω
  1 κρίνων IV, 37, 9
2 κρίσις
  1 κρίσει IV, 37, 5
  1 κρίσεως V, 28, 8
1 κροτέω
  1 κεκροτημένον V, 48, 3
1 κρότος
  1 κρότοις V, 53, 5
1 κρούω
  1 κρούειν V, 30, 4
2 κρύπτω
  1 ἔκρυπτεν IV, 74, 7
  1 κρύπτοντα IV, 24, 4
2 κτάομαι
  1 κεκτημένον V, 62, 15
  1 κεκτῆσθαι IV, 95, 7
1 κτείνω
  1 κτείνων IV, 87, 3
1 κτῆσις
  1 κτήσεως V, 13, 9
4 κτίζω
  1 ἔκτισται V, 51, 10
  1 κτίσαντα IV, 28, 4
  1 κτίσας V, 63, 4
  1 κτισθεῖσα IV, 17, 9
1 κτίσις
  1 κτίσιν IV, 28, 4
1 κτυπέω
  1 κτυπεῖν IV, 101, 2
1 κυαίστωρ
  1 κοιαίστωρα IV, 32, 8
1 κυβέρνησις
  1 κυβερνήσεως V, 34, 2
1 κυκλικῶς
  1 κυκλικῶς IV, 13, 5
10 κύκλος
  1 κύκλος IV, 13, 2
  4 κύκλου IV, 13, 1; IV, 13, 2; IV, 13, 4; IV, 52, 8
  5 κύκλῳ IV, 81, 3; V, 7, 5; V, 7, 6; V, 17, 2; V, 17, 3
2 Κυκλώπειος
  2 κυκλώπειον V, 61, 4; V, 61, 6
  1 κυκλώπειος V, 61, 21
2 Κύκλωψ

INDEX GRAECITATIS

1 κυκλώπων V, 61, 8
1 κύκλωψ V, 61, 13
1 κύκνος
  1 κύκνον V, 9, 7
1 κύλιξ
  1 κύλικι IV, 79, 1
2 κυνέη
  1 κυνέη IV, 91, 6
  1 κυνέην IV, 91, 5
1 κύπτω
  1 κύψειε V, 58, 10
2 κύριος α ον
  2 κύριον IV, 42, 8; V, 46, 3
4 κύριος (ὁ)
  2 κύριον IV, 2, 6; IV, 42, 7
  1 κύριος IV, 30, 4
  1 κυρίου IV, 95, 13
1 κυρίως
  1 κυρίως IV, 55, 2
7 Κῦρος (προσ)
  1 κῦρον V, 20, 1
  1 κῦρος V, 22, 4
  1 κύρου V, 20, 2
  4 κύρῳ V, 20, 4; V, 20, 6; V, 20, 9; V, 22, 3
3 κύων
  1 κύνα IV, 91, 5
  1 κυνός IV, 91, 6
  1 κύων IV, 98, 8
1 κῴδιον
  1 κωδίῳ V, 59, 15
1 Κωκυτός
  1 κωκυτούς V, 58, 6
1 κωμῳδέω
  1 κωμῳδῶν V, 31, 3
2 Κωνσταντῖνος
  1 κωνσταντῖνον V, 26, 6
  1 κωνσταντίνου IV, 21, 4
19 Κωνστάντιος
  3 κωνστάντιον IV, 38, 3; IV, 45, 2; IV, 46, 8
  4 κωνστάντιος IV, 32, 2; IV, 32, 8; IV, 32, 12; IV, 37, 11
  8 κωνσταντίου IV, 4, 1; IV, 21, 6; IV, 21, 10; IV, 21, 12; IV, 33, 2; IV, 37, 3; V, 26, 2; V, 26, 3
  4 κωνσταντίῳ IV, 32, 7; IV, 36, 2; IV, 44, 4; IV, 60, 2

1 λαγχάνω
  1 ἔλαχε V, 49, 6
1 Λαέρτης
  1 λαέρτου V, 1, 3
1 λάθρα
  1 λάθρα IV, 16, 3
1 λαῖλαψ
  1 λαίλαπος V, 5, 1
1 λακτίζω
  1 λακτίζων V, 30, 2
2 λαλέω
  1 λαλήσαντος V, 51, 14
  1 λαλήσας IV, 2, 5
2 λάλος
  1 λάλον V, 45, 2
  1 λάλος V, 65, 4
20 λαμβάνω
  4 εἴληπται IV, 2, 2; IV, 74, 3; V, 1, 2; V, 14, 11
  1 εἰλήφει V, 25, 6
  1 εἴληφεν IV, 32, 5
  1 ἐλάμβανεν V, 37, 7
  1 ἐλήφθη V, 40, 3
  1 λαβεῖν V, 51, 11
  1 λάβοι IV, 37, 16
  4 λαβών IV, 38, 5; IV, 67, 3; IV, 87, 4; V, 59, 12
  3 λαμβάνει IV, 32, 1; V, 1, 17; V, 59, 5
  1 λαμβάνειν IV, 95, 4
  1 λαμβάνω V, 35, 2
  1 ληφθέν IV, 15, 2
2 λαμπρός
  1 λαμπράν IV, 86, 9
  1 λαμπρῷ IV, 66, 9
1 λαμπρότης
  1 λαμπρότητος IV, 67, 9
1 λαμπρῶς
  1 λαμπρῶς IV, 37, 13
5 λανθάνω
  1 ἔλαθε IV, 33, 5
  1 ἔλαθον V, 20, 8
  1 ἐλάνθανεν IV, 84, 6
  1 λαθών IV, 32, 5
  1 λανθάνειν V, 10, 5
1 λάξ
  1 λάξ V, 30, 1
1 λαός
  1 λαοῖς IV, 15, 1

1 Λατῖνος η ον
  1 λατίνων IV, 61, 5
1 λατρεύω
  1 λατρεύειν IV, 75, 4
1 λέβης
  1 λέβητα V, 45, 3
73 λέγω
  1 εἰπέ IV, 103, 1
  5 εἶπε IV, 62, 4; IV, 87, 4; IV, 103, 7; V, 43, 9; V, 45, 4
  1 εἰπεῖν IV, 22, 1
  5 εἶπεν IV, 9, 6; IV, 90, 1; V, 14, 5; V, 28, 5; V, 59, 16
  2 εἴποι IV, 104, 4; V, 16, 1
  1 εἴποιεν IV, 102, 3
  1 εἴποιμεν IV, 99, 9
  1 εἴποις V, 62, 14
  1 εἶπον IV, 79, 4
  4 εἰπών IV, 33, 4; IV, 47, 2; V, 1, 19; V, 33, 5
  1 ἐλέγετο IV, 52, 3
  1 ἔλεγον IV, 73, 10
  1 ἐλέχθη V, 49, 2
  1 λέγε V, 9, 1
  25 λέγει IV, 4, 8; IV, 5, 2; IV, 8, 3; IV, 9, 6; IV, 11, 2; IV, 19, 1; IV, 21, 2; IV, 22, 2; IV, 39, 8; IV, 40, 6; IV, 49, 1; IV, 61, 2; IV, 62, 2; IV, 71, 4; IV, 72, 2; IV, 89, 2; IV, 97, 11; IV, 104, 3; V, 23, 2; V, 45, 2; V, 47, 2; V, 50, 2; V, 59, 11; V, 61, 7; V, 62, 2
  5 λέγειν IV, 47, 4; IV, 74, 6; IV, 95, 19; V, 27, 4; V, 51, 7
  4 λέγεται IV, 9, 1; IV, 9, 3; V, 14, 9; V, 51, 15
  1 λεγομένην IV, 106, 2
  1 λεγομένης IV, 67, 2
  1 λεγόμενον V, 6, 4
  1 λεγομένους V, 45, 7
  1 λεγομένῳ V, 43, 9
  2 λεγομένων V, 24, 1; V, 24, 2
  1 λέγουσι V, 6, 1
  1 λέγουσιν IV, 55, 4
  1 λέγω IV, 48, 6
  2 λέγων IV, 96, 4; V, 59, 10
  1 λέλεκται V, 45, 8
1 λεῖος
  1 λεῖον IV, 104, 1

1 λελυμένως
  1 λελυμένως V, 43, 12
3 λέξις
  1 λέξεις V, 59, 19
  1 λέξεων V, 66, 25
  1 λέξιν IV, 54, 6
1 λεοντέη
  1 λεοντῇ IV, 74, 1
2 λεπτός
  1 λεπτή V, 18, 2
  1 λεπτῷ V, 43, 14
5 λέων
  1 λέοντος IV, 74, 2
  4 λέων IV, 58, 4; IV, 74, 3; IV, 91, 2; V, 9, 13
1 Λήδα
  1 λήδᾳ V, 9, 8
1 λῄζομαι (-ω)
  1 λῄζεσθαι V, 28, 3
2 ληρέω
  1 ληρεῖς IV, 101, 8
  1 ληροῦσαν V, 45, 2
1 λήρημα
  1 ληρημάτων V, 45, 7
1 λῆρος
  1 λήρους V, 63, 3
1 ληρωδέω
  1 ἐληρώδει V, 30, 7
4 λίαν
  4 λίαν IV, 59, 2; IV, 83, 6; IV, 105, 13; V, 66, 2
5 Λιβάνιος
  1 λιβάνιον IV, 39, 8
  3 λιβάνιος IV, 67, 2; IV, 68, 2; V, 30, 7
  1 λιβανίου V, 64, 15
1 Λιβύη
  1 λιβύῃ V, 64, 19
1 λιθία
  1 λιθίας V, 18, 2
1 λικμάω
  1 λικμῆσαι IV, 86, 9
2 λίμνη
  1 λίμνας V, 12, 4
  1 λίμνην V, 58, 11
2 λογίζομαι
  1 λελόγισται V, 54, 12
  1 λογιζόμενος IV, 37, 5
1 λογικός

1 λογικόν   V, 43, 4
1 λόγιον
   1 λόγιον   IV, 31, 3
2 λόγιος
   2 λόγιον   V, 47, 1; V, 47, 2
2 λογισμός
   1 λογισμοῖς   IV, 9, 9
   1 λογισμῶν   IV, 65, 13
56 λόγος
   1 λόγοι   IV, 100, 10
   5 λόγοις   IV, 4, 3; IV, 66, 12; IV, 105, 2; V, 9, 15; V, 61, 19
   5 λόγον   IV, 10, 7; IV, 27, 4; IV, 27, 6; IV, 38, 5; V, 50, 1
   9 λόγος   IV, 2, 12; IV, 5, 6; IV, 5, 7; IV, 7, 1; IV, 30, 2; IV, 66, 8; IV, 74, 6; IV, 95, 1; IV, 97, 7
   7 λόγου   IV, 1, 8; IV, 27, 5; IV, 66, 10; IV, 106, 15; V, 47, 2; V, 48, 1; V, 48, 3
   4 λόγους   IV, 51, 4; IV, 98, 2; IV, 98, 5; V, 58, 4
   15 λόγῳ   IV, 5, 1; IV, 5, 2; IV, 20, 6; IV, 35, 1; IV, 35, 2; IV, 39, 3; IV, 40, 1; IV, 40, 2; IV, 54, 6; IV, 67, 3; V, 33, 8; V, 44, 2; V, 64, 10; V, 64, 11; V, 64, 13
   10 λόγων   IV, 1, 13; IV, 6, 5; IV, 43, 2; IV, 96, 2; IV, 96, 7; IV, 97, 3; IV, 100, 10; V, 1, 1; V, 66, 18; V, 66, 22
1 λοιδορέω
   1 ἐλοιδόρουν   V, 64, 6
12 λοιπός
   4 λοιπά   IV, 5, 3; IV, 95, 8; V, 39, 6; V, 62, 12
   1 λοιπαῖς   IV, 104, 8
   1 λοιπάς   IV, 64, 12
   3 λοιπόν   IV, 64, 13; V, 16, 6; V, 59, 8
   3 λοιπῶν   IV, 61, 6; IV, 96, 6; V, 36, 3
1 λουτρόν
   1 λουτρόν   IV, 51, 3
1 λόφος
   1 λόφων   V, 19, 4
1 λύκος
   1 λύκον   V, 59, 16
1 λυμαίνομαι (-ω)

   1 λυμαίνεται   IV, 80, 9
1 λυπέω
   1 ἐλύπει   IV, 34, 1
2 λύσσα
   2 λύσσαν   IV, 46, 3; IV, 103, 6
1 λυτήριος
   1 λυτήριον   IV, 61, 3
1 λυτρόω
   1 λυτρωθείς   V, 38, 4
1 λυττάω
   1 λυττήσασι   V, 3, 5
1 λωβάομαι (-άω)
   1 ἐλωβώθη   IV, 94, 4
2 λώβη
   2 λώβην   IV, 94, 5; V, 20, 7
1 λῶρος
   1 λώροις   V, 62, 10

2 μαγγανεία
   2 μαγγανείαις   IV, 77, 3; IV, 86, 10
1 Μαγνέντιος
   1 μαγνέντιον   IV, 32, 7
1 Μάγνος
   1 μάγνον   IV, 32, 7
2 μακάριος
   1 μακαρίων   IV, 4, 11
   1 μακαριώτατε   V, 65, 2
1 μακαρίτης
   1 μακαρίτην   V, 62, 11
1 Μακκαβαῖος
   1 μακκαβαίων   V, 62, 3
6 μακρός
   1 μακρᾷ   IV, 86, 8
   1 μακραῖς   IV, 88, 6
   1 μακράν   V, 21, 4
   1 μακρότερον   IV, 49, 8
   1 μακροῦ   V, 66, 26
   1 μακρῷ   IV, 49, 10
15 μάλα
   1 μάλα   V, 1, 18
   5 μάλιστα   IV, 4, 3; IV, 39, 2; IV, 42, 10; IV, 65, 12; V, 66, 12
   9 μᾶλλον   IV, 39, 4; IV, 44, 3; IV, 49, 5; IV, 57, 1; IV, 67, 11; IV, 86, 6; V, 3, 7; V, 4, 6; V, 18, 6
4 μανία
   1 μανία   V, 62, 13
   2 μανίαν   IV, 45, 4; V, 4, 9

1 μανίας V, 59, 16
1 μάννα
  1 μάννα IV, 19, 1
1 μαντεία
  1 μαντείας V, 15, 3
1 μάντευμα
  1 μαντεύματα V, 45, 3
1 μαντεύομαι (-ω)
  1 μαντευομένῳ IV, 52, 3
1 μαντικός
  1 μαντικῶν V, 45, 7
3 μάντις
  2 μάντεων V, 8, 5; V, 24, 7
  1 μάντις V, 33, 4
1 Μαξιμῖνος
  1 μαξιμῖνος IV, 94, 2
1 Μάξιμος
  1 μάξιμος IV, 94, 3
1 Μάρκος
  1 μάρκον V, 62, 11
1 μάρπτω
  1 μάρψας V, 61, 17
1 μαρτύρομαι
  1 μαρτύρασθαι IV, 3, 3
2 μάστιξ
  1 μάστιγα V, 52, 5
  1 μάστιγας V, 2, 11
1 μάταιος
  1 μάταιον V, 8, 3
3 ματαιότης
  1 ματαιότητα IV, 106, 11
  1 ματαιότητι IV, 65, 13
  1 ματαιότητος IV, 101, 10
1 ματαίως
  1 ματαίως IV, 40, 6
1 μάτη
  1 μάτην IV, 101, 8
1 μάχαιρα
  1 μάχαιρα IV, 98, 9
2 μάχομαι
  1 μάχεσθαι V, 19, 3
  1 μαχομένοις V, 16, 3
1 μεγαλοφροσύνη
  1 μεγαλοφροσύνης V, 37, 5
1 μεγαλύνω
  1 μεγαλύνειν V, 53, 4
44 μέγας
  6 μέγα IV, 4, 8; IV, 66, 7; V, 51, 1; V, 52, 2; V, 62, 15; V, 64, 5

2 μεγάλα IV, 64, 8; V, 64, 16
1 μεγάλαις IV, 52, 10
1 μεγάλας IV, 48, 2
2 μεγάλη IV, 42, 6; IV, 88, 2
1 μεγάλην V, 9, 21
1 μεγάλης V, 19, 3
1 μεγάλοις IV, 69, 2
5 μεγάλου IV, 4, 1; IV, 21, 4; IV, 61, 1; IV, 72, 7; V, 61, 2
2 μεγάλῳ IV, 60, 1; IV, 60, 2
2 μέγαν IV, 4, 2; V, 26, 6
6 μέγας IV, 37, 14; IV, 52, 9; IV, 58, 5; IV, 97, 13; V, 1, 23; V, 22, 4
4 μέγιστα V, 28, 6; V, 51, 2; V, 51, 4; V, 62, 14
1 μεγίστη IV, 9, 4
4 μέγιστον IV, 48, 6; IV, 69, 9; IV, 97, 1; V, 49, 5
2 μεῖζον IV, 48, 6; V, 10, 10
1 μείζονι IV, 60, 3
1 μειζόνων V, 28, 7
1 μείζω V, 28, 4
3 μεθαρμόζω
  2 μεθαρμόζω IV, 12, 1; IV, 12, 2
  1 μεθηρμόσθη IV, 15, 2
1 μέθη
  1 μέθαις V, 53, 5
1 μεθίημι
  1 μεθείς IV, 83, 4
1 μεθιστάω
  1 μεθιστῶν V, 9, 18
1 μέθοδος
  1 μεθόδων IV, 39, 5
1 μειζόνως
  1 μειζόνως IV, 2, 8
2 μειρακιώδης
  1 μειρακιῶδες IV, 69, 6
  1 μειρακιώδη IV, 102, 7
1 μελαίνω
  1 μελαίνεται IV, 93, 4
2 Μελάμπους
  2 μελάμπους IV, 77, 1; IV, 77, 2
1 μελανειμονέω
  1 μελανειμονοῦσιν IV, 103, 8
1 μέλας
  1 μέλαιναν IV, 91, 5
3 μελετάω
  1 ἐμελέτα IV, 44, 6

INDEX GRAECITATIS 221

1 μελετήσας IV, 32, 4
1 μελετῶν IV, 44, 4
6 μέλλω
  2 μέλλον IV, 25, 4; IV, 44, 2
  1 μέλλοντα V, 40, 7
  2 μέλλοντος IV, 34, 7; IV, 68, 4
  1 μελλόντων V, 24, 12
2 μέλος
  1 μέλει V, 54, 15
  1 μελῶν IV, 85, 4
1 μέλω
  1 ἐμέλησε V, 66, 4
2 μέμφομαι (-ω)
  1 μέμφεται IV, 10, 3
  1 μέμφονται V, 29, 8
75 μέν
  75 μέν IV, 1, 8; IV, 2, 3; IV, 2, 13; IV, 3, 2; IV, 13, 7; IV, 16, 3; IV, 17, 7; IV, 18, 1; IV, 21, 10; IV, 23, 1; IV, 24, 1; IV, 30, 1; IV, 30, 6; IV, 31, 8; IV, 32, 1; IV, 32, 11; IV, 37, 6; IV, 42, 4; IV, 43, 4; IV, 47, 5; IV, 48, 1; IV, 49, 5; IV, 50, 1; IV, 52, 6; IV, 52, 13; IV, 58, 4; IV, 58, 6; IV, 60, 4; IV, 62, 4; IV, 62, 7; IV, 67, 8; IV, 69, 1; IV, 73, 4; IV, 74, 5; IV, 84, 4; IV, 85, 3; IV, 92, 1; IV, 92, 3; IV, 93, 1; IV, 93, 4; IV, 95, 15; IV, 95, 18; IV, 95, 21; IV, 95, 23; IV, 99, 5; IV, 100, 3; IV, 101, 1; IV, 101, 8; IV, 102, 1; IV, 102, 8; IV, 102, 9; IV, 104, 12; IV, 106, 13; V, 1, 1; V, 5, 3; V, 9, 2; V, 9, 15; V, 9, 19; V, 13, 4; V, 22, 1; V, 23, 5; V, 27, 1; V, 28, 1; V, 28, 9; V, 39, 1; V, 39, 5; V, 43, 3; V, 47, 5; V, 49, 3; V, 49, 8; V, 51, 1; V, 58, 15; V, 59, 7; V, 62, 4; V, 62, 6
1 Μενδήσιος
  1 μενδήσιοι V, 49, 1
1 μενεαίνω
  1 μενεαίνων V, 58, 10
1 Μενέλαος
  1 μενελάου IV, 58, 3
3 μένω
  1 ἔμενε V, 61, 11

1 μένει IV, 13, 9
1 μένειν IV, 104, 10
1 μερικός
  1 μερικόν IV, 101, 5
4 μέρος
  3 μέρος IV, 10, 1; V, 17, 2; V, 43, 5
  1 μέρους IV, 101, 5
8 μέσος
  1 μεσαιτάτης IV, 2, 12
  1 μεσαιτάτῳ IV, 2, 14
  1 μέση IV, 91, 3
  1 μέσην IV, 31, 1
  1 μέσης IV, 31, 4
  3 μέσῳ IV, 32, 10; IV, 32, 14; V, 16, 5
1 μεστός
  1 μεστόν V, 33, 5
1 μέσως
  1 μέσως IV, 67, 11
28 μετά
  2 μετ' IV, 94, 2; V, 1, 28
  26 μετά IV, 5, 2; IV, 20, 3; IV, 21, 5; IV, 21, 7; IV, 48, 4; IV, 55, 3; IV, 58, 7; IV, 58, 8; IV, 62, 1; IV, 79, 1; IV, 79, 4; IV, 96, 1; IV, 96, 3; IV, 96, 5; IV, 97, 2; IV, 105, 12 (2); IV, 106, 2; V, 1, 3; V, 1, 16; V, 13, 8; V, 22, 5; V, 22, 7; V, 39, 5; V, 62, 8; V, 66, 14
3 μεταβάλλω
  1 μεταβάλλειν IV, 29, 4
  1 μεταβάλλεσθαι IV, 58, 2
  1 μεταβέβληται IV, 29, 9
1 μεταβολή
  1 μεταβολήν IV, 29, 1
1 μετάθεσις
  1 μεταθέσει IV, 69, 7
1 μεταλαμβάνω
  1 μεταλαμβάνειν V, 41, 5
1 μεταμορφόω
  1 μεταμορφωθείς V, 9, 10
1 μεταξύ
  1 μεταξύ IV, 46, 6
1 μεταποιέω
  1 μεταποιοῦνται IV, 95, 17
1 μεταστέλλω
  1 μεταστειλάμενος IV, 32, 8

2 μετατίθημι
    1 μετατεθεικέναι   IV, 70, 3
    1 μετατίθημι   IV, 12, 3
1 μεταφέρω
    1 μετενήνεκται   V, 29, 2
4 μέτειμι (εἰμί)
    2 μέτεστι   IV, 98, 3 (2)
    2 μετόν   IV, 98, 1; IV, 98, 3
1 μετεωρίζω
    1 μετεωρίζων   V, 29, 5
1 μετέωρος
    1 μετέωρος   IV, 83, 4
1 μετρέω
    1 μετρηθῆναι   V, 56, 1
1 μετριολογέω
    1 μετριολογοῦντος   V, 50, 6
1 μετρίως
    1 μετρίως   V, 50, 1
4 μέτρον
    2 μέτρον   IV, 97, 3; V, 58, 19
    1 μέτρου   IV, 42, 8
    1 μέτρῳ   IV, 97, 12
1 μετωνυμία
    1 μετωνυμίαν   IV, 73, 2
1 μέτωπον
    1 μέτωπον   V, 19, 1
6 μέχρι
    6 μέχρι   IV, 14, 4; IV, 65, 1; IV, 66, 1; IV, 105, 8; IV, 106, 14; V, 58, 9
66 μή
    66 μή   IV, 2, 14; IV, 4, 9; IV, 6, 4; IV, 9, 10; IV, 13, 7; IV, 16, 5; IV, 26, 2; IV, 26, 3; IV, 29, 8; IV, 32, 4; IV, 32, 6; IV, 34, 3; IV, 35, 2; IV, 36, 3; IV, 38, 9; IV, 38, 12; IV, 38, 13; IV, 40, 3; IV, 41, 8; IV, 43, 1 (2); IV, 43, 2; IV, 44, 8; IV, 46, 5; IV, 49, 1; IV, 49, 10; IV, 50, 2; IV, 72, 8; IV, 72, 9; IV, 73, 3; IV, 75, 1; IV, 75, 2; IV, 75, 3; IV, 81, 2; IV, 86, 6; IV, 90, 4; IV, 95, 3; IV, 95, 17; IV, 95, 22; IV, 95, 23; IV, 97, 7; IV, 97, 9; IV, 97, 10; IV, 101, 3; IV, 101, 6; IV, 104, 10; V, 1, 6; V, 11, 2; V, 11, 4; V, 18, 5; V, 23, 5; V, 24, 2; V, 51, 2; V, 51, 4; V, 52, 2 (2); V, 52, 4; V, 53, 2; V, 54, 3; V, 55, 1 (2); V, 56, 1; V, 56, 3; V, 57, 5; V, 60, 7; V, 66, 2
17 μηδέ
    3 μηδ'   IV, 45, 1; IV, 95, 19; V, 66, 17
    14 μηδέ   IV, 4, 9; IV, 11, 4; IV, 49, 9; IV, 95, 19; IV, 104, 9; V, 9, 18; V, 10, 11; V, 51, 1; V, 53, 1; V, 53, 5; V, 59, 4; V, 64, 17; V, 66, 25; V, 66, 28
5 μηδείς
    1 μηδείς   V, 66, 1
    1 μηδεμίαν   V, 34, 2
    2 μηδέν   IV, 53, 6; IV, 103, 5
    1 μηδενός   IV, 2, 10
6 μήν (μέν)
    6 μήν   IV, 2, 14; IV, 4, 7; IV, 43, 5; IV, 95, 6; IV, 99, 6; IV, 100, 5
1 μηνύω
    1 μηνύσας   IV, 32, 6
1 μήπω
    1 μήπω   IV, 92, 3
9 μήτε
    1 μήτ'   IV, 105, 10
    8 μήτε   IV, 40, 3 (2); IV, 94, 1; IV, 95, 5; IV, 95, 6 (2); IV, 95, 7; IV, 105, 10
2 μήτηρ
    1 μητέρα   V, 62, 4
    1 μητρί   V, 62, 3
3 μηχανάομαι (-άω)
    1 ἐμηχανᾶτο   IV, 69, 10
    1 μεμηχάνηται   V, 4, 2
    1 μηχανωμένου   IV, 104, 7
2 μηχανή
    1 μηχαναῖς   V, 66, 8
    1 μηχανῆς   IV, 78, 2
1 μιαιφονέω
    1 μιαιφονῶν   IV, 95, 3
1 μιαρός
    1 μιαροῖς   IV, 63, 4
16 μικρός
    2 ἧττον   IV, 67, 11; IV, 86, 6
    2 ἥττω   IV, 27, 4; IV, 38, 5
    3 μικρά   V, 28, 5; V, 62, 14; V, 66, 21
    1 μικράν   IV, 85, 1
    2 μικρᾶς   IV, 9, 3; V, 18, 2

INDEX GRAECITATIS

1 μικροῖς IV, 69, 2
3 μικρόν IV, 11, 4; IV, 16, 7; IV, 41, 6
2 μικροῦ IV, 2, 4; IV, 69, 5
1 μιμέομαι
   1 μιμησάμενος V, 20, 1
1 μίμημα
   1 μιμήματα IV, 104, 13
2 μιμνῄσκω
   1 ἐμνήσθην IV, 52, 1
   1 μέμνηται IV, 67, 3
1 μῖμος
   1 μῖμοι V, 27, 4
1 μισθός
   1 μισθός V, 28, 3
2 μισοπώγων
   1 μισοπώγωνα V, 64, 6
   1 μισοπώγωνος V, 64, 1
1 μισόχριστος
   1 μισοχρίστου IV, 4, 4
1 μνεία
   1 μνείαις V, 54, 10
1 μνήμη
   1 μνήμη V, 52, 4
1 μνημονεύω
   1 μνημονευομένη IV, 106, 3
1 μνημόσυνον
   1 μνημόσυνον V, 1, 28
6 μνηστήρ
   3 μνηστῆρας IV, 71, 4; V, 1, 7; V, 59, 6
   3 μνηστήρων V, 1, 19; V, 1, 22; V, 59, 9
3 μοῖρα
   1 μοῖρα IV, 95, 16
   2 μοῖραν IV, 9, 6; IV, 11, 1
1 μοιχός
   1 μοιχός V, 47, 3
1 μολύβεος
   1 μολιβᾶ IV, 97, 13
2 μονάζω
   1 μονάζοντας IV, 8, 2
   1 μοναζόντων IV, 65, 10
1 μόναρχος
   1 μόναρχον V, 23, 6
2 μοναχός
   2 μοναχῶν IV, 10, 2; IV, 65, 10
27 μόνος
   1 μόνα IV, 101, 6

1 μόναις IV, 4, 10
1 μόνοις IV, 9, 11
18 μόνον IV, 1, 2; IV, 2, 7; IV, 2, 12; IV, 6, 6; IV, 37, 14; IV, 62, 2; IV, 82, 3; IV, 97, 5; IV, 106, 8; V, 1, 8; V, 2, 11; V, 10, 5; V, 12, 7; V, 28, 7; V, 29, 5; V, 63, 5; V, 66, 4; V, 66, 20
1 μόνος IV, 47, 6
1 μόνου IV, 84, 1
1 μόνους IV, 99, 9
3 μόνῳ IV, 5, 1; IV, 39, 3; IV, 56, 4
1 μόριον
   1 μορίων V, 45, 6
2 μορφόω
   2 ἐμόρφωσε V, 43, 3 (2)
1 μοχθηρία
   1 μοχθηρίαν IV, 57, 8
1 μυέω
   1 μυουμένοις IV, 98, 15
5 μυθεύω
   1 μυθεύεται V, 9, 9
   1 μυθευομένων IV, 106, 5
   3 μυθεύονται V, 14, 2; V, 28, 8; V, 45, 4
1 μυθικός
   1 μυθικῶν IV, 1, 11
6 μῦθος
   1 μῦθοι IV, 58, 2
   2 μύθοις IV, 1, 4; IV, 86, 10
   3 μῦθος IV, 80, 6; IV, 90, 2; V, 58, 14
1 μυκάομαι (-άω)
   1 μυκωμένου IV, 85, 9
1 μυριάς
   1 μυριάδας IV, 66, 3
2 μυρίος
   1 μυρία V, 14, 8
   1 μυρίων V, 22, 5
7 μυστήριον (μύω)
   2 μυστήρια IV, 98, 14; V, 35, 4
   1 μυστηρίοις V, 32, 3
   1 μυστήριον V, 54, 5
   1 μυστηρίου V, 32, 1
   2 μυστηρίων V, 32, 7; V, 42, 4
1 μύστης
   1 μύστης IV, 52, 6
1 μυστικός

1 μυστικά   V, 32, 4
2 μῶλυ
   2 μῶλυ   IV, 102, 5; IV, 102, 9
1 μῶν
   1 μῶν   IV, 101, 3
1 μωρός
   1 μωρόν   IV, 62, 3

3 ναός
   1 ναοί   V, 40, 2
   1 ναόν   V, 4, 5
   1 ναός   IV, 88, 2
1 ναυάγιον
   1 ναυαγίῳ   V, 1, 5
3 ναῦς
   1 ναῦν   V, 1, 5
   2 νηός   V, 61, 8; V, 61, 9
2 νεανιεύομαι
   1 νεανιεύονται   V, 27, 6
   1 νεανιευσαμένων   V, 62, 4
1 νεανίσκος
   1 νεανίσκων   V, 62, 1
1 Νεῖλος (τοπ)
   1 νεῖλος   V, 60, 3
1 Νειλῷος
   1 νειλῴους   V, 60, 1
2 νεκρός
   1 νεκροῖς   IV, 87, 3
   1 νεκρός   V, 26, 1
2 νέμω
   1 νέμονται   V, 58, 19
   1 νέμων   V, 61, 14
4 νέος
   3 νέον   IV, 62, 4; IV, 62, 9; IV, 89, 1
   1 νεώτερον   IV, 37, 13
1 Νέσσος
   1 νέσσου   IV, 64, 2
1 νεῦρον
   1 νεύροις   V, 62, 10
1 νέω (νηέω)
   1 νήσας   IV, 64, 9
3 νῆσος
   3 νῆσον   IV, 32, 9; V, 61, 8; V, 61, 9
1 νηστεία
   1 νηστείαις   IV, 8, 1
9 νικάω
   1 ἐνίκα   V, 19, 6

1 νενίκηκεν   V, 57, 3
2 νικᾶν   IV, 6, 4; IV, 104, 6
1 νικᾶται   V, 64, 10
1 νικῶν   V, 22, 7
1 νικῶντες   V, 24, 8
1 νικώντων   IV, 38, 3
1 νικῶσιν   V, 7, 9
3 νίκη
   1 νίκην   V, 57, 2
   2 νίκης   V, 7, 10; V, 9, 20
1 νικητής
   1 νικητῇ   V, 9, 24
1 νικηφόρος
   1 νικηφόρος   V, 62, 7
1 νοερός
   1 νοερόν   V, 43, 5
4 νοέω
   2 νοεῖν   V, 21, 7; V, 54, 6
   1 νοητέον   IV, 19, 5
   1 νοούμενος   IV, 26, 1
2 νοητός
   2 νοητῶν   IV, 96, 4; V, 63, 5
5 νομίζω
   2 ἐνομίσθη   V, 49, 3; V, 49, 10
   1 νενόμισται   IV, 64, 10
   1 νομισθείη   IV, 38, 8
   1 νομισθῇ   IV, 56, 2
2 νόμισμα
   1 νόμισμα   IV, 73, 11
   1 νομίσμασι   IV, 73, 9
1 νομοθεσία
   1 νομοθεσίας   IV, 95, 21
2 νομοθετέω
   1 ἐνομοθέτει   IV, 95, 4
   1 νομοθετεῖ   IV, 95, 11
6 νόμος
   1 νόμοις   V, 23, 7
   2 νόμος   IV, 97, 4; V, 50, 4
   1 νόμους   V, 23, 5
   1 νόμῳ   V, 41, 3
   1 νόμων   IV, 95, 5
7 νόος
   6 νοῦν   IV, 5, 5; IV, 5, 6; V, 1, 12; V, 12, 5; V, 29, 5; V, 66, 5
   1 νῷ   V, 64, 11
1 νόσος
   1 νόσους   V, 2, 8
1 νότιος
   1 νότιον   V, 9, 13

INDEX GRAECITATIS

3 νῦν
  2 νῦν V, 10, 1; V, 40, 7
  1 νυνί V, 39, 5
5 νύξ
  1 νύκτας V, 42, 7
  1 νυκτί IV, 72, 5
  2 νυκτός IV, 8, 2; IV, 72, 9
  1 νυκτῶν IV, 72, 6
1 νωμάω
  1 νωμᾶσθαι V, 54, 14

2 Ξάνθος (ὁ)
  1 ξάνθον IV, 102, 5
  1 ξάνθος IV, 102, 9
2 ξένιος
  2 ξένιον V, 59, 10; V, 61, 20
2 ξένος
  2 ξεινήϊον V, 59, 1; V, 61, 21
1 Ξενοφῶν
  1 ξενοφῶν V, 22, 5
1 ξηραίνω
  1 ξηραίνων V, 58, 11
4 ξηρός
  1 ξηρά IV, 18, 1
  1 ξηρᾷ IV, 18, 2
  2 ξηρᾶς IV, 93, 2; V, 14, 4
1 ξίφος
  1 ξίφος IV, 98, 9
1 ξύλον
  1 ξύλων IV, 64, 9

1.717 ὁ
  8 αἱ IV, 92, 1; IV, 92, 2; IV, 92, 3; IV, 94, 4; V, 29, 1; V, 49, 1; V, 58, 18; V, 59, 19
  47 ἡ IV, 2, 2; IV, 4, 1; IV, 9, 4 (2); IV, 10, 2; IV, 31, 4; IV, 32, 1; IV, 32, 5; IV, 32, 6; IV, 44, 6; IV, 57, 7 (2); IV, 59, 1; IV, 59, 4; IV, 66, 7; IV, 66, 12; IV, 69, 9; IV, 86, 6; IV, 90, 2; IV, 91, 6; IV, 95, 16 (2); IV, 98, 7; IV, 102, 8; IV, 104, 10; IV, 105, 5; IV, 106, 3; IV, 106, 5; V, 9, 9; V, 17, 3; V, 18, 3; V, 19, 2; V, 21, 3; V, 23, 5; V, 27, 2; V, 27, 7; V, 30, 4; V, 31, 6; V, 33, 8; V, 33, 9; V, 36, 1; V, 39, 3; V, 51, 8; V, 51, 9; V, 54, 12; V, 61, 21; V, 62, 8
  92 ὁ IV, 1, 1; IV, 1, 8; IV, 2, 12; IV, 5, 7 (2); IV, 7, 1; IV, 8, 6; IV, 13, 2; IV, 24, 1; IV, 29, 7; IV, 30, 2; IV, 32, 1; IV, 32, 2; IV, 32, 8; IV, 32, 11 (3); IV, 37, 14; IV, 38, 2; IV, 38, 4; IV, 38, 5; IV, 38, 6 (2); IV, 42, 2; IV, 42, 4; IV, 45, 1; IV, 45, 2; IV, 46, 2; IV, 52, 6; IV, 52, 9; IV, 64, 1; IV, 64, 6; IV, 64, 7; IV, 72, 4; IV, 74, 6; IV, 74, 7; IV, 77, 2; IV, 80, 5; IV, 85, 3; IV, 85, 5; IV, 90, 2 (2); IV, 90, 4; IV, 91, 3; IV, 95, 1; IV, 95, 9; IV, 95, 10; IV, 95, 20; IV, 97, 7; IV, 97, 13; IV, 98, 16; IV, 99, 5; IV, 102, 8; IV, 105, 6; IV, 106, 8; V, 1, 1; V, 1, 3; V, 1, 23; V, 7, 9; V, 9, 7; V, 9, 13; V, 20, 6; V, 21, 1; V, 22, 4 (2); V, 22, 6; V, 25, 2; V, 25, 3; V, 25, 5; V, 28, 3; V, 30, 6; V, 31, 2; V, 31, 5; V, 32, 7; V, 37, 5; V, 40, 1; V, 42, 1; V, 42, 2; V, 42, 5; V, 46, 3; V, 49, 7; V, 51, 5; V, 58, 10; V, 58, 14; V, 58, 16; V, 60, 3; V, 61, 10; V, 61, 14; V, 61, 20; V, 62, 4; V, 62, 9; V, 63, 2
  25 οἱ IV, 10, 3; IV, 28, 5; IV, 39, 2; IV, 40, 4; IV, 40, 5; IV, 43, 1; IV, 44, 7; IV, 48, 1; IV, 55, 2; IV, 56, 5; IV, 58, 2; IV, 69, 11; IV, 73, 3; IV, 89, 3; IV, 100, 10; V, 1, 16; V, 20, 7; V, 22, 1; V, 23, 3; V, 24, 8; V, 27, 4; V, 27, 6; V, 41, 2; V, 58, 7; V, 64, 5
  135 τά IV, 2, 1 (2); IV, 4, 7; IV, 5, 3; IV, 13, 8; IV, 13, 10; IV, 14, 3; IV, 16, 5; IV, 22, 2; IV, 28, 2; IV, 28, 3; IV, 29, 4; IV, 30, 5; IV, 32, 10; IV, 32, 14; IV, 39, 1; IV, 41, 4; IV, 43, 1; IV, 43, 4; IV, 47, 2; IV, 49, 7; IV, 52, 5; IV, 52, 12; IV, 55, 3; IV, 57, 4; IV, 57, 9; IV, 65, 4; IV, 65, 9; IV, 65, 10; IV, 68, 1; IV, 70, 1; IV, 70, 3; IV, 74, 8;

IV, 79, 5; IV, 80, 5; IV, 80, 9; IV, 83, 3; IV, 84, 4; IV, 85, 4; IV, 89, 3; IV, 93, 1; IV, 93, 2; IV, 95, 6; IV, 95, 8; IV, 95, 12; IV, 95, 21; IV, 95, 22; IV, 95, 24; IV, 96, 4; IV, 96, 5 (2); IV, 98, 6; IV, 98, 11; IV, 98, 13; IV, 98, 14; IV, 98, 16; IV, 99, 7; IV, 100, 3; IV, 100, 5 (2); IV, 103, 1; IV, 104, 3; IV, 104, 5; IV, 104, 7; IV, 104, 12; IV, 105, 7; IV, 106, 2; IV, 106, 5; IV, 106, 12; IV, 106, 14; IV, 106, 15; V, 1, 5; V, 1, 8; V, 1, 11; V, 1, 26; V, 2, 1; V, 2, 5; V, 2, 7; V, 2, 8; V, 4, 7; V, 8, 4; V, 10, 2; V, 12, 6; V, 13, 7; V, 14, 11; V, 16, 3; V, 16, 6; V, 23, 7; V, 26, 7; V, 27, 1; V, 27, 2; V, 27, 9; V, 28, 4 (2); V, 28, 6; V, 30, 6; V, 31, 2; V, 32, 4 (2); V, 34, 1; V, 35, 4 (2); V, 38, 2; V, 39, 5; V, 40, 6; V, 40, 7; V, 40, 9; V, 42, 4; V, 44, 2; V, 45, 2; V, 49, 8 (3); V, 50, 1; V, 51, 2; V, 51, 4; V, 53, 6 (2); V, 53, 7; V, 55, 2; V, 58, 1 (2); V, 60, 7; V, 61, 2; V, 61, 16; V, 62, 12; V, 62, 14; V, 63, 5; V, 64, 3; V, 64, 8; V, 64, 11; V, 65, 4; V, 65, 6 (3)

29 ταῖς IV, 4, 11; IV, 8, 5; IV, 9, 7; IV, 13, 8; IV, 34, 3; IV, 41, 3; IV, 41, 8; IV, 52, 10; IV, 62, 7; IV, 65, 6; IV, 67, 3; IV, 92, 2; IV, 104, 8; IV, 106, 6; V, 1, 12; V, 11, 3; V, 20, 6; V, 20, 7; V, 22, 13; V, 31, 4; V, 32, 2; V, 32, 5; V, 44, 3; V, 53, 2; V, 53, 3; V, 54, 10; V, 60, 4; V, 64, 18; V, 66, 8

51 τάς IV, 2, 8; IV, 21, 8; IV, 28, 6; IV, 29, 2; IV, 40, 2; IV, 42, 2; IV, 46, 5; IV, 46, 7; IV, 47, 3; IV, 48, 1; IV, 48, 2 (2); IV, 48, 3; IV, 49, 1; IV, 49, 9; IV, 51, 5 (2); IV, 64, 12; IV, 66, 3; IV, 72, 5; IV, 72, 8; IV, 81, 2; IV, 81, 3; IV, 86, 3; IV, 90, 3; IV, 90, 5; IV, 96, 4; IV, 98, 6;

IV, 98, 15; IV, 106, 2; V, 2, 8; V, 2, 9; V, 2, 10; V, 8, 2; V, 10, 1; V, 10, 2; V, 29, 2; V, 31, 2; V, 31, 7; V, 33, 10; V, 35, 3 (2); V, 39, 4; V, 41, 5; V, 42, 2; V, 42, 3; V, 42, 6; V, 56, 3; V, 60, 6; V, 61, 22; V, 64, 12

1 ταυτό IV, 42, 1
1 ταὐτό IV, 10, 6
1 ταυτομάτου IV, 47, 3
1 ταυτόν IV, 99, 1
1 ταὐτόν V, 13, 8

56 τῇ IV, 1, 12; IV, 1, 14; IV, 2, 3; IV, 5, 4 (2); IV, 11, 3; IV, 17, 3; IV, 19, 2; IV, 19, 3; IV, 25, 5; IV, 28, 3; IV, 30, 2; IV, 30, 3; IV, 42, 6; IV, 53, 1; IV, 60, 3; IV, 62, 6; IV, 62, 8; IV, 64, 7; IV, 65, 10; IV, 65, 13; IV, 67, 7; IV, 67, 9; IV, 69, 7; IV, 71, 4; IV, 72, 6; IV, 73, 3; IV, 74, 1; IV, 79, 1; IV, 79, 2; IV, 84, 5; IV, 85, 8; IV, 88, 2 (2); IV, 95, 14; IV, 103, 2; V, 3, 3; V, 4, 6; V, 8, 3; V, 9, 2; V, 9, 8; V, 14, 6; V, 14, 8; V, 18, 5; V, 21, 2; V, 22, 6; V, 23, 7; V, 24, 2; V, 51, 11; V, 51, 12; V, 54, 3; V, 54, 10; V, 64, 10; V, 64, 14; V, 64, 15; V, 66, 20

167 τήν IV, 1, 1; IV, 2, 5; IV, 2, 7; IV, 6, 2; IV, 9, 11; IV, 10, 4 (2); IV, 14, 2; IV, 14, 5; IV, 16, 4; IV, 17, 5 (2); IV, 17, 6; IV, 17, 7; IV, 18, 3; IV, 19, 3; IV, 19, 4; IV, 19, 5; IV, 19, 7; IV, 20, 6; IV, 21, 13; IV, 24, 2; IV, 24, 4; IV, 25, 2; IV, 25, 4; IV, 28, 4; IV, 28, 7; IV, 29, 1; IV, 30, 6 (2); IV, 33, 4; IV, 34, 5; IV, 37, 8 (2); IV, 37, 10; IV, 37, 12; IV, 38, 6; IV, 38, 8; IV, 38, 10; IV, 38, 12; IV, 39, 3; IV, 39, 5; IV, 40, 6; IV, 41, 3; IV, 41, 4; IV, 43, 5; IV, 44, 5; IV, 44, 7; IV, 45, 4; IV, 46, 2; IV, 49, 3; IV, 51, 5; IV, 52, 10; IV, 52, 13; IV, 53, 3; IV, 54, 1; IV, 54, 3; IV, 54, 5; IV, 54, 6; IV, 55,

INDEX GRAECITATIS 227

1; IV, 56, 5; IV, 57, 5; IV, 57, 8; IV, 64, 1; IV, 64, 4; IV, 64, 8; IV, 65, 6; IV, 65, 8; IV, 65, 12; IV, 66, 6; IV, 66, 8; IV, 67, 1; IV, 68, 2; IV, 69, 5; IV, 69, 8; IV, 69, 11; IV, 73, 1; IV, 73, 13; IV, 74, 1; IV, 76, 2; IV, 76, 3; IV, 79, 1; IV, 79, 5; IV, 85, 1; IV, 85, 2; IV, 85, 9; IV, 86, 1; IV, 86, 4; IV, 90, 1; IV, 94, 5; IV, 97, 3; IV, 98, 6; IV, 100, 8; IV, 101, 9; IV, 102, 6; IV, 103, 5; IV, 105, 4; IV, 105, 9; IV, 105, 10; IV, 106, 1; IV, 106, 2; IV, 106, 10; V, 1, 3; V, 1, 5; V, 1, 11; V, 1, 16; V, 1, 22; V, 4, 4 (2); V, 4, 8; V, 8, 4; V, 9, 6; V, 9, 11; V, 9, 18 (2); V, 9, 21; V, 12, 5; V, 17, 4; V, 20, 4; V, 20, 7; V, 21, 5; V, 22, 14; V, 23, 4; V, 24, 11; V, 25, 3; V, 25, 5; V, 26, 6; V, 27, 3 (2); V, 27, 6; V, 27, 8; V, 28, 2; V, 28, 3; V, 29, 3; V, 29, 4; V, 29, 9 (2); V, 30, 6; V, 31, 4; V, 31, 7; V, 34, 5; V, 43, 6; V, 45, 1; V, 45, 4; V, 50, 5; V, 50, 7; V, 51, 1; V, 51, 3; V, 51, 5; V, 54, 1; V, 54, 3; V, 54, 6; V, 56, 1; V, 56, 2; V, 57, 4; V, 57, 6; V, 58, 8; V, 58, 11; V, 61, 3; V, 61, 9; V, 62, 4; V, 62, 7; V, 64, 12; V, 66, 8; V, 66, 10; V, 66, 23 (2)

165 τῆς IV, 1, 7; IV, 1, 8; IV, 1, 10; IV, 4, 6; IV, 5, 5; IV, 8, 5; IV, 9, 1; IV, 9, 3; IV, 9, 5; IV, 10, 7; IV, 10, 8; IV, 13, 5 (2); IV, 13, 6; IV, 25, 5; IV, 27, 6; IV, 28, 1; IV, 28, 2; IV, 29, 8; IV, 31, 3; IV, 31, 4; IV, 32, 13; IV, 33, 4; IV, 37, 1; IV, 37, 2; IV, 37, 4; IV, 37, 7; IV, 38, 10; IV, 41, 3; IV, 42, 6; IV, 42, 7; IV, 42, 8; IV, 42, 9; IV, 43, 4 (2); IV, 44, 5; IV, 46, 4; IV, 46, 5; IV, 46, 6; IV, 46, 7; IV, 47, 1; IV, 47, 3; IV, 49, 2; IV, 51, 6; IV, 52, 6; IV, 53, 2; IV, 56, 6; IV, 57, 1; IV, 57, 2; IV, 57, 4; IV, 57, 7; IV, 58, 7; IV, 58, 8; IV, 59, 1; IV, 59, 4; IV, 59, 5; IV, 59, 6; IV, 62, 5; IV, 64, 4 (2); IV, 65, 11; IV, 67, 2; IV, 67, 4 (2); IV, 67, 9; IV, 68, 3; IV, 69, 3; IV, 69, 7; IV, 73, 4; IV, 73, 6 (2); IV, 74, 2 (2); IV, 75, 5; IV, 76, 2; IV, 76, 3; IV, 82, 1; IV, 83, 2; IV, 83, 5; IV, 86, 5; IV, 86, 6; IV, 88, 1; IV, 88, 3 (2); IV, 91, 4; IV, 93, 2; IV, 95, 12; IV, 95, 13; IV, 95, 20; IV, 97, 3; IV, 98, 10; IV, 98, 11; IV, 98, 13; IV, 98, 18; IV, 100, 8; IV, 100, 9 (2); IV, 101, 6; IV, 101, 7; IV, 101, 10 (2); IV, 102, 6; IV, 103, 3; IV, 103, 5; IV, 103, 8; IV, 104, 4; IV, 104, 13; IV, 105, 2; IV, 105, 4; IV, 105, 7; IV, 105, 12; IV, 106, 9; V, 1, 3; V, 1, 7; V, 1, 14; V, 1, 27; V, 4, 6; V, 9, 2 (2); V, 9, 3; V, 10, 14; V, 14, 12; V, 15, 1; V, 21, 4; V, 25, 1; V, 25, 3; V, 26, 6; V, 26, 8; V, 27, 1; V, 27, 2; V, 28, 3; V, 28, 8; V, 29, 8; V, 35, 4; V, 37, 1; V, 37, 3; V, 37, 4; V, 38, 3; V, 40, 3; V, 41, 3; V, 43, 5; V, 43, 7; V, 45, 2; V, 50, 7; V, 51, 14; V, 52, 4; V, 54, 4 (2); V, 54, 5; V, 54, 13; V, 59, 11; V, 59, 15; V, 59, 16; V, 61, 6; V, 61, 8; V, 61, 9; V, 62, 8; V, 62, 15; V, 63, 2; V, 64, 8; V, 65, 5; V, 65, 6; V, 66, 2; V, 66, 12; V, 66, 30

228 τό IV, 2, 5; IV, 2, 8; IV, 2, 9; IV, 4, 9; IV, 7, 2; IV, 8, 1; IV, 9, 2; IV, 10, 1; IV, 12, 2; IV, 13, 3; IV, 13, 6; IV, 14, 2; IV, 17, 1; IV, 19, 1; IV, 19, 2; IV, 19, 6; IV, 21, 1; IV, 21, 2; IV, 21, 4; IV, 21, 12; IV, 25, 1; IV, 25, 2; IV, 25, 4; IV, 27, 2; IV, 29, 3; IV, 29, 4; IV, 29, 6; IV, 29, 9 (3); IV, 31, 3; IV, 32, 3; IV, 32, 10; IV, 32, 13; IV, 37, 4 (2); IV, 38, 9; IV, 38, 11; IV, 38, 14; IV, 39, 4; IV, 42, 8; IV, 43, 2; IV, 43, 3; IV, 44, 2; IV,

44, 8; IV, 46, 6; IV, 46, 8; IV, 48, 5; IV, 48, 6; IV, 50, 1; IV, 51, 1; IV, 51, 2; IV, 51, 3; IV, 51, 4; IV, 52, 8; IV, 54, 4 (2); IV, 57, 5; IV, 58, 6 (2); IV, 58, 7 (2); IV, 59, 2; IV, 61, 5; IV, 62, 4 (2); IV, 62, 6; IV, 62, 7; IV, 62, 9; IV, 66, 11; IV, 67, 12 (3); IV, 69, 1; IV, 69, 2; IV, 69, 6; IV, 73, 4 (2); IV, 73, 11; IV, 74, 8; IV, 75, 5; IV, 76, 1; IV, 80, 1; IV, 80, 8; IV, 80, 10; IV, 83, 1; IV, 84, 2; IV, 94, 4; IV, 95, 10; IV, 95, 12; IV, 95, 15; IV, 96, 2; IV, 96, 3 (2); IV, 96, 6; IV, 97, 1 (2); IV, 97, 5; IV, 98, 3; IV, 98, 4; IV, 98, 12; IV, 99, 4; IV, 99, 6 (2); IV, 100, 2; IV, 100, 6; IV, 100, 10; IV, 101, 1 (2); IV, 101, 2 (2); IV, 101, 3 (2); IV, 101, 4 (3); IV, 101, 5 (2); IV, 101, 6; IV, 101, 7; IV, 102, 5 (2); IV, 102, 8 (2); IV, 102, 9; IV, 103, 1; IV, 103, 4; IV, 103, 8; IV, 103, 9; IV, 104, 1; IV, 105, 12; IV, 105, 13 (2); IV, 106, 8; IV, 106, 9; V, 1, 2; V, 1, 14; V, 1, 15; V, 1, 19; V, 1, 23; V, 1, 27; V, 1, 28; V, 3, 2; V, 3, 3; V, 5, 3; V, 7, 4; V, 7, 5; V, 7, 7; V, 7, 8; V, 8, 2; V, 9, 22; V, 9, 24; V, 10, 3; V, 10, 4; V, 10, 7; V, 10, 10; V, 10, 12; V, 10, 15; V, 11, 2; V, 11, 4; V, 12, 7; V, 13, 4; V, 13, 5 (2); V, 13, 6 (2); V, 13, 9 (2); V, 14, 6; V, 15, 3; V, 16, 6; V, 21, 7; V, 23, 1; V, 23, 2; V, 25, 1; V, 25, 5; V, 25, 6; V, 26, 5; V, 28, 2; V, 28, 9; V, 29, 4; V, 30, 3; V, 31, 3; V, 32, 1; V, 32, 5; V, 33, 2; V, 34, 2; V, 34, 4; V, 39, 2; V, 42, 1; V, 43, 3; V, 43, 4; V, 43, 5; V, 43, 6; V, 43, 10; V, 43, 11; V, 48, 1; V, 48, 2; V, 48, 3; V, 48, 4; V, 49, 4 (2); V, 50, 7; V, 51, 1; V, 51, 3; V, 51, 5; V, 51, 7; V, 51, 14; V, 52, 2; V, 54, 15; V, 56, 5; V, 56, 6; V, 57, 2; V, 58, 12; V, 58, 13; V, 58, 19; V, 59, 5; V, 59, 7; V, 59, 9; V, 59, 10; V, 62, 9; V, 62, 15; V, 66, 5; V, 66, 7; V, 66, 8; V, 66, 12; V, 66, 14; V, 66, 15

77 τοῖς IV, 1, 2; IV, 1, 3; IV, 1, 13; IV, 4, 3; IV, 4, 5; IV, 4, 10; IV, 9, 9; IV, 9, 11; IV, 17, 3; IV, 18, 2; IV, 18, 3; IV, 30, 5; IV, 33, 5; IV, 34, 2; IV, 49, 5; IV, 49, 6; IV, 49, 10; IV, 50, 3; IV, 53, 1; IV, 55, 1; IV, 56, 3; IV, 62, 7; IV, 62, 8; IV, 63, 4; IV, 63, 5; IV, 66, 12 (2); IV, 73, 9; IV, 83, 6; IV, 87, 3; IV, 95, 14; IV, 95, 17; IV, 95, 21; IV, 97, 2; IV, 97, 8; IV, 98, 12; IV, 98, 14 (3); IV, 98, 16; IV, 100, 3; IV, 100, 4; IV, 103, 6; IV, 105, 5; IV, 105, 8; IV, 106, 7; V, 2, 2; V, 2, 3; V, 2, 7; V, 2, 9; V, 3, 4; V, 3, 6; V, 3, 7; V, 7, 9; V, 9, 21; V, 10, 6; V, 13, 2; V, 13, 4; V, 13, 5; V, 13, 10; V, 15, 2; V, 16, 3; V, 21, 2; V, 21, 3; V, 24, 6; V, 27, 5; V, 31, 3; V, 31, 8; V, 32, 2; V, 32, 3; V, 40, 8; V, 54, 13; V, 59, 18; V, 61, 2; V, 61, 5; V, 66, 9; V, 66, 16

135 τόν IV, Tit., 1; IV, 2, 6; IV, 3, 2 (2); IV, 3, 3; IV, 5, 6; IV, 5, 7; IV, 5, 8; IV, 8, 3; IV, 9, 5; IV, 12, 3; IV, 14, 3; IV, 15, 3; IV, 17, 4; IV, 17, 9; IV, 21, 3; IV, 24, 2; IV, 24, 3; IV, 27, 4; IV, 27, 6 (2); IV, 28, 4; IV, 29, 5; IV, 32, 13; IV, 33, 5; IV, 34, 6; IV, 37, 13; IV, 38, 5; IV, 38, 9; IV, 42, 7; IV, 46, 1; IV, 46, 6; IV, 49, 4; IV, 52, 8; IV, 52, 12; IV, 54, 6; IV, 58, 1; IV, 61, 2; IV, 61, 3; IV, 62, 10; IV, 63, 4; IV, 64, 5; IV, 67, 13; IV, 69, 2; IV, 71, 3; IV, 71, 4; IV, 71, 5; IV, 72, 1; IV, 72, 3; IV, 72, 9; IV, 73, 11; IV, 80, 6; IV, 84, 2; IV, 86, 10; IV, 87, 1; IV, 89, 1; IV, 89, 2; IV, 91, 4; IV, 96, 1; IV, 96, 5; IV, 99, 8; IV, 102, 5;

INDEX GRAECITATIS

IV, 103, 2; IV, 103, 10; IV, 104, 2; IV, 104, 11; V, Tit., 1; V, 1, 6; V, 1, 11; V, 1, 12; V, 1, 22; V, 1, 24; V, 1, 26; V, 4, 4; V, 4, 5; V, 7, 4; V, 7, 5; V, 7, 6; V, 9, 7; V, 9, 10; V, 9, 12; V, 9, 13; V, 9, 19; V, 9, 20; V, 10, 10; V, 12, 5; V, 18, 6; V, 20, 1; V, 21, 7; V, 23, 5; V, 23, 6; V, 24, 3; V, 25, 4 (2); V, 26, 5; V, 26, 6; V, 28, 11; V, 29, 5; V, 33, 5; V, 35, 3; V, 37, 1; V, 37, 2 (2); V, 37, 3; V, 37, 4; V, 37, 7; V, 43, 6; V, 43, 8; V, 45, 3; V, 46, 5; V, 47, 1 (3); V, 48, 4; V, 49, 7; V, 51, 15 (3); V, 53, 1; V, 53, 5; V, 59, 8; V, 59, 16; V, 60, 5; V, 61, 20; V, 62, 5; V, 62, 9; V, 62, 11 (2); V, 64, 3; V, 64, 4; V, 64, 6 (2); V, 66, 4; V, 66, 17; V, 66, 27

137 τοῦ IV, 1, 1; IV, 1, 8; IV, 2, 2; IV, 2, 6; IV, 4, 1; IV, 4, 3; IV, 10, 1; IV, 13, 4; IV, 13, 8; IV, 14, 4; IV, 16, 2; IV, 17, 6; IV, 20, 5 (2); IV, 21, 1 (2); IV, 21, 3; IV, 21, 5; IV, 21, 7; IV, 21, 11; IV, 21, 12; IV, 25, 3; IV, 27, 1 (2); IV, 27, 6; IV, 32, 3; IV, 32, 12; IV, 33, 5; IV, 34, 7; IV, 37, 6; IV, 37, 7; IV, 37, 8; IV, 42, 7; IV, 43, 2; IV, 43, 4; IV, 46, 2; IV, 46, 8; IV, 47, 2; IV, 47, 5; IV, 51, 2; IV, 52, 8; IV, 52, 13; IV, 54, 2; IV, 56, 3; IV, 57, 7; IV, 58, 3; IV, 61, 1; IV, 63, 3 (3); IV, 64, 2 (2); IV, 64, 7 (2); IV, 64, 10; IV, 67, 8; IV, 67, 9; IV, 68, 3; IV, 69, 9; IV, 72, 7; IV, 73, 12; IV, 74, 2; IV, 75, 1; IV, 75, 2; IV, 83, 3; IV, 84, 2; IV, 85, 4; IV, 85, 8; IV, 91, 4; IV, 92, 3 (2); IV, 95, 1; IV, 95, 13; IV, 97, 7; IV, 97, 10; IV, 98, 4; IV, 98, 5; IV, 98, 10; IV, 104, 6; IV, 105, 12; IV, 106, 16; V, 1, 3; V, 1, 18; V, 1, 19; V, 1, 25; V, 2, 1; V, 2, 3; V, 2, 5; V, 6, 2; V, 9, 14; V, 9, 21; V, 9, 24; V, 10, 3; V, 10, 11; V, 10, 13; V, 13, 8; V, 15, 1; V, 16, 7; V, 17, 1; V, 18, 4; V, 20, 7; V, 22, 7; V, 25, 1; V, 25, 6; V, 26, 2; V, 28, 11; V, 29, 6; V, 30, 5; V, 33, 1; V, 33, 2; V, 39, 3; V, 43, 3; V, 43, 4; V, 43, 5; V, 43, 7; V, 46, 4; V, 47, 2 (2); V, 48, 1; V, 48, 2; V, 48, 3; V, 50, 6; V, 51, 8; V, 51, 12; V, 51, 13; V, 52, 2; V, 54, 3; V, 54, 8; V, 59, 7; V, 59, 13; V, 59, 17; V, 60, 7; V, 61, 2; V, 62, 2; V, 64, 1; V, 66, 7; V, 66, 10

1 τοὔμπροσθεν V, 18, 6
1 τοὐναντίον V, 14, 8
1 τοὔνομα V, 61, 16
1 τοὐπίσω V, 18, 6

60 τούς IV, 2, 7; IV, 8, 1; IV, 8, 2; IV, 8, 3; IV, 8, 4; IV, 9, 1; IV, 9, 3; IV, 9, 6; IV, 11, 2; IV, 18, 1; IV, 18, 2; IV, 23, 2; IV, 34, 2; IV, 34, 5; IV, 39, 7; IV, 39, 8; IV, 41, 5; IV, 50, 2; IV, 50, 3; IV, 55, 3; IV, 60, 4 (2); IV, 65, 1; IV, 65, 2; IV, 65, 3; IV, 65, 4; IV, 65, 7; IV, 65, 11; IV, 67, 4; IV, 67, 5; IV, 67, 8 (2); IV, 67, 10; IV, 80, 3; IV, 81, 1; IV, 83, 7; IV, 87, 2; IV, 98, 2; IV, 98, 5; IV, 99, 9; IV, 100, 8; V, 1, 21; V, 9, 1; V, 9, 4; V, 9, 6; V, 9, 15; V, 9, 16; V, 16, 5; V, 21, 8; V, 23, 3; V, 23, 5; V, 29, 6; V, 44, 1; V, 45, 7; V, 47, 7; V, 58, 3; V, 59, 5; V, 61, 11; V, 61, 15; V, 64, 11

71 τῷ IV, 1, 7; IV, 3, 2; IV, 5, 1 (2); IV, 11, 4; IV, 12, 4; IV, 20, 2; IV, 20, 3; IV, 20, 6; IV, 21, 8; IV, 21, 9; IV, 23, 1; IV, 32, 1; IV, 32, 7; IV, 36, 1 (2); IV, 54, 6; IV, 56, 4; IV, 60, 1; IV, 60, 2; IV, 60, 3; IV, 64, 4; IV, 65, 5; IV, 65, 9; IV, 67, 2; IV, 74, 7; IV, 80, 6; IV, 85, 6; IV, 85, 7; IV, 98, 13; V, 7, 11; V, 9, 23; V, 9, 24 (2); V, 10, 12; V, 11, 3; V, 14, 3; V, 21, 2 (2); V, 22, 3; V, 22, 8; V, 22, 11; V, 26, 7; V,

26, 8; V, 27, 1; V, 31, 2; V, 33, 6; V, 33, 8; V, 36, 3; V, 43, 12; V, 44, 2; V, 46, 1; V, 46, 2; V, 46, 5; V, 46, 6; V, 47, 7; V, 54, 15; V, 57, 5; V, 59, 3; V, 59, 11; V, 59, 15; V, 60, 4; V, 61, 4; V, 61, 14; V, 61, 22; V, 64, 10; V, 64, 11 (2); V, 64, 13; V, 65, 4; V, 66, 29

225 τῶν IV, 1, 14; IV, 2, 15; IV, 4, 10; IV, 4, 11; IV, 5, 2; IV, 6, 5; IV, 9, 2; IV, 9, 8; IV, 9, 10; IV, 10, 2; IV, 13, 4; IV, 13, 10; IV, 15, 2; IV, 17, 3; IV, 17, 5; IV, 21, 2; IV, 21, 5; IV, 21, 7; IV, 22, 2; IV, 25, 4; IV, 27, 3; IV, 28, 3; IV, 29, 3; IV, 38, 3; IV, 39, 2; IV, 39, 5; IV, 41, 7; IV, 41, 8; IV, 43, 2; IV, 44, 5; IV, 45, 4; IV, 48, 4; IV, 48, 5; IV, 49, 2; IV, 49, 3; IV, 49, 7; IV, 51, 1; IV, 51, 7; IV, 52, 2; IV, 52, 4; IV, 52, 6; IV, 53, 5; IV, 53, 6; IV, 54, 2; IV, 54, 5; IV, 57, 3; IV, 57, 6; IV, 60, 2; IV, 61, 6; IV, 62, 7; IV, 62, 9; IV, 64, 12; IV, 64, 13; IV, 65, 7; IV, 65, 9 (2); IV, 65, 10 (2); IV, 65, 13; IV, 66, 10; IV, 67, 7; IV, 69, 5; IV, 69, 7; IV, 70, 3 (2); IV, 70, 4; IV, 72, 3; IV, 73, 2; IV, 73, 4; IV, 73, 5; IV, 73, 12 (2); IV, 74, 3; IV, 74, 4; IV, 75, 5; IV, 79, 4; IV, 80, 4; IV, 81, 2; IV, 81, 3; IV, 84, 3; IV, 85, 4; IV, 86, 3; IV, 87, 4; IV, 87, 5; IV, 88, 4; IV, 91, 7; IV, 95, 3; IV, 95, 5; IV, 95, 7; IV, 95, 8; IV, 96, 2; IV, 96, 4; IV, 96, 6 (2); IV, 97, 2; IV, 97, 4; IV, 97, 12; IV, 98, 11; IV, 98, 14; IV, 100, 1; IV, 100, 4; IV, 100, 7; IV, 100, 10; IV, 101, 8; IV, 101, 9; IV, 101, 11; IV, 102, 3; IV, 102, 5; IV, 102, 10; IV, 103, 3; IV, 103, 6; IV, 105, 7; IV, 105, 9; IV, 105, 13; IV, 106, 5; IV, 106, 11; IV, 106, 12; IV, 106, 13; IV, 106, 16; V, 1, 1; V, 1, 14; V, 1, 19; V, 1, 22; V, 1, 25; V, 1, 27; V, 2, 3; V, 2, 4; V, 2, 8; V, 2, 9; V, 3, 7; V, 4, 1; V, 5, 4; V, 7, 3; V, 7, 7; V, 7, 10; V, 7, 11; V, 8, 1; V, 8, 3; V, 8, 5; V, 9, 16; V, 10, 14; V, 11, 1; V, 11, 2; V, 12, 6; V, 13, 7; V, 15, 6; V, 19, 4; V, 19, 5; V, 21, 4; V, 21, 9; V, 22, 14; V, 24, 1; V, 24, 7; V, 24, 9 (2); V, 24, 12; V, 25, 3; V, 27, 4; V, 28, 2; V, 28, 7; V, 28, 12; V, 29, 1; V, 29, 2; V, 29, 4; V, 30, 4; V, 32, 2; V, 33, 8; V, 34, 3; V, 34, 4; V, 35, 1; V, 35, 2 (2); V, 36, 2; V, 36, 3; V, 39, 3; V, 40, 4; V, 40, 5; V, 42, 4; V, 43, 6; V, 45, 6; V, 45, 8; V, 47, 3; V, 48, 4; V, 49, 8; V, 53, 6; V, 54, 10; V, 54, 12; V, 55, 1; V, 55, 3; V, 56, 4; V, 58, 2 (2); V, 58, 4; V, 58, 15; V, 58, 19; V, 59, 6 (2); V, 59, 7; V, 59, 8; V, 59, 18; V, 61, 17; V, 62, 1; V, 62, 2; V, 62, 3; V, 62, 4; V, 62, 5; V, 62, 13; V, 62, 14; V, 63, 1; V, 63, 5; V, 66, 1 (2); V, 66, 3; V, 66, 4; V, 66, 5; V, 66, 6; V, 66, 7; V, 66, 9; V, 66, 13; V, 66, 15; V, 66, 18; V, 66, 21; V, 66, 22; V, 66, 26; V, 66, 28

12 ὅδε
  4 τάδε IV, 68, 4 (2); IV, 100, 2 (2)
  3 τῇδε IV, 4, 10; V, 22, 2; V, 34, 3
  2 τόδε IV, 52, 14 (2)
  1 τόνδε V, 4, 4
  2 τῶνδε V, 50, 8 (2)
1 ὁδεύω
  1 ὁδεύοντα IV, 13, 10
1 ὁδοιπόρος
  1 ὁδοιπόρον V, 18, 6
1 ὁδός
  1 ὁδοῦ IV, 46, 5
1 ὀδυνάω
  1 ὀδυνᾶται IV, 17, 4
1 ὀδύρομαι
  1 ὀδύρονται IV, 48, 2
1 Ὀδύσσεια

INDEX GRAECITATIS

1 ὀδυσσείας   V, 1, 3
9 Ὀδυσσεύς
   1 ὀδυσσεῖ   V, 59, 11
   8 ὀδυσσεύς   V, 1, 3; V, 1, 11; V, 1, 16; V, 59, 2; V, 61, 7; V, 61, 15; V, 61, 18; V, 61, 23
5 οἶδα
   1 εἰδώς   V, 61, 3
   3 οἶδα   V, 27, 7; V, 33, 2; V, 40, 8
   1 οἶδεν   IV, 47, 6
1 οἴκαδε
   1 οἴκαδε   V, 1, 4
9 οἰκεῖος
   1 οἰκείᾳ   IV, 65, 13
   3 οἰκεῖον   IV, 32, 3; IV, 52, 8; V, 43, 10
   1 οἰκειότερον   V, 59, 14
   1 οἰκείου   IV, 83, 3
   1 οἰκείους   IV, 9, 3
   1 οἰκείῳ   V, 22, 7
   1 οἰκείων   IV, 9, 2
2 οἰκειότης
   1 οἰκειότης   IV, 9, 4
   1 οἰκειότητος   IV, 9, 4
1 οἰκειόω
   1 ᾠκείωται   V, 9, 22
2 οἰκείως
   2 οἰκείως   V, 33, 6; V, 43, 1
1 οἰκείωσις
   1 οἰκείωσιν   V, 9, 22
7 οἰκέω
   1 οἰκουμένη   V, 36, 2
   1 οἰκουμένη   IV, 84, 5
   4 οἰκουμένην   IV, 2, 5; IV, 2, 7; IV, 2, 11; V, 30, 6
   1 οἰκοῦντας   IV, 2, 7
1 οἰκήτωρ
   1 οἰκήτορας   V, 61, 11
3 οἰκονομία
   2 οἰκονομίᾳ   V, 15, 5; V, 54, 10
   1 οἰκονομίαις   IV, 9, 7
3 οἶκος
   2 οἶκον   V, 1, 6; V, 1, 22
   1 οἴκῳ   V, 59, 3
1 οἰκτρός
   1 οἰκτίστῳ   IV, 85, 5
1 οἰμωγή
   1 οἰμωγῇ   IV, 85, 8
1 οἰμώζω

1 οἰμώξεται   V, 58, 18
1 οἰνοποσία
   1 οἰνοποσίαν   IV, 79, 2
3 οἶνος
   1 οἴνου   IV, 79, 3
   2 οἴνῳ   V, 61, 19; V, 61, 22
8 οἴομαι (-ω)
   3 οἶμαι   V, 21, 3; V, 33, 4; V, 54, 11
   1 οἰόμενοι   V, 41, 6
   1 οἰόμενος   V, 22, 13
   2 ᾤετο   V, 19, 3; V, 64, 4
   1 ᾠήθη   IV, 69, 8
1 οἰονεί
   1 οἰονεί   IV, 13, 3
18 οἷος
   1 οἷα   V, 56, 4
   1 οἷοι   IV, 16, 5
   14 οἷον   IV, 13, 1; IV, 13, 2; IV, 29, 8; IV, 38, 2; IV, 65, 11; IV, 78, 1; IV, 98, 8 (2); IV, 99, 3; IV, 99, 7; V, 33, 9; V, 43, 12; V, 56, 2; V, 66, 27
   1 οἵου   V, 20, 3
   1 οἵους   IV, 51, 4
1 οἰστρηλατέω
   1 οἰστρηλατούμενος   V, 12, 1
2 οἶστρος
   1 οἶστρος   V, 12, 2
   1 οἴστρῳ   V, 12, 1
1 οἴχομαι
   1 οἰχομένου   V, 66, 12
1 ὄλεθρος
   1 ὀλέθρου   V, 16, 7
1 ὀλιγόπιστος
   1 ὀλιγοπίστους   IV, 11, 2
4 ὀλίγος
   1 ὀλίγοις   IV, 62, 7
   1 ὀλίγον   IV, 11, 5
   1 ὀλίγους   V, 1, 7
   1 ὀλίγῳ   V, 15, 5
2 ὁλκός (ὁ)
   1 ὁλκόν   V, 43, 6
   1 ὁλκοῦ   IV, 92, 3
2 ὁλοκαυτέω
   1 ὁλοκαυτῶν   V, 42, 2
   1 ὡλοκαύτου   IV, 73, 9
8 ὅλος
   1 ὅλας   V, 14, 7

1 ὅλην IV, 2, 11
5 ὅλον IV, 2, 12; IV, 5, 6; V, 15, 2; V, 29, 4; V, 54, 15
1 ὅλου IV, 92, 3
1 Ὀλύμπιος α ον
1 ὀλύμπιον V, 46, 5
4 ὅλως
4 ὅλως IV, 6, 1; IV, 38, 11; IV, 41, 2; IV, 95, 7
1 Ὁμηρικός
1 ὁμηρικῷ V, 46, 6
11 Ὅμηρος
3 ὅμηρον IV, 91, 2; V, 47, 4; V, 61, 7
5 ὅμηρος IV, 58, 2; IV, 102, 9; IV, 103, 9; V, 58, 10; V, 61, 12
3 ὁμήρου IV, 87, 3; IV, 106, 6; V, 1, 2
1 ὁμιλέω
1 ὡμιληκώς V, 1, 5
1 ὁμιλία
1 ὁμιλίας IV, 101, 7
4 ὀμνύω
3 ὀμνύοντα V, 37, 1; V, 37, 2; V, 37, 4
1 ὤμνυεν V, 37, 6
3 ὅμοιος
1 ὁμοίοις V, 28, 2
1 ὅμοιον V, 22, 3
1 ὅμοιος V, 59, 4
1 ὁμοιόω
1 ὁμοιωθείς V, 9, 7
4 ὁμοίως
4 ὁμοίως IV, 91, 5; IV, 100, 5; IV, 106, 6; V, 9, 13
1 ὁμοίωσις
1 ὁμοίωσιν V, 40, 4
1 ὁμολογέω
1 ὁμολογοῦντες IV, 9, 6
1 ὁμονοέω
1 ὁμονοοῦντας V, 61, 3
2 ὁμός
2 ὁμοῦ IV, 13, 7; V, 42, 2
2 ὁμόσε
2 ὁμόσε V, 13, 6; V, 24, 2
1 ὁμόφυλος
1 ὁμοφύλων IV, 82, 4
2 ὁμωνυμία
1 ὁμωνυμία IV, 98, 7

1 ὁμωνυμίας IV, 98, 6
1 ὁμώνυμος
1 ὁμώνυμον IV, 98, 12
6 ὅμως
6 ὅμως IV, 17, 9; IV, 49, 10; IV, 52, 13; IV, 73, 7; V, 9, 16; V, 22, 10
1 ὄναρ
1 ὀνειράτων V, 2, 10
2 ὀνειδίζω
1 ὀνειδιζόμενος V, 27, 3
1 ὀνειδίζω V, 14, 10
1 ὀνειροπολέω
1 ὠνειροπολεῖτο V, 36, 3
14 ὄνομα
7 ὄνομα IV, 32, 4; IV, 40, 6; IV, 79, 3; V, 7, 9; V, 46, 3; V, 60, 4; V, 61, 13
1 ὀνόμασι V, 13, 2
3 ὀνόματα IV, 70, 1; IV, 99, 2; V, 40, 3
2 ὀνομάτων IV, 70, 3; IV, 106, 4
1 τοὔνομα V, 61, 16
8 ὀνομάζω
2 ὀνομάζεται IV, 5, 2; IV, 5, 3
1 ὀνομαζόμενος IV, 61, 4
1 ὀνομάσαντες V, 9, 15
1 ὠνομάκασι IV, 73, 7
1 ὠνομάσθαι IV, 102, 10
2 ὠνόμασται IV, 72, 4; V, 30, 5
1 ὄνος
1 ὄνος V, 30, 2
2 ὀπή
1 ὀπαῖς IV, 8, 5
1 ὀπῆς V, 1, 15
1 ὄπισθεν
1 ὄπισθεν IV, 91, 2
1 ὀπίσω
1 τοὐπίσω V, 18, 6
1 ὅποι
1 ὅποι IV, 12, 4
2 ὁποῖος
1 ὁποίαν IV, 10, 6
1 ὁποῖον V, 33, 8
1 ὀπός
1 ὀπῶν V, 59, 6
1 ὅπου
1 ὅπου V, 19, 6
5 ὅπως

INDEX GRAECITATIS

5 ὅπως   IV, 12, 5; IV, 44, 7; V, 22, 13; V, 62, 12; V, 66, 28
17 ὁράω
  3 εἶδε   IV, 54, 1; IV, 54, 2; IV, 54, 4
  1 εἶδον   IV, 14, 3
  1 ἑώρακε   IV, 5, 8
  1 ἑωρακότες   V, 21, 5
  1 ἑωρακώς   IV, 5, 7
  2 ἰδεῖν   IV, 14, 5; IV, 69, 1
  1 ἴδετε   IV, 54, 2
  1 ἴδωμεν   IV, 105, 3
  1 ἰδών   V, 61, 15
  1 ὁρᾶν   V, 29, 4
  1 ὁρᾷς   IV, 65, 1
  1 ὁρῶντες   V, 47, 5
  1 ὄψεσθαι   IV, 2, 10
  1 ὤφθη   IV, 21, 10
7 ὀργή
  1 ὀργή   V, 39, 3
  1 ὀργῇ   V, 64, 10
  3 ὀργήν   V, 56, 1; V, 56, 2; V, 57, 4
  2 ὀργῆς   V, 3, 5; V, 5, 2
1 Ὀρέστης
  1 ὀρέστου   V, 14, 12
1 ὀρθόδοξος
  1 ὀρθοδόξους   IV, 34, 2
3 ὁρίζω
  1 ὁρίζει   IV, 66, 8
  2 ὥρισεν   V, 43, 2; V, 43, 6
2 ὅριον
  1 ὁρίοις   V, 14, 10
  1 ὅριον   V, 43, 7
2 ὅρκος
  2 ὅρκον   V, 37, 6; V, 37, 7
1 ὁρμάω
  1 ὁρμήσωσιν   V, 24, 4
2 ὁρμή
  1 ὁρμῇ   V, 14, 9
  1 ὁρμῆς   V, 15, 1
1 ὄρνεον
  1 ὀρνέου   IV, 102, 8
2 ὄρνις
  1 ὄρνιθος   V, 9, 8
  1 ὄρνισι   V, 58, 13
1 Ὀρόντης (τοπ)
  1 ὀρόντην   IV, 87, 1
3 ὅρος

2 ὅρον   IV, 32, 1; IV, 32, 5
1 ὅρος   IV, 106, 13
3 ὄρος
  1 ὄρεσι   IV, 8, 5
  1 ὄρη   V, 12, 4
  1 ὄρος   IV, 80, 1
1 ὀρτυγομήτρα
  1 ὀρτυγομήτραν   IV, 19, 5
1 Ὀρφεύς
  1 ὀρφέως   V, 44, 3
1 ὀρχέομαι (-έω)
  1 ὀρχήσασθαι   V, 54, 1
1 ὄρχησις
  1 ὄρχησιν   V, 54, 2
134 ὅς ἥ ὅ
  7 ἅ   IV, 94, 1; IV, 100, 1; IV, 102, 9; IV, 106, 7; V, 2, 8; V, 40, 7; V, 64, 13
  1 ἅς   IV, 48, 3
  2 ἥ   IV, 97, 3; IV, 102, 7
  3 ᾗ   IV, 2, 3; V, 19, 5; V, 58, 11
  7 ἥν   IV, 34, 5; IV, 34, 6; IV, 37, 8; IV, 63, 1 (2); IV, 91, 3; V, 54, 4
  6 ἧς   IV, 31, 4; IV, 37, 2; IV, 53, 3; IV, 90, 2; V, 29, 4; V, 54, 2
  18 ὅ   IV, 9, 1; IV, 9, 2; IV, 22, 1; IV, 32, 8; IV, 52, 9; IV, 69, 1; IV, 70, 2; IV, 93, 5; IV, 96, 1; IV, 96, 2; IV, 96, 3; IV, 105, 1; V, 6, 1; V, 6, 2; V, 7, 1; V, 33, 3; V, 43, 8; V, 51, 11
  5 οἵ   IV, 11, 4; IV, 40, 1; IV, 102, 2; V, 29, 2; V, 58, 5
  33 οἷς   IV, 1, 3; IV, 4, 5; IV, 5, 3; IV, 6, 5; IV, 10, 3; IV, 15, 1; IV, 19, 6; IV, 21, 5; IV, 47, 6; IV, 49, 8; IV, 49, 9; IV, 65, 5; IV, 66, 6; IV, 69, 6; IV, 97, 1; IV, 100, 1; IV, 100, 4; IV, 106, 5; IV, 106, 13; V, 1, 10; V, 1, 24; V, 1, 27; V, 2, 1; V, 12, 6; V, 22, 5; V, 27, 4; V, 27, 5; V, 35, 3; V, 57, 1; V, 57, 2; V, 57, 3; V, 58, 4; V, 64, 5
  8 ὅν   IV, 6, 4; IV, 30, 2; IV, 71, 4; IV, 87, 3; V, 9, 10; V, 59, 9; V, 61, 19; V, 61, 22
  6 ὅς   IV, 34, 1; IV, 56, 2; IV, 61, 2; IV, 85, 4; IV, 94, 3; V, 57, 1

8 οὗ IV, 2, 10; IV, 29, 5; IV, 44, 4; IV, 44, 5; IV, 72, 4; IV, 84, 1; V, 9, 8; V, 30, 4
4 οὕς IV, 40, 5; IV, 53, 6; V, 61, 3; V, 64, 6
4 ᾧ IV, 80, 2; IV, 85, 9; V, 10, 13; V, 64, 16
22 ὦν IV, 8, 6; IV, 10, 3; IV, 11, 3; IV, 33, 1; IV, 33, 2; IV, 49, 4; IV, 51, 6; IV, 57, 3; IV, 80, 9; IV, 85, 3; IV, 97, 11; V, 9, 2; V, 16, 4; V, 30, 6; V, 38, 2 (2); V, 49, 2; V, 55, 1; V, 55, 2; V, 59, 14; V, 60, 2; V, 62, 4
2 Ὄσιρις
 2 ὄσιρις V, 49, 7; V, 49, 9
15 ὅσος
 4 ὅσα IV, 61, 6; IV, 98, 16; IV, 106, 14; V, 58, 1
 1 ὅση IV, 28, 2
 1 ὅσην IV, 69, 4
 1 ὅσης IV, 1, 7
 2 ὅσοι IV, 8, 1; IV, 9, 6
 5 ὅσον IV, 3, 1; IV, 3, 2; IV, 37, 11 (2); V, 13, 3
 1 ὅσῳ V, 58, 18
14 ὅσπερ
 2 ἅπερ IV, 68, 5; IV, 97, 13
 1 ἥπερ V, 65, 3
 1 ὅνπερ IV, 88, 3
 7 ὅπερ IV, 27, 2; IV, 54, 3; IV, 58, 2; IV, 97, 6; V, 9, 17; V, 22, 12; V, 66, 19
 1 οὗπερ IV, 13, 5
 2 ᾧπερ IV, 85, 6; IV, 87, 2
17 ὅστις
 1 ἅτινα IV, 101, 4
 1 ἥντινα V, 34, 5
 1 ἥτις IV, 57, 6
 2 οἷστισι V, 2, 5; V, 58, 7
 1 οἵτινες V, 14, 5
 1 ὅντιν' IV, 95, 24
 1 ὅντινα V, 59, 11
 2 ὅστις IV, 64, 4; V, 57, 1
 1 ὅτου V, 22, 10
 1 οὕστινας V, 9, 14
 2 οὗτινος IV, 80, 8; IV, 94, 4
 3 ᾧτινι V, 9, 7; V, 29, 8; V, 59, 5
3 ὅταν

3 ὅταν IV, 14, 1; IV, 14, 5; IV, 42, 3
1 ὅτε
 1 ὅτε V, 58, 10
31 ὅτι
 31 ὅτι IV, 7, 2; IV, 10, 2; IV, 17, 3; IV, 21, 3; IV, 23, 2; IV, 33, 2; IV, 37, 11; IV, 44, 6; IV, 62, 4; IV, 62, 6; IV, 65, 12; IV, 66, 7; IV, 69, 7; IV, 69, 9; IV, 73, 6; IV, 73, 8; IV, 74, 7; IV, 84, 2; IV, 84, 5; IV, 95, 10; IV, 95, 20; IV, 97, 4; IV, 97, 5; IV, 103, 7; V, 9, 18; V, 10, 2; V, 10, 4; V, 13, 2; V, 26, 3; V, 39, 2; V, 49, 5
113 οὐ
 58 οὐ IV, 1, 2; IV, 2, 14; IV, 4, 7; IV, 5, 1; IV, 6, 6; IV, 10, 3; IV, 34, 5; IV, 37, 14; IV, 41, 1; IV, 43, 5; IV, 44, 3; IV, 44, 6; IV, 54, 5; IV, 57, 5; IV, 62, 2; IV, 66, 8; IV, 70, 1; IV, 98, 1; IV, 98, 2; IV, 98, 4; IV, 98, 11; IV, 99, 1; IV, 99, 6; IV, 100, 6; IV, 106, 8; V, 1, 8; V, 2, 11; V, 9, 17; V, 9, 18; V, 10, 7; V, 13, 7; V, 17, 4; V, 18, 3 (2); V, 21, 4; V, 21, 6; V, 28, 7; V, 29, 5; V, 33, 1; V, 33, 9; V, 37, 5; V, 37, 6; V, 38, 2; V, 43, 8; V, 50, 1; V, 51, 9; V, 51, 12; V, 53, 6; V, 53, 7; V, 56, 5; V, 56, 6; V, 62, 1; V, 63, 5; V, 66, 4; V, 66, 20; V, 66, 22; V, 66, 23; V, 66, 25
 41 οὐκ IV, 1, 1; IV, 2, 12; IV, 8, 6; IV, 10, 5 (3); IV, 14, 4; IV, 25, 3; IV, 27, 5; IV, 37, 1; IV, 37, 2; IV, 37, 10; IV, 38, 6; IV, 43, 4; IV, 64, 8; IV, 68, 5; IV, 70, 2; IV, 82, 3; IV, 90, 3; IV, 95, 9; IV, 95, 20; IV, 95, 22; V, 1, 7; V, 4, 5; V, 10, 4; V, 13, 7; V, 14, 10; V, 19, 3; V, 24, 5; V, 27, 7; V, 28, 1; V, 28, 7; V, 29, 8; V, 31, 5; V, 31, 8; V, 34, 1; V, 41, 1; V, 45, 1; V, 54, 6; V, 57, 4; V, 64, 17
 13 οὐχ IV, 17, 9; IV, 37, 11; IV, 42, 4; IV, 60, 1; IV, 65, 11; IV,

66, 12; IV, 74, 8; IV, 101, 10; IV, 105, 4; V, 20, 3; V, 22, 4; V, 50, 2; V, 62, 9
1 οὐχί   IV, 2, 7
1 οὗ
   1 οἱ   V, 27, 8
1 Οὐαλεριανός
   1 οὐαλεριανόν   V, 14, 9
29 οὐδέ
   8 οὐδ'   IV, 41, 2; IV, 95, 23; IV, 106, 11; V, 3, 1; V, 10, 5; V, 34, 4; V, 51, 9; V, 54, 11
   21 οὐδέ   IV, 11, 4; IV, 12, 2; IV, 13, 2; IV, 13, 3; IV, 27, 2; IV, 41, 2 (2); IV, 42, 7; IV, 66, 7; IV, 100, 2; IV, 100, 5; IV, 100, 7; IV, 105, 5; V, 3, 6 (2); V, 13, 1; V, 18, 4; V, 24, 10; V, 28, 8; V, 50, 5; V, 61, 12
7 οὐδείς
   2 οὐδείς   IV, 90, 1; V, 51, 4
   5 οὐδέν   IV, 5, 5; IV, 41, 5; IV, 49, 5; IV, 86, 5; IV, 86, 6
1 οὐκέτι
   1 οὐκέτι   IV, 99, 4
1 οὔκουν
   1 οὔκουν   V, 3, 4
39 οὖν
   39 οὖν   IV, 2, 7; IV, 2, 11; IV, 10, 6; IV, 14, 4; IV, 17, 4; IV, 29, 7; IV, 32, 12; IV, 50, 1; IV, 53, 1; IV, 54, 4; IV, 57, 3; IV, 60, 4; IV, 73, 7; IV, 74, 3; IV, 95, 11; IV, 95, 17; IV, 95, 24; IV, 98, 4; IV, 101, 3; IV, 101, 6; IV, 105, 3; IV, 105, 10; IV, 106, 8; V, 7, 4; V, 7, 9; V, 9, 19; V, 12, 5; V, 13, 7; V, 22, 9; V, 24, 8; V, 24, 10; V, 25, 4; V, 26, 5; V, 39, 5; V, 50, 7; V, 51, 8; V, 56, 5; V, 61, 18; V, 61, 21
2 οὔπω
   2 οὔπω   IV, 10, 2; IV, 48, 5
5 οὐράνιος
   1 οὐρανίας   IV, 83, 5
   1 οὐρανίους   IV, 2, 8
   3 οὐρανίων   IV, 28, 3; V, 8, 1; V, 9, 17
5 οὐρανός

1 οὐρανόν   V, 63, 4
1 οὐρανοῦ   V, 43, 10
3 οὐρανῷ   V, 7, 2; V, 9, 4; V, 9, 6
1 οὖς
   1 ὦτα   IV, 68, 1
1 οὐσία
   1 οὐσίαν   V, 9, 19
5 οὔτε
   5 οὔτε   IV, 21, 8; IV, 21, 9; IV, 98, 12; IV, 100, 4; IV, 100, 5
2 οὔτις
   2 οὔτιν   V, 61, 16; V, 61, 20
200 οὗτος
   3 αὕτη   IV, 91, 1; IV, 106, 3; V, 61, 21
   8 οὗτοι   IV, 28, 5; IV, 39, 1; IV, 86, 3; V, 14, 5; V, 27, 4; V, 49, 2; V, 58, 15; V, 66, 29
   23 οὗτος   IV, 21, 5; IV, 38, 5; IV, 52, 9; IV, 56, 2; IV, 64, 2; IV, 64, 8; IV, 67, 3; IV, 72, 2; IV, 72, 4; IV, 87, 1; IV, 94, 1; IV, 97, 14; IV, 105, 6; IV, 106, 8; V, 1, 1; V, 20, 2; V, 22, 4; V, 31, 5; V, 32, 7; V, 42, 2; V, 59, 7; V, 61, 13; V, 63, 1
   1 οὑτοσί   V, 58, 16

1 ταῦτ'   V, 4, 7
40 ταῦτα   IV, 2, 1; IV, 39, 1; IV, 41, 1 (2); IV, 42, 5; IV, 50, 1; IV, 55, 2; IV, 56, 1; IV, 66, 1; IV, 66, 2; IV, 66, 4; IV, 68, 5; IV, 95, 8; IV, 96, 5; IV, 98, 10; IV, 99, 2; IV, 99, 5; IV, 100, 10; IV, 101, 6; IV, 102, 7; IV, 104, 1; IV, 104, 2; IV, 104, 9; IV, 106, 13; V, 2, 7; V, 3, 4; V, 3, 6; V, 26, 3; V, 28, 5; V, 33, 7; V, 36, 1; V, 38, 1 (2); V, 39, 5; V, 40, 4; V, 40, 5; V, 45, 9; V, 48, 2; V, 58, 3; V, 61, 1
1 ταύταις   V, 20, 6
1 ταύτας   V, 9, 6
2 ταύτῃ   IV, 5, 4; IV, 88, 2
5 ταύτην   IV, 28, 5; IV, 57, 1; IV, 103, 7; V, 25, 5; V, 27, 8
5 ταύτης   IV, 5, 5; IV, 67, 2; IV, 83, 1; IV, 98, 17; V, 4, 8

3 τοῦτ' IV, 97, 6; IV, 98, 17; V, 29, 1
4 τουτί V, 1, 14; V, 1, 19; V, 59, 9; V, 59, 10
42 τοῦτο IV, 2, 9; IV, 4, 10; IV, 12, 1 (2); IV, 12, 3; IV, 14, 5; IV, 15, 2; IV, 16, 2; IV, 19, 1; IV, 42, 9; IV, 44, 6; IV, 61, 5; IV, 66, 7; IV, 69, 10; IV, 73, 6; IV, 82, 3; IV, 84, 6; IV, 100, 9; IV, 101, 1; V, 1, 17; V, 1, 23; V, 4, 2; V, 5, 2; V, 6, 2; V, 7, 3; V, 7, 11; V, 9, 17; V, 10, 4; V, 14, 12; V, 18, 3; V, 34, 2; V, 39, 2; V, 51, 6; V, 51, 7; V, 51, 9; V, 51, 11; V, 51, 12; V, 57, 4; V, 59, 1; V, 61, 21; V, 64, 7; V, 66, 20
17 τούτοις IV, 3, 1; IV, 6, 2; IV, 40, 2; IV, 44, 8; IV, 45, 2; IV, 55, 4; IV, 69, 4; IV, 95, 15; IV, 103, 2; IV, 104, 6; IV, 106, 7; V, 2, 5; V, 28, 5; V, 33, 7; V, 35, 4; V, 53, 6; V, 54, 6
9 τοῦτον IV, 4, 5; IV, 38, 4; IV, 52, 12; IV, 58, 1; IV, 71, 5; IV, 84, 2; V, 14, 2; V, 61, 15; V, 64, 7
1 τουτονί V, 1, 26
5 τούτου IV, 20, 5; IV, 69, 4; IV, 69, 10; IV, 105, 5; V, 51, 16
4 τούτους IV, 49, 9; IV, 65, 1; V, 9, 14; V, 62, 10
6 τούτῳ IV, 52, 3; IV, 64, 5; V, 1, 15; V, 41, 6; V, 47, 7; V, 59, 13
19 τούτων IV, 22, 1; IV, 60, 4; IV, 65, 1; IV, 72, 3; IV, 80, 6; IV, 85, 8; IV, 95, 4; IV, 95, 24; IV, 98, 1; IV, 98, 3; IV, 102, 4; IV, 102, 7; IV, 105, 4; V, 1, 28; V, 7, 1; V, 28, 6; V, 44, 2; V, 58, 17; V, 60, 5
28 οὕτως
23 οὕτω IV, 5, 2; IV, 15, 2; IV, 51, 3; IV, 72, 9; IV, 73, 5; IV, 86, 9; IV, 89, 2; IV, 95, 13; IV, 99, 8 (2); IV, 99, 9; IV, 104, 5; V, 1, 21; V, 3, 1; V, 3, 4; V, 22, 8; V, 34, 4; V, 51, 15; V, 53, 7; V, 58, 6; V, 59, 13; V, 60, 6; V, 66, 11
5 οὕτως IV, 42, 4; IV, 102, 10; V, 3, 8; V, 12, 4; V, 22, 9
1 ὄφελος
 1 ὄφελος IV, 4, 8
4 ὀφθαλμός
 1 ὀφθαλμοῦ V, 61, 23
 1 ὀφθαλμούς V, 47, 7
 2 ὀφθαλμῶν IV, 53, 5; V, 16, 6
1 ὀφιοῦχος
 1 ὀφιοῦχος V, 9, 11
4 ὄφις
 3 ὄφεως IV, 16, 2; IV, 90, 2; V, 51, 13
 1 ὄφιν V, 9, 12
3 ὄψις (ἡ)
 1 ὄψει V, 10, 14
 1 ὄψεις V, 29, 2
 1 ὄψιν IV, 2, 10
1 πάγιος
 1 πάγια IV, 13, 10
1 παθαίνω
 1 παθαινόμενος V, 46, 1
1 πάθημα
 1 παθημάτων IV, 51, 7
1 πάθος
 1 πάθη IV, 49, 7
2 παιδεία
 2 παιδείας IV, 106, 7; V, 41, 5
5 παίδευσις
 1 παιδεύσεις V, 2, 10
 3 παιδεύσεως V, 41, 4; V, 50, 7; V, 52, 4
 1 παίδευσις IV, 66, 12
3 παιδεύω
 1 παιδευθέντας V, 52, 3
 1 παιδεύουσα V, 65, 7
 1 πεπαιδευμένου V, 50, 1
1 παιδιά
 1 παιδιᾷ V, 21, 7
1 παίζω
 1 παιζέτωσαν IV, 56, 1
5 παῖς
 2 παῖδες IV, 29, 2; V, 28, 9
 2 παίδων IV, 87, 4; V, 62, 2
 1 παισί IV, 106, 7
3 παίω
 2 παίειν V, 30, 3; V, 30, 4
 1 παίων V, 30, 1

3 παλαιός
  1 παλαιᾶς IV, 62, 6
  1 παλαιοί V, 23, 3
  1 παλαιόν IV, 62, 3
2 παλαμναῖος
  2 παλαμναίου V, 1, 25; V, 59, 13
5 πάλιν
  5 πάλιν IV, 3, 3; IV, 13, 6; IV, 37, 16; IV, 52, 14; V, 52, 5
1 παλίρροια
  1 παλιρροίαις IV, 13, 8
1 Πάν
  1 πᾶνα IV, 71, 4
1 πανηγυρίζω
  1 πανηγυρίσουσι V, 41, 1
1 πανηγυρικός
  1 πανηγυρικόν IV, 7, 3
1 πανηγυρικῶς
  1 πανηγυρικῶς IV, 1, 9
4 πανήγυρις
  1 πανηγύρεις V, 41, 2
  2 πανηγύρεσι V, 53, 2; V, 54, 7
  1 πανηγύρεων V, 53, 7
1 πανηγυρισμός
  1 πανηγυρισμόν IV, 7, 1
1 πανοεργία
  1 πανουργίαις IV, 77, 2
4 πανοέργος
  2 πανοῦργον IV, 74, 8; V, 25, 6
  1 πανουργότερα IV, 104, 3
  1 πανούργου IV, 78, 2
2 πάνσοφος
  2 πάνσοφος IV, 95, 1; V, 31, 5
1 πανταχόθεν
  1 πανταχόθεν V, 4, 10
3 πάντῃ
  3 πάντῃ IV, 4, 9; IV, 37, 10; IV, 43, 3
1 πάντοθεν
  1 πάντοθεν V, 10, 8
1 παντοῖος
  1 παντοίων V, 28, 10
2 παντοίως
  2 παντοίως IV, 95, 2; IV, 104, 7
3 πάνυ
  3 πάνυ V, 33, 6; V, 64, 9; V, 66, 23
26 παρά

13 παρ' IV, 39, 2; IV, 56, 1; IV, 66, 3; IV, 66, 10; IV, 71, 1; IV, 73, 7; IV, 86, 3; IV, 101, 9; IV, 104, 7; V, 4, 1; V, 35, 1; V, 58, 7; V, 66, 2
13 παρά IV, 28, 4; IV, 37, 3 (2); IV, 47, 2; IV, 47, 5 (2); IV, 54, 5; IV, 57, 1; IV, 57, 2; IV, 57, 4; IV, 98, 11; IV, 100, 9; V, 38, 1
1 παραβάλλω
  1 παραβεβλῆσθαι IV, 105, 11
1 παράβασις
  1 παραβάσει V, 51, 12
1 παραβάτης
  1 παραβάτου IV, 1, 1
1 παραγράφω
  1 παραγράφεσθαι V, 10, 5
2 παράδειγμα
  1 παραδείγματα IV, 95, 24
  1 παραδειγμάτων IV, 103, 3
1 παραδηλόω
  1 παραδηλοῦσθαι IV, 52, 12
6 παραδίδωμι
  1 παραδέδοται V, 40, 6
  1 παραδέδωκεν IV, 15, 3
  1 παραδεδωκότας V, 21, 6
  1 παραδίδωσιν IV, 57, 3
  1 παρεδίδου IV, 85, 5
  1 παρέδωκε IV, 15, 1
5 παράδοξος
  1 παραδόξοις IV, 9, 11
  2 παράδοξον V, 5, 2; V, 66, 10
  1 παραδοξότερον V, 7, 1
  1 παραδόξων V, 66, 6
1 παραδόξως
  1 παραδόξως IV, 13, 10
1 παράδοσις
  1 παραδόσεσι IV, 104, 9
1 παράθεσις
  1 παραθέσει IV, 95, 14
1 παραιτέομαι
  1 παραιτεῖται V, 54, 2
1 παράκειμαι
  1 παρακείμενα IV, 80, 5
1 παρακινέω
  1 παρακινήσομεν IV, 70, 1
1 παρακοή
  1 παρακοῆς IV, 17, 4
1 παρακοπή

1 παρακοπῆς IV, 101, 11
1 παραλυπέω
   1 παρελύπησεν IV, 34, 1
3 παραπέμπω
   1 παραπεμπόντων V, 26, 4
   2 παραπέμπουσα IV, 18, 1; IV, 18, 2
1 παραπλήσιος
   1 παραπλησίους IV, 8, 3
1 παρασύρω
   1 παρεσύρη IV, 41, 7
2 παρατίθημι
   1 παρατεθεικώς IV, 106, 8
   1 παρατιθείς IV, 67, 7
1 παραφράζω
   1 παραπέφρασται IV, 16, 1
1 παραχωρέω
   1 παρακεχώρηται V, 54, 11
1 πάρδαλις
   1 πάρδαλις IV, 58, 5
1 παρεικάζω
   1 παρεικάζει IV, 67, 4
1 παρείκω
   1 παρείκοι V, 19, 5
5 πάρειμι (εἰμί)
   1 παρῆν V, 51, 11
   1 παρόντα V, 53, 1
   1 παρόντων IV, 9, 10
   2 παρών IV, 44, 2; IV, 90, 4
1 παρεισφθείρομαι
   1 παρεισφθαρείσης V, 51, 12
1 παρερμηνεύω
   1 παρηρμήνευκεν IV, 52, 7
5 παρέρχομαι
   1 παρελεύσεται V, 43, 8
   1 παρεληλύθει IV, 13, 6
   2 παρελθεῖν IV, 14, 1; IV, 14, 7
   1 παρῆλθε IV, 14, 4
2 παρθένος
   1 παρθένους IV, 82, 1
   1 παρθένων IV, 87, 4
1 παρίημι
   1 παρίημι IV, 58, 1
3 παρίστημι
   1 παραστῆσαι V, 15, 2
   1 παρέστη IV, 64, 6
   1 παρίστησιν V, 33, 8
2 παροιμία
   1 παροιμίαν V, 29, 3
   1 παροιμίας V, 24, 6
2 παροιμιακός
   1 παροιμιακήν V, 25, 6
   1 παροιμιακός IV, 30, 1
1 παροιμιακῶς
   1 παροιμιακῶς IV, 74, 2
1 παρολκή
   1 παρολκαῖς V, 10, 11
1 παρονομάζω
   1 παρονομάζων V, 61, 16
1 παρουσία
   1 παρουσίας V, 9, 20
1 παρρησία
   1 παρρησίας V, 62, 8
1 παρρησιάζομαι (-ω)
   1 παρρησιάζεσθαι IV, 16, 5
1 Παρύσατις
   1 παρυσάτιδος V, 22, 3
2 παρῳδέω
   1 παρῴδηκε IV, 14, 2
   1 παρῳδῶν V, 1, 24
1 παρωθέω
   1 παρωσάμενος IV, 60, 4
56 πᾶς
   12 πᾶν IV, 1, 10; IV, 75, 5; IV, 80, 9; V, 1, 27; V, 3, 3; V, 9, 23; V, 12, 7; V, 27, 3; V, 34, 4; V, 56, 5; V, 56, 6; V, 62, 9
   7 πάντα IV, 2, 1; IV, 98, 13; IV, 100, 5; V, 22, 13; V, 45, 9; V, 62, 14; V, 63, 5
   2 πάντας IV, 2, 15; IV, 34, 4
   5 παντί IV, 66, 5; V, 9, 23; V, 22, 10; V, 43, 9; V, 65, 4
   9 παντός IV, 2, 6; IV, 66, 5; IV, 74, 5; IV, 75, 1; IV, 75, 2; IV, 106, 15; V, 7, 12; V, 9, 21; V, 11, 4
   5 πάντων IV, 29, 3; V, 6, 4; V, 37, 3; V, 37, 8; V, 66, 12
   3 πᾶσα IV, 106, 5; V, 15, 5; V, 36, 2
   3 πᾶσαν IV, 2, 4; IV, 69, 5; V, 15, 3
   1 πάσας IV, 2, 8
   4 πάσης IV, 67, 9; IV, 82, 3; V, 10, 9; V, 10, 11
   4 πᾶσι IV, 98, 11; IV, 98, 12; IV, 100, 3; IV, 100, 5

1 πᾶσιν   IV, 4, 9
14 πάσχω
  1 ἔπασχε   IV, 84, 1
  1 ἔπασχεν   IV, 84, 5
  1 παθοῦσι   IV, 49, 6
  1 πάσχοντας   IV, 95, 18
  3 πάσχων   V, 27, 4; V, 46, 2; V, 49, 9
  1 πείσεται   V, 58, 17
  1 πεπόνθαμεν   V, 56, 4
  2 πέπονθε   V, 57, 1; V, 57, 2
  3 πεπονθέναι   IV, 49, 6; V, 14, 9; V, 22, 3
1 Πάταρα
  1 πατάροις   IV, 91, 4
1 Παταρικός
  1 παταρικήν   IV, 91, 1
1 πατέω
  1 πατεῖσθαι   IV, 16, 6
8 πατήρ
  1 πάτερ   IV, 86, 4
  2 πατέρα   IV, 5, 7; IV, 5, 8
  1 πατέρων   IV, 65, 7
  1 πατήρ   IV, 95, 9
  3 πατρί   IV, 1, 8; V, 33, 6; V, 57, 5
1 πατρίς
  1 πατρίδος   IV, 9, 5
2 παύω
  1 παύσεσθαι   IV, 42, 3
  1 παύσωνται   IV, 42, 4
1 παχύνω
  1 παχυνθείσης   IV, 93, 2
3 πεδάω
  1 πεδηθείς   V, 47, 5
  1 πεδῆσαι   V, 60, 6
  1 πεπεδῆσθαι   V, 66, 16
2 πεδίον
  1 πεδίον   V, 28, 9
  1 πεδίων   V, 28, 7
1 πεζός
  1 πεζόν   IV, 101, 7
1 πειθαρχέω
  1 πειθαρχούντων   IV, 81, 2
1 πειθώ
  1 πειθοῦς   IV, 73, 6
3 πείθω
  1 πείθειν   IV, 59, 3
  1 πειθόμενον   V, 23, 6
  1 πεισθέντι   V, 21, 2

4 πεῖρα
  2 πεῖρα   V, 33, 8; V, 62, 8
  2 πεῖραν   IV, 85, 10; V, 1, 16
1 πειρασμός
  1 πειρασμῶν   IV, 11, 2
3 πειράω
  1 πειρώμενος   V, 4, 7
  1 πειρωμένου   IV, 69, 6
  1 πειρωμένων   IV, 38, 4
3 πέλεκυς
  1 πελέκεις   V, 1, 10
  2 πελέκεων   V, 1, 14; V, 59, 6
1 πενθέω
  1 πενθοῦντες   IV, 103, 8
1 πένθιμος
  1 πένθιμον   IV, 103, 6
1 πεντήκοντα
  1 πεντήκοντα   IV, 72, 5
1 πεντηκοστός
  1 πεντηκοστήν   IV, 20, 6
2 πέρας
  1 πέρας   IV, 46, 8
  1 πέρατα   V, 16, 6
27 περί
  27 περί   IV, 20, 5; IV, 28, 2; IV, 32, 9; IV, 40, 4; IV, 55, 2; IV, 64, 11; IV, 64, 13; IV, 77, 2; IV, 91, 7; IV, 98, 6; IV, 99, 1; IV, 105, 1; IV, 105, 2; V, 4, 8; V, 17, 3; V, 25, 1; V, 26, 3; V, 44, 2 (2); V, 45, 8; V, 49, 2; V, 50, 2; V, 58, 2; V, 63, 2; V, 63, 3; V, 63, 5; V, 66, 30
3 περιάγω
  3 περιαγαγών   V, 17, 1; V, 17, 2; V, 43, 11
1 περιβάλλω
  1 περιβεβλῆσθαι   IV, 42, 9
1 περιβόητος
  1 περιβόητοι   IV, 85, 2
3 περιγράφω
  1 περιγεγραμμένων   IV, 52, 7
  1 περιγράφον   V, 7, 4
  1 περιγράφοντες   IV, 28, 3
1 περίειμι (εἰμί)
  1 περίεστιν   V, 50, 8
1 περιεργάζομαι
  1 περιεργάζεσθαι   IV, 97, 10
2 περίεργος

1 περίεργον IV, 64, 13
1 περιέργου V, 10, 9
1 περιέρχομαι
  1 περιελθόντες IV, 20, 3
1 περιζωννύω
  1 περιζωννύοντες IV, 81, 3
1 περιθρυλέομαι
  1 περιθρυλεῖσθαι IV, 68, 1
1 περικάμπτω
  1 περικάμψας V, 17, 3
1 περικεφαλαία
  1 περικεφαλαίαν IV, 91, 6
1 περιλαμβάνω
  1 περιλαμβάνον V, 7, 7
1 περίοδος (ὁ)
  1 περιόδων V, 66, 26
1 περιοράω
  1 περιοπτέον V, 13, 9
1 περιορισμός
  1 περιορισμόν IV, 32, 5
2 περιουσία
  2 περιουσίας IV, 11, 5; V, 19, 4
1 περιπίπτω
  1 περιπεπτωκώς V, 59, 2
1 περισπειράω
  1 περισπειραθείς IV, 64, 9
3 περισσός
  2 περισσοῦ IV, 19, 4; IV, 19, 7
  1 περιττόν V, 21, 9
1 περισῴζω
  1 περισῳζομένης V, 61, 7
1 περιτίθημι
  1 περιθείς IV, 32, 3
1 περιτρέπω
  1 περιτρέπεσθαι V, 66, 17
1 περιτροπή
  1 περιτροπαῖς IV, 13, 8
1 περιτυγχάνω
  1 περιτυχών V, 61, 10
1 περιυβρίζω
  1 περιυβρισμένοι IV, 88, 5
3 περιφανής
  3 περιφανέστερον IV, 53, 4; V, 7, 1; V, 7, 12
2 περιωπή
  2 περιωπῆς IV, 2, 9; IV, 2, 13
9 Πέρσης (Περσίς)
  1 πέρσαις IV, 15, 1
  1 πέρσας V, 64, 2

7 περσῶν IV, 45, 4; V, 14, 10; V, 15, 2; V, 22, 1; V, 22, 9; V, 24, 5; V, 25, 2
1 Περσικός (Περσίς)
  1 περσική V, 19, 2
3 Περσίς
  1 περσίδι IV, 104, 11
  1 περσίδος V, 61, 6
  1 περσίς IV, 44, 7
1 πετεινός
  1 πετεινά IV, 19, 6
2 πέτρα
  1 πέτραι V, 60, 2
  1 πέτραις V, 60, 4
2 Πέτρος
  1 πέτρος IV, 99, 5
  1 πέτρου IV, 99, 4
3 πῇ
  3 πῇ IV, 1, 8; IV, 1, 9 (2)
1 πηγή
  1 πηγήν IV, 38, 10
2 πηδάω
  1 πηδᾷ IV, 7, 1
  1 πηδώσης V, 54, 9
3 Πηνελόπη
  2 πηνελόπη V, 1, 10; V, 59, 5
  1 πηνελόπῃ IV, 71, 4
1 πῆξις
  1 πῆξιν V, 18, 4
1 πιθανός
  1 πιθανωτέρων IV, 41, 7
1 πίθηκος
  1 πιθήκων IV, 104, 13
3 πίμπλημι
  2 ἐπλήσθη IV, 53, 2; IV, 53, 5
  1 πλησθῶσι IV, 42, 5
1 πίνω
  1 πιέειν V, 58, 10
1 πιπράσκω
  1 πεπραμένος IV, 78, 2
4 πίπτω
  1 ἔπεσε V, 40, 1
  1 πεπτωκόσιν IV, 50, 3
  1 πεπτωκότας IV, 50, 2
  1 πεσόντα V, 59, 10
2 Πισαῖος α ον
  2 πισσαῖον IV, 73, 1; IV, 73, 3
1 πίσσα
  1 πίσσης IV, 73, 5

11 πιστεύω
  1 ἐπίστευεν   V, 12, 7
  1 ἐπιστεύθη   IV, 37, 2
  1 πεπιστευκότων   V, 21, 4
  1 πεπιστευκώς   IV, 38, 6
  1 πιστευθείς   IV, 38, 7
  1 πιστευθέντων   V, 22, 12
  1 πιστευόμενον   V, 6, 4
  1 πιστεύουσι   V, 6, 1
  1 πιστεύσαντα   V, 21, 8
  1 πιστεύσαντες   V, 20, 8
  1 πίστευσον   IV, 97, 7
11 πίστις
  6 πίστεως   IV, 37, 1; IV, 37, 2; V, 26, 7; V, 37, 4; V, 63, 2; V, 65, 7
  5 πίστιν   IV, 10, 4; IV, 37, 11; IV, 97, 9; V, 6, 3; V, 64, 12
1 πλαγίως
  1 πλαγίως   V, 64, 5
1 πλανάω
  1 πλανῶσα   V, 1, 12
5 πλάνη
  2 πλάνῃ   IV, 11, 3; IV, 73, 4
  1 πλάνην   V, 8, 4
  2 πλάνης   V, 9, 3; V, 45, 3
2 πλάσμα
  1 πλάσματι   IV, 24, 4
  1 πλασμάτων   IV, 1, 11
7 πλάσσω
  1 ἐπλάσαντο   V, 9, 16
  2 πλάσαντα   IV, 40, 2; V, 51, 16
  1 πλασθείσης   IV, 105, 2
  1 πλάττεσθαι   V, 10, 12
  1 πλαττόμενον   V, 10, 6
  1 πλάττουσι   IV, 40, 1
3 πλατύς
  3 πλατύτερον   IV, 20, 6; IV, 64, 12; V, 44, 4
6 Πλάτων
  1 πλάτων   IV, 105, 1
  2 πλάτωνα   IV, 40, 2; IV, 41, 6
  1 πλάτωνες   IV, 39, 1
  1 πλάτωνι   IV, 42, 2
  1 πλάτωνος   IV, 105, 5
1 πλέθρον
  1 πλέθρα   V, 58, 12
14 πλείων
  1 πλεῖον   IV, 66, 11

  1 πλείονος   V, 62, 8
  1 πλειόνων   IV, 90, 3
  1 πλείστην   IV, 69, 4
  1 πλείστης   IV, 1, 7
  1 πλείστοις   V, 1, 4
  1 πλείω   IV, 84, 6
  7 πλέον   IV, 27, 1 (2); IV, 29, 8; IV, 49, 4; V, 29, 8; V, 53, 4; V, 57, 3
2 πλέκω
  1 πλεκόντων   V, 8, 4
  1 πλέξαι   IV, 69, 2
1 πλέω
  1 πλέοντας   V, 16, 5
4 πληγή
  2 πληγάς   IV, 48, 1; IV, 49, 9
  2 πληγήν   V, 22, 10; V, 22, 14
2 πληθυντικῶς
  2 πληθυντικῶς   V, 14, 5; V, 58, 6
1 πλημμέλεια
  1 πλημμελείας   IV, 31, 1
1 πλημμελέω
  1 ἐπλημμέλησε   IV, 31, 2
10 πλήν
  10 πλήν   IV, 3, 1; IV, 17, 5; IV, 34, 4; IV, 52, 10; IV, 69, 8; IV, 105, 6; V, 14, 10; V, 28, 6; V, 45, 9; V, 49, 2
2 πλήρης
  1 πλήρεις   IV, 81, 1
  1 πλήρῃ   V, 33, 5
1 πληροφορέω
  1 πληροφορηθείς   IV, 45, 3
3 πληρόω
  1 πληρουμένην   V, 45, 4
  1 πληρούμενον   V, 58, 14
  1 πληροῦσθαι   V, 45, 7
1 πλησιάζω
  1 πλησιάζειν   V, 13, 3
1 πλησίος
  1 πλησίον   V, 31, 6
3 πλήσσω
  1 πληγείς   IV, 94, 4
  1 πλήξας   V, 59, 9
  1 πλῆττον   V, 12, 3
1 πλόκαμος
  1 πλόκαμον   V, 9, 3
1 πλούσιος
  1 πλούσιον   V, 66, 14

1 πλοῦτος (ὁ)
    1 πλοῦτον   IV, 9, 6
1 πνεῦμα
    1 πνεύματος   V, 45, 5
1 πνευματόω
    1 πνευματωθεῖσα   IV, 93, 4
1 πόθεν
    1 πόθεν   V, 50, 7
16 ποιέω
    1 ἐποιεῖτο   V, 37, 7
    1 ἐποίησε   IV, 63, 2
    3 ἐποίησεν   IV, 63, 1; IV, 63, 2; V, 57, 5
    1 πεποιηκότος   IV, 68, 4
    1 πεποίηνται   IV, 28, 5
    1 πεποίηται   IV, 72, 4
    1 ποιεῖ   IV, 57, 4
    2 ποιεῖν   IV, 44, 6; IV, 68, 4
    2 ποιεῖται   V, 26, 2; V, 61, 18
    1 ποιῆσαι   V, 56, 4
    1 ποιοῦντα   V, 50, 5
    1 ποιοῦσα   IV, 105, 5
1 ποίημα
    1 ποιημάτων   V, 59, 18
1 ποιημάτιον
    1 ποιημάτιον   IV, 106, 3
2 ποιητής
    2 ποιηταί   V, 58, 4; V, 58, 8
1 ποιητικός
    1 ποιητικῆς   IV, 102, 6
1 ποικίλλω
    1 ποικιλλόμενος   IV, 1, 10
4 ποικίλος
    2 ποικίλαις   IV, 8, 4; IV, 56, 6
    1 ποικίλον   V, 66, 8
    1 ποικιλώτερον   V, 10, 10
1 ποικίλως
    1 ποικίλως   V, 54, 13
1 ποινή
    1 ποινάς   V, 2, 10
12 ποῖος
    1 ποία   IV, 5, 5
    1 ποῖα   IV, 50, 1
    1 ποίας   V, 15, 1
    7 ποῖον   IV, 12, 1; IV, 48, 6; IV, 51, 2; IV, 69, 2; IV, 82, 4; V, 7, 9; V, 13, 2
    1 ποίου   IV, 84, 2
    1 ποίων   IV, 5, 2

1 πολεμικός
    1 πολεμικωτάτῳ   V, 14, 6
2 πολέμιος
    2 πολεμίοις   V, 21, 2; V, 21, 3
4 πόλεμος
    2 πολέμοις   IV, 65, 3; V, 24, 6
    1 πόλεμον   V, 4, 9
    1 πόλεμος   IV, 45, 1
1 πολιορκέω
    1 πολιορκοῦντος   V, 20, 3
9 πόλις
    1 πόλει   V, 64, 15
    4 πόλεις   IV, 40, 1; IV, 40, 2; IV, 42, 3; V, 14, 7
    2 πόλεων   IV, 2, 4; V, 16, 4
    1 πόλεως   IV, 105, 3
    1 πόλις   V, 27, 7
1 πολιτεία
    1 πολιτείαις   IV, 104, 9
1 πολιτεύω
    1 πολιτευόμενον   V, 23, 5
4 πολλάκις
    4 πολλάκις   IV, 4, 3; IV, 64, 13; IV, 73, 8; IV, 91, 7
1 πολλαπλάσιος
    1 πολλαπλάσιον   V, 57, 4
1 πόλος
    1 πόλον   V, 9, 12
1 πολύαθλος
    1 πολύαθλος   IV, 64, 8
1 Πολυδεύκης
    1 πολυδεύκους   V, 9, 9
1 πολυκέφαλος
    1 πολυκέφαλον   IV, 90, 2
1 πολυπραγμονέω
    1 πολυπραγμονεῖν   IV, 97, 10
29 πολύς
    5 πολλά   IV, 2, 10; IV, 52, 11; V, 39, 5; V, 58, 12; V, 64, 14
    2 πολλάς   IV, 71, 2; V, 14, 7
    1 πολλήν   IV, 79, 1
    4 πολλοῖς   IV, 1, 2; IV, 62, 8; V, 7, 3; V, 59, 2
    1 πολλοῦ   IV, 106, 12
    1 πολλούς   IV, 71, 4
    5 πολλῷ   IV, 46, 3; IV, 80, 3; V, 24, 5; V, 57, 3; V, 60, 4
    5 πολλῶν   IV, 2, 4; IV, 41, 8; IV, 71, 3; V, 1, 17; V, 22, 11

INDEX GRAECITATIS

    4 πολύ   IV, 102, 4; IV, 105, 11;
        V, 13, 2; V, 58, 17
    1 πολύς   IV, 1, 7
1 πολύστροφος
    1 πολυστρόφου   V, 54, 4
1 Πολύφημος
    1 πολύφημος   V, 61, 13
1 πολύχοος
    1 πολύχουν   V, 66, 13
1 πομπεύω
    1 ἐπομπεύετο   V, 27, 5
5 πονηρία
    2 πονηρία   V, 2, 2; V, 2, 6
    1 πονηρίᾳ   V, 58, 18
    1 πονηρίαν   IV, 38, 12
    1 πονηρίας   IV, 44, 5
2 πονηρός
    2 πονηροῦ   IV, 47, 2; IV, 47, 5
1 πορεία
    1 πορείας   V, 54, 5
1 πορεύω
    1 πορευθέντων   IV, 13, 6
2 πόρνη
    2 πόρναις   V, 32, 3; V, 32, 6
1 πορνικός
    1 πορνικήν   V, 42, 5
1 πορφύρα
    1 πορφύρας   IV, 103, 9
1 πορφύρεος
    1 πορφύρεον   IV, 103, 10
3 Πορφύριος
    1 πορφύριον   IV, 39, 8
    1 πορφύριος   V, 63, 2
    1 πορφυρίου   V, 63, 1
1 πόσος
    1 πόσοι   IV, 66, 1
8 ποταμός
    1 ποταμοῖς   V, 58, 7
    2 ποταμός   IV, 87, 1; IV, 102, 8
    1 ποταμοῦ   V, 17, 1
    2 ποταμούς   V, 12, 4; V, 58, 5
    1 ποταμῷ   V, 16, 5
    1 ποταμῶν   V, 43, 6
2 ποτέ
    2 ποτε   IV, 90, 1; V, 1, 10
1 πότε
    1 πότε   IV, 14, 4
2 που
    2 που   IV, 2, 15; IV, 95, 16

4 ποῦ
    4 ποῦ   IV, 38, 8; IV, 38, 11; IV, 95, 18; V, 36, 1
8 πούς
    1 πόδα   V, 59, 11
    1 πόδας   V, 54, 14
    5 ποδός   IV, 14, 6; V, 18, 1; V, 18, 4; V, 59, 1; V, 59, 10
    1 ποδῶν   IV, 14, 1
8 πρᾶγμα
    2 πράγμασι   IV, 53, 1; IV, 105, 5
    2 πράγμασιν   IV, 66, 12; IV, 105, 8
    1 πράγματα   IV, 29, 5
    1 πράγματος   IV, 40, 7
    2 πραγμάτων   IV, 13, 4; IV, 22, 2
1 πραγματεία
    1 πραγματείᾳ   V, 66, 21
2 πρακτικός
    1 πρακτικά   IV, 106, 5
    1 πρακτικόν   IV, 106, 10
4 πρᾶξις
    2 πράξεων   V, 55, 2; V, 55, 3
    1 πρᾶξιν   IV, 66, 10
    1 πρᾶξις   IV, 66, 9
3 πράσσω
    1 πέπρακται   V, 10, 14
    1 πράττοντα   V, 23, 7
    1 πράττουσα   IV, 57, 8
1 Πρίαπος
    1 πρίαπος   V, 49, 3
2 πρίν
    2 πρίν   IV, 32, 4; V, 9, 6
7 πρό
    7 πρό   IV, 22, 1; IV, 30, 1; IV, 45, 4; IV, 46, 7; IV, 62, 4 (2); V, 16, 6
1 προαγγέλλω
    1 προηγγελμένων   V, 21, 10
1 προαιρέω
    1 προελομένου   IV, 43, 4
2 προβάλλω
    1 προβεβλημένη   V, 1, 10
    1 προβληθέντος   IV, 37, 7
1 πρόβατον
    1 πρόβατα   IV, 100, 3
1 προβολή
    1 προβολήν   IV, 37, 10
3 πρόγνωσις

1 προγνώσεις IV, 28, 6
1 προγνώσεως IV, 25, 5
1 πρόγνωσιν IV, 44, 3
1 προδίδωμι
   1 προδεδωκότες V, 20, 9
1 πρόειμι (εἶμι)
   1 πρόεισι IV, 1, 10
1 προεξάγω
   1 προεξάγων IV, 60, 5
1 προηγέομαι
   1 προηγουμένων V, 24, 7
1 πρόθεσις
   1 πρόθεσις V, 17, 3
1 προθέσμιος
   1 προθεσμίαν IV, 44, 1
1 προθυμέομαι
   1 προεθυμήθη IV, 53, 3
2 πρόκειμαι
   2 προκειμένου V, 6, 2; V, 15, 1
1 προκηρύσσω
   1 προκηρύττοντος IV, 25, 4
1 προλάμπω
   1 προλάμπει V, 9, 24
1 προμελαίνω
   1 προμελαίνεται IV, 93, 2
3 πρόνοια
   1 προνοίᾳ IV, 13, 9
   2 πρόνοιαν IV, 40, 4; V, 3, 2
3 προοίμιον
   2 προοίμιον IV, 49, 7; V, 1, 2
   1 προοιμίου IV, 2, 2
1 προοράω
   1 προϊδέσθαι IV, 38, 9
1 προπέτεια
   1 προπέτειαν IV, 37, 8
2 προπίνω
   1 προπινόμενος V, 32, 6
   1 προπίνων V, 32, 5
1 προπομπεύω
   1 προπομπεύει IV, 61, 2
1 προπορεύω
   1 προπορεύεται IV, 61, 3
45 πρός
   45 πρός IV, 2, 11; IV, 6, 2; IV, 6, 4; IV, 7, 1; IV, 9, 11; IV, 10, 7; IV, 11, 5; IV, 19, 3; IV, 29, 3; IV, 34, 3; IV, 34, 5; IV, 34, 6; IV, 38, 8; IV, 41, 4; IV, 42, 10; IV, 43, 5; IV, 44, 7; IV, 50, 2; IV, 52, 8; IV, 52, 9; IV, 54, 4; IV, 65, 11; IV, 66, 3; IV, 66, 6; IV, 67, 1; IV, 95, 11; IV, 104, 2; V, 1, 11; V, 4, 4; V, 4, 6; V, 5, 4; V, 6, 3; V, 12, 3; V, 16, 2; V, 20, 1; V, 24, 8; V, 24, 11; V, 39, 1; V, 51, 3; V, 59, 9; V, 61, 9; V, 62, 7; V, 62, 14; V, 64, 6; V, 66, 6
1 προσαγορεύω
   1 προσειπεῖν V, 59, 17
1 προσαείδω
   1 προσάδεσθαι IV, 106, 1
1 προσαιτέω
   1 προσαιτοῦντι V, 59, 11
1 προσάπτω
   1 προσάψας IV, 6, 6
1 προσαράσσω
   1 προσαρασσόμενος V, 60, 4
1 προσδέω (-δεήσω)
   1 προσδεῖ IV, 86, 5
4 πρόσειμι (εἰμί)
   1 πρόσεστι IV, 2, 15
   2 προσῆν V, 21, 1 (2)
   1 προσόντα V, 64, 14
1 προσεπιγράφω
   1 προσεπιγράφει V, 64, 7
1 προσέρχομαι
   1 προσελθών V, 20, 4
1 προσευπορέω
   1 προσευπόρησεν IV, 1, 11
6 προσηγορία
   1 προσηγορία IV, 98, 7
   2 προσηγορίᾳ IV, 5, 4; IV, 42, 7
   1 προσηγορίαις IV, 98, 8
   2 προσηγορίαν IV, 69, 11; V, 9, 18
1 προσήγορος
   1 προσήγορον V, 9, 23
2 προσήκω
   1 προσῆκον IV, 38, 14
   1 προσήκουσα IV, 2, 3
1 πρόσθεν
   1 πρόσθε IV, 91, 2
1 προσκαλέω
   1 προσεκλήθη V, 62, 6
2 πρόσκειμαι
   2 πρόσκειται IV, 9, 3; IV, 13, 3
1 προσκρούω
   1 προσκεκρουκώς V, 20, 5

4 προσκυνέω
  1 προσκύνει V, 48, 1
  1 προσκυνουμένου V, 48, 5
  2 προσκυνοῦντας IV, 75, 3; IV, 75, 4
1 προσκύνησις
  1 προσκυνήσεως IV, 75, 5
1 προσκυνητής
  1 προσκυνηταῖς V, 66, 12
2 προσλαμβάνω
  1 προσειληφέναι V, 24, 11
  1 προσλαβεῖν V, 13, 7
1 προσομιλέω
  1 προσωμιληκέναι IV, 95, 9
1 προσονειδίζω
  1 προσονειδίζει V, 64, 12
1 προσπάσχω
  1 προσπαθεῖν IV, 84, 6
1 προσπελάζω
  1 προσπελάζον IV, 80, 10
1 προσπίπτω
  1 προσπεσούσας IV, 47, 5
1 προσταλαιπωρέω
  1 προσταλαιπωροῦντας IV, 8, 4
1 προστάτης
  1 προστάτου IV, 95, 1
1 προστήκω
  1 προστετηκότων V, 66, 9
6 προστίθημι
  1 προσετίθει IV, 95, 8
  1 προσθήσομεν IV, 44, 9
  1 προστεθείς IV, 34, 2
  2 προστιθείς V, 26, 3; V, 64, 16
  1 προστίθημι V, 2, 4
2 προστρέχω
  1 προσδεδραμηκότες V, 11, 3
  1 προσδραμόντων IV, 49, 3
3 Πρόσυμνος
  1 πρόσυμνος V, 46, 3
  2 προσύμνῳ V, 46, 1; V, 46, 2
1 προσφέρω
  1 προσφέρουσι IV, 98, 16
1 προσφόρως
  1 προσφόρως V, 1, 24
1 πρόσχημα
  1 προσχήματι V, 32, 1
5 πρόσωπον
  2 πρόσωπον IV, 73, 10; V, 19, 2
  1 προσώπου IV, 21, 1
  2 προσώπων IV, 97, 9; V, 10, 15
1 πρότασις
  1 πρότασις IV, 2, 2
13 πρότερος
  1 πρότερα IV, 22, 2
  1 προτέραις IV, 62, 7
  10 πρότερον IV, 31, 2; IV, 57, 7; IV, 60, 5; IV, 80, 3; IV, 93, 4; IV, 96, 5; V, 7, 7; V, 33, 9; V, 39, 2; V, 39, 5
  1 προτέρου IV, 37, 8
1 προτροπή
  1 προτροπήν V, 50, 7
1 προϋποτέμνω
  1 προϋποτεμνόμενος IV, 46, 4
5 πρόφασις
  3 προφάσει IV, 27, 3; V, 32, 6; V, 59, 4
  1 προφάσεσι V, 1, 12
  1 πρόφασιν IV, 60, 2
1 προφέρω
  1 προφέρει V, 64, 12
3 προφητεύω
  1 προφητεύει V, 40, 7
  1 προφητευθεῖσαν V, 4, 3
  1 προφητευθέντα V, 4, 8
4 προφήτης
  1 προφήτου V, 62, 2
  3 προφητῶν IV, 62, 5; IV, 97, 8; V, 35, 2
3 προφητικός
  1 προφητικόν IV, 14, 2
  1 προφητικῶν IV, 2, 2
  1 προφητικώτατε V, 65, 3
1 προφητικῶς
  1 προφητικῶς V, 33, 7
2 προφθάνω
  1 προφθάσαν IV, 21, 12
  1 προφθάσασα IV, 104, 10
3 Πρωτεύς
  1 πρωτέα IV, 58, 1
  1 πρωτεύς IV, 77, 1
  1 πρωτέως IV, 77, 2
22 πρῶτος
  1 πρῶτα IV, 96, 5
  1 πρώτη IV, 57, 6
  1 πρώτην IV, 97, 3
  1 πρώτιστα IV, 58, 4

11 πρῶτον   IV, Tit., 1; IV, 51, 1;
    IV, 51, 2; IV, 96, 1 (2); IV, 96,
    2; IV, 96, 3; IV, 97, 1; V, 1, 25;
    V, 26, 5; V, 59, 8
  3 πρῶτος   IV, 85, 9; IV, 94, 2;
    V, 1, 1
  3 πρώτου   IV, 106, 16; V, 1, 19;
    V, 52, 1
  1 πρώτῳ   IV, 65, 9
1 πταίω
  1 πταίσαντας   V, 52, 3
2 πτέρνα
  2 πτέρναν   IV, 16, 3; IV, 16, 4
1 πτερόν
  1 πτεροῖς   IV, 1, 3
1 πτερύσσομαι
  1 ἐπτερύξατο   IV, 1, 6
1 πτερωτός
  1 πτερωτά   IV, 19, 6
1 πτωχεία
  1 πτωχείαν   IV, 9, 8
1 πτωχεύω
  1 πτωχεύων   V, 1, 6
2 πτωχός
  1 πτωχόν   V, 1, 9
  1 πτωχῷ   V, 59, 3
3 Πυθαγόρας
  1 πυθαγόρᾳ   IV, 97, 5
  1 πυθαγόραν   IV, 40, 4
  1 πυθαγόρας   IV, 97, 11
2 Πυθαγόρειος
  1 πυθαγορείοις   IV, 97, 2
  1 πυθαγορείων   IV, 97, 12
1 Πυθία
  1 πυθίαν   V, 45, 4
1 πυκνότης
  1 πυκνότητι   IV, 103, 2
1 πυκτικός
  1 πυκτική   V, 30, 4
1 πύματος
  1 πύματον   V, 61, 20
2 πύξ
  2 πύξ   V, 30, 1; V, 30, 3
9 πῦρ
  4 πῦρ   IV, 80, 1; IV, 80, 3; V,
    31, 4; V, 42, 1
  2 πυρί   IV, 88, 4; V, 21, 6
  3 πυρός   IV, 56, 3; IV, 64, 7; V,
    58, 5

2 πυρά (ἡ)
  2 πυράν   IV, 64, 1; IV, 64, 8
1 πυρίπνοος
  1 πυρίπνουν   IV, 80, 8
1 Πυριφλεγέθων
  1 πυριφλεγέθοντας   V, 58, 5
1 πυρκαϊά
  1 πυρκαϊάν   IV, 64, 9
1 πυρπολέω
  1 πυρπολοῦν   IV, 80, 9
1 πυρφορέω
  1 ἐπυρφόρει   V, 42, 1
2 πυρφόρος
  1 πυρφόρον   V, 24, 5
  1 πυρφόρος   V, 24, 10
2 πώγων
  2 πώγωνα   V, 64, 3; V, 64, 6
2 πώποτε
  1 πώποτ'   V, 64, 17
  1 πώποτε   IV, 105, 6
1 Πῶρος
  1 πῶρον   IV, 37, 13
15 πως
  15 πως   IV, 2, 13; IV, 13, 4; IV,
    13, 7; IV, 67, 11; IV, 104, 5; V,
    9, 22; V, 24, 2; V, 51, 6; V, 51,
    7; V, 51, 10; V, 51, 12; V, 54, 8;
    V, 54, 12; V, 54, 15; V, 58, 6
13 πῶς
  13 πῶς   IV, 13, 1; IV, 31, 2; IV,
    36, 2; IV, 38, 1; IV, 49, 1; IV,
    71, 2; IV, 98, 1; IV, 98, 2; IV,
    98, 4; IV, 99, 7; IV, 106, 13; V,
    21, 6; V, 62, 5

2 Ῥαδάμανθυς
  1 ῥαδάμανθυν   V, 28, 11
  1 ῥαδαμάνθυος   V, 28, 8
1 ῥᾳδίως
  1 ῥᾳδίως   IV, 38, 12
1 ῥάκος
  1 ῥάκος   IV, 103, 6
1 ῥᾳστώνη
  1 ῥᾳστώνης   V, 13, 8
1 ῥαψῳδία
  1 ῥαψῳδίαις   IV, 106, 6
1 ῥεῦμα
  1 ῥεύματι   IV, 80, 5
1 ῥέω

1 ῥεῖ   IV, 80, 9
1 ῥήγνυμι
   1 ῥηγνυμένη   IV, 93, 5
1 ῥῆμα
   1 ῥήμασιν   IV, 97, 6
1 ῥητορικός
   1 ῥητορικώτερον   V, 50, 3
2 ῥητός
   1 ῥητῆς   V, 15, 4
   1 ῥητῶν   V, 66, 4
1 ῥήτωρ
   1 ῥητόρων   V, 50, 4
1 ῥιζίον
   1 ῥιζίον   IV, 102, 9
1 ῥιπτέω
   1 ἐρρίπτει   IV, 87, 2
4 ῥίπτω
   1 ἐρριμμένῳ   IV, 56, 4
   1 ἔρριψε   IV, 12, 3
   1 ἔρριψεν   IV, 12, 2
   1 ῥίψασα   V, 31, 8
1 ῥοιζέω
   1 ῥοιζουμένῳ   V, 58, 14
1 ῥόος
   1 ῥοῦν   V, 60, 6
1 ῥυθμός
   1 ῥυθμοῖς   V, 54, 13
6 Ῥωμαῖος
   1 ῥωμαίοις   IV, 65, 3
   2 ῥωμαίους   IV, 61, 4; V, 28, 4
   3 ῥωμαίων   IV, 69, 5; V, 14, 5; V, 14, 8
1 ῥώμη
   1 ῥώμῃ   IV, 74, 5

1 σαθρός
   1 σαθρόν   IV, 67, 12
2 σακέλλιον
   2 σακέλλιον   V, 48, 2; V, 48, 4
2 σαλεύω
   2 σαλευόμενα   IV, 13, 7 (2)
1 Σαλμωνεύς
   1 σαλμωνεύς   V, 14, 1
1 σάλπιγξ
   1 σαλπίγγων   IV, 20, 3
1 Σάμιος α ον
   1 σαμίων   V, 25, 1
1 Σαμόσατα
   1 σαμοσάτων   V, 62, 12

1 σάνδαλον
   1 σανδάλῳ   IV, 56, 4
1 σαρκάζω
   1 σαρκάζων   V, 59, 17
4 σάρξ
   2 σάρκας   IV, 19, 6; IV, 81, 3
   2 σαρκῶν   IV, 82, 4; V, 3, 8
2 Σαρών
   2 σαρών   V, 40, 1; V, 40, 2
2 σατράπης
   2 σατράπης   V, 25, 2; V, 25, 5
1 σαφήνεια
   1 σαφηνείας   V, 66, 3
2 σαφής
   2 σαφέστερον   V, 64, 13; V, 66, 27
1 σαφῶς
   1 σαφῶς   IV, 53, 5
1 σβέννυμι
   1 σβεσάτω   V, 42, 1
2 σέβομαι (-ω)
   1 σέβοντες   IV, 89, 3
   1 σέβων   IV, 64, 1
1 σελασφόρος
   1 σελασφόρον   V, 7, 13
1 σεμνοπρέπεια
   1 σεμνοπρεπείαις   IV, 104, 8
3 σεμνός
   1 σεμνά   V, 48, 3
   1 σεμνός   V, 32, 7
   1 σεμνῶν   IV, 70, 3
1 σεμνύνω
   1 σεμνύνοντες   IV, 39, 3
1 σεσοφισμένως
   1 σεσοφισμένως   IV, 75, 6
4 σημαίνω
   3 σημαίνει   IV, 98, 3; IV, 98, 8; IV, 101, 2
   1 σημαίνειν   IV, 61, 5
1 σημαντικός
   1 σημαντικούς   V, 9, 19
7 σημεῖον
   1 σημεῖα   V, 61, 11
   4 σημεῖον   IV, 13, 7; V, 7, 8; V, 10, 3; V, 10, 7
   1 σημείου   IV, 13, 5
   1 σημείων   IV, 61, 6
9 σημειόω
   1 σημειοῦσθαι   V, 66, 6

2 σημείωσαι IV, 7, 2; IV, 79, 6
6 σημειωτέον IV, 21, 3; IV, 23, 2; V, 5, 1; V, 6, 2; V, 10, 2; V, 33, 2
2 σημείωσις
  2 σημειώσεως V, 62, 12; V, 66, 2
1 σήμερον
  1 τήμερον IV, 105, 8
1 σθένω
  1 σθένων IV, 36, 3
2 σιγάω
  1 σεσιγηκέναι V, 45, 9
  1 σιγᾶν IV, 32, 14
1 σίγνον
  1 σίγνον IV, 61, 5
1 Σικελία
  1 σικελίας IV, 85, 3
2 Σικελικός
  1 σικελικοῖς IV, 56, 3
  1 σικελικόν IV, 80, 1
1 σιτοφάγος
  1 σιτοφάγῳ V, 61, 13
1 σιωπάω
  1 σιωπᾶν IV, 32, 10
1 σιωπή
  1 σιωπήν IV, 97, 3
1 σκάμμα
  1 σκάμματα IV, 105, 8
3 σκανδαλίζω
  2 σκανδαλίζονται IV, 9, 7; IV, 9, 8
  1 σκανδαλισθέντας IV, 11, 3
1 σκάπτω
  1 ἐσκαμμένα IV, 104, 12
1 σκεδάννυμι
  1 σκεδάννυται V, 18, 5
1 σκέψις
  1 σκέψεως IV, 78, 3
1 σκηνή
  1 σκηνῆς V, 27, 5
1 Σκηπίων
  1 σκηπίωνας IV, 65, 4
1 σκηπτός
  1 σκηπτός IV, 93, 6
2 σκιά
  1 σκιαῖς IV, 105, 11
  1 σκιάν V, 31, 7
1 σκιαγραφέω
  1 σκιογραφηθείσης IV, 105, 2

1 σκιαγραφία
  1 σκιογραφίαις IV, 62, 8
1 σκοπέω
  1 σκοπεῖσθαι V, 51, 9
8 σκοπός
  4 σκοπόν IV, 3, 2; IV, 52, 8; V, 1, 12; V, 66, 28
  1 σκοπός IV, 1, 1
  3 σκοποῦ V, 1, 18; V, 15, 2; V, 59, 8
2 σκότος (ὁ)
  2 σκότῳ IV, 41, 4; V, 42, 4
1 σκότος (τό)
  1 σκότους V, 42, 6
1 Σκύλλα
  1 σκύλλας V, 33, 10
1 σκώπτω
  1 σκώψαντας V, 64, 11
1 σμερδαλέος
  1 σμερδαλέον IV, 101, 1
1 σοβέω
  1 σεσοβημένον V, 33, 3
10 σός
  1 σά V, 65, 6
  1 σοῖς IV, 63, 4
  1 σόν IV, 103, 1
  5 σούς IV, 98, 1; IV, 98, 2; IV, 98, 5; V, 9, 1; V, 58, 3
  2 σῶν IV, 102, 5; V, 62, 5
5 σοφία
  3 σοφία IV, 5, 3; IV, 66, 8; IV, 66, 13
  1 σοφίαν IV, 86, 4
  1 σοφίας V, 41, 5
1 σοφίζω
  1 σοφίζεσθαι IV, 55, 4
4 σόφισμα
  2 σοφίσμασι IV, 1, 4; IV, 55, 1
  1 σοφίσμασιν IV, 27, 5
  1 σοφίσματα IV, 55, 2
1 σοφιστής
  1 σοφιστάς IV, 39, 8
6 σοφός
  1 σοφῆς IV, 25, 1
  1 σοφός V, 30, 6
  2 σοφοῦ IV, 25, 2; IV, 54, 1
  1 σοφώτατον IV, 46, 1
  1 σοφωτάτου V, 30, 5
3 σπείρω

INDEX GRAECITATIS

1 ἐσπάρθαι V, 43, 8
2 ἔσπειρεν V, 43, 1; V, 43, 2
2 σπεύδω
  1 ἔσπευδε IV, 104, 9
  1 ἔσπευσε IV, 42, 5
3 σπήλαιον
  1 σπηλαίοις IV, 8, 5
  2 σπηλαίῳ V, 61, 10; V, 61, 14
4 σπλάγχνον
  1 σπλάγχνα IV, 52, 5
  3 σπλάγχνων IV, 52, 2; V, 22, 11; V, 22, 14
1 σπουδάζω
  1 ἐσπουδάσθη V, 66, 21
2 σταθμίον
  2 στάθμια V, 2, 1; V, 2, 5
7 σταυρός
  5 σταυρόν IV, 52, 5; IV, 61, 2; V, 7, 4; V, 7, 5; V, 7, 7
  1 σταυρός V, 7, 9
  1 σταυροῦ V, 10, 3
1 σταυρόω
  1 ἐσταυρωμένον V, 10, 8
1 στέγω
  1 ἔστεξε IV, 64, 8
1 στέλλω
  1 στέλλει IV, 64, 6
1 στενάζω
  1 στενάζει IV, 17, 8
1 στενός
  1 στενῶν V, 19, 5
1 στενόω
  1 στενοῦσθαι IV, 87, 3
1 στένω
  1 στένει IV, 17, 4
4 στερεός
  2 στερεάν V, 18, 3; V, 66, 23
  1 στερεᾶς V, 66, 22
  1 στερεόν V, 43, 12
1 στεφανηφορέω
  1 στεφανηφορούντων V, 24, 7
2 στέφανος
  2 στέφανον V, 9, 3; V, 9, 20
2 στεφανόω
  1 στεφανούμενον IV, 52, 5
  1 στεφανοῦν V, 7, 6
1 στεφάνωμα
  1 στεφάνωμα V, 9, 25
5 στήλη

  2 στῆλαι V, 40, 3; V, 64, 18
  2 στήλῃ IV, 88, 3; V, 65, 4
  1 στήλῃ IV, 86, 7
3 στηλιτευτικός
  3 στηλιτευτικῶν IV, Tit., 1; IV, 106, 16; V, Tit., 1
9 στηλιτεύω
  1 στηλιτεύει IV, 103, 4
  1 στηλιτεύεσθαι IV, 69, 4
  1 στηλιτεῦον V, 7, 4
  1 στηλιτεύοντι IV, 56, 5
  1 στηλιτεύοντος IV, 54, 3
  1 στηλιτεύουσα V, 65, 5
  1 στηλιτευούσας V, 60, 7
  1 στηλιτεύουσι IV, 94, 5
  1 στηλιτεύων IV, 1, 1
1 στηρίζω
  1 ἐστήρικται V, 9, 12
1 στίγμα
  1 στίγματα V, 64, 14
1 στιγμή
  1 στιγμῶν V, 66, 30
1 στολή
  1 στολήν V, 42, 5
2 στόμα
  2 στόματος IV, 66, 8; V, 58, 9
1 στρατεία
  1 στρατείαν V, 1, 4
1 στρατεύω
  1 στρατεύων V, 64, 2
2 στρατηγία
  1 στρατηγίαις IV, 65, 3
  1 στρατηγίαν IV, 65, 6
1 στρατιά
  1 στρατιᾷ V, 21, 3
3 στρατιωτικός
  1 στρατιωτικήν IV, 76, 5
  2 στρατιωτικόν IV, 21, 2; IV, 21, 4
4 στρατός
  2 στρατόν IV, 21, 11; IV, 61, 3
  2 στρατῷ IV, 46, 3; IV, 65, 5
2 στρέφω
  1 στρεφομένης V, 54, 13
  1 στρεφόμενος IV, 1, 10
19 σύ
  2 σε V, 54, 1; V, 61, 5
  3 σοι IV, 104, 1; V, 59, 10; V, 61, 3

6 σου IV, 6, 2; IV, 16, 2; IV, 31, 3; IV, 73, 11; V, 42, 6; V, 44, 1
2 σοῦ V, 38, 1; V, 62, 4
6 συ IV, 16, 3; IV, 63, 3; IV, 98, 4; IV, 98, 6; V, 9, 1; V, 48, 1
1 συγγένεια
   1 συγγενείας IV, 9, 5
1 συγγενής
   1 συγγενές V, 9, 23
1 συγγίγνομαι
   1 συγγίνονται IV, 102, 3
1 σύγγραμμα
   1 συγγραμμάτων V, 59, 19
1 συγγραφή
   1 συγγραφῇ V, 64, 15
2 συγκαλύπτω
   1 συγκαλύπτω V, 47, 6
   1 συγκαλύψειν IV, 55, 1
1 συγκαταλύω
   1 συγκαταλυθείη V, 15, 5
1 συγκάτειμι
   1 συγκατιών V, 32, 3
1 συγκινδυνεύω
   1 συγκινδυνευσάντων V, 62, 3
1 συγκρίνω
   1 συγκρίνων IV, 67, 8
3 σύγκρισις
   1 συγκρίσεως V, 27, 2
   2 σύγκρισιν IV, 106, 10; V, 26, 1
1 συγκυκλέω
   1 συγκυκλούμενον V, 58, 15
3 συγχωρέω
   1 συγχωρεῖσθαι V, 66, 17
   1 συγχωρηθείσας IV, 47, 6
   1 συγχωρήσωμεν V, 56, 6
1 συλάω
   1 ἐσύλα V, 29, 5
1 συλλαμβάνω
   1 συλληφθέντων IV, 49, 2
1 συλλέγω
   1 συλλεγόμενος IV, 66, 9
2 συλλογίζομαι (-ω)
   1 συλλογιζομένην IV, 38, 13
   1 συλλογιζόμενος IV, 37, 9
1 σῦλον
   1 σύλων V, 48, 4
1 συμβαδίζω
   1 συμβαδίζων IV, 65, 5
10 συμβαίνω

1 συμβαίνειν IV, 52, 11
1 συμβαίνοντα V, 8, 4
1 συμβαίνοντος V, 51, 9
2 συμβέβηκε IV, 100, 8; V, 2, 9
1 συμβεβήκει V, 3, 5
1 συμβέβηκεν IV, 99, 8
1 συμβεβηκέναι IV, 46, 7
1 συμβεβηκότα V, 14, 11
1 συμβεβηκότων V, 40, 4
1 συμβάλλω
   1 συμβαλών V, 22, 7
3 σύμβολον
   3 σύμβολον IV, 58, 6; IV, 83, 1; V, 7, 10
1 συμβουλευτικός
   1 συμβουλευτικῷ V, 50, 4
1 συμβουλευτικῶς
   1 συμβουλευτικῶς IV, 1, 9
1 συμβουλεύω
   1 συμβουλεύοντος V, 50, 6
1 συμβουλή
   1 συμβουλήν V, 50, 5
1 συμμαχέω
   1 συμμαχῶν IV, 90, 4
1 σύμμετρος
   1 σύμμετρον IV, 19, 2
2 συμμίγνυμι
   2 συμμῖξαι IV, 6, 1; IV, 6, 3
1 συμπαθέω
   1 συμπαθοῦντας V, 9, 20
1 συμπαθῶς
   1 συμπαθῶς IV, 50, 2
3 συμπίπτω
   2 συμπεσούσης IV, 47, 1 (2)
   1 συμπεσών V, 22, 8
1 συμπνίγω
   1 συμπνιγόμενον V, 66, 18
1 συμπονέω
   1 συμπεπονηκότος V, 64, 15
1 συμποσιάζω
   1 συμποσιαζόντων IV, 79, 4
1 συμπροσκυνέω
   1 συμπροσκυνεῖν IV, 75, 4
2 συμφθείρω
   2 συμφθειρόμενος V, 32, 4; V, 46, 2
2 συμφορά
   1 συμφοραῖς IV, 103, 7
   1 συμφοράς V, 2, 9

1 σύμφρασις
  1 συμφράσει IV, 1, 14
6 σύν
  6 σύν V, 21, 8; V, 22, 2; V, 47, 4; V, 54, 13; V, 61, 17; V, 62, 3
1 συνάγω
  1 συνάγων V, 66, 27
1 συναθροίζω
  1 συναθροισθείσης IV, 93, 3
1 συναίσθησις
  1 συναίσθησιν IV, 52, 13
1 συνακολουθέω
  1 συνακολουθῆσαι IV, 69, 8
1 συναναιρέω
  1 συνανῄρηται V, 22, 8
1 συναναφαίνω
  1 συναναφαινομένων IV, 1, 12
1 συνανέρχομαι
  1 συνανελθών V, 22, 5
3 συναπάγω
  1 συναπαχθέντες IV, 73, 3
  1 συναπαχθέντος IV, 4, 6
  1 συναπήχθη IV, 41, 8
1 συνάπτω
  1 συναφθεῖσα V, 1, 15
1 συναριθμέω
  1 συναριθμησάμενος IV, 65, 2
1 συναρπάζω
  1 συναρπάσαντα IV, 49, 4
1 συνδεσμικός
  1 συνδεσμικόν IV, 101, 3
1 συνδέω (-δήσω)
  1 συνδεδεμένον V, 58, 15
2 συνδιατίθημι
  1 συνδιατιθεμένου V, 54, 8
  1 συνδιατίθεσθαι V, 54, 15
1 σύνειμι (εἰμί)
  1 συνῆν V, 22, 6
1 συνείρω
  1 συνείρων V, 66, 26
1 συνεισέρχομαι
  1 συνεισῆλθον IV, 34, 5
1 συνεκλάμπω
  1 συνεκλάμπει V, 9, 25
5 συνέρχομαι
  2 συνελθεῖν IV, 42, 1; IV, 42, 5
  1 συνελθόντας IV, 71, 5
  1 συνελθών V, 9, 8
  1 συνέλθωσιν IV, 42, 4

1 συνεχής
  1 συνεχής V, 18, 3
1 συνέχω
  1 συνέσχεν IV, 46, 4
2 συνήθης
  2 συνήθει IV, 79, 2; V, 66, 30
1 σύνθημα
  1 συνθήματος IV, 61, 1
1 συνίημι
  1 συνείς V, 25, 4
2 συνίστημι
  1 συστάσας IV, 40, 3
  1 συστῆναι IV, 40, 3
1 συνοδεύω
  1 συνοδεύει V, 65, 4
6 συνοράω
  1 συνεῖδε IV, 41, 1
  1 συνεῖδεν IV, 54, 5
  2 συνεῖδον IV, 41, 2; V, 66, 23
  2 συνιδεῖν IV, 69, 2; V, 13, 1
1 σύνοψις
  1 συνόψει IV, 106, 14
1 σύνταγμα
  1 σύνταγμα V, 1, 27
1 σύνταξις
  1 συντάξεως V, 26, 8
1 συντάσσω
  1 συνέταξε V, 63, 3
1 συντέλεια
  1 συντελείᾳ IV, 62, 6
2 συντίθημι
  1 συντεθεικότες V, 9, 15
  1 συντιθέασιν V, 9, 4
2 σύντονος
  2 σύντονον V, 48, 1; V, 48, 4
2 συντριβή
  1 συντριβή IV, 30, 3
  1 συντριβῆς IV, 30, 1
4 συντρίβω
  2 συνετρίβη V, 40, 1; V, 40, 5
  1 συντρίβων IV, 30, 6
  1 συντρίψας V, 61, 17
1 συνυπακούω
  1 συνυπακούεται IV, 100, 2
1 συνυφαίνω
  1 συνυφαινομένων IV, 1, 13
2 συνωδίνω
  2 συνωδίνει IV, 17, 1; IV, 17, 2
1 σῦς

1 σῦς IV, 58, 5
1 συσκευή
  1 συσκευῆς IV, 44, 4
2 συστενάζω
  2 συστενάζει IV, 17, 1; IV, 17, 2
1 σύστημα
  1 σύστημα IV, 10, 1
1 συστρέφω
  1 συνεστραμμένον V, 66, 15
1 σφαγεύς
  1 σφαγέως V, 22, 11
3 σφαγή
  1 σφαγή V, 21, 4
  2 σφαγῆς V, 21, 5; V, 38, 3
1 σφάγιον
  1 σφαγίων V, 36, 2
1 σφαιρικῶς
  1 σφαιρικῶς V, 43, 11
1 σφαλερός
  1 σφαλεράς IV, 29, 2
2 σφεῖς
  1 σφάς V, 12, 4
  1 σφίσι V, 14, 11
2 σφίγγω
  1 ἐσφιγμένων V, 30, 4
  1 σφιγγόμενον V, 66, 18
1 σφοδρός
  1 σφοδρότερον V, 64, 10
1 σφοδρῶς
  1 σφοδρῶς IV, 62, 2
2 σχεδιάζω
  2 σχεδιάζων IV, 52, 8; IV, 65, 5
1 σχεδόν
  1 σχεδόν V, 10, 13
1 σχετλιαστικῶς
  1 σχετλιαστικῶς IV, 51, 5
3 σχῆμα
  1 σχῆμα V, 7, 8
  2 σχήματι V, 4, 5; V, 32, 6
2 σχηματίζω
  1 ἐσχημάτισται V, 64, 8
  1 σχηματίζοντες V, 9, 5
1 σχηματισμός
  1 σχηματισμός IV, 1, 8
1 σχολή
  1 σχολήν IV, 86, 1
5 σῴζω
  1 ἐσώθης V, 38, 3
  1 σεσωκότων IV, 84, 3
  1 σέσωστο IV, 21, 6
  1 σώζων IV, 84, 5
  1 σώσαντι IV, 21, 9
2 Σωκράτης
  1 σωκράτην IV, 41, 6
  1 σωκράτης IV, 42, 2
8 σῶμα
  4 σῶμα IV, 94, 4; V, 54, 15; V, 58, 13; V, 62, 9
  1 σώματα IV, 29, 5
  3 σώματος IV, 85, 4; V, 20, 7; V, 54, 8
2 σωματικός
  1 σώματικα IV, 83, 3
  1 σωματικῆς IV, 9, 3
1 σωμάτιον
  1 σωματίου IV, 83, 3
1 σωτηρία
  1 σωτηρίαν V, 21, 5
1 σωτήριος
  1 σωτήριον V, 22, 11
1 σωφρονίζω
  1 ἐσωφρονίσθη IV, 45, 4
1 σώφρων
  1 σώφροσιν V, 13, 8
1 ταλαντεύω
  1 ταλαντεύεσθαι IV, 52, 9
2 τάλαντον
  1 τάλαντα V, 2, 5
  1 ταλάντοις V, 2, 6
2 ταμιεύω
  1 ἐταμιεύου V, 61, 4
  1 ταμιευθῆναι IV, 49, 11
1 Τάνταλος
  1 τάνταλον V, 58, 8
4 τάξις
  1 τάξει IV, 13, 9
  1 τάξεις IV, 57, 3
  1 τάξιν V, 25, 6
  1 τάξις IV, 57, 6
2 ταπεινός
  1 ταπεινοῖς IV, 30, 5
  1 ταπεινούς IV, 83, 6
2 ταπεινόω
  1 ταπεινωθείς IV, 31, 2
  1 ταπεινῶν IV, 30, 6
4 ταπείνωσις
  1 ταπεινώσει IV, 30, 4

INDEX GRAECITATIS

1 ταπεινώσεως IV, 31, 4
1 ταπείνωσιν IV, 30, 6
1 ταπείνωσις IV, 30, 3
1 Ταρσεύς
   1 ταρσέων V, 27, 7
5 τάσσω
   1 ἔταξεν V, 51, 5
   2 τάξαι IV, 38, 11; V, 51, 15
   1 τάξαντος V, 51, 12
   1 τάξας V, 63, 4
5 ταῦρος
   3 ταῦρον IV, 73, 9; IV, 73, 11; V, 9, 10
   1 ταύρους IV, 73, 8
   1 ταύρων IV, 73, 12
1 ταφή
   1 ταφῆς V, 26, 2
3 τάχα
   3 τάχα IV, 84, 1; V, 28, 5; V, 48, 5
2 τάχος
   2 τάχει IV, 14, 1; IV, 14, 5
1 ταχύνω
   1 ταχύνας IV, 45, 3
6 ταχύς
   6 θᾶττον IV, 14, 6; IV, 37, 12; V, 1, 18; V, 21, 9; V, 31, 8; V, 66, 11
87 τε
   3 τ' V, 64, 3; V, 65, 4; V, 66, 13
   84 τε IV, 1, 5 (2); IV, 1, 6; IV, 1, 10; IV, 5, 7; IV, 8, 1; IV, 8, 2; IV, 8, 3; IV, 13, 2; IV, 13, 8; IV, 16, 5; IV, 19, 3; IV, 20, 4; IV, 29, 5; IV, 29, 8; IV, 30, 7; IV, 32, 6; IV, 34, 5; IV, 36, 3; IV, 38, 2; IV, 39, 6; IV, 46, 3; IV, 57, 5; IV, 61, 1; IV, 65, 11; IV, 66, 13; IV, 83, 2; IV, 83, 3; IV, 83, 4; IV, 86, 2; IV, 86, 7; IV, 87, 4; IV, 87, 5; IV, 89, 3; IV, 90, 4; IV, 99, 7; IV, 104, 7; IV, 104, 8; IV, 105, 6; IV, 105, 7; IV, 106, 10; V, 1, 5 (2); V, 1, 10; V, 2, 5; V, 2, 10; V, 7, 12; V, 8, 4; V, 9, 5; V, 9, 22; V, 10, 15; V, 15, 4; V, 20, 3; V, 20, 8; V, 21, 7; V, 28, 4; V, 30, 5; V, 36, 2; V, 42, 2; V, 43, 5; V, 48, 1; V, 49, 1; V, 49, 6; V, 49, 7; V, 54, 14; V, 58, 6; V, 58, 13; V, 61, 16; V, 61, 17 (2); V, 61, 23; V, 62, 11; V, 64, 13; V, 64, 19; V, 65, 3; V, 65, 7; V, 66, 7; V, 66, 9; V, 66, 15; V, 66, 16; V, 66, 18; V, 66, 27; V, 66, 28; V, 66, 29
1 τείνω
   1 τείνει V, 1, 17
1 Τειρεσίας
   1 τειρεσίαν V, 49, 7
2 τεῖχος
   1 τείχει IV, 20, 3
   1 τείχη IV, 20, 1
1 τέκνον
   1 τέκνων IV, 17, 5
1 τεκταίνομαι (-ω)
   1 ἐτεκτήνατο V, 43, 11
1 τέλειος
   1 τελείᾳ V, 40, 6
1 τελείως
   1 τελείως V, 24, 4
1 τελεστής
   1 τελεστῇ V, 15, 6
5 τελετή
   2 τελεταῖς IV, 86, 10; V, 32, 2
   2 τελετάς V, 35, 4; V, 42, 3
   1 τελετῶν IV, 98, 14
2 τελευταῖος
   1 τελευταίας IV, 48, 1
   1 τελευταίους V, 61, 4
7 τελέω
   1 ἐτέλει IV, 74, 9
   1 τελεῖσθαι V, 42, 4
   1 τελεῖται IV, 98, 11
   1 τελεσθεῖσι V, 40, 8
   1 τελέσουσι V, 41, 2
   1 τελούμενα V, 53, 7
   1 τελῶν V, 20, 3
9 τέλος (τό)
   2 τέλει IV, 21, 3; IV, 21, 5
   6 τέλος IV, 21, 12; IV, 32, 5; IV, 106, 16; V, 1, 5; V, 16, 6; V, 65, 8
   1 τέλους IV, 106, 14
1 τέμενος
   1 τέμενος V, 27, 9
1 τέμνω

1 τεμνομένας IV, 90, 5
1 τέρας
   1 τέρας V, 33, 9
1 τερατεία
   1 τερατείαν V, 15, 4
2 τερατεύομαι
   1 τερατεύεσθε IV, 62, 9
   1 τερατευσάμενοι IV, 28, 6
3 τερατούργημα
   3 τερατούργημα V, 5, 3; V, 10, 4; V, 10, 15
1 τέταρτος
   1 τέταρτον IV, 58, 7
1 τετραμερής
   1 τετραμερές V, 7, 8
1 τέχνασμα
   1 τεχνάσματος IV, 78, 1
4 τέχνη
   2 τέχνην V, 1, 11; V, 27, 6
   2 τέχνης IV, 1, 8; IV, 1, 10
1 τεχνικῶς
   1 τεχνικῶς V, 66, 31
1 τεχνίτης
   1 τεχνίτην IV, 2, 6
1 τέως
   1 τέως IV, 92, 3
1 τηνικαῦτα
   1 τηνικαῦτα IV, 28, 6
4 τηρέω
   1 ἐτήρουν IV, 16, 4
   1 τηρεῖσθαι IV, 95, 21
   1 τηρήσει IV, 16, 3
   1 τηρήσεις IV, 16, 3
5 τίθημι
   1 ἔθου V, 43, 8
   1 ἐτίθει V, 25, 4
   1 θεῖναι IV, 38, 9
   1 θείς IV, 83, 3
   1 τεθέντος V, 52, 2
2 τίκτω
   1 ἐτέχθη IV, 72, 6
   1 τεχθείσης IV, 31, 3
7 τιμάω
   1 ἐτίμας V, 61, 4
   1 ἐτιμήθη V, 49, 9
   1 ἐτίμησε IV, 42, 7
   1 τιμᾶν V, 53, 6
   1 τιμώμενοι IV, 39, 3
   1 τιμώμενος V, 49, 4

   1 τιμωμένων V, 8, 5
14 τιμή
   1 τιμάς IV, 98, 15
   1 τιμή V, 53, 7
   6 τιμήν IV, 38, 7; IV, 57, 5; IV, 95, 23; IV, 100, 7; V, 61, 4; V, 61, 6
   6 τιμῆς IV, 37, 7; IV, 42, 8; IV, 57, 1; IV, 57, 2; IV, 57, 4; IV, 57, 7
4 τίμιος
   3 τίμιον IV, 61, 2; IV, 102, 5; V, 7, 6
   1 τιμιώτεραν IV, 66, 10
1 τιμωρέω
   1 ἐτιμωρήσατο IV, 80, 7
2 τιμωρία
   1 τιμωρίαν V, 22, 12
   1 τιμωρίας V, 56, 3
1 τίνω
   1 ἐτίσατο V, 61, 23
93 τις
   1 ἄττα IV, 101, 4
   23 τι IV, 16, 7; IV, 19, 2; IV, 34, 1; IV, 37, 12; IV, 38, 13; IV, 44, 8; IV, 54, 1; IV, 54, 2; IV, 61, 6; IV, 70, 2; IV, 77, 1; IV, 80, 2; IV, 93, 3; IV, 95, 7; IV, 106, 3; V, 12, 2; V, 13, 7; V, 20, 5; V, 22, 3; V, 24, 1; V, 24, 11; V, 32, 5; V, 33, 10
   15 τινα IV, 2, 13; IV, 10, 7; IV, 44, 5; IV, 52, 3; IV, 62, 9; IV, 99, 2; V, 14, 2; V, 28, 9; V, 42, 3; V, 45, 6; V, 50, 4; V, 61, 11; V, 66, 1; V, 66, 6; V, 66, 30
   1 τίνα IV, 104, 13
   3 τινας IV, 41, 7; IV, 67, 6; V, 61, 9
   4 τινες IV, 41, 2; IV, 79, 3; IV, 97, 11; V, 3, 2
   9 τινι IV, 13, 9; IV, 17, 2; IV, 21, 6; IV, 54, 2; IV, 66, 10; IV, 76, 1; IV, 80, 5; IV, 100, 7; V, 3, 1
   12 τινος IV, 2, 9; IV, 13, 1; IV, 13, 2; IV, 13, 3; IV, 66, 2; IV, 101, 5; V, 24, 6; V, 34, 1; V, 35, 1; V, 35, 2; V, 45, 5; V, 59, 4

1 τίνος   V, 27, 7
2 τινῶν   IV, 52, 2; V, 61, 8
15 τις   IV, 4, 2; IV, 4, 8; IV, 41, 1; IV, 41, 6; IV, 57, 3; IV, 79, 4; IV, 88, 4; IV, 104, 4; V, 1, 14; V, 10, 7; V, 14, 1; V, 16, 1; V, 26, 3; V, 61, 12; V, 64, 13
3 τισι   IV, 52, 4; IV, 56, 6; V, 10, 12
4 τισιν   IV, 73, 5; IV, 87, 6; V, 3, 7; V, 53, 4
27 τίς
  6 τί   IV, 57, 2; IV, 57, 3; IV, 83, 1; IV, 105, 1; IV, 105, 3; V, 51, 8
  9 τίνα   IV, 10, 6; IV, 38, 2; IV, 71, 4; IV, 101, 4; IV, 104, 12; V, 2, 6; V, 11, 2; V, 37, 3; V, 61, 7
  1 τίνες   V, 61, 15
  3 τίνος   IV, 66, 1; IV, 98, 5; IV, 105, 2
  2 τίνων   V, 24, 2; V, 58, 17
  5 τίς   IV, 37, 1 (2); IV, 38, 2; IV, 38, 8; IV, 86, 1
  1 τίσι   V, 21, 1
1 τίσις
  1 τίσεις   V, 58, 18
1 Τιτυός
  1 τιτυόν   V, 58, 12
2 τοι
  2 τοι   V, 59, 1; V, 61, 21
7 τοίνυν
  7 τοίνυν   IV, 64, 7; IV, 100, 6; V, 13, 8; V, 33, 1; V, 51, 11; V, 56, 1; V, 56, 3
34 τοιοῦτος
  9 τοιαῦτα   IV, 53, 3; IV, 66, 4; IV, 95, 12; IV, 99, 7; IV, 100, 5; V, 16, 2; V, 30, 5; V, 32, 7; V, 50, 1
  1 τοιαῦται   V, 59, 19
  3 τοιαύταις   IV, 9, 7; IV, 67, 4; V, 20, 7
  1 τοιαύτας   V, 2, 11
  1 τοιαύτῃ   V, 66, 20
  3 τοιαύτην   IV, 28, 7; IV, 38, 7; IV, 38, 8
  2 τοιαύτης   IV, 47, 3; V, 50, 7
  1 τοιοῦτοι   V, 27, 6
  2 τοιούτοις   IV, 9, 11; V, 58, 7

1 τοιοῦτον   IV, 103, 8
2 τοιούτου   IV, 64, 10; V, 46, 4
2 τοιούτους   IV, 65, 11; IV, 95, 11
6 τοιούτων   IV, 52, 4; IV, 52, 6; V, 2, 9; V, 11, 2; V, 15, 6; V, 24, 9
1 τοῖχος
  1 τοίχοις   IV, 87, 6
1 τόλμα
  1 τόλμῃ   V, 22, 11
2 τολμάω
  1 τετολμημένοις   V, 2, 4
  1 τολμᾷ   IV, 61, 1
1 τόλμημα
  1 τολμημάτων   IV, 51, 1
1 τολμητής
  1 τολμηταῖς   V, 2, 9
1 τολμητός
  1 τολμητοῖς   V, 13, 4
1 τομή
  1 τομήν   V, 22, 14
1 τόνος
  1 τόνῳ   IV, 97, 12
2 τοξεύω
  1 τοξεύειν   V, 59, 6
  1 τοξεύουσα   V, 19, 5
4 τόξον
  4 τόξον   V, 1, 10; V, 1, 14; V, 59, 5; V, 59, 7
4 τόπος
  1 τόποις   IV, 87, 6
  3 τόπῳ   IV, 66, 5; IV, 93, 3; V, 60, 4
1 τόρνος
  1 τόρνῳ   V, 43, 11
6 τοσοῦτος
  1 τοσαύτης   IV, 69, 3
  2 τοσοῦτον   IV, 84, 5; V, 53, 3
  2 τοσοῦτος   V, 28, 3; V, 58, 12
  1 τοσούτους   V, 28, 2
4 τότε
  4 τότε   IV, 42, 2; IV, 53, 5; V, 33, 1; V, 39, 1
13 τουτέστι
  8 τουτέστι   IV, 15, 1; IV, 71, 2; V, 2, 2; V, 19, 5; V, 46, 2; V, 53, 2; V, 55, 1; V, 62, 10
  5 τουτέστιν   IV, 6, 5; IV, 14, 6; IV, 54, 4; IV, 75, 2; V, 30, 2

1 τραγοσκελής
  1 τραγοσκελῆ   IV, 71, 6
1 τραγῳδία
  1 τραγῳδίας   V, 14, 12
1 Τραϊανός
  1 τραϊανούς   V, 14, 4
1 τρανός
  1 τρανότερον   IV, 17, 2
1 τράπεζα
  1 τραπέζης   V, 59, 12
9 τρεῖς
  4 τρεῖς   IV, 21, 8; IV, 57, 3; IV, 91, 1; IV, 91, 4
  1 τρία   V, 29, 3
  2 τρισί   IV, 72, 8; V, 28, 1
  2 τριῶν   IV, 72, 6; V, 62, 2
2 τρέπω
  1 τρέποντα   IV, 74, 9
  1 τρέψωσιν   V, 24, 4
1 τριέσπερος
  1 τριέσπερον   IV, 72, 1
1 τρίπους
  1 τρίποδα   V, 45, 3
1 Τριπτόλεμος
  1 τριπτολέμους   V, 44, 1
1 τρίς
  1 τρίς   V, 28, 11
2 τρίτος
  1 τρίτη   IV, 57, 7
  1 τρίτον   IV, 58, 7
5 τρόπαιον
  2 τρόπαιον   V, 7, 10; V, 7, 13
  3 τροπαίου   V, 7, 12; V, 9, 20; V, 9, 24
1 τροπικός
  1 τροπικοῦ   V, 9, 14
1 τροπικῶς
  1 τροπικῶς   IV, 73, 12
5 τρόπος
  5 τρόπον   IV, 36, 2; IV, 38, 10; IV, 52, 12; V, 9, 8; V, 25, 4
4 τροφή
  2 τροφαῖς   IV, 65, 6; V, 64, 18
  1 τροφήν   V, 66, 24
  1 τροφῆς   V, 66, 22
1 τροχός (ὁ)
  1 τροχῷ   V, 58, 15
6 τυγχάνω
  1 ἔτυχε   V, 66, 2

1 τυγχάνει   V, 1, 18
1 τυχεῖν   V, 51, 1
1 τύχοι   IV, 99, 3
1 τυχοῦσιν   V, 3, 6
1 τυχών   V, 59, 8
1 τύπος
  1 τύποις   IV, 62, 8
1 τύπτω
  1 τύπτων   IV, 95, 2
1 τύπωμα
  1 τυπωμάτων   IV, 102, 3
1 τυραννέω
  1 τυραννουμένους   IV, 95, 6
4 τυραννικός
  1 τυραννικῷ   IV, 74, 7
  1 τυραννικῶν   V, 55, 2
  1 τυραννικωτάτου   V, 1, 20
  1 τυραννικώτερον   IV, 80, 7
4 τυραννίς
  2 τυραννίδα   IV, 32, 4; V, 23, 4
  2 τυραννίδος   V, 23, 1; V, 25, 1
9 τύραννος
  2 τύραννον   IV, 6, 5; V, 23, 6
  1 τύραννος   IV, 85, 3
  3 τυράννου   IV, 4, 4; V, 2, 3; V, 66, 10
  1 τυράννους   V, 23, 3
  2 τυράννῳ   IV, 3, 3; IV, 85, 6
4 τύχη
  1 τύχας   V, 14, 10
  1 τύχη   V, 3, 3
  2 τύχης   IV, 66, 5; IV, 88, 3
1 τυχηρός
  1 τυχηράς   IV, 47, 4

2 ὑβρίζω
  1 ὑβρίζειν   IV, 29, 5
  1 ὑβριζομένην   IV, 101, 9
4 ὕβρις
  1 ὕβρει   IV, 30, 3
  1 ὕβρεις   V, 64, 12
  1 ὕβριν   V, 27, 6
  1 ὕβρις   IV, 30, 1
4 ὑβριστής
  2 ὑβριστάς   IV, 75, 3; V, 1, 21
  2 ὑβριστήν   IV, 15, 3; V, 9, 10
3 ὕδρα
  1 ὕδρα   IV, 90, 2
  1 ὕδραν   IV, 90, 1

INDEX GRAECITATIS

1 ὕδρας IV, 64, 5
2 ὕδωρ
   2 ὕδατος V, 31, 6; V, 58, 9
2 υἱός
   2 υἱός IV, 5, 3; IV, 5, 7
1 ὑλακτέω
   1 ὑλακτούντων IV, 53, 6
6 ὕλη
   1 ὕλαις IV, 67, 4
   1 ὕλας IV, 67, 7
   1 ὕλη IV, 67, 12
   1 ὕλην IV, 9, 5
   1 ὕλης IV, 1, 7
   1 ὑλῶν IV, 67, 7
7 ὑμεῖς
   1 ὑμεῖς IV, 62, 9
   3 ὑμῖν IV, 66, 10; V, 35, 2; V, 58, 8
   3 ὑμῶν IV, 62, 9; IV, 70, 4; V, 1, 14
3 ὑμέτερος
   2 ὑμέτερα IV, 70, 3; V, 60, 7
   1 ὑμετέρας IV, 86, 6
1 ὑμνέω
   1 ὑμνούμενος V, 32, 8
1 ὑμνῳδία
   1 ὑμνῳδία V, 54, 13
2 ὕπαρ
   2 ὕπαρ V, 2, 9; V, 2, 11
1 ὕπαρχος
   1 ὕπαρχον IV, 32, 7
10 ὑπάρχω
   2 ὑπάρχει IV, 13, 3; IV, 66, 3
   1 ὑπάρχειν IV, 24, 2
   1 ὑπάρχον IV, 48, 7
   1 ὑπάρχοντα V, 1, 6
   1 ὑπάρχουσαι IV, 102, 4
   1 ὑπαρχούσης IV, 101, 10
   1 ὑπάρχουσιν V, 13, 10
   1 ὑπάρχων IV, 61, 4
   1 ὑπῆρχεν IV, 19, 4
1 ὑπασπιστής
   1 ὑπασπιστής V, 20, 2
23 ὑπέρ
   23 ὑπέρ IV, 19, 4 (2); IV, 19, 7 (2); IV, 27, 2; IV, 27, 3; IV, 33, 2; IV, 33, 3; IV, 41, 5; IV, 49, 6; IV, 57, 1; IV, 57, 5; IV, 66, 4; IV, 84, 1; IV, 87, 5; IV, 94, 3; IV, 95, 4; IV, 104, 12; V, 13, 9; V, 25, 3; V, 51, 3; V, 51, 4; V, 61, 12
2 ὑπεραίρω
   1 ὑπεραίρηται IV, 26, 3
   1 ὑπεραρθείς IV, 83, 5
2 ὑπεράνω
   2 ὑπεράνω V, 37, 3; V, 37, 8
1 ὑπεραπολογέομαι
   1 ὑπεραπολογεῖται IV, 4, 5
1 ὑπερβαίνω
   1 ὑπερβαίνουσαν V, 45, 6
1 ὑπερβαλλόντως
   1 ὑπερβαλλόντως IV, 94, 3
2 ὑπερβάλλω
   1 ὑπερβάλλον IV, 103, 4
   1 ὑπερβαλλούσης IV, 37, 7
1 ὑπερβολή
   1 ὑπερβολῇ V, 57, 6
1 ὑπερβολικῶς
   1 ὑπερβολικῶς V, 24, 9
1 ὑπερδέξιος
   1 ὑπερδεξίων V, 16, 1
1 ὑπερεύχομαι
   1 ὑπερεύχεται V, 57, 5
1 ὑπερηφανία
   1 ὑπερηφανίας V, 37, 1
3 ὑπερήφανος
   1 ὑπερηφάνοις IV, 30, 4
   2 ὑπερήφανον IV, 103, 7; IV, 103, 9
1 ὕπερθεν
   1 ὕπερθεν V, 60, 2
2 ὑπέρκειμαι
   1 ὑπερκείμενα V, 16, 3
   1 ὑπερκειμένων V, 16, 4
2 ὑπεροράω
   1 ὑπερορωμένης IV, 59, 5
   1 ὑπερορῶν IV, 101, 9
1 ὑπερόριος
   1 ὑπερορίαις IV, 88, 6
1 ὑπεροχή
   1 ὑπεροχῆς V, 37, 3
2 ὑπέρτερος
   1 ὑπέρτερε IV, 86, 4
   1 ὑπέρτερον V, 57, 2
1 ὑπερυψόω
   1 ὑπερυψούμενον IV, 14, 3
1 ὑπερφρονέω

1 ὑπερφρονήσας IV, 83, 4
1 ὑπερφυής
   1 ὑπερφυές V, 10, 4
1 ὑπερφωνέω
   1 ὑπερφωνῆσαι IV, 86, 7
1 ὑπηχέω
   1 ὑπηχεῖσθαι IV, 85, 8
2 ὑπισχνέομαι
   1 ὑπισχνεῖται V, 20, 4
   1 ὑπισχνουμένων IV, 44, 2
37 ὑπό
   9 ὑπ' IV, 2, 15; IV, 26, 3; IV, 87, 2; IV, 88, 5; IV, 98, 6; V, 5, 1; V, 32, 6; V, 38, 3; V, 47, 4
   25 ὑπό IV, 21, 6; IV, 26, 2; IV, 38, 10; IV, 41, 7; IV, 43, 5; IV, 44, 2; IV, 52, 4; IV, 56, 6; IV, 58, 3; IV, 62, 5; IV, 64, 2; IV, 64, 3; IV, 73, 12; IV, 94, 4; IV, 97, 8; IV, 102, 9; IV, 102, 10; V, 6, 3; V, 7, 7; V, 22, 1; V, 22, 9; V, 28, 4; V, 40, 5; V, 56, 4; V, 59, 4
   3 ὑφ' IV, 16, 6; V, 2, 2; V, 22, 10
1 ὑποβαίνω
   1 ὑποβεβηκυίας IV, 67, 7
1 ὑπόγυιος
   1 ὑπογύου V, 10, 13
1 ὑπόδειξις
   1 ὑποδείξει IV, 25, 5
3 ὑποδέχομαι
   1 ὑπεδεξάμεθα V, 61, 6
   1 ὑποδέξασθαι V, 27, 8
   1 ὑποδέχεται V, 27, 6
1 ὑποεργός
   1 ὑπουργός V, 46, 4
3 ὑπόθεσις
   2 ὑποθέσει IV, 1, 12; IV, 2, 3
   1 ὑποθέσεως V, 64, 8
1 ὑποκαίω
   1 ὑποκαιομένῳ IV, 85, 6
8 ὑπόκειμαι
   1 ὑποκείμενα IV, 104, 5
   1 ὑποκειμένης IV, 1, 7
   1 ὑποκείμενον IV, 80, 10
   1 ὑποκειμένου IV, 99, 2
   1 ὑποκειμένους V, 16, 5
   2 ὑποκειμένων IV, 80, 4; V, 66, 3
   1 ὑπόκειται IV, 2, 4
1 ὑποκλέπτω
   1 ὑποκλέπτων V, 32, 1
1 ὑποκρίνομαι (-ω)
   1 ὑποκρινομένους V, 29, 6
1 ὑποκρύπτω
   1 ὑπέκρυβεν V, 59, 16
4 ὑπομένω
   1 ὑπέμεινε IV, 42, 8
   1 ὑπομείναντες IV, 48, 3
   1 ὑπομεμενήκει IV, 37, 9
   1 ὑπομεμενηκότας IV, 8, 3
1 ὑπόπτερος
   1 ὑπόπτερον V, 12, 2
1 ὑποπτεύω
   1 ὑποπτευθείη V, 51, 6
1 ὕποπτος
   1 ὕποπτον V, 10, 12
2 ὑποσημαίνω
   1 ὑπεσημηνάμην V, 66, 31
   1 ὑποσημαίνεσθαι IV, 52, 3
2 ὑποσπάω
   1 ὑποσπασθείσης V, 18, 1
   1 ὑποσπᾶται V, 18, 4
2 ὑποστρέφω
   2 ὑποστρέφων V, 1, 4; V, 59, 2
2 ὑποτάσσω
   1 ὑπέταξαν V, 14, 8
   1 ὑποτάξαντα IV, 17, 9
1 ὑποχωρέω
   1 ὑποχωρεῖν V, 13, 6
1 ὑποψία
   1 ὑποψίας IV, 4, 6
2 ὕστερος
   1 ὕστερον V, 23, 4
   1 ὑστέρῳ V, 61, 22
1 ὑφίημι
   1 ὑφίεσθαι V, 13, 5
4 ὑφίστημι
   1 ὑπεστήσατο V, 43, 2
   1 ὑποστῆναι IV, 49, 10
   1 ὑποστήσας V, 43, 13
   1 ὑφισταμένη V, 18, 5
6 ὑψηλός
   1 ὑψηλαί V, 60, 2
   1 ὑψηλήν IV, 65, 8
   1 ὑψηλόν V, 62, 15
   1 ὑψηλότερον IV, 83, 2

INDEX GRAECITATIS

1 ὑψηλῷ IV, 2, 13
1 ὑψηλῶν V, 66, 28
1 ὕψιστος
  1 ὕψιστον V, 7, 12
2 ὕψος
  2 ὕψος IV, 2, 5; IV, 61, 3
3 ὑψόω
  1 ὑψουμένων IV, 9, 7
  1 ὑψωθείς IV, 83, 4
  1 ὑψῶν IV, 30, 7
1 ὕω
  1 ὑόμενος IV, 19, 1

4 φαίνω
  1 ἐφάνησαν IV, 11, 5
  1 φαινόμενα IV, 105, 9
  2 φαινόμενον V, 37, 3; V, 37, 8
2 Φάλαρις
  1 φαλάριδος IV, 85, 1
  1 φάλαρις IV, 85, 5
1 φαλλός
  1 φαλλῶν IV, 70, 3
1 φανερόω
  1 πεφανέρωται IV, 62, 6
1 φανερῶς
  1 φανερῶς IV, 16, 7
3 φαντάζω
  1 ἐφαντάσθησαν IV, 41, 2
  1 φανταζόμενοι IV, 28, 7
  1 φαντάζοντες V, 29, 3
1 φαντασιοκοπέω
  1 φαντασιοκοπῶν IV, 68, 2
1 φαντασιώδης
  1 φαντασιώδη IV, 68, 5
1 φάντασμα
  1 φαντάσματα IV, 106, 12
1 Φαραώ
  1 φαραώ IV, 12, 4
1 φαρμακεύω
  1 φαρμακευούσης IV, 76, 4
2 φαρμάσσω
  1 φαρμάξασα IV, 64, 6
  1 φαρμαχθῆναι IV, 76, 1
2 φάσκω
  1 φάσκει IV, 23, 3
  1 φάσκων IV, 106, 13
1 φάσμα
  1 φάσματα V, 63, 4
2 φαῦλος

1 φαῦλον IV, 38, 3
1 φαῦλος V, 33, 1
4 φείδομαι
  2 ἐφείδοντο V, 24, 6; V, 24, 9
  1 φείδεσθαι IV, 95, 20
  1 φειδομένων IV, 95, 19
1 φενακίζω
  1 φενακίζων V, 29, 7
14 φέρω
  1 φέρεσθαι V, 34, 4
  3 φέρεται IV, 54, 2; IV, 93, 5; IV, 106, 6
  1 φέροιεν IV, 52, 14
  1 φερόμενα IV, 13, 9
  1 φερομέναις V, 44, 3
  2 φερόμενον IV, 80, 4; V, 22, 3
  1 φέρον V, 28, 11
  2 φέροντες IV, 9, 10; IV, 23, 1
  2 φέρων IV, 5, 6; V, 61, 19
1 φερωνύμως
  1 φερωνύμως V, 9, 11
1 φεύγω
  1 φεύγουσα IV, 57, 8
125 φημί
  2 ἔφα IV, 97, 1; IV, 97, 5
  13 ἔφη IV, 2, 13; IV, 9, 9; IV, 12, 3; IV, 30, 3; IV, 32, 14; IV, 38, 6; IV, 42, 3; IV, 79, 5; IV, 91, 2; V, 1, 13; V, 1, 26; V, 59, 18; V, 61, 20
  1 ἔφησε V, 6, 3
  10 φασι IV, 29, 2; IV, 71, 4; IV, 73, 6; IV, 90, 4; IV, 91, 5; IV, 91, 6; IV, 97, 5; V, 9, 4; V, 14, 3; V, 58, 9
  10 φασιν IV, 29, 5; IV, 58, 1; IV, 72, 7; V, 9, 7; V, 22, 1; V, 22, 8; V, 24, 6; V, 49, 5; V, 62, 11; V, 64, 19
  51 φησι IV, 4, 9; IV, 5, 4; IV, 10, 8; IV, 14, 5; IV, 17, 4; IV, 20, 2; IV, 24, 2; IV, 32, 10; IV, 33, 3; IV, 34, 4; IV, 38, 13; IV, 43, 3; IV, 45, 2; IV, 48, 5; IV, 49, 5; IV, 49, 8; IV, 52, 5; IV, 52, 10; IV, 57, 3; IV, 58, 3; IV, 60, 5; IV, 66, 10; IV, 68, 6; IV, 80, 6; IV, 84, 7; IV, 93, 1; IV, 94, 3; IV, 100, 4; IV, 101, 8; IV, 102,

6; IV, 104, 12; IV, 105, 1 (2); IV, 105, 3; V, 2, 3; V, 2, 8; V, 3, 4; V, 9, 14; V, 10, 9; V, 14, 10; V, 26, 5; V, 29, 9; V, 45, 3; V, 45, 9; V, 47, 6; V, 50, 8; V, 52, 5; V, 54, 2; V, 58, 3; V, 58, 14; V, 58, 17
38 φησιν IV, 4, 11; IV, 5, 8; IV, 6, 2; IV, 11, 4; IV, 12, 5; IV, 26, 2; IV, 37, 1; IV, 41, 2; IV, 48, 4; IV, 52, 14; IV, 66, 2; IV, 66, 6; IV, 70, 2; IV, 80, 7; IV, 84, 4; IV, 95, 8; IV, 95, 9; IV, 96, 3; IV, 96, 6; IV, 101, 6; IV, 102, 4; IV, 102, 9; V, 9, 16; V, 20, 6; V, 22, 2; V, 27, 5; V, 27, 7; V, 28, 6; V, 35, 2; V, 37, 5; V, 37, 6; V, 43, 8; V, 51, 5; V, 58, 10; V, 60, 6; V, 61, 3; V, 61, 12; V, 61, 18
2 φθάνω
  1 ἔφθασεν V, 59, 3
  1 ἔφθη V, 10, 7
1 φθαρτός
  1 φθαρτοῖς IV, 17, 8
3 φθέγγομαι
  1 φθέγγεται V, 45, 1
  1 φθεγγόμενα IV, 105, 9
  1 φθεγγομένην V, 45, 2
3 φθείρω
  2 φθείρει IV, 80, 5; V, 9, 11
  1 φθείρων V, 32, 4
2 φθορά
  1 φθορᾷ IV, 17, 3
  1 φθοράν IV, 17, 5
4 φιλανθρωπία
  1 φιλανθρωπία IV, 76, 1
  1 φιλανθρωπίαν IV, 76, 2
  2 φιλανθρωπίας IV, 76, 4; V, 57, 6
1 φιλάνθρωπος
  1 φιλάνθρωπον IV, 59, 2
1 φιλία
  1 φιλίας IV, 106, 13
2 φιλονεικέω
  1 ἐφιλονείκησεν IV, 36, 4
  1 φιλονεικῶν V, 4, 9
1 φίλος
  1 φίλον IV, 12, 4

4 φιλοσοφέω
  1 πεφιλοσοφηκότας IV, 66, 4
  1 φιλοσοφήσαντι IV, 66, 11
  1 φιλοσοφοῦντες IV, 39, 3
  1 φιλοσοφῶν V, 64, 9
11 φιλοσοφία
  2 φιλοσοφία IV, 42, 3; IV, 66, 7
  3 φιλοσοφίαν IV, 42, 1; IV, 65, 8; V, 29, 6
  6 φιλοσοφίας IV, 65, 11; IV, 66, 2; IV, 95, 13; IV, 97, 3; IV, 105, 7; IV, 106, 9
5 φιλόσοφος
  2 φιλόσοφοι V, 58, 4; V, 58, 8
  1 φιλόσοφον IV, 54, 6
  1 φιλόσοφος IV, 56, 2
  1 φιλοσόφων IV, 39, 2
1 φιλοτιμία
  1 φιλοτιμίαν IV, 76, 3
1 φιλόχριστος
  1 φιλόχριστον IV, 4, 4
1 φίλτρον
  1 φίλτρου IV, 64, 5
1 Φλανωνία
  1 φλανωνίαν IV, 32, 9
2 φλυαρία
  2 φλυαρίαν IV, 65, 12; IV, 105, 10
5 φοβερός
  1 φοβερόν IV, 85, 8
  1 φοβερῷ IV, 80, 5
  2 φοβερῶν V, 11, 1; V, 11, 2
  1 φοβερώτερον V, 6, 3
2 φοβέω
  1 φοβεῖσθαι V, 11, 2
  1 φοβηθείς IV, 6, 3
2 φόβος
  1 φόβον IV, 57, 8
  1 φόβῳ IV, 21, 3
1 φονευτής
  1 φονευτοῦ IV, 95, 1
1 φόνος
  1 φόνῳ V, 24, 5
3 φορά
  2 φορᾷ V, 3, 1; V, 8, 3
  1 φοράν V, 43, 6
1 φόρτος
  1 φόρτον V, 21, 9
2 φράζω

INDEX GRAECITATIS

1 φράζει   V, 48, 3
1 φράσας   IV, 103, 10
1 φράσις
  1 φράσεως   IV, 101, 6
1 φρέαρ
  1 φρέασι   IV, 87, 5
2 φρήν
  1 φρένας   V, 61, 22
  1 φρενῶν   IV, 101, 11
2 φρικτός
  2 φρικτόν   IV, 82, 2; V, 5, 2
1 φρίσσω
  1 φρίσσουσιν   IV, 92, 1
1 φρονέω
  1 ἐφρόνει   V, 64, 5
1 φυγάς
  1 φυγάδας   IV, 9, 2
5 φυλάσσω
  1 φυλάξαι   V, 13, 7
  1 φυλάξας   IV, 31, 3
  2 φυλάσσουσι   IV, 95, 23 (2)
  1 φυλάσσουσιν   IV, 95, 22
1 φυσάω
  1 φυσῶν   V, 31, 4
1 φύσησις
  1 φυσήσεις   V, 31, 1
1 φυσιογνώμων
  1 φυσιογνώμων   V, 33, 4
11 φύσις
  1 φύσει   V, 51, 11
  3 φύσεως   IV, 67, 4; V, 51, 6; V, 51, 8
  5 φύσιν   IV, 18, 3; IV, 24, 3; V, 49, 6; V, 51, 3; V, 51, 5
  2 φύσις   V, 33, 9; V, 51, 9
1 φύω
  1 φυομένων   IV, 90, 4
9 φωνή
  2 φωναί   IV, 102, 1; IV, 102, 2
  1 φωνάς   V, 39, 4
  2 φωνή   V, 23, 5; V, 26, 3
  1 φωνῇ   IV, 61, 5
  1 φωνήν   IV, 2, 10
  1 φωνῆς   IV, 47, 3
  1 φωνῶν   IV, 2, 3
6 φῶς
  4 φῶς   V, 7, 2; V, 7, 5; V, 9, 23; V, 66, 5
  2 φωτί   V, 9, 24; V, 43, 12

1 φωτίζω
  1 φωτίζων   V, 42, 3
1 φωτοειδής
  1 φωτοειδεῖ   V, 7, 6

1 χαίρω
  1 χαίρει   IV, 5, 4
1 χαλεπός
  1 χαλεπωτέρον   V, 58, 17
1 χάλκεος
  1 χαλκοῦν   IV, 85, 6
2 χαλκίς
  1 χαλκίδα   IV, 102, 6
  1 χαλκίς   IV, 102, 8
1 χαμερπής
  1 χαμερπεῖς   IV, 83, 6
2 χαρακτήρ
  1 χαρακτῆρας   IV, 67, 5
  1 χαρακτῆρι   V, 51, 15
6 χάρις
  4 χάριν   IV, 21, 9; IV, 30, 5; IV, 57, 4; IV, 64, 5
  1 χάρις   V, 61, 22
  1 χάριτι   IV, 62, 8
2 χάσμα
  1 χάσμα   IV, 80, 2
  1 χάσματος   V, 45, 5
5 χείρ
  1 χεῖρα   IV, 101, 7
  4 χεῖρας   IV, 6, 3; IV, 51, 5; IV, 81, 2; V, 54, 14
2 χειρόω
  1 χειρούμενα   V, 36, 3
  1 χειροῦσθαι   IV, 37, 16
4 χείρων
  2 χεῖρον   IV, 29, 4; IV, 29, 9
  1 χείρους   IV, 11, 3
  1 χείρων   IV, 95, 16
1 χέω
  1 κέχυται   V, 43, 9
1 χηρεύω
  1 χηρεῦον   IV, 40, 7
1 χιλιάς
  1 χιλιάδας   IV, 66, 3
3 χίμαιρα
  1 χίμαιρα   IV, 91, 3
  1 χίμαιραν   IV, 91, 1
  1 χιμαίρας   V, 33, 10
5 χιτών

1 χιτών IV, 64, 4
3 χιτῶνα IV, 64, 2; IV, 64, 6; V, 10, 10
1 χιτῶνος IV, 64, 7
1 χλευάζω
  1 χλευάζων V, 14, 4
1 χνόος
  1 χνοῦν IV, 19, 5
1 χοῖρος
  1 χοῖροι IV, 100, 4
1 χορός
  1 χοροῦ IV, 10, 1
7 χράομαι (-άω)
  1 ἐκέχρηντο IV, 79, 2
  3 κέχρηται V, 1, 24; V, 59, 12; V, 59, 14
  1 χρώμενον V, 23, 7
  1 χρώμενος V, 64, 17
  1 χρωμένους IV, 55, 3
4 χρεία
  1 χρείᾳ IV, 19, 2
  3 χρείαν IV, 19, 4; IV, 19, 7; V, 25, 5
3 χρή
  1 χρή V, 53, 4
  2 χρῆναι IV, 42, 1; IV, 49, 5
2 χρῆμα
  1 χρήμασι IV, 76, 4
  1 χρημάτων IV, 95, 3
1 χρῆσις (χρή)
  1 χρῆσιν IV, 101, 9
2 χρησμός
  1 χρησμοῖς IV, 1, 6
  1 χρησμούς V, 45, 8
1 χρηστεύομαι
  1 χρηστευσάμενος IV, 34, 6
5 χρηστότης
  2 χρηστότης IV, 59, 1; IV, 59, 4
  1 χρηστότητες IV, 34, 4
  2 χρηστότητος IV, 33, 4; IV, 59, 6
2 χριστιανισμός
  1 χριστιανισμοῦ IV, 69, 9
  1 χριστιανισμῷ V, 26, 7
18 χριστιανός
  6 χριστιανοῖς IV, 4, 7; IV, 94, 2; IV, 95, 4; V, 38, 1; V, 38, 2; V, 59, 15
  4 χριστιανούς IV, 34, 4; IV, 34, 6; IV, 60, 3; V, 41, 4
  8 χριστιανῶν IV, 29, 8; IV, 32, 11; IV, 69, 3; V, 3, 4; V, 12, 6; V, 15, 3; V, 60, 6; V, 65, 7
16 Χριστός
  2 χριστόν IV, 79, 5; V, 64, 12
  1 χριστός V, 57, 1
  8 χριστοῦ IV, 1, 6; IV, 33, 5; IV, 49, 6; IV, 63, 3; IV, 79, 3; V, 4, 8; V, 9, 19; V, 54, 10
  5 χριστῷ IV, 51, 6; IV, 60, 4; IV, 65, 8; V, 7, 11; V, 9, 24
1 χρίω
  1 κεχρισμένον IV, 64, 3
4 χρόνος
  1 χρόνον V, 42, 3
  1 χρόνου IV, 68, 3
  1 χρόνῳ V, 65, 4
  1 χρόνων V, 10, 11
6 χρύσεος
  2 χρυσῆν IV, 67, 1; IV, 67, 6
  1 χρυσῆς IV, 67, 2
  1 χρυσοῦν IV, 68, 3
  2 χρυσῶν IV, 97, 11; IV, 97, 14
1 χρυσός
  1 χρυσοῦ IV, 67, 9
2 χρυσοχοέω
  2 χρυσοχοεῖν IV, 99, 4; IV, 99, 6
2 χρυσοχόος
  2 χρυσοχόος IV, 99, 3; IV, 99, 5
1 χρῶμα
  1 χρῶμα IV, 103, 9
2 χώρα
  1 χώραν V, 43, 13
  1 χώρας V, 14, 7
3 χωρέω
  1 κεχωρηκέναι V, 1, 26
  1 χωρεῖν V, 13, 6
  1 χωρήσαντες V, 24, 3
1 χωρίζω
  1 κεχωρισμένον IV, 100, 6
3 χωρίον
  1 χωρία V, 16, 3
  1 χωρίοις IV, 52, 4
  1 χωρίων IV, 21, 7
1 χωρίς
  1 χωρίς IV, 3, 2
1 χῶρος
  1 χῶρον V, 28, 9

INDEX GRAECITATIS

1 ψάλλω
  1 ψαλλόντων V, 26, 4
2 ψάμμος
  1 ψάμμος V, 18, 3
  1 ψάμμου V, 18, 1
1 ψέγω
  1 ψέγει V, 64, 9
2 ψευδής
  2 ψευδῆ IV, 52, 14; V, 4, 7
1 ψεύδω
  1 ψευδομένων V, 8, 2
2 ψεῦσμα
  1 ψεύσματα IV, 55, 3
  1 ψευσμάτων V, 63, 1
1 ψηφίς
  1 ψηφῖδος V, 10, 9
1 ψηφολόγος
  1 ψηφολόγων V, 29, 2
2 ψῆφος
  1 ψήφοις V, 29, 3
  1 ψήφων V, 29, 1
1 ψιλόω
  1 ψιλούμενον IV, 101, 4
1 ψόγος
  1 ψόγον IV, 10, 7
11 ψυχή
  1 ψυχαῖς IV, 4, 11
  1 ψυχή IV, 4, 1
  1 ψυχῇ IV, 53, 1
  7 ψυχῆς IV, 9, 9; IV, 25, 1; IV, 83, 2; V, 43, 5; V, 54, 7; V, 54, 9; V, 62, 15
  1 ψυχῶν IV, 11, 1
2 ψυχόω (ψυχή)
  1 ἐψύχωσε V, 43, 4
  1 ἐψύχωσεν V, 43, 3
1 ψυχρός
  1 ψυχροῦ IV, 79, 3
1 ψυχροφόρος
  1 ψυχροφόρῳ IV, 79, 1

2 ὤ
  2 ὤ IV, 25, 1; IV, 46, 6
3 ὦ (ἆ)
  3 ὦ IV, 86, 4; IV, 98, 5; V, 65, 2
1 ὠθέω
  1 ὠθουμένη V, 18, 5
2 ὠμότης
  2 ὠμότητα IV, 85, 2; V, 66, 8
1 ὠμῶς
  1 ὠμῶς V, 59, 14
1 ὠνέομαι (-έω)
  1 ἐωνημένος IV, 78, 1
1 ὤνιος
  1 ὤνιος IV, 78, 1
1 ᾠόν
  1 ᾠόν V, 9, 8
1 ὡραῖος
  1 ὡραίῳ V, 46, 2
112 ὡς (ὅς)
  112 ὡς IV, 2, 9; IV, 4, 4; IV, 4, 6; IV, 4, 9; IV, 5, 6; IV, 8, 6; IV, 9, 8; IV, 10, 8; IV, 13, 3; IV, 13, 9; IV, 18, 1; IV, 27, 4; IV, 31, 3; IV, 32, 11; IV, 37, 5; IV, 38, 3; IV, 52, 7; IV, 59, 5; IV, 60, 1; IV, 60, 2; IV, 62, 9; IV, 63, 1; IV, 63, 2 (2); IV, 65, 9; IV, 65, 11; IV, 66, 9; IV, 67, 9; IV, 67, 12; IV, 69, 3; IV, 72, 7; IV, 72, 9; IV, 74, 8; IV, 75, 1; IV, 75, 2; IV, 75, 3; IV, 75, 5; IV, 79, 6; IV, 82, 3; IV, 83, 1; IV, 83, 6; IV, 85, 1; IV, 85, 7; IV, 86, 9; IV, 90, 2; IV, 90, 3; IV, 95, 1; IV, 97, 14; IV, 98, 4; IV, 98, 12; IV, 98, 14; IV, 100, 10; IV, 101, 10; IV, 102, 4; IV, 103, 5; IV, 104, 4; IV, 104, 5; IV, 106, 14; V, 1, 9; V, 1, 13; V, 3, 8; V, 4, 2; V, 4, 10; V, 5, 1; V, 5, 2 (2); V, 6, 3; V, 7, 10; V, 8, 2; V, 10, 6; V, 10, 12; V, 12, 1; V, 12, 3; V, 16, 1; V, 17, 2; V, 20, 5; V, 21, 7; V, 21, 9; V, 22, 6; V, 24, 8; V, 24, 10; V, 28, 1; V, 28, 7; V, 30, 2; V, 31, 6; V, 32, 5; V, 33, 3; V, 34, 1; V, 43, 10; V, 48, 2; V, 48, 5; V, 49, 5; V, 51, 7; V, 52, 1; V, 54, 12; V, 54, 14; V, 55, 2; V, 57, 3; V, 59, 2; V, 62, 6; V, 62, 7; V, 63, 3; V, 63, 4; V, 64, 3; V, 64, 9; V, 64, 14; V, 64, 17; V, 64, 19; V, 66, 2; V, 66, 16; V, 66, 25; V, 66, 27
2 ὡσεί
  2 ὡσεί IV, 19, 5; IV, 19, 6

11 ὥσπερ
   11 ὥσπερ   IV, 16, 4; IV, 37, 13;
     IV, 83, 6; IV, 85, 8; IV, 95, 11;
     IV, 105, 4; V, 18, 1; V, 18, 2; V,
     37, 5; V, 49, 7; V, 60, 5
5 ὥστε
   5 ὥστε   IV, 34, 3; V, 10, 5 (2);
     V, 14, 2; V, 53, 3
2 ὠφέλεια
   2 ὠφέλειαν   V, 11, 2; V, 66, 23
3 ὠφελέω
   1 ὠφεληθέντων   V, 11, 1
   1 ὠφέληντο   V, 11, 4
   1 ὠφελοῖντο   V, 66, 30

TABLE DES MATIÈRES

Préface	V
Introduction	VII
I. Basile le Minime	VII
1. *L'éducation de Basile*	IX
2. *L'avènement de Constantin VII*	XI
3. *Le jugement d'Alexandre de Nicée*	XIII
4. *La consécration de Polyeucte*	XIV
5. *La cabale contre Polyeucte*	XVI
II. Les *Commentaires aux Discours de Grégoire de Nazianze*	XVII
1. *Présentation et date des* Commentaires	XVII
2. *Bref portrait de la tradition manuscrite*	XXVI
3. *État de l'édition*	XXVIII
III. Les *Commentaires aux* Discours 4 et 5	XXX
1. *Les* Invectives contre Julien *(Discours 4 et 5)* . .	XXX
2. *Présentation des* Commentaires aux Discours 4 et 5	XXXVI
3. *Les éditions antérieures*	XLII
A. *L'édition de Boissonade*	XLII
B. *La réédition de Migne*	XLIII
C. *La sélection de Cantarella*	XLIV
IV. La tradition manuscrite	XLVI
1. *La liste des manuscrits*	XLVIII
A. *Témoins avec le texte complet*	XLVIII
B. *Témoins avec un extrait*	LI
C. *Témoin avec un commentaire mixte*	LIII
2. *Les manuscrits avec un extrait*	LIII
3. *Le manuscrit avec un commentaire mixte*	LVII
4. *Les manuscrits avec le texte complet*	LVIII
5. *Le classement des manuscrits*	LIX
A. *Les critères externes*	LIX
B. *Les lieux variants*	LXI
V. Les principes appliqués à l'édition et la traduction .	LXV
1. *L'édition critique*	LXV
2. *La traduction*	LXX
Annexe	LXXIV
Abréviations bibliographiques	LXXVI

ÉDITION 1
   Conspectus siglorum 2
   Commentaire au Discours 4 3
   Commentaire au Discours 5 85

INDICES 147
   Index nominum 149
   Index locorum Sacrae Scripturae 152
   Index fontium et locorum parallelorum 154
   Index graecitatis / Index lemmatisé des mots grecs . . 168

CORPUS NAZIANZENUM

1. B. Coulie, J. Grand'Henry, T. Bregadze, A. De Halleux, M. Fromont & X. Lequeux, V*ersiones orientales, repertorium Ibericum et studia ad editiones curanda*, cum prooemio a G. Garitte et praefatione a J. Mossay (1988) – CCSG 20.

2. PS.-NONNOS, *Pseudo-Nonniani in IV orationes Gregorii Nazianzeni commentarii* – J. Nimmo Smith, S. Brock & B. Coulie (1992) – CCSG 27.

3. GREGORIUS NAZIANZENUS, *Opera: versio Armeniaca. I: Orationes II. XII. IX* – B. Coulie, cum prooemio a J. Mossay (1994) – CCSG 28.

4. GREGORIUS NAZIANZENUS, O*pera: versio Arabica antiqua. I: Oratio XXI (arab. 20)* – J. Grand'Henry, cum prooemio a J. Mossay (1996) – CCSG 34.

5. GREGORIUS NAZIANZENUS, O*pera: versio Iberica. I: Orationes I. XLV. XLIV. XLI* – H. Metreveli, K. Bezarachvili, Th. Kourtsikidze, N. Melikichvili, M. Raphava, M. Chanidze & Th. Otkhmezuri, cum introductione a H. Metreveli & E. Tchelidze (1998) – CCSG 36.

6. GREGORIUS NAZIANZENUS, *Opera: versio Armeniaca. II: Orationes IV. V* – A. Sirinian (1999) – CCSG 37.

7. GREGORIUS NAZIANZENUS, *Opera: versio Armeniaca. III: Orationes XXI. VII. VIII* – B. Coulie & A. Sirinian (1999) – CCSG 38.

8. B. Coulie, *Studia Nazianzenica*. I (2000) – CCSG 41.

9. GREGORIUS NAZIANZENUS, *Opera: versio Iberica. II: Orationes XV. XXIV. XIX* – H. Metreveli, K. Bezarachvili, M. Dolakidze, T. Kourtsikidze, M. Matchavariani, N. Melikichvili, M. Raphava, M. Chanidze (2000) – CCSG 42.

10. GREGORIUS NAZIANZENUS, *Opera: versio Arabica antiqua. II: Orationes I. XLV. XLIV* – L. Tuerlinckx (2001) – CCSG 43.

11. GREGORIUS PRESBYTER, *Vita Sancti Gregorii* – X. Lequeux (2001) – CCSG 44.

12. GREGORIUS NAZIANZENUS, *Opera: versio Iberica. III: Oratio XXXVIII* – H. Metreveli, K. Bezarachvili, T. Kourtsikidze, N. Melikichvili, Th. Otkhmezuri, M. Raphava (2001) – CCSG 45.

13. BASILIUS MINIMUS, *In Gregorii Nazianzeni orationem XXXVIII commentarii* – T. S. Schmidt (2001) – CCSG 46.

14 GREGORIUS NAZIANZENUS, *Opera: versio Syriaca. I: Oratio XL* – J.-C. Haelewyck (2001) – CCSG 49.

15 GREGORIUS NAZIANZENUS, *Opera: versio Syriaca. II: Orationes XIII. XLI* – A. B. Schmidt (2002) – CCSG 47.

16 PS.-NONNOS, *Pseudo-Nonniani in IV Orationes Gregorii Nazianzeni commentarii. Versio Iberica* – Th. Otkhmezuri (2002) – CCSG 50.

17 GREGORIUS NAZIANZENUS, *Opera: versio Iberica. IV: Oratio XLIII* – B. Coulie, H. Metreveli, K. Bezarachvili, T. Kourtsikidze, N. Melikichvili, Th. Otkhmezuri, M. Raphava (2004) – CCSG 52.

18 GREGORIUS NAZIANZENUS, *Opera: versio Syriaca. III: Orationes XXVII. XXXVIII. XXXIX* – J.-C. Haelewyck (2005) – CCSG 53.

19 GREGORIUS NAZIANZENUS, *Opera: versio Arabica antiqua. III: Oratio XL (arab. 4)* – J. Grand'Henry (2005) – CCSG 57.

20 GREGORIUS NAZIANZENUS, *Opera: versio Iberica. V: Orationes XXXIX. XL* – B. Coulie, H. Metreveli, K. Bezarachvili, T. Kourtsikidze, N. Melikichvili, M. Raphava (2007) – CCSG 58.

21 GREGORIUS NAZIANZENUS, *Opera: versio Armeniaca. IV: Oratio VI* – C. Sanspeur, cum indice a N. Castillo confecto (2007) – CCSG 61.

22 GREGORIUS NAZIANZENUS, *Opera: versio Graeca. I: Orationes X. XII* – J. Mossay, cum prooemio a B. Coulie (2006) – CCSG 64.

23 GREGORIUS NAZIANZENUS, *Opera: versio Syriaca. IV: Orationes XXVIII. XXIX. XXX. XXXI* – J.-C. Haelewyck (2007) – CCSG 65.

24 A. B. Schmidt, *Studia Nazianzenica*. II (2010) – CCSG 73.

25 GREGORIUS NAZIANZENUS, *Opera: versio Syriaca. V: Orationes I. II. III* – J.-C. Haelewyck (2011) – CCSG 77.

26 GREGORIUS NAZIANZENUS, *Opera: versio Iberica. VI: Orationes XI. XXI. XLII* – B. Coulie (2013) – CCSG 78.

27 GREGORIUS NAZIANZENUS, *Opera: versio Arabica antiqua. IV: Orationes XI. XLI (arab. 8. 12)* – J. Grand'Henry (2013) – CCSG 85.

28 GREGORIUS NAZIANZENUS, *Opera: versio Iberica. VII: Orationes XVI. XIV* – B. Coulie (2017) – CCSG 86.

29 BASILIUS MINIMUS, *In Gregorii Nazianzeni Orationes IV et V Commentarii* – G. Rioual (2019) – CCSG 90.

CORPVS CHRISTIANORVM
SERIES GRAECA

ONOMASTICON

Acindynus, *uide* Gregorius Acindynus
Alexander monachus Cyprius 26
Amphilochius Iconiensis 3
Anastasius Apocrisiarius 39
Anastasius Bibliothecarius 39
Anastasius Sinaita 8 12 59
Andronicus Camaterus 75
Anonymus auctor Theognosiae 14
Anonymus dialogus cum Iudaeis 30
Athanasii Athonitae Vitae 9
Basilius Minimus 46 90
Catena Hauniensis in Ecclesiasten 24
Catena trium Patrum in Ecclesiasten 11
Catenae graecae in Genesim et Exodum 2 15
Christophorus Mitylenaeus 74
Diodorus Tarsensis 6
Etymologicum Symeonis 79
Eustathius Antiochenus 51
Eustathius monachus 19
Eustratius presbyter 25 60
Florilegium Coislinianum 66
Gregorius Acindynus 31
Ps. Gregorius Agrigentinus 56
Gregorius Nazianzenus 20 27 28 34 36 37 38 41 42 43 44 45 46 47 49 50 52 53 57 58 61 64 65 73 77 78 85 86 90
Ps. Gregorius Nyssenus 56
Gregorius presbyter 44
Hagiographica Cypria 26
Hagiographica inedita decem 21

Homerocentones 62
Iacobus monachus 68
Iohannes Caesariensis 1
Iohannes Cantacuzenus 16
Iohannes Chrysostomus 70
Ps. Iohannes Chrysostomus 4
Iohannes Scottus Eriugena 7 18 22
Iosephus Racendyta 80
Leo VI imperator 63
Leontius presbyter Constantinopolitanus 17
Marcus monachus 72
Maximus Confessor 7 10 18 22 23 39 40 48 69 89
Mercurius Grammaticus 87
Metrophanes Smyrnaeus 14 56
Nicephorus Blemmydes 13 80
Nicephorus patriarcha Constantinopolitanus 33 41
Ps. Nonnus 27 50
Pamphilus Theologus 19
Petrus Callinicensis 29 32 35 54
Procopius Gazaeus 4 67
Scripta saeculi VII *uitam Maximi Confessoris illustrantia* 39
Theodorus Dexius 55
Theodorus Metochita 83
Theodorus Spudaeus 39
Theognostus 5
Theologica varia inedita saeculi XIV 76
Titus Bostrensis 82

June 2019